U0548418

Cartographies of Time

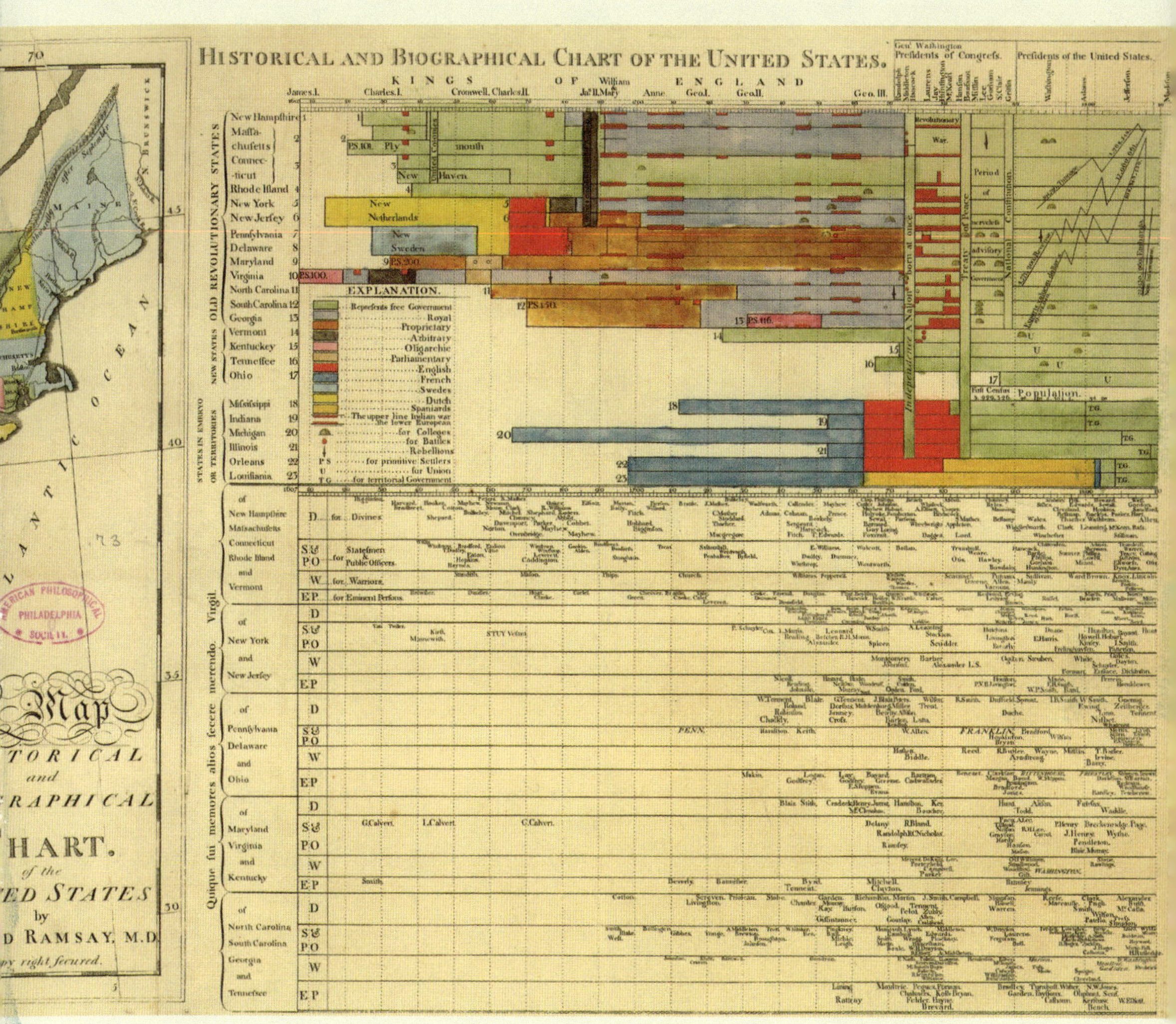

A History of the Timeline

Daniel Rosenberg and Anthony Grafton

视觉系丛书

主编：张维军

《审丑：万物美学》（已出版）
《时间图谱：历史年表的历史》（已出版）
《世界花纹与图案大典》（已出版）
《科幻编年史》（已出版）
《摇滚编年史》（已出版）
《八卦摇滚史》（已出版）
《时尚通史》（已出版）
《电影通史》（已出版）
《迈克尔·杰克逊所有的歌》
《电影海报艺术史》
《托尔金的世界》
《太空探索史》

微信扫一扫
与主编交流

时间图谱

历史年表的历史

[美] 丹尼尔·罗森伯格

[美] 安东尼·格拉夫顿 著

杨凌峰 译

北京联合出版公司
Beijing United Publishing Co.,Ltd.

图书在版编目 (CIP) 数据

时间图谱：历史年表的历史 / (美) 丹尼尔・罗森伯格，(美) 安东尼・格拉夫顿著；杨凌峰译. ——北京：北京联合出版公司，2020.9

ISBN 978-7-5596-4344-5

Ⅰ. ①时… Ⅱ. ①丹… ②安… ③杨… Ⅲ. ①世界史—历史年表 Ⅳ. ① K108

中国版本图书馆 CIP 数据核字 (2020) 第 112858 号

Cartographies of Time: A History of the Timeline
by Daniel Rosenberg and Anthony Grafton
First published in the United States by Princeton Architectural Press

时间图谱：历史年表的历史

作　　者：[美] 丹尼尔・罗森伯格　[美] 安东尼・格拉夫顿
译　　者：杨凌峰
出 品 人：赵红仕
责任编辑：孙志文
特约编辑：陈小齐
美术编辑：罗家洋
选题策划：双又文化

北京联合出版公司出版
(北京市西城区德外大街 83 号楼 9 层　100088)
北京联合天畅文化传播公司发行
北京美图印务有限公司印刷　新华书店经销
字数 205 千字　787 毫米 ×1092 毫米　1/16　24 印张
2020 年 9 月第 1 版　2020 年 9 月第 1 次印刷
ISBN 978-7-5596-4344-5
定　价：168.00 元

目录

致谢

丹尼尔·罗森伯格

刊登于《秘室：艺术与文化》季刊第13期上的《时间线的时间线》一文，离不开Sina Najafi、Sasha Archibald、Brian McMullen与Tal Schori的合作，我在此向他们深表谢意。没有他们的才华贡献，眼下的这本书无疑也难以出现。同样的谢忱要献给Susan Harding、Marco Harding、Joseph Masco以及《未来的历史》的整个团队。Susan组织过加州大学人文科学研究所的一个学术研讨会，正是参加那次会议期间，我开始收集时间线。自那以后的多年来，我也一直在积聚"负债"——很多机构为我的材料收集提供了便利，我欠下太多人情债，包括：罗格斯大学的当代文化批判性分析研究中心、亨廷顿图书馆、加州大学洛杉矶分校的克拉克图书馆、克拉克艺术学院、马萨诸塞州当代艺术博物馆（MASS MoCA）、Argos学术搜索引擎、费城的斯罗特基金会（Slought Foundation）、墨西哥的鲁菲诺－塔马约博物馆、印第安纳大学的18世纪研究中心、柏林的马克斯·普朗克研究所（Max Planck Institute）科学史分部、美国国家人文科学基金会与俄勒冈大学人文学科中心。多谢这些机构那些出色的馆员们提供协助，尤其是俄勒冈大学骑士图书馆、费城图书馆公司，以及普林斯顿大学图书馆珍本与特藏部，本项目大部分的研究便是在这些机构进行；特别要感谢Stephen Ferguson、Donald Skemer、AnnaLee Pauls、Andrea Immel、John Blazejewski与Charlene Peacock。

我还要感谢Alletta Brenner、Theresa Champ、Mike Witmore、Daniel Selcer、Jonathan Sheehan、Arielle Saiber、Sophia Rosenfeld、Miryam Sas、

Pamela Jackson、Ken Wissoker、Amy Greenstadt、Steven Stern、Jamer Hunt、Justin Novak、Frédérique Pressmann、Elena Filipovic、Pip Day、Nato Thompson、Dror Wahrman、Michel Chaouli、Martin Jay、Randolph Starn、Eviatar Zerubavel、John Gillis、Harold Mah、Joel Smith、Sheila Schwartz、Neil de Grasse Tyson、Maya Lin、Christoph Fink、Katie Lewis、Jacqui Glanz、Anne Glanz、Astrit Schmidt-Burkhardt、Jim Shaw、Steven Shankman、Barbara Altmann、Julia Heydon、Georgia Barnhill、Michael Paulus、Roy Goodman、Vicki Cutting、James Fox、Lesli Larson、Eliz Breakstone，以及俄勒冈大学过去和现在的“欧洲与现代研究”的同事们，包括 Andrew Schulz、David Castillo、Fabienne Moore、Diane Dugaw、Amanda Powell、James Harper、Lisa Freinkel、Leah Middlebrook 与 Nathalie Hester。这一项目最初的提案由 Mark Johnson 经手，他在编辑时提出了很多深刻见解。我为《18 世纪文化研究》所写的文章《约瑟夫·普雷斯特利与近现代时间的图形发明》，由 Jeff Ravel 做了出色的编辑工作。感谢克拉克荣誉课程学院的我的同事们，尤其是 Joseph Fracchia、David Frank 和 Richard Kraus，还有俄勒冈大学历史系的同事，包括 Jeff Ostler、Martin Summers、John McCole、George Sheridan、Randall McGowen 与 David Luebke。更要感谢加州大学伯克利分校的 Carla Hesse 多年来对我的细心引导。同样感谢梅隆基金会以及俄勒冈大学，它们一起给我提供机会赴普林斯顿大学合作撰写此书；也感谢普林斯顿的人文科学委员会与该会的 Carol Rigolot、Cass Garner 与 Lin DeTitta；感谢 Barbara Leavey 与历史合作研究中心与历史系；还要感谢安东尼·格拉夫顿，他的合作、眼界与建议，为我打开了新的视野。

从个人层面，我要感谢 Harry Rosenberg、Barbara Filner、Joshua Rosenberg、Gwendolen Gross、Jacob Rosenberg、Carina Rosenberg、Jack Paris、Judy Cheng Paris、Su-Lin Nichols、Bill Nichols、Charlie Nichols 和 Will Nichols，而且首先要感谢我的搭档 Mai-Lin Cheng，她对此项目的贡献是无法估量的。谨以本书的这些努力纪念 Amy Jean Kuntz。

致谢

安东尼·格拉夫顿

很多资助者、支持者、友人与同事，让我为此书付出的劳动不仅成为可能，而且成了极为愉快的经历。衷心感谢梅隆基金会——尤其要首先感谢Harriet Zuckerman、Joseph Meisel与William Bowen——感谢他们慷慨的资金赞助和对学术项目的想象力。来自梅隆与位于柏林的马克斯·普朗克研究所科学史分部的资金，使得在柏林举办的年代学研讨工作坊成为可能，而眼下这本书的构想就始于那工作坊。Lorraine Daston协同经办和主持了工作坊的活动；她热情好客，很多年来都周到亲切，也提出不少博学又深刻的建议，因此要向她致以最热忱的谢意。来自梅隆的进一步资助，又让丹尼尔·罗森伯格得以在普林斯顿度过2006—2007学年，也让我得以将那一年的很多时间拿来与他合作。人文科学委员会的Carol Rigolot、Cass Garner与Lin DeTitta，历史系的Barbara Leavey与Judy Hanson，都不畏烦琐，为我们的合作进行了实务安排。她们的效率、行动速度与热情周到，怎样夸赞都不为过。普林斯顿图书馆珍本与特藏部的出色员工——Ben Primer、Stephen Ferguson、Paul Needham、Donald Skemer和AnnaLee Pauls——已在那里备集了很可观的年代学研究资源。他们的智慧、灵活机智与慷慨，让我们研究工作的主要任务得以成为可能，他们还为此书制作了很多图片，工作相当出色。我们的朋友Robert Darnton是普林斯顿图书与媒体研究中心的前主任，他让我们撰述成果的一个早期版本得以在中心举行的一个特别会议上展示。那是针对进程中的作品加以研讨。与会者的反馈温暖又热切，也提出了有益的批评，而那早期成果便正是此书的第一稿：我们这书里研究的那些年代学者，他们大概会用大写字母和红墨水来记录那次研讨会吧。

最后，要感谢世界各地的学者们；他们对近代早期那些渊博学识中蕴含的创造性与种种奇想有着极大的兴趣，而他们的建议、批评和堪称典范的学术深度，都对此书有着决定性意义。丹尼尔·罗森伯格，自然是在这些同行中居首，感谢他的好奇精神、激情与学识储备，让我们的合作成了愉快的享受；还要感谢 Ann Blair、Jed Buchwald、Max Engammare、Mordechai Feingold、Peter Miller、Philipp Nothaft、Nick Popper、Ingrid Rowland、Wilhelm Schmidt-Biggemann、Jeff Schwegman、Nancy Siraisi、Benjamin Steiner、Walter Stephens、Noel Swerdlow，以及 2008 年辞世的历史学家 Joseph Levine。

第一章

印画形式的时间

历史是什么样子?我们是如何刻画时间的?

长久以来，历史资料中的文字部分，都会有人加以批判性分析，而以图形图像呈现的时间，其中包含的形式与历史问题，则大多被视若无睹。这不是小事：我们组织信息所用到的那些最为重要的工具，图示表达也是其中之一。然而，关于历史图表，几乎没人有过什么著述。近些年来，关于绘图学的历史与理论，出版过一些精彩之作，但所有这些书目中，我们差不多看不到任何符合条件的作品，可纳入伊维塔·泽鲁巴维尔(Eviatar Zerubavel)所指称的“时间地图”之列。而眼下的这本书，就是试图来填补这一空白。

从很多方面来说，本书是对线条的回顾沉思：直线与曲线，分支线与交叉线，简单的与修饰美化的线条，技术性的与艺术性的线条，这些都是历史图表的基本构成组件。我们可以断言，比起人们通常所认为的，线条是远为更复杂、更生动多彩的一种图形。此书的这一特色取向，估计历史学家们会很赞赏。在课堂上，我们都用到简单的线条图解——通常称为“时间线”——效果也相当之好。我们能理解这些示意图，学生们也能领会；沉重的、着眼于分析的历史书，由这些简图很精彩地翻译转化成了令人兴奋、趣味盎然的叙事文本。

这些时间线，尽管看上去可能简单而直观，它们并非没有构成自己的一份历史。它们并非就一直只是在讲座中提供辅助作用，它们也并非总表现为我们不假思索地设定和给予它们的那种形式。在我们的思维装备中，它们是

图 1

1932—1970“日历”，索尔·斯坦伯格（Saul Steinberg），《无题》，1970

纸上彩色铅笔画、墨水与拼贴；14½×23英寸；藏于耶鲁大学贝内克珍本书稿图书馆；版权人：纽约索尔·斯坦伯格基金 / 艺术家权利协会

如此熟悉的一部分，以至于有时候我们都记不起来了，其实它们原本是我们逐渐习得的。虽然忘了这一点，但它们确实是后天习得的。怎么习得的？这个故事值得一讲，因为它能帮助我们理解，我们当前既有的关于历史的概念是从何而来，它们是如何运作的，特别是它们如何依赖于视觉图形的。这一主题值得一讲，也因为它是个好故事，充满了迂回曲折、各种反转与意想不到的人物角色，在书中很快就将透露。

关于时间线，我们之所以对其在历史与理论意义上的理解存有空白，另一个原因在于，年代学，作为一门学科研究，我们一般只会给它相对较低的地位。虽然我们一直都用到年表，而且没有年表就不行，但我们往往都把年表视作只不过是复杂历史叙事与内容观点的蒸馏提纯。年表能正常用——就大部分人的关注诉求而言——那就足够了。不过，正如本书中将要陈述的，事情并非总是如此：从欧洲的古典时期到文艺复兴阶段，年代学可是位居最受尊崇的学问门类之列。实际上，从某些意义上来说，它竟享有比历史研究本身还更高的地位。历史涉及的是故事，而年表对应的却是事实。而且，年表中的事实，在历史学术研究的领域之外也有着重要的含义与影响。对基督徒而言，保证年表准确对很多实践事务都很关键，比如，可以搞清楚何时庆祝复活节；还有那些沉重的主题也需要年表，比如，世界毁灭的终极末日可能何时临近。

然而，正如历史学家海登·怀特（Hayden White）所指出的，尽管年代学有着明显的文化意义，但它一直都很难诱导西方历史学者们去正视它，他们认为年表只不过是历史编纂学的一种初级又基本的形式。关于现代历史思想的诞生，传统的描述是循迹追踪了这条道路：从纪事录——枚举列出（但仍然不是讲述出来）的中古时期大事记被称为纪事录——开始，到编年史——讲述出来（但仍然不是叙事体）的大事件被称为编年史，再到完全叙事性样式的历史编纂体例——这是伴随现代性本身一起出现的。按照这种描述考量，什么东西要有资格成为历史叙事，“处理真实的事件材料，而不只是想象出的事件”，仅仅这样是不够的，“根据事件原本发生于其间的年代顺序框架，在相应的话语语篇秩序中来再现事件，也还是不够的。事件必须……如此呈现，显示出具有一种结构，具有一种意义的秩序；事件应该不只是表现为序列形式而已。”在我们的历史研究的历史中，长期以来，年表、年代纪都被视为“序列形式而已”，通常被漠然置之，似乎无足挂齿。

不过，还是如怀特所主张的，年表，以及与之对应的视觉模拟图示，要将它们合乎条理、连贯一致地组合排列起来，这一事项中并没有什么“只是”“而已”的简单操作。传统的年表绘图，与它们的近代后继者一样，也执行相当于机械记忆的历史大事整理工作，还有概念上的那种纾解重压、提纲挈领作用。它们将多种多样的历史信息碎片加以集合、拣选与组织，以标注年代日期的清单形式呈现。选定具体的某个时期，关于这一时段过去与未来的观察见解，它的年表所告诉我们的，也许能跟该时期的历史叙事所讲述的一样多。

怀特举了一个实例。那是著名的中世纪年表手稿，被通称为《圣加尔年鉴》（*Annals of St. Gall*）；手稿按年代顺序记录了法兰克王国在 8、9、10 世纪的大事，其中日期写在左手边这一列，事件记在右侧一列（参见图 2—3）。用现代的目光来看，像这样的年鉴会显得奇怪又滑稽，起始和结束看似都毫无来由，仓促胡乱地将不同类别的东西混在一起，就如大文豪博尔赫斯在作品中所杜撰的那奇妙的中国百科全书一般。这里，我们来看其中的一部分，是覆盖了 709 年到 734 年的时段。

709 年，艰难的冬季。高特弗雷德（Gottfried）公爵去世。

710 年，艰辛之年，粮食歉收。

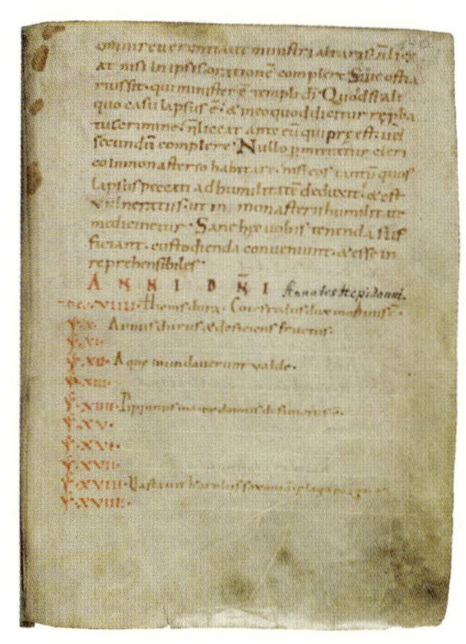

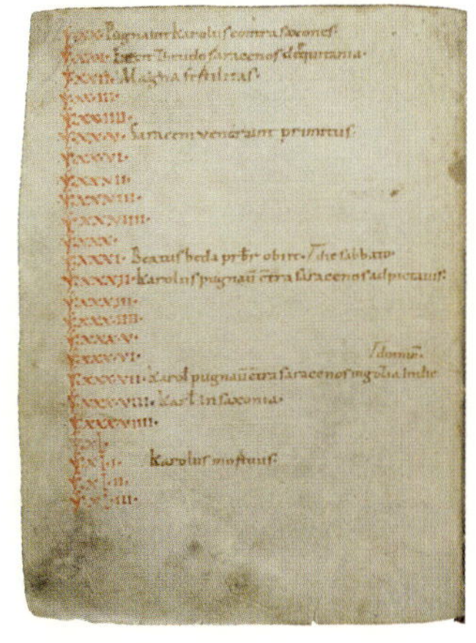

图 2—3

《圣加尔年鉴》，藏于瑞士圣加尔修道院，11 世纪中期

711 年

712 年，四处都是洪水。

713 年

714 年，宫城主政丕平（Pippin）去世。

715 年

716 年

717 年

718 年，查理击败萨克森人（撒克逊人），摧毁对方势力。

719 年

720 年，查理再战萨克森人。

721 年，提乌多（Theudo）将萨拉森人（Saracens）赶出阿基坦（Aquitaine）地区。

722 年，大丰收。

723 年

724 年

725 年，萨拉森人第一次来犯。

730 年

731 年，长老“上帝保佑的比德”去世。

732 年，周六，查理在普瓦捷与萨拉森人交战。

733 年

734 年

从史料编纂学的角度来看，这个文本一望而知漏掉了很多的信息。尽管它达到了关于叙事定义的最低限度要求（有内容指称，呈现了时间要素），却只有很少或完全没有我们通常预期会在一个故事中发现的那些特征，更谈不上是合格的历史叙事。这份《年鉴》，对自然事件与人类行为也不加区分；它们没有指示出事件的因果关系；列出的任何一个条目都地位一致，没有一条被给予优先对待。年份这个层级之外，对下面更小单位时间的指示显得古怪和深奥难解：比如，在732年，文字指出“铁锤”查理（Charles Martel，也即查理·马特）“周六…… 在普瓦捷与萨拉森人交战”，但没有具体说出是哪一个周六。在年份这个层级之上，各个时段之间没有区别，清单就那么突兀地开始和结束；无名的年代史记录者提起笔，年表就开始，放下笔就结束，似乎就是这般随意。但这个不应该被理解成是在暗示圣加尔手稿不具备有意义的结构。恰恰相反，怀特辩解说，正是以这样的朴素形式，这些年鉴与中世纪的生活同步呼吸，也透露出当时的气息。怀特认为，《圣加尔年鉴》生动地勾画出了一个匮乏和暴力的世界；在那个世界中，“无序的力量”占据了我们注意力的前沿，“那个世界中，人们只能被动接受事情的发生，而不是主动去做事情”。就其本身而论，这些年鉴呈现出的形式，是做了校准调整，紧密贴合其使用者的兴趣利益与视觉预期。

非西方的历史编纂学学者，比如伟大的印度历史学家罗米拉·塔帕尔（Romila Thapar），也有着与此平行相似的观察见解。长期以来，塔帕尔都强调指出，系谱图与编年史并非这样的原始初级行为，所努力写出的，并非是在其他人手中就会写成常规历史的那类东西，而是强有力的、密集图形化的表达方式，来描绘和阐释过去。近些年来，研究前现代欧洲史的学者们，比如罗伯托·比佐齐（Roberto Bizzocchi）、克里斯蒂娜·克拉皮什－祖贝尔（Christiane Klapisch-Zuber）与罗萨蒙德·麦基特里克（Rosamond McKitterick），也已开始对那种复杂的绘图表现形式给予了应有的关注；系谱图案，尤其是树状图，就是从前述这种图解形式演化发展而来，且在前现代以及现代西方的历史编纂中都有实际应用。

提出年代学这个问题，尤其是视觉化的年表这个问题，那就意味着回到线条这一素材，去理解它的普遍性、灵活性与效力。在呈现时间这件事上，线条实际上几乎无处不在，出现在各种文本、图像与设备工具和策略中。有时候，正如历史教科书中看到的时间线那样，线条的存在实在是再明显不过了。但在其他情形下，则要更为微妙隐蔽。举例来说，在模拟显示模式的时钟上，时针与分针在空间中循着线条走动；虽然这些是曲线，但毕竟也还是线条。根据语言学家乔治·莱可夫（George Lakoff）与哲学家马克·约翰逊（Mark Johnson）的看法，即使在数字钟表上，线条的隐喻也照样起作用，尽管没有实际可见的线条出现。在这个设备中，线条被呈现为一种“中间体隐喻”：为了理解数字的意义，观看者将数字转化为想象中的一根线条上的刻点。

我们关于时间的概念，与线条的象征隐喻紧密包裹捆绑在一起，要把它们分开，看似是几乎不可能的。按照文学批评家米切尔（W. J. T. Mitchell）的说法，“事实是，空间形式是我们关于时间的认知概念的知觉基础，没有空间的中介调停，我们实际上就没法‘报出时间’”。米切尔论证说，所有与时间相关的语言都是被空间修辞表达给“污染”了。“我们说时间的‘长’和‘短’，说‘间隔’（字面上实际就是‘中间的空当’），说‘前’和‘后’——这些都是含蓄的隐性比喻，都依赖于一个心理图像，把时间设想为一个线性连续体……连续性与顺序性，呈现为空间形象，而这些形态是建基于不间断的线或面这一模式；关于同时性或非连续性的经验，则是简单地建基于不同种类的空间形象中——这些形象不同于连续的、循序相继的时间经验中所涉及的那类图像。”米切尔的这些观点大致是没错的。但意识到这些，只能算是一个开始。在时间的具象呈现这一领域中，线条是到处都能用到的，因为它非常灵活，而且它的组合构形非常多样化。

文学史与艺术史，提供了充足的储备，有大量的例子来说明时间概念与修辞象征之间复杂的相互依存关系。而且——比如，拿数字钟表这一实例来说——在很多情形下，某些隐喻看似从其他不同来源汲取了表达力或内涵，但实际上是包含了一个含蓄的线性图案。莎士比亚作品的一个著名片段，甚至也是如此；那一段是麦克白将时间比拟为一种语言体验——语言破裂为无意义的碎片：

明天，明天，再一个明天，
一天接着一天，蹑步潜行，
直到有史以来最后一节的时间；
我们所有的昨天，只是替傻子们，
照亮往尘土覆盖的死亡去的道路。
灭了吧，灭了吧，这短促的烛光！
人生不过是行走的影子，是拙劣的伶人，
在舞台上演完他的时辰，
时而昂首阔步，时而烦躁惶急，
然后便悄无声息：这是个白痴讲的故事，
充满喧哗与骚动，却毫无意义。

评论家希利斯·米勒（J. Hillis Miller）写道，“在麦克白看来，时间是日子连缀成的一个序列，顺着一条线延伸，通向死亡之际的休止处，可象征地呈现为构成一个句子或一串句子的一系列的音节，比如说，演员在舞台上念出的一段台词。在麦克白看来，时间只有被记录被注意了才存在。人生是一个疯癫荒谬的故事，一场东拉西扯的凌乱叙事。构成这叙事的，是前后不连贯不一致的碎片，是不会协调结合成语词与句子的一系列音节。”不过，依旧是在麦克白这里，尽管过去与未来都失去了全部的意义，时间的流逝还是有序的，是线性的；每个无意义的人类生命分别占据了其中精确可度量的一个区段，耗完他“在舞台上的时辰”。

在平面艺术中，这同样的情形也一样成立：从最古老的图案到最现代的影像，线条一直都是呈现时间所用到的核心图样。在对时间的日常视觉表现中，比如年鉴、日历、表格，以及各类图表中，线性象征元素也无处不在。宗谱与系统演化树状图——表现时间关系的图形，其借用了“血统家系”这一概念的视觉与文字上的双重象征图符——尤其鲜明地显示了线性元素。另外，论及我们呈现历史的方式，你也可以从中得出相似的观察结论。

时间线看起来是位于我们不可避免最常用的那些隐喻手段之列。不过，它的现代形态——简洁的一根轴线，配上年代日期的规则分布，每个位置布局都经过衡量考虑——实际还是相对较近期的发明。按这种严格的定义标准去理解，时间线的生命那就甚至还不满250年。怎么可能是这样的情况，在这之前有过什么变体形式存在，呈现历史大事年表的其他方式还有哪些，还有什么竞争性的替换手段仍旧可让我们选用——这就是本书的主题。

从一开始就应该明确，时间线的相对年轻与技术上的条件限制根本没多大关系。在我们的这个故事中，尽管科技扮演了一个重要角色，却并不是驱动力量。这里的首要问题，是观念层面的。18世纪晚期，时间线在欧洲开始盛行，得到广泛应用，而在此之前，印刷与雕版的成熟技术早已具备，长期可用；还有远为更复杂的技术，比如几何绘图法与投影法，也已早就问世，

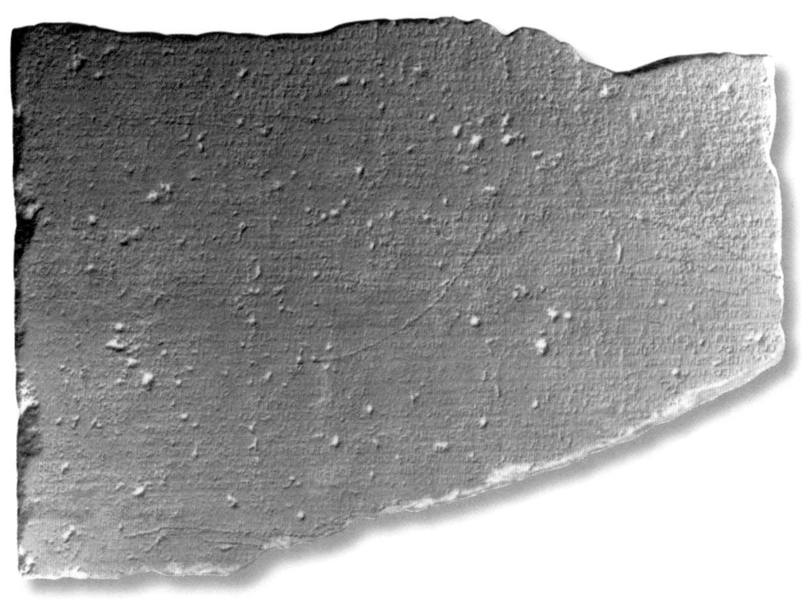

图4

“帕罗斯岛大理石”是存世最古老的希腊大事年表：这是其中的一块，叫作“普里姆石牌”（Marmor Purim），自从17世纪后期起就收藏于牛津。那佚名作者创作于公元前264到前263年间，跟踪了从西克洛普斯国王（Cecrops）在雅典登基即位——按作者估算，那是在公元前1581或1580年——起往后的中心事件。大理石上刻写的历代大事记包括了大洪水（普罗米修斯之子丢卡利翁遭受的大洪水，非《创世记》中诺亚的大洪水）、丰饶之神得墨忒耳为人类引入农业，还有特洛伊的陷落，以及很多更近时代的大事件。尤西比乌斯（Eusebius）写古希腊史，其中的主要资料来源就是这些石刻的年表——它们覆盖了与那份古希腊史相似的时段和主题范围。

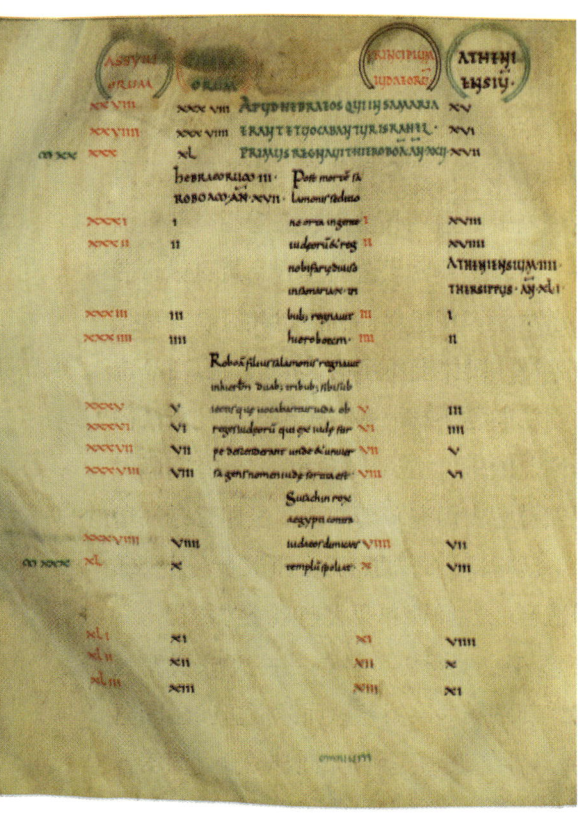

图 5—6

牛津大学墨顿学院的藏本，尤西比乌斯《编年史》，此版本是由《圣经》学者杰罗姆翻译为拉丁文并修订；15 世纪中期，在意大利转录抄写，用了红绿黑三种墨水，共 156 片纸张。抄本是与马塞里努斯·柯梅斯（Marcellinus Comes）的东罗马帝国《编年史》装订在一起。

但对于如此简单的时间线图示来说，那并无必要。

另外，及至18世纪，为年代纪信息赋予视觉形式这一做法，也已经存在了很久很久，历史非常之长。（参见图4）从古代阶段到现代，每个历史文化体系都设计出了自己的机制，来拣选和列出各家的重要大事件。犹太人与波斯人有他们的国王列表；希腊人有他们的历届古代奥运会一览表；罗马人有他们的执政官名录；如此等等，各有千秋。存世最古老的希腊大事年表，列有历任统治者、重大事件与主要发明，于公元前264年到前263年镌刻于大理石石板上。罗马人最精致复杂的同类出品，是一套执政官任职与战事大捷的记录清单，在奥古斯都大帝执政期间制作完成，然后就立于罗马城的议事广场上。此外，正如莱可夫与约翰逊可能会让我们信服的，在这些众多的表现手段中，线条反复出现，既是一种视觉形式，也是一个语词隐喻符号。不过，在所有这些文化中，在所有这些表达形式中，那简单的、常规的、衡量有度的时间线，尽管在今天已是理所当然，简直如本性习惯，但还是长期处于背景地位。时间线被当作一种规范，被作为历史外观面目的一个理想标准，这种待遇是直到进入近代时期之后才出现的。

古代与中世纪的历史学家们，有他们自己的一套技法来处理编年史的符号标注。（参见图5—6）在欧洲，从4世纪起，最强大和最典型的手法是目录式列表。古代的年代纪，刻写呈现的形式多种多样，虽然如此，在学者们当中，列表形式还是有着一种规范性的特质，这挺像今天的时间线所具有的地位。一定程度上，编年史列表在4世纪之后享有的重要性，可以归功于罗马的基督教学者尤西比乌斯。4世纪期间，尤西比乌斯已经酝酿出了一个巧妙细致的列表结构来组织和协调那些年代纪，而这些年表是从全球各地的史料资源中辑录而得。为了清晰地呈现犹太教、异教信仰与基督教历史之间的关系，尤西比乌斯以平行竖列的形式来布局它们的编年史，起始是大族长亚伯拉罕以及亚述国的建立。一页接一页，读者穿越尤西比乌斯的历史，看到帝国与王国的兴衰沉浮，直到它们全部——甚至也包括犹太人的王国——被归于罗马一统天下的疆域之内，而这个时候，救世主的信息也正好传达给了全体人类。借助于相互对比各家版本的历史，并呼应那些年间的统一进程，读者可以看到或领会到天意之手在发力在起作用。

尤西比乌斯的《编年史》，在视觉观感上显得明晰易懂；撰写此年表史料时，他与其他基督徒都刚刚开始接受《圣经》手抄本，或说是装订本，以此取代以往的卷轴本《圣经》。与书籍设计中基督徒所推动的其他革新一样，《编年史》的平行竖列，还有那明晰的、逐年列出、十年十年对照列出的大事记顺序，共同反映了早期基督教学者的一个愿望，就是将《圣经》以及对于理解《圣经》至关紧要的那些资源，全都争取让人们能够接触到，能够伸手可得，即刻便可拿来查找参照。整个中世纪期间，这部《编年史》被广泛阅读、抄录，并有大量模仿制作。它迎合了人们对于精确性的要求，而这是其他普遍通用的形式——比如系谱树状图——所不能满足的。

尤西比乌斯的大事列表被证实生命力很持久；到了15、16世纪，当人文主义者们产生了新兴致，打算填补间隔，创建他们时代的年表之际，尤西比乌斯的作品便再度赢得了关注。（参见图7）尤西比乌斯年表的近代版本，跻身于最早的印刷书籍之列；在任何一位近代早期人文主义学者的藏书中，《编年史》也是最重要的必备参考书之一。15世纪的佛罗伦萨书商维斯帕夏诺·达·比斯蒂奇（Vespasiano da Bisticci），是一位精明灵光的抄本书制作经理人；他将尤西比乌斯作品的一个修订版推向市场，卖给学者与一般大众读者，获得了极大的成功。彼特拉克这一类的人文主义者，对历史与文化距离大为着迷；那距离将他们与他们爱慕的古代作者分隔开，也把他们与他们的后代隔开了。彼特拉克模拟写信给古罗马先贤西塞罗和维吉尔，还写给未来的读者；为强调他与收信人之间的时光间隔长度，信里特意仔细注明了他所处的年代日期："写于人间寄生之地；阿迪杰河右岸，地处意大利波河北岸之城市维罗纳；于六月十六日，据君所不知之上帝之历法，是年为第1345年。"试图设定这些时间距离时，他在尤西比乌斯所给出的古代模板示例中找到了帮助。

文艺复兴时期，学者们开发出了新型的视觉组织方案，那些古旧形式——有时已经是被长期忽略了——也得到调整，来适应印刷书籍的格式。但直到18世纪中期，尤西比乌斯的那个模式——简洁的一个矩阵样式，王国名横着列出在页面的顶部，年份列在下方的左竖列或右竖列内——都居于

Regnū Assyrioꝝ	Regnū Sycioniorꝝ	Regnū Hebreorū
7	11	20
8	12	21
9	13	22
		Hebreorū Jepte an̄.6.
10	14	1
11	15	2 Jepte in libro iudicū ab
12	16	3 etate Moysi vsq3 ad semet
13	17	4 ipm ait supputari an̄.300.
14	18	
15	19	6
		Post quem Hesebon an̄.7.
16	20	1
17	21	2
18	22	3
19	23	4 Post Hesebō in libro He
20	24	5 breorꝝ fert iudex Adon re
21	25	6 tisse pplm an̄. 10.q nō ha
22	26	7 bet apud.70.interpretib⁹.
		Hebreoꝝ Labdon an̄.8.
23	27	1
24	28	2
25	29 Troia capta	3

A Captiuitate Troie vsq3 ad pmā olympiadem fiunt anni.40..al.406.
Colligit omne temp⁹ vsq3 in pñte dic fm assyrios.a 43. regni nini ano. nini.835
Sdm Hebreos a primo ano natiuitatis habrahā an̄i.835.al.824. al.34.
Sdm Assyrios Sicyonios.a 22.Europis anno similr.835
A natiuitate vero moysi anni.310.al.308.

26	30	4 Post labdon Hebreosi
27	31	5 ditionē redigūt alienigene
	Sicyonioꝝ.25 Pelasgus	an̄.40.q cōputant tpib⁹ Ja
28	1 gus an̄.20.	6 dicū posteriorū fm iudeoꝝ traditiones.

Regnū Aegyptiorū.	Regnū Mycenarꝝ	Regnū Atheniensiū	Anni mūdi.
15	62 Minois i Sicilia	6 Infectoꝝ posteri q vocabāt	
16	63 aduers⁹ Dedalū ar/	7 Epigoni aduers⁹ Thebas bellū	
17	64 ma corripēsia filia/	8 bus corali occidit. (mouerunt:	
	Hercules in morbū		
18	65 incidēs pestilentē	9 Alexāder Helenā rapuit: Troi/	
	Mycenarū Agamenō	anū bellum decennale furrerit:	
19	1 an̄. 18.ob remediū	10 causa mali q̄ triū mulierꝝ de pul/	
20	2 dolorum se iecit in	11 chritudine certantiū premiū fuit	
21	3 flammas ꝛ sic mor	12 vna earꝝ Helena pastori indici	
22	4 tē fact⁹ē anno etatis	13 pollicente.	
23	5 52.Quidā aūt an/ no.30.passe scribūt	14	4010
24	6	15	
25	7	16	
26	8	17 Mopsus regnauit in Cylitia a q̄ mopsocrene ꝛ mopsistie	
Aegyptiorū.			
1 Thuoris	9 Menon ꝛ Ama/	18	
2 an̄. 7.	10 zones priamo tule	19	
3	11 re subsidiū	20	
4	12	21	
5	13	22	
6	14	23	
7	15 Capta Troia	24	(pho

Mnesteꝰ morit i Melo regrediēs a Troia Post quē Athenis regnauit Demo/
A primo anno Cecropis q prim⁹ apd Atticā regnauit vsq3 ad captiuitate troie ꝛ vsq3 ad.23.annū Mnestei cui⁹ homer⁹ meminit:Computant anni.375.al.374
Similiter a.35.etatis moysi anno. fiūt anni 375.al.374.
Thuoris rex egypti ab homero polyb⁹ vocat marit⁹ alchandre.cui⁹ meminit in Odisea dicēs post troie captiuitatē Menelaū ꝛ Helenā ad eū diuertisse.

De tertio tho mo manero egy pti 20. dinastia	Latinis q postea Ro mani nūcupati sūt:post	Atheniensiū. 12. Demo phon an̄.33.	
	tertiū annū captiuitatis troie		
1 diapolita	sitie ut qdā volūt p⁹.8.	1	4020
2 noꝝ.ā. 177	Regnat Eneas an̄.3.	2 Micenis regnat Aegy stus	
	Ante Eneā Jan⁹ Sa		
3	1 turnus Picus Fau nus Latinus in Italia regnauerunt circiter an̄. 150.	3	

图 7

特洛伊的陷落，出自尤西比乌斯《编年史》，15 世纪支配地位。这种视觉结构，跟文艺复兴学者们的关注诉求倒也相当契合登对。那些来源广泛、多种多样的编年史数据，加以组织和协调时，尤西比乌斯的这种模式多有助益，能起推动作用。不同文明的历史，也随附着它们对时间的不同看法和设定；当它们组合融合时，必不可免地会遇上困难；而尤西比乌斯则提供了一个简明的结构，能够吸纳几乎任意一种数据资料，也能够调解处置前述的困难。利用这一结构，易于生成和修正数据，也可以快速查询和获得数据——通过增加按字母排序的索引和其他辅助工具，印书的书商更是提升强化了这一功能。首先而言，这一编年史模式充当了一个细节化的框架，图解呈现神之统领下的时间。从平面图的视角效果来看，这就像一部编年体格式的奇珍异宝陈列柜，如同在众多小抽屉中展示了基督教世界的历史。

不过，实验行为仍在继续。有些是图形方面的尝试，比如，在一份日历图上布局全部的主要历史事件，但不是顺次从创世或亚伯拉罕开始延伸到当前，而是设计成1月1日到12月31日的格式，然后，过去的那些重要大事就按日期，分别堆叠在每一天，由此贯穿一整年。有些则是技术方面的实验。在古代以及中世纪，一些年代纪研究者接受了那些更古老的统治者名录与大事记列表，然后尽其最大努力将它们组合为更大的图表整体。进入文艺复兴时期，历史学家们变得更有抱负，更具批判精神。一遍又一遍，很多老师和理论家反复宣称，年表与地理是历史的两只眼睛：是无可置疑的精准信息的来源，是它们为那些看上去显然混乱的历史事件带来了秩序。

在地理领域，视觉象征图符能完美嵌入，适得其所。具备了有关地球表面的新知识，文艺复兴时代的地图制作者们得以更新天文学家托勒密在2世纪绘制的古代地图，往其中添加了美洲、印度洋，以及很多其他元素。与此同时，测绘与制图技术有了长足进步，给科学和政治都带来了显著的成果。到了17世纪，地图已经变成一个重要象征，不仅是君王们权势范围的一种标志，也代表了知识本身的力量。那种新型应用科学的一个范例，便是制图学。绘图同时兼具复杂性与精确性，也给人以直接、直观又写实的印象。

在细节这个层面，年表也遵循了一条相似的路径。在同一个时期，天文学家与历史学家们——比如，杰拉尔杜斯·墨卡托（Gerardus Mercator），如今是以制图师的身份而闻名——开始收集天文学领域的证明材料：日期具体的日食、月食之类的记录，以及古代与中古历史学者们提到过的其他天象事件。他们开始谋求描绘标注这些事件——不只是比照着一长串的系列年份，而是要对应那些可以精准确定到某日某时的月食与日食记录。大事年表变了，追求一种新意义上的精确度和可验证性；对确切性的新激情，也反映在这一方面——人们努力采用新颖的方式来呈现时间。早期的近代世界看到了一些引人瞩目的，尽管也常常是短命的实验；这些“图解历史”的创造实验，既有一群实干家和艺术家于1569到1570年在日内瓦所推出的成果——这是由关于战争、屠杀与天灾人祸的生动图景构成的连贯相通的一个作品系列，也有雕版家西奥多·德·布雷（Theodore de Bry）所掌管出版社在法兰克福印行的含有大量插图的历史书与旅行探险记述。在那一时期的很多作家——比如说沃尔特·雷利（Walter Raleigh）——看来，历史资料中大事年表那一维度的内容才是最核心的。亚历山大·罗斯（Alexander Ross）续写了雷利的《世界史》；他在1652年这样说道，“历史，真的可谓是躯体部分，而年表则是历史知识的灵魂；没有大事记列表的历史，或者，关于过去往事的描述，却没有提到那些事件在其间发生运行的时间年代，那么，它们就如同是不会说话的一大块呆肉或胚胎，或者说是没有生命只有骨肉的尸首。”

到了17世纪末期，印刷业的科技进展激发了更进一步的创新；刻印雕版的新技术让更大、细节更详尽的书籍插图成为现实可能。一些大事年表专家开始从制图师那里得到线索提示，由此带来了美好的成果。不过，终极根本而言，地理图符直接应用于编年史领域，被证明还是生硬又笨拙。历史研究技巧大有进步，人们也探索了很多新形式，但尽管如此，关于时间的再现，看上去基本还是跟一千多年前、大事年表最初得到应用时相差无几。

直到18世纪中期，一套通用于时间地图的视觉语汇才得以普及。但是，18世纪的那种新的线性格式，被接受并流行起来的速度也实在太快了，以至于几十年之内，竟然已经很难想起，曾几何时人们还不曾使用这些格式。由此现象可见，编年史绘图的关键问题，并不是怎么去设计更复杂的视觉方案——17世纪很多有志于成为创新者的人采用了这种策略——而是反向而

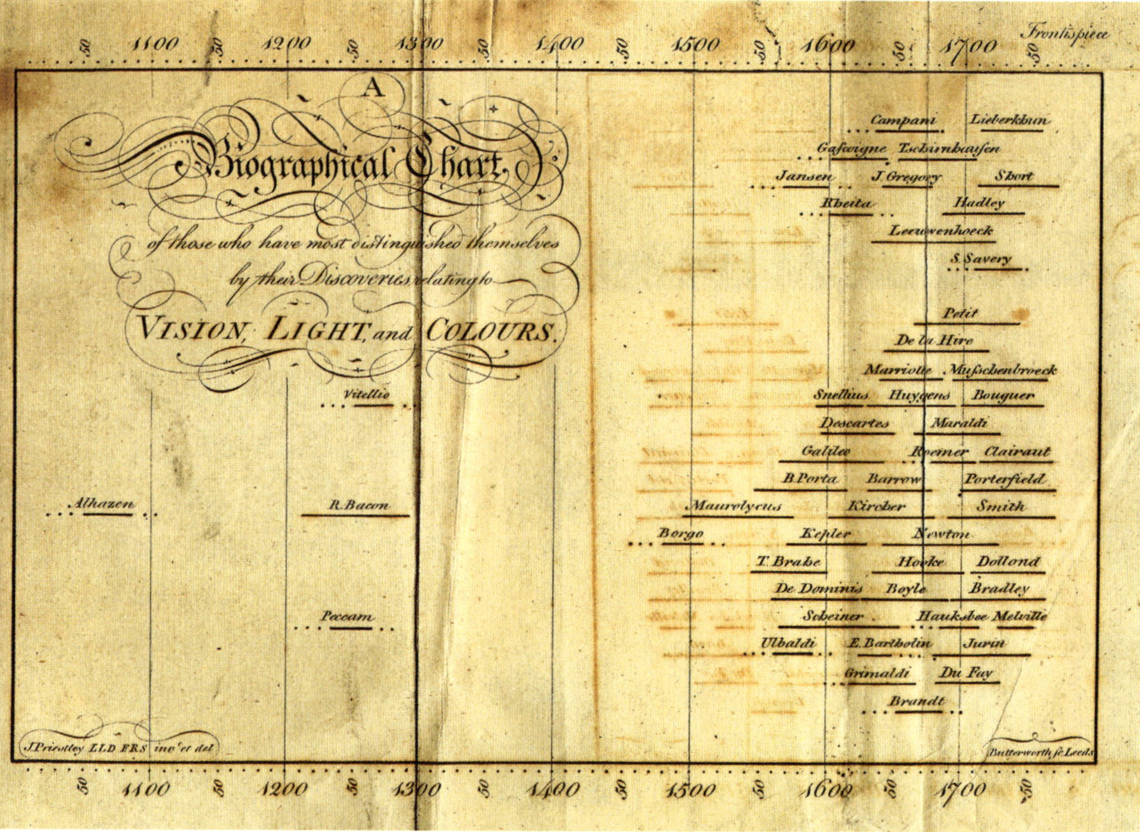

图 8

这个小小的图表，出现在约瑟夫·普雷斯特利的《与视像、光和色彩相关之发现的历史及现状》（1772）这本书中；这是参照模仿了他此前那开创性的《传记图表》（1765）。这一图表让读者一眼就能看到哪个科学家生活在哪个时期，也以此给出了一个全景视野，涵盖了自公元1000年以来在光学领域的主要科学活动。

行，是如何去简化，是怎么创造出一种视觉方案，来清晰地传递表达历史时间的统一性、方向性与不可逆的特质。

这一时期最为重要的大事中，包括了1765年《传记图表》（*Chart of Biography*，参见图8）的出版；作者是英国科学家和神学家约瑟夫·普雷斯特利（Joseph Priestley）。就基本技巧的层面而言，普雷斯特利的这个表格中几乎没有什么新东西。这是一个简单的、比例经过衡量的图表结构，年份顺着顶部与底部直线标出来，就如一根尺子上的空当间距。表格的主体空间中，水平线段显示了著名历史人物的出生与死亡信息：每人生命的长度与时间位置，都用一条短线段标记出来，出生日为开始，死亡日为结束。这份《传记图表》，是一个惊人简洁的图解，却被证明是一道分水岭。虽然是吸收承接了前面数百年实验的遗产，但它为时间地图带来了一份完整的和全面理论化了的视觉语汇，是达到如此高度的第一个图表，也是第一个成功完善了那矩阵框架的——那矩阵成为一个规范性的结构，引导常规编年史的呈现。而它的到来也适逢其时。普雷斯特利的图表，不仅能有效地展示年代日期，还为历史进步的概念提供了一种直观的视觉化形态模拟，而历史进步的概念在18世纪正变得风靡一时。在普雷斯特利的图表中，历史思想与平面图的表达新形式产生了对话，每一方也有很多东西贡献给对方。

但是，恰如普雷斯特利认识到的，他的创新也提出了问题：历史叙事并不是线性的。为了做比较和反差对照，叙事会前前后后移动；为了跟随情节和次要情节，叙事也不规则地乱生枝节。那矩阵形式的好处，其中一部分就是，它能有助于学者们对历史中很多相交叉的事件轨迹的理解。形成对比的是，时间线的形式则强调首要的叙事模式与最主要的大故事。时间线在某些方面被证实是一个很大的优势，但并非在所有方面都是。普雷斯特利爽快地承认了这一点。在他看来，时间线只是一个“非常棒的机械式的帮助，帮助你掌握关于历史的知识”，但不是历史本身的影像。

18世纪的写作者当中，对线性示意图解的局限性予以深思的，普雷斯特利不是仅有的一个。（参见图9）普雷斯特利发表他的《传记图表》以及续集之作《新编历史图表》（*A New Chart of History*）的同一年，小说家劳伦斯·斯特恩（Laurence

274 The Life and Opinions of

——That ſhe is not a woman of ſcience, my father would ſay—is her misfortune——but ſhe might aſk a queſtion.

My mother never did.——In ſhort, ſhe went out of the world at laſt without knowing whether it turned round or ſtood *ſtill*.—My father had officiouſly told her above a thouſand times which way it was,—but ſhe always forgot.

For theſe reaſons a diſcourſe ſeldom went on much further betwixt them, than a propoſition,—a reply, and a rejoinder; at the end of which, it generally took breath for a few minutes, (as in the affair of the breeches) and then went on again.

If he marries, 'twill be the worſe for us,——quoth my mother.

Not a cherry-ſtone, ſaid my father,—he may as well batter away his means upon that, as any thing elſe.

—To be ſure, ſaid my mother: ſo here ended the propoſition,—the reply,—and the rejoinder,—I told you of.

It will be ſome amuſement to him, too—ſaid my father.

A very great one, anſwered my mother, if he ſhould have children.

—Lord have mercy upon me, ſaid my father to himſelf—* *

CHAP.

TRISTRAM SHANDY, Gent. 275

CHAP. XL.

I Am now beginning to get fairly into my work; and by the help of a vegetable diet, with a few of the cold ſeeds, I make no doubt but I ſhall be able to go on with my uncle *Toby*'s ſtory, and my own, in a tolerable ſtraight line. Now,

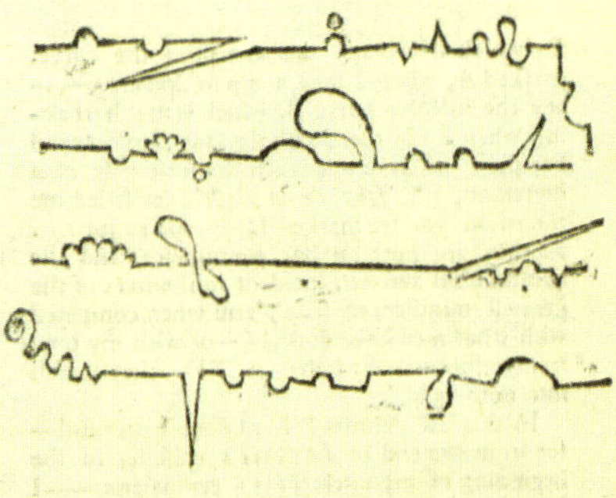

Inv. T. S. *Scul. T. S.*

Theſe were the four lines I moved in through my firſt, ſecond, third, and fourth volumes—

Vol. II. M In

图9

约瑟夫·普雷斯特利推出他那出色的历史时间线之际，劳伦斯·斯特恩则出版了他著名的讽刺小说《项狄传》（全称《绅士特里斯川·项狄的生平与见解》），一共九卷，陆续印行，贯穿了整个18世纪60年代。小说据称是书中核心人物特里斯川·项狄的自传，但项狄却无法好好讲故事，动不动就离题，而此书就听命于主人公的这种风格。跟普雷斯特利一样，斯特恩对用绘图具象表现时间也感兴趣：在小说中，项狄提交了一套图表，来呈现他那故事的前四卷所用的叙事模式。

Sterne）则开始出版他的《绅士特里斯川·项狄的生平与见解》。这是一个不同寻常的讽刺作品，拿线性叙事开涮；书中充满了伪造的图表，来映射特里斯川的生平故事历程。与普雷斯特利一样，斯特恩也明白，时间的线性呈现是一种复杂的、人工人为的构造。但在斯特恩看来，这里的问题压倒了那份优势与好处。他写道：

> 一位史料编纂者，能连续驱动他的历史故事直线向前吗，比如说，就像一个赶骡人赶着骡子，从罗马直接一路赶到洛雷托，中间不会有一次转动一下头，无论是转向右手边或左手边？在即将抵达行程终点之际，哪怕只提前一个钟头，他告诉你他做到了，那恐怕也还是冒险在吹牛。但这里的事情是，规矩实在地说，那是根本不可能的。因为，假如他碰巧是个意志不怎么坚定的人，那么，在他前行的途中，不时遇上这个或那个什么人之类的，然后恐怕会有五十次偏离直线也未可知——这是他根本就没法避免的。会有各种各样、远远近近的风景来持续不断地吸引他的眼睛，他无力抗拒，只能静静站在那里欣赏，正如他无法飞起来。

普雷斯特利与斯特恩的作品，尽管各有差异，但都指出了，要给线性时间设计出某种空想图案，需要技术层面的聪明才智与高强度的劳动量。

时间线提供了将历史视觉化的一种新途径。并且，它也从根本上改变了人们言说历史的方式。虽然如此，服务于呈现历史的其他视觉、语词象征符号与机制，它却绝对没有封锁排斥。19 世纪见证了时间线延伸进入很多新的应用领域，同时也看到了表示时间的其他图形遗产的复苏；在过去的很多个世纪，它们都与线性图符有互动与竞争。举例来说，《旧约圣经·但以理书》第二章中，巴比伦王尼布甲尼撒梦到了一座雕像，并阐释说那是描述了四个大帝国将轮流统治世界；贯穿于中古时代与早期近代阶段，这个雕像都能够，也确实充当了世界历史的支撑骨架。伴随着 18 与 19 世纪的宗教复兴，尼布甲尼撒雕像的图案也再度传播扩散开来，势如野火。不过，这个复兴新浪潮中，有不同于以往的元素。19 世纪的幻想家们利用了时间线，来阐明他们的历史寓言，赋予其精确性。他们变成了视觉符号转换的专家；在普雷斯特利及其模仿者那朴素简明的线条，与末日大灾难传统风格的生动图像之间，他们来来回回，反复转换。

19 世纪中期，一种强烈的实证主义倾向也出现在了编年史当中，尤其是在技术设备手段可以被用来衡量和记录具有历史意义大事件的那些领域。（参见图 10）19、20 世纪期间，摄影、胶片以及其他成像科技的发展，让人们得以记录那些具有先后时序的现象；还有精确度持续提高的器材和方法，比如说，一方面有艾迪恩 – 儒尔·马雷（Étienne-Jules Marey）与埃德沃德·穆布里奇（Eadweard Muybridge）的连续照相设备，另一方面又有安德鲁·伊利柯特·道格拉斯（Andrew Ellicott Douglass）的树木年轮分析手段，这就有史以来第一次，能让高速发生和极慢速度发生的事件，都变得可视可见。这一类的科学探索者，也为关于过往的研究展开了新的可能性。在某种程度上，他们也激励人们去设想，历史事件或许可以用真正客观的方式加以记录和再现。

但是，尽管时间线的惯例应用开始显得越来越平常自然，它的演进却也趋向于提出新的问题。（参见图 11）在有些情形下，在一条理想化的时间线中填

图 10

纽约市美国自然历史博物馆中一株巨型红杉树的横截面，拍摄于 20 世纪 50 年代。1891 年，这树在加州被砍倒，当时的树高为 101 米，近地面处的树干周长为 27.5 米。这段截面含有 1342 道年轮，所以树龄可上溯至 6 世纪中期。按现在所展示的，那些年轮，每间隔一百年被分别加了标注；刻写的都是著名历史事件，其中包括伽利略所用的折射望远镜的发明（1600 年）、耶鲁大学的创立（1700 年），以及拿破仑在法国夺得大权（1800 年）。

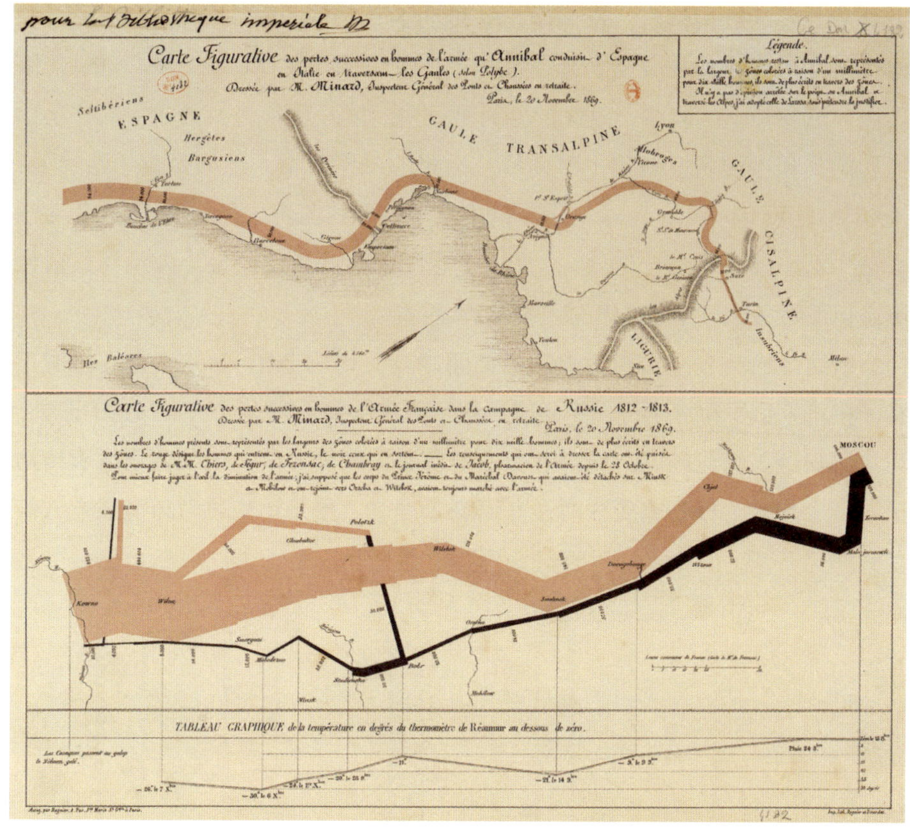

图 11

19 世纪 60 年代期间，法国工程师查尔斯·约瑟夫·米纳德设计了好几种绘制信息图的新技法，也颇具影响力。这一阶段，他完成的最著名的那些图表当中，就包括 1869 年的《1812—1813 年对俄战争中法军连续伤亡一览图，并对比第二次布匿战争中汉尼拔的军队伤亡》。两个图表一起印出来，展示了第二次布匿（也即古迦太基）战争期间，远征翻越阿尔卑斯山的汉尼拔大军的规模与伤亡损耗，还有拿破仑奔袭俄罗斯时的军队伤亡。图中的着色带状表示以人数计的军队实力 —— 两图中，一毫米的宽度都代表一万士兵。拿破仑的远征图中，还包括有气温的变化记录。

进更多更好的数据信息，反倒是把它推向了荒唐的一端。雅克·巴尔贝－杜伯格（Jacques Barbeu-Dubourg）完成于1753年的《万国年表》（*Chronologie universelle*），裱贴在一道卷轴上，装在一只保护性的匣子里，展开后长达16.5米。同样是以物质的具象参照来重新锚定时间线，后来的一些尝试，比如说查尔斯·约瑟夫·米纳德（Charles Joseph Minard）绘制于1869年的著名图表，《1812—1813年对俄战争中法军连续伤亡一览图》，这一主题图解所产生的成果，外观样式很优美，但最终又让一开始承诺的直线成了疑问。

米纳德的图表，在视觉上的简洁明晰度，堪称典范——而它发出的声音，横贯了俄罗斯那个冬季空间的声音，其中那痛苦到令人失去知觉的悲情，也堪称典范。与此同时，通过色彩、角度和图形的手段，米纳德的图表传达出了一个理念的核心重要性所在，而那个理念，便是历史思考与讲述方式的

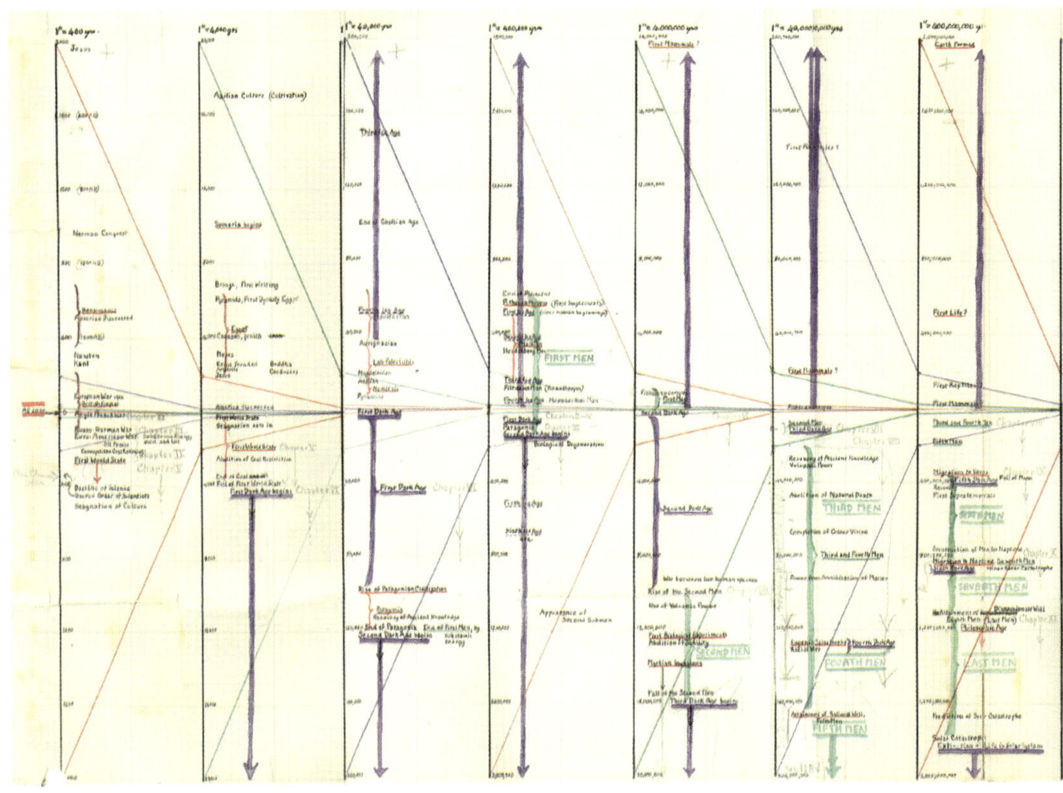

一种反向逆转。米纳德的图表可能是比普雷斯特利的更为精确，但那不是因为它承载了更多或更好的历史细节，而是因为它解读历史的方式相对复杂，有时候还带有悖论矛盾；这正是讲述一个真实故事应有的方式。这同样的说法，也适用于查尔斯·雷诺维耶（Charles Renouvier）出品于1876年的《乌托纪年》（*Uchronie*）一书中那分枝旁逸的时间图；书的全称为《乌托纪年［时间的乌托邦］：欧洲文明发

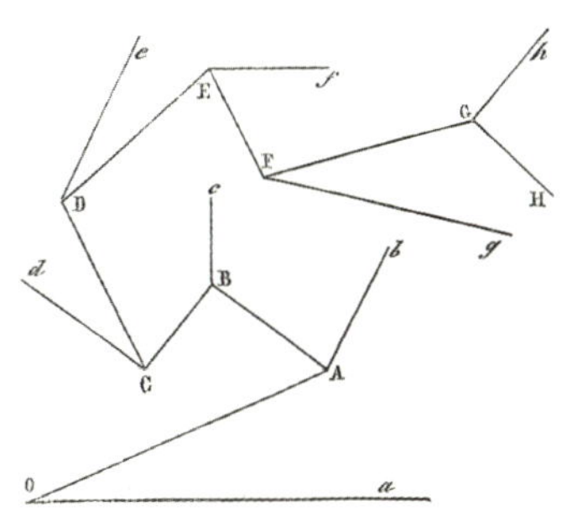

图12

查尔斯·雷诺维耶的图表，发布于1876年，其中的大写字母代表实际发生的历史事件，小写字母则表示未曾发生的虚拟事件。

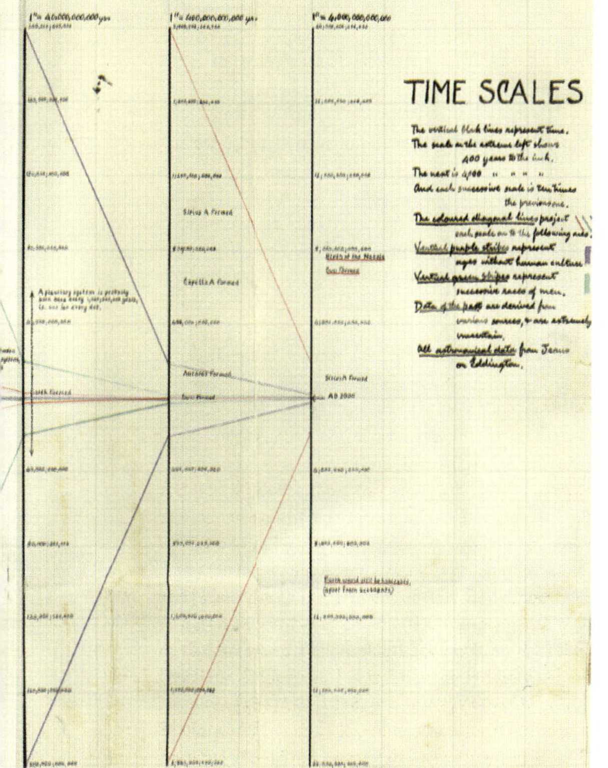

图13

奥拉夫·斯德普尔顿1930年的经典科幻大作《最后与最初的人类：近期未来与远期未来的故事》所用到的时间线的手稿图。该书讲述了人类长达二十多亿年的演变历史，假想其中经历了十八次剧烈的生物与文化革命。出版印行的书中包含有一套时间线插图，是按多种不同的比例绘制，从一般历史比例直到宇宙时空比例。他的手稿图时间线，都以相同的原理来设计：垂直黑线代表时间；最左侧的那根线，所用的比例是400年对应一英寸；随后的那根，是4000年对应一英寸，后面的每一个，比例都比前一个顺次扩大十倍。着色的斜线，则是将前面的每一段长度范围顺次投射到后面的那些标线上。垂直的紫色粗条，代表着没有人类文明的那些时代。垂直的绿色粗条，表示着可能相继有过的人类相邻种群。

（利物浦大学图书馆文献档案与特藏部，承蒙约翰·斯德普尔顿许可使用）

展概述，非既成事实，而是其可能发生之历程》（*Uchronie [l'utopie dans l'histoire]: Esquisse historique apocryphe du développement de la civilisation européenne tel qu'il n'a pas été, tel qu'il aurait pu être*），既描绘了实际的历史进程，也描绘了假想中的替代性的轨迹走向——如果采取了其他的选择与行动，便可能改写历史面貌。（参见图 12）另外有些哲学家，则采取了一个甚至更具批判性的立场。19 世纪末期，法国哲学家亨利·柏格森（Henri Bergson）指责，虚构出的时间线图形本身就是一个欺骗性的幻象。

关于（地质概念上）"深层时间"问题的反思，也引发了一些针对时间地图的、自觉或有意识的疏离化与陌生化的表现形式；比如，哲学家兼科幻作家奥拉夫·斯德普尔顿（Olaf Stapledon）在其出版于 1930 年的"后设历史"（或称"元历史"）的寓言性大作《最后与最初的人类》（*Last and First Men*）中，用了一个未来历史的长达数十亿年的时间线来充当该作品的结构。（参见图 13）斯德普尔顿知道，很难以几十亿年的长度概念来想象人类历史。他也知道，投射到一条时间线上之后，他的假想场景看上去就将会显得挺自然的。他采用了时间线这种直观形式，来动摇和重组读者关于时间值的定势预设——那是常规历史叙事的年代比例中暗含的数值概念。近些年来，环保主义团体，比如长今基金会（Long Now Foundation），也有效地利用起类似的手段。（参见图 14）贯穿过去的两个世纪，从画家弗朗西斯·皮卡比亚（Francis Picabia）到观念艺术家河原温，从漫画家格兰德威尔（J. J. Grandville）到索尔·斯坦伯格，很多视觉艺术家都质疑和取笑人们关于历史时间图解呈现的那些套路化定见。他们的那些作品，既指向年代纪再现描述这一课题中的变化，也指向那些持久恒定的元素——指向尤西比乌斯与普雷斯特利所创造的那些形式的生命力，也指向它们所继续提出的那些概念上的困难与争议。

在这本书中，我们所提供的是一份简短介绍，回顾和讲述年表的现代方式是如何出现的，还有它们是如何将自己植入了现代想象。借由这样的努力，我们希望能稍稍阐明西方世界的历史观点，能讲清楚关于纪年呈现的理念与样式之间的复杂关系，能就历史表述领域的图解学，为读者提供一套入门的基本原理或规则。

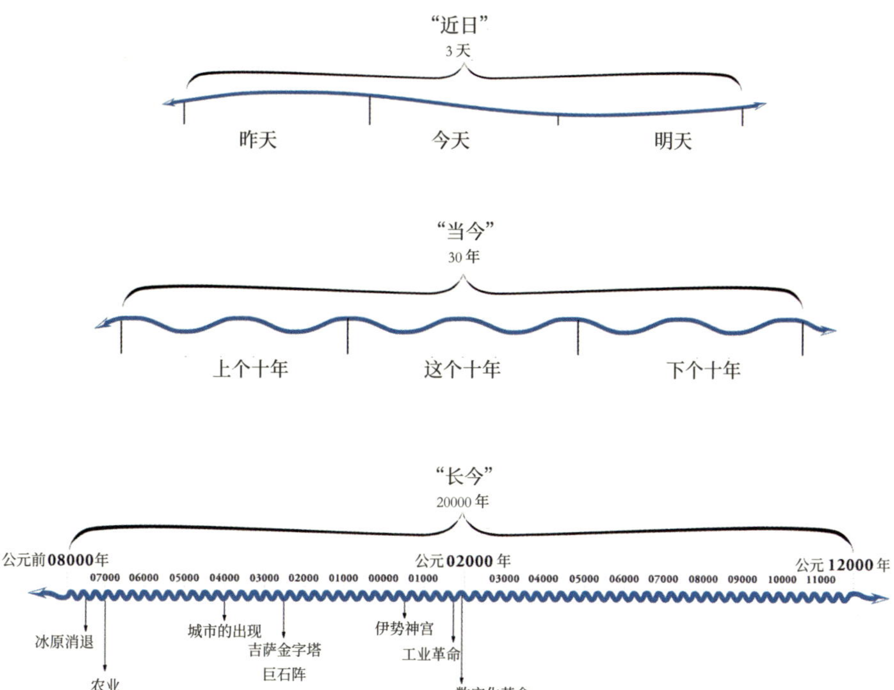

图14

长今基金会1999年推出的时间对比比例图，解释“长久今日”的概念：近日、当今、长今。

第二章

时间表

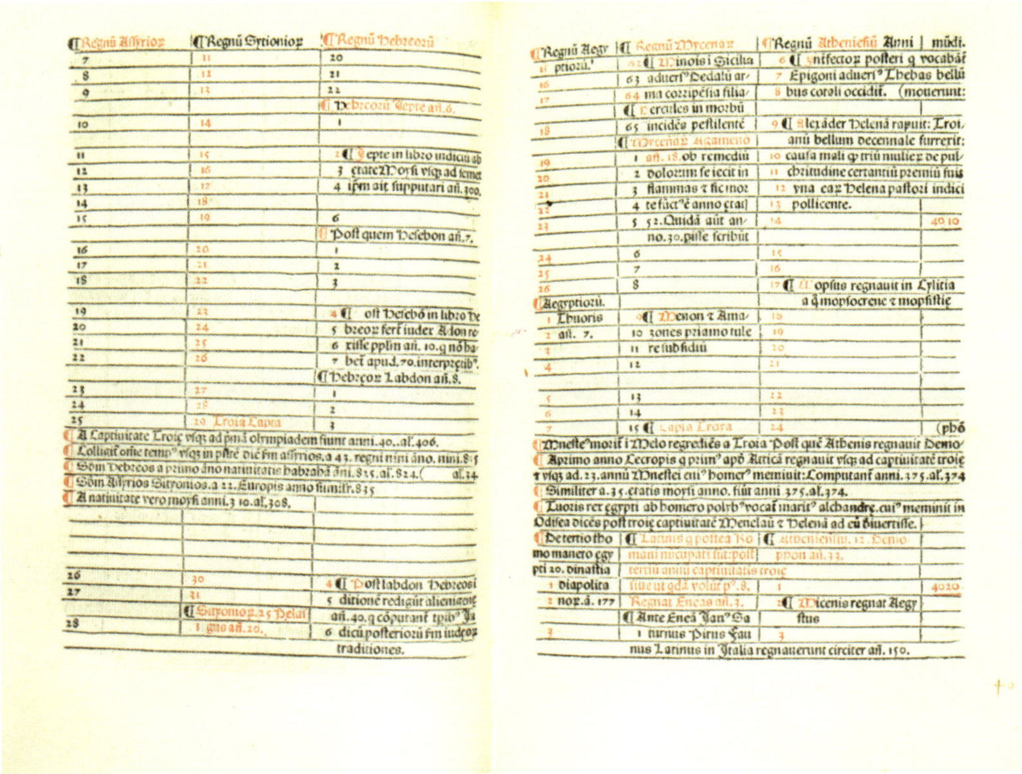

图 15

尤西比乌斯的《编年史》，其中这一部分的开场，支配性的事件是特洛伊的陷落。

时间线的故事开始于古代世界。（参见图15）古希腊与古罗马学者拟出名人清单，比如大祭司、奥运会获胜者与地方行政官；有些名录被刻成石碑，其他的被收入图书里。但直到4世纪时，基督教神学家，来自恺撒利亚的尤西比乌斯设计和绘制完成《编年史》，那才成为后来很多个世纪的各类时间线作品的范本。尤西比乌斯的目标，是在世界历史中确立基督教的地位，而在一定程度上，世界历史是由犹太教与基督教经卷讲述的。但他还计划将这份中心叙事与其他几个民族的历史同步呈现，而那些民族保持了他们自己的记录，有着他们自己传统的编年史体例；并且，在古以色列人或近代基督教的历史中，这些民族也有着突出表现。

尤西比乌斯读的是希腊文的《圣经》，他知道并使用了《六文合璧本圣经》；那是另一位基督教学究奥利金在3世纪编纂而成，文本以多语言排为六列。原文为希伯来语，另一列为希腊语，与原文排列对应，逐词逐字直译；另外还有四列，是不同的希腊语译文。奥利金以此让基督教读者看到，他们从亚历山大城讲希腊语的犹太人那里继承下来的希腊文《圣经》，与巴勒斯坦的犹太人所用的希伯来语《圣经》相比，在哪些地方有差异。这个非常著名也极为冗长的版本，很可能填满了整整二十本全本手稿。它证明了文字行与列排布的重要潜力——这些排版样式，若在古代人原先所用的卷轴书中实施，比起在基督徒喜欢的经典手抄本书里运用，无疑要困难许多。这种格式——正如它曾帮助过奥利金——给了尤西比乌斯一种简单可行的手段来处理复杂的信息。他用了十四个平行列，每列对应一个国家，以此循踪呈现了古代亚述、埃及与波斯王国的兴衰；同时也呈现了希腊人与罗马人的历史，而罗马帝国当时仍统治着世界。

尤西比乌斯协调了所有这些历史，并让很多史实清晰化——举例来说，希腊哲学家泰勒斯与希伯来先知耶利米差不多是同时代人。上下左右细查他的表格，读者可以搞清楚，《圣经》历史中的哪些事件，跟异教时期希腊或埃及古代的特定事件，确切来说是同期发生的。熟悉多种多样的插图文本的那些古代读者，读过史诗也看过数学书，他们现在意识到，眼下这个特色才是让尤西比乌斯的作品脱颖而出的。6世纪时，一位罗马帝国晚期的学者卡西奥多罗斯，将《编年史》描述成是“历史的一个图像”——这样一个文本类型，以一种新方式组合了形式与内容，以及页面布局与学识。

尤西比乌斯的历史图像讲授了一个核心内容。随着时间的推进，统治世界各地的多个王国陆续消失了。历史如漏斗般向下聚拢，汇成单独的一个故事，也就是罗马如何统一了世界，恰逢其时地为救主弥赛亚打开通路，去造福所有族群。换句话说，这部《编年史》不只是一份高度清晰的历史记录，它也是一幅富于动态变化的文字，展示神意安排下的历史。

5世纪，杰罗姆将《编年史》翻译为拉丁文并加以修订，随后，在整个古代后期与中世纪，这个年表都赢得了长串的、一系列的抄写员、续编者与模仿者。（参见图16）一次又一次地，学者们续写《编年史》，将其内容更新至最近期，而缮写员们则将其格式适当调整。15世纪的佛罗伦萨市民兼学者马蒂奥·帕尔梅瑞（Matteo Palmieri），现在人们记得他，主要是因为他那关于公民义务的专论著述。按照大书商维斯帕夏诺·达·比斯蒂奇的回忆，马蒂奥在他自己的年代，获得显著声名是由于给《编年史》增补内容："他用拉丁文在尤西

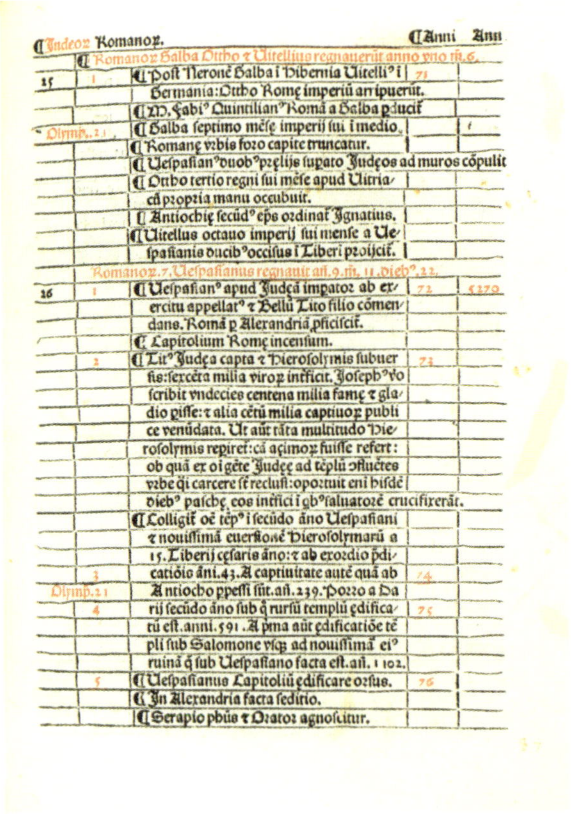

图16

耶路撒冷被攻陷，罗马统一了世界。从《编年史》的这一页往后，只有一个帝国出现。

比乌斯的《编年史》中加上了一千多年的历史大事，从圣·杰罗姆和普罗斯珀（Prosper）以前停掉的工作那里开始接续。那些无名作者留下了资料；搜罗研究这些东西，描述那些人的年代里发生了什么事，他的努力肯定遭遇了种种的艰难困苦；这是显而易见的。他的人和他的作品都因此而闻名遐迩。他制作了很多的副本，人们在世界各地都能发现他的作品。”

15与16世纪期间，印刷商们给年表加入了一些手稿版本中原本没有的新特色。米兰的出版商波尼努斯·莫布里提乌斯（Boninus Mombritius）印售过尤西比乌斯原作的第一版；在前页部分，他自我夸耀说，如此复杂又内容广博的作品，没有哪个抄写员能精确无误地誊抄完成的；他们没法让那些表格保持秩序和顺序，没法把每一位国王都安置在应有的位置。1483年，在威尼斯，伊尔哈德·拉多尔特（Erhard Ratdolt）印行他自己版本的“编年史”，并添加了一个特别的工具；首先是印刷书籍时规则又统一的页码标注，让此有了可能，而这工具就是：一份人名索引。编写这索引的，是出版社的校对人；他以一首小诗的形式写道：

> 在此书中，你不会无助又迷茫，
> 不会找不到历史片段和大事件，
> 我们已奉上一份索引，只待君之造访
> 你所翻寻之页，将不复是迷雾一片。

1512年，巴黎的出版商罗伯特·艾斯狄恩（Robert Estienne）委派他雇请的一位校对人耶翰·德·穆沃（Jehan de Mouveaux）设计一份新版本的编年史，要求那更能激发读者兴趣。穆沃将拉多尔特版本的那个索引表按字母顺序重新编排，还加进自己的一首短诗，宣称此创新专利归属于他——但六年后他就失去了这功劳：艾斯狄恩重印那新版书，保留了穆沃的索引表，却没印出他的名字。“编年史”，类似于抄写员们参与编写的巨大数据库，经常会吸引像穆沃这类人给予长期关注——如今，这样的人我们会叫作网络内容提供者——他们往往匿名或基本上不为人知，但依然一直发挥着重要作用，不断对文本资料加以重新配置和扩充延伸。

图 17—19

这里是尤西比乌斯《编年史》的不同版本。1512 年，耶翰·德·穆沃编写了第二图所示的版本，拆借挪用了第一图版本的索引表。穆沃所服务的出版商艾斯狄恩，在 1518 年的一个新版本中，重印了那索引表，但取消了穆沃那首将此创新归于其名下的小诗；由此，也算是伸张正义，为第一图版本的那无名创新者完成复仇。

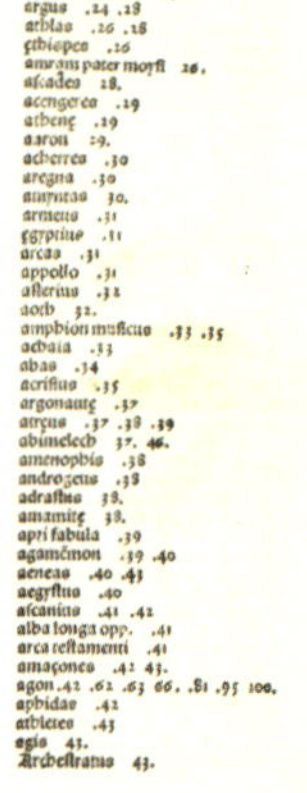

Ammenophis .24 .27
argus .24 .28
arbias .26 .28
ethiopes .26
amram pater moysi 28.
ascades 28.
acengeres .29
athene .29
aaron 29.
acherres .30
aregna .30
armeus 30.
armeus .31
egyptius .31
arcas .31
appollo .31
asserius .32
aoch 32.
amphion musicus .33 .35
achaia .33
abas .34
acrisius .35
argonaute .37
atreus .37 .38 .39
abimelech 37. 46.
amenophis .38
androgeus .38
adrastus 38.
anxamis 38.
apri fabula .39
agamenon .39 .40
aeneas .40 .43
aegystus .40
ascanius .41 .42
alba longa opp. .41
arca testamenti .41
amazones .42 43.
agon .42 .62 .63 66. .81 .95 100.
aphidas .42
athletes .43
egis 43.
Archestratus 43.

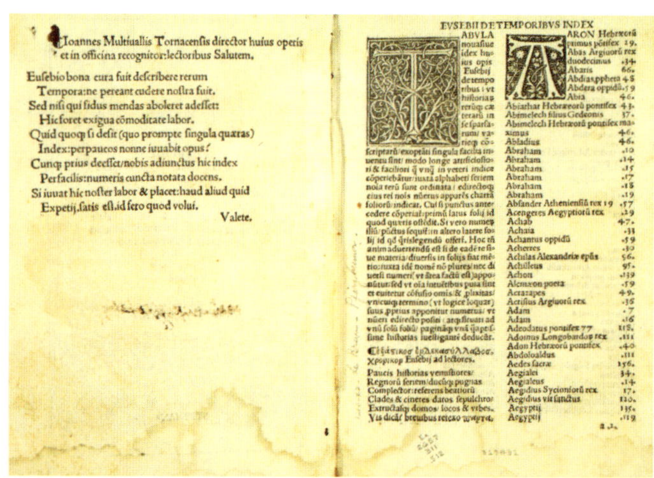

Ioannes Multiuallis Tornacensis director huius operis et in officina recognitor: lectoribus Salutem.

Eusebio bona cura fuit describere rerum
Tempora: ne pereant cudere nostra fuit.
Sed nisi qui fidus mendas aboleret adesset:
Hic foret exigua cõmoditate labor.
Quid quoq; si desit (quo prompte singula quæras)
Index: perpaucos nonne iuuabit opus?
Cunq; prius deesset/nobis adiunctus hic index
Perfacilis: numeris cuncta notata docens.
Si iuuat hic noster labor & placet: haud aliud quid
Expetij, satis est, id sero quod volui.

Valete.

EVSEBII DE TEMPORIBVS INDEX

Aaron Hebræorũ primus põtifex 19.
Abas Argiuorũ rex duodecimus .34
Abaris 66.
Abdias ppheta 46
Abdera oppidũ .59
Abia 46.
Abiathar Hebræorũ pontifex 43.
Abimelech filius Gedeonis 37.
Abimelech Hebræorũ pontifex maximus 46.
Abladius 46.
Abraham .10
Abraham .14
Abraham .15
Abraham .17
Abraham .18
Abraham .19
Absander Atheniensiũ rex 19 .57
Acengeres Aegyptiorũ rex .29
Achab 47.
Achaia .33
Achantus oppidũ .59
Acherres .30
Achillas Alexandriæ epũs 56.
Achilleus 95.
Achon .139
Alcmæon poeta .59
Acrazapes 49.
Acrisius Argiuorũ rex .35
Adam .7
Adam .16
Adeodatus pontifex 77 118.
Adoinus Longobardorũ rex .111
Adon Hebræorũ pontifex .40
Abdoloaldus .111
Aedes sacræ 156.
Aegialei 34.
Aegialeus .14
Aegidius Sycioniorũ rex 17.
Aegidius vir sanctus 120.
Aegyptij 135.
Aegyptij .119

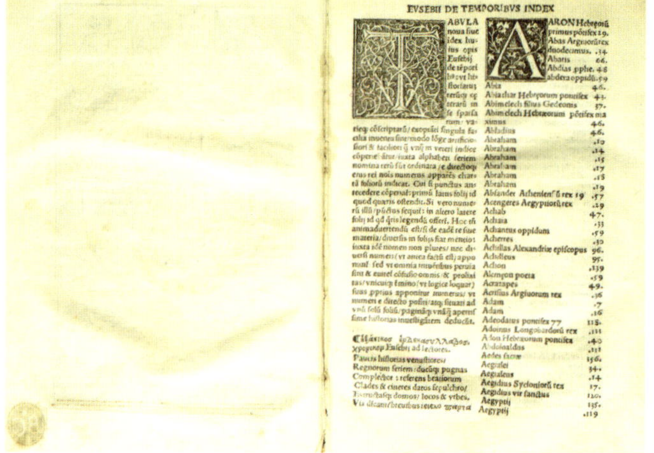

EVSEBII DE TEMPORIBVS INDEX

中世纪的年表学者与抄写员，曾更新过《编年史》；穆沃也模仿他们的做法，在新版书中加印一个增补附录，内容则包括诸如新大陆的发现这一类当时的头条要闻。（参见图 17—19）不过，与那些前辈续写者一样，编排组织新资料时，他也没有努力尝试去呈现自己时代之前那几个世纪诸多王国的涌现。他没有设立和展开新的平行列，而是将近代早期的那些王国与城邦的历史加以折叠压缩，化成一个单一的序列，接续着之前的罗马帝国的历史。穆沃也没有用到任何的视觉惯例手段——除了用红色墨水字迹表示新教皇和新皇帝——来传达他所通报的那些历史戏剧，而那些事件，从学者名流去世的信息、先知大贤的起落浮沉，直到战争与侵略，内容丰富，无所不包。

那些新手段，并非都收效良好、进展顺利。（参见图 20—24）在纸面上描绘时间，对印刷工以及技术都提出了复杂和苛刻的要求，就像这任务曾给协助尤西比乌斯的那些誊抄工带来挑战一样，而工人们也并非总能给出创造性的应对之策。《编年史》在印刷中得到了种种改进，但尽管如此，它看上去却越发呆板机械了，而且，比起此前的那些手写版本，也变得更为难读。缮写员以前在纸面开放空间布局统治者名录与大事件的说明文字，而现在，在这些地方，印刷工用水平线与垂直线将每一页分成了多个小格子。这些格子更多是让信息碎片化和模糊化了，而不是演示出事件之间的关联。《编年史》陆续印行过很多个版本，但后来的那些修订者，并没能让新版更出色或对读者与使用者更友好。不过，它们毕竟还是把这个作品带给了数量远比以前更多的读者，让他们熟悉了那种平行列的编排格式。

印刷术发明之后人们撰写完成的编年史，其中有一些，包括加尔都西会修士威纳尔·罗勒文克（Werner Rolevinck）的畅销之作、出品于 1474 年的《时日集结》（*Fasciculus temporum*），还有纽伦堡的人文主义者哈特曼·谢德尔（Hartmann Schedel）出版于 1493 年的、插画极为丰富的《纽伦堡编年史》，它们都为读者带来了更复杂也更生动的往昔时代的图像。谢德尔与罗勒文克都知道，就像尤西比乌斯的读者们所明白的，“从设想的一开始，普遍历史就是被视为一种图像化的项目计划来酝酿的。”他们运用了多种多样的图像手段，新旧都照用不误，来描绘历史的进程。

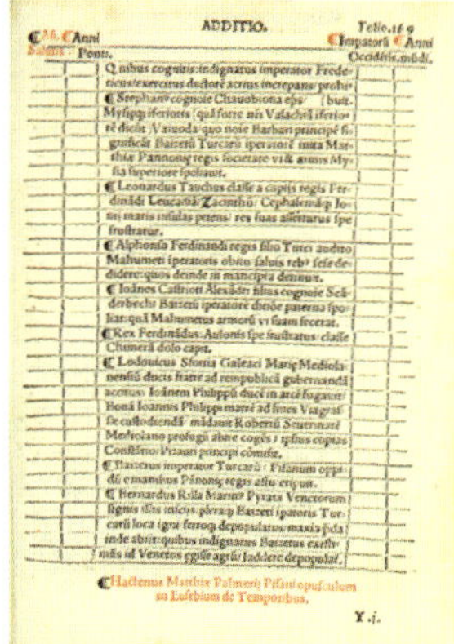

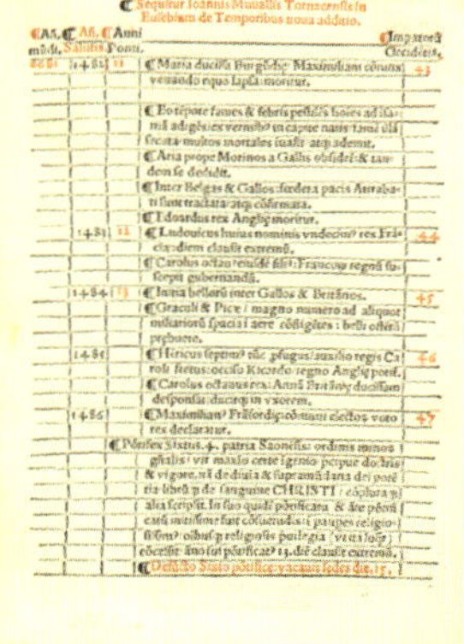

图 20—21

马蒂奥·帕尔梅瑞 15 世纪为尤西比乌斯的作品加入增补内容，此为增补部分的结束页；另一幅图是 1512 年耶翰·德·穆沃所添加内容的开始部分。这两个人，也像尤西比乌斯曾经的心态那样，都认定了世界现在是单独的一个帝国，归于罗马治下，尽管帕尔梅瑞是生活在托斯卡纳——这个地区被分割归属于几个中世纪城邦，而穆沃则生活于那以独立为自豪的法兰西王国。

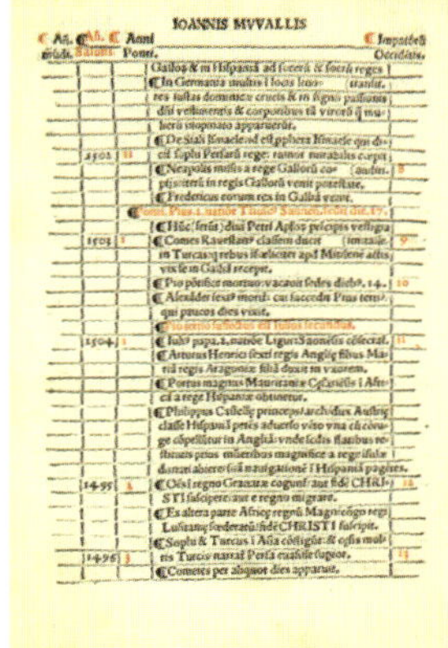

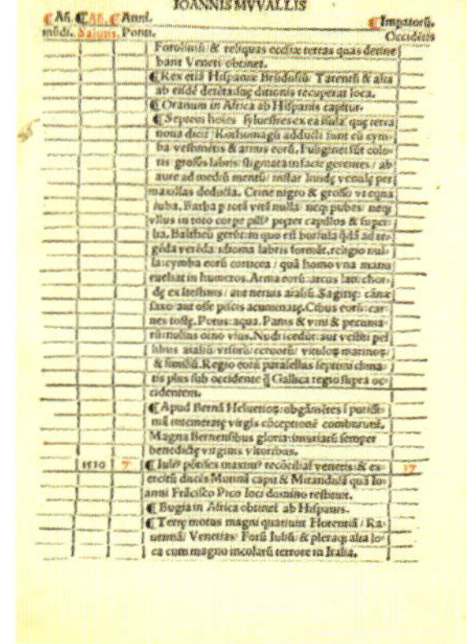

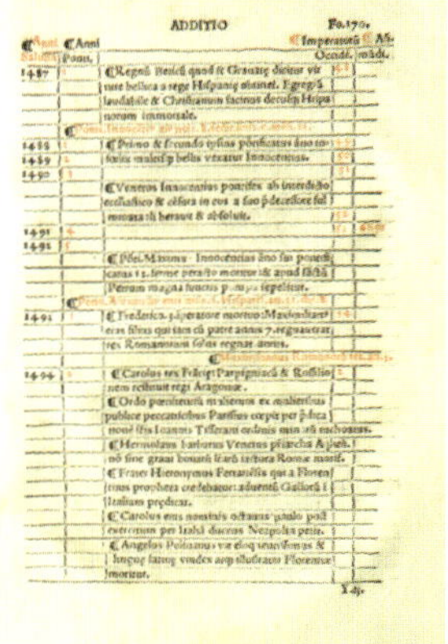

图 22—24

耶翰·德·穆沃所增补的内容，包括多种多样的事件报道：既有十字架从天上落下，落到人们衣服上的传闻，也有跨越大西洋、从“新岛”到来的人种；既有 1494 年法兰西入侵意大利，也有在此四年之后宗教改革家萨沃纳罗拉于佛罗伦萨遭处决。

《时日集结》是多达五十页的一个线性图表，从上帝造物一直延伸到此书出版的年代；这本书的意图是让读者对世界历史有个纵观概览；这是一份可读的视觉化陈述，读者既可以把它当成一个记忆体系，也可以当成激发宗教冥想的火花。（参见图 25）罗勒文克用了一个圆圈系统，这些圆圈相互协调呼应，为《圣经》传说、古典时期及近代时期的统治者与文化名家在历史时间流程中定位；这个系统非常复杂，受托印书的第一个印刷商为此而绞尽脑汁，但还是搞砸了，印出来的文本无法理解。好在稍后的印刷商让读者消除了顾虑；他们遵循和再现了作者的手稿，所拿出的成果也相当出色，令人瞩目：设计简练整洁、表达清晰有力的一条水平时间线，从上帝创世直到书出版的当下时代。围绕着水平线的，是布局整齐、协调有序的人名气泡框，以及出自历史文献的摘录；这些元素，为此书那年代数字的骨骼赋予了血肉。

图 25

15 世纪，威纳尔·罗勒文克的《时日集结》

Secunda etas mundi

DE homibꝰ diuersa⁊ forma⁊ dicit P
ca.ij. Et Aug.li.xvi.de ci.dei.ca.v
doctus Ethi.li.xi.ca.iij. oīa q̄ sequ
dia. Cenocephali homines sunt canina cap
tes cū latratu loquūtur aucupio viuūt. vt a
qui omnes vesciutur pellibus animaliū.
Ciclopes in India vnū oculum hn̄t in fron
sum hij solas ferarū carnes comedūt. Ideo
gite vocātur supra nasomonas confinesq̄ i
mines esse: vtriusq̄ nature inter se vicibus
Calliphanes tradit Arestotiles adijcit dex
mam ijs virilem leuam muliebrem esse qu
froditas appellamus.
Ferunt certi ab oriētis pte intima esse hom
naribus: facie plana eq̄li totius corpis pla
os supiore labro orbas. alios sine linguis
creta ora esse modico foramine calamis au
tū haurietes.
Item homines habentes labiū inferius. it
vt totam faciem contegant labio dormiente
Item alij sine linguis nutu loq̄ntes siue mo
nachi.
Pannothi in scithia aures tam magnas hi
tegant totum corpus.
Artabatite in ethiopia pni ambulāt vt peco
qui viuūt p annos. xl. quē nullus supgred
Satiri homūciones sunt aduncis naribus
frontibus hn̄t ⁊ capra⁊ pedibus similes q
litudine sanctus Antonius abbas vidit.
In ethiopia occidentali sunt vnipedes vn
tissimo tam veloces vt bestias insequantur
In Scithia Ipopedes sunt humanā form
pedes habentes.
In affrica familias quasdā effascinātiū Isi
Memphodorus tradit qua⁊ laudatōne in
bata. arescāt arbores: emoriātur infantes.
dem generis in tribalis et illirijs adijcit I
visu quoq̄ effastinent iratis pcipue oculis
rū malū facilius sentire puberes notabilꝰ
pillas binas in oculis singulis habeant.
Item hoīes. v. cubito⁊ nūq̄ infirmi vsq̄ a
Hec oīa scribūt Pli. Aug. Isi. Preterea le
Alexādri q̄ i india sunt aliq̄ hoīes sex man
Itē hoīes nudi ⁊ pilosi in flumine morāte
Itē hoīes manibꝰ ⁊ pedibꝰ sex digitos h
Itē apothami i aq̄s morantes medij hoīe
caballi.
Item mulieres cū barbis vsq̄ ad pectꝰ s̄ ca
no sine crinibus.
In ethiopia occidētali sūt ethiopes. iiij. ocl
In Eripia sunt hoīes formosi ⁊ collo grui
stris aialium hoīmq̄ effigies mōstriferas c
mitates gigni mīme mirū. Artifici ad form
pora effigiesq̄ celandas mobilitate ignea.
Antipodes āt eē. i. hoīes a 9tra pte terre vb
q̄n occidit nob aduersa pedibꝰ nr̄is calcar
nulla rōe credēdū ē vt ait Aug. 16. de ci. dei.
gēs tn̄ h pug̃ lra⁊ 9traq̄ vulgi opīoe⁊ circi
re hoīes vndiq̄ 9uersisq̄ iter se pedibꝰ sta
silem eē celi vtīcē. Ac sili mō ex q̄cūq̄ pte m
cari. Cur āt n̄ decidāt: mirēr ⁊ illi nos n̄ dec
eū repugnāte: ⁊ quo cadāt negātevt possin
Nā sic ignis sedes nō ē nisi i ignibꝰ: aq̄rū n
spūs nisi in spū. Ita terre arcentibus cūctis
locus non est.

图 26—27

哈特曼·谢德尔的《纽伦堡编年史》，其中早期几部分的中心视觉图符是树状结构；他在树上附缀添加了犹太人族长、古希腊古罗马统治者以及很多其他类似人物的形象。这一页描绘了诺亚之子雅弗的后代。谢德尔生活在一个饱受谣传奇闻敲打的世界，比如传说遥远的东方有怪异、甚至是凶暴恐怖的野人——类似传闻可回溯至古希腊时代。他为这些“怪物”找到了展示空间，但终归还是不能把他们放在那系谱树上的任何地方——那树毕竟要一直上溯到先祖亚当，而且，《圣经》里也没在系谱中给那些怪物安排存身之地。

Iaphet tercius filius noe habz septem filios q̄ et europam sortitus est. Iste iaphet a p̄re b̄ndictus ē p̄pter ingenuā nobilitatem dilatationē q̄z ei imp̄cabat. ⁊ ab eo descenderūt generatōnes .xv. Septē aūt gētes per iaphet filios institute fuerūt. Gomer p̄mogenit⁹ iaphet in europam veniēs gomeritas instituit: q̄ postea a grecis galathe nūcupati sunt: ⁊ a q̄bus galatia regio. Hec quippe hispanie ⁊ lusitanie cōterminia quā a meridie hz. Ab occidēte vo ⁊ septētriōe occeanū. Et ab oriēte flumē sequaue ⁊ germanie p̄uīcias. Gomer g̃ primus fi. iaphet a q̄ galathij ⁊ hz. 3. filios. Primi⁹ astanes a q̄ sarmacia. hij scithar hoīes sunt ī paludis meothidis p̄fundo hītātes q̄ exilis regio ē infelicib⁹ arborib⁹ referta. Scōs Riphath al' raphaa a q̄ paphlagones. ⁊ paphlagonia nomē accepit. h̄ ē minoris asie regio. Terci⁹ Thegorma a q̄ friges emersere. ⁊ a q̄b⁹ frigia mioris asie p̄uīcia cog̃miata fuit: q̄ postea dardania. deinde troia cog̃miata ē. Scōs fi. iaphet magog a q̄ scithe ⁊ a q̄bus schia ⁊ gothia nomen hūere. Terci⁹ Medar siue made⁹ a q̄ medi a q̄b⁹ media regio nomē sortita ē q̄ ē assyrie ⁊ p̄sie vicina. Quart⁹ fi. iaphet iauan a q̄ greci. hic. iiij. genuit filios iste ꝯdidit iones grecos et a q̄b⁹ mare ioniū nomē accepit. ionia. ei grecoꝝ regio fuit. iter cariā ⁊ eoliā q̄ nunc Turchia dr̃. Prim⁹ helissan a q̄ helisey. q̄ postea eolij a grecis nūcupati sunt. a q̄bus eolia īsula in siculo mari vigitiq̄z q̄nq̄z passuū milib⁹ ab ytalia distare dr̃. Scōs tharß q̄ i miori asia tarsos ꝯdidit q̄ ātiq̄t⁹ cilices dicebāt inde p̄uīcia cilicia pauli ap̄li p̄ria. Terci⁹ thaysa al' cethim a q̄ cyp̄a īsula cethina dcā fuit de q̄ circa īsulas de socio ei⁹ ptz. Qrt⁹ dodamin a q̄ burgūdi. h̄ ī insulā rhodis veniēs rhodios appellari voluit. Quīt⁹ fi. thubal a q̄ hispani a q̄b⁹ hispaia europe r̃gio p̄maria. Sext⁹ fi. mosoch a q̄ Capadoces ⁊ regio Capadocia maiori asie vicia Septi⁹ fi. thiras suos thireses appellauit. a q̄ tracia p̄uīcia. q̄ ī scithie ptib⁹ ē noiat.

形成对照反差的是，谢德尔作品中数百上千塑造历史的“行动者”，其中很多被具体描绘出来，呈现为复杂的系谱树状图上的“果实”。（参见图 26—27）他用学者托勒密所创样式的一幅世界地图来作为书中插画，此外，有令人眼花缭乱的古代与近代城市的透视效果渲染图，甚至还包括了相当多怪趣的连载漫画式图像，画的是野蛮食人族与狗头人之类——自古以来的传闻，说是在印度发现。他的书，就图解时间的视觉清晰度与精确度而言，赶不上罗勒文克的，但他为我们提供的关于过去的视觉与文字描述，却有着远远更为丰富的细节。

罗勒文克与谢德尔在构思草拟其作品时，无疑是为方便印刷做了考虑的，但两人也照样从中世纪手稿的世界中借用了设计元素。（参见图 28—32）尤西比乌斯酝酿出首创之作，随后的很多学者与抄书工都往其中添加了一些用于应对各自需求的权宜手段。12 世纪晚期，巴黎的一位神学老师，来自普瓦捷的彼得，为《旧约》的历史设计了一份色彩生动的视觉化材料，供学生使用。他用了一个线条与圆圈的系统，来阐述和澄清希伯来大族长、国王们之间的时序与宗谱关系。彼得作品的复制本，没有采用常规的圣书手抄本书写形式，而是誊抄在了精致的羊皮纸手卷上，长度可达九英尺或更长，而这样设计的意图就是为了能挂墙展示在课堂上。

《时日集结》中配有插图，比如诺亚方舟、巴别塔与尼尼微大城之类；它重现了旧世界编年史与《圣经》按语评注的习惯体例。（参见图 33）罗勒文克显然将这种形式与彼得的圆圈系统融合起来，但是将垂直格式旋转了 90 度；原先呈现为连续下行、直至圣书抄本中常规分页符的线条，也转为水平，被切割分解。然后，他按照尤西比乌斯的那种方式，布局安排一小块一小块的文字，这样一来，读者可以确定出自《圣经》与历史学家的那些段落篇章的年代日期；而这些篇章，假如孤立起来去读，它们就只会漂流在编年史的真空中。

中世纪见证了很多版本的《圣经》系谱图成形问世，尤其出名的一个，人称“耶稣家系图”，是参照《以赛亚书》11：1—3 而拟定——那些章节追溯了耶稣的家世祖先。同样是在这几个世纪，贵族家庭也开始构筑自己的垂直“世系”，以此维护和确认他们血统的纯正以及代际传承。很快地，学者们开始制作手卷来呈现这些家族的谱系。（参见图 34—35）

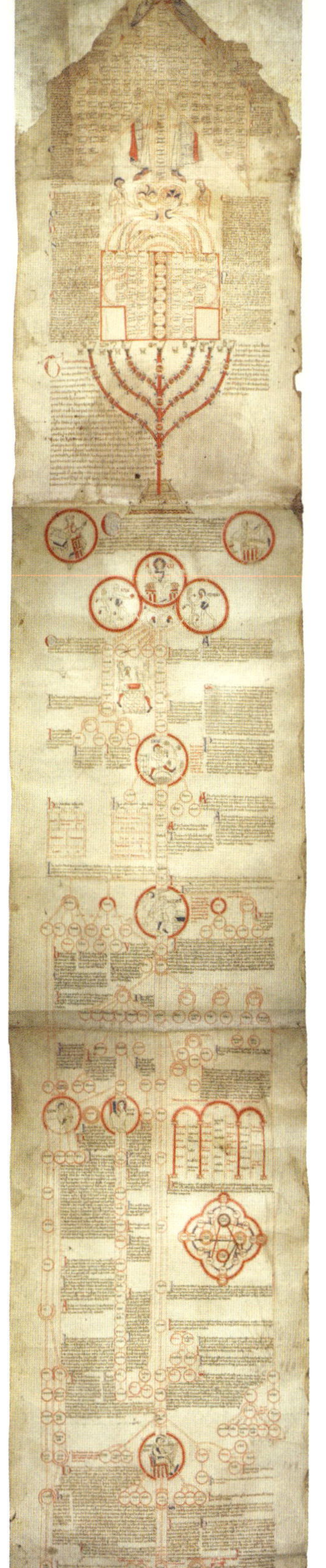

图 28—32

普瓦捷的彼得，在 12 世纪晚期创作了这华彩翩然的羊皮纸手卷，展示出神圣救主的谱系；救主出现在顶部，下方有一座七枝的烛台支撑着救主，而从两侧拱卫着的，是解释性的文字。

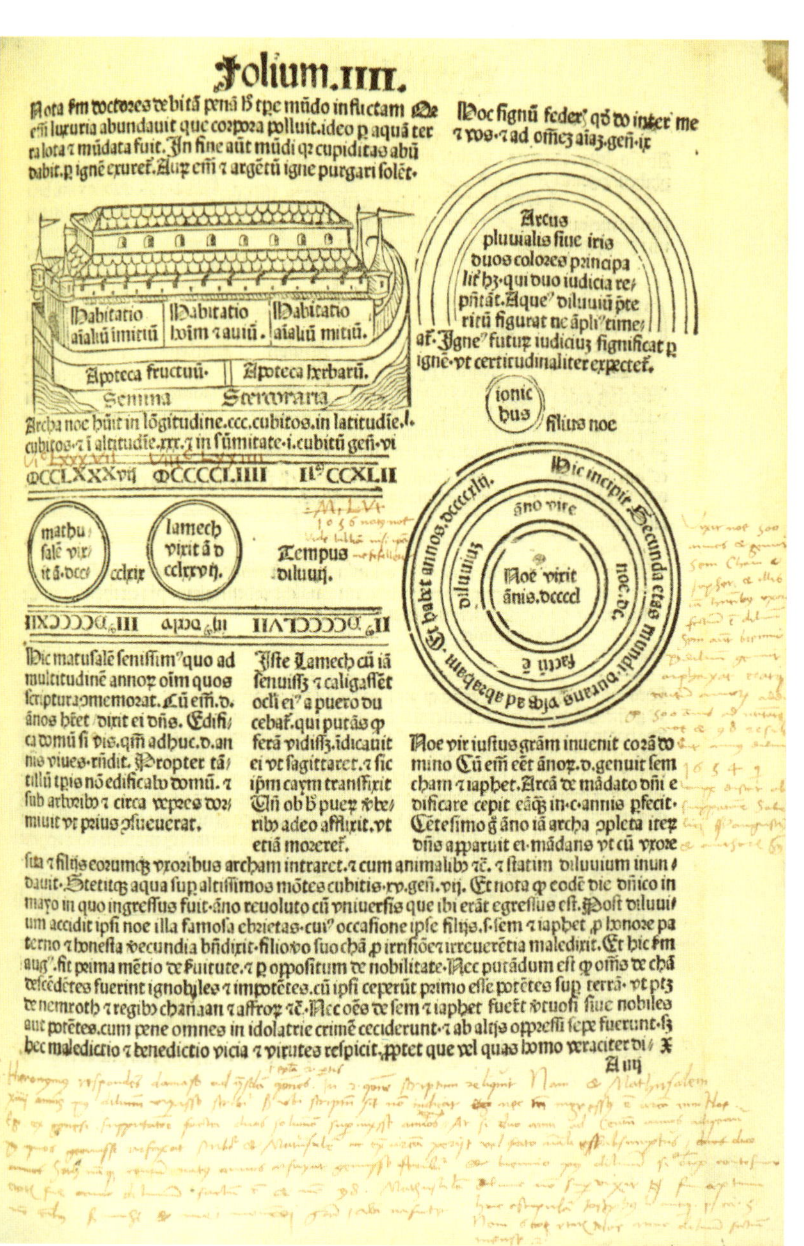

Folium.IIII.

Nota s'm doctores de bitũ penã h' tpe mũdo in fluctam de eẽ luxuria abundauit que corpora polluit.ideo p aquã ter ra lota ⁊ mũdata fuit. In fine aũt mũdi q̃ cupiditas abũ dabit.p ignẽ exuref. Auꝝ eẽ ⁊ argẽtũ igne purgari solẽt.

Hoc signũ feder' qđ do inter me ⁊ vos·⁊ ad omẽ aiaꝫ.gen.ix

Archa noe hũit in lõgitudine.ccc.cubitos.in latitudie.l. cubitos·⁊ i altitudie.xxx.⁊ in sũmitate.i.cubitũ gen.vi

ↀCCLXXXvij ↀCCCCCLIIII IIᵐCCXLII

Hic matusalẽ senissim' quo ad multitudinẽ annoꝝ oim quos scriptura cõmemorat. Cũ eẽ.d. ãnos hẽet vixit ei dñs. Edifi cã domũ si vis.qm adhuc.d.an nis viues·rñdit. Propter tã tillũ tpis nõ edificabo domũ.⁊ sub arborib ⁊ circa vepres dor miuit vt prius ↄsueuerat.

Iste Lamech cũ iã senuisset ⁊ caligasset ocli ei' a puero du cebaf.qui putãs q fera vidisset.idicauit ei vt sagittaret.⁊ sic ipm caym transfixit Uñ ob h' pueꝝ verberib adeo afflixit.vt etiã moreref.

Noe vir iustus grãm inuenit corã do mino Cũ eẽ eẽt ãnoꝝ.d.genuit sem cham ⁊ iaphet. Arcã de mãdato dñi e dificare cepit eãq̃ in·c·annis pfecit· Cẽtesimo g' ãno iã archa ↄpleta iteꝝ dñs apparuit ei·mãdans vt cũ vxore sua ⁊ filijs eorumq̃ vxoribus archam intraret.⁊ cum animalib ⁊c.⁊ statim diluuium inun dauit·Stetitq̃ aqua sup altissimos mõtes cubitis·xv.gen.vij. Et nota q eodẽ die dñico in mayo in quo ingressus fuit·ãno reuoluto cũ vniuersis que ibi erãt egressus est. Post diluui um accidit ipsi noe illa famosa ebrietas·cui' occasione ipse filijs.s.sem ⁊ iaphet .p honore pa terno ⁊ honesta verecundia bñdixit·filio vo suo chã .p irrisiõe ⁊ irreuerẽtia maledixit. Et hic s'm aug'.fit prima mẽtio de seruitute.⁊ p oppositum de nobilitate· Nec putãdum est q omẽs de chã descẽdẽtes fuerint ignobiles ⁊ impotẽtes.cũ ipsi ceperũt primo esse potẽtes sup terrã· vt ptꝫ de nemroth ⁊ regib chanaan ⁊ affroꝝ ⁊c. Nec oẽs de sem ⁊ iaphet fueẽt virtuosi siue nobiles aut potẽtes.cum pene omnes in idolatrie crimẽ ceciderunt·⁊ ab altjs oppressi sepe fuerunt·sꝫ hec maledictio ⁊ benedictio vicia ⁊ virtutes respicit.pptet que vel quas homo veraciter di x

A iiij

图 33

威纳尔·罗勒文克的《时日集结》，布局之优雅，在这个开篇图像中就很明显；绘图所示为诺亚方舟与大洪水之后的彩虹。

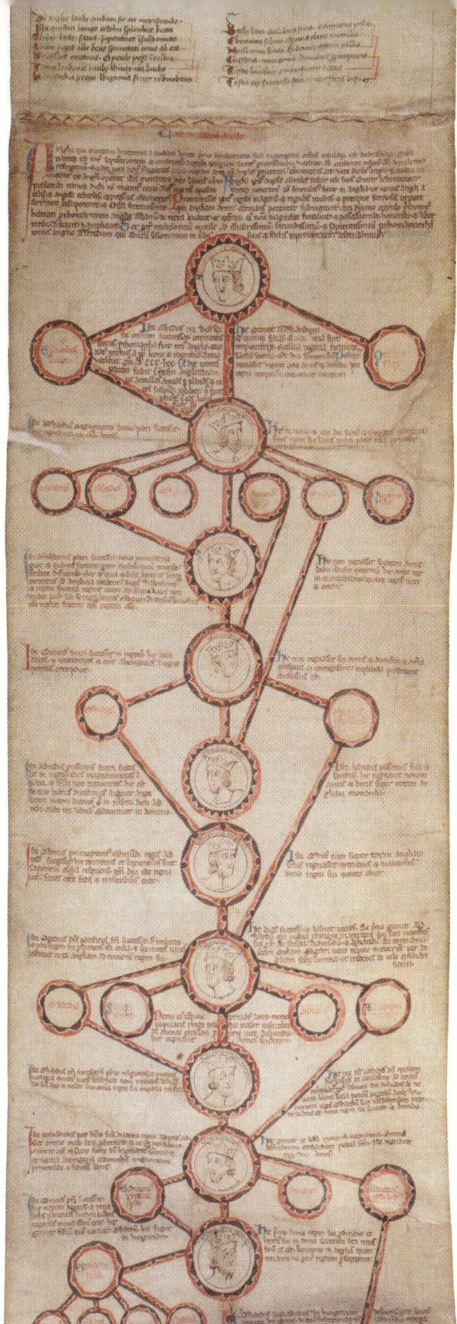

图 34—35

与普瓦捷的彼得的作品构成对比，创作于13世纪中期的“普林斯顿馆藏中世纪手稿57号”则是完全聚焦于世俗人间。这份英国历史的记录，涵盖时段是从阿尔弗雷德大帝（871—899）到亨利三世（1216—1272）；视觉上也挺优雅，简约窄长。其中包括了历任国王的二十三个圆盘格式肖像，以及一系列的文字说明。那些缝线显示了，长手卷是如何用两张或更多块羊皮（这一例中是三张）拼接出来的。彼得的作品，那样设计是为了充当一种视觉辅助物在课堂上使用，而这一长卷大概曾高挂在某位贵族的豪宅大厅墙上。

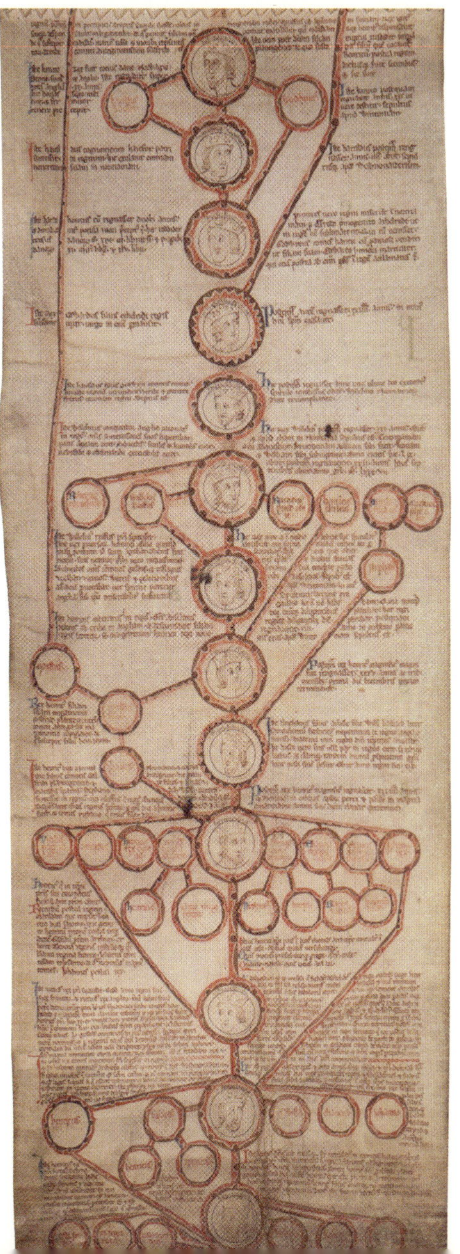

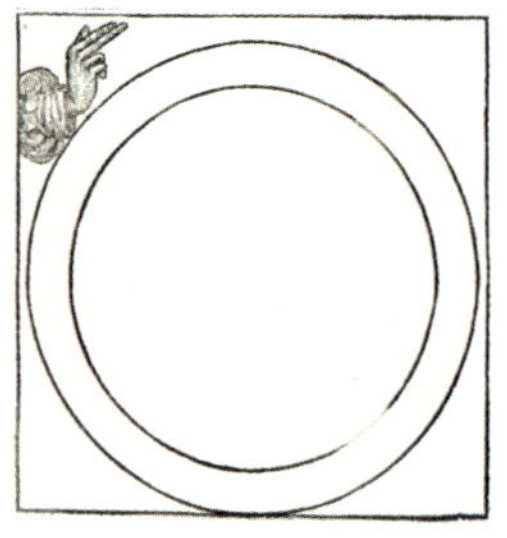
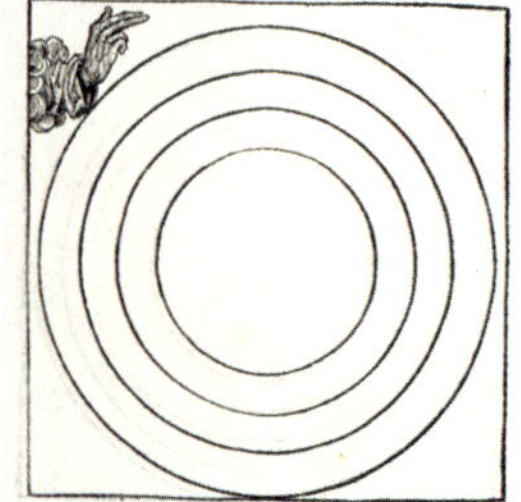
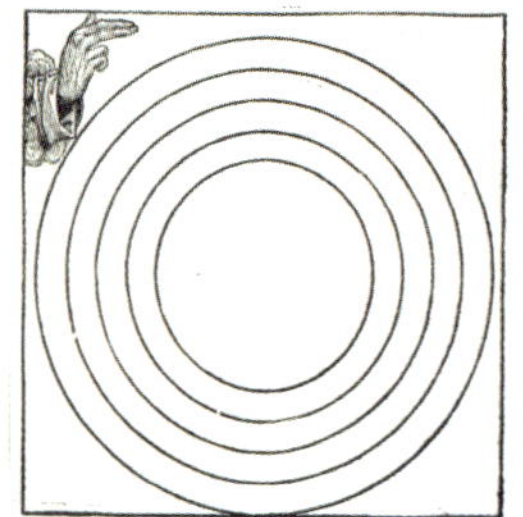
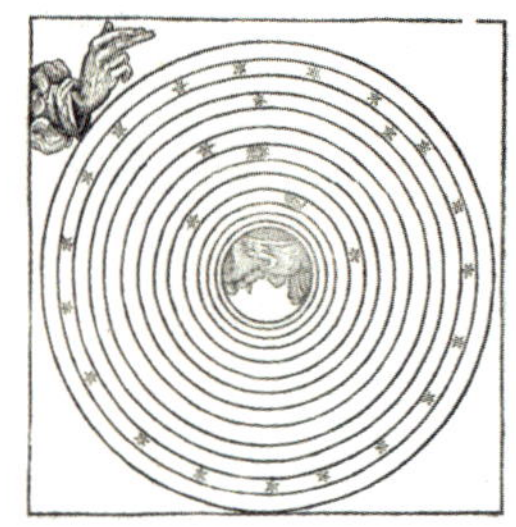

图 36—42

创世七日，出自哈特曼·谢德尔的《纽伦堡编年史》，1493 年

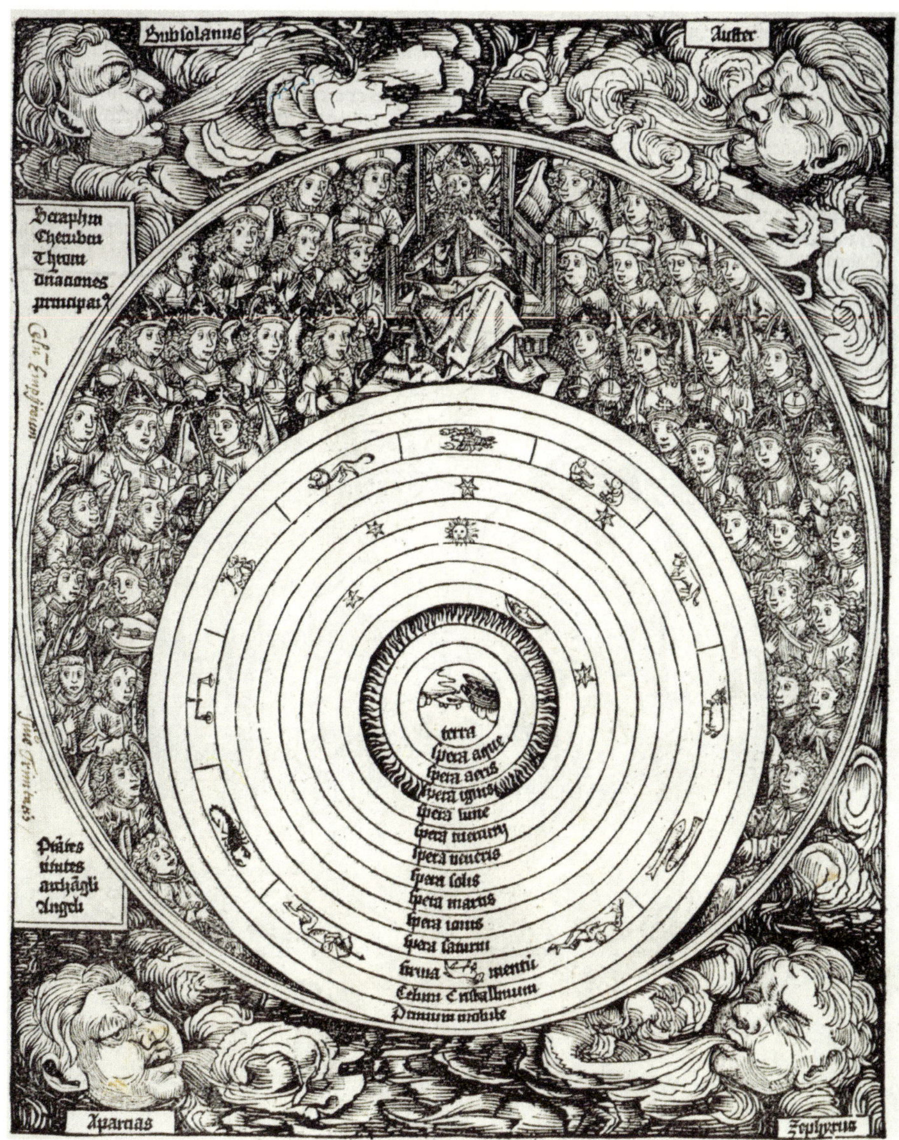
Subsolanus
Auster
terra
spera aque
spera aeris
spera ignis
spera lune
spera veneris
spera solis
spera martis
spera iouis
spera saturni
Celum cristallinum
Primum mobile
Zephyrus

与圣家族的家系类似，贵族谱系通常也是用树状图来作为框架，然后把一代代家庭成员像果实那样挂到对应的分枝上。这些树状图可能会变得很复杂，甚至是一片混乱："12 世纪的进程中，家族世系也在放大，在每个方向上都向外扩展，在每个旁枝序列中都填进了更多细节，添加了年轻一代儿子女儿的名字，还有此前未曾提到的祖先们；家谱树的这个轮廓就变得如同是那贵族社会的一具大骨架子，显露出多重的关联交叉，千丝万缕，将区域内的各家贵族捆绑在一起，越来越整合成为家世关系的一个堆积体。"不过，记录家系的这些手卷，有的倒也表现出了格式上的清晰度与美感。

谢德尔也模仿了血统家系图的那树状格式，但他把那树状图切割分解成了不规则的区块，来适应他书中的页面空间。他用了族长与国王的代际关系，而不是简单的一根时间线，来作为他历史陈述的框架。（参见图 36—43）他甚至还将更为古老的《圣经》和编年史惯例与系谱格式进行了融合。在《纽伦堡编年史》中，他用了一系列共七板精彩的画面，代表七天的进程，以此来呈现上帝创世。在中世纪的巴黎，手稿插画师已曾经用过雅致的小图像来表现《创世记》中上帝造物的一周，但谢德尔将这些图像简化、放大和戏剧化，以自己的方式反映了他对印画美学形态的理解。

罗勒文克与谢德尔都拿出了新颖巧妙的绘图方案，解决了过去几百年间编年史家们所面临的难题。（参见图 44—45）关于创世与大洪水之间有多少年的间隔，希伯来语古版本的《圣经》与希腊语的版本，有着巨大的差异（两个版本分别说间隔 1656 和 2256 年）；尤西比乌斯很不开心地意识到了这个偏差，然后就干脆在他的《编年史》中略去了这段最早期的历史——《创世记》里所讲的那些故事。罗勒文克从 13 世纪的世界编年史借用了一个更为优雅的解决方案。在每一页的水平中心位置，他安置了圆圈；他描述那是"有着恰当人名的圆圈，对应着每个日期，圆圈上下还各有两条线"：是一个双轴设计。然后，他计算可指示划分出这个轴枢时间跨度的年代日期，再把日期记录在两个线性序列中：一个是在圆圈上面，是从创世开始向下数的年份（传统上被称为 AM，也即世界已有之年份）；另一个，是下面那根线，从基督诞生起往前倒数的年份（用现代字眼来说，就是公元前）。罗勒文克解释说，挑剔的读者可以使用后面这个更新一些的系

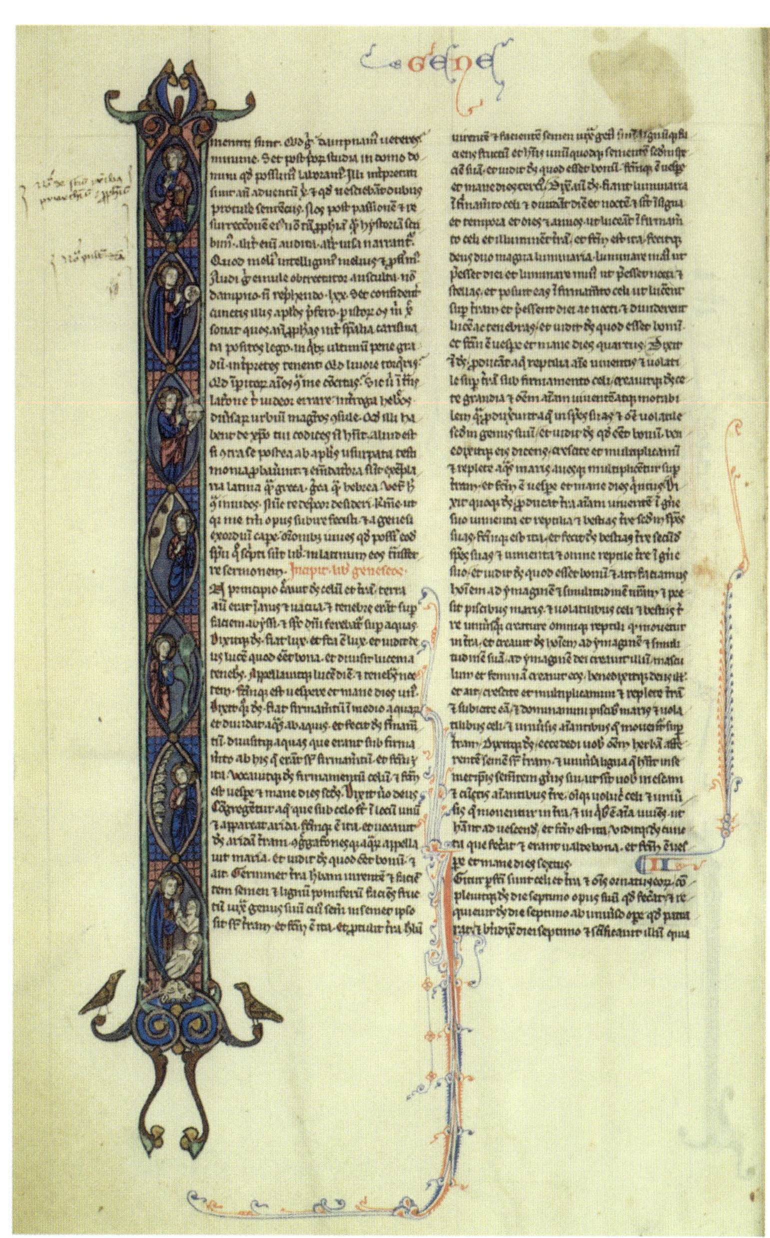

图 43

12 世纪巴黎版本的《圣经》；在《创世记》开篇的左侧，那条带状的插图描绘了上帝造物的进程，比后来谢德尔的创作更为细巧精致，但戏剧性和感染力不足。

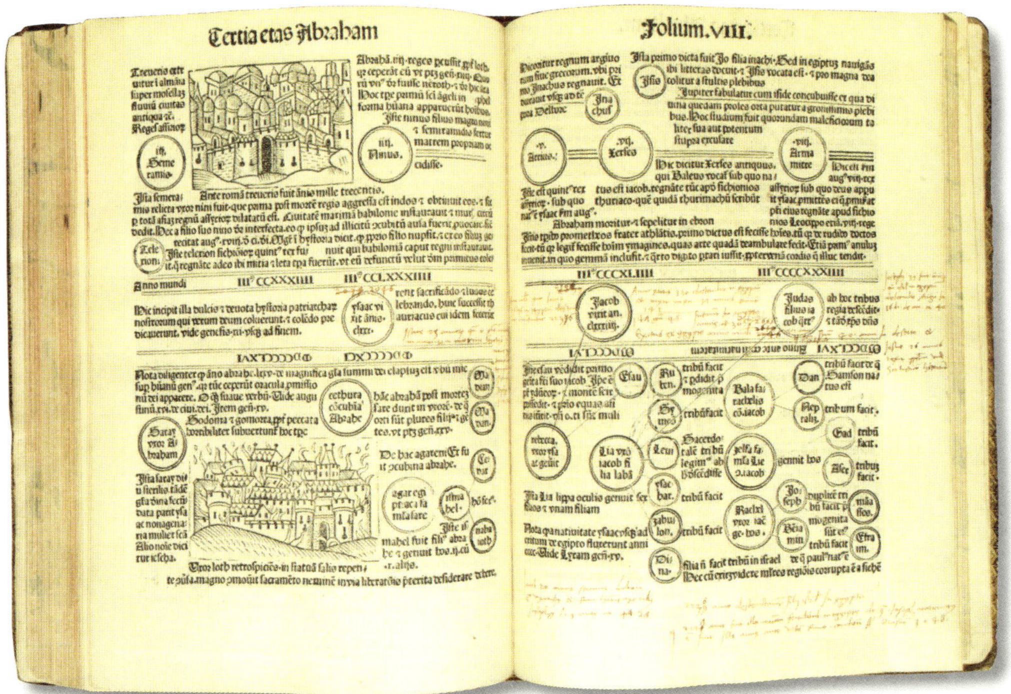

图 44

索多玛与蛾摩拉的毁灭，出自罗勒文克的《时日集结》。在此页空白处加过批注的匿名读者，有兴趣验证重算过罗勒文克的历史日期，但对两座罪恶之城的毁灭没留下任何评论。

图 45

用古抄本系谱图的形式，来完成一部世界编年史——进行如此尝试的，罗勒文克并非唯一个例。作者匿名的一个作品，1475 年出现的《编年史与历史概要》，所致力的实际上就是同样的项目。在罗勒文克的文本中，从一页到下一页，横向的时间流程线无缝连接。形成反差的是，《编年史与历史概要》的设计者则纵向编排他的时间线，但添加了字母标记，以便读者参照，从一页到下一页都能正确连接那些系谱链。

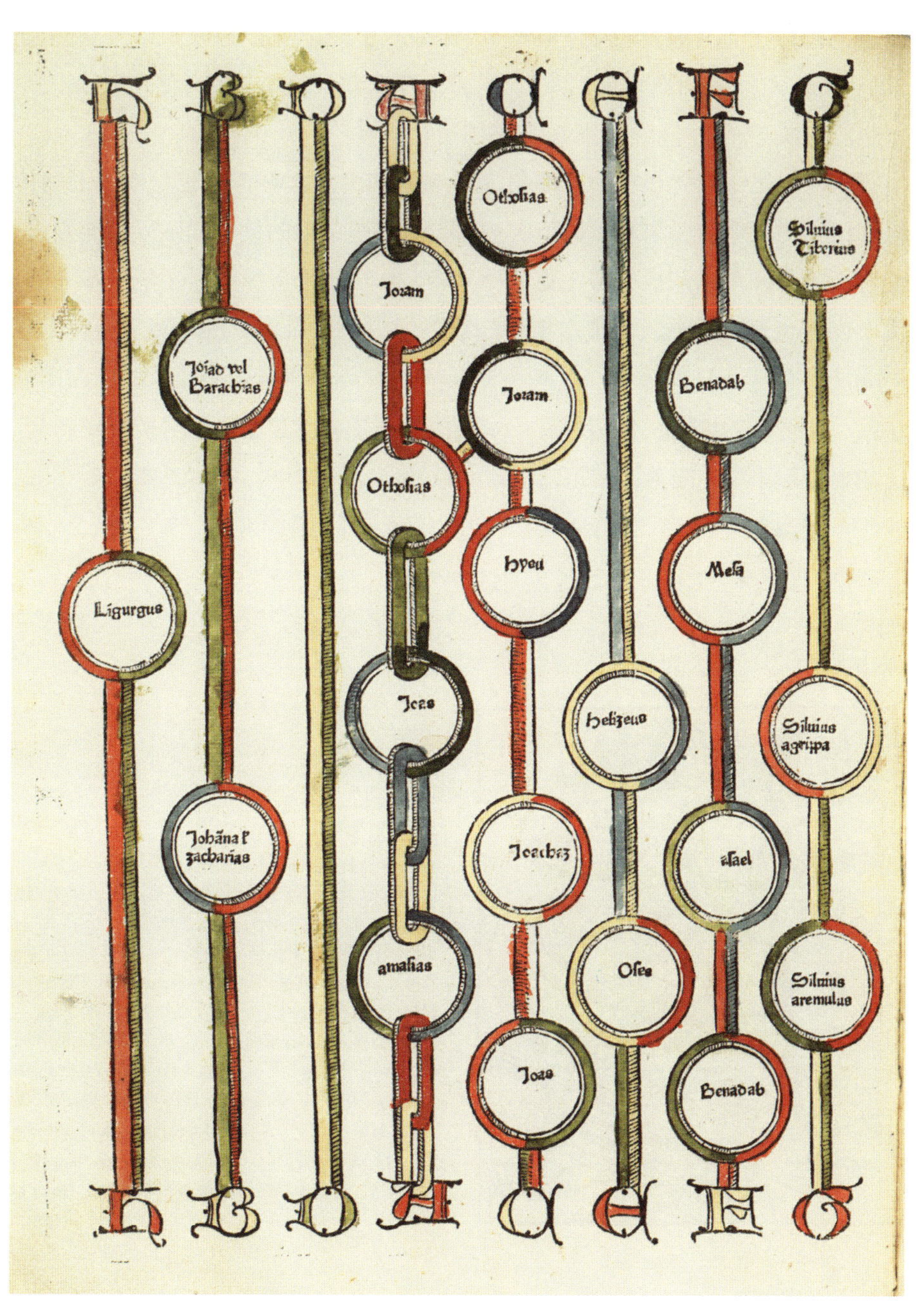
Othosias
Silnius Tiberius
Joram
Joiad vel Barachias
Joram
Benadab
Othosias
Hyeu
Mesa
Ligurgus
Joas
Helizeus
Silnius agrippa
Johana l' zacharias
Joachaz
Azael
amasias
Oses
Silnius aremulus
Joas
Benadab

统来对比那些各有差异的古代年表。很多人遵循了他的建议，在继续阅读之际往文本中加入了他们自己的计算。罗勒文克还论辩指出，他作品那清晰的图表，使得任何人都可轻松理解——作品成了一个“历史的图像”，甚至比《编年史》对读者还更平易更友好：“那种方法非常简单，哪怕乡村的莽夫粗汉也能看懂，简直可以画到墙上去给所有村民看。”

谢德尔是纽伦堡市民，而纽伦堡是当时的商业大城市，也是欧洲通信传播网络中的一个主要与基本的节点。谢德尔清楚，他的读者们正以新的方式、通过新的媒介来感知世界与历史。（参见图46—49）《纽伦堡编年史》是一本大书，文字内容也厚实，纳入了很多事件的描述，每个条目由一则小短文与一幅插图构成。在形式与内容上，这些小专题都是模仿了当时传播流通的单面印刷小报；谢德尔的读者，包括谢德尔本人，都要依赖于这些小报获取突发新闻，比如君士坦丁堡的陷落、彗星的出现，以及怪兽的诞生。（尤西比乌斯《编年史》之后出现的那些单页小报，谢德尔把它们贴进了他自藏的那本《编年史》；这更着重提示了《纽伦堡编年史》中插图条目与那些小报的相似性。）

图46—49

这些图像，出自谢德尔那编年史靠后的部分。它们戏剧性地再现了当年的近期事件，风格完全就像那时的单页新闻小报；小报把路边社信息从早期近代世界的一座城市传播到另一座城市。这里，谢德尔与他的插画师所描绘的分别是：一位裸体女巫，与一个魔鬼共骑一匹马——此类图像，这是有资料记录的第一个；不虔诚的男女被淹死；1474年，一个基督徒男孩在（意大利）特伦特被杀害，据信行凶者为犹太人，凶手们遭严刑拷问后才招供；“尼古拉豪森之打鼓人”，一位信众颇多的预言家，在1476年带领的一个宗派。近代媒体传播图像，而很多图像孳生仇恨与厌憎情绪；媒体的这种可怕潜能，在谢德尔的时间线中已明显可见。

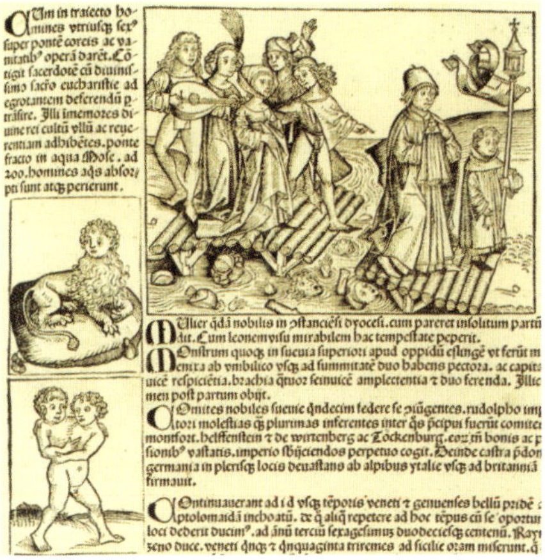

mayir
seligman
moyses
vital
angelus

《纽伦堡编年史》的前期部分，跟随了传统世界史的那种庄严的节拍，而后期部分的有些页面——比如有夺人眼目的裸体女巫飞行的图像，有犹太人杀害儿童基督徒，还有《启示录》中所预告的那些末日事件——把历史呈现为一个万花筒般的地方与事件的大集合，而这一大团只管跌跌撞撞，冲向它的完结终点。谢德尔在书中甚至还为读者留下了几个空白页，表示他们自己那时代与天启末日之间剩下的年月，读者可以自由填入内容——很多人还确实填了——所填入的，是谢德尔明显预期为时日无多的世界历史的短暂残余部分。尤西比乌斯警示过他的读者，说人类无法知道时间何时开始，也不知道何时终结。而谢德尔则恰恰相反，在其时间地图上为历史的两端都设置了确定的边界。

尤西比乌斯预计抄写工会发现他的《编年史》很难抄录复制，于是在书中插入了一些指示说明，希望后来者至少尽其所能、做到最好。（参见图50—52）但像罗勒文克与谢德尔这样的编年史家，对复制、抄录他们作品的工人，提出的要求则严格很多，正如罗勒文克自己承认的那样：

> 我查找参考各种资料，耗费了相当艰辛的努力，才好不容易编排设定了亚述王国与罗马人的历史时间线。相应地，决定抄录此作的任何人，我都要请他密切注意那些对应着原图的间隔与数字，不要把它们抄得比原型所示的更长，也不能更小。否则的话，他的努力就将是白费。

谢德尔甚至采用了更为强硬的标准，预防出错：他的《纽伦堡编年史》是一页一页、一幅图一幅图地安排布局；他与自己作品的出版商安东·柯伯格（Anton Koberger）签订了合同，声明了双方合作的严格条件——柯伯格的印刷作坊，必须安排一个房间，完全和单独用于此书的印制；所有相关的人，都在那房间工作。

有两种彼此矛盾竞争的主张，年表编纂者们需要设法去平衡：一方面是学术上的诚实，这迫使罗勒文克承认自己没法为这个世界创建一份简单的、绝对有效的编年史；另一方面则是神圣宗教历史的意愿，那看似在期待

Sexta etas mundi CCLX

图 50—52

谢德尔给读者预留了三页空白，让人们可以填入其他事件——从1493年他的编年史出版到世界末日期间的大事。他还用木刻版印呈现了《启示录》中的一些图景，以此提示人们将要到来的命运进程。这些关于未来终结的幻景，为《纽伦堡编年史》那节奏加快、插图生动多姿的后期部分，带来了一种戏剧化的高潮。

年代学者们拿出一份连贯的时间线，从创世一直延伸到他们自己所处的时代。他们只得在页面设计上下功夫，要使之既容得下那几无转圜余地的清单列表——那些琐细事实，诸如统治者的人名与任期之类——也要给大区块的描述性文字安排出空间。他们还希望，比起以往抄写员的那些版本，自己书中的信息能更易理解和获取。他们的发明，其中有一些，比如索引表，确实能服务于前述目标，而有些其他的努力，比如排版上的那种网格状样式，反倒让尤西比乌斯的年表读起来更难，那当然就谈不上是值得夸赞的成绩。

最重要的一点是，年代纪学者们在追求合理的、一定程度上的精确性的同时，也希望让历史过往显得生动鲜活。技术上的改进，比如说标注页码序号以及编制索引，能帮助读者在大量的细节材料中找到自己需要的信息。作者、艺术家与印刷商之间的协调合作，则解决了其他的问题，所产生的成果就是谢德尔那挺括崭新的整页版大图，描绘了科隆、威尼斯、罗马和纽伦堡的风貌；罗勒文克作品的有些版本中，也有生动的小幅城市景观，但与谢德尔的一比就相形见绌了。不过，有些问题仍然没有解决，比如，那些没有手绘图或木刻图版可用的城市，该怎么提供它们的城景图像？这一难题，罗勒文克与谢德尔采用了相似的应对之策；被提及的很多城市，他们都用了那些象征性的、简化的常规图像来呈现，虽然其他的城市是用了最新的、细节丰富的影像。此外，无论是罗勒文克还是谢德尔，他们都没能设想出一种方法，来将系谱与年表这两种形态组合为一体——系谱图中，时间看似是由不规律排序的、代际相承的人类系列组成，而年表或年代大事记中，时间则是规律的、前后一致的，用数字来代表。这一领域中还有充足的空间可容纳新的创意和新的形式。

16与17世纪的这段时期内，绘制年代纪表格的这件事，逐渐变得甚至比尤西比乌斯或罗勒文克那时更紧迫，要求更高。及至16世纪40年代，欧洲学者们手头上已经累积起卷帙浩繁的巨量新信息，来自历史编纂学、古文字学、古钱币学、天文学，以及其他领域。而且，这些信息不仅限于欧洲或基督教的传统源流，还来自遥远异域，比如埃及、波斯、美洲大陆与中国；这些地方的统治者名录概要在16世纪下半叶与17世纪早期传到了欧洲。这些年代纪列表上记录的有些王朝，在《圣经》设定创世说之前就已存在；这一事实，让英国剧作家克里斯托弗·马洛（Christopher Marlowe）与意大利哲学家乔尔达诺·布鲁诺（Giordano Bruno）深受启发，以至于完全放弃了《圣经》年代史学的成果。在不那么激进的年代纪研究者的思虑中，这两人也占有一席之地；他们对《创世记》的权威性提出的挑战，让那些人忧心不已，不知该如何应对和化解。

如此分歧多样的信息来源，要想调停综合，需要广博的知识面与创新的技巧。在理论上，年表学者们竭力创造出一个历史框架，争取每个有记录可查的人类行为与成就都能各得其所。就像尤西比乌斯所做的那样，近代早期的编年史专家们向读者承诺，他们会提供某种史料意义上的罗塞塔石碑，而这个工具，可以让他们将出自众多不同来源及语言的名称和年代日期列表，都翻译转换为连贯有条理的、明确单一的版本，为人间过往加以可靠描述。在读者那里，这类作品的紧迫性，当然就各不一样；按照读者对末世论的观点，那种迫切性自然差别巨大：对有些人来说（直到当代的今日，仍然有这类人），驱动年代学研究的愿望，就是要发现世界毁灭的确切日期。但另有一些人，心中铭记的则是耶稣复活后对信众所说的话："父凭着自己的权柄所定的时候、日期，不是你们可以知道的。"（《使徒行传》1：7）对他们来说，时间的终结，不是关于恐怖大灾难或升天狂喜的集体经验，而是在自己生命中遭遇的某种非常个人化的东西。

意大利维泰博的安尼乌斯（Annius of Viterbo）是多明我会宗派的神学家、学者，也是个骗子。1498 年，他出版了一套共 24 份古代文献，里面还配备了大量的评论、批注。（参见图 53）这是一份高度虚构化的编年史，书中的条目，尽管并非每一个都是捏造，但他声称尤西比乌斯与其他古代作家们都曾引用过的、那些所谓的埃及、古巴比伦迦勒底王国以及波斯古代历史的著作，其中大多数确实是他故意编造出来的。安尼乌斯的书，里面点缀着庄重朴素的、水平横向布局的世系宗谱表。这些系谱表倒也算有趣迷人，是历史与随意空想的混合体；安尼乌斯用这些来显示，他的保护人，出自伯吉亚家族的教皇亚历山大六世以及几位天主教背景的西班牙国王，按先祖血统可以上溯到埃及神灵伊希斯和奥西里斯。他还在古代时空里为意大利伦巴第人、法兰西民族和英国人的祖先们安排了出处。

图 53

这个系谱表，追溯了 15 世纪欧洲居民的祖先，一直迂回到诺亚三个儿子之一的雅弗那里。维泰博的安尼乌斯给近代民族构想了与神话相关的创始者，从那些民族的命名去推演出神话中的先祖人物。举例而言，近代时期的伦巴第人，被说成是隆戈与巴杜斯的后裔。用这一类手法，他为近代的统治人物——包括他自己的保护人，出自伯吉亚家族的教皇亚历山大六世以及几位天主教背景的西班牙国王——编排出了高贵的豪门世系传承。（比如，亚历山大六世是埃及大神奥西里斯的后人。）

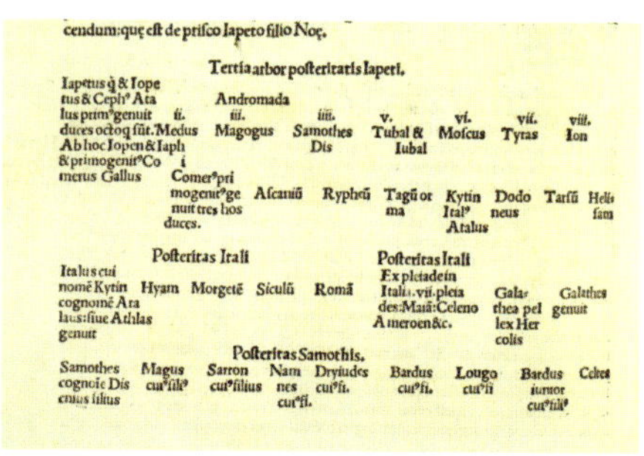
cendum:quę est de prisco Iapeto filio Noę.

Tertia arbor posteritatis Iapeti.

Iapetus q̀ & Iopetus & Ceph' Atalus prim' genuit duces octo q̃ sũt. Ab hoc Iopen & Iaph & primogenit' Comerus Gallus

i. Comer' primogenit' genuit tres hos duces.
ii. Medus
Andromada iii. Magogus — Ascaniũ
iiii. Samothes Dis — Ryphẽũ
v. Tubal & Iubal — Tagũ orma
vi. Moscus — Kytin Ital' Atalus
vii. Tyras — Dodoneus
viii. Ion — Tarsũ — Helisam

Posteritas Itali

Italus cui nomẽ Kytin cognomẽ Atalus: siue Athlas genuit — Hyam — Morgetẽ — Siculũ — Romã

Posteritas Itali

Ex pleiadein Italia. vii. pleiades: Maiã: Celeno Ameroen &c. — Galathea pellex Hercolis — Galathes genuit

Posteritas Samothis.

Samothes cognoĩe Dis cuius filius — Magus cu' fili' — Sarron cu' filius — Namnes cu' fi. — Dryiudes cu' fi. — Bardus cu' fi. — Lougo cu' fi — Bardus iunior cu' fili' — Celtes

差不多一代人之后，德国学者西蒙·格雷纳伊斯（Simon Grynaeus）打算编一个简明的小“表格”；他想采用古希腊人的四年周期计时法来制表，以此呈现“所有政权的起源、成长壮大与终结”。但他发现这活儿太难，无力完成，于是就说服一位同僚，牧师兼希伯来语学者保鲁斯·康斯坦丁努斯·弗里乔（Paulus Constantinus Phrygio），来接手这差事。（参见图 54—56）弗里乔不但是同意了，而且还将计划中的那表格扩展成了一本完整全面的大书。比起罗勒文克或谢德尔的作品，弗里乔的“编年史”更整洁利落，也更抽象精练。他将从诺亚时代大洪水直到其当代的历史，都布局于几条平行线上，而这些线串联着的，是历代统治者。与罗勒文克和安尼乌斯一样，他的时间线是横向布置，而不是纵向垂直，循着线再加注了从大洪水到每个统治者或大事件所间隔的年数。弗里乔模仿安尼乌斯，一开始就意在显示古代与近代之间的相似处和关联，但这样做的同时，他找到了一个方法来整合加入远为更多的信息。在其作品的靠后部分，他加上了新的专题栏目，一个接一个地追踪神圣罗马帝国、教皇制度的历史，还有法兰西与不列颠王国成形之初的状态。与罗勒文克一样，弗里乔也认为，这种水平布局的格式更便于作者添加各种长度不等的文字，安置在统治者名录那成行排列的行间距之中。但与很多前辈和后继者不同的是，弗里乔还利用他选定的这种格式明确了一个重大的历史转折要点：罗马不再是世界的主宰力量。比如说，法兰西成了一个独立的王国，不再是罗马帝国的一个行省，因而也有了它自己统治者更替的世系主线。弗里乔的作品，形制优雅，有着一种水平横向的动能，并体现出与传统惯例分手的自觉性。不幸的是，此书那清晰明朗、颇具逻辑性的形式，一定程度上被其内容给冲销

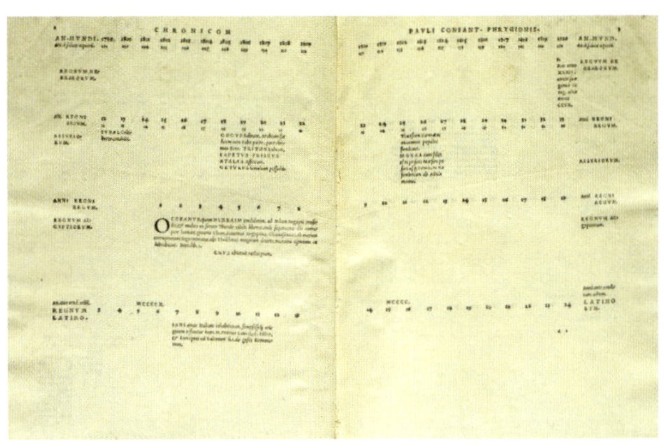
CHRONICON　PAVLI CONSTANT. PHRYGIONIS.

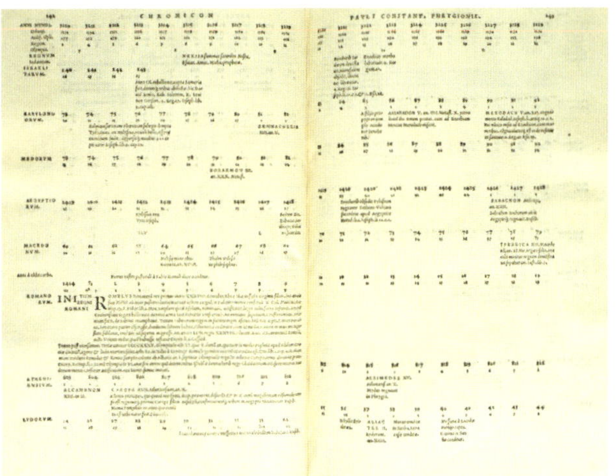
CHRONICON　PAVLI CONSTANT. PHRYGIONIS.

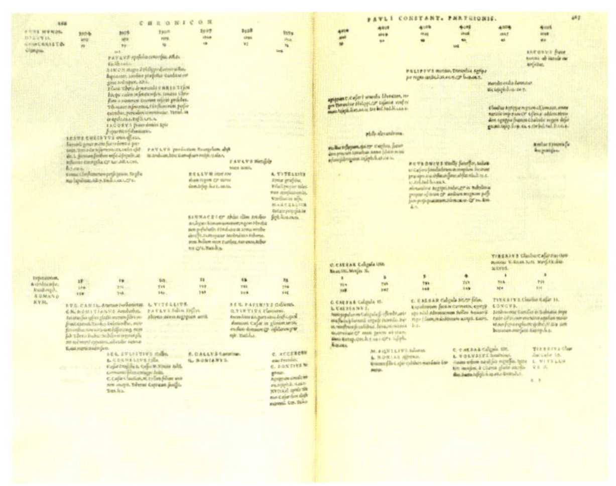
CHRONICON　PAVLI CONSTANT. PHRYGIONIS.

图 54—56

这本书出版于1534年，版式整洁利落，令人称奇。保鲁斯·康斯坦丁努斯·弗里乔将人类历史布局在了一根横向水平线上。尽管他的作品表达了历史向前推进的动态，但沿着页面顶部的年份轴线，相对较弱，让事件的实际日期很难追踪查看。甚至是重大的历史转折事件，比如这里最后一图中显示的，耶稣上十字架和耶路撒冷的陷落，都难以定位时间。布局格式上的这些缺陷，大概解释了弗里乔的作品为何没有重印。但内容部分恐怕也是一个原因。早期古王朝的列单，他是借用了维泰博的安尼乌斯所编制出的成果；那些更为渊博的学者们因此对这个作品持怀疑态度。

和遮蔽了。为了赢得读者的信任，作为他信息获取来源的作者，弗里乔都明确指出那些人的姓名。但可惜的是，这些人很多都是安尼乌斯捏造出来的。表示上帝创世以来年份的轴线，弗里乔决定放在页面顶端，横向展开，这就让他的作品在那些依赖于希腊语《圣经》的人们看来是错乱百出、毫无用处，尽管罗勒文克的作品已经展示过可以如何来解决这个问题（译注：即指前述希伯来文古版本《圣经》与希腊语《圣经》的年份差异）。不过，弗里乔的这个例子依旧表明了，作者与印刷师可以调用机智巧妙的视觉策略或手段，借此有望将大事年表掌控好，布置在一个令人难忘的、独一无二的格式中。

16 世纪的下半叶，系谱图表开始发挥起其他的一些功用。有些作品就像安尼乌斯的作品那般天马行空——尤其是，当某些体面可敬的学者们也以此来挣钱：他们为贵族富豪提供看似有学术可信度的世家宗谱，将那些人的根脉上溯到古罗马或古埃及时代的祖先。在神圣罗马帝国，很多王公们发现很难培养出能活到成年的男性继承人，于是，维持一脉相承的血统延续谱系，就成了"执政的秘诀"，而那对政治上的成功和家族的合法地位都很关键。

每个王族，从哈布斯堡王朝到萨克森的统治者，都公开展示自家的世系传承。印刷师则奉命采用一系列的图像，从传统的树状图到那种张开的手掌状图——也已被长期用作辅助记忆的手段——都一概利用起来，帮读者们去理顺和了解这些重要的血统继承列表。（参见图 57—58）这一类出品，其中最为引人瞩目的，就包括了版画大师阿尔布雷希特·丢勒在 1516 年左右为马克西米利安一世所设计的"凯旋门"——多幅画版印制而成，大小如墙面。虽然丢勒从未设想过这会变身为建筑实物，这纸上的设计却照样不失为一趟壮观的、如实景再现的视觉之旅，让人纵览哈布斯堡王族的家世。

与其他文艺复兴时期的王公们一样，哈布斯堡家族很看重对自家谱系的研究，以期确立自豪尊贵的门第血统。关于他们的宗族承续链条，围绕那些中心环节，一度争议纷起，于是，马克西米利安手下的博学朝臣，康拉德·波廷格（Conrad Peutinger）与约翰内斯·斯达比斯（Johannes Stabius）便负起重任，去搜集和筛选他们所能找到的所有信息来源。不管付出多大代价，他们都必须让众人看到，哈布斯堡家族是出自某个独立的贵胄世系，与法兰西国王和古罗马

图 57—58

阿尔布雷希特·丢勒为马克西米利安一世制作的纸质凯旋门。这一类生动的印刷品材料，被马克西米利安用来建立其王族谱系，证明他登临王座的合法权威。但其世家背景其实相当短相当新，王位基础也没那么稳固，只是他不愿承认而已。

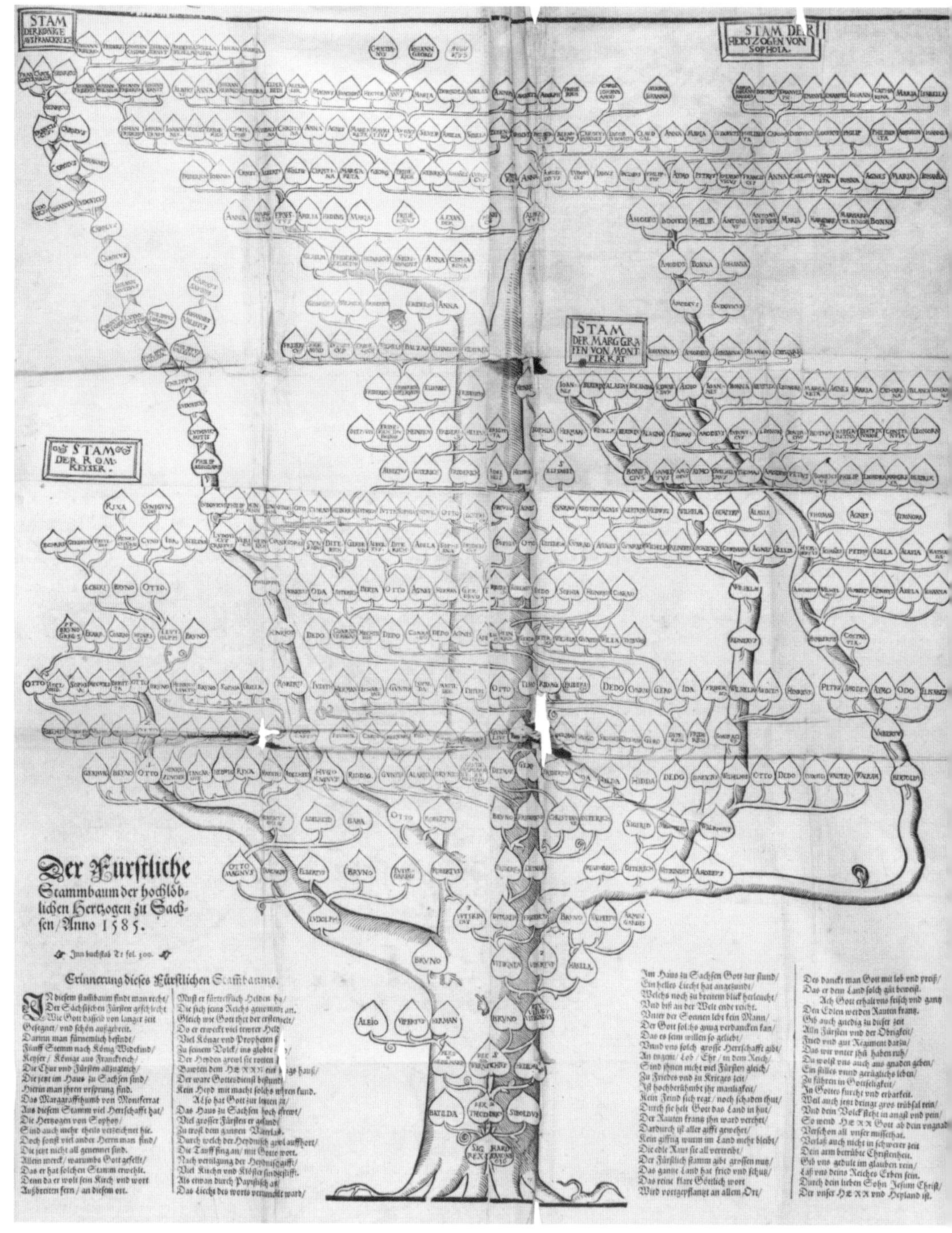
STAM DER KÖNIGE AUS FRANCKREICH
STAM DER HERTZOGEN VON SOPHOIA
STAM DER MARGGRAFEN VON MONTFERRAT
STAM DER RÖM. KEYSER
Der Fürstliche Stammbaum der hochlöblichen Hertzogen zu Sachsen/Anno 1585.
Erinnerung dieses Fürstlichen Stambaums.

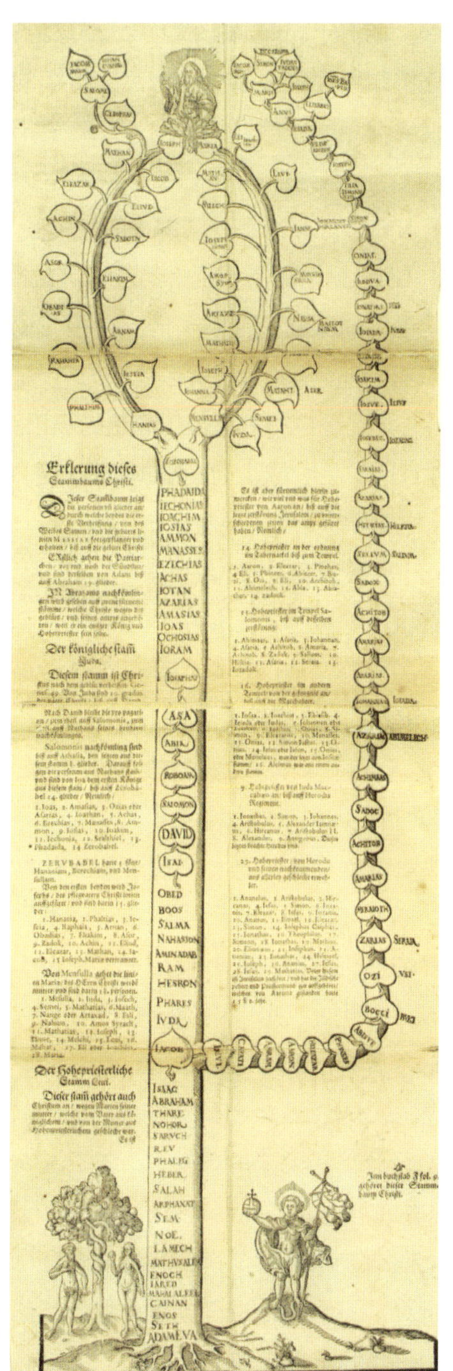

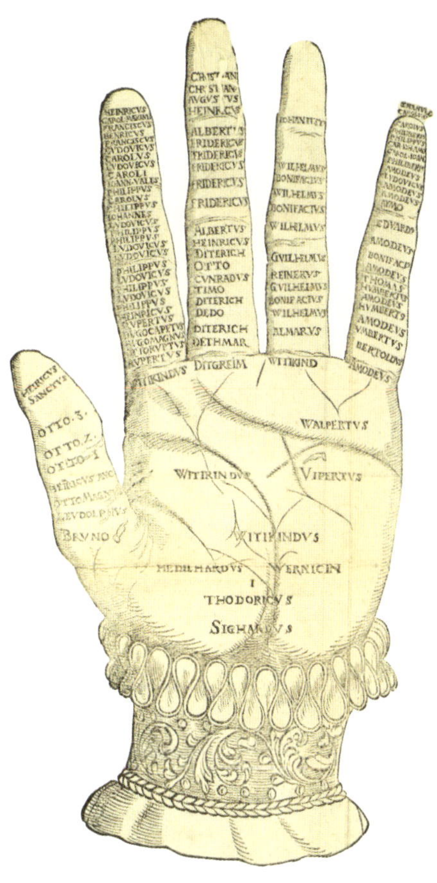

图 59—61

耶稣与萨克森统治者的家系图；这些全都是出自同一本书，洛伦兹·浮士德的《但以理人形雕像解剖》；这生动说明了，中世纪传统的持久惯性，一直残留渗透到印刷时代的深处。

统治者一样，都有着历史悠久的高贵血统。他们干劲满满，极为卖力，将哈布斯堡家族的起源追溯到了法兰克国王克罗维斯那里，然后又把克罗维斯的血统追溯到了特洛伊英雄赫克托耳身上。更深远一步的血统研究，还翻查出了坚实的家世关联证据：马克西米利安宗族与《圣经》体系中的大族长们（首先来说，就是诺亚），与希腊农神塞特恩及其子朱庇特，竟然都是同宗同源！并且，与当时流行的埃及热潮相呼应，大神奥西里斯也是哈布斯堡王室的上古远亲！当马克西米利安听说，他的宫廷学者们把他家的根脉追溯到了诺亚之子，传说中曾为醉酒父亲盖上裸体的雅弗那里，这位皇帝承认自己实在是殊为震撼。不过，那两位朝臣的努力实际上也是常见老套，是将历史加以功利化的利用。任何人，只要是看过接近过那个凯旋门设计的，大概都会产生这样的印象：马克西米利安不仅是一位伟人，而且是走上了世界历史的巅峰。

很多作者以更为传统的方式来配置和利用系谱图。（参见图 59—61）从尤西比乌斯和普瓦捷的彼得以降，大事年表与宗谱图都服务于至少两个功能：聚合有价值的信息，并将信息绑定在醒目的、利于记忆的图样上。萨克森学者洛伦兹·浮士德（Lorenz Faust）为读者提供过一份传统的“耶稣家系图”；那是一个很精彩的萨克森系谱，属于树状图的类别，包括有萨克森统治者的基本名录，人名是题写在五根手指的各个关节处，因此也很容易理解和领会。

不过，在另外一些人的手中，宗谱关系图则变成了一种精确又细致的学术研究形式。雷纳尔·雷内克（Reiner Reineck）曾在德国赫尔姆施泰特大学和其他地方教授历史；他断言系谱图“能形象地阐释历史的所有其他部分，没有系谱图，那些领域几乎就根本不会有什么切实成果”。他指出，毕竟，“任何人都能明白这一点，历史研究的对象，主要是曾有所作为的那些人，而他们必定又是分属于各自的家族。”他认为，跟政权一样，家族有其确定的存在时间段，在那过程中，它们从卑微的源头开始，成长壮大，占有权势，然后又走向衰退，最终消亡。

雷内克的编年史中包括了数十个骨架般概要的家系宗谱。在他所描述的历史中，这些宗谱实际上构成了其核心内容。不过，他剥除了那种树木状的图形装饰元素，而谢德尔与其他人正是用那些元素赋予图表视觉上的戏剧性与吸引力。在雷内克看来，世系宗谱是如此重要，所以根本就不需要装饰。(参见图 62) 另外有些人，比如德国耶拿大学的历史教授伊利阿斯·雷斯纳尔 (Elias Reusner)，则用家系宗谱作为一种论战的武器。奉天主教的法兰西国王亨利三世，和他的新教徒继承人“纳瓦拉的亨利”(即亨利四世)，两人的家族关系被雷斯纳尔呈现为一株树干上的枝杈；他以此明确宣告了，没有任何攻击——哪怕是天主教派豪门吉斯大公爵的恶毒攻击——能够将两位亨利的纽带割裂。(参见图 63) 其他有些人，比如瑞士学者海因里希·格拉雷鲁斯 (Heinrich Glareanus)，将那种对照表的模式运用到了新项目新主题上。格拉雷鲁斯为单个的文本起草

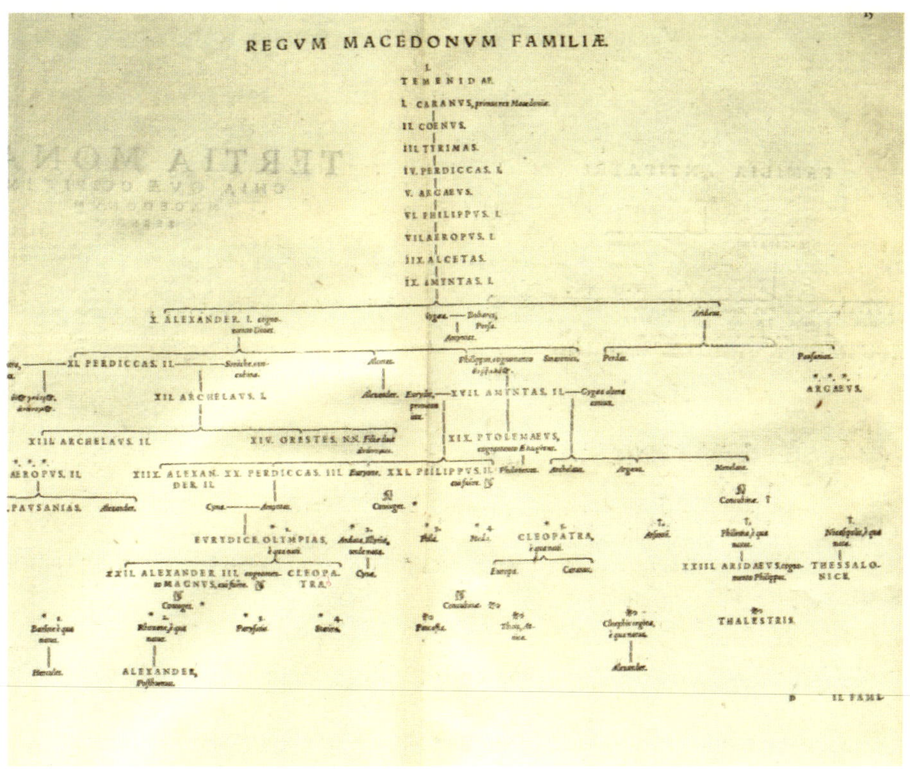

图 62

雷纳尔·雷内克的作品；这个系谱图表出自他的《约定法则》，1572—1574 年出版于巴塞尔。雷内克将系谱视为理解过去史实的关键。在卷帙浩繁的《约定法则》中，他将世界历史转化为一系列长长的家谱树状图——这里的一例，是马其顿王国创建者特门尼德家族的宗谱关系图。

图 63

伊利阿斯·雷斯纳尔的作品，作为编年史的系谱图，1589年出版于法兰克福

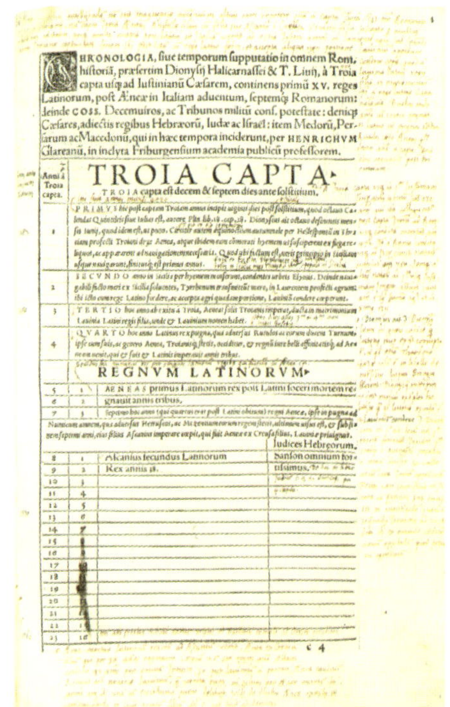

CHRONOLOGIA, ſiue temporum ſupputatio in omnem Rom. hiſtoriā, præſertim Dionyſij Halicarnaſſei & T. Liuij, à Troia capta uſq; ad Iuſtinianū Cæſarem, continens primū XV. reges Latinorum, poſt Æneæ in Italiam aduentum, ſeptemq; Romanorum: deinde COSS. Decemuiros, ac Tribunos militū conſ. poteſtate: deniq; Cæſares, adiectis regibus Hebræorū, Iudæ ac Iſrael: item Medorū, Perſarum ac Macedonū, qui in hæc tempora inciderunt, per HENRICHVM Glareanū, in inclyta Friburgenſium academia publicū profeſſorem.

Anni à Troia capta.		TROIA CAPTA. TROIA capta eſt decem & ſeptem dies ante ſolſtitium.	
1		PRIMVS [illegible]	
2		SECVNDO [illegible]	
3		TERTIO [illegible]	
4		QVARTO [illegible]	
		REGNVM LATINORVM.	
5	1	AENEAS primus Latinorum rex poſt Latini ſoceri mortem regnauit annis tribus.	
6	2		
7	3	[illegible]	
			Iudices Hebræorum.
8	1	Aſcanius ſecundus Latinorum	Sanſon omnium fortiſsimus.
9	2	Rex annis 38.	
10	3		
11	4		
12	5		
13	6		
14	7		
15			
16			
17			
18			
19			
20			
21			
22			
23	16		

c 4

图 64

1540年，历史学家兼音乐理论家海因里希·格拉雷鲁斯推出新版本的李维《罗马史》；在书中，他布置了一个细节丰富完整的、尤西比乌斯式的、综合协调的历史日期系统；参照此系统，读者翻查了解往昔大事件时，就不会困惑或茫然。这样的独立编年史，他还为好多个文豪名家的作品编纂过，这其中就包括了大诗人维吉尔的史诗。

图 65

学者兼科学家亨利·萨维尔收集了不列颠中世纪的很多历史资料；这个1601年版本的作品中，他运用世界编年史的工具列出了中世纪早期不列颠的那些统治者与主教。

撰写编年史。首先的一个例子是为李维的《罗马史》编制年表；原书写于奥古斯都（屋大维）治下的时代，而文艺复兴时期的读者，从彼特拉克到马基雅维利，都视此书为宝贝。李维的叙事，是逐年顺次推进，这就让读者很难将他的历史与其它史书的记述或是与《圣经》协调起来观照。格拉雷鲁斯则厘清了这些事项，让人们看到，罗马政权的建立与萨尔曼纳萨尔统治亚述几乎完全是同一时期发生的；几次布匿战争，也被他与地中海历史上的其他大事件关联起来。他的作品，后来又修订出新版之际，其中的信息价值已经变得很受认可，于是便作为表格体的罗马编年史，来独立印行流通了。（参见图 64）与之构成比照的是，英格兰数学家与历史学家亨利·萨维尔（Henry Savile）则运用尤西比乌斯的格式，整理了中世纪初期的大事记，赋予其秩序，而此前还没有任何名家描绘过这个历史时段。（参见图 65）

图形上的创新，还有对那些权宜旧作的修改和重新利用，这两种活动都进入了繁荣期；当项目是出于宗教目的时就尤其如此。一位巴黎的牧师兼希伯来语学者让·波莱希（Jean Boulaese），成功编写出了一种内容综合全面、但形式简明的图表，也正是前述的格雷纳伊斯觉得太复杂难以构思完成的那种。波

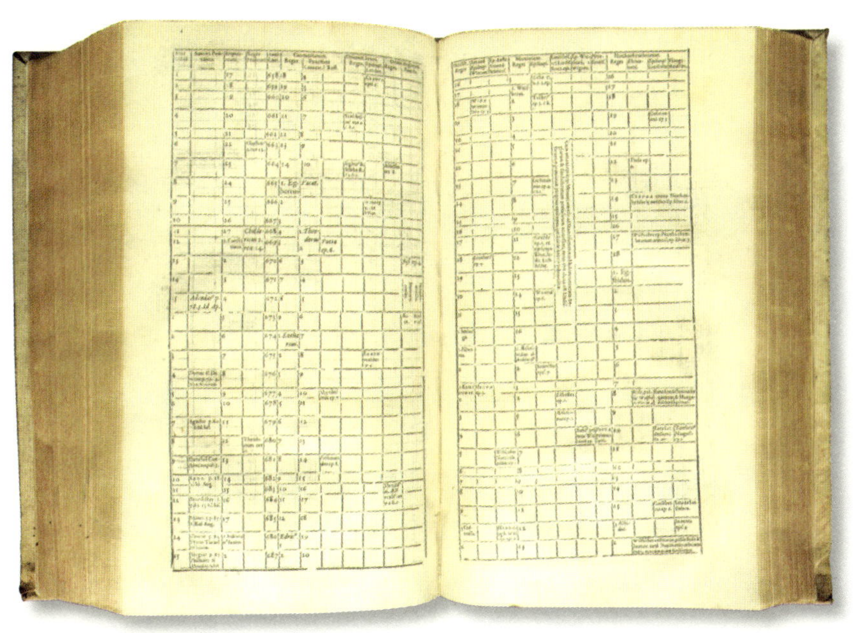

莱希设计出来的挂墙式图表，在16世纪70年代供巴黎大学的学生查看使用。表格将《圣经》讲述的历史——从上帝创世开始，与异教徒的历史——只是在大洪水之后才开始，仔细地分隔开来。世俗社会的历史，则被他明确分为清晰的四个阶段。（参见图66）通过这样的办法，他将全部的人类历史装入了一个图式之内，而那个模板是很久很久以前《圣经》中的先知但以理所设定的：先知预言说四个大帝国将轮流统治世界。很多新教教徒也跟天主教士波莱希一样，颇为相信这一四段模板——也同意波莱希的看法，认为他们正生活在第四帝国，也即罗马帝国，而这一阶段将很快进入尾声。（波莱希，既是年表专家也是驱魔法师，他目击了很多场景或异象，并视之为又一黄金时代即将来临的证据。）不过，挤塞在波莱希图表中的人名与日期太多，使得更宏大框架中所谓天意神授的秩序很难辨识。寻求传达那同一份奥义的新教徒们，然后找了远远更具新颖创意的视觉模式来实施此事。

与公元前2世纪和前1世纪的很多先知文本一样，但以理的言词也给犹太人带来安慰，同时也预言了异教徒帝国毁灭的末日近在眼前，而犹太人的臣服从属处境则即将结束。那些字句阐释过去，预告未来，将过去和未来都说成是上帝旨意的直接表达。在文本中某处地方，说有一个人形雕像出现在巴比伦王尼布甲尼撒的梦中。在大王的要求下，但以理首先描述，然后又解释了那个雕像：

> 这像的头是精金的，胸膛和膀臂是银的，肚腹和腰是铜的，腿是铁的，脚是半铁半泥的……一块非人手凿出来的石头，打在这像半铁半泥的脚上，把脚砸碎。于是金，银，铜，铁，泥都一同砸得粉碎，变成如夏天禾场上的糠秕，被风吹散，无处可寻。打碎这像的石头，变成一座大山，充满天下。

这幻象中所见，巧妙地组合了两种互补的时间地图或体系方案：一个是衍生自波斯概念，把历史作宗教化幻象表述，认为那是善与恶之间漫长的缠斗冲突，注定要以一场惨烈大战来终结；另一个是衍生自希腊文化概念，着

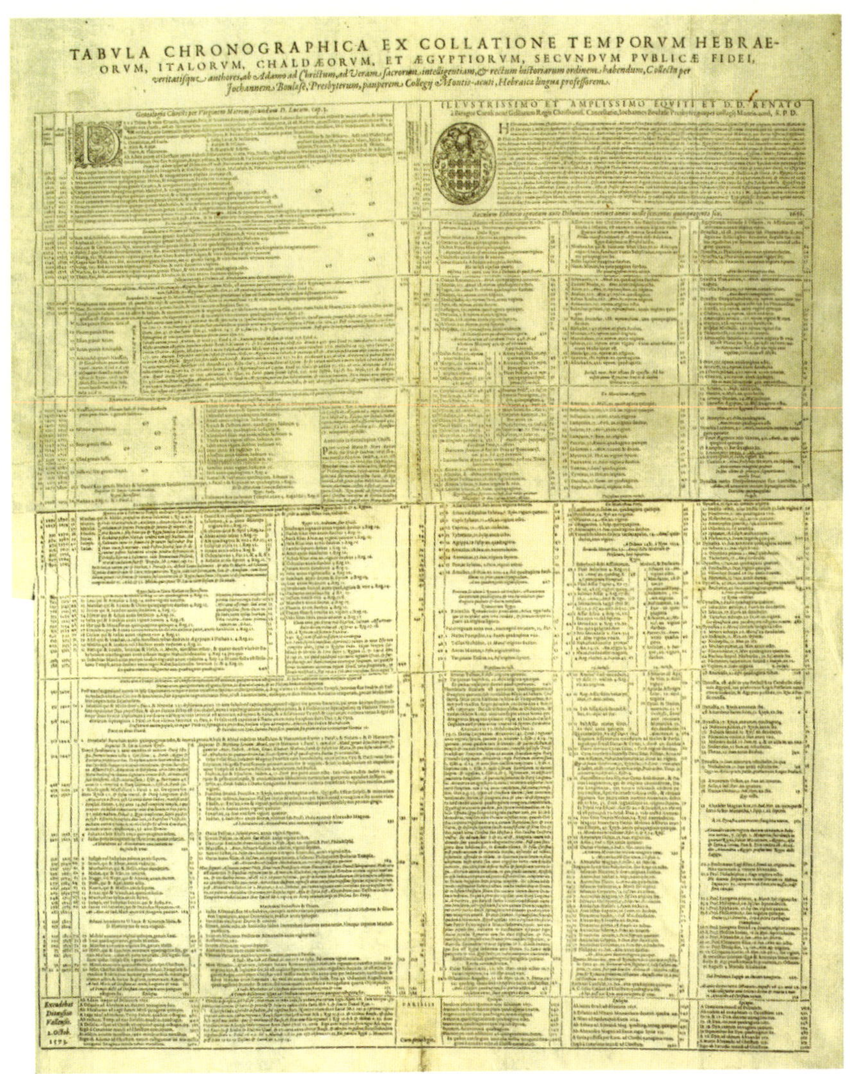

图 66

这一条目密集的图表是印刷作品——而前此400年，普瓦捷的彼得的列表则是手绘完成——供巴黎大学的学生查阅使用。到了16世纪晚期，世界历史所覆盖包含的人物与事件范围已经大规模扩展。让·波莱希为其学生创作了这张内容拥塞的时间表；这位天主教派的辩论家，为了给图表营造出视觉上的清晰效果，所用的办法是在纸面上各自隔离的平行区域分别追踪呈现教会和世俗王国政权的历史。

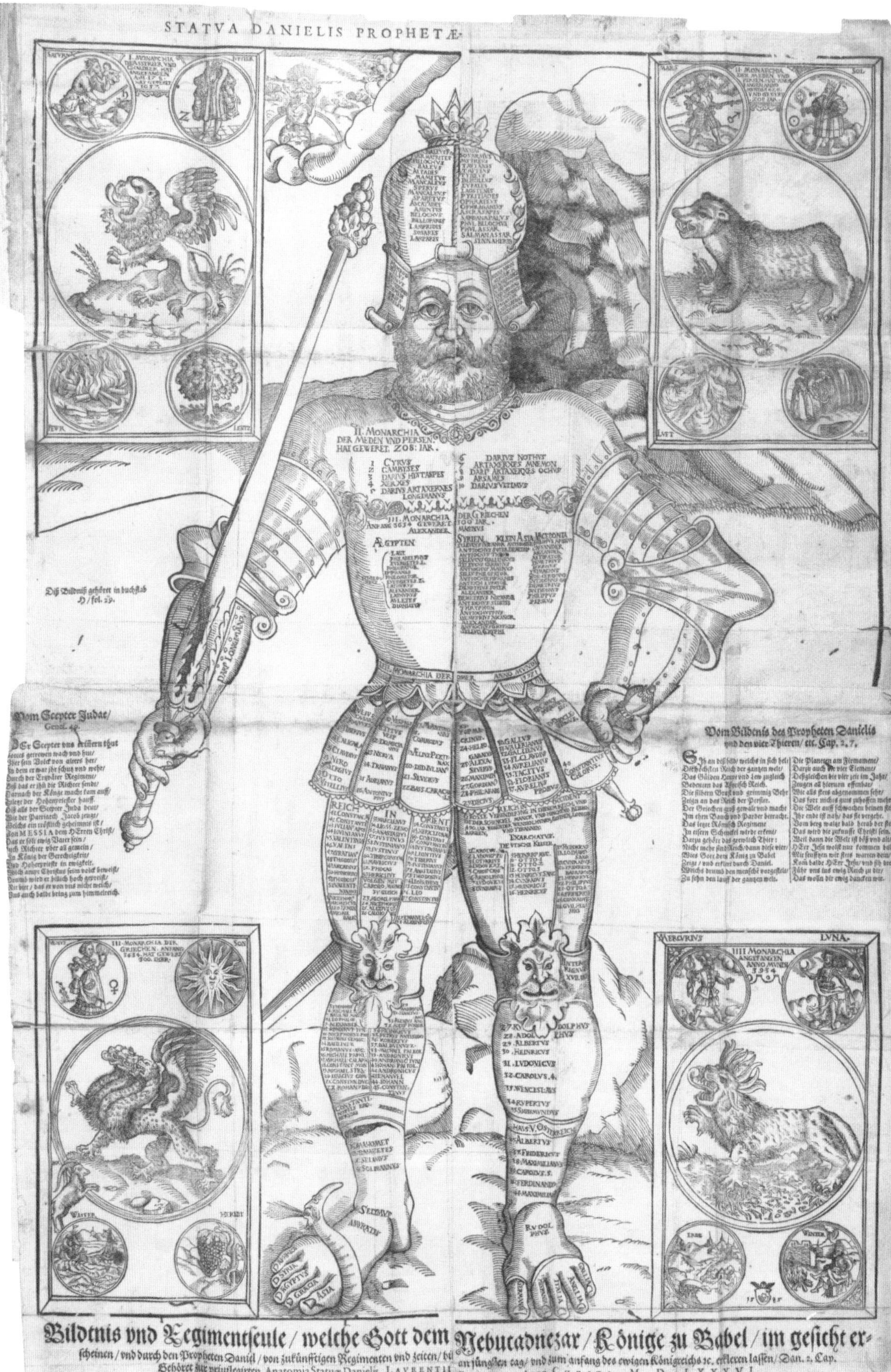
STATVA DANIELIS PROPHETÆ
Vom Scepter Judae/
Vom Bildenis des Propheten Danielis
vnd den vier Thieren/ etc. Cap. 2. 7.
MERCVRIVS
LVNA.
Bildtnis vnd Regimentseule/ welche Gott dem Nebucadnezar/ Könige zu Babel/ im gesicht er-
scheinen/ vnd durch den Propheten Daniel/ von zukünfftigen Regimenten vnd zeiten/ bis
an jüngsten tag/ vnd zum anfang des ewigen Königreichs ꝛc. erkleren lassen/ Dan. 2. Cap.
Gehöret zur priuilegirten Anatomia Statuæ Danielis, LAVRENTII FAVSTI, Anno CHRITI M. D. LXXXVI.

重于这个论断——最早期的人类比他们的后代更强大更具美德，所以每一代人，或说是每一个王国，只会比此前一届更差。尤西比乌斯那平行列格式的表单，为过往时代呈示了如同天神施与的整饬秩序，而那雕像，伴随着逐渐退化降级的原材料以及行将到来的毁灭，将过去与未来熔接在一起，也与上帝为人类设定的命运规划的幻象图景熔接在一起。

年表编制者应该预测未来，对此观点，尤西比乌斯明确拒绝，尤其是反对预测世界末日。但在他的时代以及随后的年代，很多编年史家都有不同的立场。正如我们已经看到的，在他的《纽伦堡编年史》中，谢德尔就塞进了关于人类历史可能持续多久的粗略估计。罗勒文克则声称，一个真正深刻博大的时间线作品，应该既是预测性的，同时也是具有教学功能的资源——充当一根测量杆，能告诉忠信的基督徒，世界还剩下多少时间，以及多少时间已经逝去："人类的勤勉努力，借助于内心沉思的翅膀，便可升腾翱翔于当前这一事务之上，不仅量定过往时日与现在，也能测定未来。"

不过，罗勒文克也好，波莱希也罢，他们都没有灵机一动，想到去用那种最为戏剧化的方式来呈现时间的架构形态。那就是但以理所设定的图式。1585年，洛伦兹·浮士德出版了《但以理人形雕像解剖》（*Anatomia statuae Danielis*）。（参见图67）一位佚名的艺术家为此书贡献了一张木刻版画，印出后折页装订；此画具象呈现《但以理书》所述之雕像，人物五官特征借用了萨克森统治者奥古斯都一世。图像的四个角落呈示有四只野兽，按照但以理经文的另一部分所讲，四只野兽的扭打缠斗，就代表着四大帝国的演替接续。题写在雕像头盔、铠甲与双腿上的，是四个帝国统治者的名字。浮士德为图像配上了说明性的解谜文字，详细地跟进描述那张解剖隐喻图；那雕像的每一部分与每个器官如何对应一个历史人物或事件，他都加以澄清解说：

图67

洛伦兹·浮士德的《但以理人形雕像解剖》出版于1585年，由一位佚名的艺术家画了插图。插图非常精彩，将四个阶段世界超级君主帝国的统治者们安置到了那雕像铠甲的恰当部位上。这样的形式，不仅形象生动地表现了但以理的预言，而且为学生们提供了一个出色的巩固记忆的辅助工具。浮士德撰写的伴随文字，则一一识别指明了图像中所列出的所有统治者，并解释了他们的名字出现在铠甲上相应位置的道理。

> 解剖，指的是分解一具人体的所有组成部分，正如解剖师与医生所做的那样，他们切割分解一具死尸，检查所有那些内脏器官、血管与关节之类。这样的训练，让他们能够做出更好的疾病诊断，在日后的实践中给出更好的诊疗建议。这本小书被称为“但以理人形雕像解剖”，是因为巴比伦国王得到的梦境启示，其形式就是一个人体大雕像，不同部分暗指世界上的四个帝国。这一雕像的所有构成组件都得到了检视和论述，以便于读者能领会每一部位对应的情境背景，并由此去真正理解它。

器官与统治者之间的协调配对颇为恰当和精准：举例来说，波斯帝国的大流士被配置到肺这一部位，那是因为，在他执政期间，犹太人一度得以自由呼吸；罗马皇帝赫利奥伽伯卢斯，死后被扔在了粪坑里，所以就很精当地与雕像那“后面的出口”配对了。

浮士德干劲十足，将一系列的多种图像手段运用起来，以让他的作品显得详尽又全面。一位很有影响力的世界史理论家，法国人让·博丹（Jean Bodin），在1566年提出观点说，但以理的四帝国之论不能原样映射到近代世界的历史上，因为现实中的罗马帝国早就消亡，不存在了，而土耳其帝国（奥斯曼帝国）则比哈布斯堡家族的神圣罗马帝国更大，实力更强，可但以理的预言幻象中根本没有土耳其的对应物。浮士德的图像以视觉语言反驳了博丹的理论主张。他那雕像的右腿，有所变形转化，从东罗马帝国变为土耳其帝国。但与此同时，这条混合成分的肢体还踩扁了一个样子邪恶、类似于蛇的东西，而那明显是代表了土耳其苏丹。这幅插图，不符合逻辑，但同时也极富表现力；在但以理的预言框架中，此图特意为奥斯曼帝国添加了一个位置，然而也表明了，这帝国要比罗马低人一等。此雕像的脸，浮士德为之安排的是他自己国家君主的面容；这样的决定，也许是一个暗示，是说贤明有德的君王可能推动和加快基督徒统治世界的日子到来。换句话说，浮士德利用了每一个可以想象到的资源，帮助读者来记住历史过往，同时又诱导读者构建出恰当的心理状态，在那样的心境中去预期未来。

其他的历史作者与艺术家，有些人模仿了浮士德。阿尔特多夫学院是纽伦堡年轻人的求学之地；在这里，但以理预言雕像的印画被用作课本。印画生动有力，将过去与未来具象化，有利于把世界历史的细节印刻在那些年轻人的脑海中，并让他们对等待着人类的、那激烈戏剧化的、只会短暂存在的未来，能有个清晰的概念。这就好像当代读者查看“极乐指数表”（关于世界末日和终极解脱的民间研究，依照《圣经》中的预言来考察各类末日指标与信号，建有“迎接极乐”网站）那样，近代早期的那些年轻学者与贵族子弟们也学会了这个，就是借助于这些表格、图片与话题文本，来理解过去和预知未来。

有创意的编年史研究者，他们不止一位，在《圣经》类文稿与宗教图像的领地之外找到了视觉资源，并用这些材料来描绘过往。（参见图 68—69）12 世纪期间，意大利卡拉布里亚修道院的住持，名为来自费奥雷的约阿希姆（Joachim of Fiore），受到了那些预言幻象的启迪。他执迷于这个观念：数字上的对称性是理解《旧约圣经》与《新约圣经》的关键；末日启示录的预言与恐怖灾难也令他着迷，约阿希姆于是把历史看成是一个下坠的过程，落入三种层次或“状态”——第一个是旧约的状态，神为圣父的状态，然后是新约状态，神为圣子的状态，第三个则是圣灵统领一切的状态。他这个体系的细节，以及这个体系中哪些具体内容实际是衍生自《圣经》的，这对我们的论题或意图都关系不大；跟论题更有关系的，是他用以设想和呈现时间的那些奇妙的形式：彼此交织的圆环与大大的树状图，以三十年为一代间隔划分出来；如此一来，就是将世界编年史中那原本连贯一致的、年复一年的时间，与一种相对更不规则的时间系谱图版本，熔接在了一起。约阿希姆的这些图表，当然是指向历史、指向过去，但至少是在同等程度上，也指向未来。它们让很多读者相信了这一点：13 世纪，倡导托钵苦行的“新人”僧侣，也即芳济各会与多明我会的宗派，将改变教会的局面。对其树状图的这种理解，约阿希姆本人大概不会同意的，但尽管如此，前述这一影响，还是揭示了他这些时间地图所具有的激进特征与提纲式的引导力量。

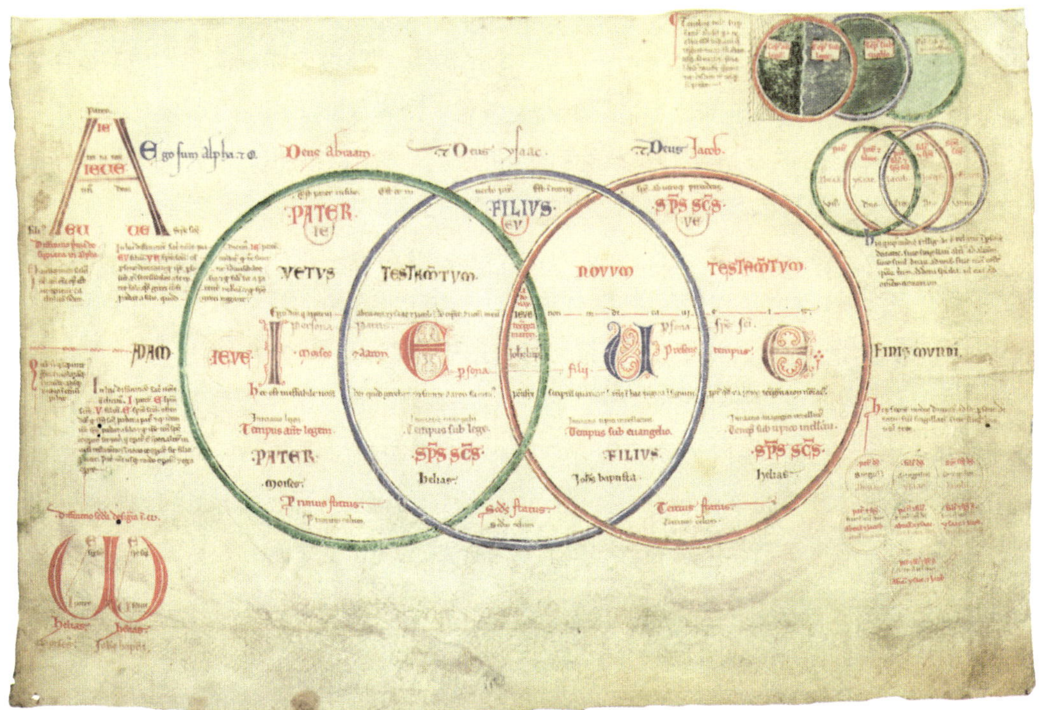

图 68—69

12 世纪卡拉布里亚修道院住持，名为来自费奥雷的约阿希姆；他的门徒创作了这些令人称奇的绘图，将《圣经》传说中的过去、基督教世界的近现代，还有一种经过变形改造的未来，都编织整合在一个内容复杂却形式简明的单个图表中。右页的图案中，树干上每三个字母 X 排成一行，是划分出了不同的代际时段，每一代为三十年。左侧的这个图表，则显示了世界历史三重交叉的状态或年代。

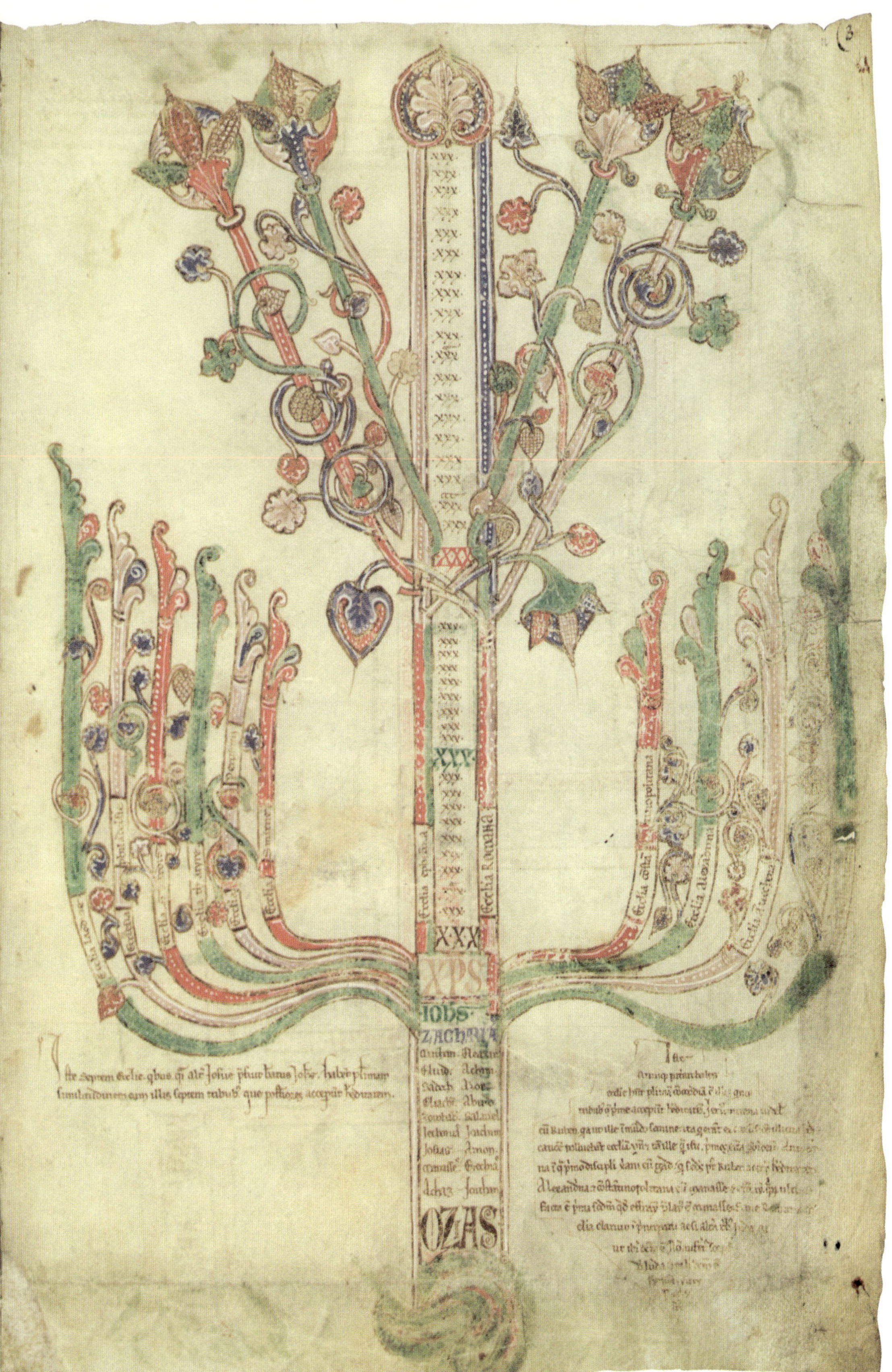

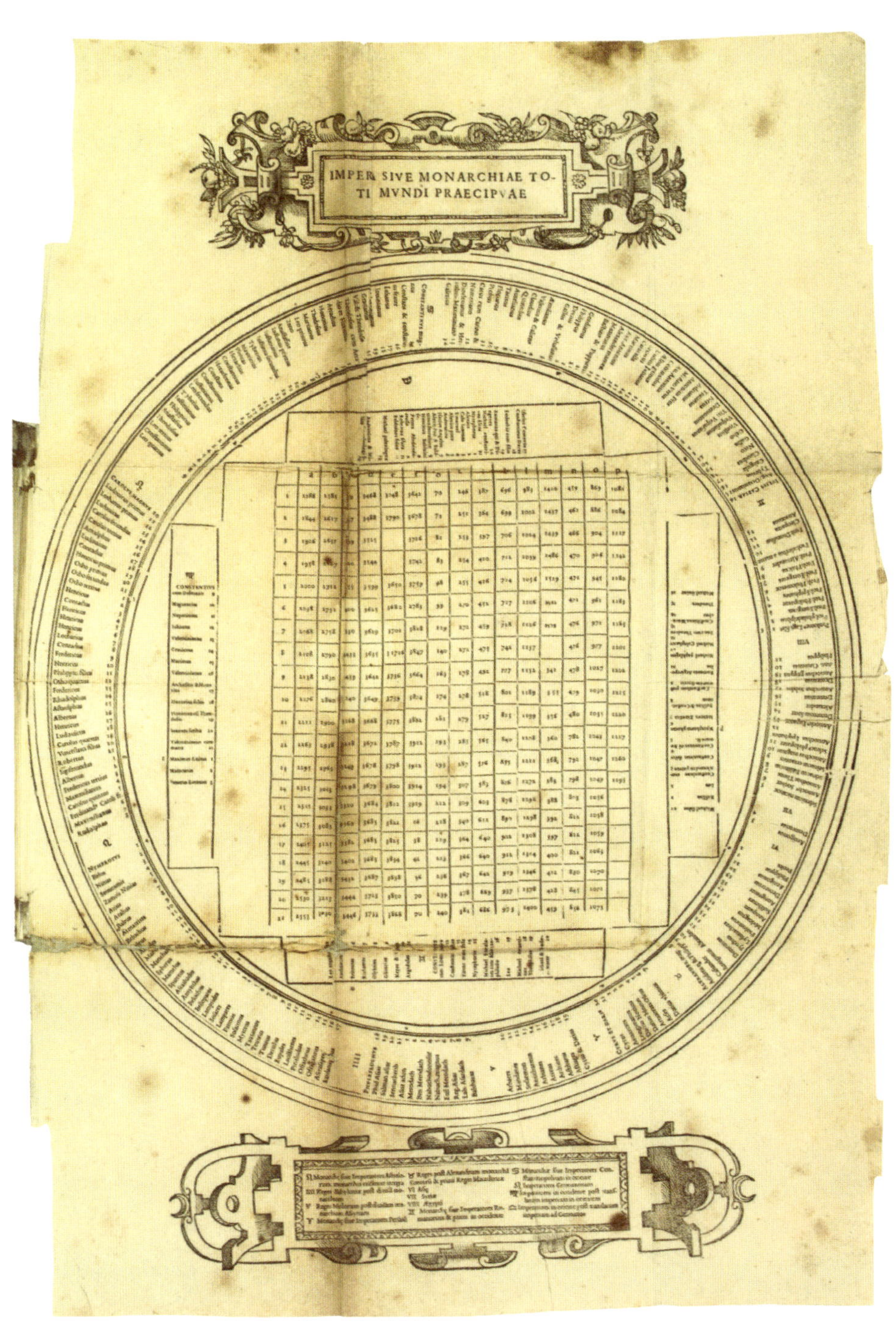
IMPER SIVE MONARCHIAE TO-
TI MVNDI PRAECIPVAE

进入印刷物时代之后，这样的图像资料——通常是源自于《圣经》，但在形式上折中兼容——也呈倍数增加。德国的迈克尔·伊茨辛格（Michael Eytzinger），是历史学家、绘图师，也为《新闻公报》撰稿。他写了16世纪佛兰德斯的宗教战争史，书中点缀有一幅周期循环式的插图，将世界呈现为一个剧场模样，纯粹由人类的、还有物质的因与果所运行的剧场。角色要素被安排得就像游行队列中的演员，顺着一个圆圈移动，来演示出作者的理论。繁荣导致过度的贪欲，贪欲又转而引发战争，战火带来巨大破坏，那会诱导人们谈判和解，和平然后又让繁荣得以出现。

1579年，伊茨辛格出版了《世界史的五个折页表格》（*Pentaplus regnorum mundi*）；与他的前作构成反差的是，他这次模仿了约阿希姆，致力于寻找历史的对称性，以及表现对称性的那种独创的有力图像。（参见图70）他将所有的王朝，不管是古代的还是近代的，都压缩到了五个折叠插页的表格上；这些表格可以让读者轻松查阅到某些国王与大臣高官权势鼎盛的历史日期，并且可以找出这些信息之间的关联对应关系。

这些庞杂蔓延的图表上，在那些数据背后，潜藏着一种深度秩序。要理解伊茨辛格对历史的图形化表述，解密的钥匙是一个简单的插图，图中描绘了刻有字母的两根柱子。（参见图71）图中柱子是象征着亚当之子塞特在大洪水之前用于刻写下所有知识、也因此让知识得以保存、免遭毁坏的那两根柱子——这故事来自犹太历史学家约瑟夫斯（Josephus）的记述。柱子上的字母，是犹太人大族长们名字的首字母。然而，恰当地重新排列之后，这些字母拼写出的，是伊茨辛格自己的主公的名字——神圣罗马帝国的皇帝马克西米利安二世。按他的观点，这是明显的证据，凸显了皇帝身为过往时代统治者的地位。不过，当马克西米利安驾崩之后，伊茨辛格还活着，当然这世界也在延续着，于是，伊茨辛格欣然迎合时代风云，将下一任皇帝鲁道夫二世加进了他的故事情节主线。

图70

迈克尔·伊茨辛格那复杂的历史参考与查找系统，将人类历史中的主要权贵世系压缩呈现为表格，用字母与数字去区别它们，也便于用字母与数字去查询信息。这是其中的一部分，出自他1579年的《世界史的五个折页表格》，为五个表格之一。该作品旨在浓缩概括人类历史。

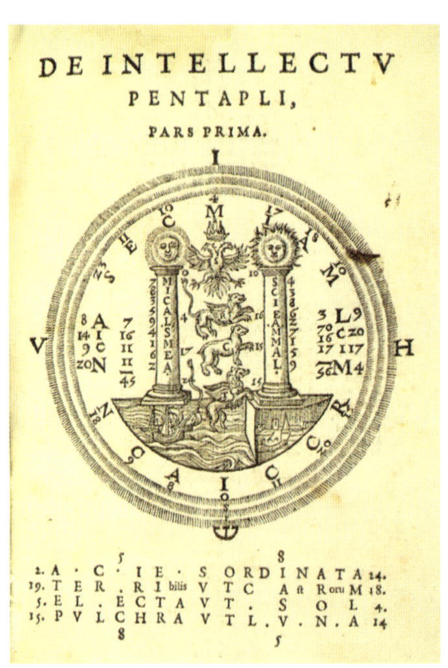

图 71

按照犹太人的一个古代故事，大族长塞特用泥砖与石头砌筑了柱子，在柱子上刻写了上帝赐予最早期人类的完美知识。在伊茨辛格的故事版本中，这些柱子上便有着破解时间之谜的答案。

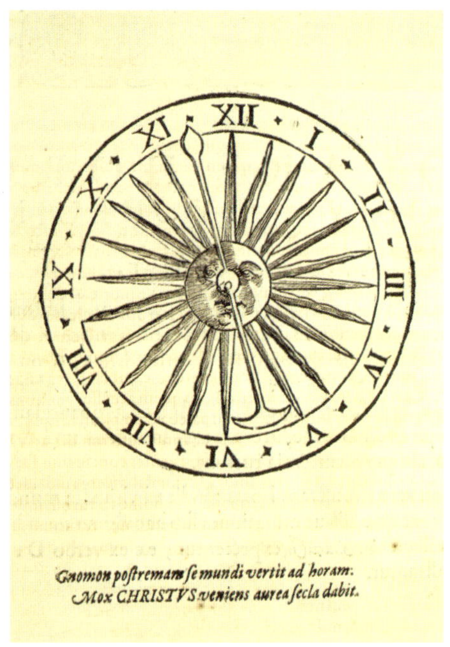

图 72

17 世纪早期的一位波西米亚学者，维契拉斯·布多维切兹·布多瓦可能是将历史呈现为钟面形式的首创者；这是他出版于 1616 年的《月亮时间与太阳时间的圆形钟盘》。

在视觉隐喻图式的选择上，显得更为聪明新颖的和远远更为紧跟时代的，是波西米亚贵族维契拉斯·布多维切兹·布多瓦（Václav Budovec z Budova）；此君是布拉格的市民，那里有被奉为经典的各种神秘信念，也是“炼金术爱好者”皇帝鲁道夫二世的常驻地。约阿希姆那仿佛是有机生命体的树状图——那形态的对称性也许可认为是怪异——被布多瓦换成了一种更现代、更有机械感的图像。（参见图72）1616年，他发布了一个大事记年表，其中用大大的钟面来呈现出《旧约圣经》与《新约圣经》的历史。“月亮时钟”，对应的是旧约时代，既粗劣又暗淡，因为在神化身为基督之前，人类只能间接获取知识。相形之下，“太阳时钟”则很明亮，就如同救世主随身带来的智慧启示。钟面上那绝对必然、万无一失的指针，停留在午夜附近；这个生动的图像，代表了时间的末日正在靠近。而几个世纪之后，另一个怵目惊心的图像也遥遥发出了呼应；那画面是一台滴答作响的时钟——在二战刚刚结束之后的那些惶惶不安的日子里，从《原子科学家公报》作为一份杂志最初出现时，这个警示时钟便点缀着杂志的封面。1620年，布拉格附近的白山战役表明，布多瓦的预感没有搞错。即便那个大世界没遭覆灭，他自己的世界反正是被冲毁了；他沦为囚徒，后被处死。

将事件与一种更深层的、更宏大的因由秩序加以关联，这类的尝试与努力，并非全都要依附于《圣经》。在古代的米索不达美亚，占星师已经用他们的艺术来预言王国的命运，然后才用来给个人算命，接下去的数百年，希腊人、罗马人、波斯人以及穆斯林族群的占星师，全都效仿了那些先例。每个人，或者说至少是知识阶层的每个人，都知道离地球最远的那两颗行星，土星与木星（塞特恩与朱庇特），每隔二十年便相遇。中古世纪与文艺复兴时期的占星师和编年史家绘制图表，将耶稣降生和查理曼大帝发迹上位这类大事件与“星相大合璧”的天文现象对应关联。约翰·海因里希·阿斯泰德（Johann Heinrich Alsted）是德国赫伯恩的加尔文教派学院很有影响力的教授，还编写了卷帙浩繁的百科全书。他用土星与木星的合相来预测，1603到1642年间，世界将会经历一段艰难时日。（参见图73）阿斯泰德的很多读者是英国人，因此他的预言或许是推波助澜，启发了他们去推翻国王查理一世，在17世纪40年代与50年代建立起一个清教徒政权。在这里，时间表已经是如此有力，竟至于能帮助改变国家社会。

*** Ad titulum LIV. pag. 482.

SPECULUM MUNDI.

Tria mundi tēpora	Quatuor monarchiæ secundum Historicos	Quatuor monarchiæ secundum Astronomos, & 4 cardines.	Septem revolutiones planetarum.	Anni mundi.	Trigoni signorum cœlestium.	RES MEMORABILES.	Anni ante Christum.	Decem ætates mundi.	Congubernatores: Mitregenten.	Gubernatores millenariorum: Regenten.	Sex millenarii.
INANE			PRIMA. An M. 791.	1.	♈ ♐ ♌ Igneus.	*Mundus* creatur. *Superiores planetæ* conveniunt in trigono igneo.	3947.	Prima: Patriarcharum ante diluvium.	VIII Patriarchæ ab Adamo usque ad Noë: putà Seth, Enos &c. usq; ad Lamech.	1. Adam. Moritur anno M. 930.	I. Igneus.
				200. 400.	♉ ♑ ♍ Terreus. ♊ ♒ ♎ Aëreus.	*Enos* nascitur sub initium trigoni terrei: & *nomen Dei incipit invocari* sub trigono terreo & aëreo.	3748. 3548.				
				600.	♋ ♓ ♏ Aqueus.	*Enoch* nascitur sub initium trigoni aquei: rectè docet & sanctè vivit tempore ejusdem trigoni & sequentis.	3348.				
				1000.	♈ ♐ ♌ Igneus.	*Adam* & *Enoch* moriuntur tempore trigoni ignei.	2947.				
	I. ASSYRIORUM.	I. ORIENTALIS.	SECUNDA. An M. 1590	1200.	♉ ♑ ♍ Terreus.	*Noah* nascitur sub finem primi & initium secundi millenarii.	2748.	Secunda: Patriarcharum post diluvium.	IX Patriarchæ à Noë usq; ad Abraham: putà Sem, Arphaxad &c. usque ad Thara.	2. Noah. Moritur anno M. 2005.	II. Terreus.
				1400.	♊ ♒ ♎ Aëreus.	*Mundus degenerat* sub trigono aëreo.	2548.				
				1600.	♋ ♓ ♏ Aqueus.	*Diluvium* immittitur tempore aquei trigoni.	2348.				
				1800.	♈ ♐ ♌ Igneus.	*Monarchia Babylonica* incidit in trigonum igneum.	2148.				
				2000.	♉ ♑ ♍ Terreus.	*Sem* succedit Noacho tempore trigoni terrei: & *Abraham* nascitur.	1948.				
LEX			TERTIA. An M. 2385	2200.	♊ ♒ ♎ Aëreus.	*Abraham accipit promissionem* sub initium trigoni aërei: *circumcisio* instituitur: *tempus peregrinationis*, annorum 430, incipit.	1748.	Tertia: Peregrinationis Israël.	V Patriarchæ post Abrahamum: putà Isaac, Jacob, Levi, Kaath, Amram: & XVI Judices.	3. Abraham. Moritur anno M. 2123. Ejus posteritas floret usq; ad Davidem.	III. Aëreus.
				2400.	♋ ♓ ♏ Aqueus.	*Moses* tempore aquei trigoni vocatur divinitùs, & educit populum ex Ægypto. *Lex promulgatur* in deserto: *terra Canaan* occupatur.	1548.				
				2600.	♈ ♐ ♌ Igneus.	Tempore ignei trigoni *Debora* & *Gideon* excitantur, *Jephthe* item & *Simson*: *Troja* exciditur.	1348.	Quarta: Judicum in Israël:			
				2800.	♉ ♑ ♍ Terreus.	*Potestas judiciaria* commutatur in regiam.	1148.				
			QUARTA.	3000.	♊ ♒ ♎ Aëreus.	*David* prosperè agit. *Salomon* ædificat templum. *Regnum populi Dei* scinditur. *Variæ dynastiæ* florent: putà Atheniensium, Latinorum, Lacedæmoniorum &c.	948.				
	II. PERSARUM	II. MERIDIONALIS.	3180.	3200.	♋ ♓ ♏ Aqueus.	*Seculum prophetarum & poëtarum* incipit. *Decem tribus* in perpetuam captivitatem abducuntur. *Roma* condita sumit incrementum.	748.	Quinta: Regum populi Dei.	XX Reges Juda, & XXVII duces post captivitatem usq; ad Herodem.	4. David. Nascitur anno M. 2860. Ejus posteritas floret usq; ad Christum.	IV. Aqueus.
	III. GRÆCORUM			3400.	♈ ♐ ♌ Igneus.	*Hierosolyma & templum* exciduntur. *Captivitas Babylonica* incipit, & solvitur per Cyrum. *LXX Septimanæ Danielis* incipiunt. *Monarchia Persarum* constituitur, & floret.	548.				
				3600.	♉ ♑ ♍ Terreus.	Tempore terrei trigoni *Alexander M.* condit monarchiam Græcorum: & Romani variis bellis implicantur.	348.	Sexta: Ducum populi Dei.			
			QUINTA. An. M. 3975. Chr. 26.	3800.	♊ ♒ ♎ Aëreus.	*Maccabæi* prosperè agunt. *Romani* variè belligerant. *Julius Cæsar* constituit quartam monarchiam. *Christus* nascitur.	148. An. Christi.				
				4000.	♋ ♓ ♏ Aqueus.	*Evangelium* longè latèq; propagatur inter varias persecutiones.	51.				
CHRISTUS.				4023.	♈ ♐ ♌ Igneus.	*Evangelium* propagatur. *Hæretici & tyranni* incipiunt, adeoque *septem sigilla* in Apocalypsi. Post excidium Hierosolymæ incipiunt dies 1290 *Dan. 12.*	35.	Septima: Cæsarum Italicorum.	XXIX Cæsares Latini: LXXVIII Græci: XXVII Germani.	5. Augustus.	V. Igneus.
				4223.	♉ ♑ ♍ Terreus.	*Romani* variè belligerant. Anno Christi 434 incipit periodus mensium XLII. in Apocalypsi. *Constantinus M.* [illegible] imperii Româ transfert Byzantium: quâ occasione Papa imperium politicum incipit usurpare.	174.				
	IV. ROMANORUM.	III. OCCIDENTALIS.	SEXTA. An. M. 4775. Chr. 826.	4623.	♊ ♒ ♎ Aëreus.	*Septem tubæ*, de quibus in Apocalypsi, effunduntur. *Gregorius VII.* excommunicat Imperatorem, & Papismus invalescit. Privilegium Phocæ de *Primatu Romanæ ecclesiæ* promulgatur: & *Mahomed* oritur.	606.	Octava: Cæsarum Græcorum & Germanorum.			
				4823.	♋ ♓ ♏ Aqueus.	*Carolus M.* floret. *Religio Christiana* propagatur. *Imperium Romanum* dividitur in orientale & occidentale.	874.				
				5023.	♈ ♐ ♌ Igneus.	*Mahomedismus* corripit universum orientem.	1074.				
			SEPTIMA. An. M. 5512. Chr. 1603.	5223.	♉ ♑ ♍ Terreus.	*Papismus* magis invalescit. *Familia Austriaca* incipit florere. *Imperium Ottomannicum* oritur. *Huss* contradicit Papæ. Dies 1335. *Dan. 12.* incipiunt anno Christi 1339.	1174.	Nona: Cæsarum Austriacorum.	XIX Cæsares Austriaci.	6. Papa.	VI. Terreus.
				5423.	♊ ♒ ♎ Aëreus.	*Captâ Constantinopoli* bonæ literæ ex Græciâ migrant in occidentem.	1474.				
		IV. BOREALIS.				*Reformatio* incipit per Lutherum. *Septem phialæ*, de quibus in Apocalypsi, effunduntur.	1517.				
				5551.	♋ ♓ ♏ Aqueus.	Tempore trigoni aquei *Liga & Unio* incipiunt. *Bellum* corripit Bohemiam & Germaniam.	1603.				
				5591.	♈ ♐ ♌ Igneus.	Ab anno 1603. ad an. 1642. maximam universus orbis experietur mutationem. Nam istorum annorum XL. spatio ad finem decurrit septima revolutio planetarum: & numeri in Daniele & Apocalypsi idem confirmant. Vide paulò antè axiomata, & suprà Chronologiam numerorum propheticorum, titulo XII.	1642.	Decima: Melioris seculi.			
				6000.	o o o	o o o o o o o o o o o o o	o o o				

图 73

《年表宝库》中的星相大合璧；约翰·海因里希·阿斯泰德于1628年制表。

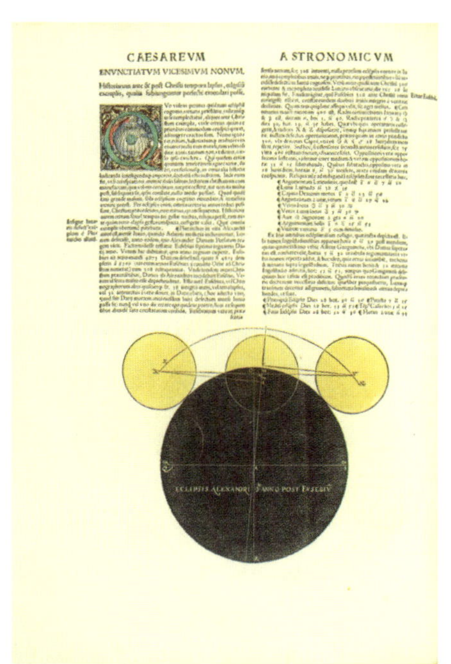

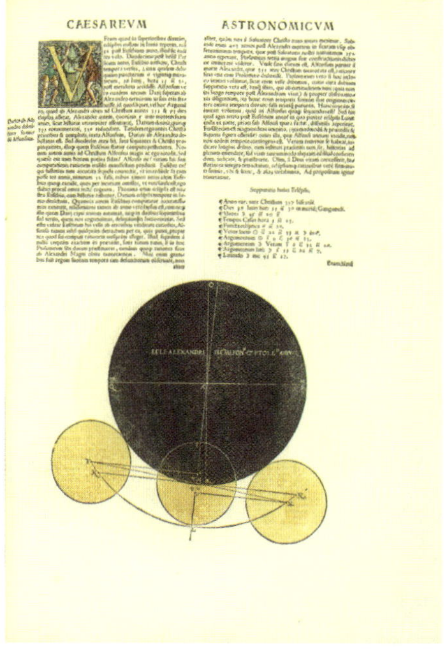

图 74—76

彼得鲁斯·阿皮阿努斯创立了这个相当于是天文计算机的系统，用可旋转的纸质装置来找寻行星的位置。他也展示了如何去计算出以往日食、月食的日期——图中这一例，是亚历山大大帝在高加米拉击败大流士时所伴随发生的月食；他还用图表来显示，那些月食、日食的盈亏程度。从《但以理书》开始，很多作者都把大洪水往后的全部历史分为四个相继的帝国，亚述、波斯、希腊与罗马：经过高加米拉战役，世界的统治力量从第二个帝国时代转交到第三帝国。很多学者尝试重新确定这个战役的日期——阿皮阿努斯是他们当中的一个——因为这是标志着历史到达对半平分点的重要时刻。

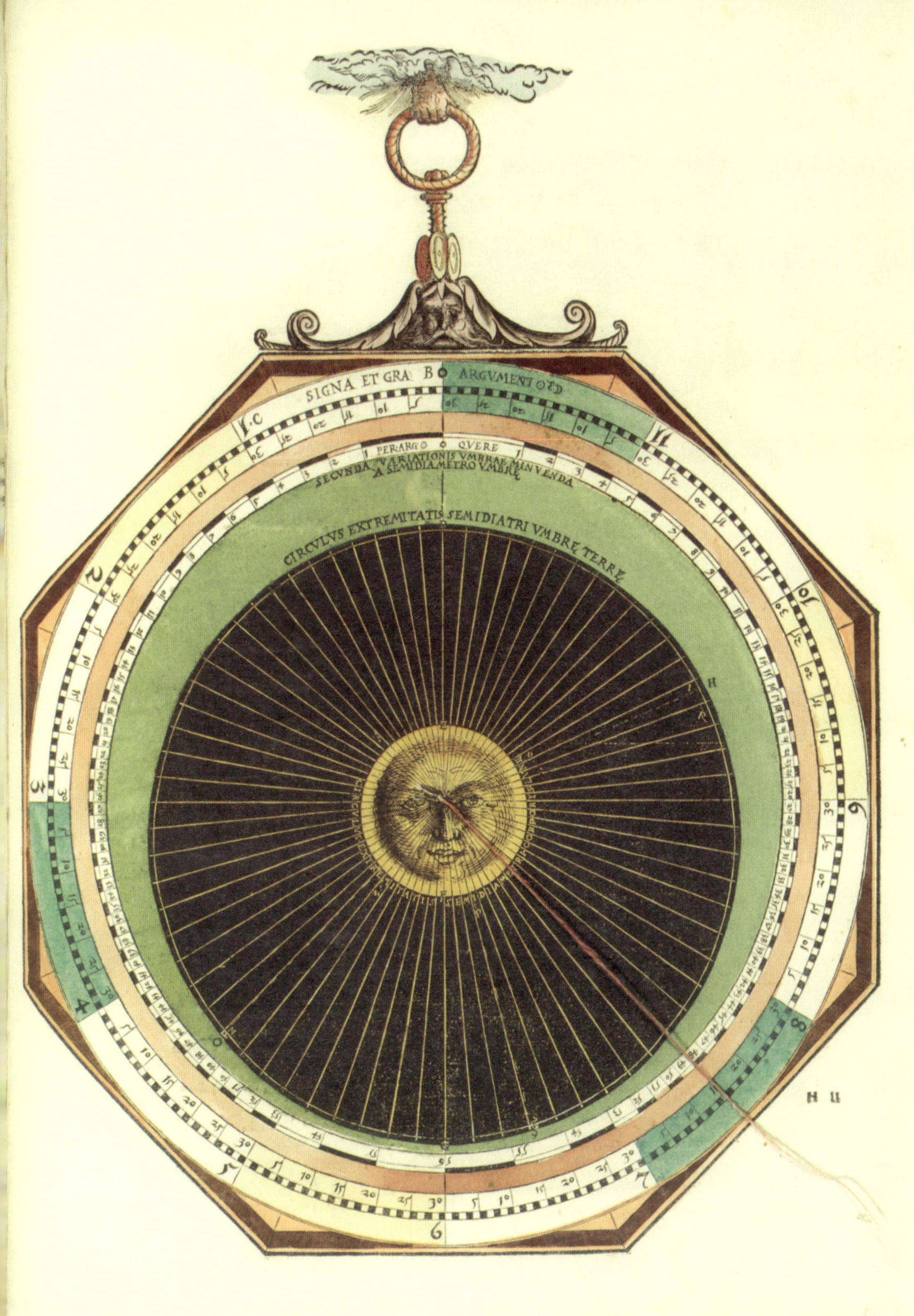
SIGNA ET GRA: B
PER ARGO QVERE
SECVNDA VARIATIONIS VMBRAE MINVENDA
A SEMIDIAMETRO VMBRE
CIRCVLVS EXTREMITATIS SEMIDIATRI VMBRE TERRE

H ii

从16世纪30年代以降，新的天文学工具与技巧在年表编纂中发挥作用，它们也启示了人们用新的形式来完成历史往事的视觉化呈现。（参见图74—76）天文学家们意识到，他们，而不是那些仅仅专长于文字撰述的历史学家，可以为一些主要的重大历史事件提供精确的日期。彼得鲁斯·阿皮阿努斯（Petrus Apianus）是学者、天文学家兼印刷出版人。1540年，他的《天文恺撒学宫》（*Astronomicum Caesareum*，注：Caesareum原指克莉奥帕特拉在亚历山大为恺撒所建之神庙）问世；这是图书形式的一个模拟计算器，很精彩地呈现和解释了行星、月亮与太阳的运行，插图中是演示星体活动的纸质模型。在高加米拉战役（公元前331年）中，亚历山大大帝击溃了波斯国王大流士；经此决定性的一役，亚历山大成为地中海世界最强大的统治者。阿皮阿努斯知道，此战役进行前刚发生过一次月食。他论辩说，以此为例，还有其他类似事例，都表明了天文学可以用来修正已经混入历史记录的那些错误日期。阿皮阿努斯不仅为高加米拉月食和其他几个日食、月食事件提供了日期——实际上，这些日期误差了几年——而且还画出了它们的图表：以示意图解的形式重现重建它们，呈示它们全食的程度。

天文数据的应用，让编年史家们工作的方式发生了一场革命。（参见图77）从远古起，作品在西方为人所知的所有天文学者——无论其作品是希腊语或迦勒底语，还是拉丁语或阿拉伯语——他们的表格与各种计算都建基于同一个固定的基准点，也即纳伯那沙这位实际上并不知名的人物登上巴比伦王座的那一时刻：公元前747年2月26日。（根据19与20世纪期间对楔形文字史料的研究所透露的，远古时代系统的天文观测始于米索不达美亚地区）。（参见图78—80）乔万尼·马利亚·托洛萨尼（Giovanni Maria Tolosani），是挺有幽默感的一位多明我会教徒（他假称是法国人，名叫Johannes Lucidus Samotheus，也即“聪明小子约翰”，血统是承自“维泰博的安尼乌斯”所编造的萨莫索斯族系——高卢人的先祖）；1537年，他将天文学证据引入他那套整洁利索、清晰易懂的编年史图表。托洛萨尼辩驳说，纳伯那沙其实就是萨尔曼纳萨尔的另一个名字，也就是《圣经》中提到的一位亚述国王。在他那本印刷雅致精巧的图书中，他重整了尤西比乌斯的《编年史》，在原书那统治者名录旁边插入了来自中世纪基督教年历文献的信息。

图 77

这个表格是一份清单的部分内容；列单中是有日期记录的日食、月食天文现象；围绕该列单，杰拉尔杜斯·墨卡托（Gerardus Mercator）构建了他出版于 1569 年的《纪事年表》——这是依托于天文基础的最早的编年史出版物之一。

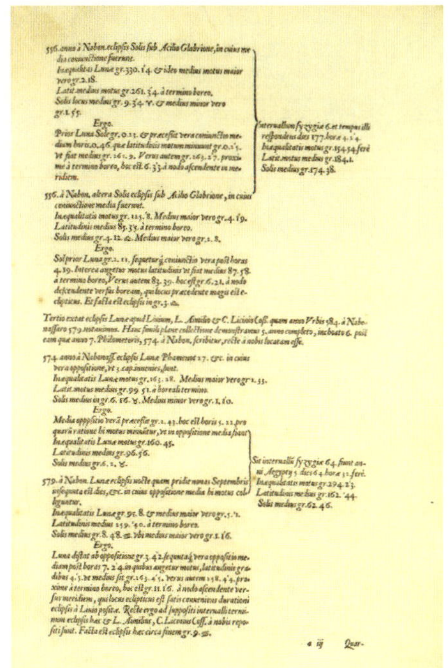

556. anno à Nabon. eclipsis Solis sub Acilio Glabrione, in cuius media coniunctione fuerunt.
Inæqualitas Lunæ gr. 330. 14. & ideo medius motus maior vero gr. 2. 18.
Latit. medius motus gr. 261. 54. à termino boreo.
Solis locus medius gr. 9. 54. ♈. & medius minor vero gr. 1. 55.
Ergo.
Prior Luna Sole gr. 0. 23. & præcessit vera coniunctio mediam horis 0. 46. quæ latitudinis motum minuunt gr. 0. 25. vt fiat medius gr. 261. 29. Verus autem gr. 263. 27. proxime à termino boreo, hoc est 6. 33. à nodo ascendente in meridiem.

Interuallum syzygiæ 6. et tempus illi respondens dies 177. horæ 4. 54.
Inæqualitatis motus gr. 154. 54. ferè
Latit. motus medius gr. 184. 1.
Solis medius gr. 174. 38.

556. à Nabon. altera Solis eclipsis sub Acilio Glabrione, in cuius coniunctione media fuerunt.
Inæqualitatis motus gr. 125. 8. Medius maior vero gr. 4. 19.
Latitudinis medius 85. 35. à termino boreo.
Solis medius gr. 4. 12. ♎. Medius maior vero gr. 2. 8.
Ergo.
Sol prior Luna gr. 2. 11. sequeturq; coniunctio vera post horas 4. 19. Interea augetur motus latitudinis vt fiat medius 87. 58. à termino boreo, Verus autem 83. 39. hoc est gr. 6. 21. à nodo descendente versus boream, qui locus præcedente magis est eclipticus. Et facta est eclipsis in gr. 3. ♎.

Tertio extat eclipsis Lunæ apud Liuium, L. Aemilio & C. Licinio Coss. quam anno Vrbis 584. à Nabonassaro 579. notauimus. Hanc simili plane collectione demonstrauimus 5. anno completo, incohato 6. post eam quæ anno 7. Philometoris, 574. à Nabon. scribitur, recte à nobis locatam esse.

574. anno à Nabonass. eclipsis Lunæ Phamenot 27. &c. in cuius vera oppositione, vt 3. cap. inuenies, sunt.
Inæqualitatis Lunæ motus gr. 163. 28. Medius maior vero gr. 2. 33.
Latit. motus medius gr. 99. 51. à boreali termino.
Solis medius in gr. 6. 16. ♉. Medius minor vero gr. 1. 10.
Ergo.
Media oppositio verā præcessit gr. 2. 43. hoc est horis 5. 22. pro quarū ratione hi motus minuūtur, vt in oppositione media fiant
Inæqualitatis Lunæ motus gr. 160. 45.
Latitudinis medius gr. 96. 56.
Solis medius gr. 6. 2. ♉.

Sit interuallū syzygiæ 64. sunt anni Aegyptij 5. dies 64. horæ 32. ferè.
Inæqualitatis motus gr. 294. 23.
Latitudinis medius gr. 162. 44.
Solis medius gr. 62. 46.

579. à Nabon. Lunæ eclipsis nocte quam pridie nonas Septembris insequuta est dies, &c. in cuius oppositione media hi motus colliguntur.
Inæqualitatis Lunæ gr. 95. 8. & medius maior vero gr. 5. 2.
Latitudinis medius 259. 40. à termino boreo.
Solis medius gr. 8. 48. ♍. vbi medius maior vero gr. 1. 16.
Ergo.
Luna distat ab oppositione gr. 3. 42. sequuntq; vera oppositio mediam post horas 7. 24. in quibus augetur motus, latitudinis gradibus 4. 5. vt medius fit gr. 263. 45. verus autem 258. 44. proxime à termino boreo, hoc est gr. 11. 16. à nodo ascendente versus meridiem, qui locus eclipticus est satis conueniens durationi eclipsis à Liuio positæ. Recte ergo ad suppositi interualli terminum eclipsis hæc & L. Aemilius, C. Licinius Coss. à nobis repositi sunt. Facta est eclipsis hæc circa finem gr. 9. ♍.

a iij Quar-

图 78—80

乔万尼·马利亚·托洛萨尼编纂的简洁利落的大事年表，问世于 1537 年，其中整合了大量的天文信息。他的这些材料，布局非常精确；举例来说，罗马的建立是如何适恰地嵌入希腊人那四年为周期的记事体系、摧毁了耶路撒冷的那些亚述国王的历史，这些都呈现得相当清晰。不幸的是，这些更为丰富的内容反倒让他的书难读了：甚至，犹太教转化为基督教的过程，也湮灭在那些印刷整洁的数据纵列背后，消失了。

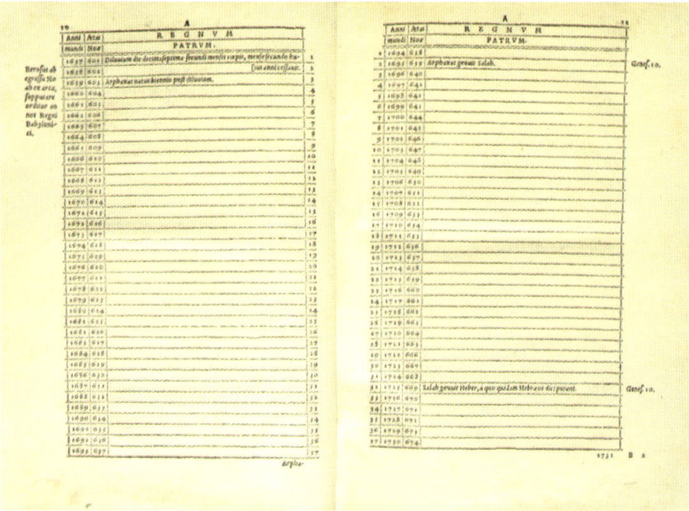

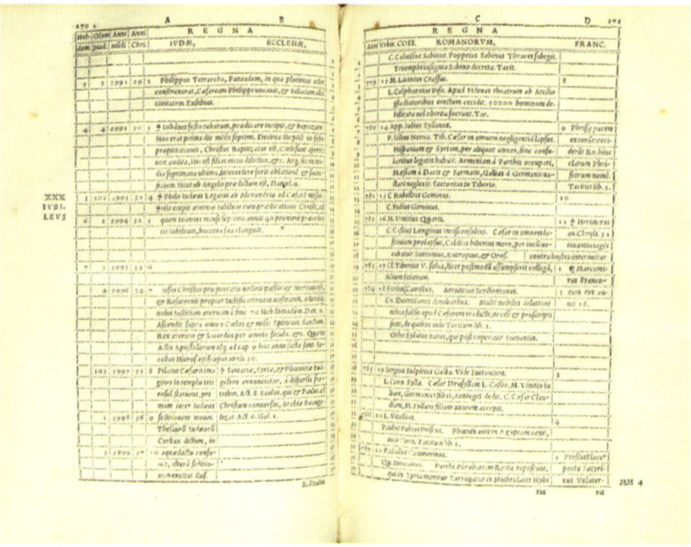

图 81—82

与天主教徒托洛萨尼相似，在 1545 年出版其《大事纪年表》的新教徒学者约翰·房克，也用了天文学数据来连接《圣经》所述的历史与（希腊罗马）古典史学。与托洛萨尼的年表类似，他的作品也是一年一年驱动推进的编年史；比起前者的，他的作品甚至更为紧密地坚持和贴近尤西比乌斯的编年史模式。

托洛萨尼的作品格式更为复杂，这就使之不及尤西比乌斯的《编年史》效果良好；特别是历史上真正的转折点时刻，比如耶稣上十字架和耶路撒冷被罗马攻陷，这些便呈现得不够生动和扣人心弦。不过，托洛萨尼将天文信息与《圣经》加以对接，给年表这个领域倒也带来些冲击与影响。天文学者与编年史家意识到，他们现在可以将自从纳伯那沙以来的、相异的、彼此离散的年表融合起来，可以比尤西比乌斯所做到的远远更为精确，精确到具体的某一天，甚至是某个钟点。阿皮阿努斯主张历史要修正，要以天文数据资料为参照；他的这一倡议提出三年之后，哥白尼在其划时代的代表作《天体运行论》（*De revolutionibus orbium coelestium*）中，将纳伯那沙与萨尔曼纳萨尔确认为是同一人。托洛萨尼仇恨并攻击哥白尼的日心说；我们也不知道哥白尼是否看过托洛萨尼的作品，但我们可以确知的是，两人对纳伯那沙身份的一致认定，这一共同的论点，将编年史学放到了一个新的立足基点上。

其他的年代学者也跟随了托洛萨尼的脚步。（参见图81—82）首批的后来者，其中之一是约翰·房克（Johann Funck）。这是一位坚定不移的新教徒，正如托洛萨尼是天主教徒那般坚定。房克的岳父安德烈亚斯·奥西安德（Andreas Osiander）为哥白尼的书写过序言。房克出品了一部尤西比乌斯模式的比较对照式编年史。正像托洛萨尼那样，他也是以纳伯那沙即位的时刻为时间枢轴。同样类似的是，房克出版于1545年的《大事纪年表》（*Chronologia*），在很多方面也是保持了传统风；世界历史的早期时段，页面留有大片的空白部分，另外也有一份干净利落的名录，列出的是虚构中的一系列法兰克国王，引自约翰内斯·特里特米乌斯（Joannes Trithemius）的历史作品。

一代人的时光之后，杰拉尔杜斯·墨卡托构思拟定了一幅新的时间地图。（参见图83—85）墨卡托的主要兴趣点，是制图活动中那绝对视觉层面的领域。他的作品建立，是基于一个天文学的核心：一份注有详细日期的日食、月食清单——他在作品的前言部分已将此介绍给读者。论及打造一根时间线，并以此实际反映出新型的天文学日期测定的精确度，墨卡托在这方面显示出的制图层面上的新颖创造力，比起其同侪更胜一筹。在墨卡托的《纪事年表》（*Chronology*）中，世界历史图表的绝大部分，都是逐年推进的，节奏均匀稳定。但当他有更为详尽的信息在手边可供使用时——比如关于《圣经》中的

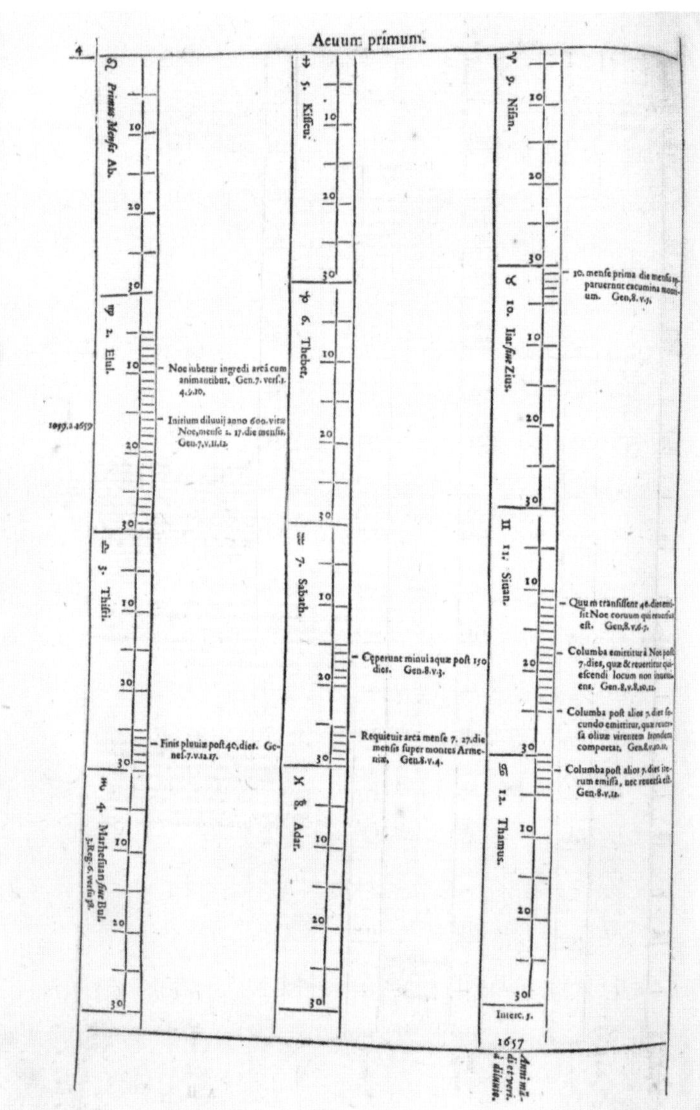

图 83—84

杰出的地理学者杰拉尔杜斯·墨卡托，在年代学领域，其视觉表达手段比同类竞争者更有创造性。跟很多其他同行一样，他也布局了一条时间线，从上帝创世到其当代。不过，与同行不同的是，对时间流逝的展开节奏，他多有操控调整，比如大洪水这一节点，以及后来对重大战争的记录，便是放慢了时间线。只要有可能 —— 这两图中就是例证，他用日期可查的日食、月食来确定希腊历史的大事年表 —— 墨卡托便将事件不仅是绑定到一个年份列单上，并且是关联到一个黄道十二宫列表上，而这黄道带列表所追踪的，是太阳在天空逐日运行的轨迹。另外那些没有更多精确天文信息提供的时段，他就处理成一个常规的、照例逐年推进的历史时间轴线。

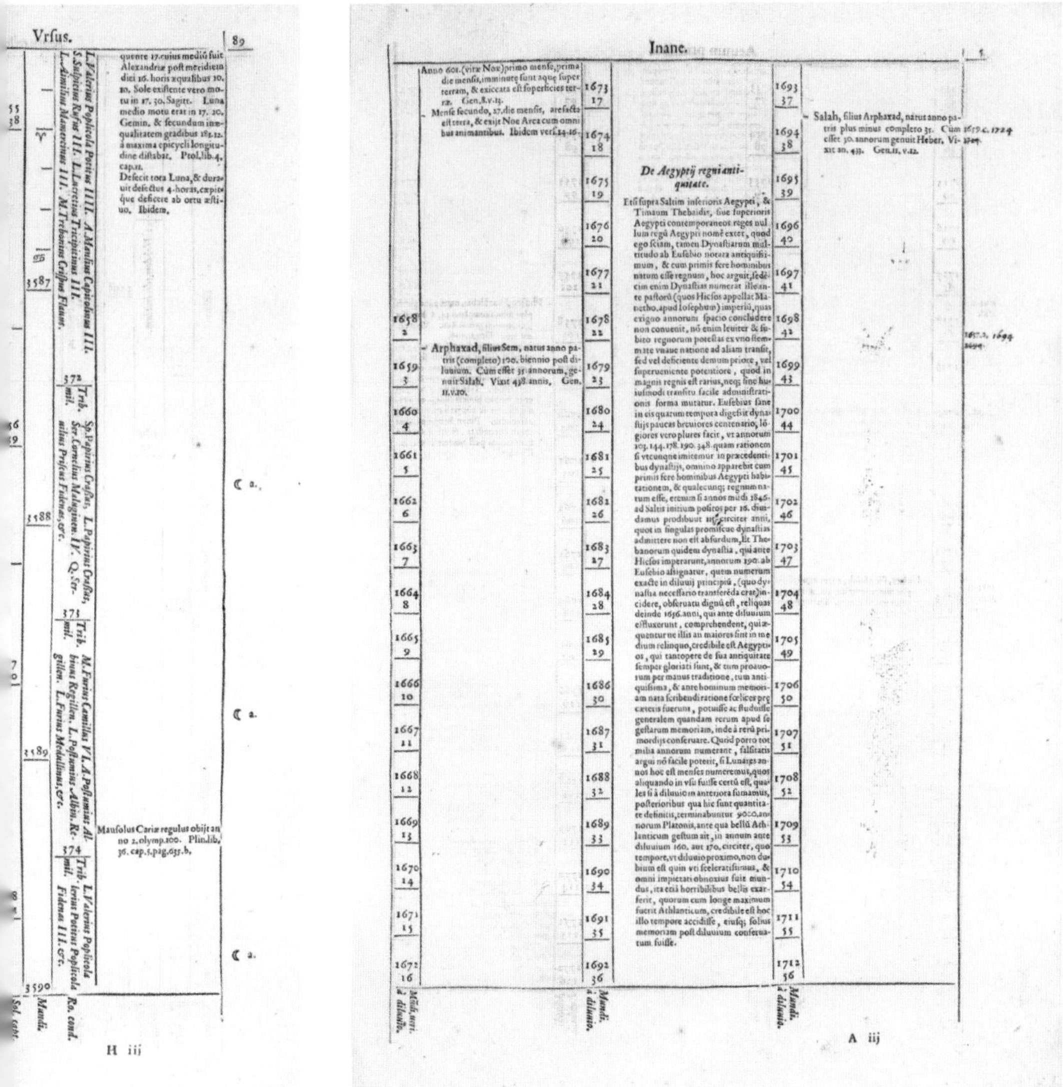

图 85

墨卡托极具好奇和探究精神，也一直热衷于创新；他往自己的编年史中增加了一块内容，探讨的是世界被大洪水摧毁之前，古埃及是否就已经存在了 —— 这是柏拉图的记述中似乎暗示过的观点。

大洪水的故事，以及伴随着日期可确定的日食、月食现象的那些后来的大事件——他就会放慢图表的节奏，把这个特定时点呈现得几乎如同电影一般。那些一年或两年的时段，时间是逐月推进，太阳从黄道十二宫一一经过，墨卡托也为当时的日食、月食与其他天文现象逐一加上精确的注解，说明发生日期与时间。墨卡托的书是视觉上的具体证据，表明了历史年代学在此际所能达到的精确度之高，已经相当可观。

十年之后（1579年），另一位学者兼天文学家保鲁斯·克鲁修斯（Paulus Crusius）完成了所有历史图表中最为严肃工整的出品；这是三角形分布的一整套日期，是各个时代纪元与事件的日期，可供使用者从两个方向去查读；这些信息被限定在很多个点位当中，他可以在两个点之间设定出多少个月和多少天的确切时间段。（参见图86）在这里，有史以来第一次，年代学家拟出了一个名副其实的时间地图，这一地图，清晰地追踪了有日期资料可考的历史的所有“大路”，在往昔那广阔的黑暗时空中延伸的走向：类似于历史本身的一幅伦敦地铁线路图，概要简略，不加修饰，同时也极为确切。历史时间，至少是从公元前一千年开始至当时，现在被采集完毕，编排得规规整整。克鲁修斯对时间的处理，朴素庄重、非常严格，也许令人生畏吧，于是没什么读者——不过，这少量的读者之一是约瑟夫·斯卡利格尔（Joseph Scaliger），他以克鲁修斯那一丝不苟的作品为准备为基础，构建了自己的纪事年表。（参见图87）及至1606年，在他那精彩的编年史手册《年表宝库》（*Thesaurus temporum*）中，斯卡利格尔收入了巴比伦和波斯国王的一份古代名单列表；此书的大部分读者立刻意识到了，其中所包括的巴比伦国王的那些奇异名字，尽管听上去确实怪，但应该不是又一位“安尼乌斯”随心所欲的编造。指定给这些国王的历史年份及日期，与之前那些年表的时间结构——墨卡托、克鲁修斯以及其他前辈所建立的——都完全契合，如同一条精确的钥匙插入一把精准的瑞士锁。不过，斯卡利格尔的书也给年代学者们带来了一个更为艰难的问题。他发现并且发布了一份古埃及帝王名单，那列单的创建者是法老托勒密一世的祭司，名为曼涅托。斯卡利格尔认为，最早的人类王朝，不仅是始于大洪水之前，而且是在传闻中的上帝创世之前。他还坚持认为，那份帝王名录也是真实可靠的。各种争议很快蜂拥而起，但天文学却无法让人们达成一致意见，因为足够古老、能与历史的最初阶段相关联的天文观测资料，无从可知。

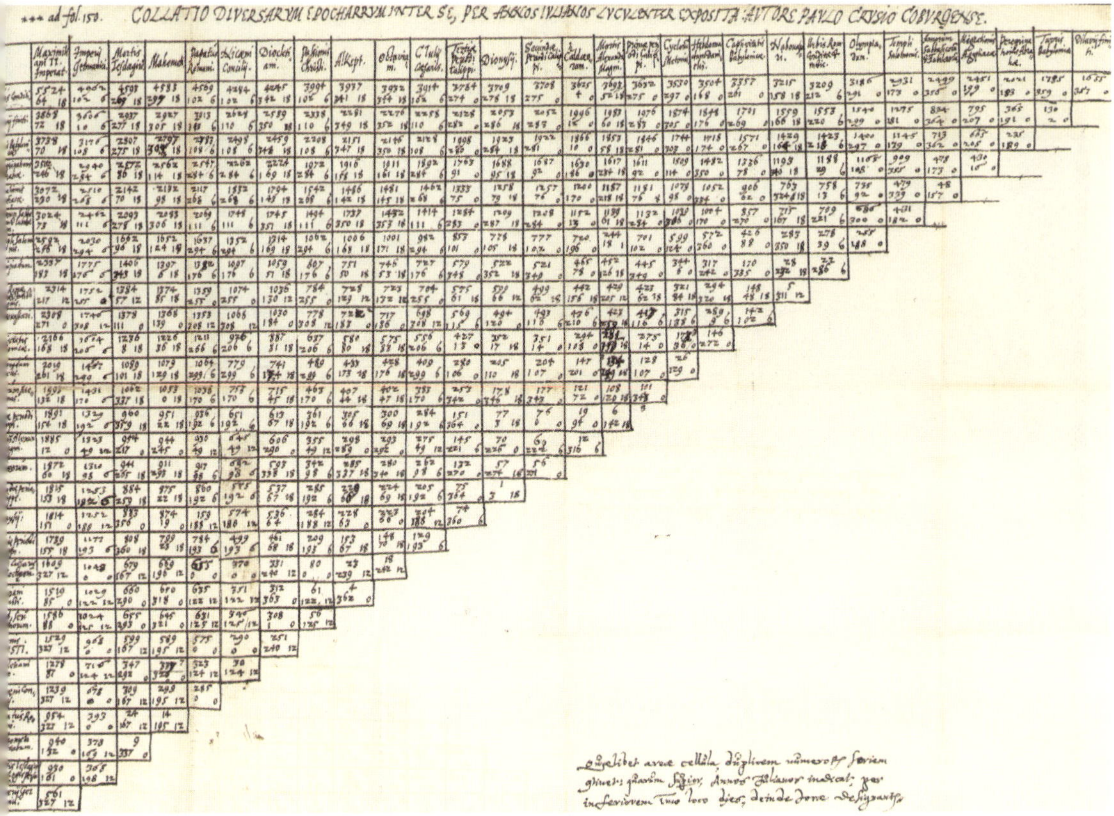

图 86

天文学家保鲁斯·克鲁修斯的三角形图表，极为工整严格，将历史简约化，编成众多的小时间段；这个版本为墨水绘制演绎呈现。

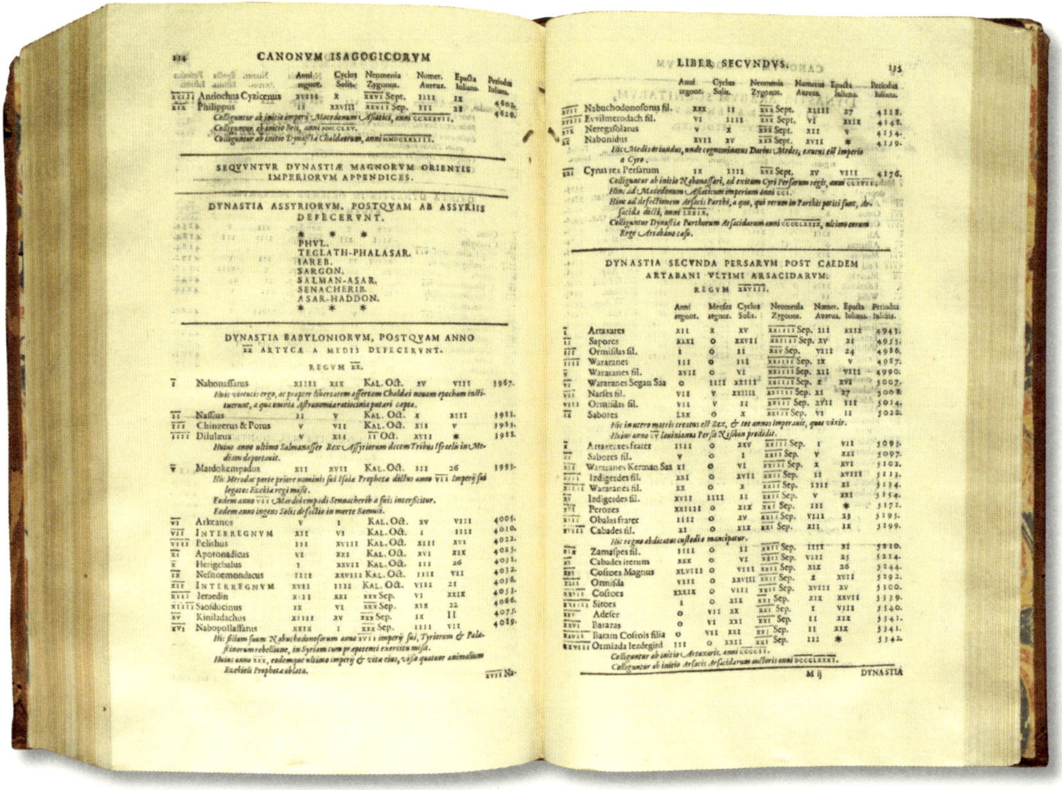

图 87

近代的年表学者当中，约瑟夫·斯卡利格尔第一个出版了古代人编订的统治者列单：比如，这里图中所示的，巴比伦与波斯的国王名录，在托勒密法老时代便已流传；以及，古埃及祭司曼涅托的埃及王朝列表。这些文献，斯卡利格尔当初就很正确地认为是真实的，而且直到如今对年代学研究都有着核心价值。甚至在他发现这些材料之前，斯卡利格尔已经很有创见地表明了，纳伯那沙并不是亚述国王萨尔曼纳萨尔——虽然早前的年代学者认为两者实为一人——而是巴比伦的一位独立的统治者。

图 88

在其出版于1650年的《旧约年鉴》中，17世纪博学的大主教詹姆斯·厄瑟尔，为上帝创世以及源于《圣经》和古代历史的其余大事件，都给出了精确的日期。根据世界年份序列表、儒略周期历法和耶稣诞生前纪年，他将日期填入书页边缘处；如此实践，在厄瑟尔那时其实已经是年表编纂的标准形式。他的作品很快声名远播——他的欺骗性也随之而声名昭彰——因为从17世纪80年代起，印刷作坊为英文版《圣经》配置的便一直是厄瑟尔所建立的时间线。忘记年代学传统或发觉那些传统滑稽可笑的读者，现在却没能意识到，厄瑟尔研究和呈现过往历史的方式，跟他同时代人的手法基本上还是一码事。

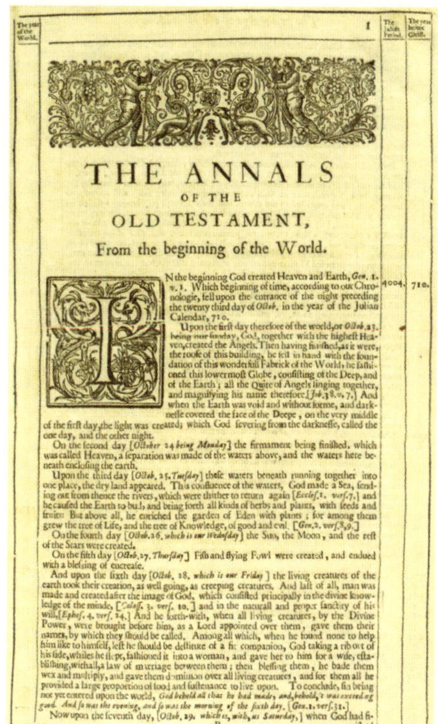

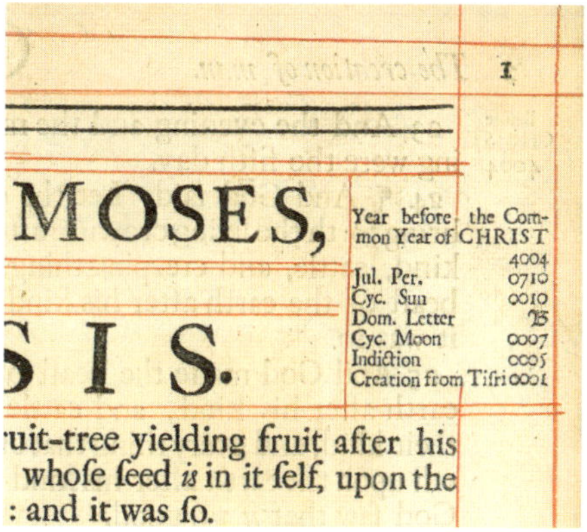

1

THE ANNALS
OF THE
OLD TESTAMENT,
From the beginning of the World.

IN the beginning God created Heaven and Earth, *Gen.* 1. *v.* 1. Which beginning of time, according to our Chronologie, fell upon the entrance of the night preceding the twenty third day of *Octob.* in the year of the Julian Calendar, 710. 4004. 710.

Upon the first day therefore of the world, or *Octob.* 23. being our sunday, God, together with the highest Heaven, created the Angels. Then having finished, as it were, the roofe of this building, he fell in hand with the foundation of this wonderfull Fabrick of the World, he fashioned this lowermost Globe, consisting of the Deep, and of the Earth; all the Quire of Angels singing together, and magnifying his name therefore [*Job.* 38. *v.* 7.] And when the Earth was void and without forme, and darknesse covered the face of the Deepe, on the very middle of the first day, the light was created; which God severing from the darknesse, called the one day, and the other night.

On the second day [*October* 24 *being Monday*] the firmament being finished, which was called Heaven, a separation was made of the waters above, and the waters here beneath enclosing the earth.

Upon the third day [*Octob.* 25. *Tuesday*] these waters beneath running together into one place, the dry land appeared. This confluence of the waters, God made a Sea, sending out from thence the rivers, which were thither to return again [*Eccles.* 1. *vers.* 7.] and he caused the Earth to bud, and bring forth all kinds of herbs and plants, with seeds and fruits: But above all, he enriched the garden of Eden with plants; for among them grew the tree of Life, and the tree of Knowledge, of good and evil. [*Gen.* 2. *vers.* 8, 9.]

On the fourth day [*Octob.* 26. *which is our Wednesday*] the Sun, the Moon, and the rest of the Stars were created.

On the fifth day [*Octob.* 27. *Thursday*] Fish and flying Fowl were created, and endued with a blessing of encrease.

And upon the sixth day [*Octob.* 28. *which is our Friday*] the living creatures of the earth took their creation, as well going, as creeping creatures. And last of all, man was made and created after the image of God, which consisted principally in the divine knowledge of the minde, [*Coloss.* 3. *vers.* 10.] and in the naturall and proper sanctity of his will, [*Ephes.* 4. *vers.* 24.] And he forth-with, when all living creatures, by the Divine Power, were brought before him, as a Lord appointed over them, gave them their names, by which they should be called. Among all which, when he found none to help him like to himself, lest he should be destitute of a fit companion, God taking a rib out of his side, whiles he slept, fashioned it into a woman, and gave her to him for a wife, establishing, withall, a law of marriage between them; then blessing them, he bade them wex and multiply, and gave them dominion over all living creatures, and for them all he provided a large proportion of food and sustenance to live upon. To conclude, sin being not yet entered upon the world, *God beheld all that he had made, and, behold, it was exceeding good. And so was the evening, and so was the morning of the sixth day.* [*Gen.* 1. *vers.* 31.]

Now upon the seventh day, [*Octob.* 29. *which is, with us Saturday,*] when God had finished

B

图 89

仿效厄瑟尔的操作，一本钦定版《圣经》页面边缘处的日期标注；1701年，出自伦敦。

ANNO
MDC
LXIX
VI
KAL
APR
Gloria sua
CHRONO
LOGIA
HISTO
RIA
Vobis atque Aliis
NOBILISSIMO COLLEGIO NOBILIVM PARMENSI,
A. Sereniss. Duce RANVTIO I. FARNESIO erecto
et sub Protectione Sereniss. Ducis RANVTY II. FARNESII
Nunc Maxime Numero, et Disciplina Efflorescenti.

图 90

这幅巴洛克风格的图像，出自贾巴迪斯塔·里乔利于 1669 年印行的《年表集成》；图中的"年表"昂扬振奋，主宰着场面，而历史的缪斯克莱奥的形象，则精神不振、萎顿无力。

大部分年代学者依旧相信，他们可以追溯世界的历史，直至最早期的初始，可以为上帝创世推算出日期与时辰。（参见图 88—89）正是出于这样的精神，英国圣公会大主教詹姆斯·厄瑟尔（James Ussher）的年表在一开始就提出了那著名的论断：创世是发生于傍晚时分，是在公元前 4004 年 10 月 23 日这个礼拜天之前。与同一时期的数十个其他学者，尤其是新教徒们所宣告的见解相比，厄瑟尔的这个提法只是在细节上稍有差异。不过，也没有哪两位年代学者的意见是完全一致的；年表编制的原则，还有天文数据赋予年表的确定性能达到多大程度，关于这些问题，不确定性反倒是开始扩散开来。

耶稣会教士贾巴迪斯塔·里乔利（Giambattista Riccioli）也是天文学家，很多年都在意大利博洛尼亚教书；1651 年，他编纂完成了《新天文学大成》（*Almagestum novum*）——这本关于古代与近代天文学的工具书，是如此精确，技术层面上是如此深有洞见，以至于我们的牛顿爵士都将此当成他的标准参考书。（参见图 90）1669 年，里乔利又出版了一本《年表集成》（*Chronologia*），对开本，厚达一千多页。书的扉页上，展示了当时的时间线编纂者如何理解自己的行当或研究。在这个图像两边，"年表"与"历史"同场出现，都是拟人化形象。历史学家的缪斯，是女神克莱奥；她两脚贴地、平稳地站在基座上，一只手抓着她的长喇叭，另一只手上是一根昏暗的长蜡烛；人看上去有点消沉。与她构成对照的是，"年表"则是豪迈之态，很显眼地踩在英灵先辈的遗骨上。她那火炬闪耀出的光，向上升起，又向后方弯折如拱形，衬托出那美妙的历史的百合花丛，而那些小小的、暗指耶稣会成员的蜜蜂们，在忙碌地四处奔走，为法尔内塞家族采集知识之蜜；正是该家族资助了他们的研究。

“年表”的胸衣滑脱下来，露出了她的乳房。这并非无心之失或偶然的结果，也不是唐吉诃德式的荒唐努力 —— 试图给这最为枯燥的主题注入一点情色的趣味调料。“年表”那凌乱的衣裙下面，露出的是太阳与月亮 —— 也即是说，这里指向天文学，日月运行的那门科学 —— 将它们作为她优越学术力量的自然资源。年表或年代学在巴洛克时期的意大利所享有的尊重，关于这一题旨，如果要想象出什么更强有力的象征性表达，那还是挺困难的 —— 也许，只除了用里乔利这本书自身的物理尺寸体量来说明，因为，此书印行的那一时期，出版厚重昂贵的大开本学术著作书，要找到金主资助，明显是很不容易的。尽管如此，里乔利还是承认了，他没法找出一根确定的单一日期线，能从上帝创世一直延伸到当下。基于《圣经》的历史版本各有差异，天文学资料也不足以在这些版本间达成调停与裁定。扉页卷头插画中所表达出的大胆肯定的承诺，在里乔利此书的正文中并未延续保持下去。

实际上，年代学的基础正开始暴露出深层次的裂缝。1655 年，一位名叫伊萨克·拉·彼埃尔（Isaac la Peyrère）的法国新教徒，便将年代学与神学抛入了一个严重危机。在一篇拉丁文写就的正式论文中，他论辩说，《创世记》实际上讲了两个故事：一个是整体人类的故事，另一个较短的故事，是关于犹太人的。他指出，早在犹太人之前，中国人、埃及人以及其他民族就已经有了自己的文明。而且，他断言大洪水并非一个全球性的普遍灾难，而只是一个区域性事件。拉·彼埃尔随后便发现自己被软禁了，被威逼改信罗马天主教。数十个正统派学者，既有天主教派也有新教徒，都群起攻之，争相批驳他的文章。不过，仅仅两三年之后，另一位耶稣会教士马蒂诺·马蒂尼（Martino Martini），便给欧洲人带来了新消息：中国历史确实在大洪水之前就已开始。马蒂尼曾在罗马学习，师从阿塔纳西乌斯·基歇尔（Athanasius Kircher）；基歇尔心照不宣地追随卡尔文教士斯卡利格尔，认为埃及文明在大洪水之前就已存在。当马蒂尼来到中国，读过那王国的年鉴之后，他并不惊讶地发现，纪年中那些大事也是发生得非常早，没法嵌入《圣经·创世记》的年代序列。而且，跟欧洲人不同，中国人还保存了日食、月食的天文观察记录，进一步确认了他们的古老历史。欧洲年代学的确定性——连同建立一条完整的、连贯一致的时间线的希望——似乎都越来越遥远了。关于“年表”女神的力量及其光明火炬，里乔利那壮丽的视觉宣扬与鼓吹，已经成了一种绝望的挣扎努力，所试图支撑的，是一个看来行将崩溃的结构体系。

第三章

图形的转换

从事后诸葛的视角来看，可以很明显地看出，年代学家们在16世纪完成的建构，将会在17世纪分崩离析：如此多的历史传统流派，根本就没办法协调统筹它们之间的差异，天文学也没法如阿皮阿努斯或斯卡利格尔所期望的那样，去定夺和裁决那么多的争议疑点。（参见图91）不过，那时大部分的学者都还保持着乐观态度，继续努力去构想设计一个单一的年表，希望那能相当于天文学家托勒密的或近代时期的世界地图。尽管发现那些单个问题无法解决，他们整体而言的努力还是保持了极大的活力与魅力，而且创新也从未停止过。早在16世纪，年代学者们就已经开始实验探索新的图表形式与运用场景。有些人甚至试着提供年表数据的图像化表达：那种图表不仅列出信息，而且呈现方式要让信息易于理解把握。比如说，路德派神学家洛伦兹·柯多曼（Lorenz Codomann），同步校准了《圣经》中大族长们的生平，其所用的表格形式，与现代交通地图册中所用的表格颇为相似。他的表格，于1596年印行，大族长们的名字在其中被列出两次，一次是水平方向，横贯页面顶部，另一次是垂直方向，在左侧空白处。从表格上的两根轴线方向排列这些名字，读者可以立刻查找出，一位《圣经》中的人物出生或死亡时，另一位是什么年龄。尽管其设计是列表式的，柯多曼的表格实际上是朝着一种更为完全图像化的呈现形式靠近的；这就让大族长们的年代信息比任何单个表格所能传达的要更为清晰。只有当确实有信息填入时，柯多曼才会填写那些空格，因此，他的表格所执行的功能，就像某种偶然形态的条状图：在页面上，数据的竖

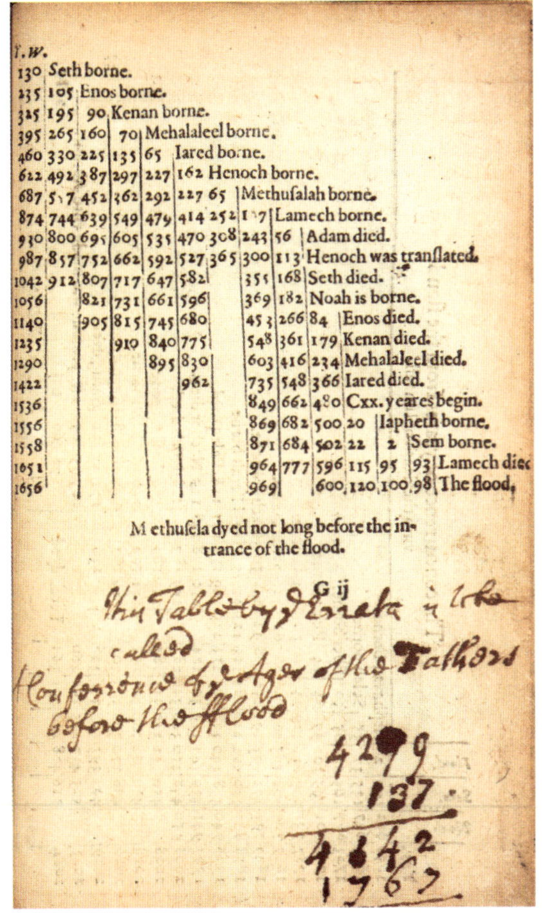

Y.W.
130 Seth borne.
235 105 Enos borne.
325 195 90 Kenan borne.
395 265 160 70 Mehalaleel borne.
460 330 225 135 65 Iared borne.
622 492 387 297 227 162 Henoch borne.
687 557 452 362 292 227 65 Methuſalah borne.
874 744 639 549 479 414 252 187 Lamech borne.
930 800 695 605 535 470 308 243 56 Adam died.
987 857 752 662 592 527 365 300 113 Henoch was tranſlated.
1042 912 807 717 647 582 355 168 Seth died.
1056 821 731 661 596 369 182 Noah is borne.
1140 905 815 745 680 453 266 84 Enos died.
1235 910 840 775 548 361 179 Kenan died.
1290 895 830 603 416 234 Mehalaleel died.
1422 962 735 548 366 Iared died.
1536 849 662 480 Cxx. yeares begin.
1556 869 682 500 20 Iapheth borne.
1558 871 684 502 22 2 Sem borne.
1651 964 777 596 115 95 93 Lamech die[d]
1656 969 600 120 100 98 The flood,

Methuſela dyed not long before the in-
trance of the flood.

G ij

图 91

洛伦兹·柯多曼的作品,《编年史:对时间的描述,从世界初始直到我主降生后137年;划分为六段;几段历史中,<旧约>与<新约>均简约处理,被包含在内,置于其应有的年份秩序中》,1596年,印于伦敦。这一精巧的、视觉上直观易懂的表格,让读者可以去追溯《圣经》中每一位犹太大族长的生平;表格中的日期经过细致的协调配合,因此可以立刻查看出,一位《圣经》中的人物出生或死亡时,其他人物是什么年龄。这些事实数据,必然是从《创世记》的记述中逐一耙梳整理出来的,因为那很难从传统的、单一轴线的编年史中收集而得。

列柱体，长度跟它们所代表的人物的寿命相对应。就其本质来说，它们不仅提供了一个计算人物具体年龄与历史日期的工具，而且也呈示了一个持续的完整传统的图景；通常认为，历史知识就是借由这一传统传递和流传到摩西那里。

类似地，法国年代学者约翰内斯·泰保拉里乌斯（Joannes Temporarius）也用绘图来处理一个问题——试图描绘自《圣经》以来的世界历史的每个人，都长期受到这一问题的困扰。（参见图 92—93）按照《创世记》的说法，只有诺亚的家族从大洪水中得以幸存。尽管如此，在几代人之内，他们以及家族的后裔，竟重新在这世界上恢复了人类的繁衍生存，而且非常有效，以至于人们尝试了去建立“一座城市与一座塔，塔顶［甚至能触及］直抵天堂”。如此爆炸般的人口增长，是否真有可能？部分欧洲人，他们自己的社会还定期受到瘟疫与饥荒的打击，觉得这种说法很难相信，但泰保拉里乌斯却发现那种描述是可信的。在他那图表的顶部，一条水平线代表着大洪水之后的第一个时间段，那一时期被分解成以二十年为单位的多个间隔。在左侧，一条垂直线列出了诺亚后裔的代际关系。同时从横向与纵向查看这个表格，读者可以看到人口一代一代逐渐增长的过程。还有，按照《圣经》中的描述所暗示的，犹太人在埃及时的人口快速增殖，这也有人提出了类似的疑问；泰保拉里乌斯用另一个关于人口增长的视觉图示来回答了这一疑问。不过，如果说泰保拉里乌斯是在用近代的条柱状图表之类的什么东西在进行实验的话，那他也只是将此应用到了有限可数的不太多的人身上。他将线性图形形式与纪年信息并置，但并未对时间本身加以图像化表现。涉及到年表的实质内容时，泰保拉里乌斯是一个激进派。罗马的创建者是罗穆卢斯，这一传统的说法，以及与之相配套的传统的年代认定，他都指斥说是纯粹的虚构，是在那主题事件的几百

图 92—93

1596 年，约翰内斯·泰保拉里乌斯，这位颇具创造性的年代学家，在其作品《年表考证》中，采纳了新形式的条状图，来展示古代人口是如何增长的。

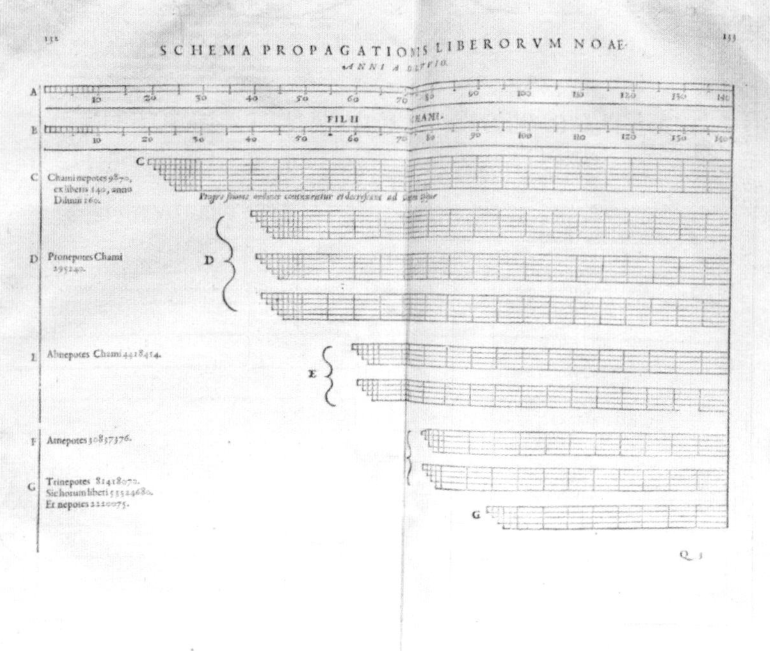
SCHEMA PROPAGATIONIS LIBERORVM NOAE
FILII CHAMI.
Chami nepotes 9870, ex liberis 140, anno Diluuii 160.
Pronepotes Chami 295240.
Abnepotes Chami 4428414.
Atnepotes 30837376.
Trinepotes 81418072.

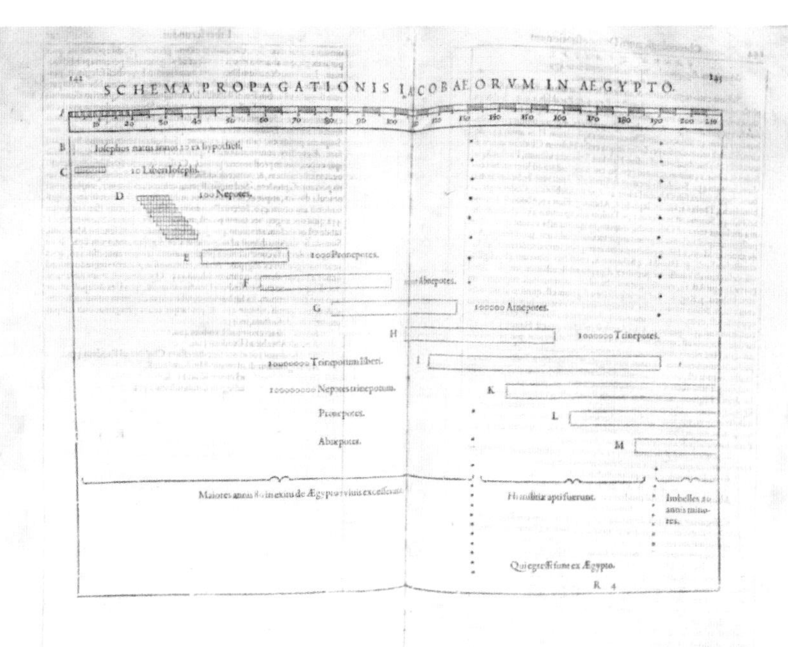
SCHEMA PROPAGATIONIS IACOBAEORVM IN AEGYPTO.
Iosephus natus annos 30 ex hypothesi.
10 Liberi Iosephi.
100 Nepotes.
1000 Pronepotes.
Abnepotes.
100000 Atnepotes.
1000000 Trinepotes.
10000000 Trinepotum liberi.
100000000 Nepotes trinepotum.
Pronepotes.
Abnepotes.
Hi militiæ apti fuerunt.
Qui egressi sunt ex Ægypto.

VETERIS TESTAMENTI.	Romanorum	Macedonum	Ægyptiorum	Hebræorum	NOVI TESTAMENTI.
	A	26	30	5	
Esra ad profectionem se suosq; pparat 1.Esr.7. Noah tectum Arcæ deponit.Gene.8.	b	27	1	1	PHARMVTI VIII. Ægyptiorum. NISAN I. Hebræorum.
	c	28	2	2	✠ CHRISTVS prædicit discipulis passionem suam &c. Matth.20.
	d	29	3	3	
	e	30	4	4	
	f	31	5	5	
APRILIS 4 Ro- XANDICVS 5	g	1	6	6	
manorū. Macedonū.	A	2	7	7	
	b	3	8	8	
	c	4	9	9	IESVS in Bethania cum Lazaro cenat Ioan.12.
AGNVS ad futurum phase eligendus erat. IOSVA Iordanē transijt. Ios:4.	d	5	10	10	CHRISTVS Hierosolymam asina uectus
	e	6	11	11	
ESRA a fluuio Ahaua mouet. 1.Esr.8.	f	7	12	12	IESVS AD Sepulturam unctus. IVDAS quærit quomodo eum traderet.
	g	8	13	13	
AGNVS comestus ad Vesperam.	A	9	14	14	DOMINVS hac nocte instituto Testamento captus est.
Prima pascha & exitus de Ægypto.	b	10	15	15	CHRISTVS PASSVS & sepultus.
SABBATVM SANCTVM.	c	11	16	16	CHRISTVS SABBATVM in sepulchro egit
PHARAO submersus diluculo. Exod. 14. ✱	d	12	17	17	CHRISTVS diluculo resurrexit, uictis Satana Morte & Inferno &c.
✱ Manipulus primitiarum offerabatur, a quo ad festū Pentecostes dies numerabantur. Leui:23.	e	13	18	18	
	f	14	19	19	
	g	15	20	20	
	A	16	21	21	
	b	17	22	22	
	c	18	23	23	
	d	19	24	24	Thomas agnoscit Christum Dominum & DEVM Ioan.21.
	e	20	25	25	
	f	21	26	26	
	g	22	27	27	
	A	23	28	28	
	b	24	29	29	
	c	25	30	30	
	d	26	1	1	PACHONI IX. Ægyptiorum. IAIR qui & ZIV II. Hebræorum.
	e	27	2	2	

年后捏造出来的。但是，关于历史时间的图像化表达形式，他则没法实施完成他那些极为创新的理念。年代学者们继续前行，从构建尤西比乌斯、柯多曼或墨卡托所出品的那类包含史实信息的表格，进展到创建能图像化表述信息的图表，这一过程，比预料中可能耗费的时间要更长。

有很多问题，年代学者没法解决，尽管如此，他们的时间线作品却吸引了热情又积极的读者。大事记年表，这一文本品类寻求百科全书般完整的内容覆盖度，虽然从未能如愿成功，却也促成了读者与他们所拥有的这些书之间的密集互动。很多人在他们的印刷版年表间填入了进一步的信息，这就将原书变成了重写本，一种既是印行本又是手稿的杂交书或混体书。有一个领域，这种互动表现得尤其生动，那就是实际使用中的日历。几百年来，基督教学者们都努力掌握并改进被称为“计算”的那一套技巧。把手指当作计算器来用，他们能算出那些非固定日期的教会节日，比如说复活节，应该是在一年中哪个时候到来；他们甚至能提前算出很多年后这样的日子。该如何计算，这一直是存有争议的。中世纪初期，英伦岛屿上以及另外一些地方的基督徒们，曾不辞辛劳、绞尽脑汁地求解，每年的复活节应是哪天降临。由于用以计算太阳年长度的数值稍稍太大了一点，随着时间的逐年流逝，那就累积成了巨大的误差，因此，及至15世纪，日历已经陷入了相当明显的混乱状态。有人力求革新历法；他们担心，犹太人会嘲笑基督徒，说他们在错误的日子庆祝自己最重要的节日，而犹太人则确知逾越节的日期。

到了16世纪，天文学家用来推算历史时间的最新精确手法与新教改革运动相结合，由此带来日历的变革。（参见图94）整个中世纪期间，每一个宗教年都是节庆与斋戒的周期循环，长期不变，人们已经极为熟悉。圣贤，既有真人也有虚构的，他们的生日与殉难日拥塞在日历里，让一年中一半以上的日

图94

约翰·房克那具有历史意义的年历，是以克里斯蒂安·马萨伊乌斯（Christian Massaeus）早先的一个作品为基础；关于旧约新约历史上的那些大事件是何时发生，房克为读者提供了近代概念（或曰近代版本）年历中的日期。

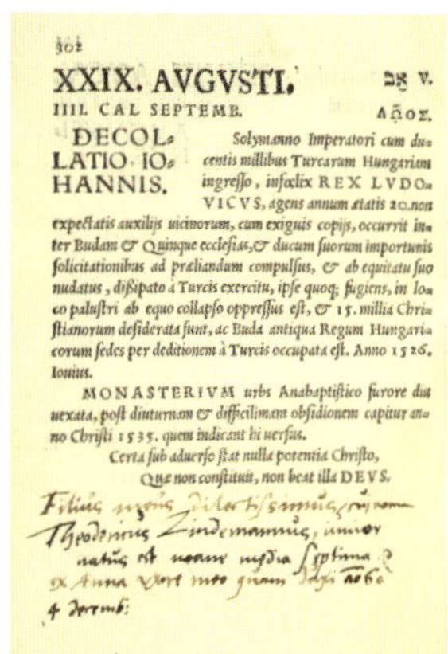

302
XXIX. AVGVSTI.
IIII. CAL SEPTEMB.

DECOLLATIO IOHANNIS. Solyman Imperatori cum ducentis millibus Turcarum Hungariam ingresso, infœlix REX LVDOVICVS, agens annum ætatis 20. non expectatis auxilijs uicinorum, cum exiguis copijs, occurrit inter Budam & Quinque ecclesias, & ducum suorum importunis solicitationibus ad præliandum compulsus, & ab equitatu suo nudatus, dissipato à Turcis exercitu, ipse quoq; fugiens, in loco palustri ab equo collapso oppressus est, & 15. millia Christianorum desiderata sunt, ac Buda antiqua Regum Hungaricorum sedes per deditionem à Turcis occupata est. Anno 1526. Iouius.

MONASTERIVM urbs Anabaptistico furore diu uexata, post diuturnam & difficilimam obsidionem capitur anno Christi 1535. quem indicant hi uersus.

Certa sub aduerso stat nulla potentia Christo,
Quæ non constituit, non beat illa DEVS.

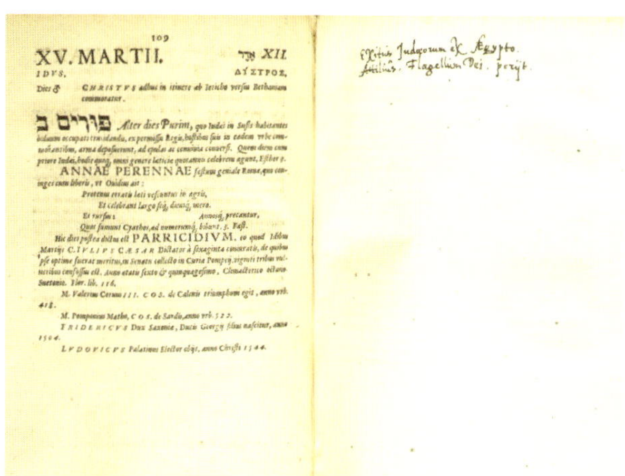

109
XV. MARTII.
IDVS.

CHRISTVS adhuc in itinere ab Iericho versus Bethaniam commoratur.

Alter dies Purim, quo Iudæi in Susis habitantes ...

ANNAE PERENNAE festum geniale Romæ, ...

Hic dies postea dictus est PARRICIDIVM, ... C. IVLIVS CÆSAR Dictator ...

M. Valerius Coruus III. COS. de Calenis triumphum egit, anno urb. 418.

M. Pomponius Matho, COS. de Sardis, anno urb. 522.

FRIDERICVS Dux Saxoniæ, Ducis Georgij filius nascitur, anno 1504.

LVDOVICVS Palatinus Elector obijt, anno Christi 1544.

Exitus Iudæorum ex Ægypto.
Attilas Flagellum Dei. perijt.

图 95—96

威登堡的希伯来语学者保罗·埃贝尔编纂的《历史年历》；这是印行之后的两本，两者都显示了埃贝尔那招牌性的历代大事列表——大事发生于上帝创世到成书的时代，按日期逐日列于一年之中。此外，还有该书拥有者自行添加的层叠信息。第一本的主人，加注了他儿子的出生日；第二本的其中一页上，确认三月十五日是犹太教普林节的第二天，还是罗马庆祝安娜·佩雷纳（Anna Perenna，译注：罗马的古老神灵，代表着一年的周期循环）的节日，并且是恺撒大帝遭谋杀之纪念日以及萨克森世袭选帝侯弗雷德里克于1504年出生的诞辰日。此外，还在面对这一页的附加空白页上，加注了这些信息：这异常忙碌的同一天，也是摩西带领犹太人出埃及的日子，还是匈奴王阿提拉的去世之日。

VIII. MAII.
VIII. IDVS.

VRATISLAVIA Vrbs Silesiæ celeberrima fortuito incendio tota conflagrauit anno 1341. ...

ANDREAS ALCIATVS Iureconsultus excellens, nascitur in ducatu Mediolanensi, anno 1492.

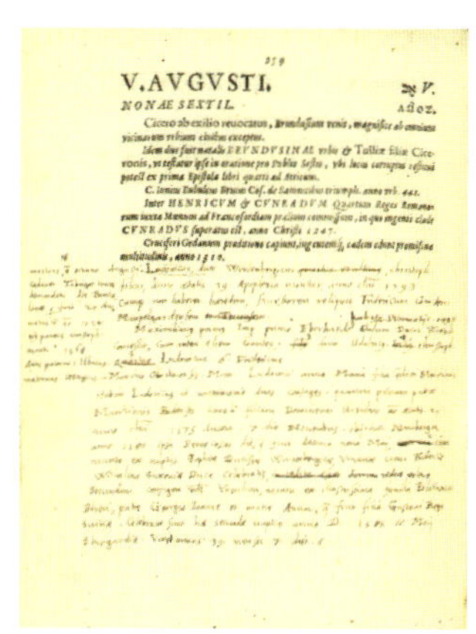

V. AVGVSTI.
NONAE SEXTIL.

图 97—98

保罗·齐林格（Paul Zillinger），是16世纪晚期德国雷根斯堡的居民；他将自己那本埃贝尔的《历史年历》扩充成了一本历史的皇皇大作。在其中一个长长的附注条目里，他记录了神圣罗马帝国皇帝鲁道夫二世来到雷根斯堡之时，那壮观的行军行列的细节。

子都有了某个神圣意义。但新教改革派否决了大部分的圣徒，取消了相关的所有节庆，并着手在年历中注入一种新型的神圣内涵。在那些新教城市，学者和天文学家们与改革派合作，尽其最大努力去确定，《旧约》与《新约》中的那些意义重大的事件，具体是在过去的哪些日子里发生的。他们拟定出年历，在这些年历中，每一天都被赋予了出自于新来源的特定意义。

1550 年，德国威登堡大学的希伯来语教授兼布道者保罗·埃贝尔（Paul Eber）出版了《历史年历》（*Calendarium historicum*）。（参见图 95—98）他清除了那些圣人名字，取而代之的是，标注出了犹太教、异教与基督教历史中的大事件，对应写入年历中的每一天。虽然很多页面上都余存着足够充裕的空白可供加注写下另外的信息，有些读者还是在自己的日历中插入了额外的空白页，以便于添加更多的信息。这份年历，按传统原本只是为当前的年份而编制，但现在它也同时变成了关于过去的时间图谱；这一图谱是周期循环的，被环绕围裹在那 365 天的太阳年之上，而不是呈一条线，从上帝创世延展到终极大毁灭。

那种标准的尤西比乌斯式历代年表，也诱发人们去手写添加了多种多样的附缀。（参见图 99—100）历史学家格拉雷鲁斯曾为李维的《罗马史》编写了年表，那些因原书有误、需要修正的片段，他都做了笔记。这些笔记，有的是他口授给加布里埃尔·胡梅尔伯格（Gabriel Hummelberg），或是指出后让这位学生记录下来的；16 世纪 40 年代末，此人在弗莱堡跟随他学习。胡梅尔伯格的笔记，巨细无遗 —— 详尽到令人简直筋疲力竭，但也清晰可读，让我们能产生丰富的感知，看到格拉雷鲁斯是如何工作的：一旦印刷出版领域有了新资源，便从中搜集相关证据，并用这些来改进他作品的新版本。英国学者加布里埃尔·哈维（Gabriel Harvey），在剑桥教授修辞学与希腊语；关于哪些年表可以信任，伟大的法理学家让·博丹曾给过他建议；他将两人的对话记录成册，而用以写下对话的，便是他自己收藏的格拉雷鲁斯的那本书。文艺复兴时期的时间地图，如今看来，已经陌生怪异，而且太关注技术层面，机械可怕。尽管如此，在它们自己的年代里，在那些思想先锋的知识分子群中，它们还是激发了生动有趣的对话探讨。

	Anni à Tro.ca.	An.reg. Latin.	LATIN.	MEDOR.	MACED.	IVDAE	ISRAEL
manu, interfectoq; apud Albam Amulio, auum Numitorem in regnum restituunt. Hæc Eusebius in Chronicis. Legendum autem uicesimoseptimo patrui sui anno: quæ uerba in omnibus quæ nos uidimus exemplarib. corrupta erant, sed ex Dionysio restituimus.							hac de causa annotare placuit, ne nimis aliquādo anxij simus, cū uideamus magnos uiros non perpetuò ad amussim hæc obseruasse.
	390	2		25	19	31	1 Manahem
	391	3		26	20	32	2 XV. rex Israel
	392	4		27	21	33	3 annis X.
	393	5		28	22	34	4
	394	6		1 Medo-	23	35	5
	395	7		2 rum se-	24	36	6
	396	8		3 cundus	25	37	7
	397	9		4 Sosara	26	38	8
	398	10		5 musan	27	39	9
	399	11		6 nis 30.	28	40	10
	400	12		7	1 Maced.	41	1 Phacea XVI.
	401	13		8	2 II. Cœ-	42	2 rex Israel an-
	402	14		9	3 nus an.	43	3 nis decem.
	403	15		10	4 XII.	44	4 Lib. 4. Reg. cap.
	404	16		11	5	45	5 15. biennio legitur,
	405	17		12	6	46	6 sed numeri similitu-
	406	18		13	7	47	7 do fefellit.
	407	19		14	8	48	8
	408	20		15	9	49	9

OLYMPIAS PRIMA

OLYMPIAS spacium est quatuor annorū, quod puto apud Romanos uocari lustrum, ut apud Horatium libro quarto Carminum, Fortuna lustro prospera tertio Belli secundos reddidit exitus. Ab initio enim eius belli, quo primum Augustus cum Q. Pedio COS. fuit, ad finem bellorū ciuilium fuerunt duodecim anni, atq; ita etiam exponit Acron. Non sum tamen nescius Porphyrionem exponere 15. annos: & illud eiusdem poëtæ, Cuius octauum trepidauit ætas Claudere lustrum. pro quadraginta annis omnes exponere commentatores. Sed alius erit de his differendi locus. Fefellit autem quosdā hic loquendi modus apud Latinos: Quinto quoque anno agon gymnicus totius Græciæ celebrabatur. Item, quinto quoque anno lustrum Romæ condebatur: ut Olympiada spacium quinq; annorum crediderint, atque adeò etiam scriptis prodiderint, non intelligentes, annū quo sequens Olympias incipit, quintum dici annū, qui tamen est primus sequentis Olympiados. Quatuor itaque anni interiacent, exceptis his quibus luditur mensibus.

Olympiades		Anni à Tro.ca.	Anni regū Lat.	LATIN.	MEDO.	MACED.	IVDAE	ISRAEL
1	1	409	21		16	10	50	10
	2	410	22		17	11	51	1 Phacee XVI
	3	411	23		18	12	52	2 rex Israel ann
	4	412	24		19	1 Maced.	1 Ioathā	3 XX.
2	1	413	25		20	2 III. rex	2 XIII.	4
	2	414	26		21	3 Tyrimas	3 rex Iu	5
	3	415	27		22	4 ann. 38.	4 dæan	6
	4	416	28		23	5	5 nis 16.	7
3	1	417	29		24	6	6	8
	2	418	30		25	7	7	9
	3	419	31		26	8	8	10
	4	420	32		27	9	9	11

图 99

海因里希·格拉雷鲁斯编纂的李维《罗马史》年表，其中添加了大量的注释；1540 年出版于巴塞尔。

11

Olympiades		Anni à Tro.ca.	An.reg. Latin.	LATINORVM	MEDO.	MACED.	IVDAE	ISRAEL
4	1	421	33		28	10	10	12
	2	422	34		29	11	11	13
	3	423	35		30	12	12	14
	4	424	36		1 Medo	13	13	15
5	1	425	37		2 rũ III.	14	14	16
	2	426	38		3 rex Me	15	15	17
	3	427	39		4 didus	16	16	18
	4	428	40		5 an.40.	17	1 Achaz	19
6	1	429	41		6	18	2 XIIII	20
	2	430	42		7	19	3 rex Iu	1 Osee II.
	3	431	43		8	20	4 dæ an	2 rex 18.
	4	432	44		9	21	5 nis 16.	3 an.9.

VRBS CONDITA

A Troia capta ad Vrbem conditam anni sunt 432. ut ter Dionysius admonet: sed ab Alba condita anni 400. Romulus ac Remus fratres nouam condentes Vrbem Romã septima Olympiade, Numitori auo Albam reliquerunt. Cæterũ orta seditione, in qua Remus cecidit, Romulo soli imperiũ relictum est. Scio esse qui sexta Olympiade Romam cõditam dicant, sed nos hic Dionysium sequendum putamus.

Olympiadum anni	Anni ab urbe cõdita	Anni regũ Roman.	ROMANORVM	MEDO.	MACED.	IVDAE	ISRAEL
1	1	1	Romulus I. Ro-	10	22	6	4
2	2	2	manor. rex an. 37.	11	23	7	5
3	3	3	Consualibus ludis Sabi	12	24	8	6
4	4	4	næ captæ anno ab Vrbe	13	25	9	7
1	5	5	condita tertio, ut ait Eu	14	26	10	8
2	6	6	sebius: at Gellius apud	15	27	11	9
3	7	7	Dionysium anno quar-	16	28	12	Captiuitas
4	8	8	to scripsit. Bellum inde	17	29	13	Israel, hoc est
1	9	9	cum Antennatibus, Ceni	18	30	14	X. tribuum à
2	10	10	nensibus, ac Crustumijs	19	31	15	Sennacherib
3	11	11	ortum, quibus uictis, cum	20	32	16	rege Chaldæo
4	12	12	Sabinis atrocius natum	21	33	1 Ezech.	rum, uel Sal-
1	13	13	quo Tatius Sabinorum	22	34	2 X V.	manasar rege
2	14	14	rex Vrbem, capta primo	23	35	3 rex Iu-	Assyriorũ, ut
3	15	15	per proditionem arce, in	24	36	4 dæ an-	legitur 4. re-
4	16	16	uasit. Tribus autẽ annis	25	37	5 nis 29.	gum 17. Re-
1	17	17	bello cum Romanis ge-	26	38	6 Apud	gnatũ itaq; in
2	18	18	sto, tandemq; pace facta,	27	1 Maced.	7 Hebræos	Israel an. 256
3	19	19	per quinq; postea annos	28	2 IIII. Per	8 prophe-	
4	20	20	cum Romulo imperium	29	3 dicca	9 tabant Esaias & Osee.	
1	21	21	Romæ tenuit.	30	4 ann.51.	10	
2	22	22		31	5	11	
3	23	23		32	6	12	
4	24	24		33	7	13	

d 3

CLEMENTISSIMO CAESARI FERDINAN-
do, Bohemiæ Hungariæq; Regi, &c. Henrichus Glareanus S. D.

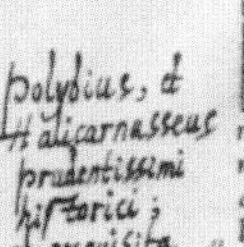

图 100

格拉雷鲁斯编纂的李维《罗马史》年表，又经加布里埃尔·哈维添加注释；原书 1555 年印刷于巴塞尔，哈维的手写附注是 16 世纪 80 年代期间添加完成。

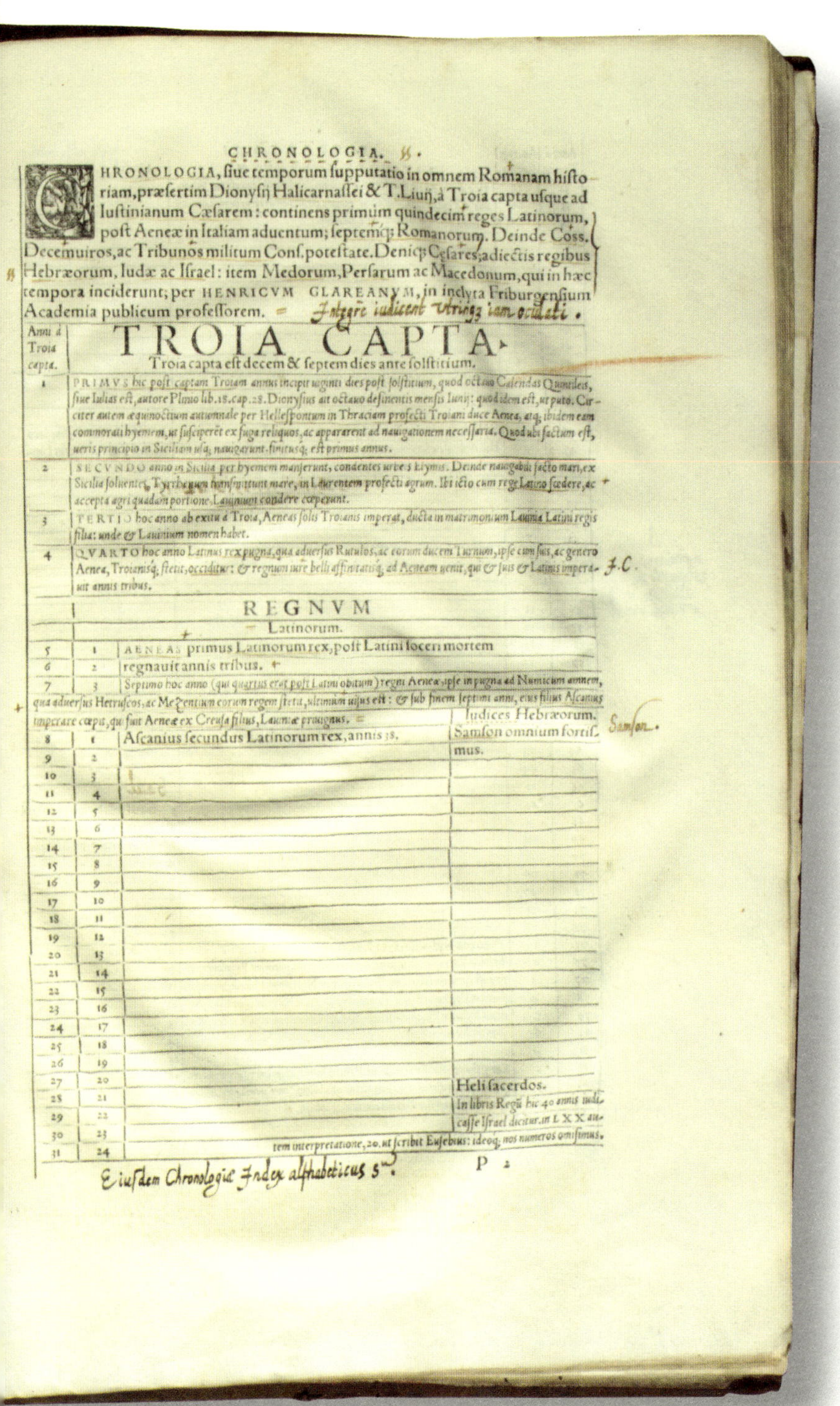

CHRONOLOGIA.

CHRONOLOGIA, siue temporum supputatio in omnem Romanam historiam, præsertim Dionysij Halicarnassei & T. Liuij, à Troia capta usque ad Iustinianum Cæsarem: continens primum quindecim reges Latinorum, post Aneæ in Italiam aduentum; septemq; Romanorum. Deinde Coss. Decemuiros, ac Tribunos militum Cons. potestate. Deniq; Cæsares; adiectis regibus Hebræorum, Iudæ ac Israel: item Medorum, Persarum ac Macedonum, qui in hæc tempora inciderunt; per HENRICVM GLAREANVM, in inclyta Friburgensium Academia publicum professorem.

Anni à Troia capta.	TROIA CAPTA. Troia capta est decem & septem dies ante solstitium.		
1	PRIMVS hic post captam Troiam annus incipit uiginti dies post solstitium, quod octauo Calendas Quintileis, siue Iulias est, autore Plinio lib. 18. cap. 28. Dionysius ait octauo desinentis mensis Iunij: quod idem est, ut puto. Circiter autem æquinoctium autumnale per Hellespontum in Thraciam profecti Troiani duce Aenea, atq; ibidem eam commorati hyemem, ut susciperet ex fuga reliquos, ac appararent ad nauigationem necessaria. Quod ubi factum est, ueris principio in Siciliam usq; nauigarunt. finitusq; est primus annus.		
2	SECVNDO anno in Sicilia per hyemem manserunt, condentes urbes Elymis. Deinde nauigabili facto mari, ex Sicilia soluentes, Tyrrhenum transmittunt mare, in Laurentem profecti agrum. Ibi icto cum rege Latino fœdere, ac accepta agri quadam portione, Lauinium condere cœperunt.		
3	TERTIO hoc anno ab exitu à Troia, Aeneas solis Troianis imperat, ducta in matrimonium Lauinia Latini regis filia: unde & Lauinium nomen habet.		
4	QVARTO hoc anno Latinus rex pugna, qua aduersus Rutulos, ac eorum ducem Turnum, ipse cum suis, ac genero Aenea, Troianisq; stetit, occiditur: & regnum iure belli affinitatisq; ad Aeneam uenit, qui & suis & Latinis imperauit annis tribus.		
	REGNVM Latinorum.		
5	1	AENEAS primus Latinorum rex, post Latini soceri mortem	
6	2	regnauit annis tribus.	
7	3	Septimo hoc anno (qui quartus erat post Latini obitum) regni Aeneæ, ipse in pugna ad Numicum amnem, qua aduersus Hetruscos, ac Mezentium eorum regem steta, ultimum uisus est: & sub finem septimi anni, eius filius Ascanius imperare cœpit, qui fuit Aeneæ ex Creusa filius, Lauiniæ priuignus.	Iudices Hebræorum.
8	1	Ascanius secundus Latinorum rex, annis 38.	Samson omnium fortissimus.
9	2		
10	3		
11	4		
12	5		
13	6		
14	7		
15	8		
16	9		
17	10		
18	11		
19	12		
20	13		
21	14		
22	15		
23	16		
24	17		
25	18		
26	19		
27	20		Heli sacerdos.
28	21		In libris Regū hic 40 annis iudi-
29	22		casse Israel dicitur. in LXX au-
30	23		tem interpretatione, 20. ut scribit Eusebius: ideoq; nos numeros omisimus.
31	24		

P 2

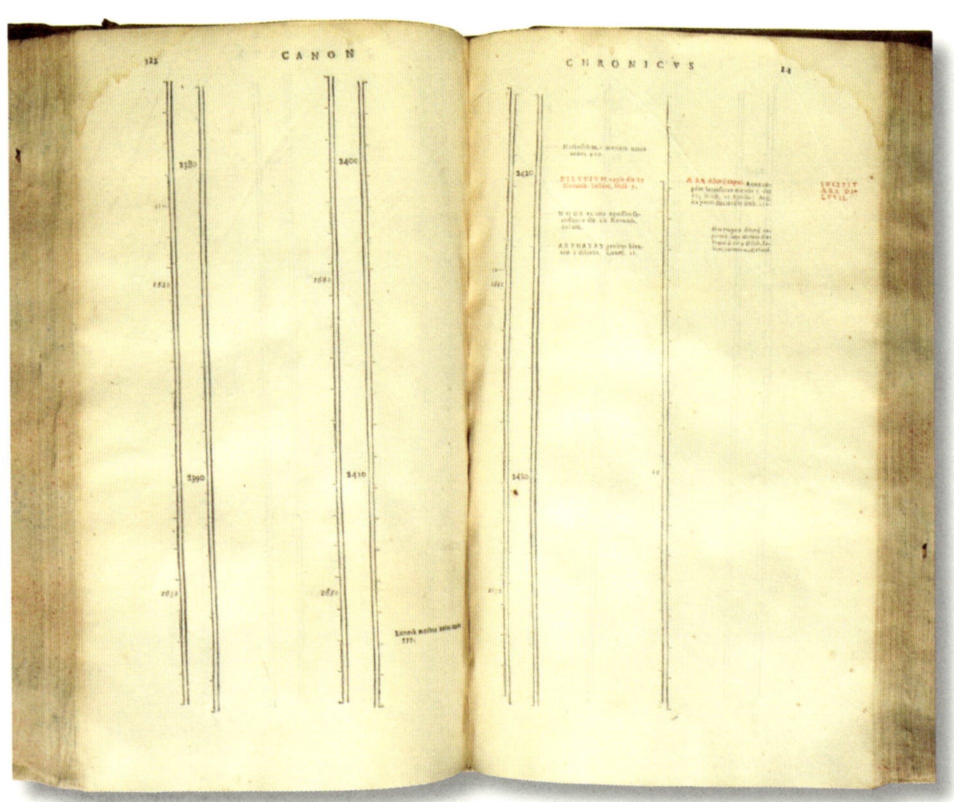

图 101

尤伯·伊米乌斯在格罗宁根的弗里斯兰大学讲授历史与年代学；针对自己的时间线作品，他进行了不同寻常的图表实验。他表明了历史可以用区区几页纸就能呈现出来，关键是要设置恰当的间隔时；另外，垂直的时间线能做得既明白易懂，又整洁利落。

及至17世纪，那些较老的视觉惯例手法仍继续在很多场景中保有用武之地。尤西比乌斯式的年表，以印刷物的形式已经存在了很久，因此广为传布，也变成了不假思索的第一格式选择；不断更新内容，加入当代事件，也成了这类年表的传统。古代历史文献编辑者，也持续地在他们版本的作品中配上尤西比乌斯式的表格。有时候，这些看似发挥过度，跨界太远了，比如在1678年出版的一本孔子语录（《论语》）英文译本中，就配置了尤西比乌斯式的表格，几乎都没做过什么调适修整。

实验性的尝试经常出现，不过规模不大；比如，（荷兰）弗里斯兰人年代学者尤伯·伊米乌斯（Ubbo Emmius）的《年代学新论》（*Opus Chronologicum novum*），作为这本厚重大书的结论，是一些世界历史的表格，而表格推进的步调节奏与前人有所不同。（参见图101）这些原本可能会是常规老套的表格中，读者可以检视历史时间的整个跨度范围；这里的时间要么是被压缩到几张页面上，要么是详尽地拉长展开，而所用的时长示意标线则如此简洁——并且，在历史的早期阶段，光秃秃的，没什么史实内容——以至于这些线条有着一种奇怪的现代主义的优雅感。

17世纪最受欢迎的通史年表，是（德国）吉森学者克里斯托弗·黑尔维格（Christoph Helwig）创领的那种“历史剧场”型编年史，其作品最初出版于1609年；这种作品被宣称是一个“新体系”——由于其对时间阶段的划分明晰易懂，能够让读者轻松理解从创世到当下的世界通史那广袤的宇宙。（参见图102—103）黑尔维格把所有能用的象征隐喻都调用起来，不遗余力地招徕读者，承诺说他的作品将会像链条上的每个环节那样把历史事件连缀起来，会像阿里阿德涅的线团那样关键，带着人们穿过时间的迷宫。实质上，他为读者提供的，是一个尤西比乌斯式的编年史，以平行竖列呈现，细节上比尤西比乌斯的更丰富，视觉效果上清晰有特色，因为他将时间的长流划分成了等值的时段——首先是五十年，然后是一百年，就这样轮番更替。在16世纪与17世纪早期的很多读者眼中，时间就像一张长桌面——最好是被横向水平轴线分割开，分成很多的方块。对生活简单的时代来说，或是对历史上的某个伟大时代来说，这种做法都同样适用。

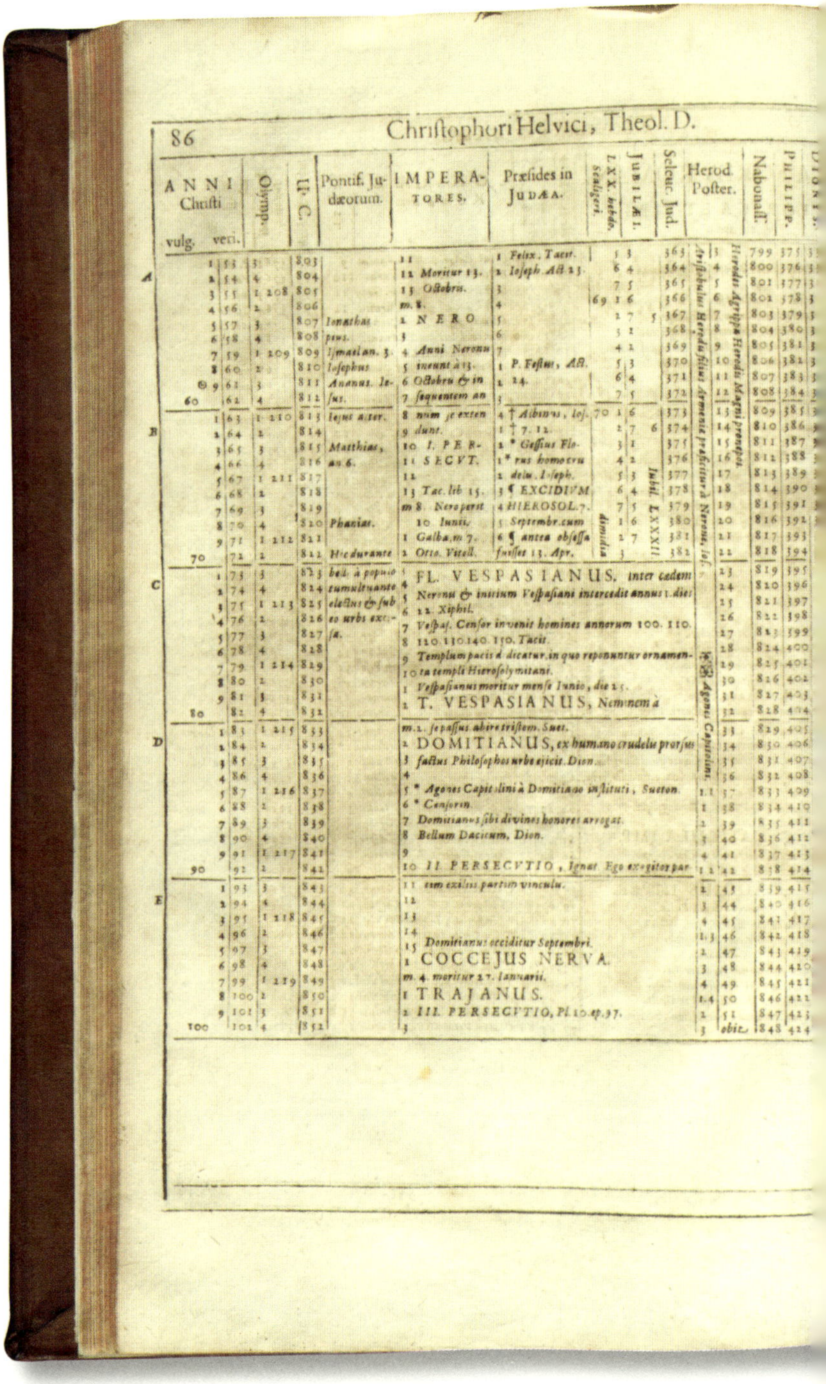

图 102

在其“历史剧场”中，克里斯托弗·黑尔维格采纳了一些并未被广泛接受的观点。比如，他认可斯卡利格尔的那份古埃及王朝及帝王列表，相信那具有历史可信度。但让读者一个版本接一个版本、不断购买其作品的原因，看来应该是他那多个纵列并行的年表布局格式——这种基础的棋盘格形式在一百多年前被尤西比乌斯首先采用。黑尔维格的书中，充满高容量的信息，很多是此前的年代学者所未曾收录过的——比如，犹太教拉比的历任更替名单，这一主题的具体细节资料是很难寻获的。

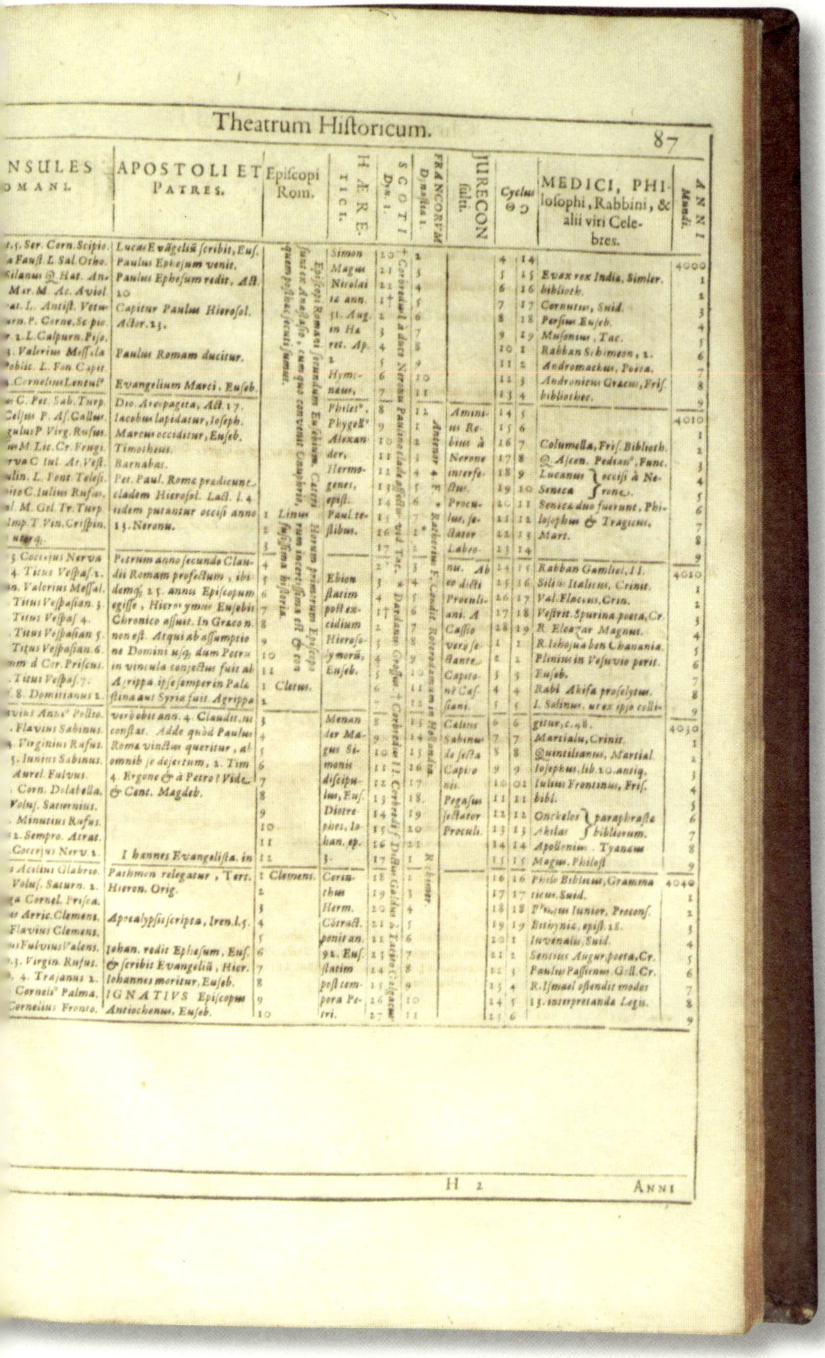

[CO]NSULES [R]OMANI.	APOSTOLI ET PATRES.	Episcopi Rom.	HÆRETICI.	SCOTI Dyn. I.	FRANCORUM Dynastia I.	JURECONSULTI.	Cyclus ☉	Cyclus ☾	MEDICI, PHIlosophi, Rabbini, & alii viri Celebres.	ANNI Mundi.
...t. 5. Ser. Corn. Scipio.	Lucas Evāgeliū scribit, Eus.	Episcopi Romani secundum Eusebium. Caeteri sunt ex Anastasio, cumque convenit Onuphrio, quem posthac secuti sumus.	Simon	20 † Corbredus I. à duce Neronis Paulino clade affectus. vid. Tac.	2		4	14		4000
...a Faust. L. Sal. Otho.	Paulus Ephesum venit.		Magus	21	3		5	15	Evax rex India, Simler.	1
Silanus Q. Hat. An.	Paulus Ephesum redit, Act.		Nicolai	22	4		6	16	biblioth.	2
M. ir. M. Ac. Aviol.	20		tae ann.	1 †	5		7	17	Cornutus, Suid.	3
...at. L. Antist. Vetus	Capitur Paulus Hierosol.		51. Aug.	2	6		8	18	Persius Euseb.	4
...rn. P. Corne. Scipio.	Actor. 23.		in Hae	3	7		9	19	Musonius, Tac.	5
...r. 2. L. Calpurn. Piso.			ret. Ap.	4	8		10	1	Rabban Schimeon, 2.	6
...3. Valerius Messala	Paulus Romam ducitur.		2	5	9		11	2	Andromachus, Poeta.	7
...obilit. L. Fon. Capit.			Hyme-	6	10		12	3	Andronicus Graecus, Fris.	8
...Cornelius Lentul.	Evangelium Marci. Euseb.		naeus,	7	11		13	4	bibliothec.	9
...C. Pet. Sab. Turp.	Dio. Areopagita, Act. 17.		Philet.	8	12 Antenor 4. F.	Amini-	14	5		4010
Celsus P. Asi. Gallus.	Iacobus lapidatur, Ioseph.		Phygell.	9	1	us Re-	15	6		1
...gulus P. Virg. Rufus.	Marcus occiditur, Euseb.		Alexan	10	2	bius à	16	7	Columella, Fris. Biblioth.	2
...M. Lic. Cr. Frugi.	Timotheus.		der,	11	3	Nerone	17	8	Q. Ascon. Pedian. Func.	3
...rva C. Iul. At. Vest.	Barnabas.		Hermo-	12	4	interfe-	18	9	Lucanus } occisi à Ne-	4
...lin. L. Font. Telesi.	Pet. Paul. Romae praedicunt		genes,	13	5	ctus.	19	10	Seneca } rone.	5
...ito C. Iulius Rufus.	cladem Hierosol. Lact. l. 4.	Horum primorum Episcoporum incertissima est & confusissima historia.	epist.	14	6	Procu-	20	11	Seneca duo fuerunt, Phi-	6
...l. M. Gel. Tr. Turp.	iidem putantur occisi anno	1 Linus.	Paul. te-	15	7	lus, se-	21	12	losophus & Tragicus,	7
Imp. T. Vin. Crispin.	13. Neronis.	2	stibus.	16	1 * Ratherius F. Condit Roterodamum in Hollandia.	ctator	22	13	Mart.	8
...utraq.		3		17	2	Labeo-	23	14		9
...3. Cocceius Nerva	Petrum anno secundo Clau-	4		2 * Dardanus Grossus.	3	nis. Ab	24	15	Rabban Gamliel, II.	4020
4. Titus Vespas. 2.	dii Romam profectum, ibi-	5	Ebion	3	4	eo dicti	25	16	Silius Italicus, Crinit.	1
...n. Valerius Messal.	demq; 25. annis Episcopum	6	statim	4	5	Proculi-	26	17	Val. Flaccus, Crin.	2
Titus Vespasian. 3.	egisse, Hieronymus Eusebii	7	post ex-	1 †	6	ani. A	27	18	Vestrit. Spurina poeta, Cr.	3
Titus Vespas. 4.	Chronico assuit. In Graeco n.	8	cidium	2	7	Cassio	28	19	R. Eleazar Magnus.	4
Titus Vespasian 5.	non est. Atqui ab assumptio	9	Hieroso-	3	8	vero se-	1	1	R. Iehojua ben Chanania.	5
Titus Vespasian. 6.	ne Domini usq; dum Petrus	10	lymorū,	4	9	ctante	2	2	Plinius in Vesuvio perit.	6
...nm d Cor. Priscus.	in vincula coniectus fuit ab	11	Euseb.	5	10	Capito-	3	3	Euseb.	7
Titus Vespas. 7.	Agrippa ipse semper in Pala	1 Cletus.		6	11	nis Cas-	4	4	Rabi Akifa proselytus.	8
...8. Domitianus 2.	stina aut Syria fuit. Agrippa	2		7	12	siani.	5	5	I. Solinus, ut ex ipso colli-	9
...vius Anni. Pollio.	verò obiit ann. 4. Claudii, ut	3	Menan	8 † Corbredus II. Corbredi I. Dilstus Galdus à Tacito Galgacus.	13	Caelius	6	6	gitur, c. 48.	4030
Flavius Sabinus.	constat. Adde quòd Paulus	4	der Ma-	9	14	Sabinus	7	7	Martialis, Crinit.	1
...4. Virginius Rufus.	Romae vinctus queritur, ab	5	gus Si-	10	15	de secta	8	8	Quintilianus, Martial.	2
5. Iunius Sabinus.	omnib. se desertum, 2. Tim	6	monis	11	16	Capito-	9	9	Iosephus, lib. 20. antiq.	3
Aurel. Fulvus.	4. Ergone & à Petro? Vide	7	discipu-	12	17	nis.	10	01	Iulius Frontinus, Fris.	4
Corn. Dolabella.	& Cent. Magdeb.	8	lus, Eus.	13	18.	Pegasus	11	11	bibl.	5
Volus. Saturninus.		9	Distre-	14	19	sectator	12	12	Onckelos } paraphrastae	6
Minutius Rufus.		10	phes, Io-	15	20	Proculi.	13	13	Akilas } bibliorum.	7
...2. Sempro. Atrat.		11	han. ep.	16	21		14	14	Apollonius Tyanaeus	8
Cocceius Nerv. 2.	Iohannes Evangelista in	12	3.	17	1 Richimer.		15	15	Magus, Philost.	9
...Acilius Glabrio.	Pathmon relegatur, Tert.	1 Clemens.	Cerin-	18	2		16	16	Philo Biblius, Gramma-	4040
Volus. Saturn. 2.	Hieron. Orig.	2	thus	19	3		17	17	ticus, Suid.	1
...a Cornel. Prisca.		3	Herm.	20	4		18	18	Plinius Iunior, Proconf.	2
...Arric. Clemens.	Apocalypsis scripta, Iren. l. 5.	4	Cōtract.	21	5		19	19	Bithynia, epist. 18.	3
Flavius Clemens.		5	ponit an.	22	6		20	1	Iuvenalis, Suid.	4
...Fulvius Valens.	Iohan. redit Ephesum, Eus.	6	92. Eus.	23	7		21	2	Sentius Augur poeta, Cr.	5
...3. Virgin. Rufus.	& scribit Evangeliū, Hier.	7	statim	24	8		22	3	Paulus Passienus Gall. Cr.	6
...4. Trajanus 2.	Iohannes moritur, Euseb.	8	post tem-	25	9		23	4	R. Ismael ostendit modos	7
Corneli. Palma.	IGNATIVS Episcopus	9	pora Pe-	26	10		24	5	13. interpretanda Legis.	8
Cornelius Fronto.	Antiochenus, Euseb.	10	tri.	27	11		25	6		9

H 2 ANNI

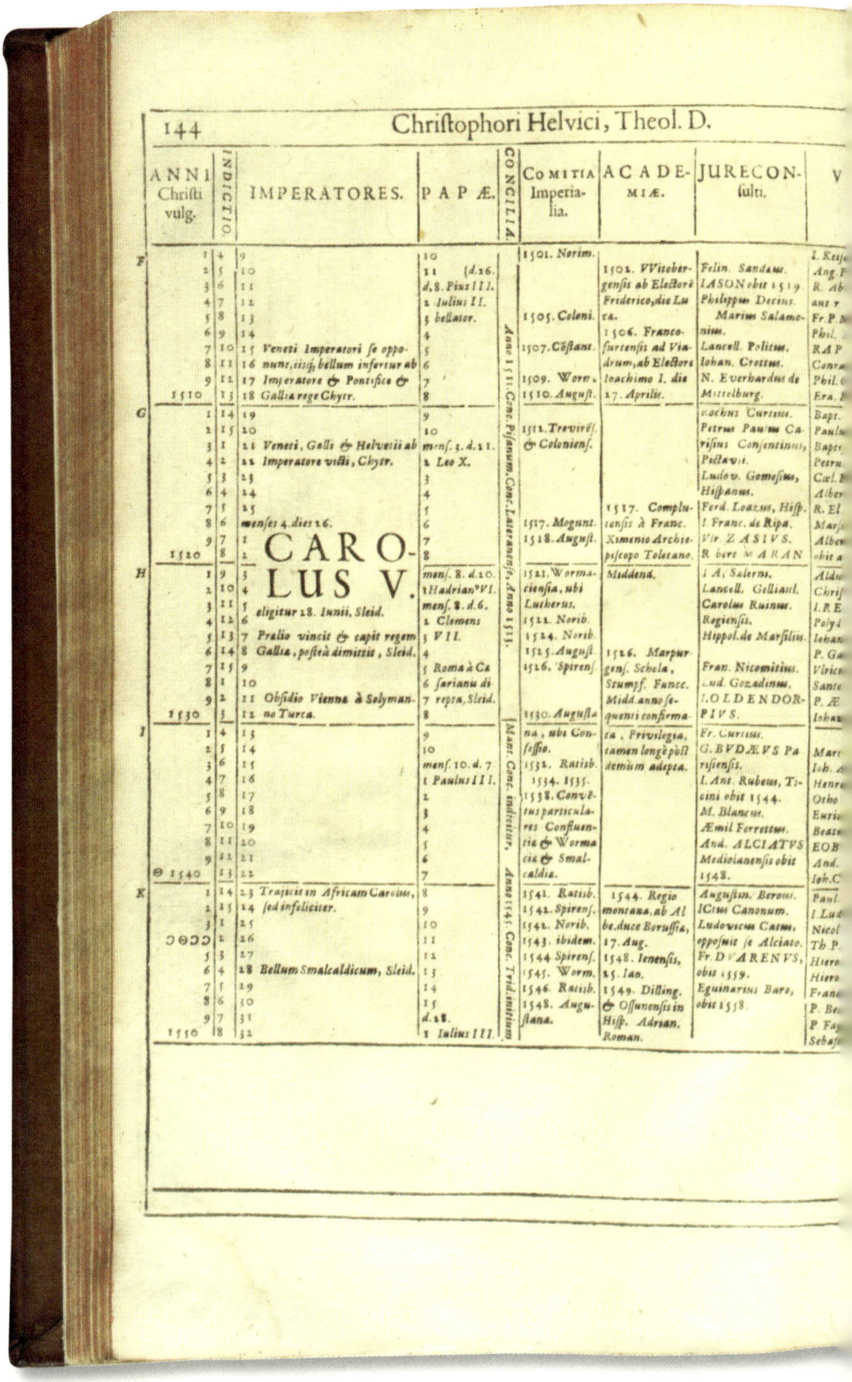

图 103

克里斯托弗·黑尔维格的年表沿用了尤西比乌斯的模式，但更近期历史上有多少重要人物出现，多少机构团体形成，都一一交代清楚，并将原模式调整，以加入这些信息。神圣罗马帝国皇帝的名录被安置在左侧，而查理五世的名字用了大号字体标出——这位文艺复兴时期的皇帝维护基督教正统世界，对抗马丁·路德的革新挑战；以这样的安排，黑尔维格表明了，帝国还有影响有能量，但同时，帝国已无法主宰世界——并不像传统历史学界所宣称的那样依旧是主宰。像这样的作品，在 17 世纪被广泛用于学校与大学的历史教学。

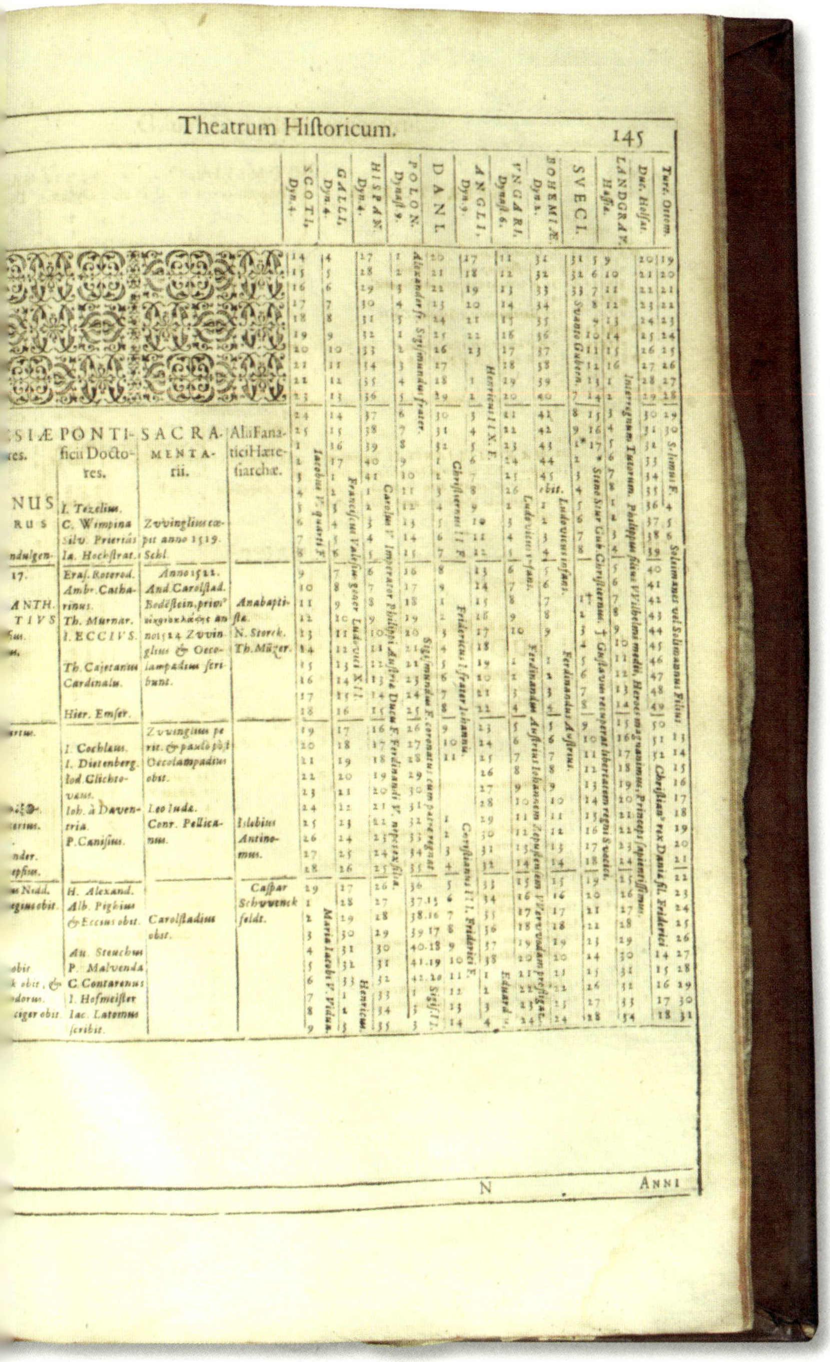

Theatrum Historicum. 145

N . ANNI

与此同时，古文物研究者们却也创建出了另一种时间图像，更富于动态活力。古董收藏家，比如说17世纪的丹麦学者兼考古学家奥勒·沃姆（Ole Worm），他将很多物件系统地归集放入了所谓“博物馆”或“艺术与奇观陈列柜”这样的空间中；而那些东西，有雷石（陨石）与蟹壳，有短吻鳄与海星，同样也有漂亮的工艺品、雕像与小机器人式的自动装置——这些对观众提出挑战，刺激他们去找到生活与艺术之间的边界；此外，展示的还有工具与武器，人类依靠它们延展了自己征服自然的力量。萨缪尔·圭奇伯格（Samuel Quiccheberg）协助创建了慕尼黑艺术博物馆，并独步天下，写了关于这类“博物馆”的最早的专论，明确宣称他的“剧场”中所包括的，既有真正的“神奇的珍稀动物，比如说珍禽，奇异的昆虫、鱼类、贝壳类生物以及类似的生命体”，与这些东西相伴的，还有，“用金属、石膏、粘土或其他任何人造材料雕制出来的各种动物，艺术的魔力让所有这些看起来都栩栩如生”。用于汲水、锯木头与拉船的这些机器，他还将相应的比例缩小的模型，也归入展品系列，为的是“这些小机器或构造物的样板，也许有可能激发人们以恰当的方式创造出其他的更大型的类似产品，并逐渐能发明出更好的新款型”。那些“奇观”策划人，比如圭奇伯格这样的，是在追踪自然本身的一份历史，这历史展示了人类的努力是如何改变和改进了万物原初的秩序。“奇观之屋”，尽管内部墙壁上挂满了东西，那些贝壳、甲壳也多到夸张，这展馆还是为参观者提供了一幅清晰易懂、一目了然的时间地图与变化图。

最早期的年代学者——不只是尤西比乌斯，而且包括他用作资料来源的更早先的、其作品已灭失的学者——将他们文本的很多空间用来列数人类发明的日期，来记述这些发明。文艺复兴时期，像让·博丹与希腊语学者（法国人）路易·勒罗瓦（Louis Leroy，1607—1663）这样的历史学家，将这些发明故事在他们的时间地图中当作至关重要的地标。他们带着欧洲中心论的自得与神气劲儿，争辩说火药、指南针与印刷术都是近代时期的发明，而不是古代时期发明的。他们这样做，完全无视那种已广泛流传的看法——人们认为古代人，尤其是埃及人与巴比伦人，早就达到了智慧的最高点，而且那是后人无法企及的。他们以及他们的读者，其中包括弗朗西斯·培根与现代理性的其他倡导者，都希望能证明欧洲的现代性——当时历史的最后与最新的时代——有着它自己的合法性，有嫡传的正统。他们想指出，至少在某些方面，哪怕是比起古希腊古罗马的最聪明的人，欧洲近代人也已经见识得更多，拥有了更强大的对抗自然的力量，也比其他人类强大。

到了17世纪早期，有些学者开始用新的思想来丰富年代学的技术向度的研究。（参见图104）举例来说，伟大的天文学家约翰内斯·开普勒（Johannes Kepler）所写的年代学论述，几乎跟他写行星运动的著述一样多。在《鲁道夫天文表》（*Tabulae Rudolphinae*）中，他以量化的形式总结了他毕生研究行星运动所得出的结果；书中也包括了多个纪年图表，展示了他研究古代年历与历法日期系统的主要成果。这本伟大著作的扉页，开普勒为之设计了一个图像，将天文学的历史发展明确化具象化。

世世代代以来，大部分学者都相信，关于自然万物——包括行星及其运行——的真知，是由上帝揭示透露给亚当和其他的大族长；人类的罪恶，以及由此引起的大洪水，已经部分地或全部地毁灭了那完美的知识，但有些文献还是得以留存；仔细研究这些资料，已帮助恢复了部分知识。不过，天文学家们明白，他们的那门科学发育得相对较晚。即便是那传奇般的古埃及与古巴比伦人，看似也未曾记录过任何的日食、月食或其他有明确日期可查的天文现象；这直到完全进入公元前的第一个千年之后——从公元前747年纳伯那沙登上王位时算起的时段——才有所改观。即使是那最伟大的希腊天文学家托勒密，所提供的数据也不很精确，所提供的演算模型也不很先进和尖端：当然，这是相较于这门学术的近代大师们——哥白尼、第古·布拉赫与开普勒——而言。

开普勒画出了一个建筑类的结构物，来作为其成就的象征；那类似于一座雅致的小凉亭，效果上类同于一个虚拟的“艺术与珍玩展示柜”。形式上这是一个圆形结构，但其讲述的是随着时间推进而变化的一个线性故事：天文学前进发展的故事。在圆顶的后部，一位巴比伦天文学者在细察天穹，从伸开的手指间瞄准张望出去。他站在一根柱子旁边，那柱子代表着建筑发展进程中原始的初级阶段：一棵树，那些枝杈很粗略地砍掉了。在此人边上，是

TABULÆ
RUDOLPHI
ASTRONO
MICÆ
HIPP
ARCH
VS.
COPER
NICUS.
TYCHO
BRAHE.
PTOLE
MÆVS.
MVSTER.COSMO.
ASTR.P.OPTICA.
COM. MARTIS.
EPIT.AST.COP.
INSVLA HVENNA DANIÆ
Georg Celer sculpsit Norimbergæ

图 104

约翰内斯·开普勒那富于想象力的建构体，以及寄寓其中的天文学家们，陈述了关于知识与时间的一个强有力的论题。最古老的天文学家，是个巴比伦人，站在那几乎还是一根木料的柱子旁，显然被描绘成了原始世界的一部分，做的工作也初级和概略。随着这些人逐渐向当前时代更替，他们的研究也变得更为复杂，而他们旁边的柱子随之变得更多装饰性和更经典。哥白尼与第古·布拉赫 —— 当然了，还有布拉赫的弟子开普勒 —— 代表着这一以建筑呈现的天文学发展时间线的高潮顶点。

古代最伟大的天文学家希巴克斯与托勒密；他们在世的年代迟于巴比伦人，做的工作也更复杂；希巴克斯在展示图表，而托勒密则坐在那里写东西。矗立在他们两侧的柱子，平整光滑，但并无装饰或显著特征：只是石砖垒成的简单柱状体，比起巴比伦先辈的原木树干，加工制作更完备一些，但谈不上更美观。最后，到了前景部分，是哥白尼与第古·布拉赫（Tycho Brahe）在讨论天文学的至高奥秘；他们旁边，是建筑为阐释优雅与精细复杂所能提供的最为形象生动的象征：光洁的石柱，顶部分别是多立克式与柯林斯式柱头。

开普勒的这个图像中，古代建筑的经典的递进秩序指向的，是关于其时代近代人成就的一个寓言化比喻。整个放在一起看，这建筑与寓居其中的人，讲了一个简单的、前后贯通的故事：人类的努力如何征服自然，尽管征服的不是星辰的空间世界，至少也是决定它们运行状态的那些数学定律。而且，开普勒关于文明发展的思考也没有仅仅局限于天文学。他注意到，多种多样的艺术与科学门类经常会一起繁荣共振，短期内构成鲜明的特殊时段；他也暗示说，这并非是因为行星协同运转带来的影响，而是因为通信传播手段的新进步而致 —— 这里首先是印刷术的普及促成了创造力的爆发。

17 世纪期间，有些天文学家意识到了，虽然他们的学科艺术为公元前第一个千年间的历史带来了如此多的精确证据，但对更早期的历史时段则帮助不大，因为没有任何日期可考的日食、月食或星辰合相天文事件是恰好伴随了大洪水或者巴别塔的建造。况且，《圣经》本身也开始遭到了质疑的威胁，至少是其作为世界历史最权威参考资料的地位被动摇了。年代学者们忧心，古埃及、中国与（美洲）新世界的年表纪事，已经延展越出了《圣经》所明示的从上帝创世到耶稣降生的那个时间段范围，而他们又没有很好的理由或论据

SERVAVI·TIBI Cant. VIII
LA ISTORIA
VNIVERSALE
PROVATA
CON MONVMENTI
E FIGURATA
CON SIMBOLI
DEGLI ANTICHI
A&Ω
ΕΤΟΥΣ Α
ΑΛΕΞΑΝΔΡΟΥ
ΕΓ ЄΝΕΤΟΗΔΙ
ΓΟΥ ΠΑΣΧΑΕΙΔ
ΑΠΡΕΙΑ

图105

在其《通史》中，弗朗西斯科·比安齐尼采用了兼收并蓄的各类图像；那既是历史初期阶段的资料来源，也是对当时阶段的描绘。他那本书的书名页上，图片中突出了古代的雕像、浮雕与工艺品；他视这些为更可靠的原始资料，认为比早先年代学者们所钟爱的年历周期表之类更可靠（图中描绘了一本历法书之类的文献，但几乎被掩埋在其他实物资料下面）。

来反驳那些记述。实际上，在中国的耶稣会传教士已经收到教皇的许可，用起了希腊语古《圣经》——因为中国人发现，比起更短的希伯来历史，他们那久远漫长的年表更可信更具说服力，也更值得尊重。与此同时，对地球本身历史的兴趣不断增强，这就开始暗示人们，地球可能很久很久以前就存在了，《圣经》中关于创世的讲述不能再当真，不能再直接从字面上去理解。

因此，接下来的事就不足为怪了；另一位耶稣会成员弗朗西斯科·比安齐尼（Francesco Bianchini），尽其所能重构年代学，而立足点是一个新的基础。比安齐尼是一位天文专家；像其他耶稣会信徒所干过的，他帮着给教堂设计开凿出孔隙，装上量尺之类的仪器，将教堂变成了一台巨大的实验设备，以此来观测太阳的运行——依照哥白尼的学说原理进行观测。不过，对天文学了解得越多，他越是清楚地看到，那没法解决历史最初阶段的年代学问题——尽管阿皮阿努斯与墨卡托、斯卡利格尔与詹姆斯·厄瑟尔也有过这样的期待。历史事件与天文观测记录之间，并没有什么明确稳固的关联，并不能牢靠到足够去消解历史记录中的那些矛盾与不一致：说到底，历史这一学科，当涉及到那些最古久的日期事件时，依旧是不精确的。比安齐尼评论说，“历史学家的推测，无法像地方官的判令那样容易。”相应的，在17世纪末期，为求突破，他转向了另一门学问——古文物研究。

潜行流连于罗马城里和附近的各个考古场址，比安齐尼很快就认定了，他和其他同行在那里发现的那些简单的残存物料、不起眼的古物——而不是那些与历史或《圣经》中大事件无甚关联的天文学数据——提供了最佳的基础，可以在其上牢牢构建起立得住脚的年代学。（参见图105—107）他就此提出主张说，古代人“努力要让历史这一概念真实而可靠，于是决定用图形符号来表达；那些图形的设计，更多是为了证明一个事实，而不是为了激发审美愉

DECA PRIMA

Immagine Prima.

1 e 6 Lucerna antica appreſſo l'auttore, ed altra lucerna pubblicata da Pietro Santi Bartoli.
2 Frammento di baſſo rilievo appreſſo il Panvinio de Lud. Circ.
3 4 Medaglione appreſſo l'Angeloni in Commodo.
5 Figura di ſuperſtizione Americana appreſſo Teodoro de Bry.

CAPITOLO PRIMO.

Della Creazione del Chaos, e della ordinazione del Mondo.

I. *CHe la tradizione del Mondo da Dio creato, primieramente confuſo nel Chaos, indi ordinato nelle ſue parti, ſia ſtata comunicata anticamente ancora a' Gentili, ſi deduce dalla pompa, e da' ſacrifizj del Circo Romano.* II. *E dalle memorie più antiche de gli ſcrittori profani d'Aſia, e di Grecia.* III. *Si pruova eſſere pervenuta alla notizia de gli abitatori dell'*

图 106—107

比安齐尼的插图，显示了出自于形形色色的浮雕与器皿的人物与物件，被归并在一起。他辩解说，这些是保存了人类历史的真实记录，哪怕在年代学的意义上来说这是不精确的。与谢德尔或罗勒文克不同的是，伴随他的时间线的这些绘图，比安齐尼不是视它们为装饰或促进记忆的辅助物，而是视为关键的史料资源。

图 108（后页）

一件古代器皿，上面的图案包含有人类与动物类造型；这是一个简朴平常的考古发现。比安齐尼运用艺术手段将此发现转换成了一个壮观的虚拟博物馆。他认为这是古代宗教的一份记录，而这记录所纪念的，则是大洪水。古代祭司们用了一种水动力装置去浮起小小的匣子，而这匣子是象征着方舟的遗物；由此，这一纪念大洪水的活动仪式，在每年举办之际，也往平民百姓们的头脑中灌输了虔诚信念。

Sigilla et caetera
Servantur Romae
apud D. Franciscum
Ficaronum
cum Fragm. Vasis A
Fig. 2
Vas fictile ex argilla peregrina nitentib
ac marmoreis frustulis interspersa ci
non sigilliolis hominum figuras 36 a
paria undeviginti exhibentibus, repertur
rudera anno 1696. Omnia videntur per
superstitiosè ab Ethnicis cultum in s
institutis. Singula ad prototypi men
2.a In 3.a Vas, et Orbis aereus G
gnitudinis decurtantur, partium ta
figurarum, quà eleganti, quà rudi
scalpendo potuimus, fideliter
A
Fig. 3
Fig 1
C
A
E
G
B

Romae in Musaeo Domini Abba

p. 178
atis aurei coloris,
sis amuletis, nec
nalium diversorum
Romano inter antiqua
d historiam Diluvii,
uis à Deucalione
chibemus in figura
rientem verae ma-
one servata nec non
, quantum assequi
aut certe indicato
Fig. 2.
H 13
L
12
Fig. 2
9
6
7
7
8
8
anis Dominici Pennacchi

悦”。他们作品产生的成果——那是最基础最本质意义上的一手原始资料，因为它们来自古代世界本身——提供了一种牢靠实在的知识信息，而那是天文学图表无法提供的：“要判断历史时段，我们可以看那些仪式、个体的人，以及时代周期特征；它们被用金属和石头之类材质刻画呈现出来，这些文物看来才是最具权威可信度的见证人，是人们说已经发生过的那些大事件的图解例证。”当然，有一点也是实情：基于这些具体遗物所产出的年代学，会缺乏精确的历史日期，而传统的时间线则是以此为特征，有明确划分的。但是，这种古物年代学也有着时间线所不具备的审美特质与丰富的信息含量。

比安齐尼把自己那新的世界史弄成了一幅“马赛克镶嵌画”，是用文物古董拼接而成，而他对古物的阐释则无拘无束，带着极大的自由想象成分。在他手里，一个圆环状的古代浅浮雕被当成了古人关于上帝创世的叙事，是一份“有人物造型的大事年表”。古人们抬着他们的大神造像游行，穿过那环形空间，后面跟着的是角斗士们的战车；他们那样子表示，至少他们记得这个——上帝创造了宇宙万物。另外一套图像，则提供了有关埃及农业起源的一条线索。信使之神墨丘利或学识之神托特的人形，拿着双蛇杖，显示上帝将艺术与手工艺的奥秘透露给了人类，而首先的传授之地，是在埃及。

所有这一切当中最令人兴奋的，也是被呈现得最为戏剧化的，是一个破损的花瓶，上面满是人类与动物的小造型，以及一只小小的木头匣子。（参见图108）比安齐尼认为，这整个是一个水动力装置，古代人每年举办周年庆典纪念大洪水——跟犹太人一样，希腊人也从未忘记这一大事——时，使用到这个道具。那些小人造型，其中有些抬起手伸到头脸之上，那显然是表示人类在挣扎着从大洪水中逃离。祭司们让匣子飘浮在罐子里面，以此“神迹”让观众感到惊奇，激起他们的敬畏——远古的那次洪水让人类几近灭绝，与此纪念活动唯一相称的情绪，便只有肃穆敬畏。持续一个多世纪的时间，“艺术与珍玩展示柜”都为人们提供一种视觉化的文化史。现在，比安齐尼将年代学本身转换成了一个虚拟的“艺术与珍玩展示柜”。只有对实物的研究，而不是对星辰的研究，才能提供一份有意义的关于时间的描述——年代学不是关于日期的学科，其内容应该是文化的发展。

古文物研究者并非是为文化编写年代纪的唯一群体。（参见图 109—111）印刷物传播广泛，无论是古代还是近代的信息，都巨量涌现，以至于要塞满和淹没很多学者的藏书室、参考文献目录和笔记本；他们就此的应对之策是设计出一个新的研究领域，叫作“文献历史”。诸如丹尼尔·乔治·莫霍夫（Daniel Georg Morhof）这样的文献历史学家，他们做出正式的努力，来搜集人类行为每个领域的首要与次要资料源，然后编写了使用手册，供那类精力相对没那么旺盛的读者使用，教给他们必要的技巧，以便跟上潮流，了解最新的出版物——相当于是法国人皮埃尔·巴雅尔（Pierre Bayard）那本《未读过的书，你如何侃侃而谈》在近代早期的对应之物。在德国的大学里，教授们也开设这一科目的课程，列出大型图书馆新添置书目的清单，对作者以及书中内容进行评论。

及至 17 世纪中期，“文献历史”也采纳了视觉形式。约翰·海因里希·阿斯泰德（Johann Heinrich Alsted）编纂了一个虽然视觉上显得混杂凌乱，但依旧趣味横生、引人入胜的文化年代纪作品，为第一座金字塔、第一个方尖碑、第一处迷宫和第一件乐器，以及很多其他的首创事物，都给出了年代日期。彼得·兰贝克（Peter Lambeck），这位来自汉堡的新教徒学者转投了天主教，随后成为神圣罗马帝国在维也纳的藏书馆的馆员；他探访了欧洲的很多大型图书馆。他清楚那书海是何其浩瀚，也知道学者们要去归类和评估藏书内容会何等艰难——尤其对试图在大学课程中简要而精确概括这些书籍的老师们而言，更是如此。于是，兰贝克开始着手编写第一个正式的文学史。他是一个传统派，对形式相当关注；他在书中配置了详尽细致的表格，展示各种类型写作的发展，时间跨度从上帝创世直到其当下年代。

后来，18 世纪的写作者，比如伏尔泰与约瑟夫·普雷斯特利（Joseph Priestley）等人，开始编纂文字版与视觉化的文化史；他们将比安齐尼、兰贝克以及其他人已经织出的丝线编结到了一起：没有此前这些成果的基础，他们就不可能完成自己的新版历史挂毯。先前的那些努力，已经遭遇了严重的问题。拿兰贝克来说，他保留了尤西比乌斯式年表那统一齐整的柱状列表，同时，神化身耶稣、道成肉身之前的那最后几个世纪，他所分配的空间要多于紧随创

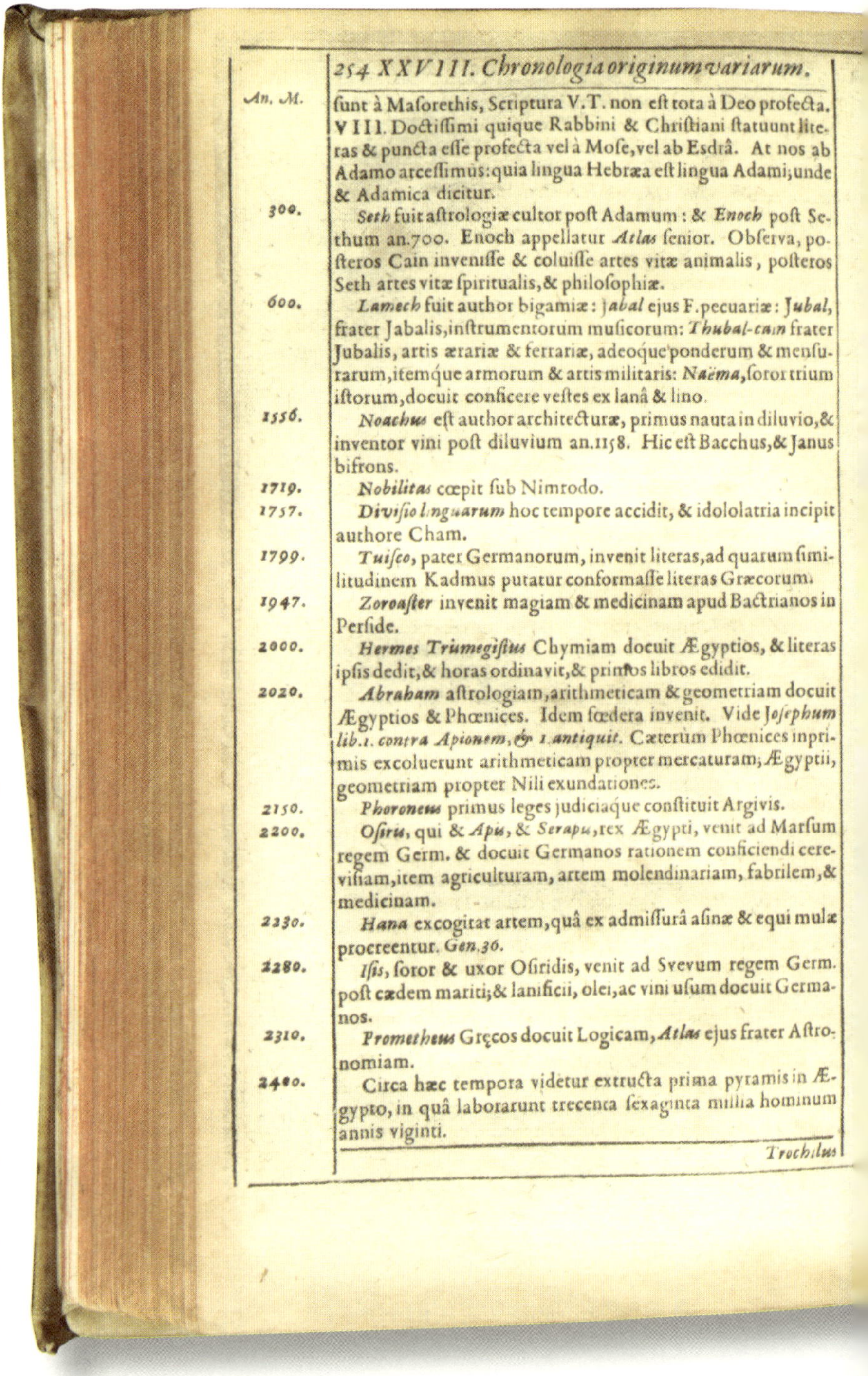

254 XXVIII. *Chronologia originum variarum.*

An. M. ſunt à Maſorethis, Scriptura V.T. non eſt tota à Deo profecta. VIII. Doctiſſimi quique Rabbini & Chriſtiani ſtatuunt literas & puncta eſſe profecta vel à Moſe, vel ab Esdrâ. At nos ab Adamo arceſſimus: quia lingua Hebræa eſt lingua Adami, unde & Adamica dicitur.

300. *Seth* fuit aſtrologiæ cultor poſt Adamum: & *Enoch* poſt Sethum an.700. Enoch appellatur *Atlas* ſenior. Obſerva, poſteros Cain inveniſſe & coluiſſe artes vitæ animalis, poſteros Seth artes vitæ ſpiritualis, & philoſophiæ.

600. *Lamech* fuit author bigamiæ: *Jabal* ejus F. pecuariæ: *Jubal*, frater Jabalis, inſtrumentorum muſicorum: *Thubal-cain* frater Jubalis, artis ærariæ & ferrariæ, adeoque ponderum & menſurarum, itemque armorum & artis militaris: *Naëma*, ſoror trium iſtorum, docuit conficere veſtes ex lanâ & lino.

1556. *Noachus* eſt author architecturæ, primus nauta in diluvio, & inventor vini poſt diluvium an.1158. Hic eſt Bacchus, & Janus bifrons.

1719. *Nobilitas* cœpit ſub Nimrodo.

1757. *Diviſio linguarum* hoc tempore accidit, & idololatria incipit authore Cham.

1799. *Tuiſco*, pater Germanorum, invenit literas, ad quarum ſimilitudinem Kadmus putatur conformaſſe literas Græcorum.

1947. *Zoroaſter* invenit magiam & medicinam apud Bactrianos in Perſide.

2000. *Hermes Triumegiſtus* Chymiam docuit Ægyptios, & literas ipſis dedit, & horas ordinavit, & primos libros edidit.

2020. *Abraham* aſtrologiam, arithmeticam & geometriam docuit Ægyptios & Phœnices. Idem fœdera invenit. Vide *Joſephum lib.1. contra Apionem, & 1. antiquit.* Cæterùm Phœnices inprimis excoluerunt arithmeticam propter mercaturam; Ægyptii, geometriam propter Nili exundationes.

2150. *Phoroneus* primus leges judiciaque conſtituit Argivis.

2200. *Oſiris*, qui & *Apis*, & *Serapis*, rex Ægypti, venit ad Marſum regem Germ. & docuit Germanos rationem conficiendi cereviſiam, item agriculturam, artem molendinariam, fabrilem, & medicinam.

2230. *Hana* excogitat artem, quâ ex admiſſurâ aſinæ & equi mulæ procreentur. *Gen.36.*

2280. *Iſis*, ſoror & uxor Oſiridis, venit ad Svevum regem Germ. poſt cædem mariti; & lanificii, olei, ac vini uſum docuit Germanos.

2310. *Prometheus* Grçcos docuit Logicam, *Atlas* ejus frater Aſtronomiam.

2400. Circa hæc tempora videtur extructa prima pyramis in Ægypto, in quâ laborarunt trecenta ſexaginta millia hominum annis viginti.

Trochilus

图 109

1628年，约翰·海因里希·阿斯泰德编纂了一份年表；他在其中纳入了一份发明家及其发明成果的长长清单，而此单几乎等同于人类文化的一个完整年表。他放宽视野范围，几乎把每一样事物的创造都收罗在内，从诗学流派到地质纪划分，无一不包。但他不像开普勒做过的那样，没有尝试将这些发明与特定的历史阶段和社会群落关联起来：他的这清单就只是一份列单。

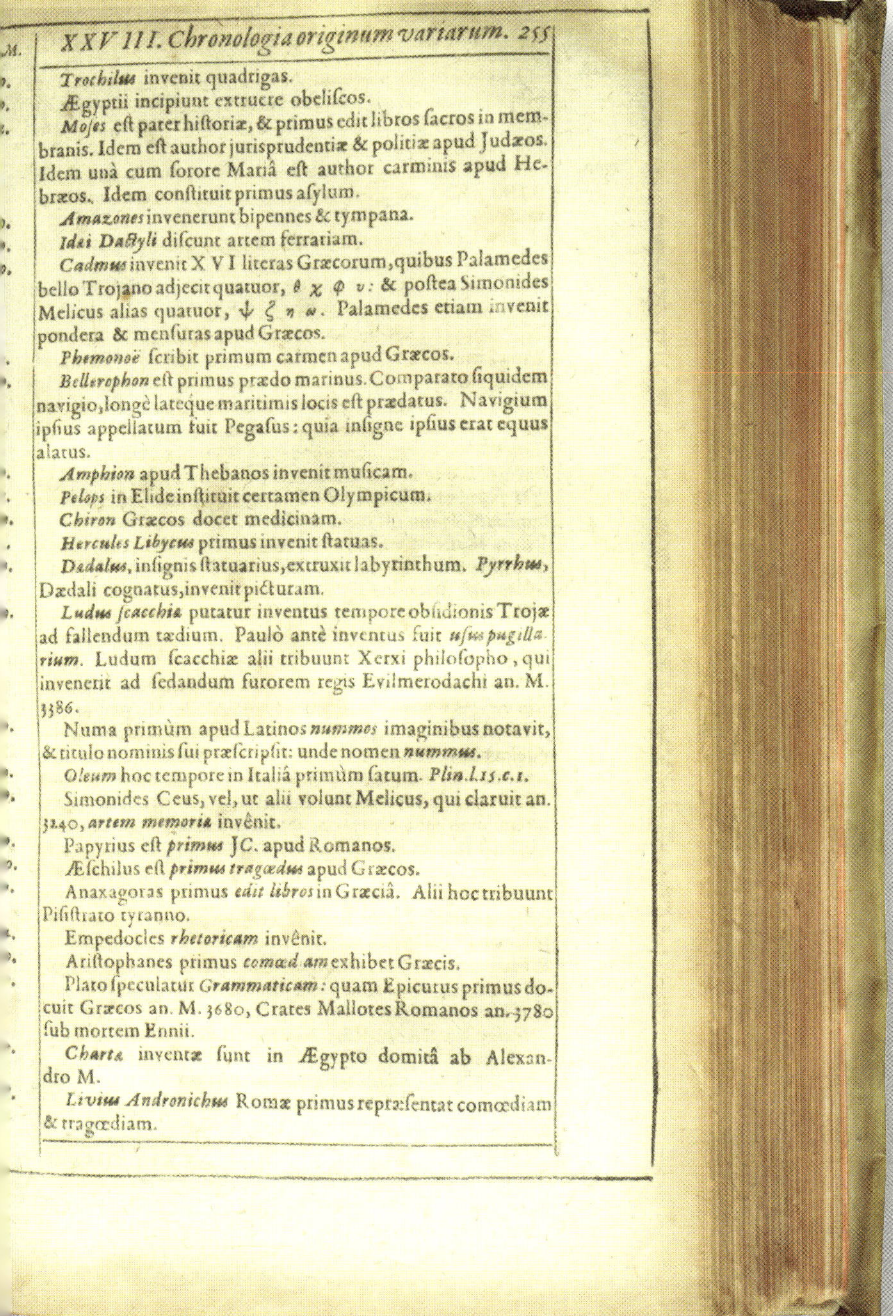

XXVIII. *Chronologia originum variarum.* 255

Trochilus invenit quadrigas.

Ægyptii incipiunt extruere obeliscos.

Moses est pater historiæ, & primus edit libros sacros in membranis. Idem est author jurisprudentiæ & politiæ apud Judæos. Idem unà cum sorore Mariâ est author carminis apud Hebræos. Idem constituit primus asylum.

Amazones invenerunt bipennes & tympana.

Idæi Dactyli discunt artem ferrariam.

Cadmus invenit XVI literas Græcorum, quibus Palamedes bello Trojano adjecit quatuor, θ χ φ υ: & postea Simonides Melicus alias quatuor, ψ ζ η ω. Palamedes etiam invenit pondera & mensuras apud Græcos.

Phemonoë scribit primum carmen apud Græcos.

Bellerophon est primus prædo marinus. Comparato siquidem navigio, longè lateque maritimis locis est prædatus. Navigium ipsius appellatum fuit Pegasus: quia insigne ipsius erat equus alatus.

Amphion apud Thebanos invenit musicam.

Pelops in Elide instituit certamen Olympicum.

Chiron Græcos docet medicinam.

Hercules Libycus primus invenit statuas.

Dædalus, insignis statuarius, extruxit labyrinthum. *Pyrrhus*, Dædali cognatus, invenit picturam.

Ludus scacchiæ putatur inventus tempore obsidionis Trojæ ad fallendum tædium. Paulò antè inventus fuit *usus pugillarium*. Ludum scacchiæ alii tribuunt Xerxi philosopho, qui invenerit ad sedandum furorem regis Evilmerodachi an. M. 3386.

Numa primùm apud Latinos *nummos* imaginibus notavit, & titulo nominis sui præscripsit: unde nomen *nummus*.

Oleum hoc tempore in Italiâ primùm satum. *Plin. l. 15. c. 1.*

Simonides Ceus, vel, ut alii volunt Melicus, qui claruit an. 3240, *artem memoriæ* invênit.

Papyrius est *primus* JC. apud Romanos.

Æschilus est *primus tragœdus* apud Græcos.

Anaxagoras primus *edit libros* in Græciâ. Alii hoc tribuunt Pisistrato tyranno.

Empedocles *rhetoricam* invênit.

Aristophanes primus *comœdiam* exhibet Græcis.

Plato speculatur *Grammaticam*: quam Epicurus primus docuit Græcos an. M. 3680, Crates Mallotes Romanos an. 3780 sub mortem Ennii.

Chartæ inventæ sunt in Ægypto domitâ ab Alexandro M.

Livius Andronichus Romæ primus repræsentat comœdiam & tragœdiam.

彼得·兰贝克追踪单独一种文化形式 —— 文学 —— 的发展，从发轫之初直到当下现状。关于最早期的数个世纪，他几乎没加入什么条目，而且其中很多条处理的作品都是被归于亚当和其他大族长名下；这些作品，兰贝克归结为是后世的伪作。与前期构成对比反差，更靠后期的时段则有密集印出的大量条目；这就透露出，有些特定的地方与时代 —— 举例来说，共和国政体晚期与帝国体制后期的罗马 —— 曾构成人类创造力暴发的高点。

世之后的那数百年。然而，他还是太保守，并未很激进地删减早期几个世纪的空间占比，妥协的结果是给那些时段安排了近乎是空白的柱状图。处理后期的时间段时，与前面的恰好明显反差，他将如此之多、出自如此纷繁杂沓传统的作家们，都塞进了一个局促有限的空间里，以至于读者无法去理顺那些文学发展动向，而那却又是他希望能澄清的。兰贝克的计划，是要为文化本身赋予一个图像化的表达；尽管有如此的远见卓识，也付出了努力，但他跟非常多的前辈同仁一样，最终只是完成了信息的列表操作，却未能找到一个恰当的形式，让信息易于理解和把握。

17 世纪下半叶，人们发现，创世、大洪水和罗马的建立这类大事件，要严格精准地确定它们发生的日期，可能性似乎变小了，于是，有些年代学者便将自己的聪明才智完全转向了其学术追求中可与教育教学法关联的那部分：学童们被要求必须掌握的那套传统的年代日期，学者们现在将它们与易于记忆的生动图像搭配组合起来，让这些信息不会被轻易遗忘。在（德国）吕内堡任教职的约翰内斯·布诺（Johannes Buno），长达半个世纪都致力于编写图文并茂的教科书，书里将古代与中世纪历史的标准叙事嵌入夺人眼目的奇特图像中，图中还有密码般的提示信号，指向匹配的简短文字。他解释道，历史是一片汪洋大海，为避免触礁沉船，学生需要恰当的导航设备。他进一步补充说，理想的情况是，学生最好能记住“时间的整个进程秩序，可以打这么个比方吧，就像时间被精简成了一个单一形体，布局陈列为具体的时间段或区块；一旦提及什么重大事件，学生立刻就能想清楚，能指出事件属于哪个时间段或区块”。

要执行上述工作，布诺有他的图像工具。（参见图 112—114）对绵延在创世（据信为公元前 4004 年）到耶稣降临之间的那四千年，他绘制了四幅内容庞杂的综合性图像来匹配：一只鹰、一组船用跳板、一头骆驼和一条龙。每个图像都是概括了其所代表的那一千年的一个至关重要的主题侧面（比如，跳板指的是诺亚方舟，而骆驼指的是出埃及时犹太人逃亡所骑乘的骆驼）。但每个图像也提供了一个生动的、令人难忘的背景；在这背景上，布诺置入了重要男女人物的形象。每个人分别承担各自相应的职责：比如，塞特扶着那两根智慧之柱，而天文学家托勒密则浏

Das 14te Hundert Jahr Ölglaß

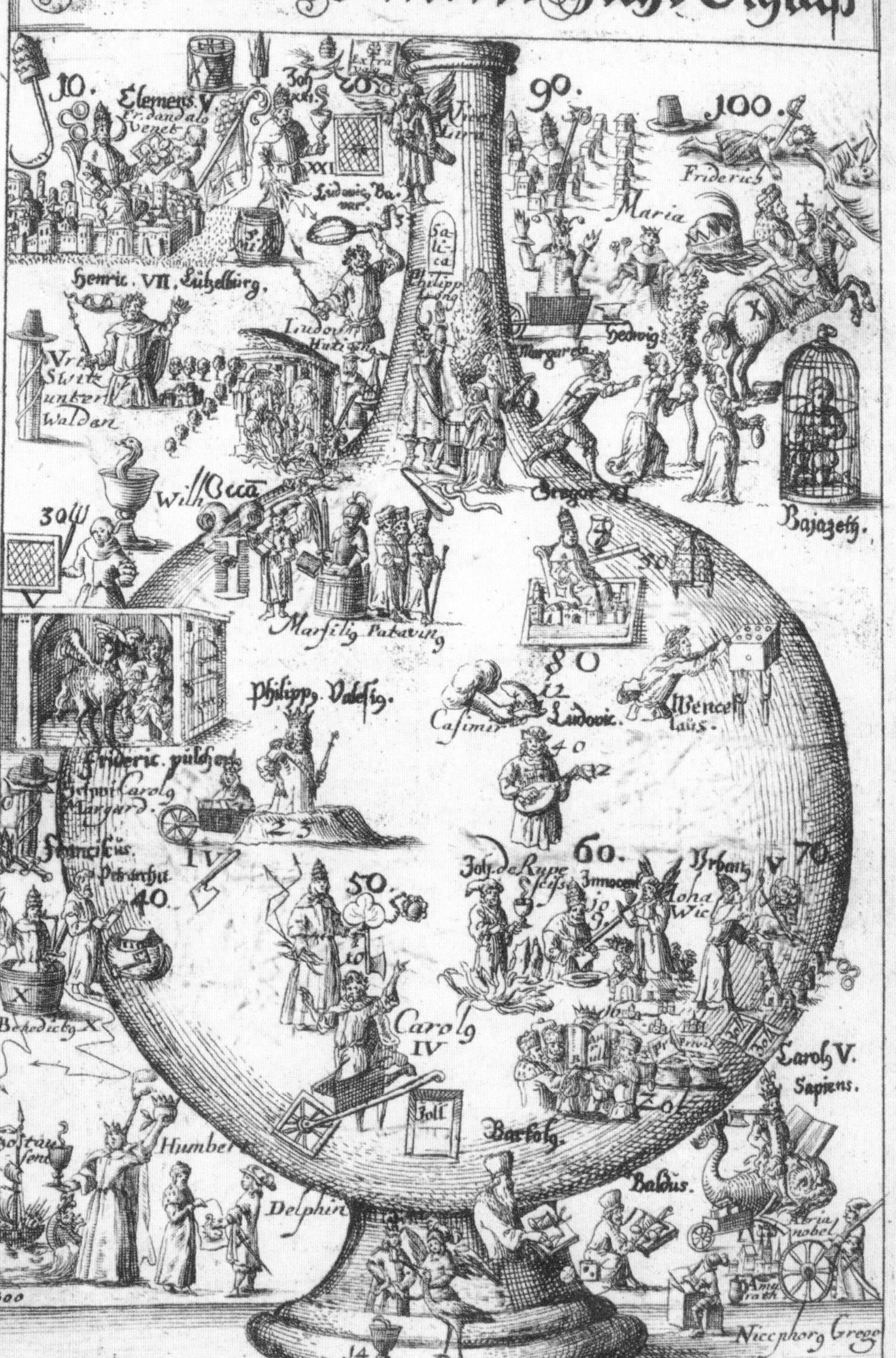

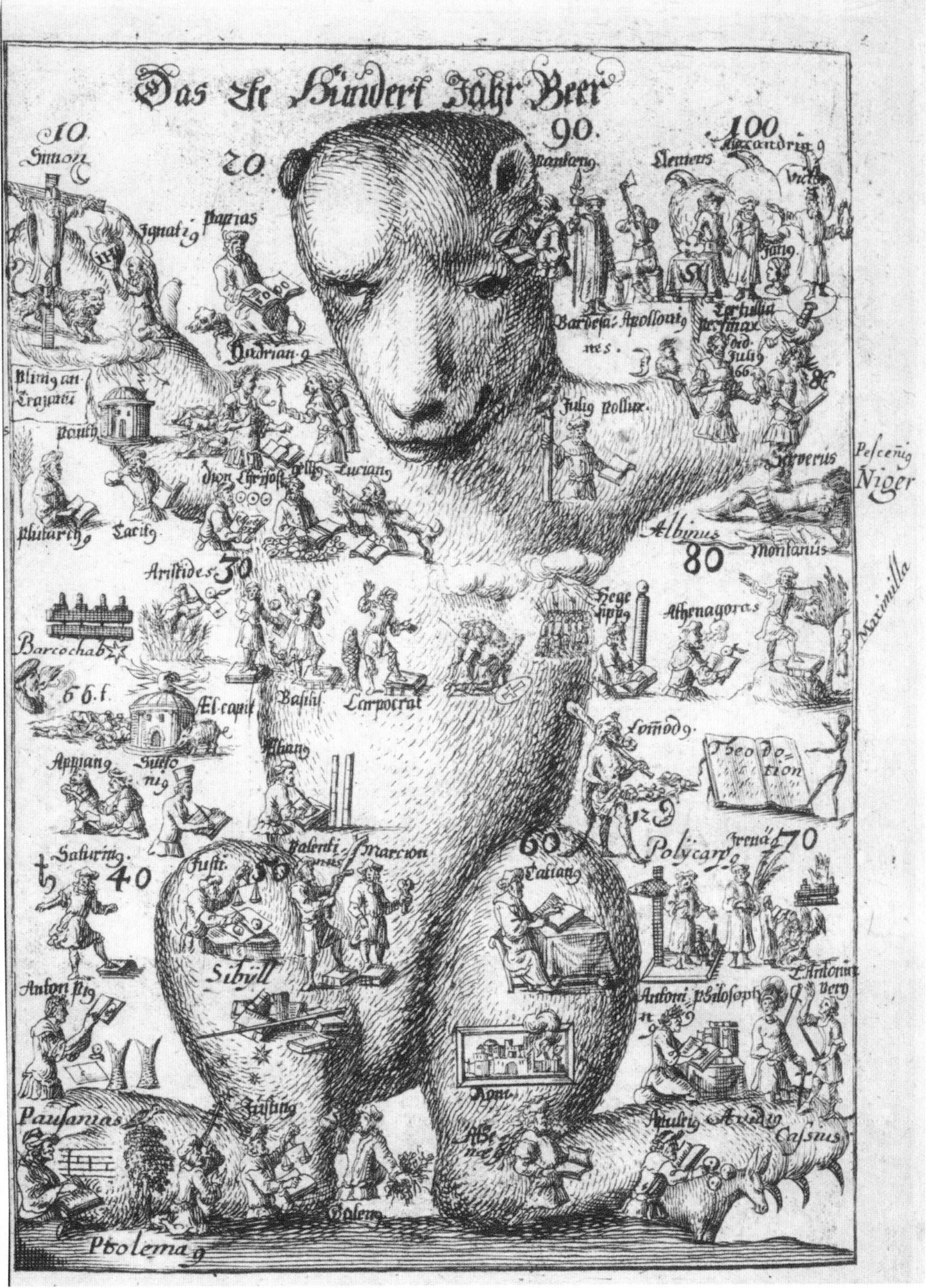

图 112—113

公历纪元以来的十七个世纪，每一个世纪都被单独呈现为一个独立图形，比如说一头熊或一只油壶样的容器。约翰内斯·布诺用过目难忘的图形、各种奇异的细节以及谜语之类，打造了一份年代纪；这年代纪也能充当一个虚拟的大戏台，辅助记忆；这个系统方便又顺手，有助于记忆名字与日期。在他设计的每个图像中，可以顺着那些数字去查史实，可以将他所描绘的个体人物锁定到历史时间中的精确定位点。

Das 4te Tausend Jah
Sec. 1
Sec. 2
Sec. 3
Sec. 4
Sec. 5.
Jerusalem

图 114

约翰内斯·布诺出版于1672年的世界通史中，基督降生之前的每一个千年，都是用一幅寓言化的大尺寸图像来表现，比如这里描绘的龙，是代表公元前的第四个千年。

览观测天宇。为了增益记忆，每个人的身份角色都被强化了，分别伴有一个对应的图形字谜。紧邻着亚历山大大帝的，是两条彼此吞食的鳗鱼；这能提醒学生想起亚历山大的名字（Die Ahle essen 'nander'，也即鳗鱼以彼此为食）。

从虔信派在哈勒市（Halle）开办的孤儿院，到位于海德堡的宫廷，布诺的作品都能找到些用武之地。但它也招致了尖锐的批评。戈特弗里德·莱布尼茨（Gottfried Leibniz），既是伟大的哲学家也是科学家，同时还是一位出色的历史学家；他对布诺的整套研究方法都不赞同。他指责说，有些图像与它们所代表的人物和事件关联，但关联的依据"不仅是自然的关系，而且经常是完全任性武断的安排"。不过，真正让他不悦的原因，是布诺脱离了那对时间线来说极其关键的线性架构："每个图像中，不同的造型和人物，没有按照年代纪顺序布局，而是为了有效利用空间，被随机分配，处于一片混乱中。但对这一类的演示描述而言，年代顺序应该是最重要的考虑，年代顺序也揭示事件之间的关系。"莱布尼茨认为，近期阶段史实材料与视觉模式的丰富增殖，并未提升改良时间线，反而是带来了破坏。有些从教者也同意莱布尼茨的观点，他们让自己的学生只记布诺书中的史实，而那些从属的润饰加工的部分则要忽略。

及至17世纪末，那不勒斯的法理学家贾巴蒂斯塔·维柯（Giambattista Vico）与其他一些历史学家，已经着手忙着拆解布诺那一类的建构，同时努力创建一种更有意义的文化年代学。诚然，在他的《新科学》（*Scienza nuova*）中，维柯确实纳入了一份尤西比乌斯式的年表，跨度从大洪水直到第二次布匿战争；在该书1744年的版本中，那年表确定了最终形态。不过，维柯自己坦白供认道，"实际上，这些人和事件，并不存在于我们通常所分配指定给他们 / 它们的时间和地点，或者说，根本就不曾存在过。"依他看来，古代埃及人与波斯人对远古时期的历史，其实几乎一无所知。他们最初的那些先祖只是野蛮人而已，对大洪水之后的炸雷与闪电惊恐不已。关于自己的古早历史，他们并无坚实可靠的记录材料，然后直接就是臆想虚构了历史；虚荣心的驱使下，那历史要多长久就编造多长久。传统的年代学，从尤西比乌斯直到当下，就建立在这些脆弱的基础之上。所以，维柯对自己的那份年表，跟对其他人的出品一样，都怀着同等的轻蔑。

在维柯看来，也正如充当了他作品卷首插图的那繁复的巴洛克式图画所暗示的，只有哲学才能对过去分类整理，将过去分为真实正确的时间段，并且不是依赖于杂耍般地摆弄无知异教徒传播过来的年代日期，而是要靠真正解读阐释历史的神话迷思。（参见图115—116）卷首插图中神坛顶上的魔法棒，暗示着异教信仰始于卜筮；那火把表示，婚姻是第一个制度习俗；那耕犁则揭示了“远古的异教徒族群的祖先们，是历史上最初的大力士、强人”。维柯还辩论指出，年代学的任务，并不是去辨识国王们据信在位统治时的确切年代，而是要认清人类文化所经过的不同的历史发展阶段——而这样做的意图，跟那种老套的智慧概念正相反，是要表明随着时间的递进，人类变得更聪明了。按维柯的见解，荷马这位诗人，并非如讽喻作家们自认为所读所理解到的那般深刻和富于哲理，而只不过是个吟游歌者，为半野蛮的希腊人在他们历史的初始阶段写下了那些诗篇。至此，年代学已经失去了其注解《圣经》的原初功能；另外获得的新功能，是记录文化与文化的演变转化。

ABK
ABC
D.M.
Dom. Ant.^s Vaccaro I.^t
Sesone Sculp.

TAVOLA CRONOLOGICA

Descritta sopra le tre Epoche de' Tempi degli Egizj, che dicevano, tutto il Mondo innanzi essere scorso per tre Età, degli Dei, degli Eroi, e degli Huomini. A

Ebrei B.	Caldei C.	Sciti D.	Fenici E.	Egizj F.	Greci.	Romani.	Anni del Mondo.	Anni di Roma.
Diluvio Universale.							1656.	
	Zoroaste, o Regno de' Caldei. G						1756.	
	Nebrod, o Confusione delle Lingue I.				Giapeto, dal quale provvengon'i Giganti. H. Un de' quali Prometeo ruba il fuoco dal Sole. K		1856.	
				Dinastie in Egitto	Deucalione. L.			
Chiamata d'Abramo.				Mercurio Trimegisto, il vecchio, ovvero Età degli Dei d'Egitto. M	Età dell'oro, ovvero Età degli Dei di Grecia. N.			
					Elleno figliuolo di Deucalione, nipote di Prometeo, pronipote di Giapeto, per tre suoi figliuoli sparge nella Grecia tre Dialetti. O.		2082.	
					Cecrope Egizio mena dodici Colonie nell' Attica, delle quali poi Teseo compose Atene. P.			
					Cadmo Fenice fonda Tebe in Beozia, ed introduce in Grecia le lettere volgari. Q.		2448.	
Iddio da la legge scritta a Mosè.						Saturno, ovvero l'Età degli Dei del Lazio. R.	2491.	
				Mercurio Trimegisto, il giovine, o Età degli Eroi d'Egitto. S.	Danao Egizio caccia gl' Inachidi dal Regno d'Argo. T. Pelope Frigio regna nel Peloponneso.		2553.	
					Eraclidi sparsi per tutta Grecia, che vi fanno l'età degli Eroi. V. Cureti in Creta, Saturnia, ovvero Italia, ed in Asia, che vi fanno Regni di Sacerdoti. V.	Aborigini.	2682.	
	Nino regna con gli Assirj.						2737.	
			Didone da Tiro va a fondar Cartagine. X					
			Tiro celebre per la navigazione, e per le colonie.		Minosse Re di Creta, primo Legislatore delle Genti, e primo Corsale dell' Egeo.		2752.	
					Orfeo, e con esso lui l'Età de' Poeti Teologi. Y. Ercole, con cui è al colmo il Tempo Eroico di Grecia. Z.	Arcadi.		
			Sanconiate scrive Storie in lettere Volgari. Aa.		Giasone dà principio alle guerre navali con quello di Ponto. Teseo fonda Atene, e vi ordina l'Areopago.	Ercole appo Evandro nel Lazio, ovvero Età degli Eroi d'Italia.	2800.	
					Guerra Trojana. Bb.		2820.	
					Errori degli Eroi, ed in ispezie d'Ulisse, e di Enea.			
						Regno d' Alba.	2830.	
Regno di Saule.							2909.	
				Sesostride regna in Tebe. Cc.	Colonie Greche in Asia, in Sicilia, in Italia. Dd.		2949.	
					Licurgo dà le leggi a' Lacedemoni.		3120.	
					Giuochi Olimpici, prima ordinati da Ercole, poi intermessi, e restituiti da Isifilo. Ee.		3223.	
						Fondazione di Roma. Ff.		1.
					Omero, il quale venne in tempo, che non si eran' ancor truovate le lettere volgari, e'l quale non vidde l'Egitto. Gg.	Numa Re.	3290.	37.
				Psammetico apre l'Egitto a' soli Greci d'Jonia, e di Caria. Hh.	Esopo, Moral Filosofo Volgare. Ii.		3334.	
					Sette Savj di Grecia; de' quali uno, Solone ordina la libertà popolare d'Atene; l'altro, Talete Milesio dà incominciamento alla Filosofia con la Fisica. Kk.		3406.	
	Ciro regna in Assiria co' Persiani.				Pittagora, di cui scrive due Livio, che nemmeno il nome potè sapersi in Roma. Ll.	Servio Tullio Re. Mm.	3468.	225.
					I Pisistratidi Tiranni cacciati da Atene.		3491.	
						I Tarquinj Tiranni cacciati da Roma.	3499.	245.
					Erodoto, Erodoto, Ippocrate. Oo.		3500.	
		Idantura Re di Scizia. Pp.			Guerra Peloponnesiaca. Tucidide, il qual scrive, che fin' a suo padre i Greci non seppero nulla delle Antichità loro propie; onde si diede a scrivere di cotal guerra. Qq.		3530	
					Socrate dà principio alla Filosofia Morale ragionata. Platone fiorisce nella Metafisica. Atene sfolgora di tutte l'arti della più colta Umanità. Rr.			
					Senofonte, col portar l'armi greche nelle viscere della Persia, è 'l primo a sapere con qualche certezza le cose Persiane. Ss.	Legge delle XII. Tavole.	3553.	303.
						Legge Publilia. Tt.	3658.	416.
					Alessandro Magno rovescia nella Macedonia la Monarchia Persiana; ed Aristotile, che vi si porta in persona, avverte, ch' i Greci innanzi avevan detto favole delle cose dell'Oriente.		3660	
						Legge Petelia. Vv.	3661	419.
						Guerra di Taranto, ove s'incominciano a conoscer tra loro i Latini co' Greci. Xx.	3708	489.
						Guerra Cartaginese seconda, da cui comincia la Storia certa Romana a Livio; il qual pur professa non sapere tre massime circostanze. Yy.	3849.	552.

图 115—116

贾巴蒂斯塔·维柯，这位孤独的那不勒斯学者，有远见卓识，希望能将历史转化为他所指称的一门“新科学”；在其世界史的研究中，他保留了那种传统的尤西比乌斯式的年代表。但在书里的文字中，他又对自己的表格不屑一顾，说那是从异教徒世界继承而来的一堆错误而已；他主张，历史学家应该运用一种哲学的，而不是年代学的方法，来重写和再创人类社会的发展史。

第四章

历史的新图表

近代早期阶段，年代学的学术研究取得了各种进展，但尽管有这些成果，年代学者们在图形图表方面的理想抱负，还是难以实现。年代学与地理是历史的两只眼睛，这话在彼时的课本中反复出现。但如果确实是这么回事，近代早期的历史学习者就可能最终会碰上（学术视野中）景深知觉的严肃问题。15、16世纪期间，地图变得更复杂、周密和精确，因为制图师们放弃了托勒密地图那种流传已久、声望卓著的形式，转而采用新的惯例格式，往地图中也增加了此前未知的巨量信息。

与地图制图学相似，在这一时期，年代学的研究也在快速变化。近代早期的年代学者采用了来自其他领域的种种新技巧；这些领域各不相关，可从天文学跨越到古币和徽章学。他们孜孜矻矻，不辞劳苦，往自己的设计方案中整合加入搜集自全世界的新信息。但是，直至18世纪，年代学的领域并未经历和完成一次视觉上的革命，能与在地理学中发生的那革命相比。这种反差是如此鲜明，以至于迟至1753年，法国内科医生兼业余年代学者雅克·巴尔贝–杜伯格仍然可以这样写道：

> 地理学是一门愉快的、令人满意的学问。它在我们面前铺展开整个世界的一幅图像；我们可以快速横穿而过，然后又轻松惬意地返回原处。在地图中，世界是熟悉的：我们看到世界各地的不同族群；我们用眼睛瞄一瞄就能估算距离，手里拿着指南针与规尺就更准确；我们在想象中去追踪

触摸地图上的等高线，上下跨越巨大的海拔差；那在脑中留下深刻印象，永不会完全抹除。但同样的说法，在年代学这里就行不通了。这个领域是如此枯燥、艰难，又吃力不讨好；给我们的心灵精神，它所回报的只不过是一大堆丑陋的日期；这些日期让我们的记忆望而却步、深感挫败，不久后就会轻易遗忘。

须知，这样的话可是出自对历史数据满怀热忱的一位学者。

即使是在印刷出版物的时代到来之前，年代学也是一个书册无数、汗牛充栋的领域，要依赖于搜罗和组织整理大量的精确信息，而资源材料又极零散。印刷技术便利了信息以多种形式进行储存、复制和传播，而且它尤其适合年代学研究的需求；在那个领域，准确的信息复制是一个必要之举，数据的累积收集至关重要；对内容充塞的大部头参考书籍，需求也是持续高涨。15 和 16 世纪期间，新的日期考据技术带来了年代学专业的重大进展——比如，阿皮阿努斯将来自天文学的数据与那些得到普遍认可的历史描述进行关联，以此寻求坚实的年代学学术立足点——不过，那一阶段中那些最引人瞩目的进展，其中很多还是依赖和停留于信息组织方面的创新。接下来的两个世纪里，这一类创新的冲击影响进一步加强了。与 15、16 世纪那以类型差异为主导的年代学图书构成对照的是，17 世纪的年代纪作品严重依赖于精细的雕版制作工艺；这让印刷物中的数据浓缩度越来越高，也即页面上可容纳更多信息项目，图像与文字的混合组配也越发流畅优美；至于手迹形态、格式布局与比例分配的多样化，则几乎可以无限衍生。由此产生的一个结果就是，17 世纪下半叶期间，让·波莱希所曾开创的先例——力图将尤西比乌斯年表的众多内容压缩进一个单一图表——在百年后重新兴起，得到了广泛的响应。

17 世纪后期的那些摘要综述式的作品，其中最有影响力的，就包括法国新教徒律师让·娄（Jean Rou）于 17 世纪 70 年代出版的两卷本《历史、年代纪与世系图表》（*Tables historiques, chronologiques & généalogiques*）。（参见图 117）构成作品的，是一系列的雕版印刷表格，印在数张超大尺寸的纸页面上，巨量的年代与统治者

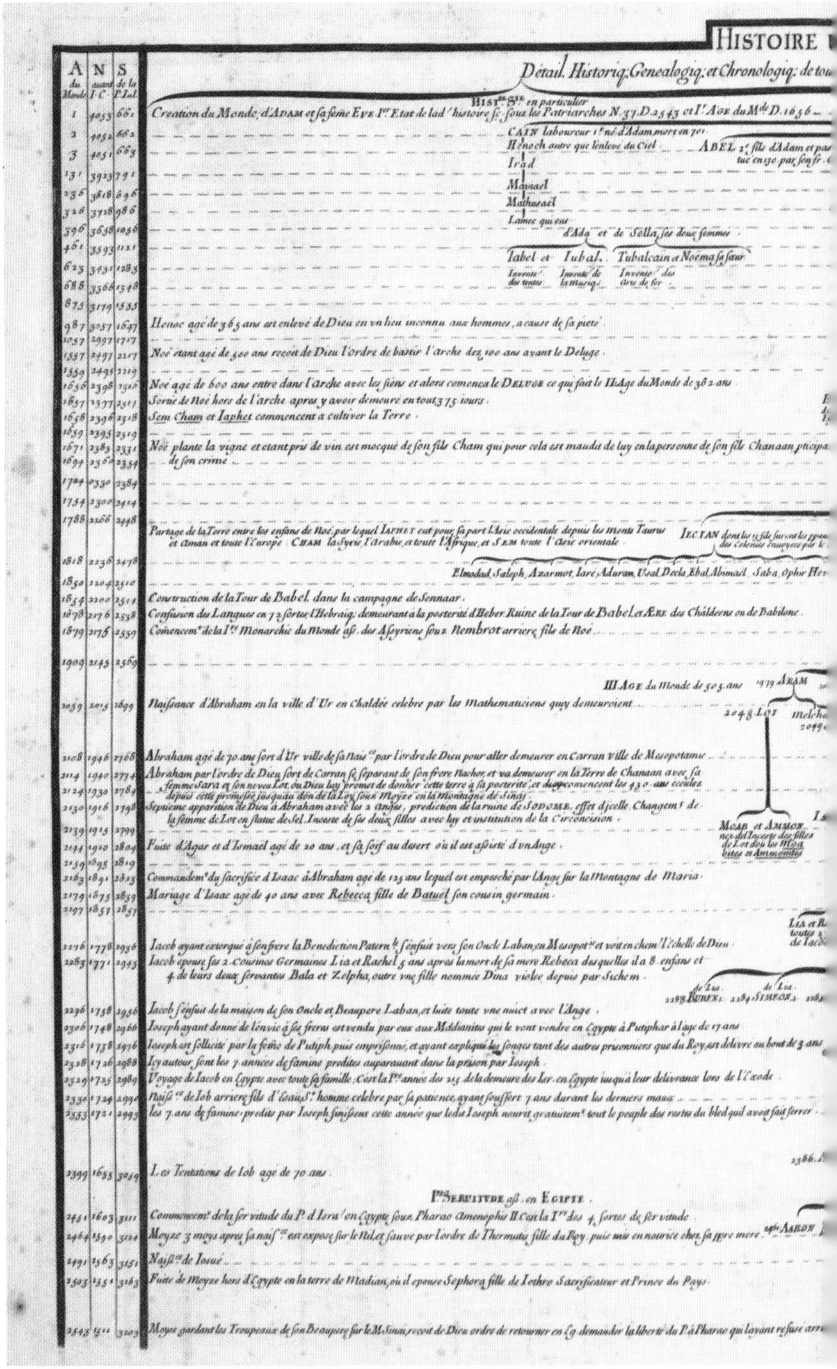

HISTOIRE

Détail. Historiq. Genealogiq. et Chronologiq. de tou

A du Monde	N avant I.C.	S de la P.Iul.	Hist.re S.te en particulier
1	4053	661	Creation du Monde, d'ADAM et sa feme EVE I.er Etat de lad. histoire s.e sous les Patriarches N.37 D.2543 et I.r Age du M.de D.1656
2	4052	662	CAIN laboureur 1.r né d'Adam mort en 701
3	4051	663	Henoch autre que lenlevé du Ciel — ABEL 2.e fils d'Adam
131	3923	791	Irad
236	3818	896	Maviael
326	3728	986	Mathusaël
396	3658	1056	Lamec qui eut d'Ada et de Sella ses deux femmes
461	3593	1121	
623	3431	1283	Iabel et Iubal. Tubalcain et Noéma sa sœur
688	3366	1348	Inventé des tentes. Inventé de la Musiq. Inventé des Arts de fer
875	3179	1535	
987	3057	1647	Henoc agé de 365 ans est enlevé de Dieu en vn lieu inconnu aux hommes, a cause de sa pieté
1057	2997	1717	
1557	2497	2217	Noé etant agé de 500 ans recoit de Dieu l'ordre de bastir l'arche dez 100 ans avant le Deluge
1559	2495	2219	
1656	2398	2316	Noé agé de 600 ans entre dans l'arche avec les siens et alors comenca le DELUGE ce qui fait le II.Age du Monde de 382 ans
1657	2377	2317	Sortie de Noé hors de l'arche apres y avoir demeuré en tout 375 iours
1658	2396	2318	Sem Cham et Iaphet commencent a cultiver la Terre
1659	2395	2319	
1671	2383	2331	Noé plante la vigne et etant pris de vin est mocqué de son fils Cham qui pour cela est maudit de luy en la personne de son fils Chanaan pricipa de son crime
1694	2360	2354	
1724	2330	2384	
1754	2300	2414	
1788	2266	2448	Partage de la Terre entre les enfans de Noé, par lequel IAPHET eut pour sa part l'Asie occidentale depuis les Monts Taurus et Aman et toute l'Europe CHAM la Syrie, l'Arabie, et toute l'Afrique, et SEM toute l'Asie orientale. IECTAN dont les 13 fils furent les
1818	2236	2478	Elmodad, Saleph, Azarmot, Iaré, Aduram, Usal, Decla, Ebal, Abimaël, Saba, Ophir
1850	2204	2510	
1854	2200	2514	Construction de la Tour de Babel dans la campagne de Sennaar
1878	2176	2538	Confusion des Langues en 72 sortes, l'Hebraiq. demeurant à la posterité d'Heber. Ruine de la Tour de Babel, et ÆRE des Châldeens ou de Babilone
1879	2175	2539	Comencem.t de la I.re Monarchie du Monde ass. des Assyriens sous Nembrot arriere fils de Noé
1909	2145	2569	
			III AGE du Monde de 505 ans. 1979 ARAM
2039	2015	2699	Naissance d'Abraham en la ville d'Ur en Chaldée celebre par les Mathematiciens quiy demeuroient. 2048 LOT
2108	1946	2768	Abraham agé de 70 ans sort d'Ur ville de sa Nais.ce par l'ordre de Dieu pour aller demeurer en Carran ville de Mesopotamie
2114	1940	2774	Abraham par l'ordre de Dieu sort de Carran se separant de son frere Nachor, et va demeurer en la Terre de Chanaan avec sa femme Sara et son neveu Lot, ou Dieu luy promet de donner cette terre a sa posterité, et dou comencent les 430 ans écoulez depuis cette promesse jusqu'au don de la Loy sous Moyze en la Montagne de Sinaj
2124	1930	2784	
2130	1916	2798	Septieme apparition de Dieu à Abraham avec les 2 Anges, prediction de la ruine de SODOME, effet dicelle. Changem.t de la femme de Lot en statue de Sel. Inceste de ses deux filles avec luy et institution de la Circoncision. MOAB et AMMON nez del Inceste des filles de Lot dou les Moabites et Ammonites
2139	1915	2799	
2144	1910	2804	Fuite d'Agar et d'Ismaël agé de 20 ans, et sa soif au desert où il est assisté d'vn Ange
2159	1895	2819	
2163	1891	2823	Commandem.t du sacrifice d'Isaac à Abraham agé de 125 ans lequel est empesché par l'Ange sur la Montagne de Maria
2179	1875	2839	Mariage d'Isaac agé de 40 ans avec Rebecca fille de Batuel son cousin germain
2197	1857	2857	
2276	1778	2936	Iacob ayant extorqué à son frere la Benediction Patern.le s'enfuit vers son Oncle Laban en Mesopot.ie et voit en chem. l'échelle de Dieu
2283	1771	2943	Iacob epouse ses 2 Cousines Germaines Lia et Rachel 5 ans apres la mort de sa mere Rebeca desquelles il a 8 enfans et 4 de leurs deux servantes Bala et Zelpha, outre vne fille nommée Dina violee depuis par Sichem. de Lia 2283 RUBEN 1 de Lia 2284 SIMEON 2
2296	1758	2956	Iacob s'enfuit de la maison de son Oncle et Beaupere Laban, et luite toute vne nuict avec l'Ange
2306	1748	2966	Ioseph ayant donné de lenvie à ses freres est vendu par eux aux Madianites qui le vont vendre en Egypte à Putiphar à l'age de 17 ans
2316	1738	2976	Ioseph est sollicité par la feme de Putiph puis emprisonné, et ayant expliqué les songes tant des autres prisonniers que du Roy est delivré au bout de 3 ans
2328	1726	2988	Icy autour sont les 7 années de famine predites auparauant dans la prison par Ioseph
2329	1725	2989	Voyage de Iacob en Egypte avec toute sa famille. C'est la I.re année des 215 de la demeure des Isr. en Egypte iusqu'à leur delivrance lors de l'Exode
2330	1724	2990	Naiss.ce de Iob arriere fils d'Esaü S.t homme celebre par sa patience, ayant souffert 7 ans durant les derniers maux
2333	1721	2993	les 7 ans de famine predits par Ioseph finissent cette année que ledit Ioseph nourit gratuitem.t tout le peuple des restes du bled quil avoit fait serrer
2399	1655	3059	Les Tentations de Iob agé de 70 ans
			I.re SERVITUDE ass. en EGIPTE
2451	1603	3111	Commencem.t de la servitude du P. d'Isra. en Egypte sous Pharao Amenophis II C'est la I.re des 4 sortes de servitude
2464	1590	3124	Moyze 3 moys apres sa naiss.ce est exposé sur le Nil, et sauvé par l'ordre de Thermutis fille du Roy puis mis en nourice chez sa propre mere. 2461 AARON
2491	1563	3151	Naiss.ce de Iosué
2503	1551	3163	Fuite de Moyze hors d'Egypte en la terre de Madian, où il epouse Sephora fille de Iethro Sacrificateur et Prince du Pays
2545	1511	3203	Moyze gardant les Troupeaux de son Beaupere sur le M. Sinai, recoit de Dieu ordre de retourner en Eg. demander la liberté du P. à Pharao qui layant refusé

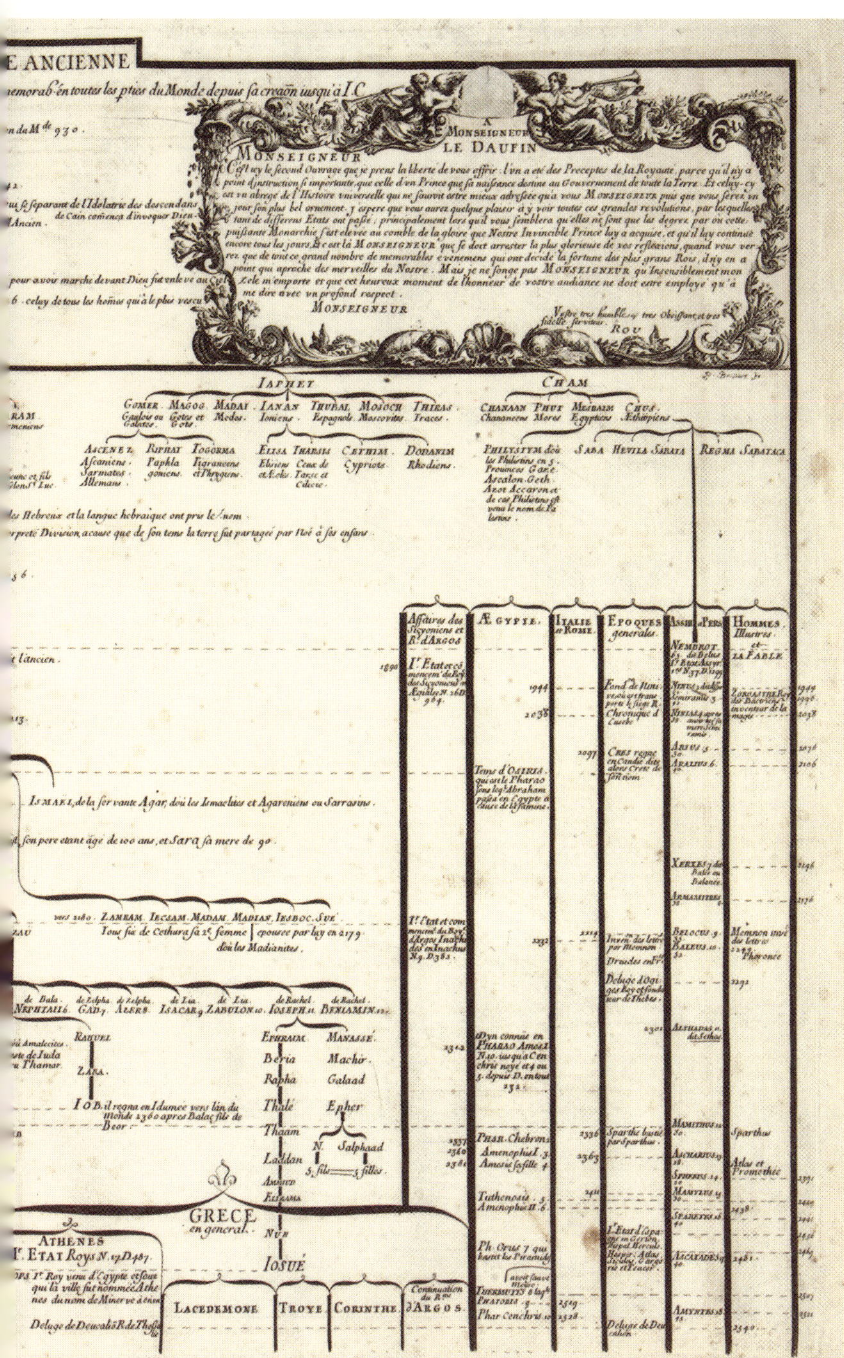

图 117

1672年，让·娄的《历史、年代纪与世系图表》第一卷出版，雕版制作精雅，内容为古代历史，在巴黎反响良好，广受赞誉，但到了1675年，他概述近代历史的那些图表问世之后，因为其中可察觉的新教内容，作品遭禁。1682年，哲学家皮埃尔·拜尔（Pierre Bayle）发出悲叹，感慨娄的那些图表几乎已无处寻觅。

家系信息被压缩在其中。尽管后来很快变得极具影响力，娄的这些表格并未在法国立刻招徕效仿者。他作品的第一卷是关于古代历史，获得了巨大成功，但他的第二卷，聚焦于包括宗教改革运动时期在内的近代历史，则被认定争议性过大，以至于被禁绝了，娄也被迫逃亡，去了尼德兰（荷兰）避难。

在法国，几十年之后，娄的研究途径才又有人尝试；但在英国，他的做法几乎随即就被照单接收了。学习者为弗朗西斯·塔伦茨（Francis Tallents），这位非国教的牧师兼老师生活于靠威尔士边境附近西米德兰郡的乡村城镇什鲁斯伯里，其所编作品为《通史大观》（*A View of Universal History*）。通过这本书，娄的那种纪年图表格式被投入了更广泛的应用，尤其是在反英国国教的那些异见者学院里；这些机构是从17世纪末期开始建立，收留的是因为宗教立场问题被逐出牛津和剑桥的学生。（正是在这些学院中，著名的科学家和神学家约瑟夫·普雷斯特利初次遇到了那些年代学作品，而他后来在18世纪60年代掀起了大事年纪与年表领域的革命。）

最终，在1729年，弗雷努瓦教区的修道院院长尼古拉斯·朗格特（Nicolas Lenglet du Fresnoy）在法国出版了一部类似的作品《世界史年代纪图表》（*Tables chronologiques de l'histoire universelle*）；他还写过很多教学法的专题论著，其中就包括广受欢迎的《历史学习法》（*Méthode pour étudier l'histoire*）。在朗格特看来，很有必要推动和扩展提要综述式历史表达的边界，而且是紧迫任务。及至18世纪早期，历史编纂学出版物的领域变得相当浩大，并在快速扩张：他估计那已经超过了三万卷之巨。朗格特有读书天才，一目十行，而且长时间持久阅读，有时候一天读书竟达到十四小时。以自己的这种经验为基础，他估算，一个勤勉的学生也没有希望读完1800本历史著作；哪怕读完了，在记忆与理解方面付出的妥协牺牲也会令人难以接受。为了保障这种智力上的辛勤劳作的良好价值，他建议一生中阅读的这类作品不要超过1200本，如此阅读量大概能允许一个人对"他所读的东西能稍稍有点"思考。朗格特跻身于18世纪极力倡导年代学研究的最著名人物之列，但在其作品中，我们已经能够察觉到，这门学问的地位处于衰退当中。即便他是在强调年代学的重要性，朗格特也不禁哀叹，与历史本身那声望卓著的领域关联比较来看，年代学几乎根本不受重视。

17世纪晚期，有些年代纪的物理体量增长扩大，另外的则缩水变小。（参见图118—120）精细的雕版术使得微型字体成为现实；及至17世纪80年代，法国学者纪尧姆·马塞尔（Guillaume Marcel）开始出版口袋本袖珍年表，有着眼于政治风云的，也有基督教会主题的。马塞尔的模式在全欧洲都被追随模仿。在英国，奥兰治亲王侵略军团中的前军官、转型后成为企业家的威廉·帕森斯（William Parsons）便很器重这一模式；在这种聪明的便携出版物中，他看到了潜在的发财机会。他这样分析推测：了解历史，人们大都足够感兴趣，而这个题材又足够繁复杂乱，所以很多人可能乐得配备一份小小的备忘速查表，供阅读史书时使用。大部头的年代学煌煌巨著，固然是很好，但对于一般常规读者而言，那又有何用？

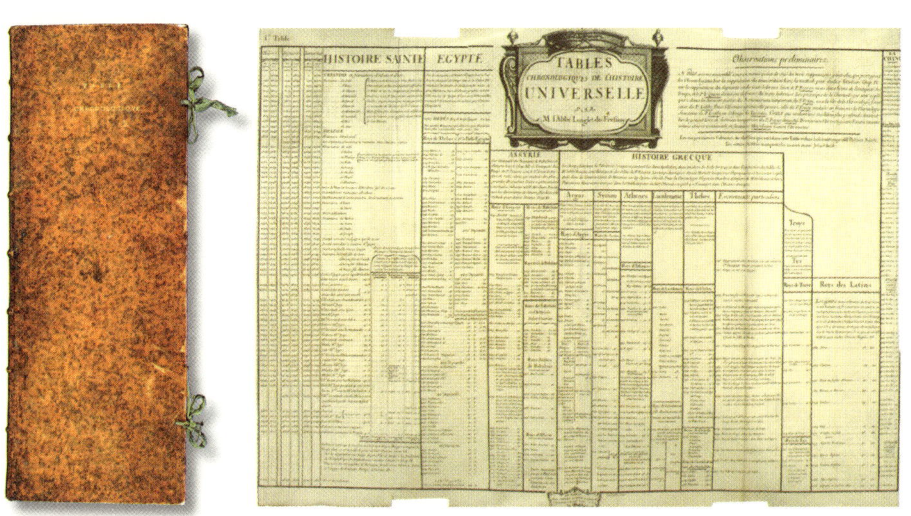

图118—119

弗雷努瓦教区的尼古拉斯·朗格特的作品《世界史年代纪图表》，封面及内页。

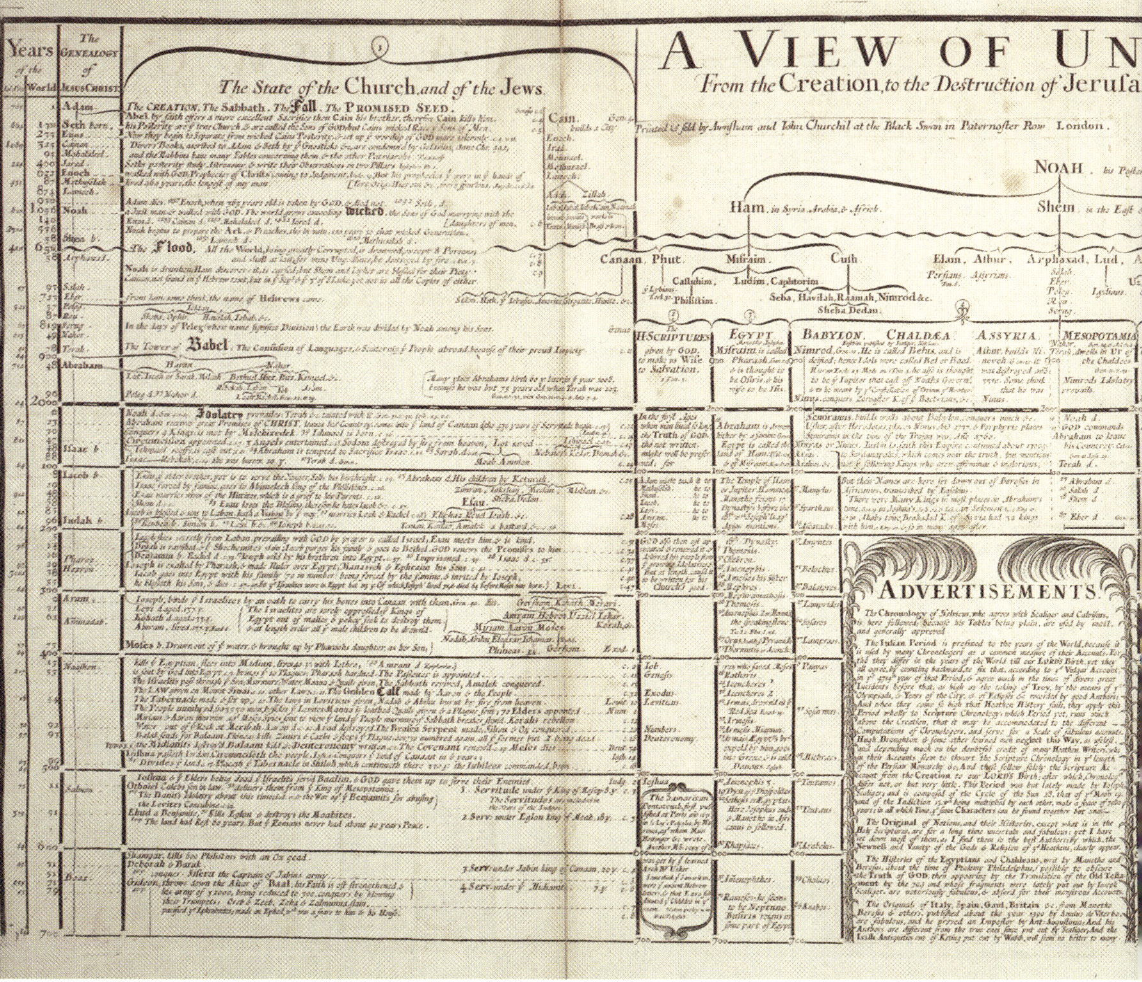

A VIEW OF UN
From the Creation, to the Destruction of Jerusa
Printed & sold by Awnsham and John Churchil at the Black Swan in Paternoster Row London.
Years of the World
The Genealogy of Jesus Christ
The State of the Church, and of the Jews.
ADVERTISEMENTS.

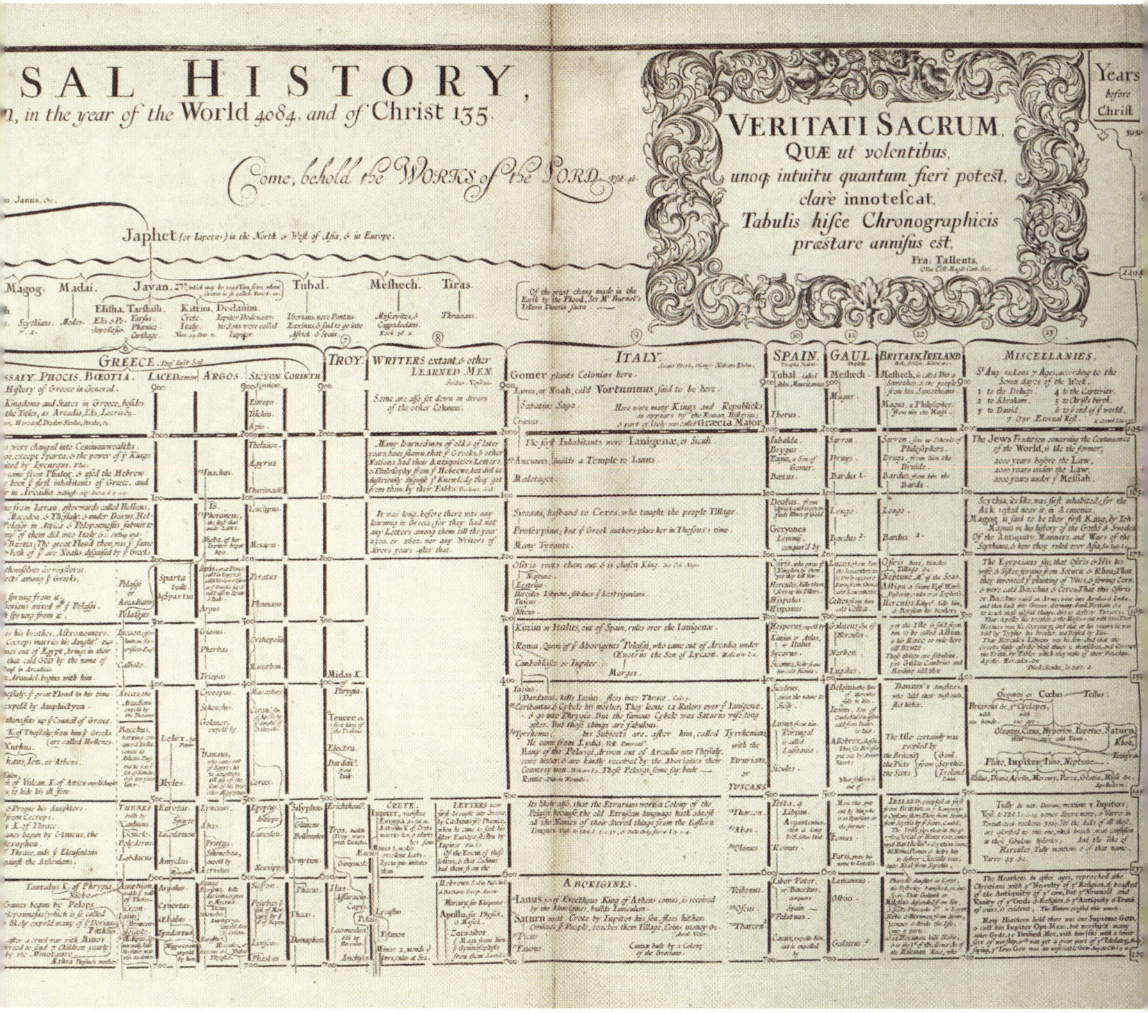

图 120

在其出版于 1685 年的《通史大观》中，英国非国教的牧师兼老师弗朗西斯·塔伦茨采纳使用的视觉语汇，正是十年之前让·娄所用过的。塔伦茨的年表尺幅要更小一些，但与娄的出品一样，它们都完成了数据压缩的工作，成果显著。这些图表中，年代日期所配给的空间并不规则均匀。尤其是在世界的早期阶段，历史时间是根据一代代人物更替与重大事件的节奏来分配的，空间时而扩张，时而收缩。

图 121—122

威廉·帕森斯作品，《欧洲年代表，从救主耶稣圣诞至 1703 年：镌于 46 块铜版之上，巧妙设计为便携口袋书：极大有益于历史书籍阅读，随时助你与人探讨历史》，1707 年，出版于伦敦。帕森斯的图表书，在封面内侧包含有一份可折收和打开的检索对照表，使用者因此可以很方便地理解内页上简化压缩过的那些符号标记；正如这里所显示的，这一页是 16 世纪的内容。

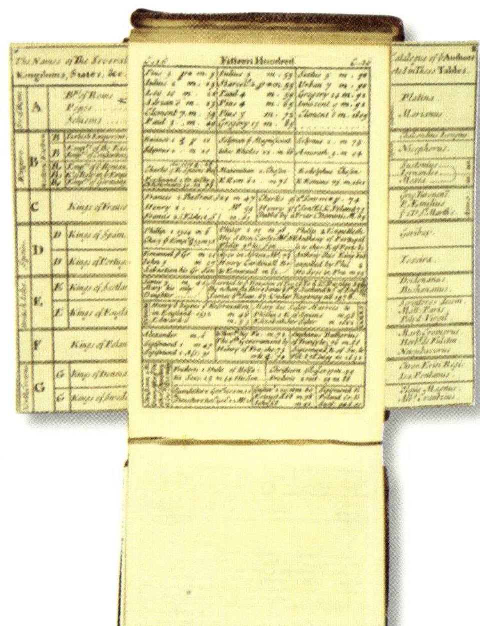

图 123

威廉·帕森斯的袖珍口袋年表（1707 年版），放在约翰·乔治·哈格尔根斯的巨著《历史地图集》（1718 年）上，大小对比鲜明。

帕森斯的年代纪出品经过精心编排，适应当时人们的图书使用习惯。（参见图 121—123）为 1689 年的第一版，他向镌刻师约翰·斯德特（John Sturt）订制了四十三块印刷雕版；马塞尔那复杂的页面布局与图符体系，被加以简化，而页面尺幅则进一步缩小。正如帕森斯所预期的，他的年表新格式在商业上大获成功，很多后继版本也随之推出，在大约十年间共卖出了 4000 册。尽管帕森斯高度重视微型化，他也注意到了，在一定程度上，那袖珍的第一版因为考虑到便携性，其他方面牺牲了太多。纸张太薄，不容易在上面写字；剩余的空白几近于无，没法添加标记或附注。第二版，他选用了更厚一点、更高质量的纸张，并且每张纸只有一面印有内容，反面的那一页留白，供使用者写笔记。

17 世纪晚期的那些年代学作品里，新的印刷与雕版技术体现出的重要性，在那些豪华版制作中，也同样明显；丹麦古文物学者扬斯·贝尔谢罗德（Jens Bircherod）的图表书《阐述神圣历史》（*Lumen historiae sacrae*）便是一例，书中将象征图案和寓言化元素与堆积如山般的数据组合在一起。（参见图 124—125）在一个图表里，贝尔谢罗德将耶稣的家系描绘呈现为新古典风格石碑上的铭文图案，而石碑边缘装饰着丝带、水果与鲜花。另一个图表里，教会的建筑物构成了一个尤西比乌斯式表格中的一个纵向列。第三个图表中，一个表格则是与关于上帝创世的画面具象再现交织在一起。贝尔谢罗德的这些图表，每个当中的年代范围各有不同，但每个版面都是刻绘得清晰细致，兼顾了审美感受与信息查找的实用需求。

年表作品在视觉效果上变得更为精确、雅致，即便如此，它们还是照样会促动读者中自我感觉良好的，挥笔在纸面上附注信息。（参见图 126）一个显著的手写加注的例子，发生在收藏于普林斯顿大学的那本《年代纪圆盘》（*Discus chronologicus*）上；此作由高产的德国镌版师克里斯托夫·韦格尔（Christoph Weigel）创作，问世于 1723 年前后。正如作品名字所提示的，这“圆盘”的形式就是一个圈状。不过，在其本质上，这还是一个尤西比乌斯式的表格，由纵向列呈现年代日期，横向行呈现国家民族——只不过，这里的竖列是一根根辐条线，横栏则是同心圆条带区块。那圆形的结构，给喜欢注解者带来了挑战。

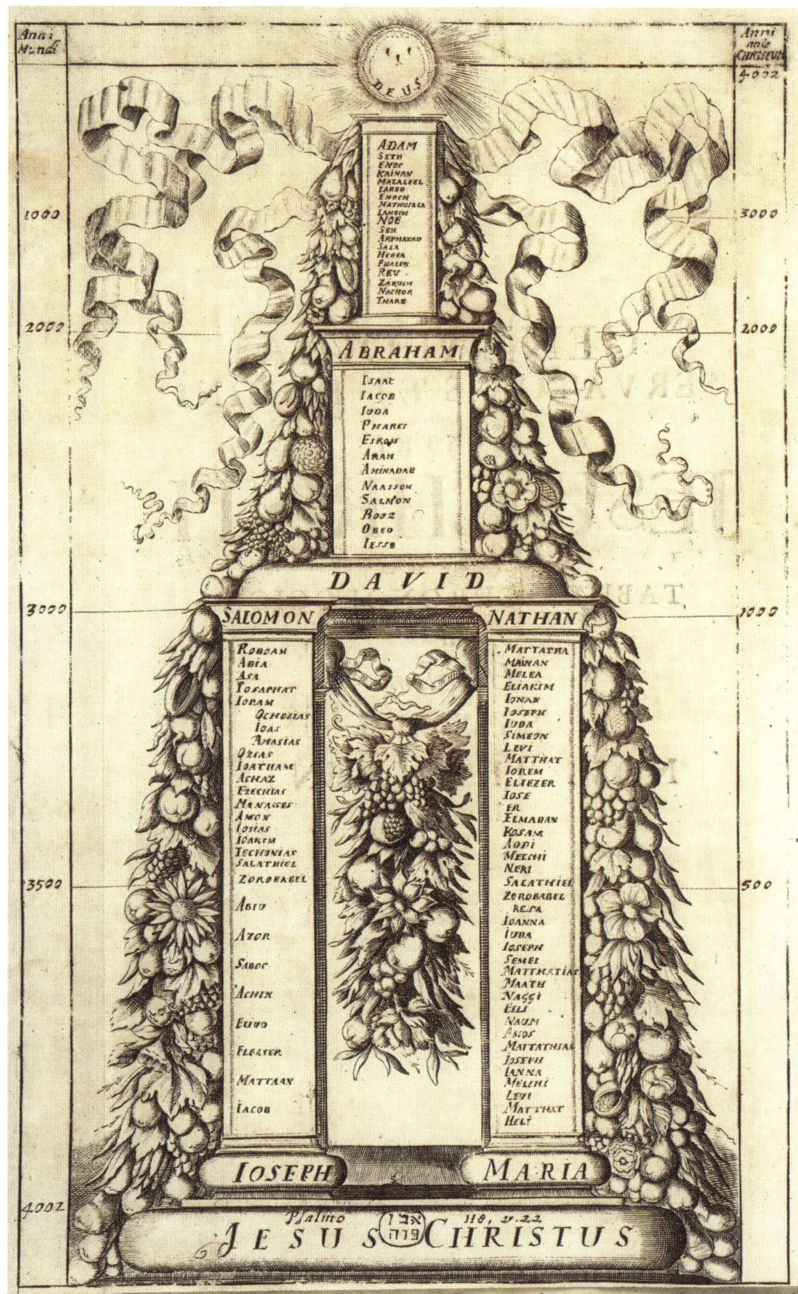

图 124

丹麦古文物学者扬斯·贝尔谢罗德出版于1687年的《阐述神圣历史：<旧约>与<新约>，镌版年代纪》，以一套共数个大事记图表开始，每个图表格式均不同。尽管尺幅比娄与塔伦茨的同类出品都小，贝尔谢罗德的作品胜在雕版精美细腻，将大量的信息数据与图画和装饰性元素结合在一起。

图 125

贝尔谢罗德的罗马史年代纪中，传统的纵列柱体与优雅的方尖碑，并肩出现，一起呈现为一巨大碑碣的组成部分。

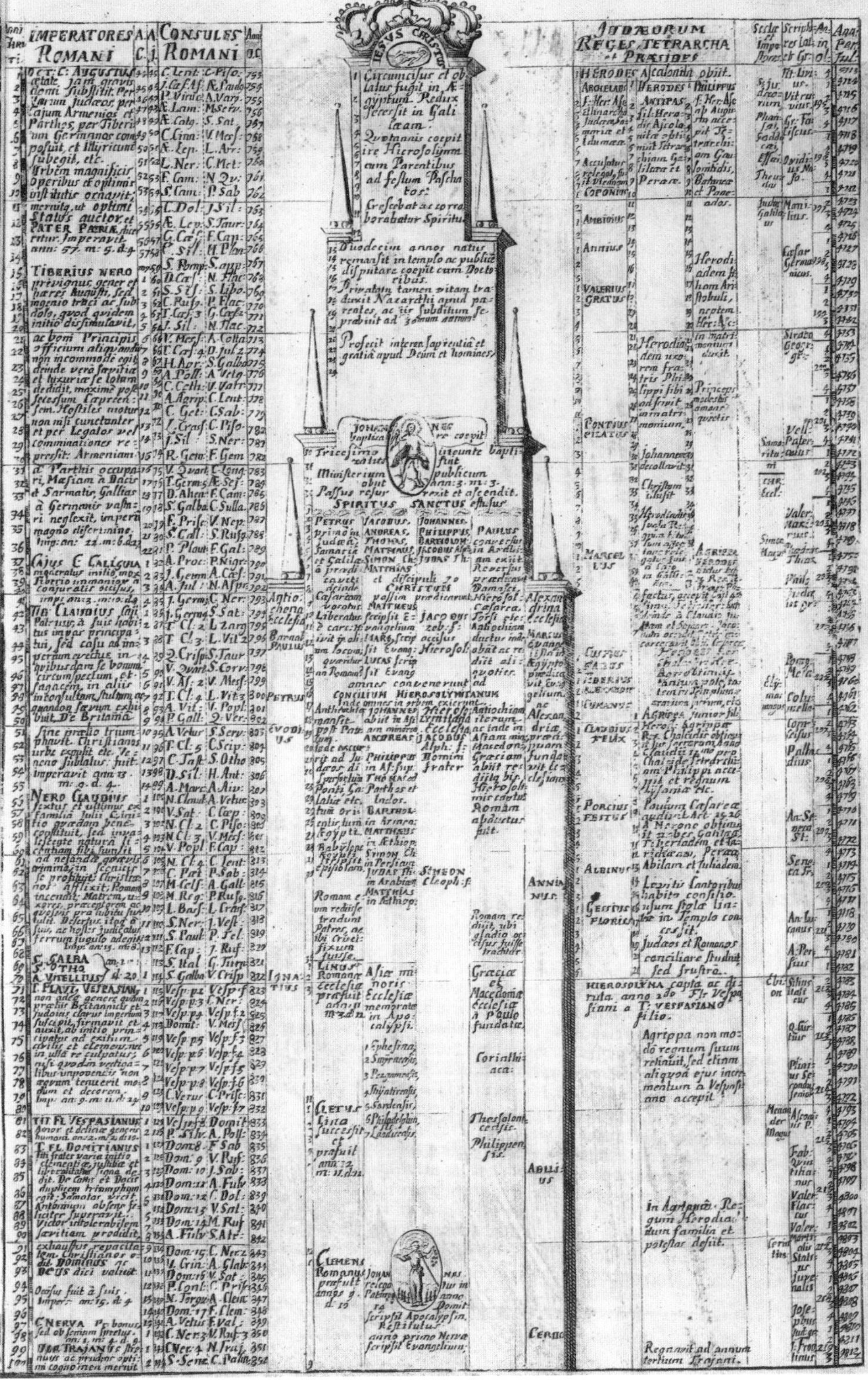
IMPERATORES ROMANI
CONSULES ROMANI
IESUS CHRISTUS
JUDÆORUM REGES, TETRARCHÆ et PRÆSIDES

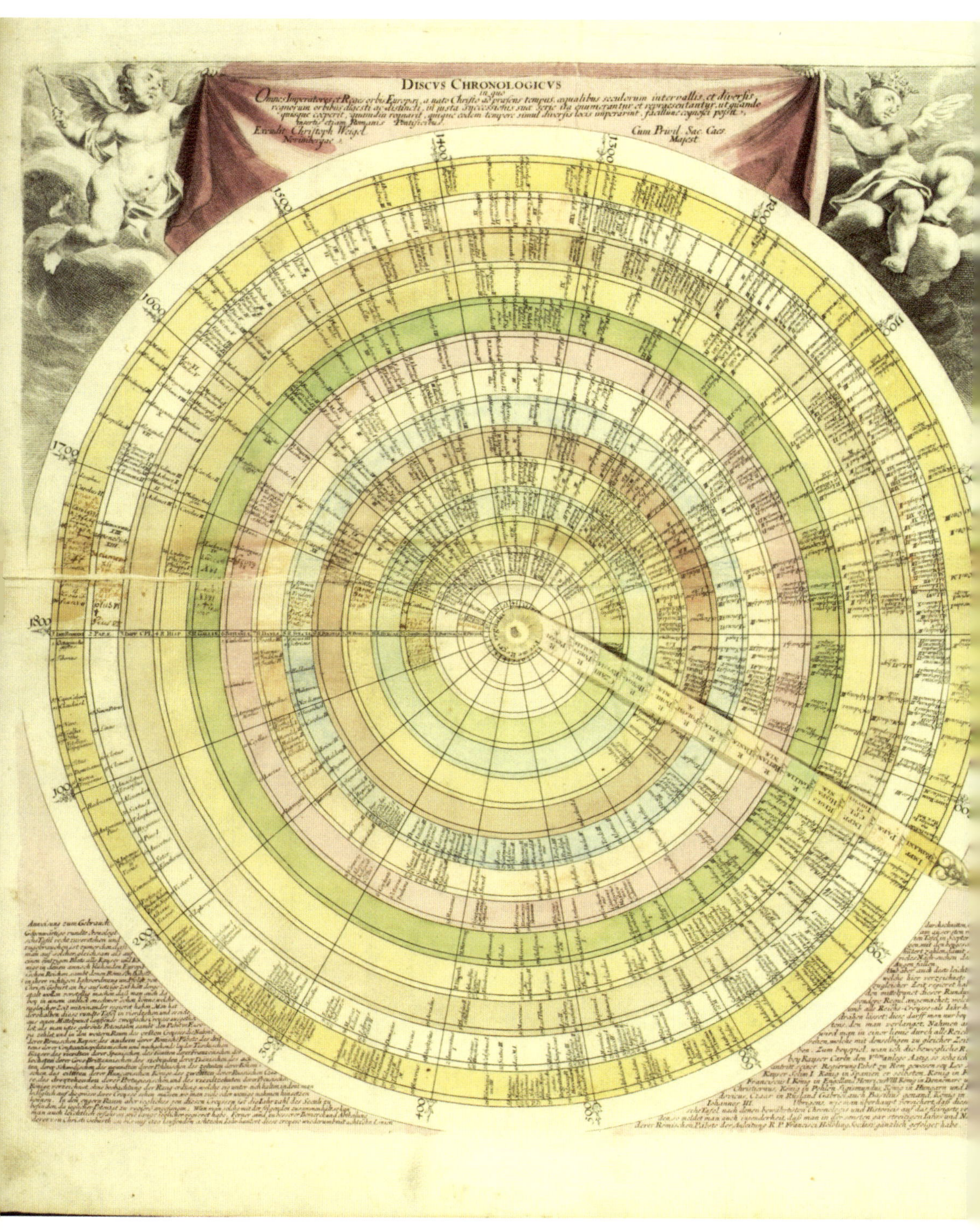

在经典的尤西比乌斯式表格中，通常都有充裕的空当给读者书写，而且在书末尾还留有插页和附加空白页的余位。但韦格尔创建的这种封闭的圆形，几乎没留下空白可供手写加注。于是，这个图表的拥有者，便只能将他或她关于当代事件的笔记塞入页面，哪里有空当就写到哪里。这些笔记，正如我们可预见到的，是从指定给18世纪的那细长的楔状条块开始，然后蔓延开来，伸展进入了年代上相隔遥远但在图形上连续相接的公元前1世纪的区块。

18世纪其他的学者与雕版师，追循了甚至是更富于冒险精神的制图路径。（参见图127）1718年，德国镌版师约翰·乔治·哈格尔根斯（Johann Georg Hagelgans）出版了一套政治与军事主线的《历史地图集》（*Atlas historicus*），以一种极富想象力的新方式来处置和利用尤西比乌斯式的图表格式。像弗雷努瓦教区的尼古拉斯·朗格特那样，哈格尔根斯放大纸张页面，超过了对开本尺寸。然后，在传统的行和列形式所创造的矩形框中，他画上了数千的微小人形，有士兵、政治家与政界人物，时间从《圣经》时代直到其当下。哈格尔根斯的图表中充满了令人惊喜的视觉变化和转折的小机巧。年表的网格线框住了关于《圣经》传说与历史大场景的透视图像，而且每一页的顶头开始部分都是立体化的错视图，透露了那些细节丰富的生动画面，这些戏剧化元素隐藏于表格的形式表象之下。尽管作品体量规模巨大，哈格尔根斯仍努力在视觉效率上做到尽可能优化。他的“地图集”伴随有一份八十个象征符号的列单，这些符号指示出此类细节，比如国王因何而死、王位是以何方式获取。这让他的作品几乎可以无需文字便得以成立，并同时保留和复活了尤西比乌斯式的古老的矩阵体例。

图126

德国镌版师克里斯托夫·韦格尔于18世纪20年代早期出版的“年代纪圆盘”，命名恰如其分；这是一个轮盘式的纸质图表，配有一根时钟式指针，在中心处可旋转。数据信息的基本组织方式还是承袭了尤西比乌斯，但外观布局是圆形，一道道圆环代表不同的王国，辐射状的楔形代表不同的世纪。王国的名字被印在那可转动的指针上。普林斯顿大学收藏的这份图表上，一位读者在18世纪楔形的空白余地写下了其当代的历史事件；在一处地方，这笔迹越过了界限，进入隔壁相邻的公元前1世纪的空间。

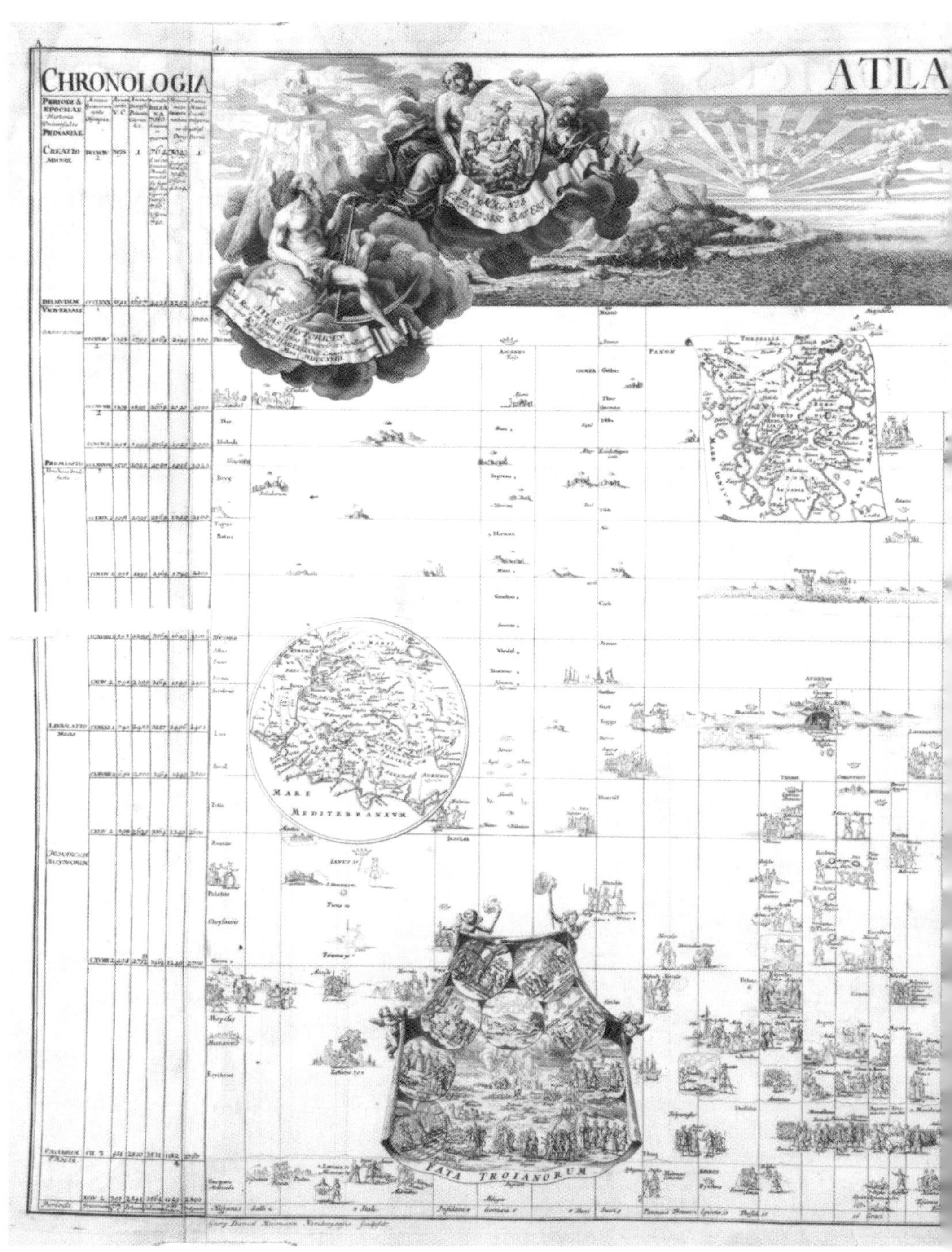
CHRONOLOGIA
ATLA
MARE
MEDITERRANEUM
FATA TROIANORUM

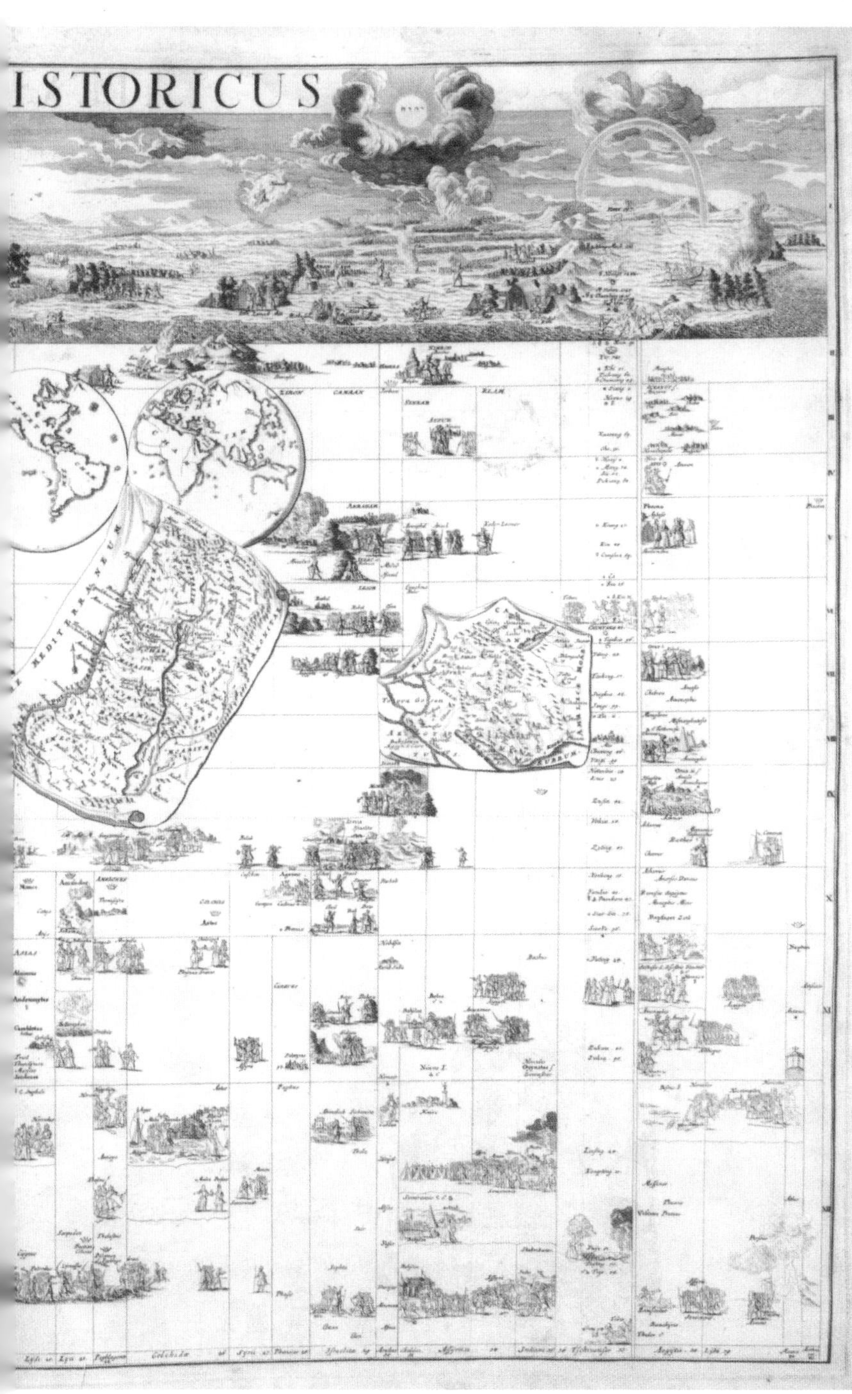

图 127

上帝创世与世界历史第一纪元期的年表，出自于法兰克福镌版师约翰·乔治·哈格尔根斯出版于1718年的《历史地图集》。经典的尤西比乌斯式列表能表达哪些内容——这一作品以自身实例拓展了该问题答案的边界。尽管在背景中保留了历史年表那熟悉的方块矩阵样式，哈格尔根斯这气势浩大的图表仍在每一处都有惊喜，插入了影像、地图与数据信息。

图 128

吉罗拉莫·安德烈·马尔蒂诺尼的《意大利历史地图》，1721 年出版于罗马

另外很多作品，比如意大利诗人兼学者吉罗拉莫·安德烈·马尔蒂诺尼（Girolamo Andrea Martignoni）所编绘的“历史地图”，则与尤西比乌斯的经典格式完全分道扬镳了。（参见图 128—130）在出版于 1721 年的雕版精美的几幅图表中，马尔蒂诺尼构建了令人过目难忘的视觉比拟，将地理空间与历史时间加以类比。虽然被指称为地图，马尔蒂诺尼的作品并非例行常规意义上的历史地图，并

非来自历史上不同时段的地理“快照”，而是以地图形式呈现的年代纪图表。粗粗扫视一眼，它们看似描绘了一块圆形的领土，中心是一座大湖，有诸多河流，有流入大湖的，也有流出的，而细察之下，这些河流与陆地地块却被发现并非地貌景观，而是对时间的隐喻——历史的地域与时间的河流。图表顶部的那些溪流，代表罗马帝国所征服的国家；底部的，则是从罗马帝国分解衍生出的国家；中心的大湖，则是帝国本身。

与哈格尔根斯类似，马尔蒂诺尼也试图在其图表上尽量削减甚至废止文字。他的目标，是将读者带入对信息的一种纯视觉体验。而且，也恰如哈格尔根斯的作品，马尔蒂诺尼这里的成果同样是混杂的，有得有失：图表经常勉强地加以象征化表现，有笨拙之感，尤其是当符码化的图标被组合在内之时。一位国王，仍在位时驾崩，这事件就会用一只小小的骷髅头来标注；两个皇室家族联姻时，用来示意的图标是一只戒指；如果国王驾崩而继任者是王后，那骷髅头就会出现在一只戒指旁边——以至于多少有点儿险恶不祥的效果。不过，马尔蒂诺尼的图表，其真正的困难在于，那要构建一种不同的秩序。事实上，地理空间所需服从的邻接连续性和持续一致的秩序，与历史时间遵循的秩序是不同的。对远方国度的征服、复杂的王朝权势的联盟、联姻、再婚，以及诸如此类的，都给地理的隐喻表达带来了棘手的问题。在马尔蒂诺尼的地图上，河流常有交叉，经常跨过其他的河流，还有的会折返回转；土地地形多有重复，重力定律与流体力学的定理也随处遭到无视。

马尔蒂诺尼的作品，是对“时间流”加以系统化视觉呈现的最早实例之一，同时，它远非是最后的尝试。后来的年代学者们采取了相对更简单的手法，也是用河流的意象来呈示历史，但只表达历史的主要大动态，而不是那些细节——那让马尔蒂诺尼陷入了如此多的涡流、逆流与回水、死水。不过，这丝毫也不该用来贬低他的实践。单单一个平面图像中，能展示出多少内容——就这点而言，与哈格尔根斯一样，马尔蒂诺尼的努力已将图表容量扩张到了极限。尽管他的作品不免混乱，视觉观感上矛盾重重，但还是暗示了如果能以连贯一致的方式来绘制一幅时间地图，那可能会得到怎样的惊人成果。

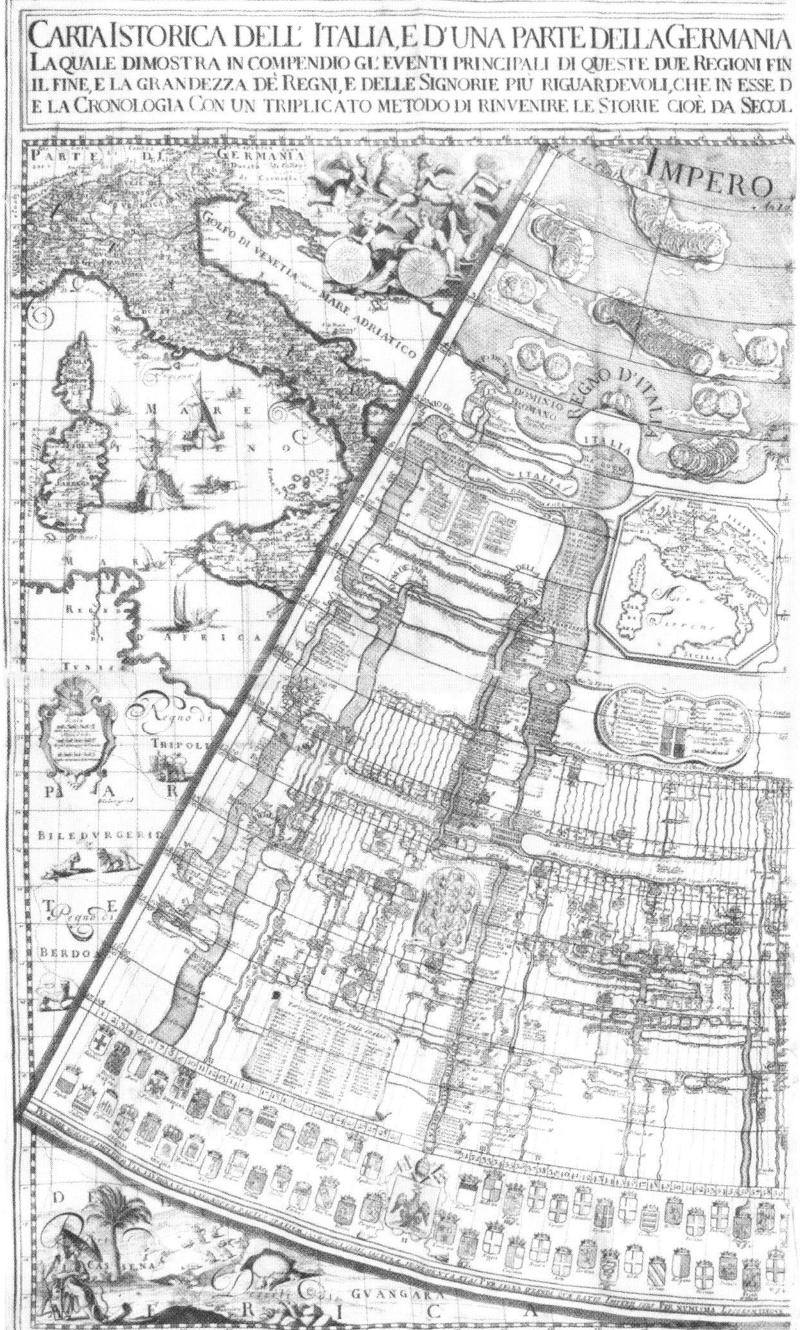

图 129—130

意大利诗人兼学者吉罗拉莫·安德烈·马尔蒂诺尼出版于 1721 年的历史图表，模仿了地理制图的形式。初看之下误以为是世界地图的，实际上是混合体的图表，将地理与历史年代信息结合在一起。这里的大河是时间之河。马尔蒂诺尼的模式并未得到广泛仿效，但它生动地表明了，为呈示时间地图，18 世纪的人们曾积极寻找新的视觉语汇。

DALLA NASCITA DI GIESÙ CRISTO ALL' ANNO MILLESETTECENTO
CHÈ DURÒ L' IMPERO ROMANO, E D'APPOI L' ORIGINE, L' ACCRESCIMENTO LA DIMINUZIONE
ERIVARONO, I TITOLI DE' DOMINI, LE DIGNITÀ, LA SERIE DEI RÈ, LE ARME, LA GEOGRAFIA,
O IN SECOLO, DA SUCCESSO IN SUCCESSO, E DA SIGNORIA IN SIGNORIA
ROMANO
OCEANO GERMANICO
G E R M A N I A
ITALIA
SICILIA
BARCA
TARGA
BERDOA

18世纪剩下的时段里，规则化与量度测定，是新的年代学再现方式所关注的主要问题。（参见图131—133）但并非所有的努力都同样成功。那一时段最具抱负的出品之一，是《万国年表》，于1753年出版；作者为雅克·巴尔贝－杜伯格，与本杰明·富兰克林互为朋友，并与法国的“百科全书派”群体常有交往。这一线性编排的作品，继承了尤西比乌斯的制表路径，但延伸进入了18世纪镌版师的图像领地。遵循地图制图的逻辑，巴尔贝－杜伯格为他的表格实施了一种严格统一的绘图比例尺，时间用直线段分段标出，看上去就如同一根根测量杆。视觉上的规律工整，就其本身而言并非新鲜事；16和17世纪的有些作品，比如杰拉尔杜斯·墨卡托与尤伯·伊米乌斯的著作，就已在这个方向上尝试过，用到了均匀整齐的线条。两位作者的作品，印刷排版形式都挺优美而简约，但两者在很多地方也同样是持续推进了一页又一页，却只呈现一根时间标尺上的时段，围绕那时段的信息却极少或直接就是没有。与他俩的作品相比，巴尔贝－杜伯格的出品还是有着一个重大的区别。更早期的年代学者，虽然建立和规定一个线性的图像空间段，但他们那样做只是根据排版的大致需求而定。与他们构成反差的是，巴尔贝－杜伯格的雕版印刷图

图 131—132

雅克·巴尔贝—杜伯格那长达 54 英尺的《万国年表》，这是普林斯顿大学收藏的一份，至今仍可使用；作品被卷装到曲柄曲轴上，然后装在一只盒子里。摇动曲柄，从左向右翻卷，页面上就会展示出连续的、布局有度的历史时间线，从上帝创世直至作品当下时代。

图 133

雅克·巴尔贝—杜伯格的《万国年表》，1838 年的版本，随书出售的包括这一量杆类工具。

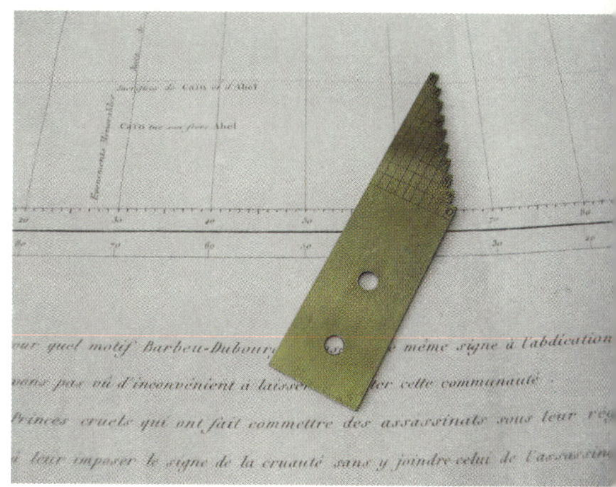

表让读者可以极为精确地量度时间——他作品的第二版于 1838 年出版时，竟然标配了一个小小的黄铜工具，专门服务于量度之用。

巴尔贝 – 杜伯格的图表，坚持规则整齐和百科全书派全面广博的原则，坚持到底的结果当然也符合逻辑：他的图表超级巨大。实际上，那总长达到了 54 英尺，很难在同一时刻全部展示出来。不过，巴尔贝 – 杜伯格却也算完成了一桩美德，虽然那很大程度上也是他不得不做的。美德在此：人们固然可以购买他的《万国年表》全书——做成手风琴式的折叠书，然后展开至完全的 54 英尺长度——尽管如此，这书设计之初便考虑到可以卷叠起来，每次只观看一部分，就如正常看书翻到某一页。为了达到这一使用功能，图表于是便可以卷折安装到一个设备上；那装置被巴尔贝 – 杜伯格叫作“时间描记器”，实际就是一个定制的小木箱，里面装上了金属卷轴与手摇曲柄。巴尔贝 – 杜伯格的时间机器，在其中心部位是由铰链相接，因此它可以打开放在任意的平面上，可以随意地转动推进，让使用者得以轻松自如地向前或向后翻动那纸张页面，横贯世界历史那漫长的跨度。虽然在商业意义上未曾获得成功，这一设计毕竟赢得了荣誉，也许算是当时最高的荣誉——狄德罗与达朗贝尔所编的《百科全书》中专门列出一个条目来介绍此创新之举。

18世纪50年代也见证了其他重要年代纪作品的出版。（参见图134）大致就在巴尔贝–杜伯格的机器最初出现的时候，在英国，地图绘制师托马斯·杰弗里斯（Thomas Jefferys）出品了《通史图表》（*A Chart of Universal History*）；这一作品试图以不同的新方式来解决制图法呈现历史年表时所遇到的困难。与《万国年表》类似，杰弗里斯的世界史《通史图表》也是以一个惯例的前提为起始点。恰如尤西比乌斯的表格，杰弗里斯的图表中，国家名字被安置于页面顶部的一行，而历史日期是在侧边的一列顺次向下排布。也正如那些老式表格，交叉对照检索日期与时间，便可以找到历史事件的位置。但这也正是相似之处结束的地方。

首先，杰弗里斯的图表是概要综述性的：它在单一的一个连续平面中展示所有的数据信息，立刻就能一眼看到。当然了，一个标准的尤西比乌斯式表格可以被控制限定在一个页面上，而这也正是让·波莱希所做过的——他压缩和重新排布尤西比乌斯的年表，做成单面印刷的那种样式。但是，除了精简和缩略之外，大部分这一类的努力，并未能带来胜过古抄本格式的任何真正的功能优势。不像波莱希——也不像克里斯托弗·黑尔维格（译注：此处原文为Helvicus，应是失误，当指第三章中的Helwig）和其他类似前辈：他们都创建过有着统一页面的古抄本式编年史——杰弗里斯没有将他的数据分成离散分立的、有相应索引编码的单元格，而是将整个图表空间做成了一个连续的场域。如此一来，虽然他图表的内容与传统的年表较为相似，但表述和演示的力量要点却在本质上反转了。旧式表格是将我们的注意力引向给定时段/空间中的历史内容，而杰弗里斯的新方法则是将注意力引向历史单元问题与事件的时间边界。

杰弗里斯的这一路径下，尤西比乌斯式格式的有些优点就明显被牺牲了。因为杰弗里斯的图表是连续的而不是分隔式的，也就不容易按区块分割开来，所以——尽管作为一份图表来说用起来相当令人满意——它要转换成装订成册的一本书的形式，效果就没那么好了。他的图表，构建之初就是要让读者得到像看地图那样的视觉浏览体验，而不是借助于横行和纵列来检索查找。但杰弗里斯这一方法的优点也同样明显。与尤西比乌斯式表格相比照，杰弗里斯的图表不仅是给出历史日期，而且是以一种高度直观化的格式呈示出来。有些帝国，比如亚历山大大帝的帝国，在地理意义上广袤辽阔，但存续期很短，所以在表中看起来就像烙饼侧面一般，矮而宽。其他的帝国，比如拜占庭王国，地理范围紧凑，但存续周期长，所以看起来就像芦苇杆，高而窄。那些既幅员辽阔又长久的，比如罗马以及（土耳其）奥斯曼帝国，则呈现为大片的着色区块。填涂了同样颜色的碎片，在这里那里分散着的，则表示是属于同一个帝国的各个地区、各处领土。

不过，由于杰弗里斯的图表并非地理地图，那种相对的位置布局因此可能具有欺骗性。在图上，法国与德国是被意大利分开的，而把埃及夹在中间的，分别是中国和南美洲。很多情形下，那尺幅大小也具误导性：图表上，杰弗里斯给予意大利的空间跟配给印度的大致同样多，而给予西班牙的，则比南北美洲加起来还要多。整个图表很自豪地表现出罗马中心论立场，将罗马帝国置于世界历史与地理的核心正中。尽管如此，它还是强有力地说明了所有帝国的命运无常、彩云易散。就这个图表而言，地理概念上的国家一直存在，贯穿历史，但每个帝国，即便是威风堂皇如罗马帝国，在时间瀚海中也只是一座岛屿或群岛。

《通史图表》虽然很出色，却也一样好景不长、来去匆匆，如今只在大英图书馆中存留有孤零零的一本。它最大的效应，不是产生直接作用，而是借助于其对约瑟夫·普雷斯特利的影响来实现；这位科学家兼神学家，是其时代最著名的写作者与公知之一。杰弗里斯的图表面世之际，普雷斯特利二十岁，即将开始他的事业。他那时还未正式着手那开创性的研究；该研究引导他在1774年发现了“脱燃素气体”，也导致了随后与法国科学家安托万·拉瓦锡（Antoine Lavoisier）之间的争议——关于普雷斯特利的发现成果，他提出了一个竞争性的解释，还有一个竞争名词，“氧气”。

普雷斯特利在僻远乡村一所非国教的异见者学院担任教职，讲授课程相当之多，其中就包括历史。为了胜任这一课程，他读了大量的历史书，可以找到的任何著作，只要有查阅价值的，便拿来参考，这其中就包括杰弗里斯、弗雷努瓦的尼古拉斯·朗格特，以及弗朗西斯·塔伦茨的出品。这些从教的年月间，他写出了诸多的重要作品，遍及历史、政治与教育领域；这些书当中有部分广泛传播，读者甚众，而其中就有他出版于1788年的《历史与一般方略讲稿》（*Lectures on History and General Policy*）。他流传最为持久的出品，其中两个是雕版印刷的双倍尺幅对开本的年代纪图表，分别为1765年的《传记图表》与1769年的《新编历史图表》。

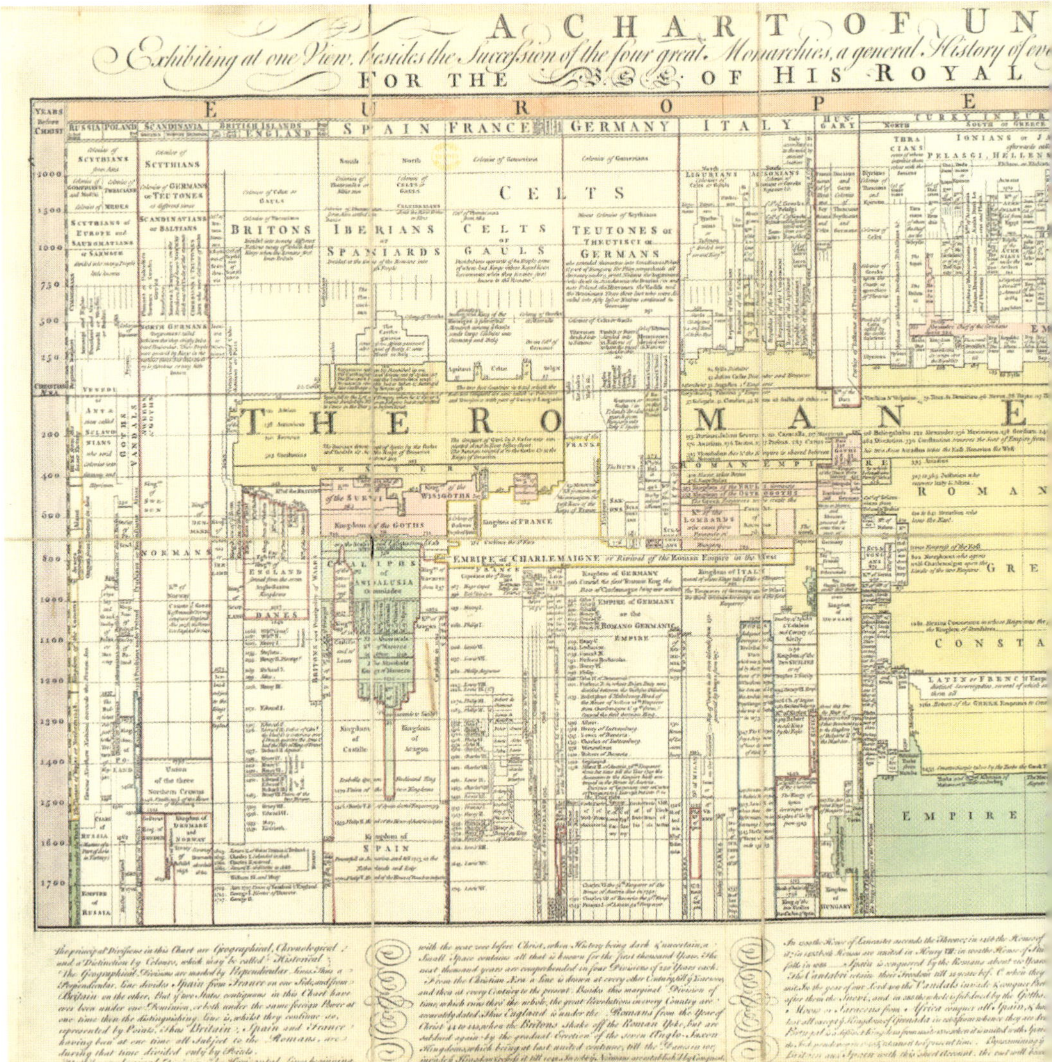
A CHART OF UN
Exhibiting at one View, besides the Succession of the four great Monarchies, a general History of eve
FOR THE OF HIS ROYAL
E U R O P E
RUSSIA
POLAND
SCANDINAVIA
BRITISH ISLANDS ENGLAND
SPAIN
FRANCE
GERMANY
ITALY
HUNGARY
TURKY IN EUR
SCYTHIANS
BRITONS
IBERIANS or SPANIARDS
CELTS
CELTS or GAULS
TEUTONES or GERMANS
THE ROMAN E
WESTERN
ROMAN EMPI
ROMAN
GRE
CONSTA
EMPIRE of CHARLEMAIGNE or Revival of the Roman Empire in the West
CALIPHS of ANDALUSIA
EMPIRE of GERMANY or the ROMANO GERMANIC EMPIRE
Kingdom of SPAIN
NORMANS
GOTHS
VANDALS
DANES
EMPIRE
EMPIRE of RUSSIA

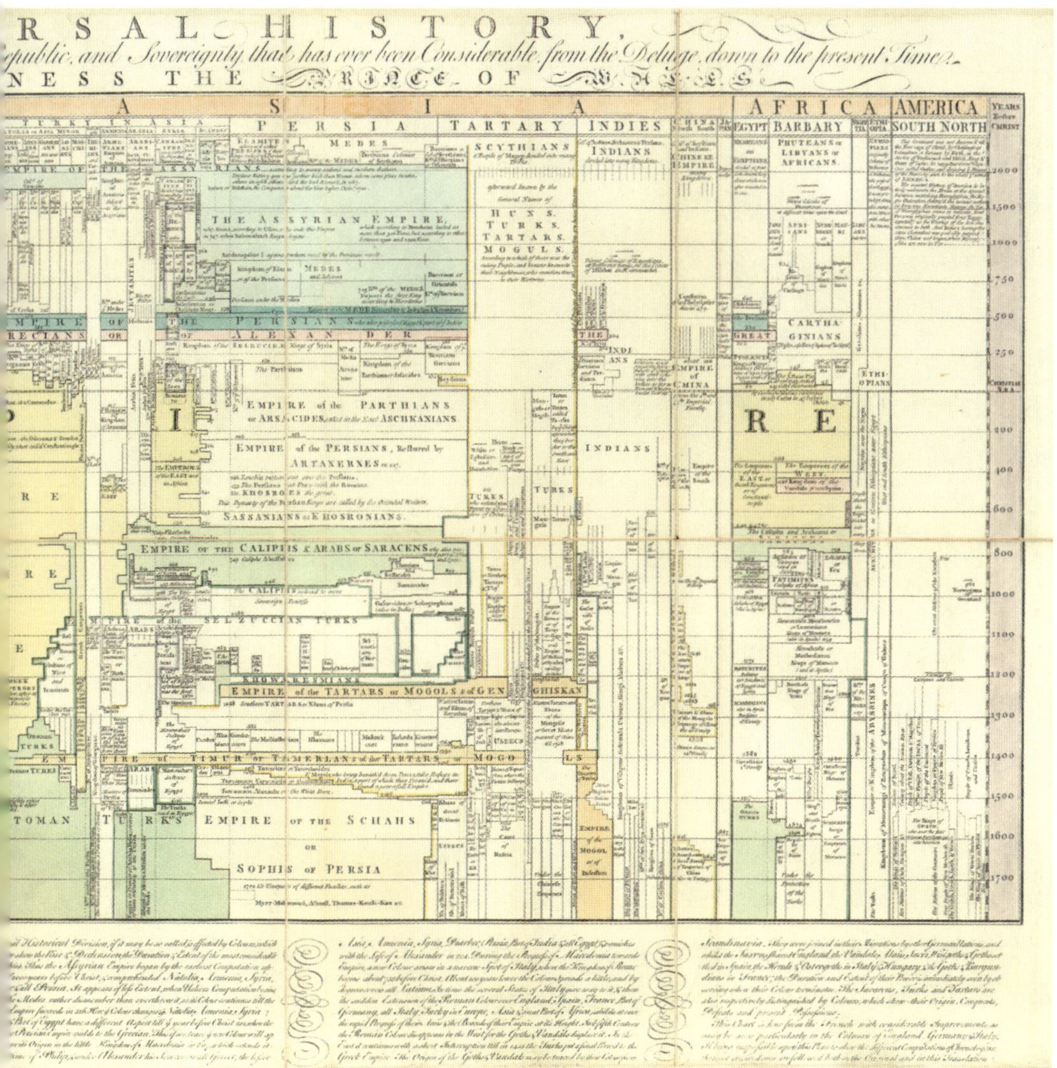

图 134

高产的地图绘制师兼雕版镌刻师托马斯·杰弗里斯于1753年出品的《通史图表》，显然是参照了法国先辈们的一个范式（译注：尤指让·波莱希的作品）。这一图表对约瑟夫·普雷斯特利产生了直接的影响，虽然普雷斯特利对此作的有几个元素——包括其缺乏均匀统一的量度比例——持反对意见。1760年，杰弗里斯被任命为乔治三世的皇家御用地理学家；他一直担任这一职位，直到1771年去世。他最突出的成就中，包括1768年出版的《北美洲地理地形通览》。

任何人，只要是看过杰弗里斯的图表的，那对普雷斯特利的奇巧构思及自负就不会感到惊讶。（参见图135—136）杰弗里斯的基本版式布局，还有他的一些视觉理念，普雷斯特利都还欣赏，但也在很多关键方面完成了革新。杰弗里斯将雕版镌刻师的视野视像带入了年代学项目：他的图表证明了，在单单一个页面的局限之内，可以有怎样的作为。相比之下，普雷斯特利则将科学家的眼界带入了年代学：他是第一个以近似于科学书图解插画的理念来规划其图表的年代纪学者；关于将历史数据转化为一种视觉媒介形式，他也是为此拟定系统原则的第一人。

普雷斯特利的图表挺雅致，尺幅也大——宽达三英尺多，高达两英尺以上。《传记图表》够大，足以精确地录入两千位著名历史人物的出生与死亡信息，而他们几乎全都是男性，横跨三千年的“世界通用时间”。《新编历史图表》则展示了同一时间跨度内七十八个重要王国与帝国的兴衰命运。两件著作均有不同的购买选项，可以是海报式大图或是卷在卷轴上的手卷形式；普雷斯特利在伦敦的出版商以很积极的手段营销这些作品。

普雷斯特利的图表，是为满足大众读者的好奇心与阅读乐趣而设计，但同时也着眼于为学者群体服务——普雷斯特利相信，用同样的编写策略和表现途径就能很好地兼顾这两种需求。普雷斯特利说，面对这些图表，任意一个孩童都可识别出“无品位的年代专家”所犯的错误；那些人通过痛苦艰难的计算才能设法将（迦太基女王）狄朵与埃涅阿斯这对怨偶分开——两者相隔三百多年。普雷斯特利举例解释道，一个简明的视觉演示，就应该足以最终解决一个关于维吉尔的争议，而那个争议却不幸至少从彼特拉克的时代起便困扰着维吉尔的研究者。

论及视觉上的简约精练，普雷斯特利的图表是大师杰作。《传记图表》与《新编历史图表》都遵守了严格的制图惯例常规。沿着图表的顶部和底部边缘，标注有时间段，每百年为一间隔单位。这些世纪标记之间，是均匀的小点，指示出十年时间段。刻录在顶部与底部的历史日期，用纵向垂直的网格线连起来，让图表易于认读。另外，《传记图表》的页面还被分成了六个横向水平的条带，分别呈示传主一生成就所属的不同领域。最上面的条带，分配给了历史学家、古文物学者与法理专家；下面一个，给了演说家与批评家；

接下去顺次是艺术家与诗人、数学家与医生、神学宗教界与玄学和哲学家；最后，图表的最底部，是政治家与武士。

《传记图表》的内部，满满分布着大约两千根小小的黑色水平实线段，代表了每位名人的寿命长度。假如对出生与死亡日期都确定，普雷斯特利就在表格上相对应的恰当地方清晰地标出有始有终的线段。假如不能确定，那线段的开始或结束处就用省略号。连这些省略号都绘制得很仔细："如果据说一位作家在某个时点或某时点前后处于创作旺盛期，那就画一小条短实线，线段的三分之二在那个时点之前，三分之一在那之后，再配三个点在这根短线之前，两个点在之后；因为，通常而言，一个人的鼎盛期据信是更接近其去世的时间，而不是其出生的时间。"

这一传记图表展示出一种惊人的形式上的简洁特质。普雷斯特利期望他的图表能成为伊萨克·牛顿的数学原理的"视觉示范"。在其死后才出版的年代学遗作里，牛顿已经应用过这些原理。在那些论述中，牛顿认为，只要根据数学上的统计平均值来估算人们代际之间的时段距离，那么，很多年代学的争议都可以得到解决。牛顿的追随者之一，约翰·克雷格（John Craig），甚至曾尝试过演算出一些规律，来表达历史来源资料的证据价值是以怎样的速率随时间的流逝而失去。在普雷斯特利的图表中，这些平均值随时随处都会呈现，只要"自然进程自然规律的一致性有此要求"。

《新编历史图表》与《传记图表》的尺幅大小、规格比例完全一致；年代日期的起始也完全一样；在页面底部边缘上，也是同样的一份历代统治者名录列单，始于希伯来古王国，以近代英国的国王为终结点。普雷斯特利设想，这种同样的规格与样式，可利于两个图表一起使用。尽管它们实质上并不能严格地完全叠映，却还是可以并列放在一起，供比照使用。此外，正如普雷斯特利指出的，读者还可以从一个图表中提取信息，很轻松地填入另一个图表的对应处。

恰如他对《传记图表》的定位，普雷斯特利把《新编历史图表》也描述为一个直接通过感官对头脑起作用、诱发心智兴趣的工具。常规的年代学著作要求读者付出辛苦的脑力劳作，但与此相反的是，《新编历史图表》的设计则是要给人们看到历史正处于动态演进中的那种感觉。普雷斯特利写道：

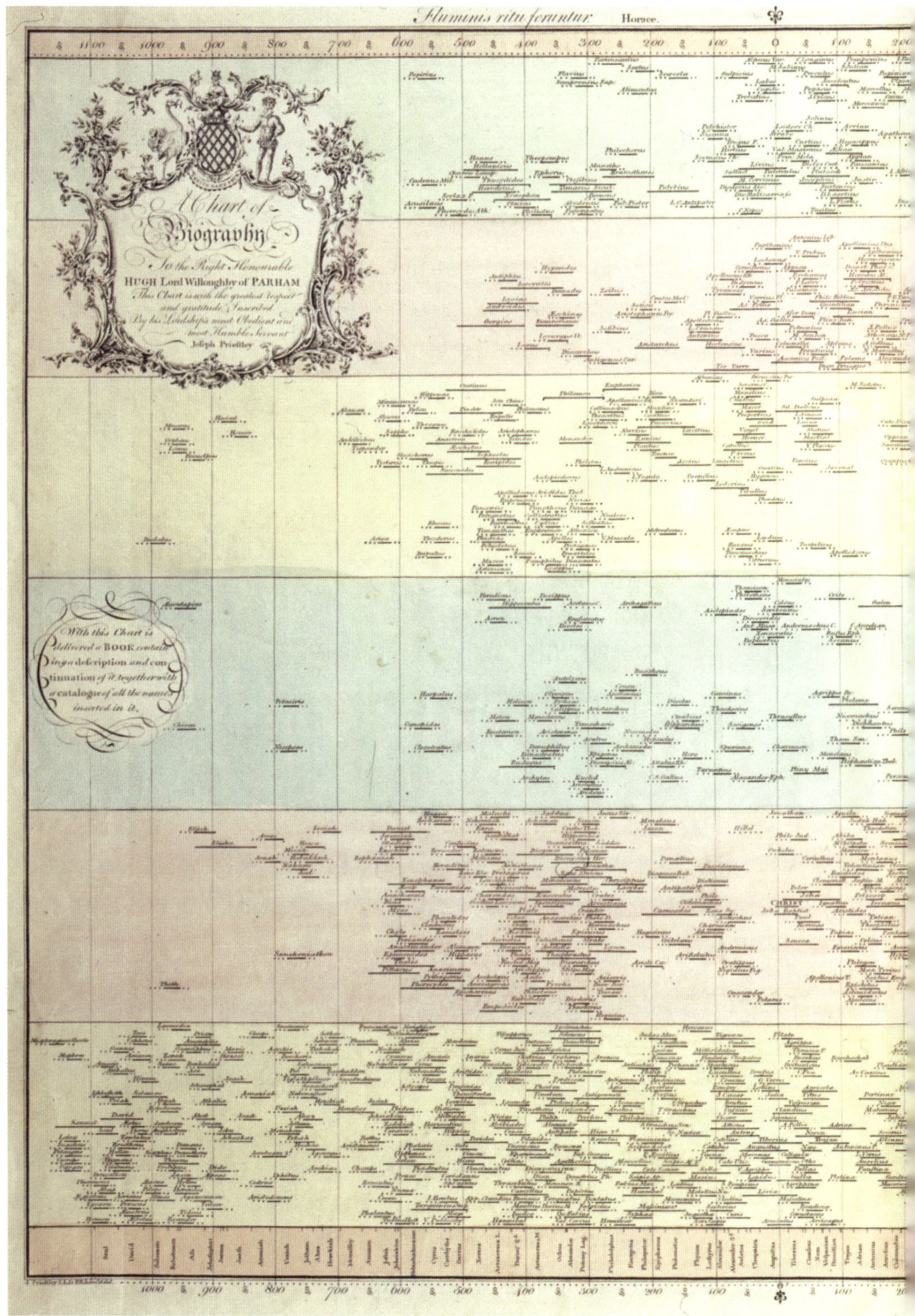

图 135

约瑟夫·普雷斯特利的《传记图表》出版于 1765 年，是 18 世纪最具影响力的时间线作品。历史日期顺着页面顶部和底部以规则的间隔横向排布。两千多根短小线段呈示了历代名人的生命周期。生平成就的这一块空间，则被分成六个大类，布局为水平的横向条带，从上到下依次是：历史学家、古文物学者与法理专家；演说家与批评家；艺术家与诗人；数学家与医

生；神学宗教界与玄学和哲学家；政治家与武士。图表最底部的页边缘上，是一份历代重要帝王的名单，从古代以色列的扫罗王直至乔治三世。

费城图书馆公司（公共图书馆）友情提供图片

1769 年，约瑟夫·普雷斯特利出版《新编历史图表》；此作更为贴近地遵循托马斯·杰弗里斯的历史图表范式。普雷斯特利将日期在图表上的分布加以规则化，在水平横向上编排调适布局，以强调历史时间的连续流动。普雷斯特利的两个图表

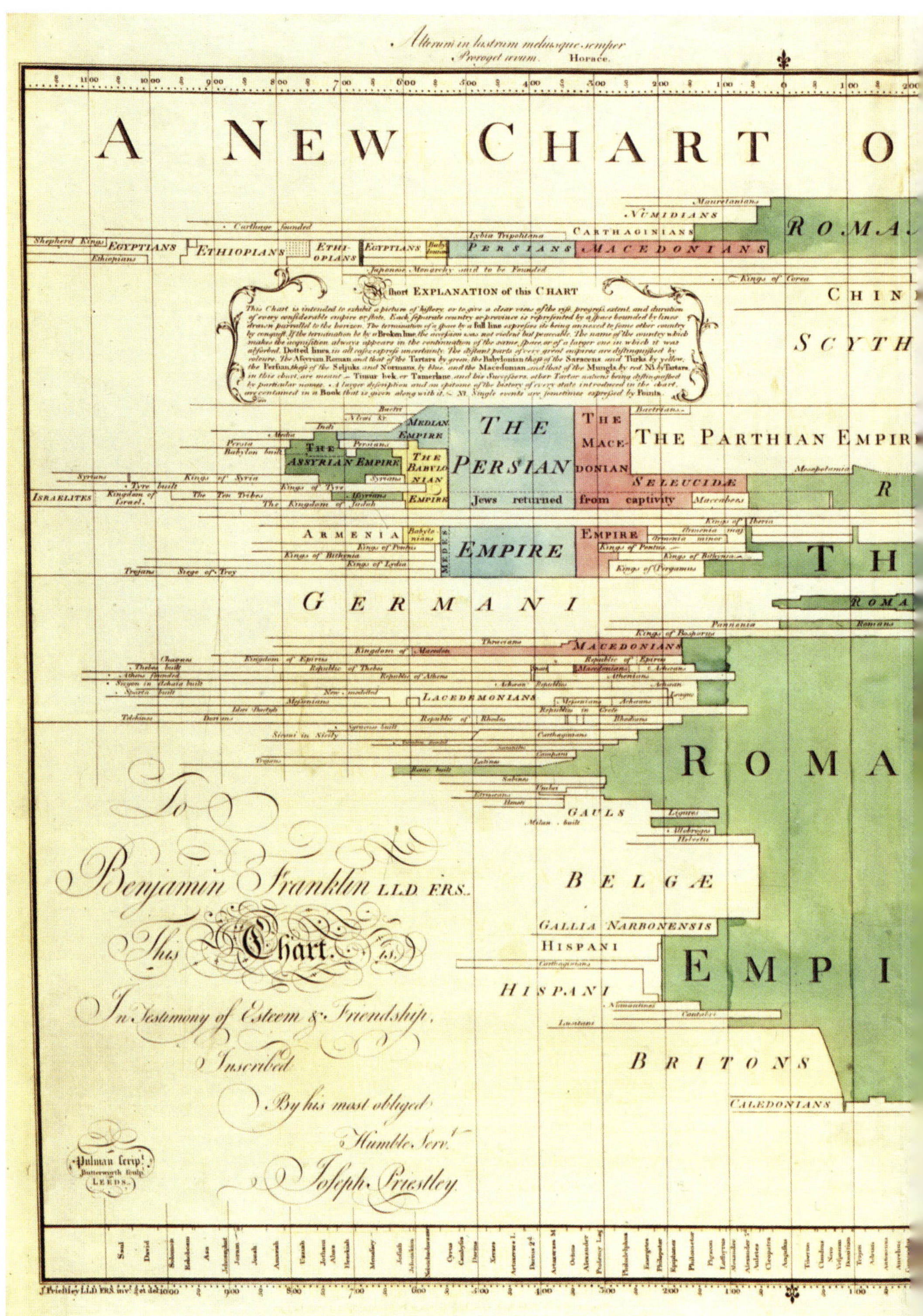

都采用了同样的规格比例，因此其中一个的数据信息可以提取出来，直接转移到另一个图表中去。

费城图书馆公司（公共图书馆）友情提供图片

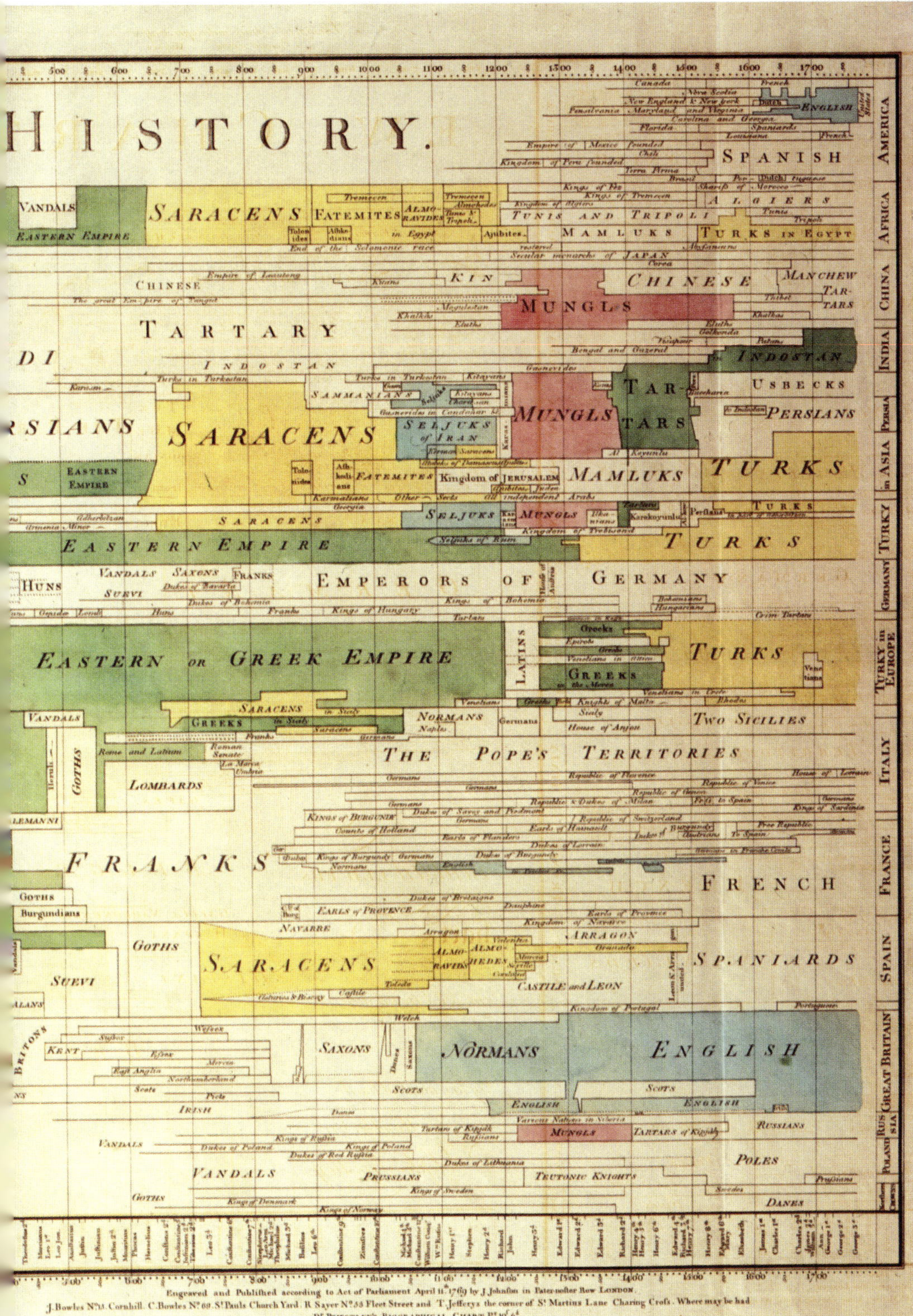

> 如果读者的视线是取垂直方向，上下看，就会看到某具体特定时段存续于世的全部帝国的当下状态。他可以注意到哪些政权正上升壮大，哪些正繁荣鼎盛，哪些又是行将衰退没落。眼光往那条垂直线的左右两侧稍稍瞥视，读者又将看到，哪些帝国不久前已经走下了历史舞台，而哪些又即将登台。

普雷斯特利强调说，这种查阅体验无需阅读便可产生。这种简洁的线性图像也有其局限性，对此，普雷斯特利只做出了仅有的一个重大妥协：继承杰弗里斯的做法，他给《新编历史图表》添加了着色；这一创新可让他展示各帝国的整体一贯性，而那是“仅用连续的空间无法呈现出来的”。

普雷斯特利的两个图表都执行了浓缩的使命，成就令人赞叹。实际上，因为它们的信息项目是如此密实，以至于很难保证复制质量。而且，一次只展示一部分时（电子化方式，呈现在胶片上，或者是印刷形式），作品原有的聚合集结效果很容易就会失去。根据普雷斯特利自述，他的图表具有一个独到的特色，就是读者“看一眼”，便能清楚其中传达的年代学关系。这样一来，它们就体现了表格图像的表达潜力，也放大了历史研究本身的效能与价值。普雷斯特利写道，在这些图表中，也正如在历史空间中，“那个整体被呈现在我们面前。我们看到详尽充分状态的人与事——差不多可以这样说吧。同样地，我们一般也是透过一个媒介来看到那些人与事，而该媒介比起我们的个人经验这个媒介本身，要更少一些偏颇片面。”

持续数十年，普雷斯特利的图表都得到频繁应用，而关于它们的论述介绍，也在18世纪晚期与19世纪早期大量涌现，充斥了当时的教育教学文献著作。（参见图137）按照彼时的《剑桥杂志》的说法，这两张图表是那时任何一个绅士的私人藏书中的必备基础配置。无论是小说家玛丽亚·埃齐沃斯（Maria Edgeworth），还是医生伊拉斯莫斯·达尔文（Erasmus Darwin，进化论奠基者查尔斯·达尔文的祖父），都推荐用这些图表作为对女性进行教育的辅助材料。及至19世纪早期，普雷斯特利的图表已经变成了印刷物文化中很容易看到和识别出来的一个惯常部分。1818年，有一本童书面世，名为《哈利的假期》（*Harry's Holiday*），讲的

图 137

一个售卖万花筒的江湖小贩吸引了哈利；插图出自杰弗里斯·泰勒（Jefferys Taylor）的作品《哈利的假期，或一个无所事事之人找事做》，1818 年出版于伦敦

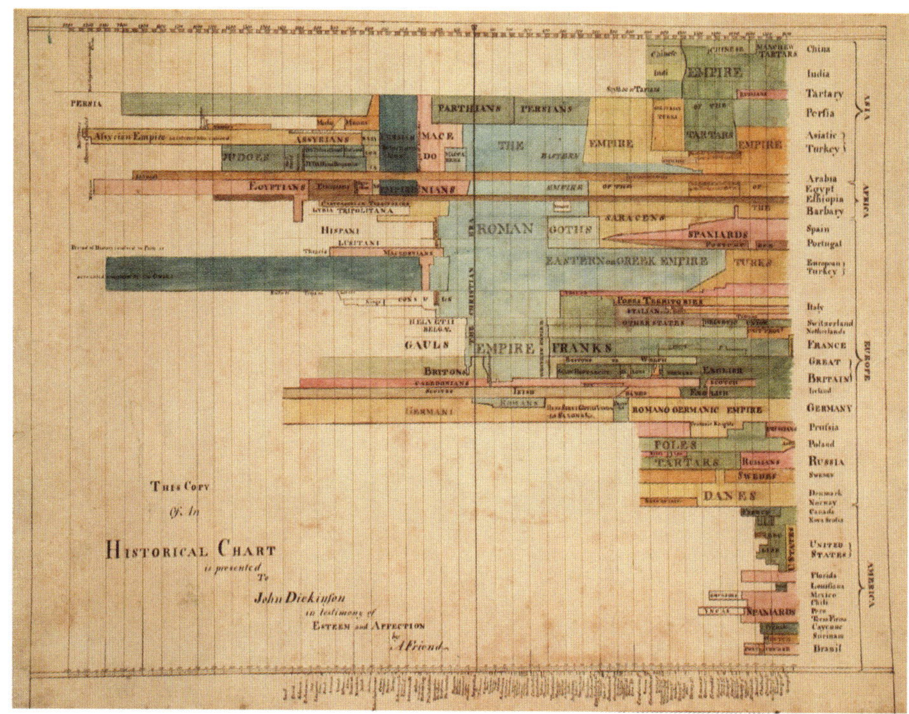

图 138

佚名作者的《历史图表》，1800 年前后呈交给约翰·狄金森

费城图书馆公司（公共图书馆）友情提供图片

图 139

普雷斯特利的希伯来年代纪时间线；此为巴克尔（W. H. Barker）的抄录手稿，收于《传记图表的一个派生变体本》，1767 年出版于伦敦

费城图书馆公司（公共图书馆）友情提供图片

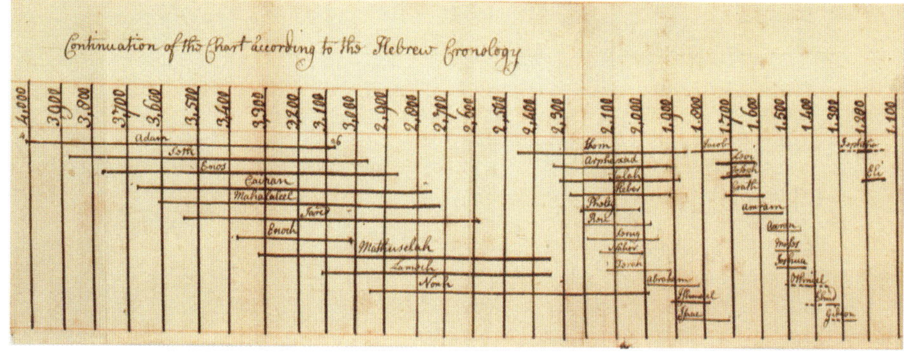

是三心二意、缺乏专注会危害人的成长，故事主要围绕一个男孩展开，他没法手抄完成普雷斯特利的一张图表——这一愚蠢的努力促发孩子的父亲发表了一通言论，力证机械化印刷复制的优势。

但书中虚构的男孩哈利远非孤例，如今的不少图书馆里和文献收藏中，仍然可以发现出自18世纪的历史图表手抄稿。其中有些是学生死记硬背、原样照抄的被动作业；另外其他的，就像哈利所做的，是出于个人主动性的自觉行为。比如，大概1800年完成的一份手抄历史图表，是普雷斯特利的《新编历史图表》的那种样式风格，可以在美国特拉华州首任州长约翰·狄金森(John Dickinson)的文件中发现。普雷斯特利的希伯来年代纪图表，在18世纪也有人抄了一份；手稿被发现后一直安插在费城图书馆公司所收藏的一卷普雷斯特利作品集中；这座早期的公共流通图书馆由本杰明·富兰克林于1731年创立。(参见图138—139)

按普雷斯特利的想法，年代纪图表的根本目的是给人们一个宽广的视域。用他自己的类比来说，从适当距离之外看时，《传记图表》上的那些线段，应该看起来就仿佛是“众多的细小短麦秸在一条宽广大河的水面上游动”；随着历史水流的速度改变，这些“麦秸”时而靠近成串，时而又漂流分散开。线段最密集的地方，是在图表的最右侧，也即，是在近代历史时期。这并非是考虑不周，设计出了意外。按照普雷斯特利的解释：

> 最崇高壮丽的景观……在这里得到了提示，信号就是一眼看去的群集的人名，这些名字所在的区块是分配给过去两个世纪间的艺术与科学巨匠。这里，所有的声望层级组别，还有，我应该补充说的，按造诣而论的所有层级组别，全都填满了；而本来还应得到认可并收录进来的人，可谓是现有总量的一百倍，他们在知识领域有着与前人相等的成就。这样一个景观给了我们一种安全感，对知识的持续传播、增殖与扩展都有了信心；至于未来的景观，智慧卓越、学识非凡的精英不会缺乏，不再会发生大断层，图表中对应他们所生活时代的那部分，也就根本不会因断层而突然改观、惨遭“毁容”；但那未来部分，我当然画不出来，恐怕也没机会看到那被画出来。

换句话说，依普雷斯特利的观点，图表右侧积聚起来的大量“麦秸”，代表了一个事实上的历史现象，也即他自己所处时代期间艺术与科学的“加速”进步。关于《传记图表》，普雷斯特利写道，“科学必定会崭露头角，脱颖而出。”也确实，在普雷斯特利的图表中，被称作科学的元素成分已经显形确立，占有了很大的比重，而这或许是有史以来第一次。

普雷斯特利的图表中，历史的伟大舞台是以量化的概念来建构与框定。在图表上，文艺复兴期间凸显的杰出科学家，数量要多于中世纪阶段，而启蒙时期的又多于文艺复兴年代。但恰如普雷斯特利所指出的，这样的变化，并非在每个成就类别中都如此明显。图表固然清晰地显示了有科学与艺术高光闪耀的时代，但同时也展现出每个时代都是武士英雄的时代。在普雷斯特利看来，这一切有着一个形式上的象征寓意。他写道：

> 在杰出人物群组……之间有几处空白，这是说，我们对自从科学最初发源以来的、各种科学上的伟大革命有着清晰的了解；所以，图表中那些内容稀薄的与空白的地方，与最为充实密集的地方相比，实际上并不更少教益更少信息，因为它们让我们对科学发展过程中显著的中断期有了概念，对那些科学曾蓬勃兴起的时段也有了认知……政治家、英雄与统治人物的分类中，我们看到是没有空白的。这个世界从不缺乏争夺帝国与权力的野心英雄，尤其是在科学与艺术最受轻视怠慢的历史时期，相形之下，权势的争夺者就更显多了。

普雷斯特利对个体传记感兴趣，但《传记图表》的目标是要在更广泛的意义上描绘历史，来呈示出这一效果：每个人每个生命，即便是最超凡最奇特的，放在历史时间关系中才能得到最好最恰切的理解。（参见本书第 24 页）普雷斯特利指出：

> 这是一种特别的快乐，当我们能用这种方式——恰如从此图表所展示的场景中看到的——来了解一位伟大人物；比如说牛顿爵士，情况如

图表所示，我们看到他位于他的一圈朋友与那些才华超绝、光彩闪耀的同代人之间。我们立刻就能看出，跟哪些人他可以聊天交谈，又可能是以什么样的方式谈话（他们各自的年龄差异在图表中也很明显）——谈话方式又是基于怎样的地位关系。

普雷斯特利对牛顿的仰慕是无限的；在其他的作品中，他曾连篇累牍地探讨“自然哲学的那位真正先父”的辉煌成就。但是，在《传记图表》上，牛顿与他的同代人相比，并未得到特别优待。他的生平线段还是正常地开始和结束，就跟所有其他人的一样。

《传记图表》呈现了名人个体生命的精确信息，但普雷斯特利认为此作最值得关注之处，还是那种聚集累积的效果，以及用纯图表的、根本不用依赖字词的方式来传达意义理念的那种能力。普雷斯特利写道：

一张纸被分成任意大小但彼此相等的多个空间，来标示每个世纪或其他长度的时间间隔，那就很明显的，这张纸便确实构成了一个图表，呈现世界时间的某一具体部分；如果知道某个特定人物生与死的时间，只要连起图表中对应这时间的两个点，那你就会得到一根小线段，真实呈现了那人生平所处的情境，呈现了其一生的每个部分在世界时间中的处境，还有这一生在那表格所涵盖的整个时间段中所占的比例……它们都是些线条……传递暗示出的是意义信息；这是它们能够直接表达出来的，无需借助于文字的介入；而且文字所能做的也很不够完美，并且从长远来说，这种方法是以尽可能最完整的方式来发挥效用，几乎只要扫视一眼就能看懂。

普雷斯特利当然说了，名字必须写在图表上，但他也明确指出，那些名字的功能只是用于索引查找。整个图表是作为历史的一个图形化再现，没有任何一个名字需要单独提及。按普雷斯特利的说法，“需要注意的是每个名字下面的黑色短线：名字只是不得已加上去的，因为除此之外没有任何别的办法来指示这些短线所代表的生命个体。”

普雷斯特利的图表，标志着年代纪呈现形式历史上的一个极为重大的转变。在他之后，大部分读者已经直接认可接受了历史时间与相应配给的图形空间之间的类比，因此，围绕年代纪再现的争论的本质发生了急剧的转变。问题不再是如何为那时间与图形空间的类比辩护或正名，而是该如何以最佳方式来实施类比。普雷斯特利已经证实了，马尔蒂诺尼以及其他同道者所寻求的那种时间地图，难以捉摸和把控，不是常规意义中的地图。以普雷斯特利的作品为示范，近代的年代纪学者将会探索利用地图制图法的视觉语言，但用的是不同的言词风格。

近代早期的地图绘制者也对历史感兴趣，广泛实验了用地图来再现历史的各种方法。1570 年，地图绘制师亚伯拉罕·奥特里乌斯（Abraham Ortelius）的奠基性作品《世界剧场》（*Theatrum orbis terrarum*）问世；他重构了那种华丽的老套修辞程式——那让年代学与地理充当了历史的两只眼睛；他的策略在某种程度上更偏于向地图制作者倾斜。在奥特里乌斯这里，地理不是历史的两只眼睛之一，而是历史唯一的眼睛："所有人［历史爱好者］会很乐意认同我们的这一看法，那就是，对各地区与省份的了解，对海洋，对山脉的位置，对峡谷、城市以及河流径程之类的，有关这些的知识，是多么地必要——有了这些知识，才能达到对历史的［完整］理解。这种知识，就是希腊人用地理这一专有名词所指称的东西，也是某些博学之人（很正确恰切地）指称为历史之眼的东西。"《世界剧场》的目标，是借助于为在历史文本中讨论过的场址地点提供地图，来支持和促进历史研究。

17 世纪的整个时间历程当中，地图专家们以奥特里乌斯的主题为原型，出品了很多的变体之作：各种地图集子，按地理区域结集，按主题结集，以及按编年来结集——尽管很偶然才会这样，比如 1651 年面世的菲利普·德拉鲁的《神圣之地》（*Holy Land of Philippe de la Ruë*）。有些情况下，正如 1705 年到 1720 年间出版于阿姆斯特丹的、扎卡利亚·查特兰（Zacharias Châtelain）所编的著名的《历史地图集》（*Atlas historique*）那样，在书中，地图是与相关的历史陈述文字、日期列单和系谱树状图并列出现的。稍后的一本《勒萨吉地图集》（*Atlas*

Lesage）大获成功，一时洛阳纸贵，其中进一步放大了前述查特兰作品所采纳的同样逻辑。（参见图 140—141）这个地图集首版于 1801 年，出版者为法国贵族埃曼努尔 – 奥古斯丁 – 迪厄多涅 – 约瑟夫（Emmanuel-Augustin-Dieudonné-Joseph），又称拉斯·卡西斯伯爵（comte de Las Cases）；此君一生多采多姿，最终在拿破仑被流放至圣赫勒拿岛期间担当了其回忆录书记员之一。《勒萨吉地图集》是以拉斯·卡西斯的笔名勒萨吉（Lesage）来命名，内容的组织是服从地理的考量，而不是年代顺序。但每一页上也都布置有历史信息、系谱树状图与典型排版的历史图式。

18 世纪后期，尤其是约翰·马萨阿斯·哈斯（Johann Matthias Hase）在 1750 年出版了《历史地图集》（*Atlas historicus*）之后，按年代顺序组织安排历史地图集这一做法，变得越来越普遍。但直至 19 世纪到来，历史图表制作者们——比如克里斯蒂安·克鲁斯（Christian Kruse）——才开始按规则的历史区段来描绘时间。在哈斯的地图集以及其他的类似作品中，关键的历史事件，比如重大战役与征服某势力范围，都专门配地图加以说明；如此一来，时间的流动进程就变化无常。与此构成反差对照的是，克鲁斯于 1802 年到 1810 年间出版的《欧洲诸国历史纵览地图集》（*Atlas zur Übersicht der Geschichte aller europäischen Staaten*），则固定为每个世纪只安排一幅地图，无论那一百年是不是风云动荡的多事之秋。

哈斯与克鲁斯的作品，与随后出现的大多数历史地图集一样，都将历史呈现为一系列离散分立的时点——尽管有些制图师，比如爱德华·奎因（Edward Quin），确曾努力在图集中导入一种时间流的感觉。（参见图 142—144）奎因出品于 1830 年的《历史地图集》（*An Historical Atlas*）追循了哈斯的先例，但借助于从一个画版向另一个画版移动分散的云状图像，他的图表很机智地暗示了历史知识的增长过程。在奎因的《历史地图集》中，世界最初是被显示为在一片黑暗中，暗云遮蔽了伊甸园之外的一切事物。逐渐地，随着历史显露出更多的世界图景，那暗云也跟着回滚缩减。翻动地图集的页面，就有点儿像快速翻看那种动态画书，可以看到那黑暗渐次收缩退去，而这个世界为欧洲人所知道的那部分则随之增长扩大。

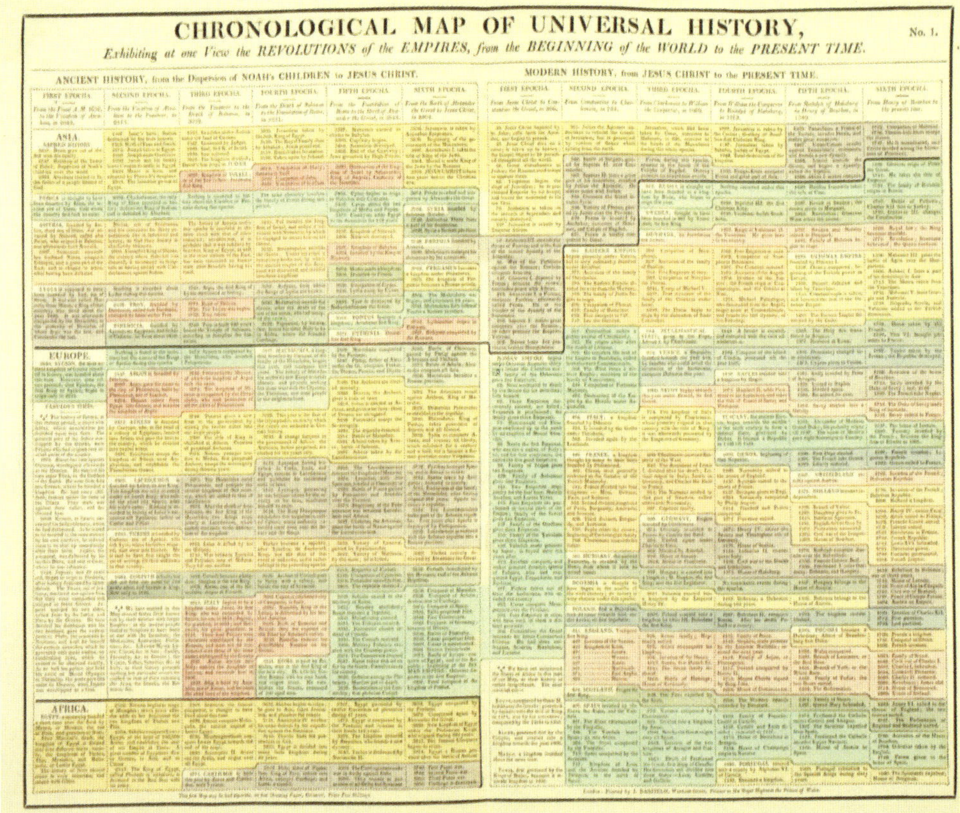

图 140—141

以拉斯·卡西斯的系统为基础，很多出版商推出了历史地图集，其中就包括有拉瓦松（C.V. Lavoisne）。他出版于1807年的《世系、历史与年代纪新图表》，排版与表格形态很有特色；此二图中可明确见证。

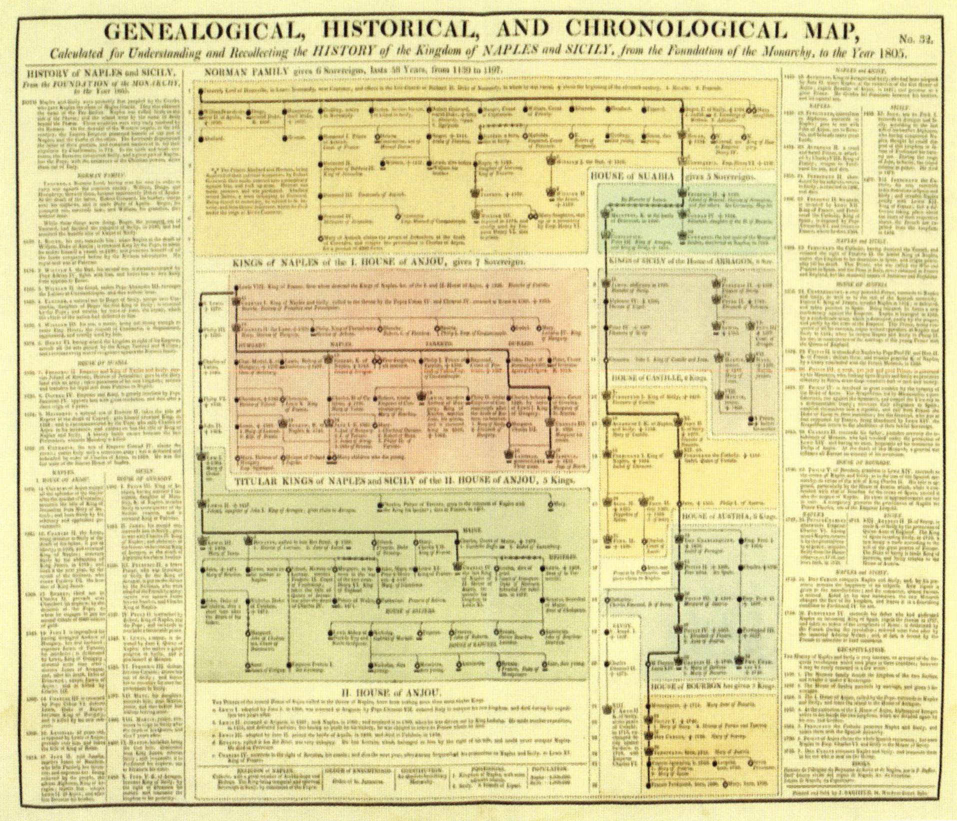
GENEALOGICAL, HISTORICAL, AND CHRONOLOGICAL MAP,
No. 32.
Calculated for Understanding and Recollecting the HISTORY of the Kingdom of NAPLES and SICILY, from the Foundation of the Monarchy, to the Year 1805.
HISTORY of NAPLES and SICILY,
NORMAN FAMILY gives 6 Sovereigns, lasts 58 Years, from 1139 to 1197.
HOUSE of SUABIA gives 5 Sovereigns.
KINGS of NAPLES of the I. HOUSE of ANJOU, gives 7 Sovereigns.
TITULAR KINGS of NAPLES and SICILY of the II. HOUSE of ANJOU, 5 Kings.
II. HOUSE of ANJOU.
HOUSE of AUSTRIA, 5 Kings.
HOUSE of BOURBON has given 3 Kings.

图 142—144

历史地图集，也即用收集成册的地理地图来呈示世界在不同历史阶段的形态简况；这一理念，可用爱德华·奎因首版于 1828 年的《历史地图集》来做实例参照。奎因的地图显示了在不同的历史时刻，那政治权势的世界是如何划分的；并且，通过那持续回滚收缩的云图的意象，他指出了这层意思：在历史上的每一个阶段，西方对世界的了解到底有多少。

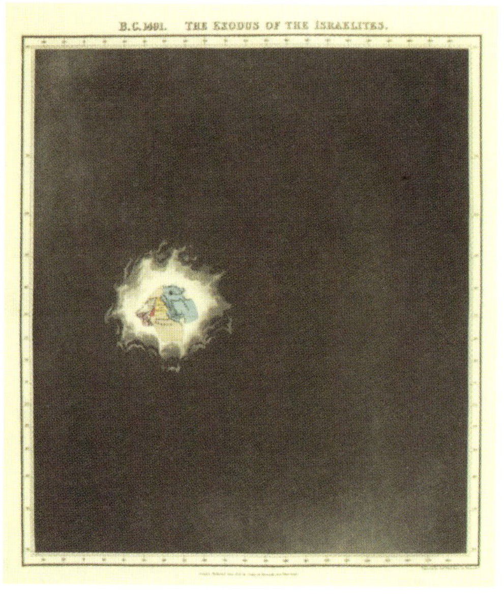

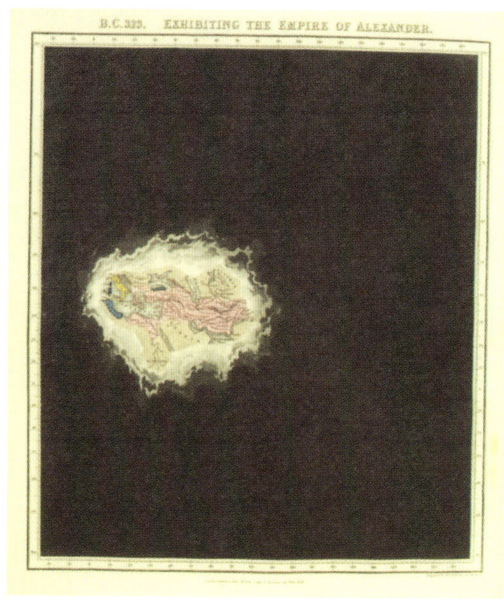

A.D. 337. AT THE DEATH OF CONSTANTINE.

在很多扩展延伸型的年代纪图表中，同样有一种揭示和透露更多信息的关联动态在起作用，而且那效果经常还出人意表。18 和 19 世纪的年代学图表，其中给出了有关埃及、波斯、印度和中国在古代的大量信息。形成反差的是，关于欧洲、非洲或美洲，它们给出的信息几近于无。在叙事性史学那里，这几乎不会造成什么困扰：历史学家有话可说时，那些主题才会被拿出来讲述。但是，在历史图表准地理图性质的格式那里，历史知识中的这些空白就太扎眼了，昭然若揭。比如说，普雷斯特利的《新编历史图表》中，不管有没有任何内容条目录入，每个民族国家的年代纪都一概显示，时间跨度都是从公元前 1200 年到公元 1800 年。对无条目可列这一难题，普雷斯特利的处理妙招是，拿那些空白地方服务于其他目的，用于他的插入文字，用于给名人的献词，如此等等。举例来说，在英国历史原本可能占用的空间位置——假如远古时期真有什么英国历史可言的话——普雷斯特利安置了一份华丽的献词，向本杰明·富兰克林致敬。这样做，普雷斯特利并非是在试图掩藏什么：在他的文字叙事中，古早期的英国历史也几乎是只字未提。他这样做的目的，是平衡图表中的视觉构成元素，以此来维持那种连贯一致与规律的外观印象。

那些以普雷斯特利为样板的后继作品中，大致也可以看到相似的行动姿态；比如，《不列颠百科全书》（*Encyclopaedia Britannica*）的第二版，苏格兰哲学家亚当·弗格森（Adam Ferguson）为之创作的大尺幅折页图表，便是一例。（参见图 145）在其图表中，弗格森面临了比普雷斯特利所遭遇的甚至更为严峻的挑战。普雷斯特利的图表始于经典古代（上古之后），而弗格森的则始于《圣经》中的创世时期。一个相应的后果就是，他的图表涉足了更富于争议的年代区域，涵盖了一个更长的时间跨度，接近于 6000 年之多。为了达到一种规律匀称的观感，弗格森在制图比例上玩弄了小花招，将世界的最初时段压缩进一个狭小的空间，置于图表的顶部。在无所不包的百科全书的这一语境下，这一举动固然有必要也实用，但在概念上来说又不免笨拙别扭，因为，从其他的每个方面

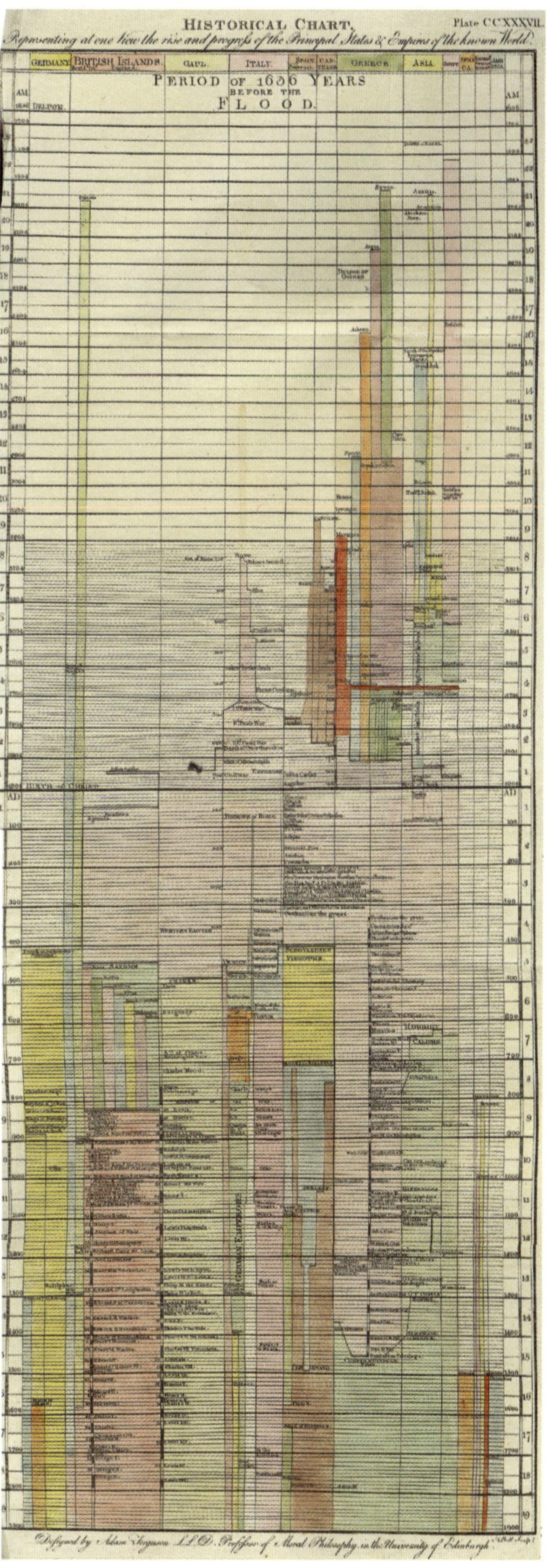

图 145

《不列颠百科全书》的第二版，包含了一份手工着色的折页历史图表，所伴同的是亚当·弗格森所写的关于世俗与教会历史的文章。这是《不列颠百科全书》所收录的第一个时间线表格。在很多方面，弗格森的图表与普雷斯特利的《新编历史图表》颇为相似，但与普雷斯特利形成反差的是，弗格森为了综合全面的考量而牺牲了统一均匀的比例尺度，将《圣经》中“神示的历史”的很大一部分加以压缩，只呈现为图表顶部的一个空白栏目，几乎完全没有内容条目。尽管用了年代纪的格式，但在一定程度上，弗格森认为，在历史进程中，具体日期的重要性赶不上历史时段的划分有意义。他图表中的日期，一般都是从常规、标准的参考著作中提取，然后就让图表尽量多保留空白，以便读者按其希望任意填入新内容。此图片出自1797年出版于爱丁堡的不列颠百科第三版。

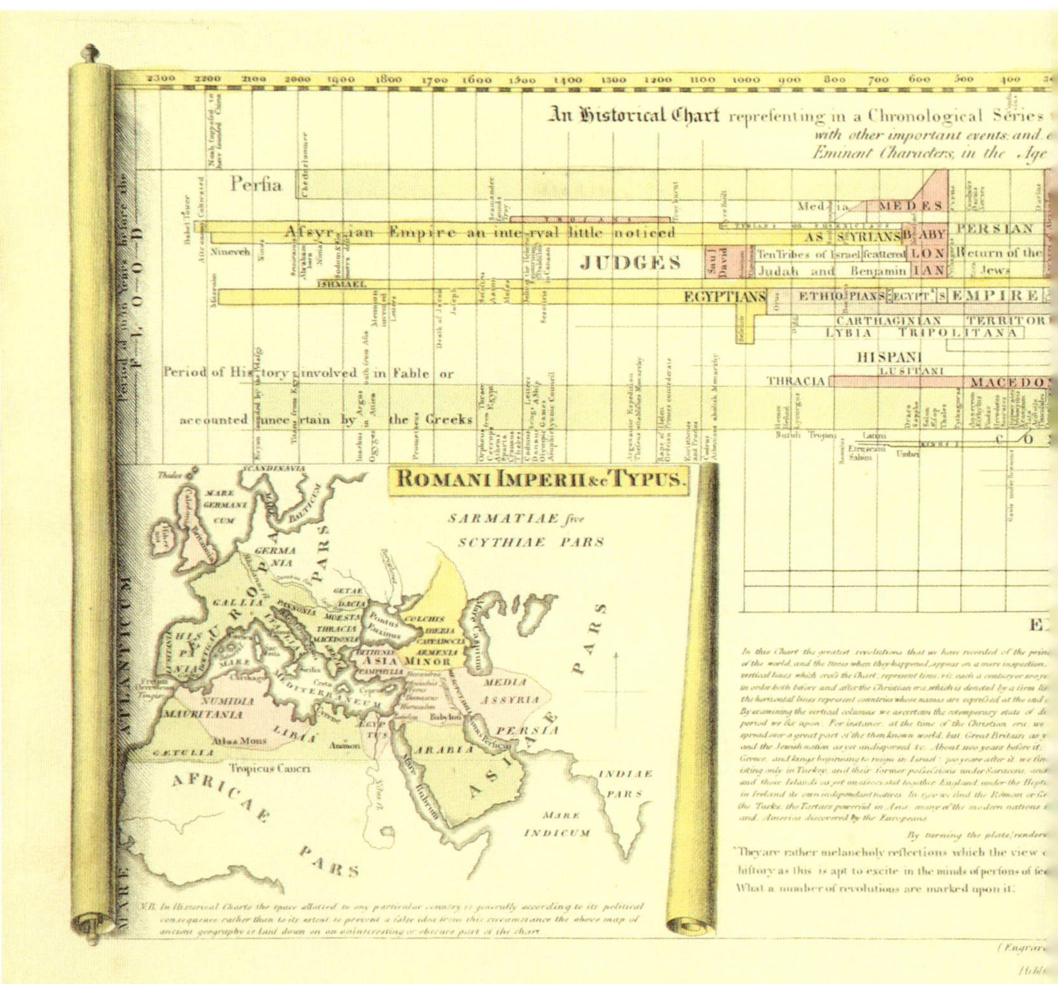
An Historical Chart representing in a Chronological Series
Perfia
Afsyrian Empire an interval little noticed
JUDGES
EGYPTIANS
Period of History involved in Fable or accounted uncertain by the Greeks
ROMANI IMPERII &c TYPUS.
SARMATIAE five SCYTHIAE PARS
AFRICAE PARS
Tropicus Cancri
MARE INDICUM

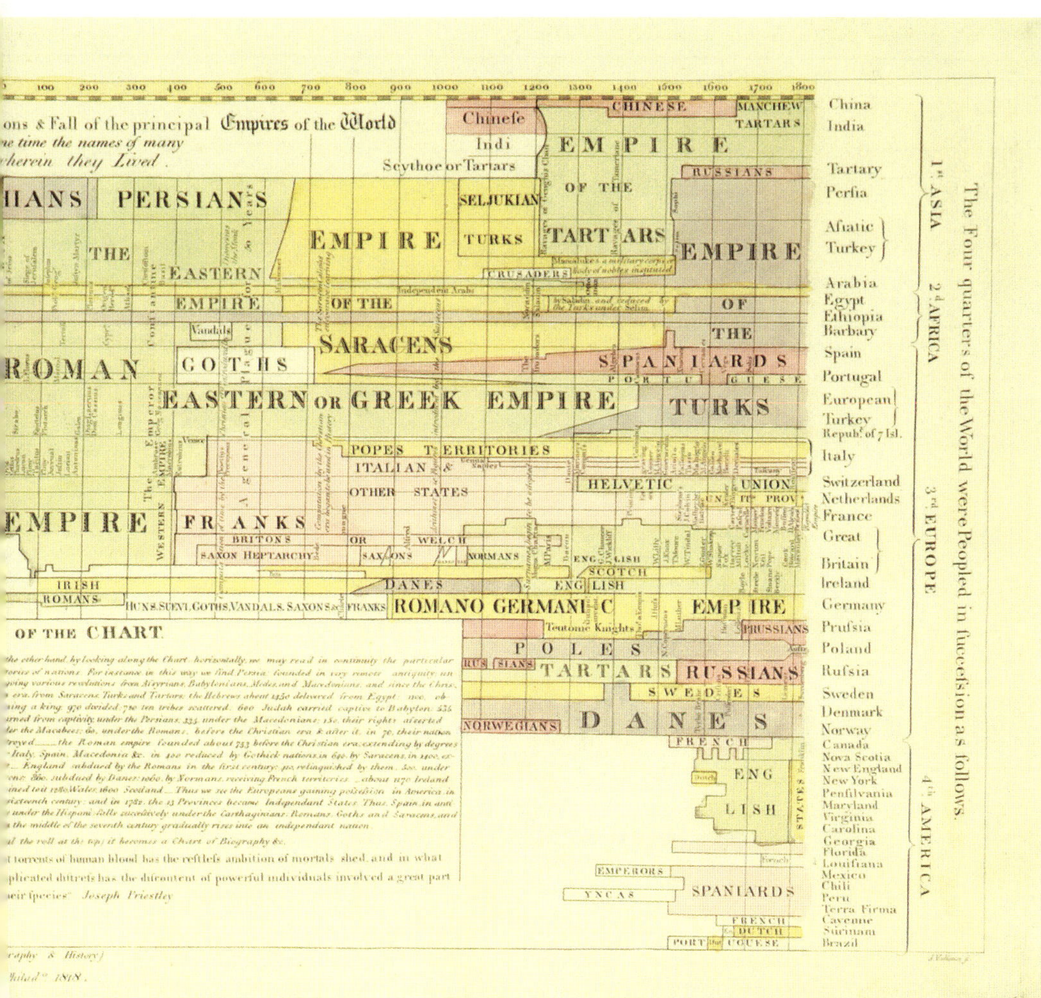

图 146

18 世纪后期与 19 世纪早期，很多作品面世，或是复制或是阐释普雷斯特利的两份图表。此图表是出自安东尼·芬利（Anthony Finley）出品于 1818 年的《经典地图集》，结合了普雷斯特利的两个作品。表中的题词指出了普雷斯特利的原创版权，予其以应得的敬意。

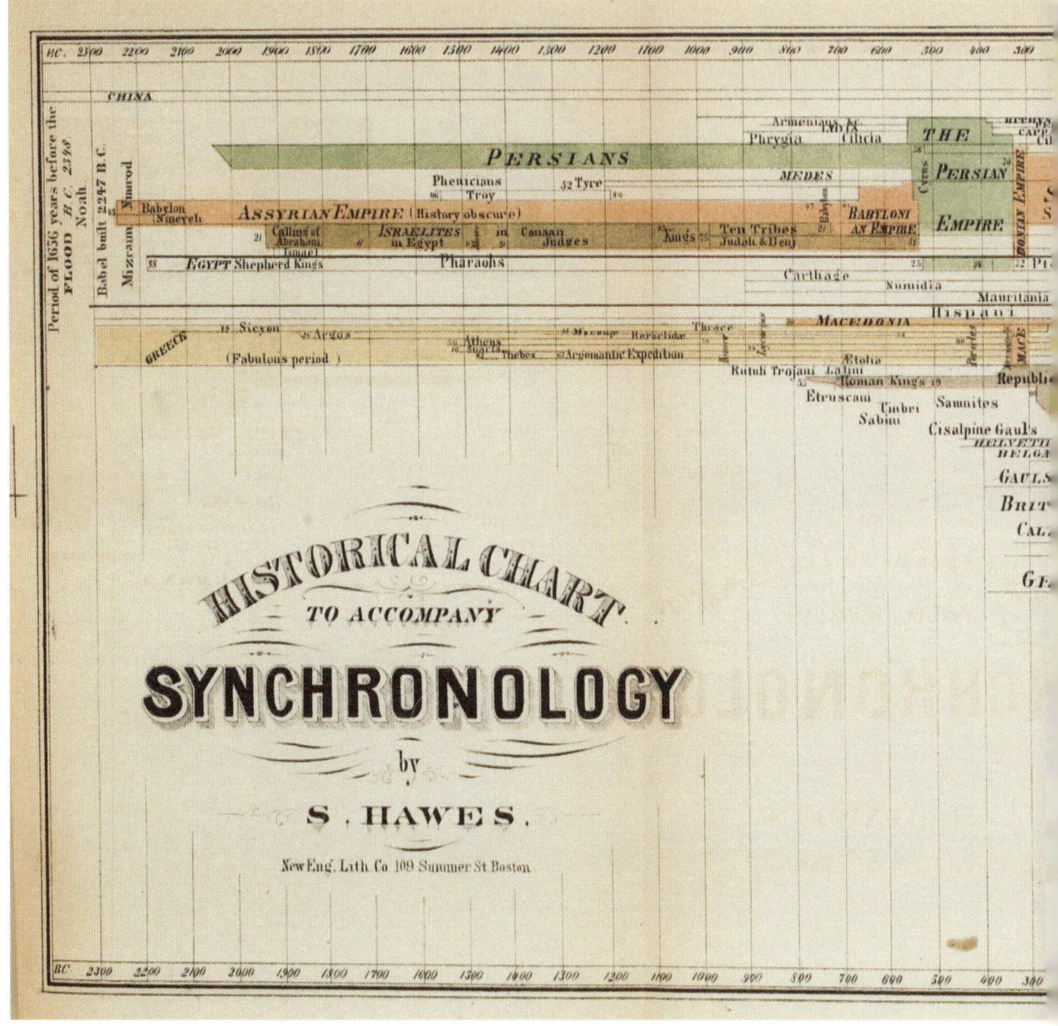
HISTORICAL CHART
TO ACCOMPANY
SYNCHRONOLOGY
by
S. HAWES.
New Eng. Lith. Co. 109 Summer St. Boston
PERSIANS
ASSYRIAN EMPIRE (History obscure)
ISRAELITES in Egypt
EGYPT Shepherd Kings
Pharaohs
THE PERSIAN EMPIRE
BABYLONIAN EMPIRE
MEDES
CHINA
GREECE
(Fabulous period)
MACEDONIA
Carthage
Numidia
Mauritania
Etruscans
Samnites
Cisalpine Gauls

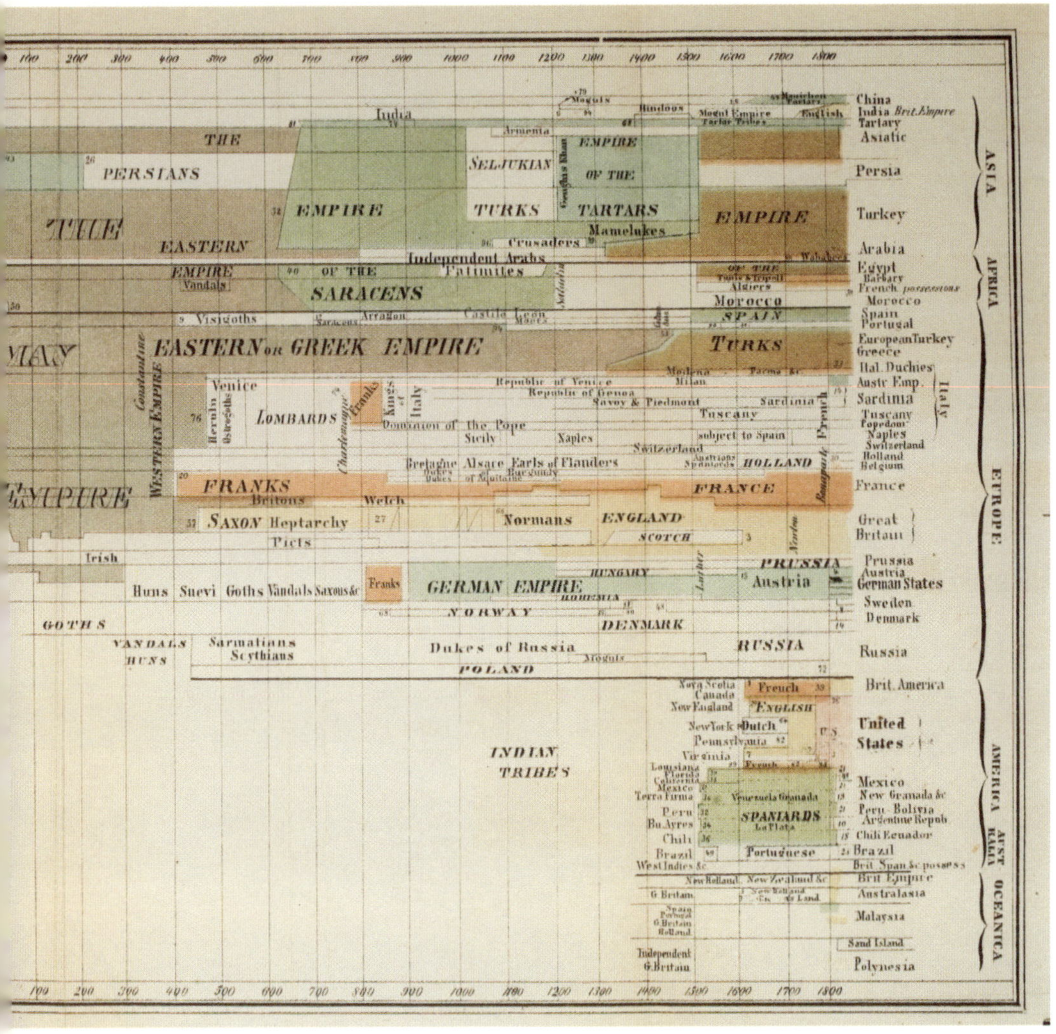

图 147

1869 年，斯蒂芬·霍伊斯（Stephen Hawes）出版《神圣宗教与世俗历史中主要事件同步对照年代纪：从上帝造人至当下时代》。及至此时，普雷斯特利图表的那种图案体例已经变得如此寻常普遍，以至于人们很少特意将此归于普雷斯特利名下，不再视之为他的专利成就。

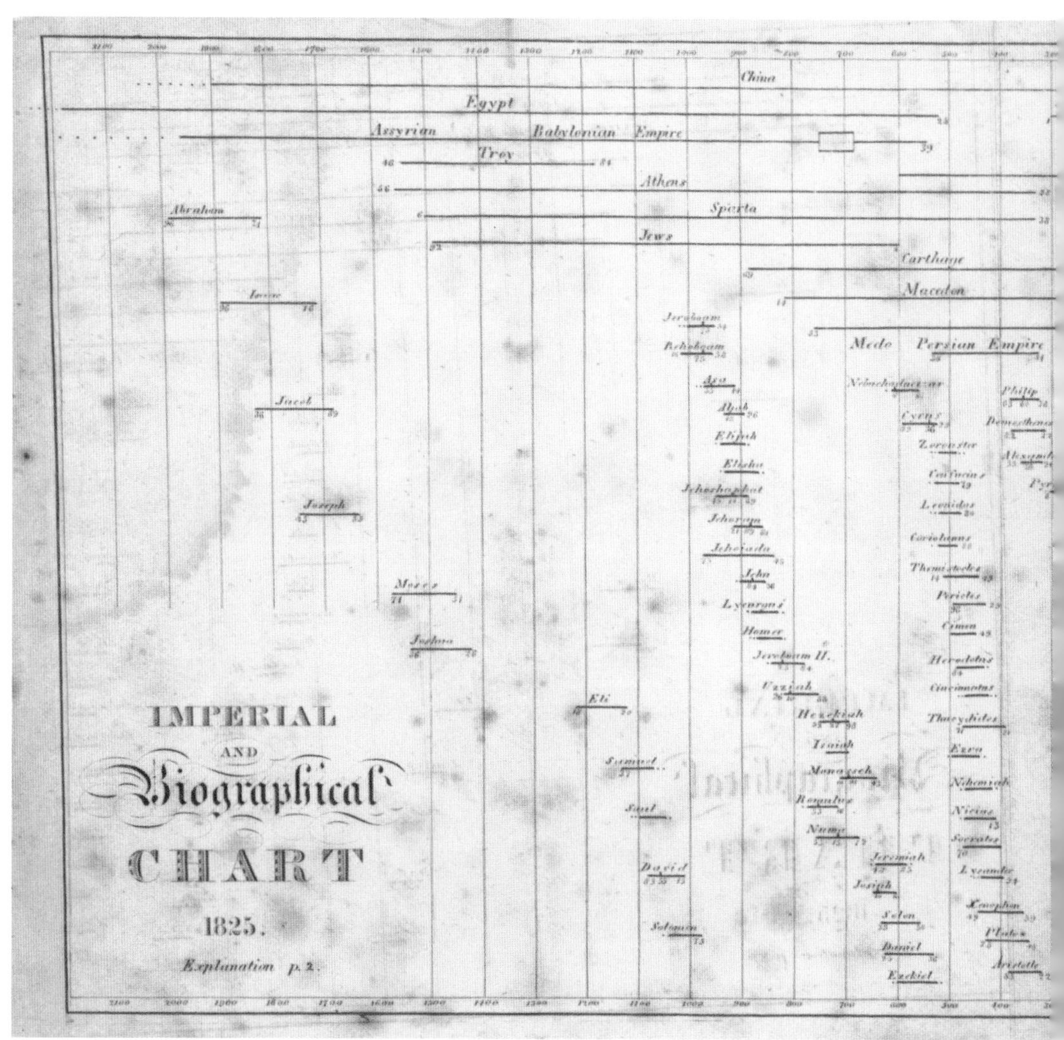
China
Egypt
Assyrian Babylonian Empire
Troy
Athens
Sparta
Jews
Carthage
Macedon
Mede Persian Empire
Abraham
Jacob
Joseph
Moses
Joshua
Eli
Samuel
Saul
David
Solomon
Jeroboam
Rehoboam
Asa
Ahab
Elijah
Elisha
Jehoshaphat
Jehoram
Jehoiada
Jehu
Homer
Jeroboam II.
Uzziah
Hezekiah
Isaiah
Manasseh
Romulus
Numa
Jeremiah
Josiah
Solon
Daniel
Ezekiel
Nebuchadnezzar
Cyrus
Zoroaster
Confucius
Leonidas
Coriolanus
Themistocles
Pericles
Cimon
Herodotus
Cincinnatus
Thucydides
Ezra
Nehemiah
Nicias
Socrates
Lysander
Xenophon
Plato
Aristotle
Philip
Demosthenes
IMPERIAL
AND
Biographical
CHART
1825.
Explanation p. 2.

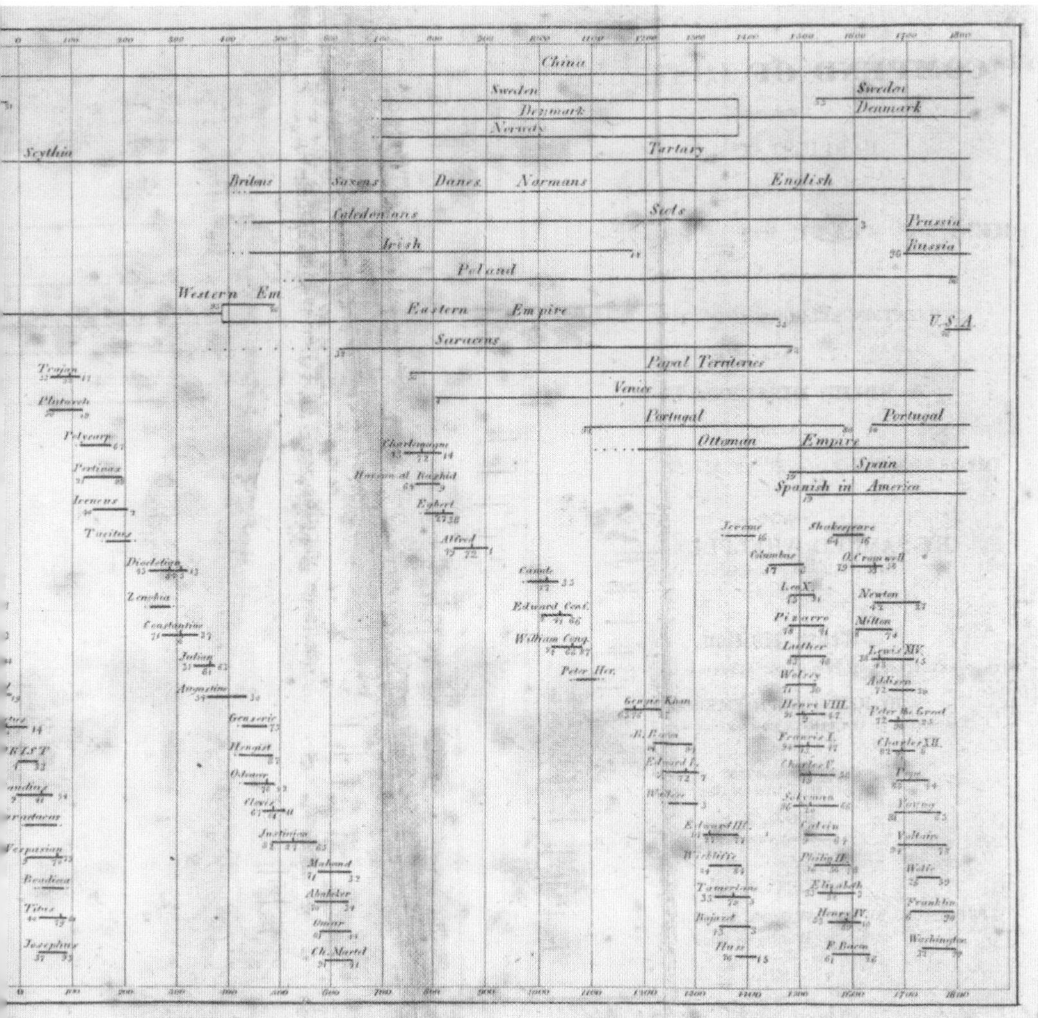

图 148

长老会牧师塞缪尔·威尔普利（Samuel Whelpley）在新泽西州的莫里斯镇主管一所学院。任职之余，他在 1808 年出版了一本广受欢迎的历史课本，叫作《始自最古时期的历史概要》，书中还配有以普雷斯特利作品为原型的一份传记图表。威尔普利这个课本后继出了好几个版本，直至 1853 年。这是 1825 年版本中的“帝国更续与名人传记图表”。

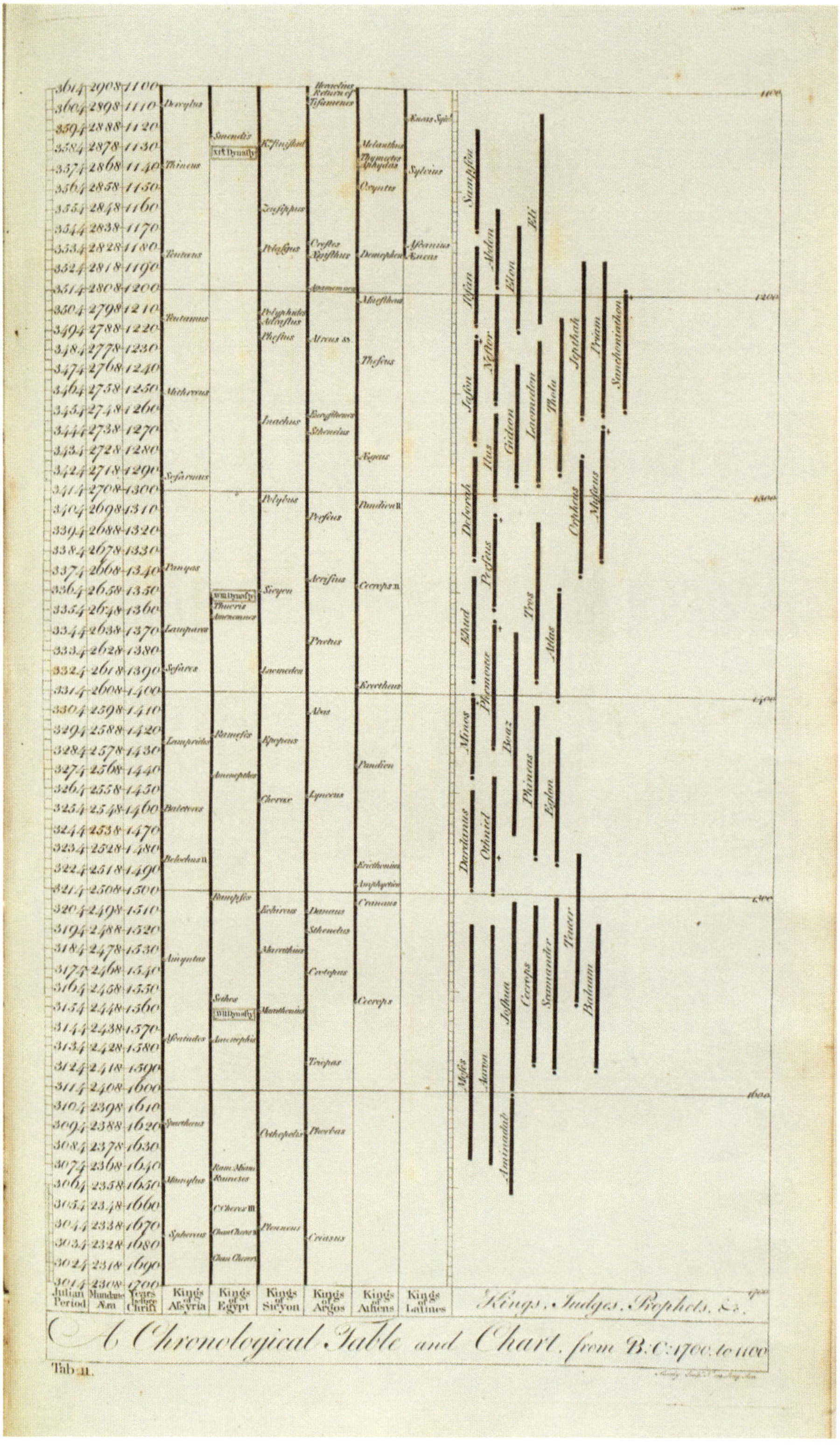

Julian Period	Mundane Æra	Years before Christ	Kings of Assyria	Kings of Egypt	Kings of Sicyon	Kings of Argos	Kings of Athens	Kings of Latines
3614	2908	1100				Heraclius Return of Tisamenes		
3604	2898	1110	Dercylus					
3594	2888	1120		Smendis				Æneas Sylv.
3584	2878	1130		XXI Dynasty	K. finished		Melanthus	
3574	2868	1140	Thineus				Thymœtes Aphydas	Sylvius
3564	2858	1150					Oxyntes	
3554	2848	1160			Zeuxippus			
3544	2838	1170						
3534	2828	1180	Teutæus		Pelafgus	Oreftes Ægifthus	Demophon	Afcanius Æneas
3524	2818	1190						
3514	2808	1200				Agamemnon		
3504	2798	1210	Teutamus		Polyphides Adraftus		Mneftheus	
3494	2788	1220			Phæftus	Atreus &c.		
3484	2778	1230						
3474	2768	1240					Thefeus	
3464	2758	1250	Mithræus					
3454	2748	1260				Euryftheus		
3444	2738	1270			Inachus	Sthenelus		
3434	2728	1280					Ægeus	
3424	2718	1290	Sofarmus					
3414	2708	1300			Polybus			
3404	2698	1310				Perfeus	Pandion II	
3394	2688	1320						
3384	2678	1330						
3374	2668	1340	Panyas			Acrifius		
3364	2658	1350		XVIII Dynasty	Sicyon		Cecrops II	
3354	2648	1360		Thuoris Amenemnes				
3344	2638	1370	Lamparus			Prœtus		
3334	2628	1380						
3324	2618	1390	Sofares		Lacmedon			
3314	2608	1400					Erectheus	
3304	2598	1410				Abas		
3294	2588	1420		Ramefes				
3284	2578	1430	Lamprides		Epopeus			
3274	2568	1440		Amenopthes			Pandion	
3264	2558	1450			Chorax	Lynceus		
3254	2548	1460	Baleteres					
3244	2538	1470						
3234	2528	1480	Belochus II					
3224	2518	1490					Ericthonius	
3214	2508	1500		Rampfes			Amphictyon Cranaus	
3204	2498	1510			Echireus	Danaus		
3194	2488	1520				Sthenelus		
3184	2478	1530	Amyntas		Marathius			
3174	2468	1540				Crotopus		
3164	2458	1550		Sethos			Cecrops	
3154	2448	1560		XVIII Dynasty	Marathonius			
3144	2438	1570	Afcatades	Amenophis				
3134	2428	1580						
3124	2418	1590				Triopas		
3114	2408	1600						
3104	2398	1610						
3094	2388	1620	Spartheus		Orthopolis	Phorbas		
3084	2378	1630						
3074	2368	1640		Ram. Miam.				
3064	2358	1650	Mamylus	Rameses				
3054	2348	1660		C. Cheres III				
3044	2338	1670	Sphærus	Chan Cheres II	Plemnæus			
3034	2328	1680				Criasus		
3024	2318	1690		Chan Cheres				
3014	2308	1700						

Kings, Judges, Prophets, &c.

Sampson, Abdon, Eli, Elon, Ibfan, Jephtah, Priam, Sanchoniathon, Jafon, Neftor, Gideon, Laomedon, Thola, Ilus, Orpheus, Mufæus, Deborah, Perfeus, Tros, Ehud, Atlas, Minos, Phemonoe, Boaz, Phineas, Eglon, Dardanus, Othniel, Teucer, Mofes, Aaron, Jofhua, Cecrops, Samander, Balaam, Aminadab

1100 · 1200 · 1300 · 1400 · 1500 · 1600 · 1700

A Chronological Table and Chart, from B.C. 1700. to 1100

Tab. II.

来看，弗格森的图表所遵循的又是时间线的惯常体例，用了规则的比例。

没过几年，普雷斯特利图表的各种变体纷纷出现，几乎到处可见。（参见图146—149）人们抄袭他的图表，往往并不直接完全地照抄，而是加以改编，进行重新阐释；此外，在19世纪的全程期间，以时间线的形式来设想和呈示历史，已经成了“第二天性”，是很自然的事情。在其他领域，普雷斯特利的图表也产生了重大影响。威廉·普莱费尔（William Playfair）于1786年出版了《商业与政治地图集》（*Commercial and Political Atlas*）；在统计学制图的范畴中，这被广泛认为是奠基之作。普莱费尔提及了普雷斯特利的历史图表，说那是他自己的曲线图与条状图表的直接前身，是原型基础。1801年，他的《商业与政治地图集》出了第三版；尽管他在其中热切有力地宣传自己的独创性，他还是确认了年表对其图表框架的孕育构思产生的影响。他写道：

> 从我最初想到将曲线图运用于金融领域的主题，到现在已是十六年了……这种图表发明最早出现时，在英国大受认同和赞誉；……我坦白，我曾在很长时期内都迫切地想搞清楚，自己是否确是第一人，是将几何学原则应用于金融学事务的首创者，就像这很久以前便被应用于年代学那样，并且大为成功。经过应有的调查核实，我现在放心了，我确实是第一人；过去的十五年期间，我一直都未尝听闻和了解到有类似性质的东西曾在我的图表之前出现过。

作为一门关于日期的科学，年代学一直有着一个量的考察维度，但直到18世纪中期，比例的统一才成为年表空间的一个惯常特征。一旦那种连贯统一的比例确立，要将其他各种量化的数据投映到年表空间中，就不再是难事。在出版于1801年的《统计学概要》（*Statistical Breviary*）中，普莱费尔确切具体地说明了18世纪的年表学者们是如何为统计学图表清理和铺设了道路。他写道：

图149

《年代纪系统》，1784年出版于爱丁堡。苏格兰教士兼神学家詹姆斯·普莱费尔（James Playfair）在此书中将尤西比乌斯与普雷斯特利的年表风格结合起来，也展示证明了普雷斯特利的那些线段具有可塑性，可转化为适配多重日期体系的表格。

费城图书馆公司（公共图书馆）友情提供图片

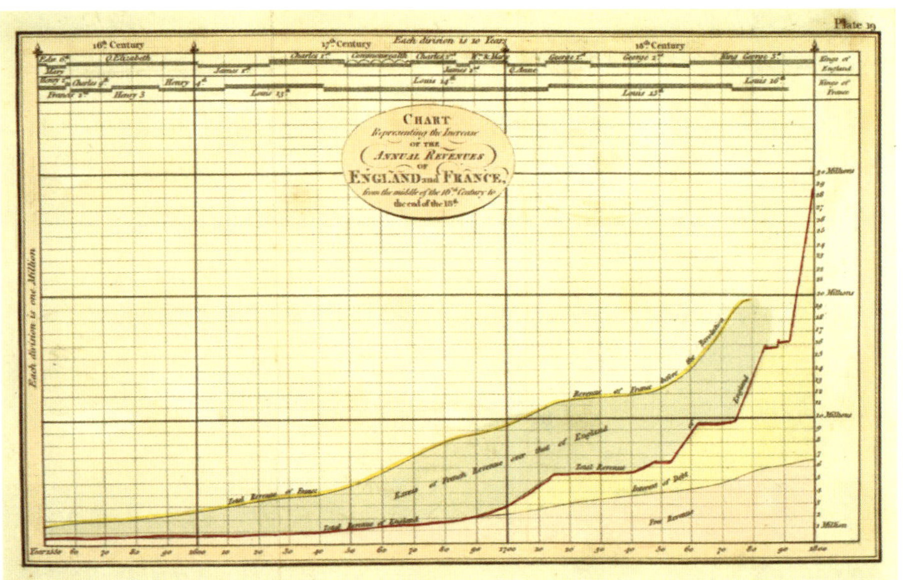

图 150

威廉·普莱费尔创作的众多曲线图表之一，是这张法国与英国的年度财政收入表，出自其《商业与政治地图集》的第三版。他的作品在一些新方向上开发了年代纪图表的逻辑。正如这里显示的，他的数据统计曲线图经常也包含了政治历史的时间线。

图 151

路易吉·佩罗佐完成于 1879 年的立体图表，基于 1750 年到 1875 年瑞典的人口普查资料，展示了每年的男性出生人数，并关联对照了相应时间段过后的存活人数。

用（纸面上的）空间来代表和呈现历史时间，这大大便利了年代学的研究；一根长度按系统比例画出的线条，放在恰当的位置，就代表着一个人的生平；通过这种手段，过往时代的杰出人物就宛然再世，重现于我们面前，尽管仍是居留在图表中他们各自的时间段与位置上。

19 世纪后半段的整个期间，普莱费尔的曲线图——其中并置了两条量化数据的轴线作为参照（一个代表时间，另一个是代表诸如出口额、进口额和债务之类的经济统计信息）——变成了最醒目最受认可的年代纪表格形式之一。（参见图 150）当然了，后来的统计学者们并不满意于只有两个轴线参照维度。及至 19 世纪 70 年代，一些人口统计学家，比如意大利人路易吉·佩罗佐（Luigi Perozzo），已经开始实验制作三维的统计数据投射呈现图表。（参见图 151）

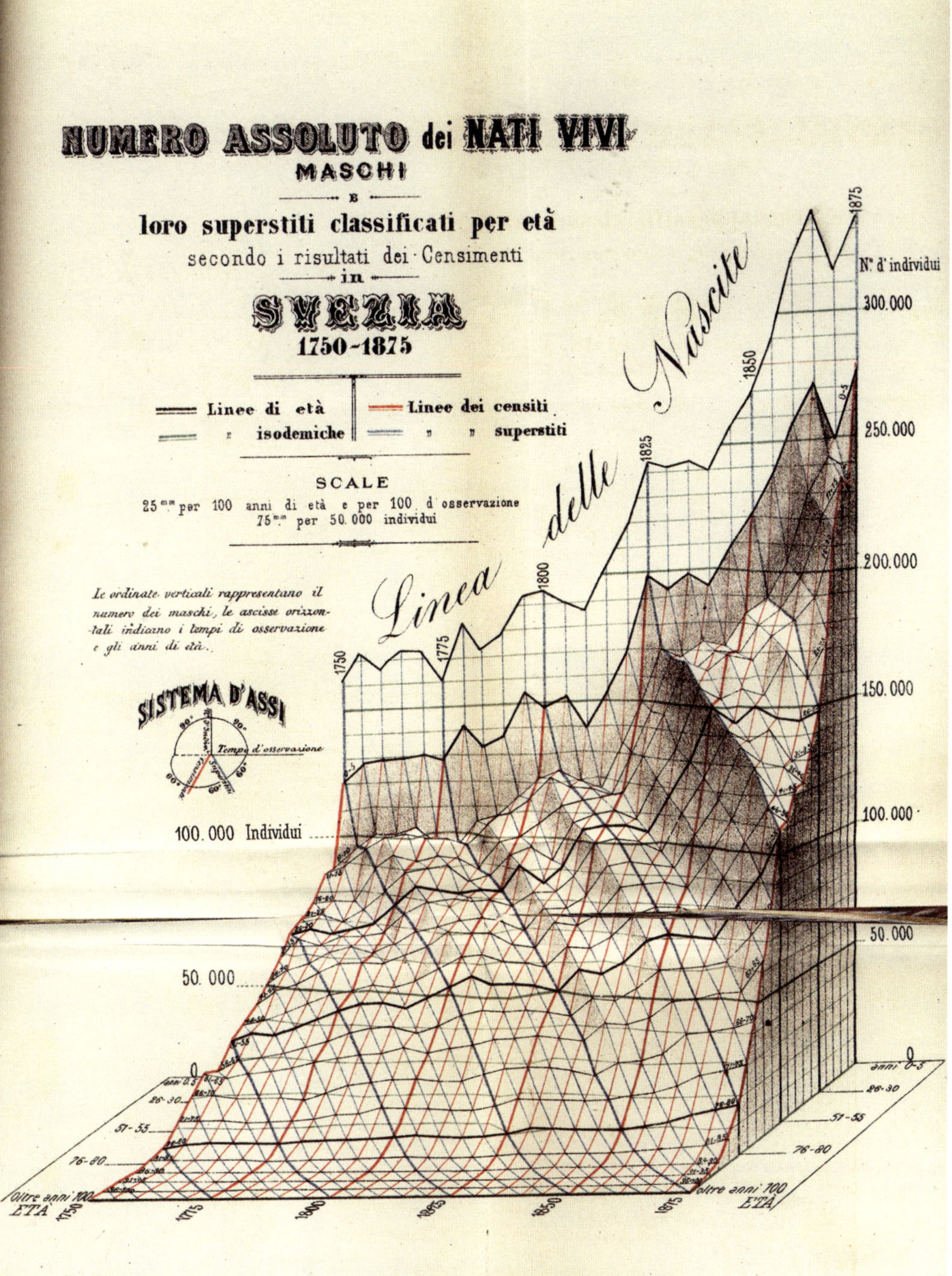
NUMERO ASSOLUTO dei NATI VIVI
MASCHI
E
loro superstiti classificati per età
secondo i risultati dei Censimenti
in
SVEZIA
1750-1875
Linee di età
" isodemiche
Linee dei censiti
" " superstiti
SCALE
25mm per 100 anni di età e per 100 d'osservazione
75mm per 50.000 individui
Le ordinate verticali rappresentano il numero dei maschi, le ascisse orizzontali indicano i tempi di osservazione e gli anni di età.
SISTEMA D'ASSI
Tempo d'osservazione
Linea delle Nascite
N.° d'individui
300.000
250.000
200.000
150.000
100.000
50.000
0
100.000 Individui
50.000
anni 0-5
26-30
51-55
76-80
Oltre anni 100
ETÀ
1750
1775
1800
1825
1850
1875

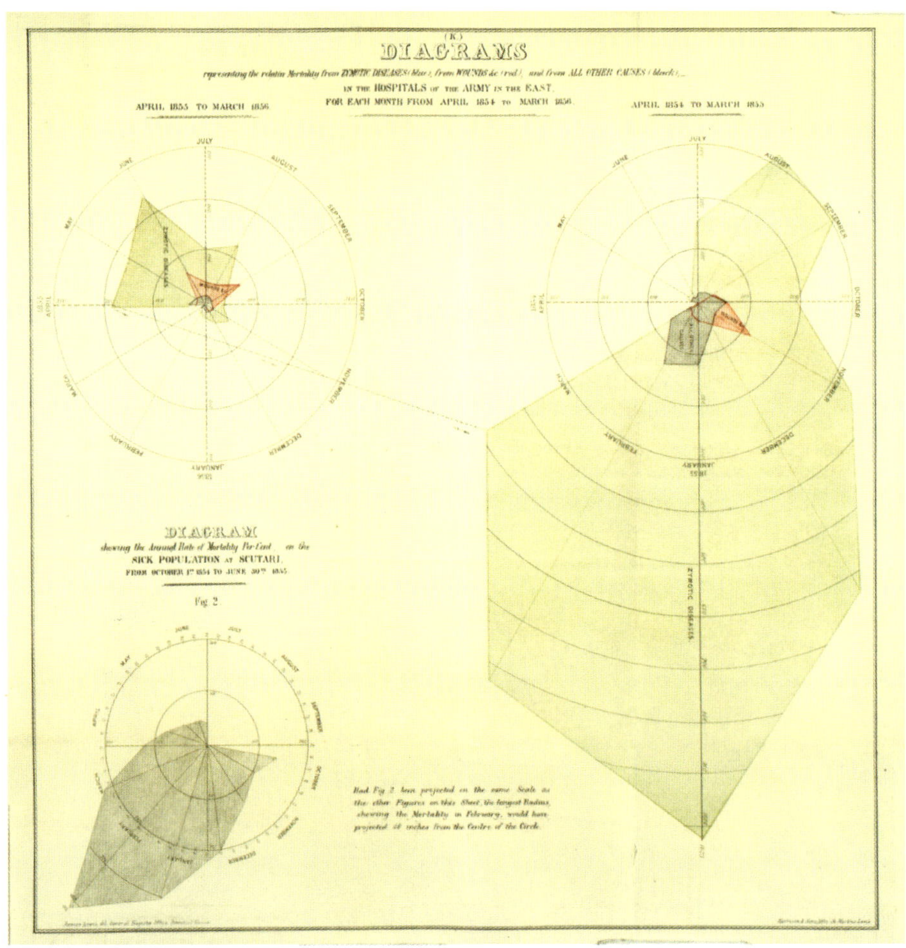

图 152

弗罗伦丝·南丁格尔作品中的图表，出自《英国军队的死亡率：国内和国外，以及与俄罗斯交战期间，并与英国国内平民人口的死亡率相比较》，1858 年出版于伦敦。南丁格尔的图表中，那顺序时间被呈现为一个圆圈；图表透露了，在克里米亚战争期间，感染和疾病导致的英国死亡人数要多于敌人子弹和刺刀带来的阵亡人数。

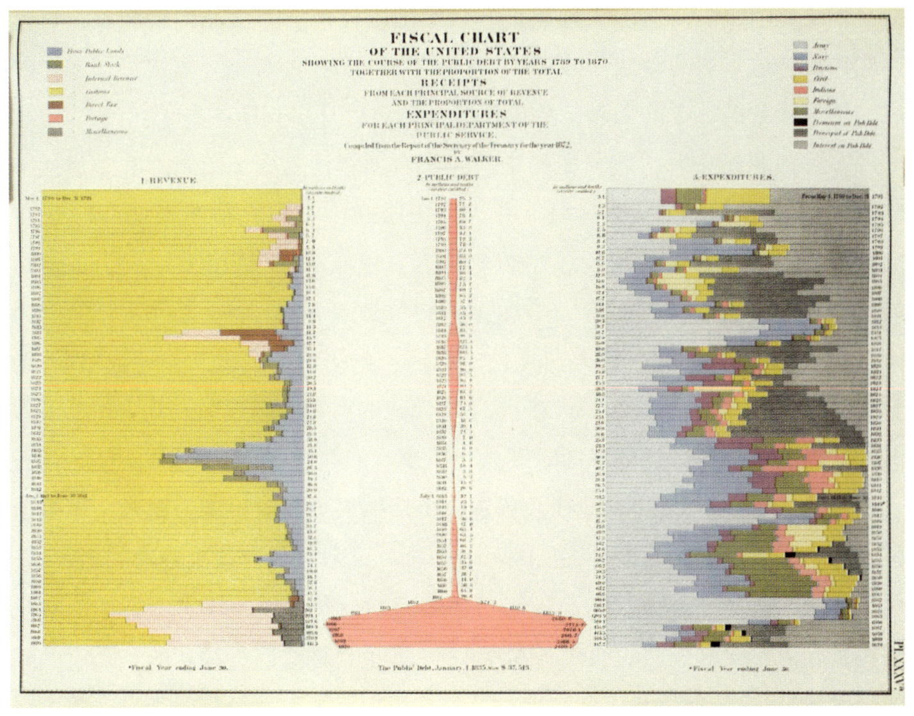

图 153

弗朗西斯·沃克的《美国财政图表，1789 年到 1870 年间的政府公债……每个主要财政收入来源的进项数据……每个主要政府部门的开支项目；出自美国数据统计图集，基于 1870 年第九次国家社会普查的成果》，1874 年出版于纽约。

费城图书馆公司（公共图书馆）友情提供图片

普莱费尔之后，对历史现象进行数据化统计再现的作品大量涌现，首先是在经济学这一类的领域——在这类研究中，量化的数据原本已很普遍，然后，随着社会统计学的兴起，数据化统计图表就几乎无所不在了。（参见图152—153）及至19世纪中叶，题材范畴很广、具有创新性的很多图表，其中包括一些技术含量相当高的，都已经能在大众出版物中看到。举例来说，19世纪50年代的普通出版物中出现过（护理先驱）弗罗伦丝·南丁格尔（Florence Nightingale）的“玫瑰”图表与“蝙蝠翼”（译注：指表格中呈现的图样形象）图表，显示的是克里米亚战争（1853—1856）期间持续变化的人口死亡的原因。再比如，法国工程师查尔斯·约瑟夫·米纳德（Charles Joseph Minard）在60年代完成的系列主题地图，其中包括那著名的、描绘拿破仑远征俄罗斯时军力伤亡衰减的曲线图（参见本书第29页）。再看一例，是关于1870年的美国社会普查，统计结果被投射呈现为图表，相当出色；图表作者为弗朗西斯·沃克（Francis A. Walker），他是负责该次普查的主管人，后来又成为美国统计协会和美国经济学协会的会长，还担任了麻省理工学院的校长。但贯穿这一切的那线条本身——无论是直线、折线状的、弧度曲线或分岔线——依旧是最主要的视觉符号，历史年表也就是借助于这一图形符号得以展现。

比较反讽的是，现代时间线的兴起与学院派或学术化年代纪的衰弱碰巧是同步发生的。18世纪期间，有关年代学的问题随时随地都有人提出，但相较于历史学家来说，专长于历史日期研究的年代学家，他们的角色地位却持续遭到贬低。与此同时，他们传统的研究领地也被隔成细分区块：天文学从占星学中分离，文字学从《圣经》注释学中分离，经验科学实证科学从神示天启之学中分离，如此等等。年代学，这一研究领域曾被振振有词、煞有介事地宣称真正是“历史知识的灵魂核心”，现在却只剩下了一副空洞的骨架子。

但这并不意味着年代学这一题旨的重要性也衰减了。对世界通史，人们开始将之理解为关于本质内在原因、关联作用与后果影响的研究；对关键的历史时期划分，人们开始将之理解为属于历史事件序列的内生需要，而非外部的干预；如此一来，年代学的问题便获得了一种不同的重要性。出于同样的原因，18 与 19 世纪的新年表也就服从了不同的规则。计算确切的 annus mundi，也即从上帝创世算起的世界纪元年份，这一事项的重要性减弱了。在这一点上，普雷斯特利的观点便很典型。就他而言，要进行世俗历史的呈示再现，任何的日期纪年体系都可行，只要那得到了普遍一致的认同，在应用过程中也严格执行便可。这种途径策略，就其本身而言并非新发现，但毕竟是在这一时期，它作为重大方法论争议事项的主体身份才得以告终。当普雷斯特利呈示出世界通史图表，对创世的问题不加考虑、丢在一旁，当时也几乎没有人对此嘀咕过质疑过。相反的，最打动读者和引发赞叹的，是他的这种方法竟然是那般浅显易懂、一目了然，而且令人奇怪的是，这方法竟然很久以来都未得到正常广泛的应用。

对大部分读者来说，普雷斯特利的那些图表发明既有用又直观易懂。而且，它们与启蒙运动时期的哲学家们所概括提出的线性历史图景也能强烈共鸣。这种图形化的表达发声，让“纯一、均质、空洞的时间”——借用 20 世纪哲学家兼批评家瓦尔特·本雅明（Walter Benjamin）的这一说法——得以发声得以具象化，其重要性无论怎样强调也不至于是夸大其辞。与此同时，这也需要放在一个上下文语境中来理解。就普雷斯特利自己而言，那部分空白的时间线只是历史研究的一个启发式手段。并非是特意要把上帝请出历史领地。恰恰相反，普雷斯特利的想法是，通过揭示聚合累积的社会现象——这些现象又与所谓神界天意的安排运作达成连贯一致——那将只会很巧妙地阐明证实神的规划。

普雷斯特利的制表策略在 19 世纪得到普及，非常受欢迎，但他的实证主义哲学立场就没那么受认可。在很多读者眼中，普雷斯特利的图表就仿佛是给时间本身提供了一幅画像。考虑到牛顿的科学发现所构成的当时的社会背景，这就很容易理解了。牛顿自己也曾尝试过编制历史年表，他的构想完全植根于 17 世纪千禧信徒派的年表框架中，从未演化或生发为任何的图形元素。但其物理论述中阐发的时间理论，却与普雷斯特利图表中所刻绘出的统一性一致性强烈共振呼应。这些，并不是要划入硬科学（自然科学）的范畴，而是指出年表的量化特征和适用于统计的特质；此外，恰如威廉·普莱费尔的作品所充分演示证明的，它们创造出了一个分析性的图表框架，在其他领域也同样有用。

尽管传播迅速，普雷斯特利的系统在法国站稳脚跟的历程，要慢于在英国和欧洲其他地方的进度。孔多塞侯爵，“慈善之乡的（来自卡里塔的）”让－安托万－尼古拉斯（Jean-Antoine-Nicolas de Caritat, marquis de Condorcet），是社会统计学的创立者之一；18世纪90年代，他在法国尝试设计一个不同的视觉图表系统。与普雷斯特利相似，孔多塞侯爵认为，社会现象可以放在一个聚合总集中来理解。他相信，历史事件之间的因果关系是内在的而非外在的。他还相信，整体的人类通史遵循了一条基本上是线性的演变道路——这在他写于1793年但死后才出版的《人类心智进步历史图解草稿》（*Sketch for a historical picture of the progress of the human mind*）中，有明确表达。假如除了孔多塞侯爵的历史十阶段的论述观点，你对他的其余方面都一无所知，那你大概会猜想，对于普雷斯特利的线性图表，他应该是个热心坚定的支持者。

不过，孔多塞侯爵对世界历史的书写更多是结构性的，而非描述性的。他的主要兴趣，不是提供史实记录，而是要规定和确定通用的历史模式。与启蒙运动中很多倾向于推测论定的历史学家一样，孔多塞侯爵认为，所有社会都经历了一系列可相互比较的——即便不是相同的——发展进程。他的理论体系便是围绕这一前提来设计。尤西比乌斯与普雷斯特利的图表，可以让读者快速识别出年表中同步发生的事件，而孔多塞侯爵的做法则大为不同。他的系统，不展示不同的地方在同一历史时间段正有何事发生，取而代之的，是列出相等的社会发展阶段，展示不同的民族与文化是如何通过与何时跨越这些阶段的。

孔多塞侯爵为自己的历史记载标注新系统列出了概要大纲。在其纲要中，他将年代纪视为历史研究分类的三个维度之一，另外是两个多少有点显得异质的主题类别。（参见图154）在他的系统中，每一个条目内容都被指定给一个具体的历史纪元——从一到十共十个阶段（从狩猎采集原始社会到近代人时期），也纳入一个概括笼统的主题分类范畴（比如说属于社会形态进步的类别），同时也指定到一个具体的主题之下（比如说是关于立法司法或行政治理）。按此操作产生的历史记载便相当

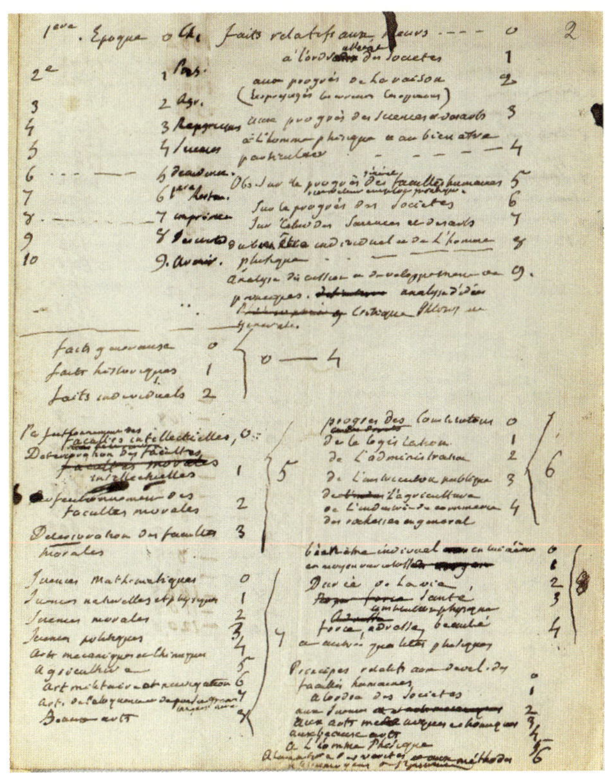

图 154

孔多塞侯爵论文著作的一页；论述主题为一个未曾终结完成的年代学分类系统，而系统所回溯并向未来追踪的，则是人类社会与文化的发展。在左上角，孔多塞侯爵列出了世界历史的十个“主要纪元”阶段；这也是他在《人类心智进步历史图解草稿》所探讨过的，而那个作品在1794年他离世之际尚未完全截稿。在右上角，是按题材划分的一些主要项目类别名，包括了文化、社会、智力与科学的史实。两个列单下面，是次级分类项目，适用于上面的一个或数个主要类别。

复杂，尤其是因为，第三个分组类别要部分地依赖和取决于第二个分类（比如说，在政治的笼统大主题下面，有一个行政治理的次级类目，但在艺术与科学的大类下面就没有）。虽然如此，按照孔多塞侯爵的见解，以他这种方式，在多重维度下给历史事件归类，也有着相当重大的优势。这提供了一个易于交叉对照检索的历史信息的数据库，也便利于横向比较众多不同的历史事例来进行贯穿一致的因果分析。

孔多塞侯爵的这一系统，原本可以用与尤西比乌斯式表格相类似的方式呈现出来，他似乎也确曾仔细思考过这种可能性。但他的三重维度设计，比起普雷斯特利和尤西比乌斯的二维向度，本来就不便于图形化呈现。假如孔多塞侯爵能够接触到稍后在19世纪孕育出现的三维映射技法，或者能用上如今已习以为常的电子科技手段——数据的混排和重组，以及多重的数据投射方案，在电脑时代不复是难事——那么，他也许会更进一步地探索其项目向图形化的推进维度。其时代可供其处置的工具，他尝试使用了，然而，自己的这个年表体系，他从未能为之寻获一个成功的图形化呈现格式；其努力所留下来的仅有的成果证据，只是一些历史事件列单，上面标注了着眼于交叉索引的三个维度的分类坐标。

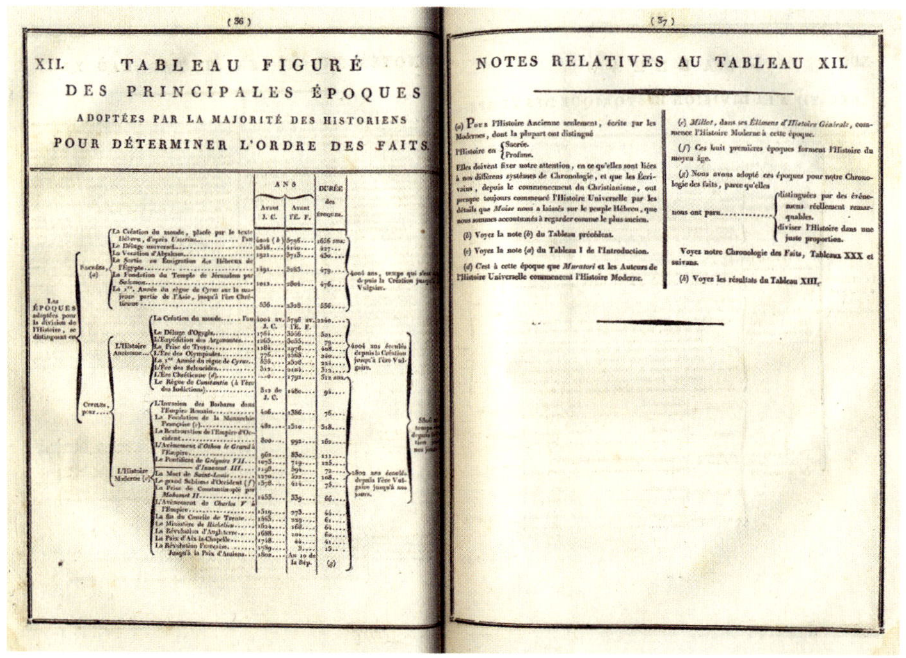

(36)

XII. TABLEAU FIGURÉ
DES PRINCIPALES ÉPOQUES
ADOPTÉES PAR LA MAJORITÉ DES HISTORIENS
POUR DÉTERMINER L'ORDRE DES FAITS.

Les ÉPOQUES adoptées pour la division de l'Histoire, se distinguent en

	ANS Avant J. C.	ANS Avant l'E. F.	DURÉE des époques.
Sacrées, (a)			
La Création du monde, placée par le texte Hébreu, d'après *Usserius*... l'an	4004 (b)	5796	1656 ans.
Le Déluge universel	2348	4140	427
La Vocation d'Abraham	1921	3713	430
La Sortie ou Émigration des Hébreux de l'Égypte	1491	3283	479
La Fondation du Temple de Jérusalem par Salomon	1012	2804	476
La 1re. Année du règne de Cyrus sur la majeure partie de l'Asie, jusqu'à l'ère Chrétienne	536	2328	536
Civiles, pour… L'Histoire Ancienne…			
La Création du monde... l'an	4004 av. J. C.	5796 av. l'E. F.	2240
Le Déluge d'Ogygès	1764	3556	501
L'Expédition des Argonautes	1263	3055	79
La Prise de Troye	1184	2976	408
L'Ère des Olympiades	776	2568	240
La 1re Année du règne de *Cyrus*	536	2328	224
L'Ère des Seleucides	312	2104	312
L'Ère Chrétienne (d)	0	1792	312 ans.
Le Règne de *Constantin* (à l'ère des Indictions)	312 de J. C.	1480	94
L'Histoire Moderne (c)			
L'Invasion des Barbares dans l'Empire Romain	406	1386	76
La Fondation de la Monarchie Françoise (e)	482	1310	318
La Restauration de l'Empire d'Occident	800	992	162
L'Avènement d'*Othon le Grand* à l'Empire	962	830	111
Le Pontificat de *Grégoire VII*	1073	719	125
— d'*Innocent III*	1198	594	72
La Mort de *Saint-Louis*	1270	522	108
Le grand Schisme d'Occident (f)	1378	414	75
La Prise de Constantinople par *Mahomet II*	1453	339	66
L'Avènement de *Charles V* à l'Empire	1519	273	44
La fin du Concile de Trente	1563	229	61
Le Ministère de *Richelieu*	1624	168	64
La Révolution d'Angleterre	1688	104	60
La Paix d'Aix-la-Chapelle	1748	44	41
La Révolution Françoise	1789	3	13
Jusqu'à la Paix d'Amiens	1802	An 10 de la Rép.	(g)

4004 ans, temps qui s'est … depuis la Création jusqu'à … Vulgaire.

4004 ans écoulés depuis la Création jusqu'à l'ère Vulgaire.

1802 ans écoulés depuis l'ère Vulgaire jusqu'à nos jours.

(37)

NOTES RELATIVES AU TABLEAU XII.

(a) Pour l'Histoire Ancienne seulement, écrite par les Modernes, dont la plupart ont distingué l'Histoire en {Sacrée. Profane.
Elles doivent fixer notre attention, en ce qu'elles sont liées à nos différens systêmes de Chronologie, et que les Écrivains, depuis le commencement du Christianisme, ont presque toujours commencé l'Histoire Universelle par les détails que *Moïse* nous a laissés sur le peuple Hébreu, que nous sommes accoutumés à regarder comme le plus ancien.

(b) Voyez la note (b) du Tableau précédent.

(c) Voyez la note (a) du Tableau I de l'Introduction.

(d) C'est à cette époque que *Muratori* et les Auteurs de l'Histoire Universelle commencent l'Histoire Moderne.

(e) *Millot*, dans ses *Élémens d'Histoire Générale*, commence l'Histoire Moderne à cette époque.

(f) Ces huit premières époques forment l'Histoire du moyen âge.

(g) Nous avons adopté ces époques pour notre Chronologie des faits, parce qu'elles nous ont paru........ {distinguées par des événemens réellement remarquables. diviser l'Histoire dans une juste proportion.

Voyez notre Chronologie des Faits, Tableaux XXX et suivans.

(h) Voyez les résultats du Tableau XIII.

图 155

皮埃尔－尼古拉斯·谢特鲁的人类历史主要时代划分表格，出自其出版于1803年的《历史科学》；大多数的历史学家都接受了这一时代分段法，以此来确定史实的先后次序。谢特鲁采用了一种层级化的组织系统，正如狄德罗与达朗贝尔所编的《百科全书》也采用了这种层级化规则来组织素材。

这并非是说，普雷斯特利的方法路径在法国和其他地方缺乏支持者。（参见图155）在此请看一例：19世纪初始时段，皮埃尔－尼古拉斯·谢特鲁（Pierre-Nicolas Chantreau）在其历史研究的理论性作品中便举荐推广普雷斯特利传记图表里的时间线。不过，16世纪的法国人文主义者佩特鲁斯·拉姆斯（Petrus Ramus）曾酝酿和不断改良树状图式来呈现历史，然后在18世纪又因狄德罗与达朗贝尔的《百科全书》而得到广泛普及；与很多法国作者一样，对这种树状图式的可能性的发掘，谢特鲁保持着与对普雷斯特利式图表同等的兴趣。1803年，他出版了《历史科学》（*Science de l'historie*）；其中几个章节解释了历史研究的学科内分部，他在此充分应用了树状图式的手段。他编写的年代学表格本身，其中也使用了树状图式，以此来分组历史条目并在次级层上再细分各传记性类目。

谢特鲁的这些图表策略，是有先例可循的。1636年出现了一本书，《图布斯历史学者：一个历史视角；按照其分别在四大君主体系下壮大繁盛之历程，发现世间全部帝国与王国》（*Tubus Historicus: An Historicall Perspective; Discovering all the Empires*

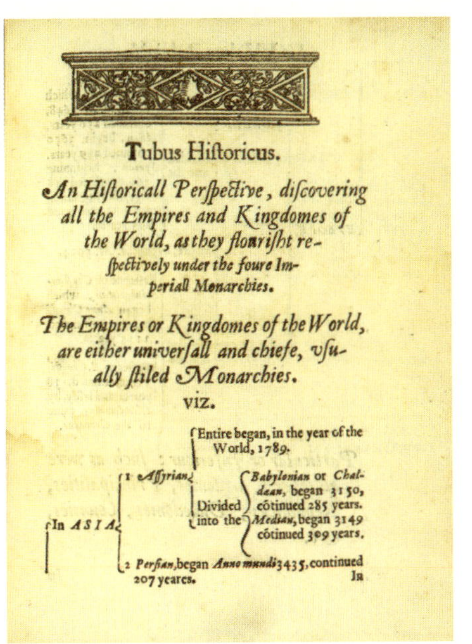

Tubus Historicus.

An Historicall Perspective, discovering all the Empires and Kingdomes of the World, as they flourisht respectively under the foure Imperiall Monarchies.

The Empires or Kingdomes of the World, are either universall and chiefe, usually stiled Monarchies.

viz.

In ASIA
1 Assyrian
Entire began, in the year of the World, 1789.
Divided into the
Babylonian or Chaldean, began 3150, cótinued 285 years.
Median, began 3149 cótinued 309 years.
2 Persian, began Anno mundi 3435, continued 207 yeares.

In

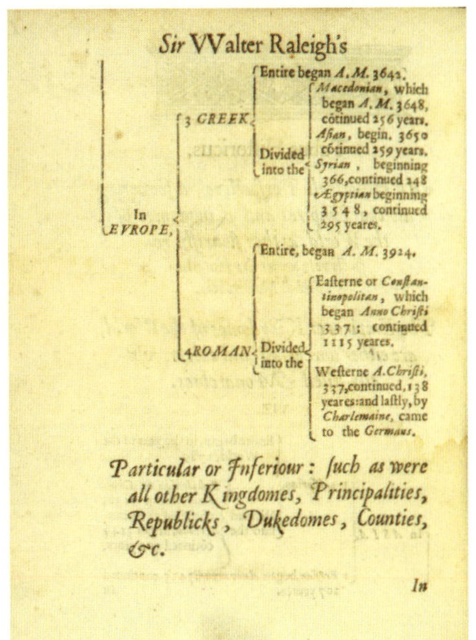

Sir VValter Raleigh's

In EVROPE,
3 GREEK
Entire began A. M. 3642.
Divided into the
Macedonian, which began A. M. 3648, cótinued 256 years.
Asian, begin. 3650 cótinued 259 years.
Syrian, beginning 366, continued 248
Ægyptian beginning 3548, continued 295 yeares.
4 ROMAN
Entire, began A. M. 3924.
Divided into the
Easterne or Constantinopolitan, which began Anno Christi 337; continued 1115 yeares.
Westerne A. Christi, 337, continued, 138 yeares: and lastly, by Charlemaine, came to the Germans.

Particular or Inferiour: such as were all other Kingdomes, Principalities, Republicks, Dukedomes, Counties, &c.

In

图 156—157

作者佚名，《图布斯历史学者：一个历史视角；按照其分别在四大君主体系下壮大繁盛之历程，发现世间全部帝国与王国》，1636 年出版于伦敦

and Kingdomes of the World, as they flourisht respectively under the foure Imperiall Monarchies），被伪称归于沃尔特·雷利爵士的出品；这本书中，利用拉姆斯设计的组合括号，将过往历史上不同的王国都已分组归类。（参见图 156—157）这个作品的设计意图，是要阐解说明一个给定的末世论的预想结构；在这样的作品中，图形的作用方式便有所不同。这里的着重点不是为个体事件确定精准的年代日期，而是如何将历史划分为数量有限的时代阶段，以及如何安排它们在年代纪中的先后序列。百科全书式树状图的形式，用于图解末世学倒也得心应手，但论及为历史事件给定日期这一世俗平凡的常规工作，那树状图就捉襟见肘、左支右绌了。然而，在法国，树状图格式还是继续能找到拥趸。其被应用于年代学的最后一个杰出实例，也许要数 1808 年的《四个变迁理论》（*Théorie des quatre mouvements*）；这是又一个把历史分为四个阶段的图式，作者为法国空想社会主义者夏尔·傅立叶（Charles Fourier）。傅立叶将树状图格式用于他的年代学图表，显然是在努力迎合并借重百科全书式图表模式范本的威望。他同时也是在做他所最擅长、干得最好的事情——将社会体系进行混合调制。

傅立叶宣称，人类历史，从混沌模糊的史前初始时段到最终的完结之时，将会总共持续大概八万年的样子。（参见图158）在这过程中，历史要经过四个主要阶段，或称“变迁”，其中第一和第四变迁分别持续五千年，第二与第三变迁则分别是三万五千年。他说，第一与最后的阶段，都是苦难时期，而第二第三则是快乐愉悦的阶段。按照傅立叶的观点，1808年的世界固然还有很多问题，但长期展望还是光明的：根据他的分段图式，人类还正处于第一历史变迁期的尾声部分。五千年近乎普遍的悲惨苦难之后，终于进入了社会幸福的第一个阶段。他希望，这一切将会把现时生活的困难置于更广的视角中，让人们能正确对待。傅立叶写道：“只有当你理解了前面等待着我们的无限欢乐之际——我们很快就将跨入那个状态——我们过去和眼下承受的巨大艰辛，才能够得到恰当的评估。”傅立叶指出，那种幸福的状态，将会带来社会及两性间的大和谐，人类的生产力将变得极为强大，以至于可以真的融化地球两极的冰盖。傅立叶说，我们不需要等太久，圣彼得堡的气候就会变得类似于西西里岛！悲哀的是，傅立叶的全部预言中（包括满是柠檬汁的大海、斑马当出租车），目前看来，全球变暖这一条最可能成真。

1849年，实证主义哲学家奥古斯特·孔德（Auguste Comte）构思出了另一个大胆的历史图式模型。他的实证主义年历有十三个月，在主要意图上倒并不是想体现为图形图表。（参见图159—160）它是它所自称自命的一个事物，就是一份年历，其设计是为了组织历史记忆与反思回顾，着眼于取代那些现存的宗教日历——对孔德而言，实证哲学也是他的宗教。孔德的年历，与其计划要取代的那些天主教与新教日历一样，也是以一年为周期，依次列出和指示那一整套的节庆与仪式，但是，它也遵循了历史的线性秩序。这个实证年历的十三个月中的第一个月，是以摩西命名，纪念了那些古代的实证哲学名人，比如（斯巴达立法者）莱库古、（波斯拜火教创始人）索罗亚斯德和孔夫子。第十三个月，是以法国解剖学家马利·弗朗索瓦·泽维尔·毕夏（Marie François Xavier Bichat）命名，纪念了近代时期的英雄，比如哥白尼、牛顿与普雷斯特利。与傅立叶的体系相似，孔德的作品展示了，在现代性视野中，历史编年图景的异质感，还有，在一个进步的时代里，传统的时间结构的韧性与持续存在。

Page 56.

TABLEAU
DU COURS DU MOUVEMENT SOCIAL.

Succession et Relations de ses 4 Phases et 32 Périodes.

Ordre des Créations futures.

(On ne pourra bien acquérir l'intelligence de ce Tableau que par l'étude des Chapitres suivans qui en donnent l'explication.)

PREMIÈRE PHASE. ENFANCE ou INCOHÉRENCE ASCENDANTE. — ANNÉES.

Sept périodes. *Création subversive antérieure,* déjà faite. — environ

VIBRATION ASCENDANTE.

Reculement.
1.re SECTES CONFUSES. Ombre du bonheur.
2.e *Sauvagerie.*
3.e *Patriarchat.*
4.e *Barbarie.*

Élan . . . . .
5.e *Civilisation.*
6.e *Garantisme.*
7.e SECTES ÉBAUCHÉES. Aube du bonheur.

Cinq périodes malheureuses organisées en ménages incohérens.

Ages de perfidie, injustice, contrainte, indigence, révolutions, et faiblesse corporelle.

$\frac{1}{16}$ 5000 — CHAOS ASCENDANT.

— Saut du Chaos en Harmonie.

DEUXIÈME PHASE. ACCROISSEMENT ou COMBINAISON ASCENDANTE.

Neuf périodes. 8.e SECTES COMBINÉES SIMPLES. Aurore du bonheur. — C'est l'ordre social auquel le globe va passer par la fondation d'un canton de sectes progressives.

Naissance de la Couronne boréale.

9.e 10.e 11.e 12.e 13.e 14.e 15.e 16.e . . . . . . — SECTES COMPOSÉES ASCENDANTES.

Ces sept périodes sont distinguées par SEPT CRÉATIONS HARMONIQUES, séparées par des intervalles d'environ 4000 ans.

1.re *Création septigénérique et Plénitude ascendante.*

$\frac{7}{16}$ 35000 — HARMONIE ASCENDANTE.

Les 16 sociétés N.° 9 à 24, seront engendrées par autant de créations, dont chacune donnera de nouveaux produits dans les 3 règnes, et modifiera d'autant les rapports sociaux, sans rien changer au mécanisme des sectes progressives.

APOGÉE DU BONHEUR. — Intermède ou Quiétude d'environ 8000 ans.

TROISIÈME PHASE. DÉCLIN ou COMBINAISON DESCENDANTE.

Neuf périodes.
17.e . . . . . . 18.e 19.e 20.e 21.e 22.e 23.e 24.e — SECTES COMPOSÉES DESCENDANTES.

2.e *Création septigénérique et Plénitude descendante.*

Ces sept périodes sont distinguées par SEPT CRÉATIONS HARMONIQUES séparées par des intervalles d'environ 4000 ans.

$\frac{7}{16}$ 35000 — HARMONIE DESCENDANTE.

VIBRATION DESCENDANTE.

Extinction de la Couronne boréale.

25. SECTES COMBINÉES SIMPLES. Terme du bonheur. — Cette 25.e société est comme la 8.e un ordre mixte entre l'Harmonie et le cahos social.

— Saut d'Harmonie en Chaos.

QUATRIÈME PHASE. CADUCITÉ ou INCOHÉRENCE DESCENDANTE.

Sept périodes. *Création subversive postérieure.*

Retraite . .
26.e SECTES ÉBAUCHÉES. Vestiges du bonheur.
27.e *Garantisme.*
28.e *Civilisation.*
29.e *Barbarie.*

Agonie. . .
30.e *Patriarchat.*
31.e *Sauvagerie.*
32.e SECTES CONFUSES. Ombre du bonheur.

Cinq périodes malheureuses organisées en ménages incohérens.

Ages de perfidie, injustice, contrainte, indigence, révolutions, et faiblesse corporelle.

$\frac{1}{16}$ 5000 — CHAOS DESCENDANT.

Fin du Monde animal et végétal, après une durée approximative de . . 80000 ans.

图 158

夏尔·傅立叶提出历史的四个“变迁”或阶段，出自《四个变迁与普遍命运理论：此历史发现宣言与宣讲传单》，1808年出版于法国里昂

[D]

CALENDRIER POSITIVISTE,

POUR UNE ANNÉE QUELCONQUE;

OU

TABLEAU CONCRET DE LA PRÉPARATION HUMAINE.

		PREMIER MOIS. **MOÏSE.** LA THÉOCRATIE INITIALE.	DEUXIÈME MOIS. **HOMÈRE.** LA POÉSIE ANCIENNE.	TROISIÈME MOIS. **ARISTOTE.** LA PHILOSOPHIE ANCIENNE.	QUATRIÈME MOIS. **ARCHIMÈDE.** LA SCIENCE ANCIENNE.	CINQUIÈME MOIS. **CÉSAR.** LA CIVILISATION MILITAIRE.	SIXIÈME MOIS. **SAINT-PAUL.** LE CATHOLICISME.	SEPTIÈME MOIS. **CHARLEMAGNE.** LA CIVILISATION FÉODALE.
Lundi. . .	1	Prométhée.	Hésiode.	Anaximandre.	Théophraste.	Miltiade.	Saint-Luc. . . . . *Saint-Jacques.*	Théodoric-le-Grand.
Mardi. . .	2	Hercule. . . . . . *Thésée.*	Tyrtée. . . . . . *Sapho.*	Anaximène.	Hérophile.	Léonidas.	Saint-Cyprien.	Pélage.
Mercredi. .	3	Orphée.	Anacréon.	Héraclite.	Érasistrate.	Aristide.	Saint-Athanase.	Othon-le-Grand. *Henri-l'Oiseleur.*
Jeudi. . .	4	Ulysse.	Pindare.	Anaxagore.	Celse.	Cimon.	Saint-Jérôme.	Saint-Henri.
Vendredi. .	5	Lycurgue.	Sophocle. . . . . . *Euripide.*	Démocrite. . . . . . *Leucippe.*	Galien.	Xénophon.	Saint-Ambroise.	Villiers. . . . . . *La Valette.*
Samedi. . .	6	Romulus.	Théocrite. . . . . . *Longus.*	Hérodote.	Avicenne. . . . . . *Averrhoès.*	Phocion. . . . . *Épaminondas.*	Sainte-Monique.	Don Juan de Lépante. *Jean Sobieski.*
DIMANCHE. .	7	**NUMA.**	**ESCHYLE.**	**THALÈS.**	**HIPPOCRATE.**	**THÉMISTOCLE.**	**SAINT-AUGUSTIN.**	**ALFRED.**
	8	Bélus. . . . . . *Sémiramis.*	Scopas.	Solon.	Euclide.	Périclès.	Constantin.	Charles-Martel.
	9	Sésostris.	Zeuxis.	Xénophane.	Aristée.	Philippe.	Théodose.	Le Cid. . . . . . *Tancrède.*
	10	Menou.	Ictinus.	Empédocle.	Théodose-de-Bythinie.	Démosthènes.	Saint-Chrysostôme. *Saint-Basile.*	Richard. . . . . . *Saladin.*
	11	Cyrus.	Praxitèle.	Thucydide.	Héron. . . . . . *Ctésibius.*	Ptolémée Lagus.	Sainte-Pulchérie. . . . *Marcien.*	Jeanne-d'Arc.
	12	Zoroastre.	Lysippe.	Archytas. . . . . . *Philolaüs.*	Pappus.	Philopœmen.	Sainte-Geneviève-de-Paris.	Albuquerque. . . *Walter Raleigh.*
	13	Les Druides. . . . . . *Ossian.*	Apelles.	Apollonius de Tyane.	Diophante.	Polybe.	Saint-Grégoire-le-Grand.	Bayard.
	14	**BOUDDHA.**	**PHIDIAS.**	**PYTHAGORE.**	**APOLLONIUS.**	**ALEXANDRE.**	**HILDEBRAND.**	**GODEFROI.**
	15	Fo-Hi.	Ésope. . . . . . *Pilpai.*	Aristippe.	Eudoxe. . . . . . *Aratus.*	Junius-Brutus.	Saint-Benoît. . . *Saint-Antoine.*	Saint-Léon-le-Grand. . *Léon IV.*
	16	Lao-Tseu.	Plaute.	Antisthènes.	Pythéas. . . . . . *Néarque.*	Camille. . . . . . *Cincinnatus.*	Saint-Boniface. . *Saint-Austin.*	Gerbert. . . . . *Pierre Damien.*
	17	Meng-Tseu.	Térence. . . . . . *Ménandre.*	Zénon.	Aristarque. . . . . . *Bérose.*	Fabricius. . . . . . *Régulus.*	St-Isidore-de-Séville. *St-Bruno.*	Pierre-l'Ermite.
	18	Les théocrates du Tibet.	Phèdre.	Cicéron. . . . . *Pline-le-Jeune.*	Ératosthène. . . . . *Sosigène.*	Annibal.	Lanfranc. . . . *Saint-Anselme.*	Suger. . . . . . *Saint-Éloi.*
	19	Les théocrates du Japon.	Juvénal.	Épictète. . . . . . *Arrien.*	Ptolémée.	Paul-Émile.	Héloïse. . . . . . *Béatrice.*	Alexandre III. . . *Thomas Becket.*
	20	Manco-Capac. . . *Tamehameha.*	Lucien.	Tacite.	Albategnius. . . . *Nassir-Eddin.*	Marius. . . . . . *Les Gracques.*	Les archit. du moyen âge. *S.-Bénezet.*	St-François-d'Ass. . *St-Dominique.*
	21	**CONFUCIUS.**	**ARISTOPHANE.**	**SOCRATE.**	**HIPPARQUE.**	**SCIPION.**	**SAINT-BERNARD.**	**INNOCENT III.**
Maridi. . .	22	Abraham. . . . . . *Joseph.*	Ennius.	Xénocrate.	Varron.	Auguste. . . . . . *Mécène.*	St-François Xav. *Ignace de Loyola.*	Sainte-Clotilde.
Patridi. . .	23	Samuel.	Lucrèce.	Philon d'Alexandrie.	Columelle.	Vespasien. . . . . . *Titus.*	St-Charles-Borromée. *Fréd. Borromée.*	Ste-Bathilde. *Ste-Math.-de-Toscane.*
Filidi. . .	24	Salomon. . . . . . *David.*	Horace.	Saint-Jean-l'Évangéliste.	Vitruve.	Adrien. . . . . . *Nerva.*	Ste-Thérèse. *Ste-Cather.-de-Sienne.*	St-Étienne-de-Hong. *Math. Corvin.*
Fratridi. .	25	Isaïe.	Tibulle.	Saint-Justin. . . *Saint-Irénée.*	Strabon.	Antonin. . . . . *Marc-Aurèle.*	St-Vinc.-de-Paule. *L'abbé de l'Épée.*	Sainte-Élisabeth-de-Hongrie.
Domidi. . .	26	Saint-Jean-Baptiste.	Ovide.	Saint-Clément-d'Alexandrie.	Frontin.	Papinien. . . . . . *Ulpien.*	Bourdaloue. . . . *Claude Fleury.*	Blanche de Castille.
Matridi. . .	27	Haroun-al-Raschid. *Abdérame III.*	Lucain.	Origène. . . . . . *Tertullien.*	Plutarque.	Alexandre-Sévère.	W. Penn. . . . . . *G. Fox.*	Saint-Ferdinand III. *Alphonse X.*
HUMANIDI. .	28	**MAHOMET.**	**VIRGILE.**	**PLATON.**	**PLINE-l'ancien.**	**TRAJAN.**	**BOSSUET.**	**SAINT-LOUIS.**

(Catéchisme Positiviste, page 332.)

[D']

CALENDRIER POSITIVISTE,

POUR UNE ANNÉE QUELCONQUE;

OU

TABLEAU CONCRET DE LA PRÉPARATION HUMAINE.

		HUITIÈME MOIS. **DANTE.** L'ÉPOPÉE MODERNE.	NEUVIÈME MOIS. **GUTEMBERG.** L'INDUSTRIE MODERNE.	DIXIÈME MOIS. **SHAKESPEARE.** LE DRAME MODERNE.	ONZIÈME MOIS. **DESCARTES.** LA PHILOSOPHIE MODERNE.	DOUZIÈME MOIS. **FRÉDÉRIC.** LA POLITIQUE MODERNE.	TREIZIÈME MOIS. **BICHAT.** LA SCIENCE MODERNE.
Lundi. . .	1	Les Troubadours.	Marco-Polo. . . . . . *Chardin.*	Lope de Vega. . . . *Montalvan.*	Albert-le-Grand. *Jean de Salisbury.*	Marie de Molina.	Copernic. . . . . *Tycho-Brahé.*
Mardi. . .	2	Bocace. . . . . . *Chaucer.*	Jacques Cœur. . . . *Gresham.*	Moreto. . . . *Guillen de Castro.*	Roger Bacon. . . *Raimond Lulle.*	Côme de Médicis l'ancien.	Kepler. . . . . . *Halley.*
Mercredi. .	3	Rabelais.	Gama. . . . . . *Magellan.*	Rojas. . . . . . *Guevara.*	Saint-Bonaventure. . . *Joachim.*	Philippe de Comines. *Guicciardini.*	Huyghens. . . . . . *Varignon.*
Jeudi. . .	4	Cervantès.	Néper. . . . . . *Briggs.*	Otway.	Ramus. . . *Le cardinal de Cusa.*	Isabelle de Castille.	Jacques Bernouilli. *Jean Bernouilli.*
Vendredi. .	5	La Fontaine.	Lacaille. . . . . . *Delambre.*	Lessing.	Montaigne. . . . . . *Érasme.*	Charles-Quint. . . *Sixte-Quint.*	Bradley. . . . . . *Roëmer.*
Samedi. . .	6	Foé. . . . . . *Goldsmith.*	Cook. . . . . . *Tasman.*	Goethe.	Campanella. . . . . . *Morus.*	Henri IV.	Volta. . . . . . *Sauveur.*
DIMANCHE. .	7	**ARIOSTE.**	**COLOMB.**	**CALDERON.**	**SAINT-THOMAS-d'Aquin.**	**LOUIS XI.**	**GALILÉE.**
	8	Léonard de Vinci. . . . *Le Titien.*	Benvenuto Cellini.	Tirso.	Hobbes. . . . . . *Spinosa.*	Coligny. . . . . . *L'Hôpital.*	Viète. . . . . . *Harriott.*
	9	Michel-Ange. . . *Paul Véronèse.*	Amontons. . . . . *Wheatstone.*	Vondel.	Pascal. . . . *Giordano Bruno.*	Barneveldt.	Wallis. . . . . . *Fermat.*
	10	Holbein. . . . . . *Rembrandt.*	Harrison. . . . . *Pierre Leroy.*	Racine.	Locke. . . . . . *Mallebranche.*	Gustave-Adolphe.	Clairaut. . . . . . *Poinsot.*
	11	Poussin. . . . . . *Lesueur.*	Dollond. . . . . . *Graham.*	Voltaire.	Vauvenargues. *Mme de Lambert.*	De Witt.	Euler. . . . . . *Monge.*
	12	Vélasquez. . . . *Alonzo Cano.*	Arkwright. . . . . . *Jacquart.*	Alfieri. . . . . . *Metastase.*	Diderot. . . . . . *Tracy.*	Ruyter.	D'Alembert. . *Daniel Bernouilli.*
	13	Téniers. . . . . . *Rubens.*	Conté.	Schiller.	Cabanis. . . . . *Georges Leroy.*	Guillaume III.	Lagrange. . . . *Joseph Fourier.*
	14	**RAPHAEL.**	**VAUCANSON.**	**CORNEILLE.**	Le Chancelier **BACON.**	**GUILLAUME**-le-Taciturne.	**NEWTON.**
	15	Froissart. . . . . . *Joinville.*	Stévin. . . . . . *Torricelli.*	Alarcon.	Grotius. . . . . . *Cujas.*	Ximénès.	Bergmann. . . . . . *Scheele.*
	16	Camoens.	Mariotte. . . . . . *Boyle.*	Mme de Motteville. *Mme Roland.*	Fontenelle. . . . . *Maupertuis.*	Sully. . . . . . *Oxenstiern.*	Priestley. . . . . . *Davy.*
	17	Les Romanciers espagnols.	Papin. . . . . . *Worcester.*	Mme de Sévigné. *Lady Montague.*	Vico. . . . . . *Herder.*	Colbert. . . . . . *Louis XIV.*	Cavendish.
	18	Châteaubriant.	Black.	Lesage. . . . . . *Sterne.*	Fréret. . . . . *Winckelmann.*	Walpole. . . . . . *Mazarin.*	Guyton-Morveau. . . . *Geoffroy.*
	19	Walter-Scott. . . . . . *Cooper.*	Jouffroy. . . . . . *Fulton.*	Mme de Staël. *Miss Edgeworth.*	Montesquieu. . . . *d'Aguesseau.*	D'Aranda. . . . . . *Pombal.*	Berthollet.
	20	Manzoni.	Dalton. . . . . . *Thilorier.*	Fielding. . . . . . *Richardson.*	Buffon. . . . . . *Oken.*	Turgot. . . . . *Campomanes.*	Berzélius. . . . . . *Ritter.*
	21	**TASSE.**	**WATT.**	**MOLIÈRE.**	**LEIBNITZ.**	**RICHELIEU.**	**LAVOISIER.**
Maridi. . .	22	Pétrarque.	Bernard de Palissy.	Pergolèse. . . . . . *Palestrina.*	Robertson. . . . . . *Gibbon.*	Sidney. . . . . . *Lambert.*	Harvey. . . . . . *Ch. Bell.*
Patridi. . .	23	Thomas A'Kempis. *Louis de Grenade.*	Guglielmini. . . . . . *Riquet.*	Sacchini. . . . . . *Grétry.*	Adam Smith. . . . . *Dunoyer.*	Franklin.	Boërhaave. . . . . . *Stahl.*
Filidi. . .	24	Mme de Lafayette. . *Mme de Staël.*	Duhamel (du Monceau).	Gluck. . . . . . *Lully.*	Kant. . . . . . *Fichte.*	Washington. . . . . *Kosciusko.*	Linné. . . . *Bernard de Jussieu.*
Fratridi. .	25	Fénelon. *Saint-François-de-Sales.*	Saussure. . . . . . *Bouguer.*	Beethoven. . . . . . *Handel.*	Condorcet. . . . . . *Ferguson.*	Jefferson.	Haller. . . . . . *Vicq-d'Azyr.*
Domidi. . .	26	Klopstock. . . . . . *Gessner.*	Coulomb. . . . . . *Borda.*	Rossini. . . . . . *Weber.*	Joseph de Maistre. . . . *Bonald.*	Bolivar. . *Toussaint-Louverture.*	Lamarck. . . . . . *Blainville.*
Matridi. . .	27	Byron. . . . . *Élisa Mercœur.*	Carnot. . . . . . *Vauban.*	Bellini. . . . . . *Donizetti.*	Hegel. . . . . *Sophie Germain.*	Francia.	Broussais. . . . . . *Morgagni.*
HUMANIDI. .	28	**MILTON.**	**MONTGOLFIER.**	**MOZART.**	**HUME.**	**CROMWELL.**	**GALL.**

Jour complémentaire. . . . . Fête universelle des **MORTS**.

Jour additionnel des années bissextiles. . . . { Réprobation solennelle des deux principaux rétrogradateurs (*Julien* et *Bonaparte*), mais seulement pendant la première demi-génération.

Après ces quatre célébrations initiales de la *Fête des Réprouvés*, ce jour exceptionnel prendra sa destination normale pour le culte abstrait.

(Catéchisme Positiviste, page 332.)

图 159—160

奥古斯特·孔德，“实证主义年历”，出自《实证教义问答书》，1852 年出版于巴黎普雷斯特利强调年表要比例规则均匀，他这种一丝不苟的固执立场，在德国与奥地利也遭遇了一定的抵触。（参见图161）举例来说，1804年，年代学者弗雷德里克·斯特拉斯（Friedrich Strass）出版了一份具有高度影响力的年表，题为《时间之流》（*Strom der Zeiten*）；这个作品被翻译为数种文字，其中包括了英语与俄语，也在无数的历史著作中被参考引用。与普雷斯特利一样，斯特拉斯也认为，历史的图形化呈现，相对于纯文本化呈现，有着多重的优势：它能简洁地表露出顺序、比例规模与相应事件的共时性，并且无需费事死记硬背和烦琐计算。但是，根据斯特拉斯的英文译者威廉·贝尔（William Bell）的观点，普雷斯特利图表的那种"等标量的"或曰几何形式上很规则的组织形态，暗示了历史进程中的一种统一性一致性，而那直接就是带有误导作用。以某种与浪漫主义历史观的修辞语汇相一致的方式，斯特拉斯抗拒将秩序顺序等同为比例量度。正如威廉·贝尔所言：

> 借助于线条这一概念，来协助我们的感知和理解力，以便假想抽象的时间；无论这一做法可能是多么自然而然……仍然还是有令人大为惊讶的地方，那就是……有人竟认为溪流的意象不该出现在任何人的构想中……滑动和向前滚动流动的那种表现手段，或者快速水流的那种表现手法，被应用在时间概念上，对我们而言实际已经很熟悉，就跟说时间长和短同样熟悉。这种表现手法也不需要读者有多强的辨识能力……便可以在帝国的兴衰起落中去追踪历史轨迹，由暗示图形想到一条河流的源头，想到那水流的不断增快的流速，而这个流速，又与河流水道向容纳百川的大海奔流过程中地形下倾的坡度成比例。不仅如此，这种隐喻符号……还赋予概念以极大的生动感，能让历史事件更强有力地在头脑中留下印迹，比那种僵化、规律、均匀的直线条要更形象。这种溪流图形有着多样化的力量，既可以将各个不同的水流再度分解为附属分支，也可以融汇水流，汇集成一片能量的汪洋……这图形的力量有助于演绎表达那些内涵理念，而手段就是更为吸引人的形式美感，更明白晓畅的那种简洁感，还有更为连贯一致的那种观感上的相似性。

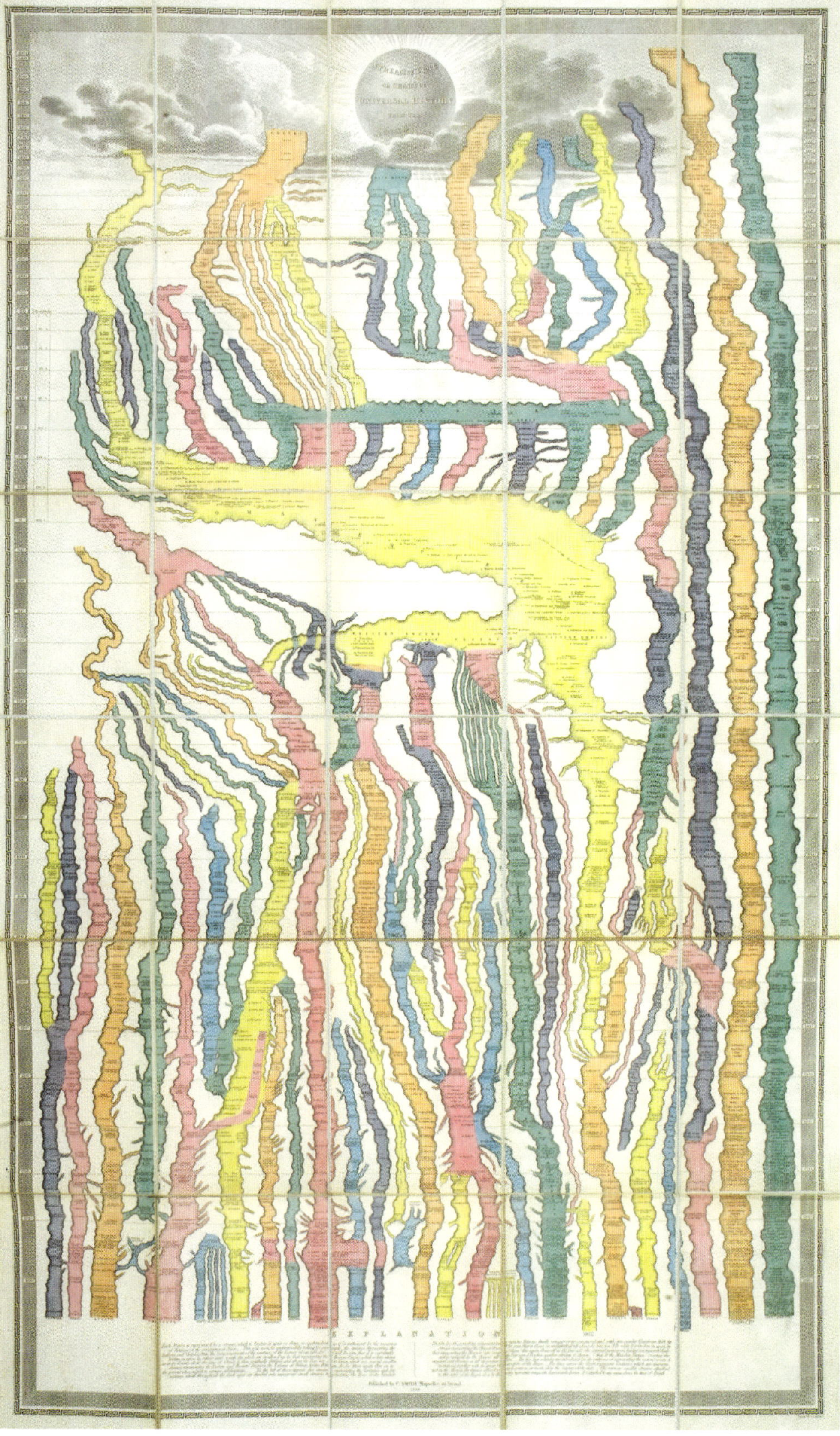
EXPLANATION

在斯特拉斯和贝尔看来，历史是关于过往的一种知识，而不只是一系列被记录下来的成套史实。相应的，斯特拉斯的图表，尽管框架结构保留了托马斯·杰弗里斯与普雷斯特利的一般整体感觉，但对历史内容本身的呈现，看上去则是完全不同的。在他的杰出的单面印刷图表的顶部，是一道风暴浪潮，而《时间之流》便是起源于那里。在图中，事件潮起潮落、此消彼长，时而分岔，时而扭结，或者奔涌，或者席卷滚动，轰隆隆雷霆万钧。杰拉尔杜斯·墨卡托曾尝试改变历史时间流逝的速率；假如他看到自己那谦逊、节制的努力，竟然能被变形转化为如此壮观而灵活多变的一种视觉隐喻，那他大概要目眩神迷、沉醉不已的。

采取如此表现策略的图表制作者，斯特拉斯并非唯一之人。在19世纪，不管是借助于溪流的形式（通常是从上往下流动），还是运用树状图的形式（通常是从下往上延伸），类似的视觉设计图式都处处可见、遍地开花。（参见图162—163）《时间之流》首版之后仅仅几年，新泽西州的两位出众的发明家，优秀的丹尼尔与斯蒂芬·多德兄弟俩，便制作了一份类似的图表，尽管他们的是建基于树状图。多德兄弟产出的这一类美国图表出品，与它们在欧洲的对应同类相比，生命周期要更短暂。这些“美国货”，经常也会更敷衍一些，草草了事。多德兄弟的图表，尽管本身算精彩，但之所以被世人记住，并非因为它自有的内在品质，而是因为其创作者的名声。丹尼尔与斯蒂芬的父亲是美国钟表制造匠人勒贝斯·多德（Lebbeus Dod）；在美国的革命战争（也即独立战争）期间，此君的宝贵手艺被纳入武器军备之列。斯蒂芬则是知名的土地测量师，担任了纽瓦克的市长。丹尼尔则为第一艘横穿大西洋的美国汽轮“萨凡纳号”设计和制造了蒸汽引擎。不过，多德兄弟的图表在美国还是产生了一些影响，因此在1813年出现了一个新的版本；新图表的制作者是声名远播的佛蒙特州印刷商兼镌版师伊萨克·艾迪（Isaac Eddy），还有地球仪制作者詹姆斯·威尔逊（James Wilson）的协助。

图 161

威廉·贝尔将弗雷德里克·斯特拉斯出品于1804年的《时间之流》译为英文；此为1849年伦敦印出的版本。

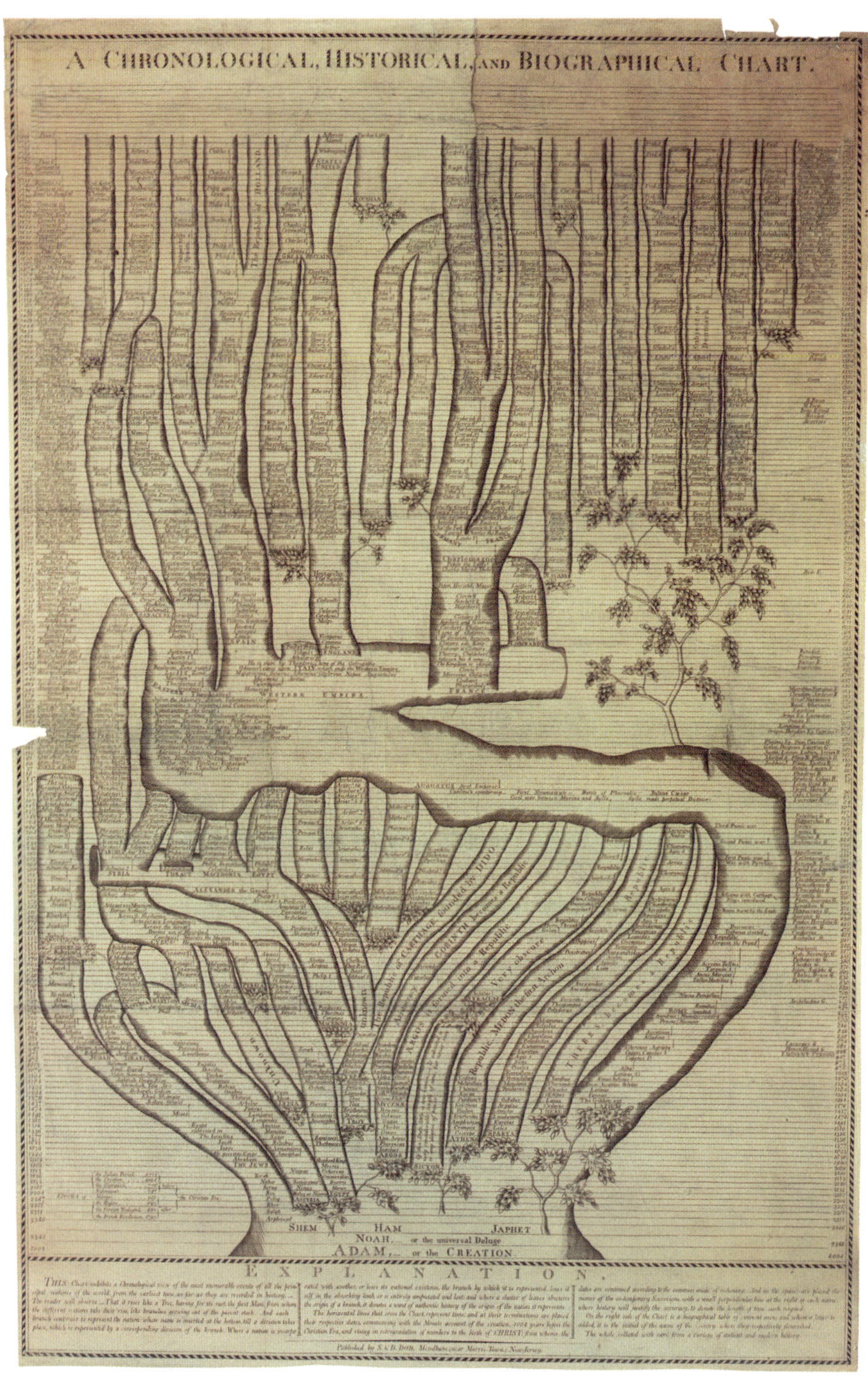
A CHRONOLOGICAL, HISTORICAL, AND BIOGRAPHICAL CHART.
SHEM
HAM
JAPHET
NOAH, or the universal Deluge
ADAM, or the CREATION
EXPLANATION.

图 162（对页）

斯蒂芬与丹尼尔·多德出版于 1807 年的《年代纪、历史与传记图表》，类似于斯特拉斯的《时间之流》，但采用的形式是一棵向上生长的树，而不是向下流动的溪流。多德兄弟的图表的右上角部位，是传记类分支，普雷斯特利的名字突出显示在那里。

图 163

在很多情形下，年代纪图表作者的精准身份信息，难以确定。很典型的一个原由，是因为这些作品一般是作者、镌版师与出版商三方合作的成果，而且新图表对前人旧作的依赖程度通常也很高。1812 年，印刷业先锋人物伊萨克·艾迪出品了第一部《佛蒙特大公会圣经》。第二年，与地球仪制作者詹姆斯·威尔逊协作，艾迪又出版了一份图表，题为《特别绘制图表，以阐明君主政体演变之历史》。这个佛蒙特公会的图表，在形式上与斯蒂芬和丹尼尔·多德的作品非常相似，但内容、构想框架与插画则有差异。

整个19世纪期间，这种河流状图表持续受到青睐。（参见图164—166）1806年，在康涅狄格州，公理会牧师大卫·罗兰德（David Rowland）在其作品《简要教会史》（*Epitome of Ecclesiastical History*）中，便用了河流的象征隐喻图形，而不是那种标准的尤西比乌斯式图表格式。

1808年，托马斯·克拉克森（Thomas Clarkson）所出版的《英国议会废除非洲黑奴贸易的历史——兴起、进展与完成》（*The History of the Rise, Progress, and Accomplishment of the Abolition of the African Slave-Trade by the British Parliament*）中，也是同样用了河流的图形隐喻。这也正如詹姆斯·乔治·罗奇·弗隆（James George Roche Forlong）1883年出版的关于世界宗教的民族志人种学研究作品；作品名为《生命之河，或，全球各方土地上人们信仰的源泉与支流：呈示信仰的演变，从最原始蒙昧的象征符号到最近期的灵性发展》（*Rivers of Life, or, Sources and Streams of the Faiths of Man in All Lands; Showing the Evolution of Faiths from the Rudest Symbolisms to the Latest Spiritual Developments*）。少将弗隆可堪与16世纪末的法国人泰保拉里乌斯相提并论，去争夺最佳年代学者的称谓。

不过，随着时间的推进，这种流体式图表的体例，还是倾向于与那种线性年表合并融汇。尽管有威廉·贝尔提出抗辩，在19世纪期间，典型的操作依旧是在流体式图表中适当采用某种类型的“等标量的”格式——普雷斯特利已将此格式普及化。虽然两种图表体例的内部规约不同，但它们的框架结构却越来越类似于那种规则的、比例均匀、长短有度的时间线格式；那种时间线，在其最初出现仅仅几十年后，便已经广为传布、无处不在。

图164

溪流、水流的视觉隐喻，有时候会被整合纳入一个更大的表格状框架结构内，比如在1806年的这个《简要教会史》便是如此；作者为大卫·罗兰德，康涅狄格州温莎首一教堂的公理会牧师。在罗兰德的图表中，基督教的中心水流部分，因为中世纪期间的“错乱的暗影”而变得阴暗模糊了；其间只有一条代表持异见者的细小的、清晰的水道轨迹穿过。而在宗教改革期间，好几条表示持异见者的分离水道从基督教的主水流中散逸出来，然后又重新汇入主流。

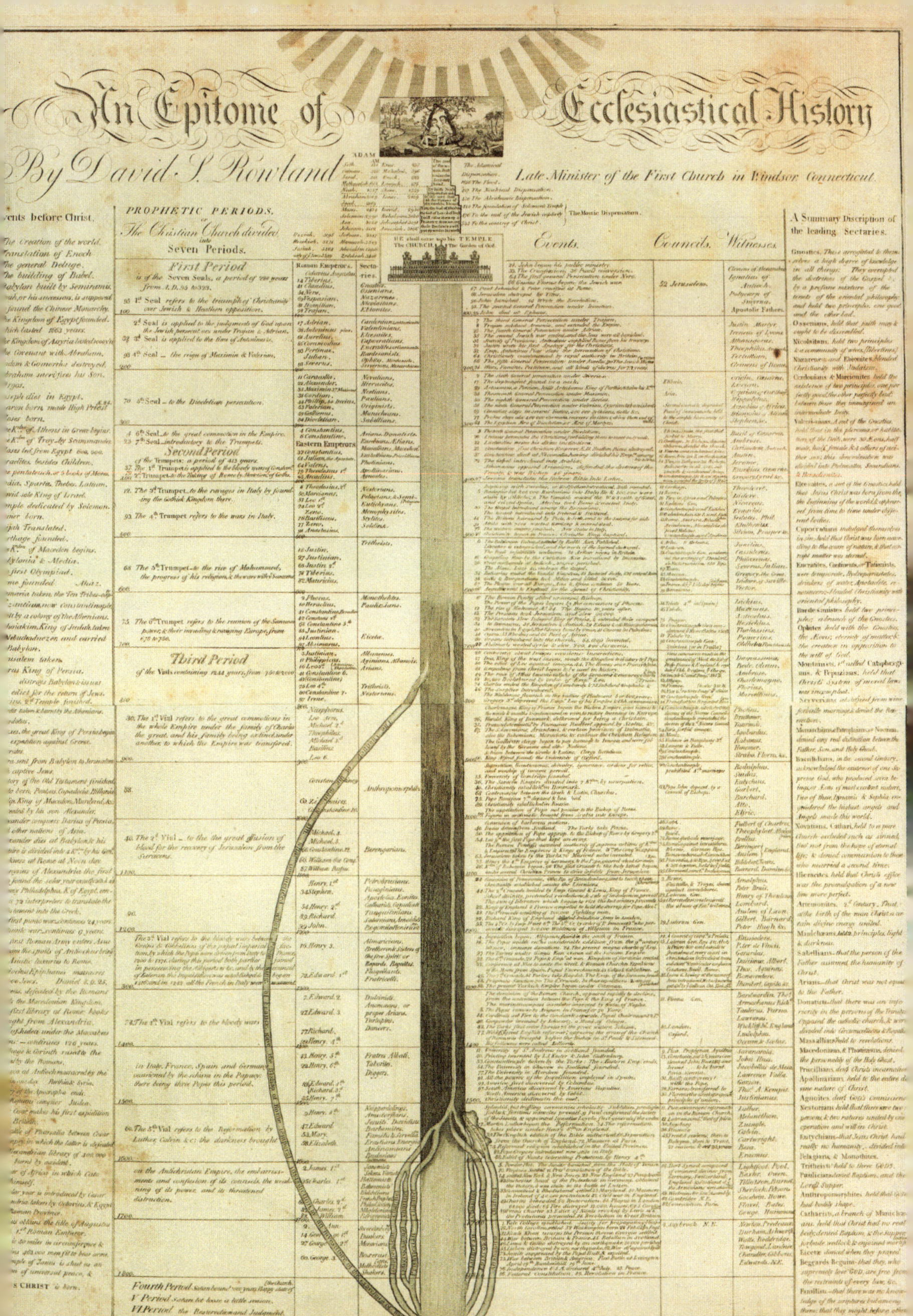

An Epitome of Ecclesiastical History

By David S. Rowland

Late Minister of the First Church in Windsor Connecticut.

The Adamical Dispensation.
1656 The Flood.
The Noahical Dispensation.
The Abrahamic Dispensation.
The foundation of Solomon's Temple
To the end of the Jewish captivity
To the coming of Christ. } The Mosaic Dispensation.

HE shall come into his TEMPLE
The CHURCH. The Garden of God.

Events before Christ.

The Creation of the world.
Translation of Enoch
The general Deluge.
The building of Babel.
Babylon built by Semiramis.
...ah, or his successors, is supposed found the Chinese Monarchy.
The Kingdom of Egypt founded, which lasted 1663 years.
The Kingdom of Assyria lasted 1000 years
The Covenant with Abraham.
Sodom & Gomorrha destroyed.
Abraham sacrifices his Son.
Argos.
Joseph dies in Egypt.
Aaron born, made High Priest
Moses born.
The K^dm of Athens in Greece begins.
The K^dm of Troy by Scamander.
Moses led from Egypt 600,000 Israelites, besides Children.
The pentateuch, or 5 books of Moses.
...dia, Sparta, Thebes, Latium.
David sole King of Israel.
Temple dedicated by Solomon.
Homer born.
Elijah Translated.
Carthage founded.
The K^dm of Macedon begins.
Babylonia & Media.
First Olympiad.
Rome founded. Ahaz.
Samaria taken, the Ten Tribes captive.
Byzantium, now Constantinople, built by a colony of the Athenians.
Jehoiakim, King of Judah, taken by Nebuchadnezzar, and carried to Babylon.
Jerusalem taken.
Cyrus King of Persia, destroys Babylon & issues an edict for the return of Jews.
The 2^d Temple finished.
... taken & burnt by the Athenians.
...dotus.
Xerxes, the great King of Persia, begins expedition against Greece.
...rates.
Ezra sent from Babylon to Jerusalem ... captive Jews.
...tory of the Old Testament finished.
... born, Pontus, Capadocia, Bithynia ...
Philip, King of Macedon, Murdered, & succeeded by his son Alexander.
Alexander conquers Darius of Persia, & other nations of Asia.
Alexander dies at Babylon & his Empire is divided into 4 K^dms by his Gen^ls.
... at Rome at Noon day.
...sthenes of Alexandria the first found the solar year ...
Ptolemy Philadelphus, K. of Egypt, employs 72 interpreters to translate the Old Testament into the Greek.
First punic war, continues 24 years.
...punic war, continues 17 years.
First Roman Army enters Asia ... the spoils of Antiochus bring Asiatic luxuries to Rome.
Antiochus Epiphanes massacres the Jews. Daniel 8. 9. 25.
...eus, defeated by the Romans ... the Macedonian Kingdom.
First library at Rome, books brought from Alexandria.
... of Judea under the Maccabees ... continues 126 years.
Carthage & Corinth rased to the ground by the Romans.
... at Antioch massacred by the ... Parthia & Syria.
...ry of the Apocrypha ends.
Romans conquer Judea.
Caesar makes his first expedition ... Britain.
Battle of Pharsalia between Caesar & Pompey, in which the latter is defeated.
Alexandrian library of 400,000 ... burnt by accident.
War of Africa in which Cato ... himself.
...lar year is introduced by Caesar.
Alexandria taken by Octavius & Egypt ... Roman Province.
... obtains the title of Augustus, 1st Roman Emperor.
... is 50 miles in circumference & ... 463,000 men fit to bear arms.
Temple of Janus is shut as an ... of universal peace, &
JESUS CHRIST is born.

PROPHETIC PERIODS, or The Christian Church divided into Seven Periods.

First Period is of the Seven Seals, a period of 228 years from A.D. 95 to 323.

95 1st Seal refers to the triumph of Christianity over Jewish & Heathen opposition.

100

2^d Seal is applied to the judgments of God upon the Jewish persecutors under Trajan & Adrian.

3^d Seal is applied to the time of Antoninus.

4th Seal — the reign of Maximin & Valerian.

200

70 5th Seal — to the Dioclesian persecution.

300

4 6th Seal — to the great commotion in the Empire.

23 7th Seal — introductory to the Trumpets.

Second Period of the Trumpets: a period of 413 years.

37 The 1st Trumpet is applied to the bloody wars of Constant^s.

2^d Trumpet — to the taking of Rome by Honorius of Goths.

400

19. The 3^d Trumpet — to the ravages in Italy by founding the Gothick Kingdom there.

93 The 4th Trumpet refers to the wars in Italy.

500

68 The 5th Trumpet — to the rise of Mahummed, the progress of his religion, & the wars with ^e Saracens.

600

75 The 6th Trumpet refers to the reunion of the Saracen power, & their invading & ravaging Europe, from 675 to 750.

700

Third Period of the Vials containing 1244 years, from 756 to 2000.

800

30. The 1st Vial refers to the great commotions in the whole Empire under the family of Charles the great, and his family being extinct, under another, to which the Empire was transfered.

900

88.

1000

40. The 2^d Vial — to the great effusion of blood for the recovery of Jerusalem from the Saracens.

1100

90.

1200

The 3^d Vial refers to the bloody wars between the Guelphs & Gibbelines of the papal imperial factions, by which the Popes were driven from Italy to ... France 1300 & 1371. during this period both parties ... joined in persecuting the Albigenses &c. and by the ... council of Lateran the Inquisition was established ... began 1216, and in 1282 all the French in Italy were massacred.

1300

74 The 4th Vial refers to the bloody wars in Italy, France, Spain and Germany, occasioned by the schism in the Papacy: there being three Popes this period.

1400

1500

60. The 5th Vial refers to the Reformation by Luther, Calvin &c: the darkness brought on the Antichristian Empire, the embarrassments and confusion of its councils, the weakening of its power, and its threatened destruction.

1600

1700

1800

Fourth Period Satan bound 1000 years, Happy state of the Church.
V Period Satan let loose a little season.
VI Period the Resurrection and Judgment.
VII Period The Heavenly State

Roman Emperors. / Sectaries. / Events. / Councils. / Witnesses.

Roman Emperors: 14 Tiberius, 41 Claudius, 54 Nero, 69 Vespasian, 81 Domitian, 98 Trajan.

Sectaries: Gnostics, Ossenians, Nazarenes, Nicolaitans, Ebionites.

Events:
24. John began his public ministry.
33. The Crucifixion. 36 Paul's conversion.
64 The first general Persecution under Nero.
66 Gessius Florus begins the Jewish war.
67 Paul beheaded & Peter crucified at Rome.
70 Jerusalem destroyed by Titus.
90 John banished. 96 Wrote the Revelation.
95. The second General Persecution under Domitian.
100. 99 John died at Ephesus.

Councils: 52 Jerusalem.

Witnesses: Clemens of Alexandria, Ignatius of Antioch, Polycarp of Smyrna, Apostolic Fathers.

A Summary Discription of the leading Sectaries.

Gnostics. These arrogated to themselves a high degree of knowledge in all things: They corrupted the doctrines of the Gospel, by a profane mixture of the tenets of the oriental philosophy and held two principles, one good and the other bad.

Ossenians, held that faith may be ought to be dissembled.

Nicolaitans, held two principles & a community of wives. (Libertines)

Nazarenes and **Ebionites,** blended Christianity with Judaism.

Cerdonians & Marcionites held the existence of two principles, one perfectly good, the other perfectly bad: between these they immagined an intermediate Deity.

Valentinians. A sect of the Gnostics, held that in the pleroma, or habitation of the Deity, were 30 Æons, half male, half female & 4 others of neither sex: this denomination was divided into Ptolomaites, Secundians, & Heracleonites.

Elcesaites, a sect of the Gnostics, held that Jesus Christ was born from the the beginning of the world, & appeared from time to time under different bodies.

Carpocratians indulged themselves in sin, held that Christ was born according to the course of nature, & that corrupt matter was eternal.

Encratites, Continents, or Tatianists, were temperate, Hydroparastates, drinkers of water, Apotactite, renouncers; blended Christianity with oriental philosophy.

Bardesanistes held two principles; a branch of the Gnostics.

Ophites held with the Gnostics, the Æons; eternity of matter, & the creation in opposition to the will of God.

Montanists, 1st called **Cataphrygians, & Pepuzians,** held that Christ's System of moral laws was incomplete.

Severians abstained from wine, forbade marriage & denied the Resurrection.

Monarchians, Patripassians, or Noetians, denied any real distinction between the Father, Son, and Holy Ghost.

Basilidians, in the second century, acknowledged the existence of one Supreme God, who produced seven beings, or Æons of most excellent nature, Two of these, Dynamis & Sophia engendered the highest angels and Angels made this world.

Novatians, Cathari, held to a pure Church, excluded such as sinned, tho' not from the hope of eternal life; & denied communion to those who married a second time.

Hieracites held that Christ's office was the promulgation of a new law more perfect.

Artemonites. 2^d Century. That at the birth of the man Christ a certain divine energy united.

Manichæans held 2 principles, light & darkness.

Sabellians — that the person of the Father assumed the humanity of Christ.

Arians — that Christ was not equal to the Father.

Donatists — that there was an inferiority in the persons of the Trinity. Opposed the catholic church, & were divided into Circumcellions & Rogatists.

Massallians held to revelations.

Macedonians, & Photinians, denied the personality of the Holy Ghost.

Priscillians deny Christ's incarnation.

Apollinarians held to the entire divine nature of Christ.

Agnoites deny God's Omniscience.

Nestorians held that there were two persons, & two natures united by one operation and will in Christ.

Eutychians — that Jesus Christ had really no humanity, divided into Pelagians & Monothites.

Tritheists held to three GODS.

Paulicians denied Baptism, and the Lord's Supper.

Anthropomorphites held that God had bodily shape.

Catharists, a branch of Manichæans, held that Christ had no real body; denied Baptism, & the Supper, forbade wedlock & enjoined worship.

Eicetæ danced when they prayed.

Beggards, Beguins — that they who supremely love GOD, are free from the restraints of every law, &c.

Familists — that there was no knowledge of the scriptures but among them: that they might before others swear to a falsehood.

Engraved and Printed for the Proprietors by Amos Doolittle New Haven 1806.

...mpendious representation of the Church: ...dy of Him who is the head even Christ — ...den of Eden — The Adamical dispensation in a dark shade: also the different dispensations till the Messiah came — The channel of the Church with the dark shades of error which obscured its lustre. — The running off of the man of sin — The several channels in which the more important truths were conveyed — The various sectaries — Events before & since the Christian era — Prophetic Periods — The most noted Councils; witnesses for the truth in every age & summary discription of the leading sectaries.

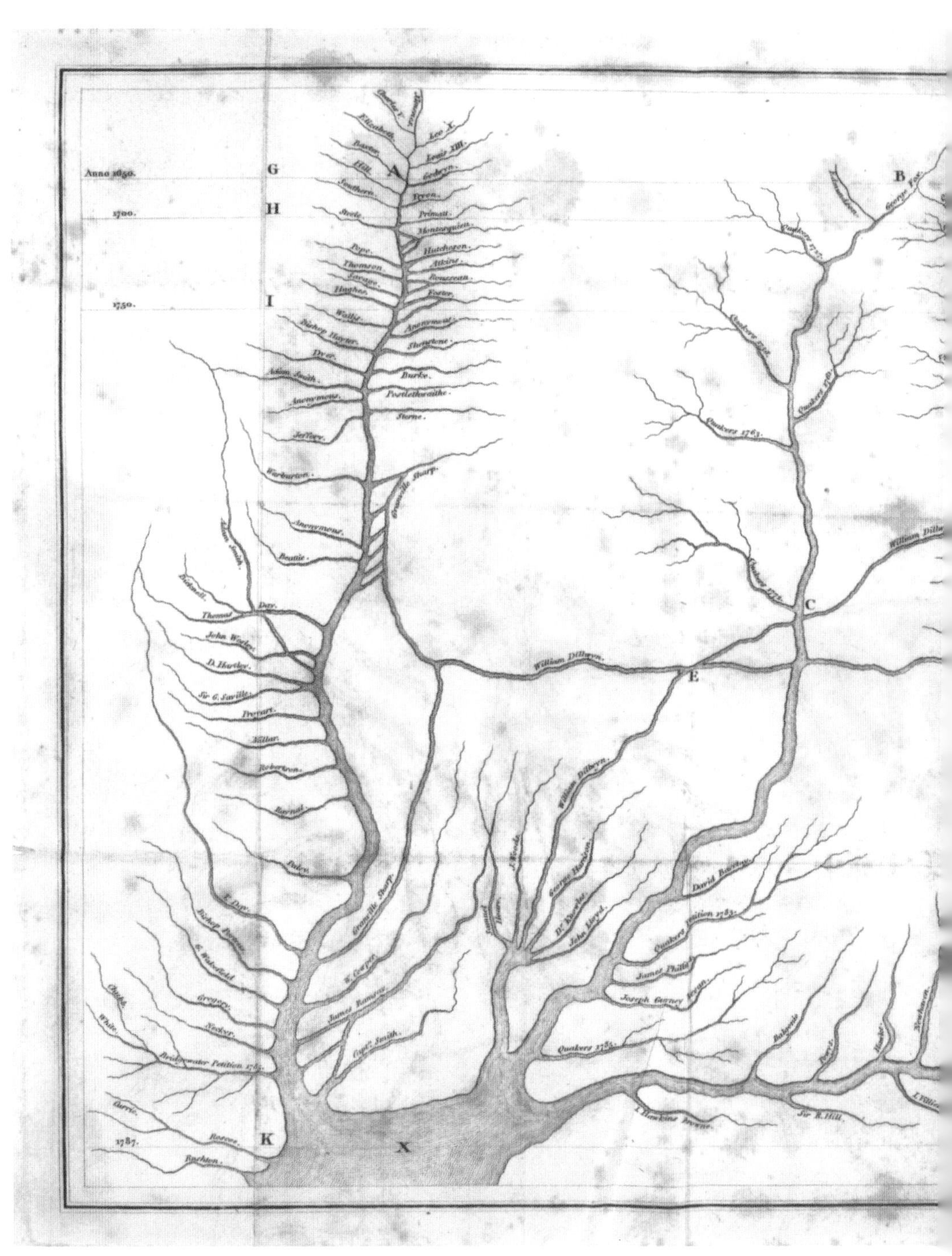

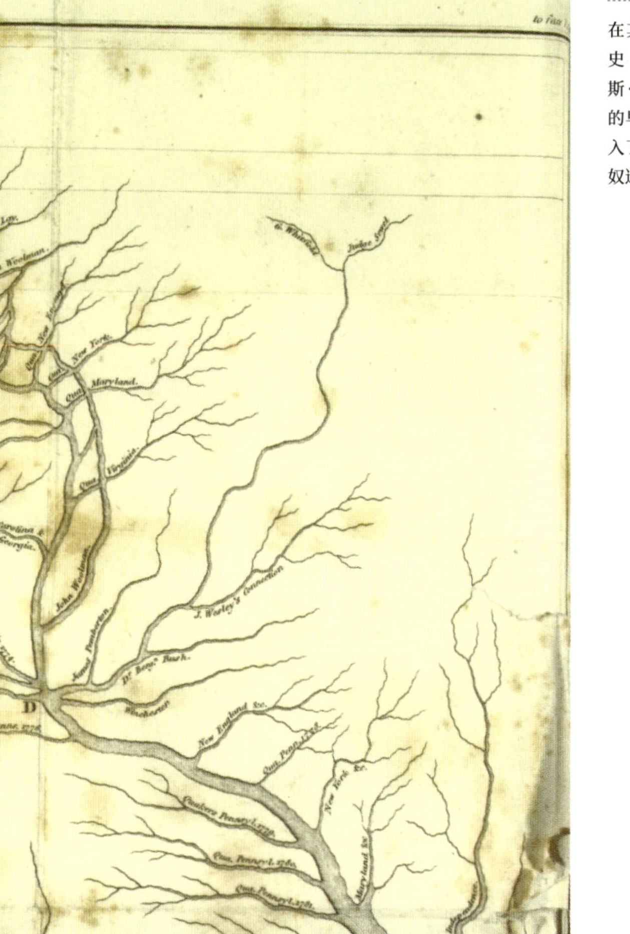

图 165

在其 1808 年的作品《英国议会废除非洲黑奴贸易的历史——兴起、进展与完成》中，英国废奴主义者托马斯·克拉克森纳入了一个河流状图表。在这里，废奴政见的早期支持者被呈现为“泉流与小溪”，而它们又汇聚加入了两条伟大的政治河流——分别代表着英国与美国的废奴运动。此图来自该作品 1836 年在纽约所出的版本。

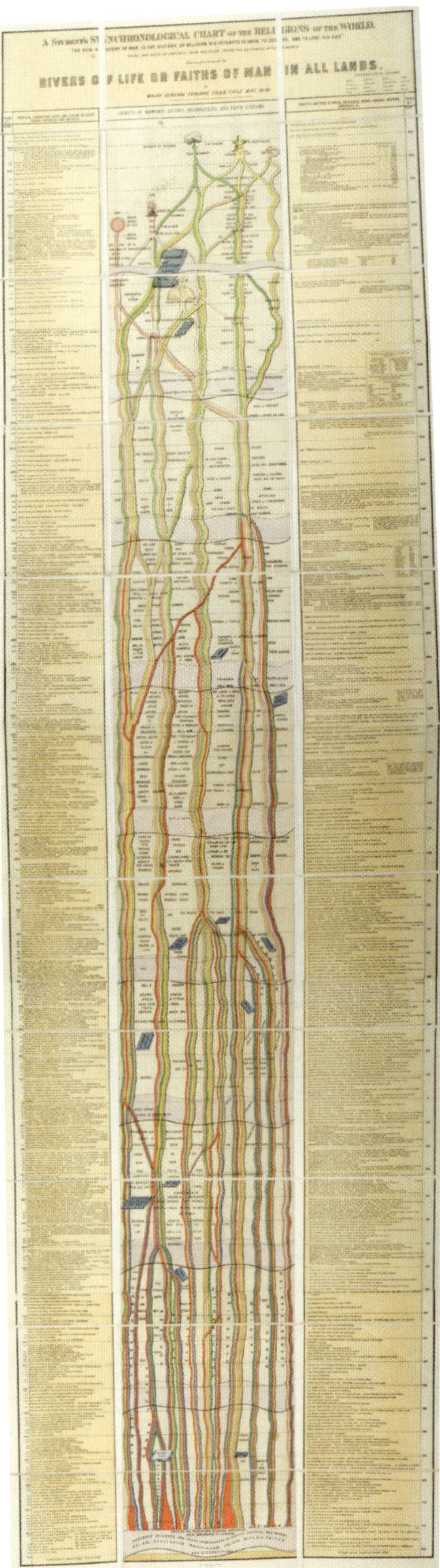

图 166

在印度担任军队职务、效力四十年退役之后，英国少将詹姆斯·乔治·罗奇·弗隆于1883年出版了一个厚厚的三卷本作品，研究题材为世界宗教的发展，作品名为《生命之河，或，全球各方土地上人们信仰的源泉与支流：呈示信仰的演变，从最原始蒙昧的象征符号到最近期的灵性发展》。伴随弗隆作品的，是一份长达七英尺半的着色图表，主题为“信仰之河流”，以视觉图景展示他对世界各宗教之间彼此关联性的认知。

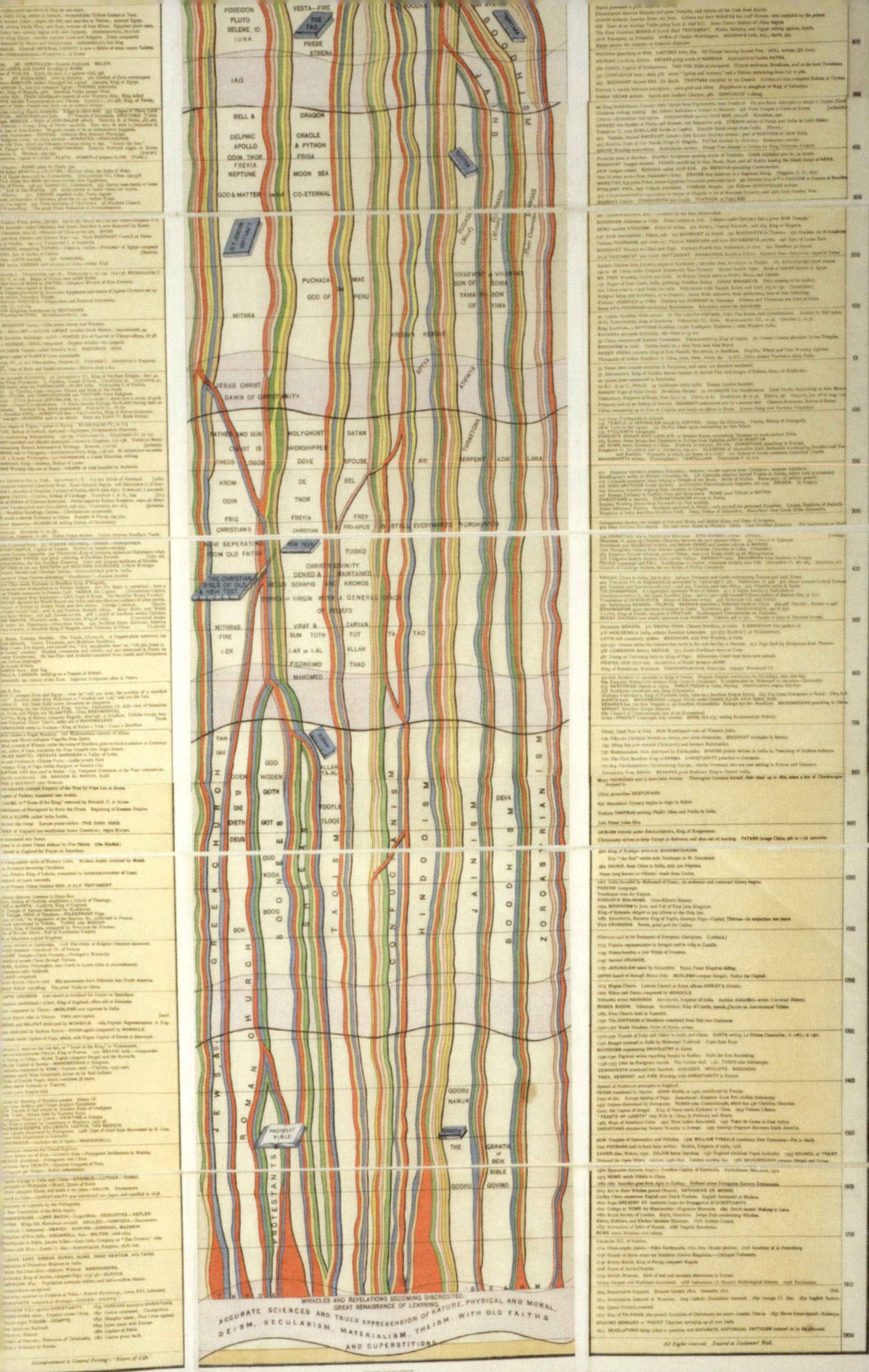
POSEIDON
PLUTO
SELENE, IO.
IUNA
VESTA—FIRE
THE TAO
PHEBE
ATHENA
IAO
BELL &
DRAGON
DELPHIC
APOLLO
ODIN THOR
FREYIA
NEPTUNE
ORACLE
& PYTHON
FRIGA
MOON SEA
GOD & MATTER called CO-ETERNAL
BOODHISM
JAINISM
MITHRA
PUCHACAMAE
GOD OF PERU
VIVASVENT or VIVANTE
SON OF SOMA
YAMA SON
OF YIMA
KRISHNA KERSAS
JESUS CHRIST
DAWN OF CHRISTIANITY
FATHER AND SON
CHRIST IS
THEOS LOGOS
HOLY GHOST
WORSHIPPED
DOVE
SATAN
SPOUSE
AHI
SERPENT
AZHI
DAKA
KROM
ODIN
FRIG
CHRISTIANS
DE
THOR
FREYIA
CHRISTIAN
BEL
FREY
PRIAPUS
STILL EVERYWHERE WORSHIPPED
NEW SEPERATING
FROM OLD FAITHS
NEW TEST
THE CHRISTIAN BIBLE OF OLD & NEW TEST
CHRISTS DIVINITY
DENIED & MAINTAINED
BELUS SERAPIS AND KROMOS
TUISKO
VIRGIN WITH A GENERAL CHAOS
OF BELIEFS
MITHRAS
FIRE
I-ER
VIRAF &
SUN TOTH
I-AR or I-AL
FIEDNEIMD
MAHOMED
ZARVAN
TOT
ALLAH
THAO
TA
TAO
YAH
IAH
GOD
WODEN
GOTH
GOT
ALLAH
TA-AL
DEUS
GUD
KODA
BOOG
BOK
GREEK CHURCH
ROMAN CHURCH
JEWS
SOONEES
SHEAHS
TAOISM
CONFUCIANISM
HINDOOISM
JAINISM
BOODHISM
ZOROASTRIANISM
DEVA
GOORU
NANUK
GRANTH
THE
GRANTH OF SEIK
BIBLE
GOORU
GOVIND
PROTEST. BIBLE
PROTESTANTS
MIRACLES AND REVELATIONS BECOMING DISCREDITED.
GREAT RENAISSANCE OF LEARNING.
ACCURATE SCIENCES AND TRUER APPREHENSION OF NATURE, PHYSICAL AND MORAL.
DEISM, SECULARISM, MATERIALISM, THEISM, WITH OLD FAITHS
AND SUPERSTITIONS
Accompaniment to General Forlong's "Rivers of Life."
All Rights reserved. Entered at Stationers' Hall.

第五章

边疆前线

美国被证明是盛产时间图表的沃土。18 和 19 世纪期间，美国年代学者们出版了题材广泛而多样的大量图表。有些是直接抄录了源自欧洲的作品，但更多是原创土产，反映了美国的国情境况，并且暗示或明示地宣告了美国历史与欧洲历史平等的地位。另外有些作品则阐发了科学革新、新奇事物与技术进步等主题，还有的是详述美国宗教大觉醒（大复兴）运动中关于末日景象的视觉语汇。

与在欧洲的情形一样，普雷斯特利的时间表格在美国也很快改变了历史图表领域的景观。（参见图 167）这谈不上有什么令人惊讶的。对普雷斯特利的事业，其在美国的推崇者们紧密跟随，而他很多的作品都留下了深刻的影响，印迹可谓随处可见。1794 年，为躲避英国的政治与宗教迫害，普雷斯特利逃到了宾夕法尼亚州。不过，早在 18 世纪 60 年代，他便与包括本杰明·富兰克林在内的美国知识界有着密切关联；富兰克林于 1766 年提名他为伦敦皇家学会成员，成就依据便是《传记图表》。与富兰克林一样，托马斯·杰斐逊也是普雷斯特利的仰慕者，对他所构思设计的图表形式相当感兴趣。杰斐逊的办公文件中，包含有一份华盛顿特区的市场供应按季节浮动的图表，采用了《传记图表》的形式，只不过，表中漂流在时间之河上的“麦秸”，所指示的是欧芹、菊苣与西瓜的收获季产量，而不是牛顿、惠更斯与伽利略的寿命长度。

美国革命（独立）战争背景下的一代人，意图将自己的名字刻入历史；在他们看来，普雷斯特利的图表似乎有着近于护身符般的魅力。（参见图 168）大卫·拉姆塞（David Ramsay），一位医生兼美利坚合众国大陆会议的代表，于 1811 年出版

图 167

作者佚名，《1801 年到 1808 年期间，华盛顿特区蔬菜市场上农产品供应状况季节性浮动表》，保存于总统托马斯·杰斐逊的文件中

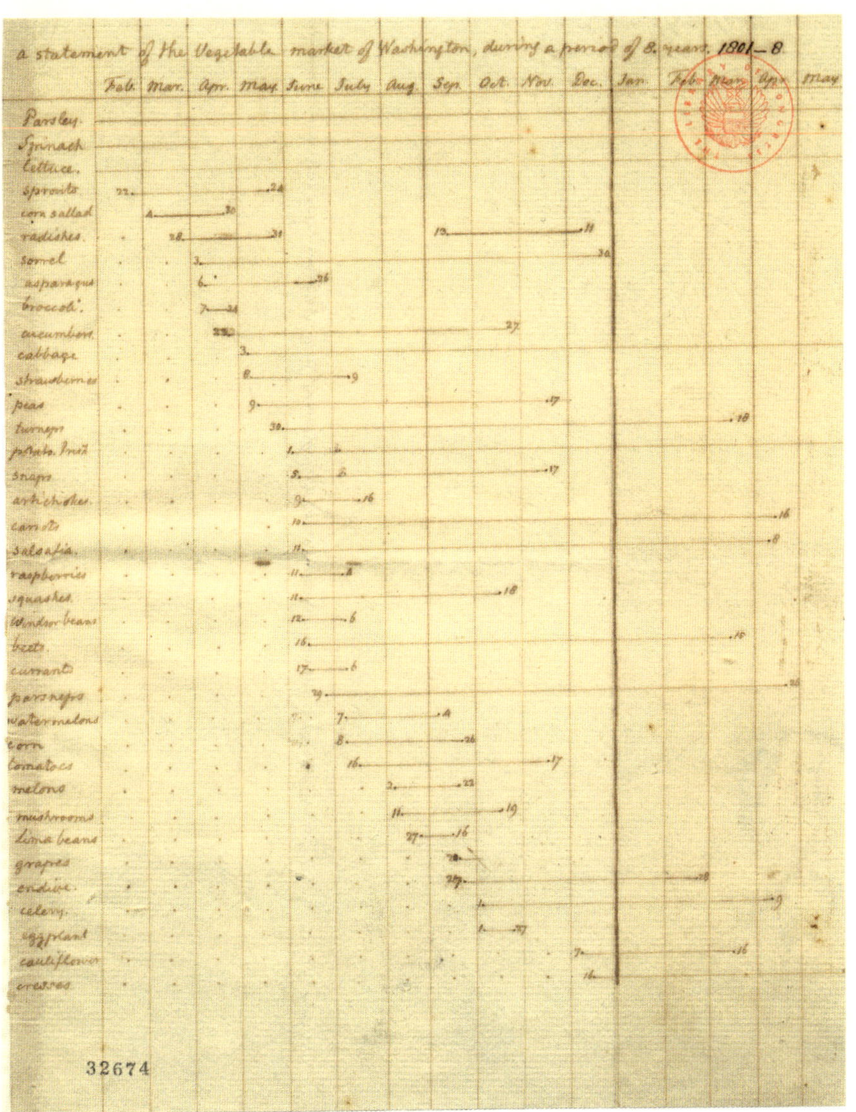

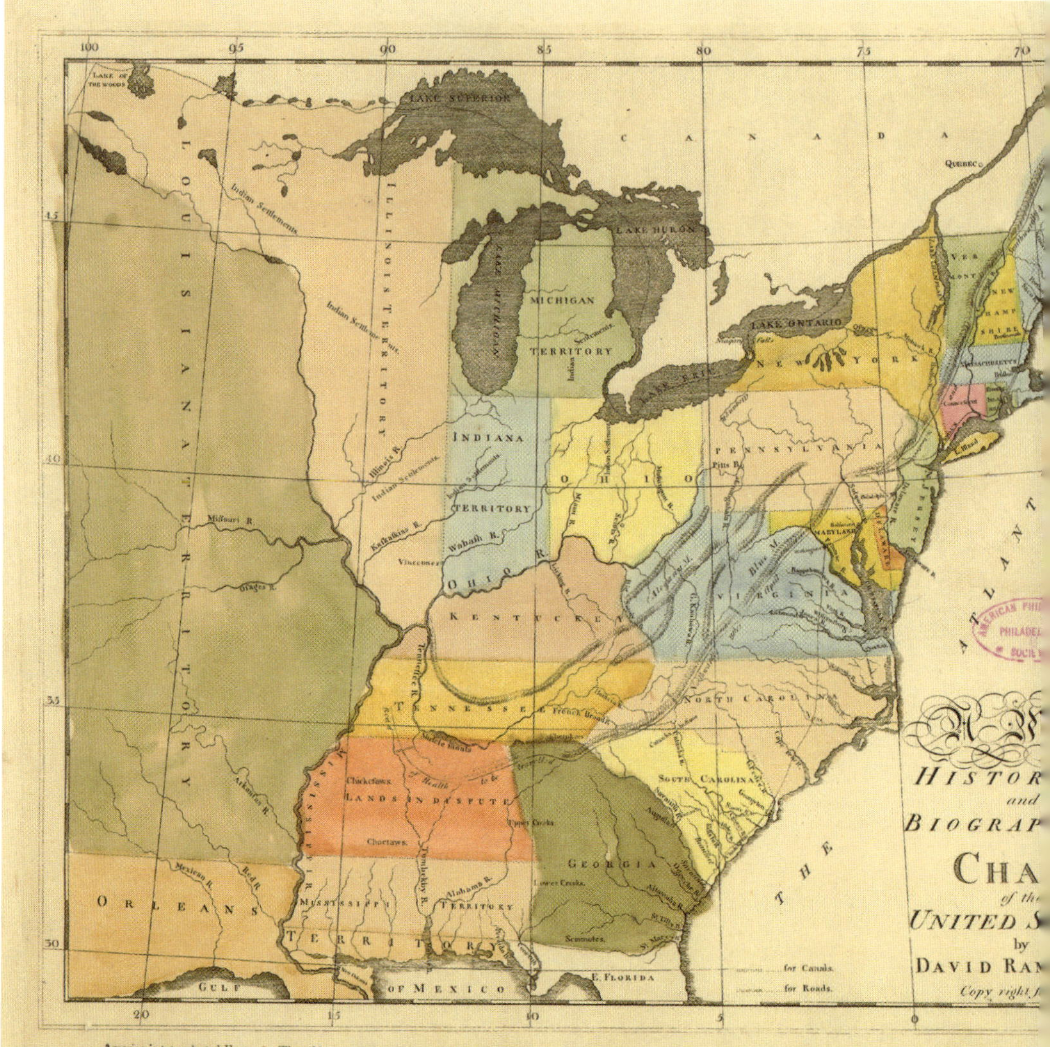

图 168

1811 年，南卡罗来纳州的医生、历史学家兼政治家大卫·拉姆塞出版了《美国历史与传记图表》，以此来搭配他的《美国化的世界通史》。拉姆塞这令人瞩目的作品，组合了原先英国殖民地的一幅地图与以约瑟夫·普雷斯特利和威廉·普莱费尔的作品为模版的一些图表。

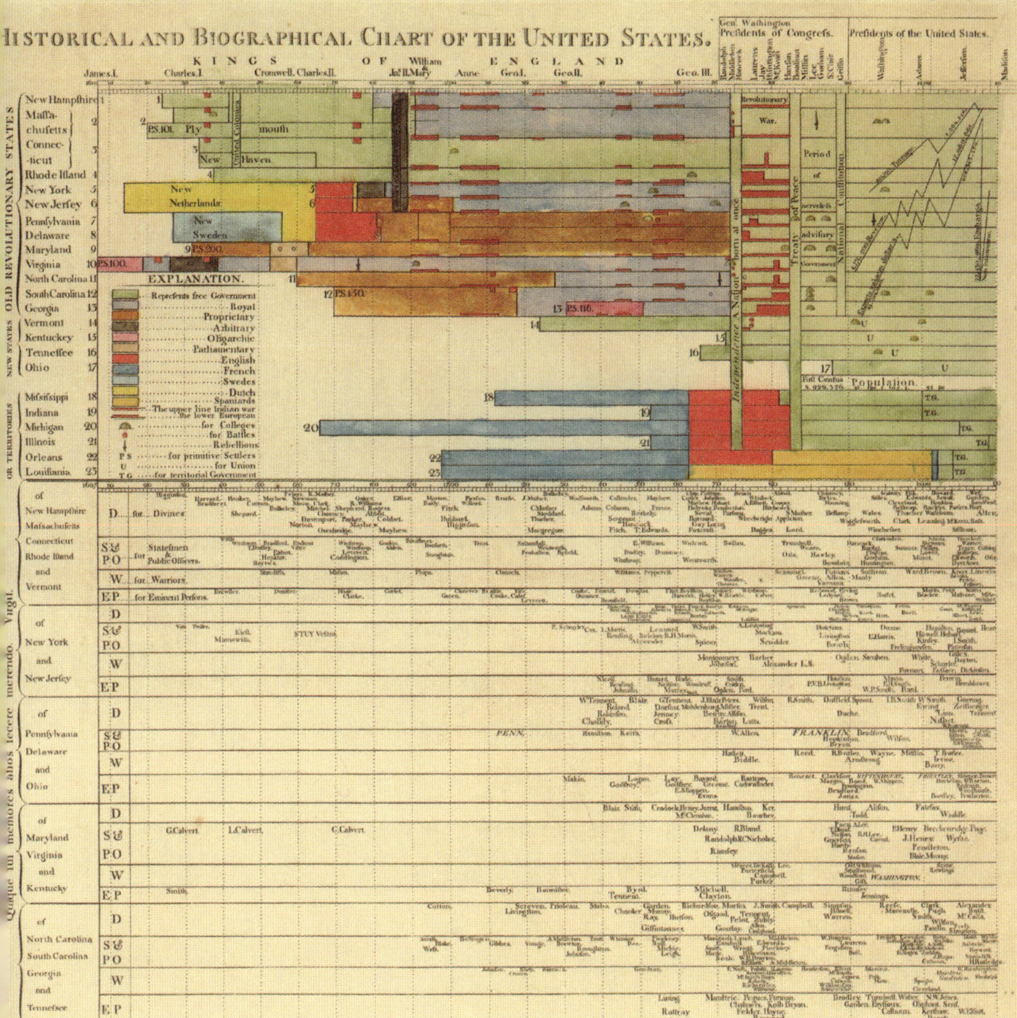

to be Independent States. But liberty without an efficient government did not se- r political happiness. To ensure this important object the States severally establish- epresentative governments, by which every right and every benefit attainable by man esent imperfect state, was as far as possible ensured and improved.——A system of ty was established in this western continent among a new but enlightened people, more to civil and religious liberty and consequently to mental improvement, than the world ore saw. A union of all the States by an efficient national compact was still wanting. experience of six years had proved that the confederation hastily adopted amidst the ns, was incompetent to the public exigencies, the people in conventions, magnanim- inquishing some of their personal rights and a portion of their State sovereignty, or- national constitution with adequate powers for advancing all the legitimate objects of a overnment. The interests, rights, and liberties of each separate State, were thus se- the wisdom, and guarantied by the strength of the whole. This system was put ation by Washington, first in peace as well as first in war. A surprising change for the better was the immediate consequence. The United States rapidly emerged from the depth of depression, and rose to a high pitch of national happiness. After this had been enjoyed for some years Europe again began to be convulsed with wars. The humble request of the Americans "to be let alone," virtually addressed both to England and France, was granted by neither. They would not permit the United States to be neutral; but in violation of the laws of nations, and the principles of eternal justice, attacked their legal neutral commerce in a succession of decrees and orders, each more injurious than what had preceded, and all without provocation on the part of the United States. The violence of the nations at war was so hostile to a commercial intercourse with Europe as to force the United States to pursue their own interest by the institution of domestic manufactories. These in a few years have advanced so rapidly, that the citizens are at present in a fair way of supplying all their wants from domestic resources—of acquiring complete independence—and of gaining an exemption from all participation in the troubles, follies, and wars of Europe.

了他那极为出色的《美国历史与传记图表》(*Historical and Biographical Chart of the United States*)；此表是作为一个“传达知识的速记式象征符号模型”，充当插图来搭配他的专著《美国化的世界通史》(*Universal History Americanised*)。拉姆塞直接承认和致敬了普雷斯特利，详细列出为适应美国情境可作出的那些改变，并暗示他的这个模式可广泛袭用。拉姆塞的作品属于最早的这类图表之列：普雷斯特利的历史与传记图表的两套逻辑，被明确地组合在单个作品中。

在北美洲，年代纪图表与欧洲移民一起向西挺进；年表被当成工具，用来传播政治与宗教视角下的历史观。在俄勒冈大区首任天主教总教主弗朗索瓦·诺伯特·布兰谢(François Norbert Blanchet)的图表作品中，我们可以找到一个典型的例证。1819年，他在(今加拿大)魁北克接受圣职；典礼完成后，他被派往新斯科舍的加斯佩半岛，担任那里阿卡迪亚定居者与米克马克人的牧师；后者是属于印第安人分支的东部阿刚昆部族，天主教会已经在这些部落中活动了长达两个世纪。1838年，教廷分配给布兰谢一项新的使命。在哈德逊湾公司人员的保护下，他将去往俄勒冈领地，为那些船工提供宗教服务，而正是这些法国裔的加拿大边境拓荒者，构成了西北部皮草贸易的中坚力量。西北的地方语言与土著文化，布兰谢都一无所知，尽管如此，他还是着手努力让土著部落皈依基督教；这项任务就需要传达解释基督教的故事——他设法完成了这一功业，所用的助力手段有生动的表演、翻译人员，还有“萨哈勒”木棍，他自己设计出的一种奇特的年表讲述工具。

“萨哈勒”木棍，在奇努克部族土语中是“精神/灵魂木棍”的意思。棍子上按照一定间隔刻出斜杠记号，表示年份，还有凿出的槽孔，代表基督教历史上的重要事件。棍子既用于教授历史也用于讲解教理问答。(参见图169—170)按照布兰谢的自述，这一套似乎还真管用：根据布兰谢的说法，他用此工具在维拉梅特河谷传教的最初几个月间，从整个西北地区来了不少的访客，索取“教材”的复制本。还不到两年，那简省的“萨哈勒”木棍便让位给了一份更为精巧细致的手卷，名为《天主教的阶梯》(*Catholic Ladder*)。这个手卷一时风靡，需求量很大，布兰谢很快就通知教会派了一群修女来俄勒冈担任抄写员。随后的半个世纪期间，“阶梯”被证明获得了持久的成功，很多的模仿之作因此而孳生；几十年之内，印刷版本也纷纷涌现，在魁北克、巴黎、布鲁塞尔、纽约和智利的瓦尔帕莱索，以及俄勒冈本地区，都大量出版印行。

19世纪40年代，在俄勒冈大区领地，新教与天主教之间的紧张对立不断升温，对美洲土著灵魂的争夺也趋激烈，布兰谢当然也并非没有对手。（参见图171—173）竞争者中发声最响的，是亨利·哈蒙·斯伯丁（Henry Harmon Spalding）；这位长老会传教士是由“外国使命特派专员美洲委员会”于1836年从纽约州北部内陆（纽约上州）派往俄勒冈；同行者有他的妻子伊莉莎·哈特·斯伯丁（Eliza Hart Spalding），以及另一对夫妇，时运不济的马库斯与纳西莎·惠特曼（Marcus and Narcissa Whitman）两口子——夫妻俩的惨烈暴毙，以“惠特曼屠杀事件”而为人所知，将会长期构成美国边疆开拓传奇叙事的一个中心部分。接近三十年的时间内，斯伯丁在宣教出版物上与布兰谢激战较量，把对方描绘为隐藏在背后的势力，煽动了美洲土著对新教传教活动的敌意。不过，甚至是在丈夫亨利发表连篇累牍的声讨檄文之前，伊莉莎·斯伯丁便已开始了她自己的对敌战役。亨利为信徒提供宗教服务、编写打理传教小报并照看农场，而伊莉莎则在位于今日爱达荷州路易斯顿附近的勒普瓦教会学校教书；伊莉莎用到了很多她自己制作的视觉辅助材料，其中最为精彩的，是一幅颇有刺激性的图表《新教的阶梯》（*Protestant Ladder*）；此创作显然视布兰谢的作品为直接竞争对象。

在斯伯丁夫妻看来，《天主教的阶梯》将宗教改革的历史呈现为是旁逸斜出的一根枝杈，偏离了基督教的中心主干，这无异于是直接攻击新教。他们提出指控，控告俄勒冈的天主教牧师利用《天主教的阶梯》来妖魔化新教徒，控告对方教唆散布谣言，说新教徒传教士故意带来疾病，以此毁灭土著部落人口。亨利·斯伯丁在《俄勒冈美洲人》（*Oregon American*）中写道：“我的注意力突然被喊叫和哀哭声锁定了，声音来自一整个群落（的美洲印第安人），而引起这反应的，是某个人的到来；他带来《天主教的阶梯》的一个附加解说文章，文章必定总伴随着这样的宣告，‘美国人要让我们（原住民）死掉！’”有了伊莉莎·斯伯丁的《新教的阶梯》，那个象征性的赌注就大大加码提高了。在这个图表上，新教的殉道牺牲者得到了缅怀纪念，以一种原始但生动的舞台式造型呈现，而教皇则被描绘成了一个基督的敌人，跌倒落入永劫不复的地狱烈火中。出乎意料的是，在这个新教的年代纪图表中，很多传统的旧式绘图造型手段得到了新生。

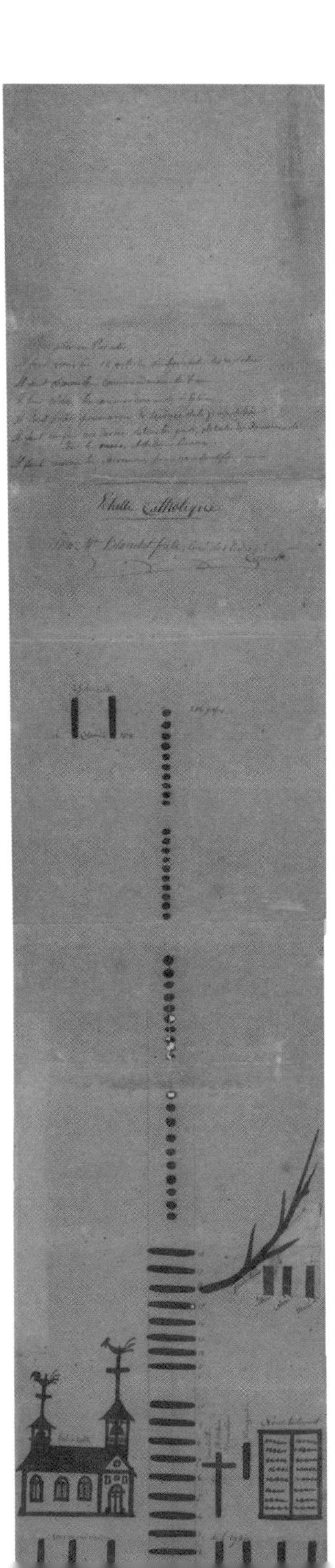

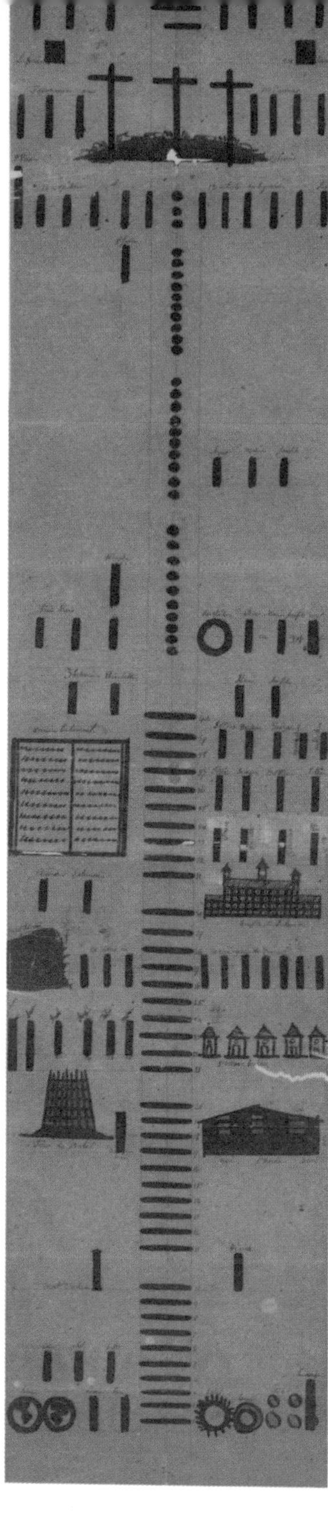

图 169

此为修复完成后的1840年版的《天主教的阶梯》，由在加拿大布道的法国裔天主教牧师弗朗索瓦·诺伯特·布兰谢设计于1839年；这是该作品已知最古老的存世版本。布兰谢将此描述为一份“视图版的教义问答”，是一个图像化的工具，结合了编年史与象征符号元素，来讲授基础的基督教理念。页面底部，是绘图化的象征符号，表示上帝创世，还有宇宙，包括了太阳、星星与地球。逐渐往上，是各种符号，呈现的有巴别塔、诺亚方舟、旧约与新约、天主教廷，以及其他关键的基督教内容指涉。图表上简单的竖直记号，指示的是重要人物（比如施洗者约翰）与观念（比如七项圣事）。中间一个竖列，由水平横向的木条状上下排列而成，代表着自创世以来的各个世纪。各一组、两个系列的圆点，表示单独的年份：第一组，是耶稣基督一生中的年岁；第二组，则是从1800年算起的各个年份。图表顶部左侧的两根竖直条状短线，代表了布兰谢与他的同事莫德斯特·德梅尔斯（Modeste Demers），他们是最早在俄勒冈定居的两位天主教传教士。一根树枝出现在图表中部右侧，在代表路德、加尔文与（英王）亨利八世的三条竖直记号上面，所指示的是新教徒主导的宗教改革运动。那根树枝，在19世纪40年代以及此后时期的俄勒冈，都一直是被激烈辩论的争议话题。新教的传教士们，包括亨利·哈蒙·斯伯丁，认为那是一种侮辱，还相信那是被用来挑动北美土著部落，引起原住民对新教传教活动的怀疑与仇恨。

图 170

尼古拉斯·庞特（Nicolas Point）绘制，耶稣会神父《安波罗修用阶梯书教化一位黑脚族的酋长》，约1841到1847年完成于圣路易斯。

图 171

这一如图画般生动的《新教的阶梯》，是由长老会传教士伊莉莎·哈特·斯伯丁在1845年前后绘制于俄勒冈领地的勒普瓦教会学校；勒普瓦位于今日爱达荷州的路易斯顿附近。《天主教的阶梯》强调天主教故事单一独有的权威性，与之构成对比的是，《新教的阶梯》从设计之初就着眼于强调新教与天主教正统之间的差异。与《天主教的阶梯》相类似，斯伯丁夫人的作品，其结构也是围绕一份居于中心的年表。靠近图表底部的那些竖直线条，以普雷斯特利的表达方式，呈示了《圣经》中人物的生平，从亚当直至耶稣基督。

图 172

伊莉莎·哈特·斯伯丁绘制，教皇被从“新教的阶梯”上扔下，1845 年左右完成于俄勒冈领地。

图 173

伊莉莎·哈特·斯伯丁绘制，《新教的阶梯》中的线段，代表《圣经》人物的生平传记，1845 年左右完成于俄勒冈领地。

无论是《天主教的阶梯》，还是《新教的阶梯》，两者的创作动机都不是要成为学术性的精确年代纪。它们只是宗教教化的工具，所行使的功能则多种多样——布兰谢称自己的作品是“视觉图形化的教理问答”；如此一来，当我们发现年代学者的图形表述惯例手段在这两个作品中发挥作用，就会感到这些元素远远更为显眼、更值得注意了。伊莉莎·斯伯丁的《新教的阶梯》甚至包括了经典的普雷斯特利风格的“传记线段”，用以呈现《圣经》人物的生平寿命。后来的年月间，有时候还产生过争议，讨论到底是布兰谢还是斯伯丁夫人先首创了那“阶梯”的图形概念，但无论孰先孰后，结果是一样的：这里，在美国西进扩张大业的前沿地带——很多人甚至也将西进拓荒运动阐释为世界历史本身的前沿地带——时间线已经登场就位。

19 世纪，欧洲人无论去到哪里，纪年项目都会随同伴生，不管那是作为帝国势力的映射、关于末世的预期判断，或者还是出于人种民族志层面的好奇心。但 19 世纪那些著名的北美年纪作品，就其本源而言却并非全都是出自欧洲。且看一例，在五大湖区和达科他人的领地（也即今日南北达科他州一带），印第安土人与欧洲人以相当奇特的方式挪用了彼此的视觉与观念语言，恰如拉科塔人所创作的名为“冬季岁时计数”的象形文字式年代纪中所表现的。（参见图 174）收藏者颇为青睐这些“冬季岁时计数”，不仅因其形式之美，也因其历史内容；这些纪年材料也构成了一份关键的物证，支持加里克·马勒利（Garrick Mallery）于 19 世纪七八十年代出版了大为成功、广受欢迎的民族志作品，描述介绍的便是印第安人的画图式“象形文字”。马勒利是一位陆军将领，19 世纪 70 年代在达科他地区服役，接着在华盛顿任职；他为民族学事务局搜寻到了证据材料，表明美洲原住民有着长期沿用的时序标注系统。其中有一些，如同“冬季岁时计数”，是绘图式的象形文字；另外有些是采用木头上刻槽与线条的手段。（参见图 175）后面的这一方式，美国的肖像画家詹姆斯·奥托·刘易斯（James Otto Lewis）也注意到了；早在布兰谢最初推出他的“萨哈勒”木棍的十年之前，刘易斯便画了温尼贝戈领地的酋长茨祖恩哈考的肖像；酋长手里拿着的年历木棒与布兰谢的“发明”在外观上几乎完全相同。

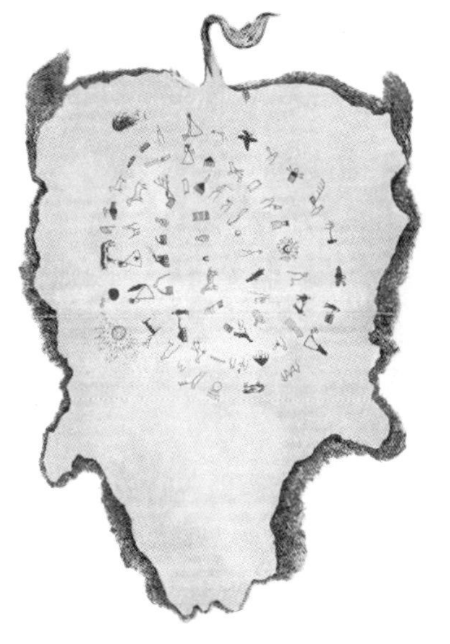

图 174

加里克·马勒利的《美洲印第安人的象形文字》，1893年出版于华盛顿特区；此为其中描绘的“1801到1872年拉科塔族冬季岁时计数”。这一平版印刷图案的来源，是1876年从扬克托奈斯部落的首领“独狗”的彩绘水牛皮袍子上抄录而得。在那皮袍上，一系列的图案符号从一个中心点呈螺旋状向外伸展。每个符号代表一年中的一个突出的重要事件。马勒利推测，皮袍上的时期划分，是反应和对应了北美西部计数百年世纪的做法。袍子上最早的那个字符，代表若干的拉科塔人被敌人杀害。稍后的那些符号，指涉的内容有一次天花的爆发，抓捕野马，以及其他值得一提的偶发事项。

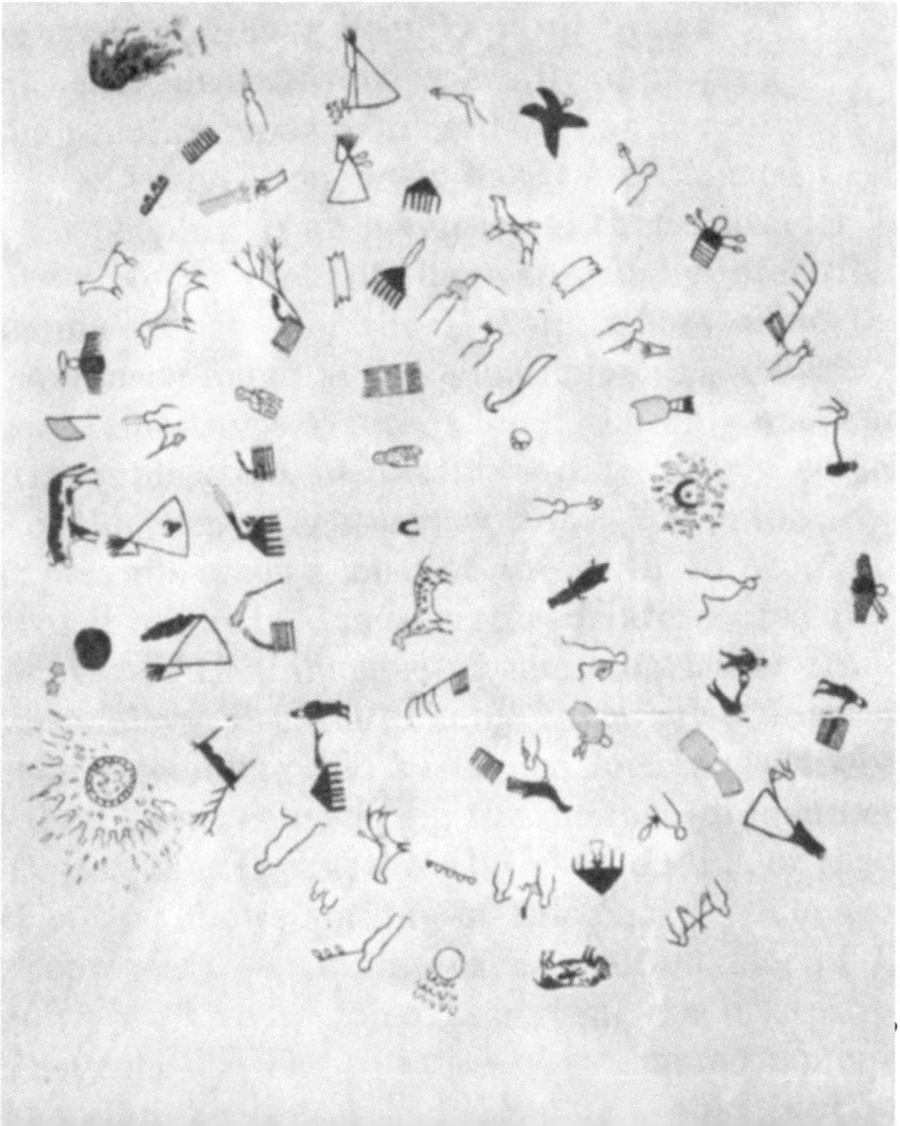

TSHI - ZUN - HAU - KAU

A WINEBACO.

PUBLISHED BY DANIEL RICE & JAMES G. CLARK, PHILA.

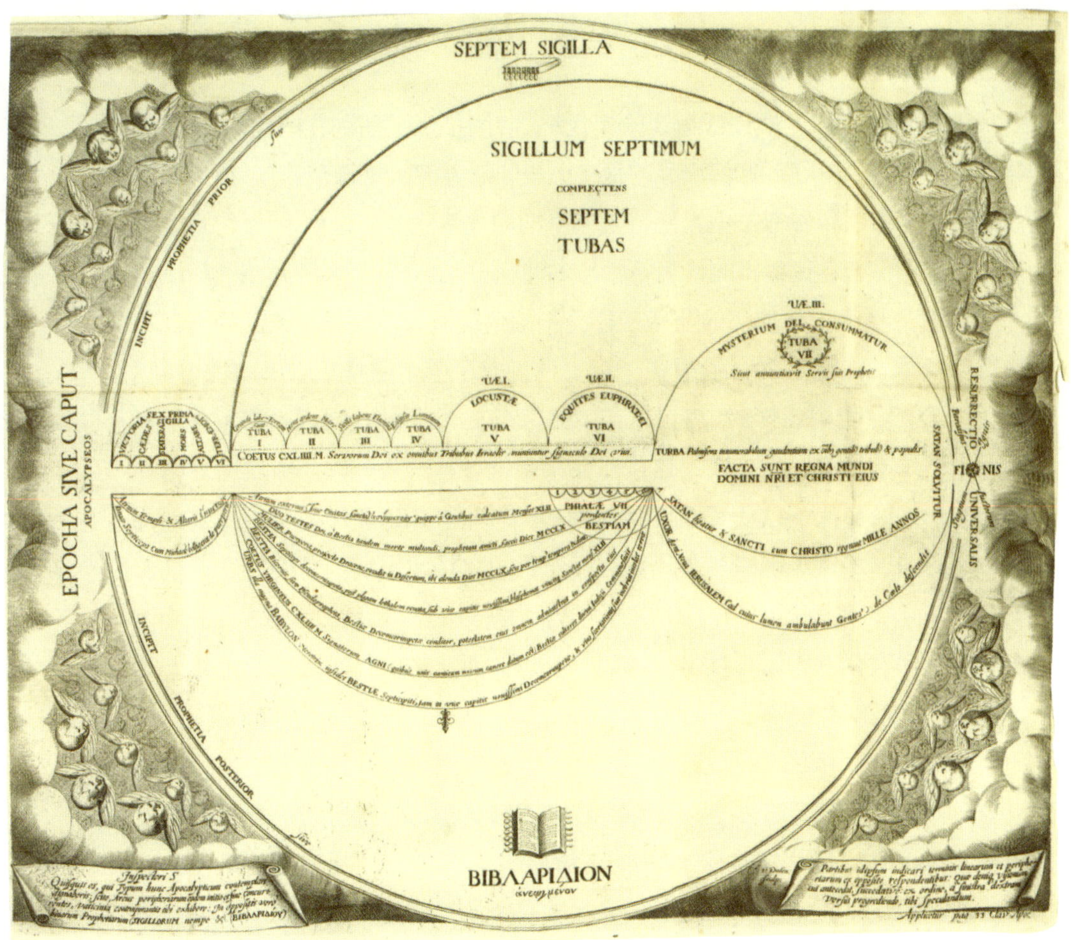

图 175

温尼贝戈酋长茨祖恩哈考的肖像，手持的木棒上刻写有基于月亮周期的纪年日历（作于1827年）；此图为仿画詹姆斯·奥托·刘易斯原作，出自托马斯·洛林·麦肯尼（Thomas Loraine McKenney）的著作《北美印第安部落历史》，1836至1838年出版于费城。

图 176

约瑟夫·米德的末日预警图表，出自1632年第二版拉丁文的《天启密钥：来自末日人物所见神迹幻象的内在固有线索》；图表将末日终结的时间顺次呈现，遵照的是《圣经》中所描述的次序。尽管米德强调了末日启示录在精神层面的意义，而不是那种严格的年代纪特征，他的作品却还是激发了很多属于年代学范畴的具体阐释。在17世纪晚期的英国革命期间，此作也有着重要的意义；一个事实证据在此：在议会的要求下，此末日"天启密钥"被译为英文版。

在美国，19世纪最具创造性的年代纪学者中，有些是来自千禧信徒派阵营，相信基督会重临。他们出品的很多图表和示意图，就像伊莉莎·斯伯丁的作品那样，重温和参考了中世纪与近代早期的先例之作，比如12世纪意大利神秘主义者、来自费奥雷的约阿希姆与17世纪的英国学者约瑟夫·米德（Joseph Mede）的那些图表。与他们的前辈一样，千禧信徒派以令人眼花缭乱的方式将象形与技术性的元素混合组织在一起。他们有足够多的样板去学习去赶超。早在13世纪，约阿希姆的追随者们已经出品了数十个特色鲜明的形象化示意图，来阐述末世论进程年表。这些作品采用了各种形式，包括树状图、相互锁嵌联动的圆环状，以及其他充满生机的鲜活图形。这些再现手段、表现方式背后的图形逻辑，错综复杂。拿约阿希姆的树状图来说，它们并非只是历史的图形符号。它们也是用于计算的模板，树干上是一整列的字母X，三个X为一行，代表着一代代的时段（每三十年为一代），而这些代际时段划分了从上帝创世到末日大毁灭的时间全程。

中世纪晚期与近代早期阶段，伴随着千禧信念狂热度的盈亏变化，以末日启示为主题的图表的生产，也相应地时盛时衰。约阿希姆的那些图表花样经常会有人借鉴袭用，而那些家喻户晓的常见人物形象，比如说但以理的雕像造型，也会周期性地以新的形式得到复兴，虽然这些图表图像中所预言的世界的终极演变被一次又一次地推迟和延期。伴随着末日论每一次的复兴，宗教争议都会带来图像表达的革新，因为整个宗教界领域相关的学者与热衷挑事辩论者都会着力寻找更好的工具来表达复杂的思想概念。（参见图176）问世于1627年的《天启密钥》（*Clavis apocalyptica*），作者约瑟夫·米德是剑桥大学著名的希伯来语学者，也是诗人约翰·弥尔顿与哲学家兼神学家亨利·莫尔（Henry More）的导师。出自此书的一个图表，影响深远，描绘映射了末日启示录中七个封印的揭开；这是一个极好的范例，说明了16与17世纪因宗教矛盾发酵激化所促发的图形图像的实验创新。虽然米德的作品并未给出即将来临的安乐千禧年的具体日期，他的末世预言还是影响到了“英国革命”期间人们的政治愿景与社会视野；应国会议院的要求，他的作品于1641年被译成英文。即便到了18世纪20年代，像牛顿爵士这样的大人物还照样提起米德作为一个中心参考依据。与很多约阿希姆式的图表相似，米德的“密钥”也以令人惊叹的方式结合了圆圈与线条，同时强调了历史中上帝神迹信号的重复出现与正义、最后审判的无情事实——这不可阻挡之事，米德用了粗体的“终局”一词来指明。

在新生的美利坚共和国，鼓动民心的宣传小册子作者与政治家们，都声称他们正在创造世界历史的一个新阶段。甚至连这个国家的货币也发出这样的慷慨誓言，上面印了出自维吉尔的第四首《牧歌》(*Eclogue*)的一个末日重生意味的短句，时代的新秩序。很多人将这个新的美国时代理解成是历史戏剧的最后一幕，然后就去重新设置现存的全部末日启示模型来证实他们的观点。于是，有关千禧的各种争议再度孳生出千禧图表，而到了这个时候，印刷成本已趋于低廉，便进一步推动了图形类表格的爆发增长。

这一时期，美国的一些宗教复兴小浪潮，在它们所用的图形资料方面，尤其具有创新特色。(参见图177—179)比如说，从19世纪30年代起，新英格兰牧师威廉·米勒(William Miller)及其门徒就制作令人看了心绪不宁的书籍、单面印刷宣传页、小册子与报纸，来传播即将来临的世界末日的信息——米勒预测那会在1843年发生。他们组织举办广受欢迎的野营布道会，在这些活动中大量派发那些图像资料，当然也现场展示那些作品。这种活动的中心内容，就是那年代纪图表。米勒门下出品的图表形式多种多样。有些是利用了时间线的常规普通的视觉语汇，呼应了那些严肃的措辞和概念，米勒就是用那些术语概念来探讨他的年代学与文献考据方法。其他有些是配用和点缀了一层层的计算结果，这既是论据，同时又有装饰作用。还有其他的作品，将生动的符号图像与数字运算组合起来。米勒门派所制作的最显目招摇的图表，甚至是印在了巨大的布质横幅上，挂在米勒布道讲经的营地帐篷上。

这些野营布道会的效果相当强大，正如约翰·格林里夫·惠迪尔(John Greenleaf Whittier)在其文章《世界尽头》(*The World's End*)中所注意到的，那些图表也同样效果非凡。惠迪尔写道：

> 三年或四年前，在去往东海岸的途中，我在东金斯敦的一处救主二度

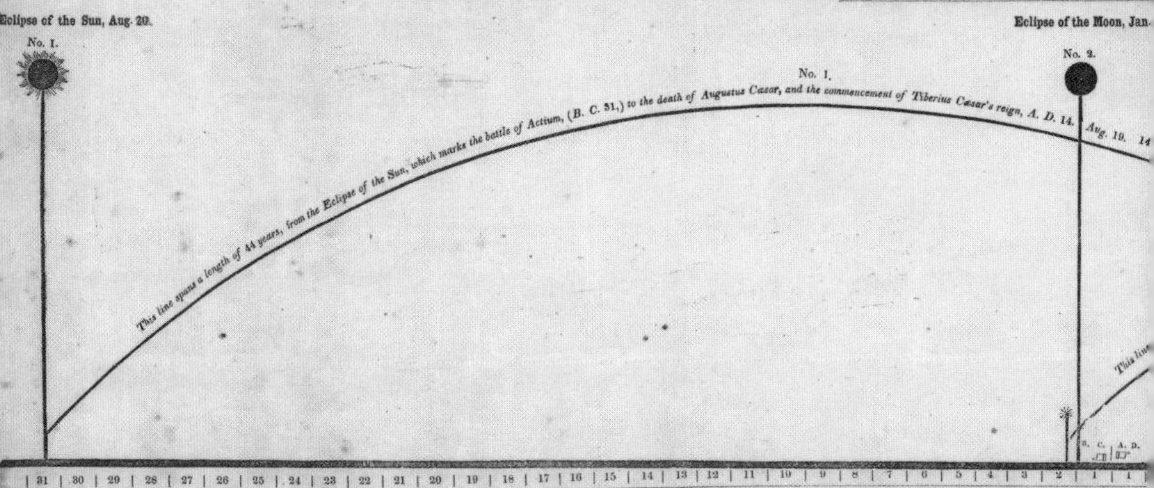

EXPLANATION OF DIAGRAM.

In giving an explanation, we shall be as simple as possible, and shall be obliged to make a number of repetitions, in order to impress upon the mind the important points.

The first to be done is, to fix in the mind the scale of years, *the heavy parallel line divided into equal spaces, representing years.* It runs 31 years B. C., and 37 A. D., as you will perceive by counting from the hands each way.

The reason why the scale runs 31 years B. C., is for the purpose of reaching the time when the battle of Actium was fought between Antony and Cæsar Augustus, because this will assist us to determine where the 15th yr. of Tiberius is, in our A. D. This is very important.

But, you ask, how will a battle, fought 31 ys. B. C., help fix the 15th of Tiberius? Answer. The predecessor of Tiberius, was Augustus. If we can tell when *he* died, we can tell *when* Tiberius *com.* his reign, then by adding 14 years, we shall find when his 15th commenced, *in* which, the word of God came unto John. Luke 3: 1, 2.

It was at *this* battle that Augustus and Antony fought for the supremacy of the world, and as Augustus was conqueror, this battle was made one of the epochs from which *his* reign was computed. History says, Augustus reigned within a few days of 44 years after that battle. Prideaux says, "if we reckon it (the reign of Augustus,) from the Actic victory, it will be 44 years wanting 14 days: for that victory was gained on the 2d of Sept., B. C. 31, and his death the 19th of August, A. D. 14." Thus you see the importance of extending this scale 31 ys. B. C.

Cast your eye up to *circular* Line No. 1. It runs from the battle of Actium B. C. 31, to the *death* of Augustus, and *com.* of Tiberius' reign, Aug. 19. A. D. 14, 44 yrs. This is historical evidence, but we have also Astromical proof to establish this point. *Two ecliqses*: one solar, the other lunar.

In chronology, eclipses serve to determine *exactly* the time of any past event. There can be no two solar eclipses in the course of many ages, which are alike in all circumstances. It is by an eclipse of the Sun that we can tell with certainty when this battle was fought. A few days before the battle, and whilst the armies were marshaled on the plains of Actium, the sun set in an eclipse. I have before me Struyk's Catalogue of Eclipses—he records it thus: B. C. 31, Aug. 20, sun setting, Gr. Ecl. This is represented on the Diagram, as Eclipse No. 1.

The second Eclipse to establish this, was of the moon. When a portion of the imperial army, called the Pannonian Legions, heard that Augustus was dead, they refused to acknowledge Tiberius as their King, and continued in a state of revolt until this eclipse of the moon, (see Diagram, Eclipse of the moon No. 3, a few days after the termination of line No. 1,) when, on account of their superstitious fears, they submitted to his authority. The same catalogue of eclipses says, A. D. 14, *visible at Panonia*, eclipse of the moon Sept. 26, total. Thus we have, not only historical, but astronomical proof, that the commencement of the reign of Tiberius, was Aug. 19, A. D. 14. *This is certain.*

Line No. 2. Extends 14 years from the end of line No. 1—the death of Augustus—the commencement of the reign of Tiberius Aug. 19 A. D. 14, *to* Aug. 19 A. D. 28, the commencement of his 15th year.

The short line No. 3. Covers the 15th year of Tiberius. Now mark! Somewhere between the two points of *this* line, Aug. 19 A. D. 28, and Aug. 19, A. D. 29, "*the word of God came unto John.*" (see Luke 3: 1, 2,) Luke says, "*in* the 15th year of Tiberius." Prideax says, John began his ministry "about the time of the paschal feast." This would bring it about *the middle* of the 15th year of Tiberius, and *the spring* of A. D. 29, which would bring the baptism and commencement of Christ's ministry sometime in the fall of A. D. 29. Here then, (if this be correct, and it is strong evidence,) he said, "*the time is fulfilled*," alluding, undoubtedly, to the 69 weeks of Daniel. If 483 yrs., were fulfilled in the fall of 29 A. D., then by adding the remainder of the 2300 years, (1817) we shall see where they will terminate

A. D. 29 in the fall.
1817
——
1846 in the fall.

Line No. 4, will strengthen the above argument. When Christ commenced his ministry he was 30 years old. (See Luke 3: 23.) Look at the Diagram, and you will see that this line, (No. 4,) starts from the fall of A. D. 29, and runs backward 30 years, (see the *scale* of 30 years beneath,) to the fall of B. C. 2. This *can not* be far fro
of the Savior's birth: which will make him a
months old at the death of Herod. It is the
opinion that He was born in the fall. Ferguson
Savior must have been born *some months* befor
of Herod." The history given in the 2d chap
proves that Christ was an infant at the time
death. When "the wise men" told Herod that
of the Jews" was born, he was greatly alarme
them to find the Savior and bring him word.
ded them *directly* to the place, and when they w
ed, Joseph was warned by the angel of God to
into Egypt. When Herod saw that he was
the wise men, that they had returned home an
he sent forth and slew the children. Now let m
long a time would it have taken to satisfy Her
wise men had returned another way? *When*
from Jerusalem to Bethlehem is only about 6 m
tainly not 3 months! The points of Line No.
near the time of the birth and commencement
ministry.

Eclipse No. 2, marks the death of Herod.

图 177

J·佩尔森（J. Pearson）完成于1846年的《历史与天文图表》以规则的一年期间隔刻度标出了从公元前31年到公元37年的每一年。佩尔森努力去纠正威廉·米勒关于末日的计算结果，其做法就是根据日食的历史数据来确立耶稣生平大事的精确日期。按照佩尔森的见解，有“极为强大有力”的证据说明，耶稣第二次降临这一大事，将会发生于1846年的秋季。“亲爱的读者，你准备好了吗？”

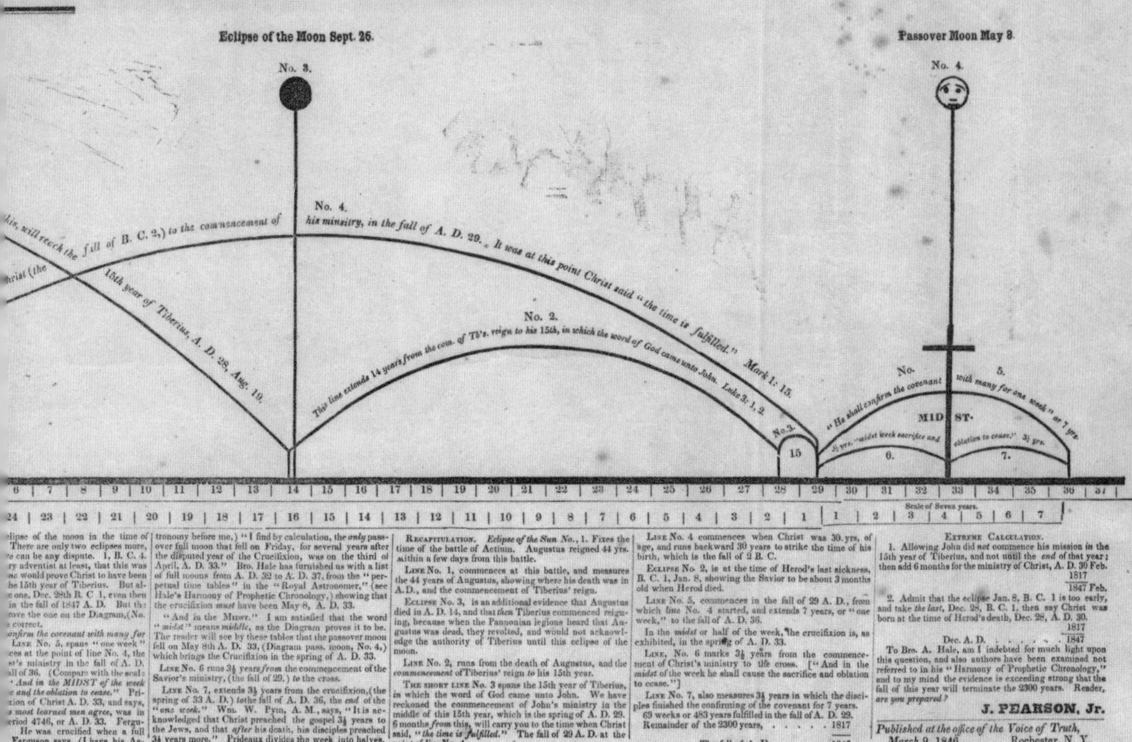

降临的营地停留了一两个钟头。那个地点选择很讲究。一片松树与铁杉高高矗立，忧郁的阴影投射到树下的人群身上；人们被安排坐在由木板与原木充当的简陋座位上……从木工粗糙的讲道台前面悬撑出来的，是两大块宽宽的帆布，其中一块上面是一个人的形象，金色脑袋，胸膛与胳膊是银色，肚腹这里是黄铜，双腿是铁，脚则是泥足——正是尼布甲尼撒梦到的那雕像。另一块布面上，描绘的是末日启示异象中的各种奇观，有怪兽、龙、帕特摩斯的先知看到的血红的妇人；东方特色的图案记号、人像造型与神秘的象征符码，被转换变形为昭然显明的美国式的现实；这一切被展览出来，就仿佛一个巡演动物园在展示野兽。其中一个恐怖的造型，有几个丑陋邪恶的头，似尾巴的末端上满是鳞片，让我想起了弥尔顿那精彩又可怕的诗行——他提到了那同样的恶龙，描述说那怪物“摇摆甩动（惠迪尔指出，弥尔顿原文如此）那卷折的尾巴，那鳞片覆盖着骇人的惊恐”。

BABYLON.
MEDIA AND PERSIA
GRECIA.
PAGAN ROME
BABYLON.
VISION OF THE RAM & HE GOAT.
MEDIA AND PERSIA.
GRECIA.
GRECIA.
PAGAN ROME.
677
2520
677
1843.
7
12
84
30
2520
538
457
2300
457
1843.
332
A CHRONOLOGICAL CHART
OF THE
VISIONS OF DANIEL & JOHN.
PUBLISHED BY J.V. HIMES, 14 DEVONSHIRE ST.
164
158
PAGAN ROME.
THE TEN KINGDOMS.
1335
1290
45.
490
508
538
606
3½
12
42
3
126
PAPAL ROME.
PAPAL ROME.
1299
MAHOMETANS.
1449
PAPAL ROME.
MAHOMETANS.
1798
45
1843.
508
1335
1843.
1843.
GOD'S EVERLASTING KINGDOM

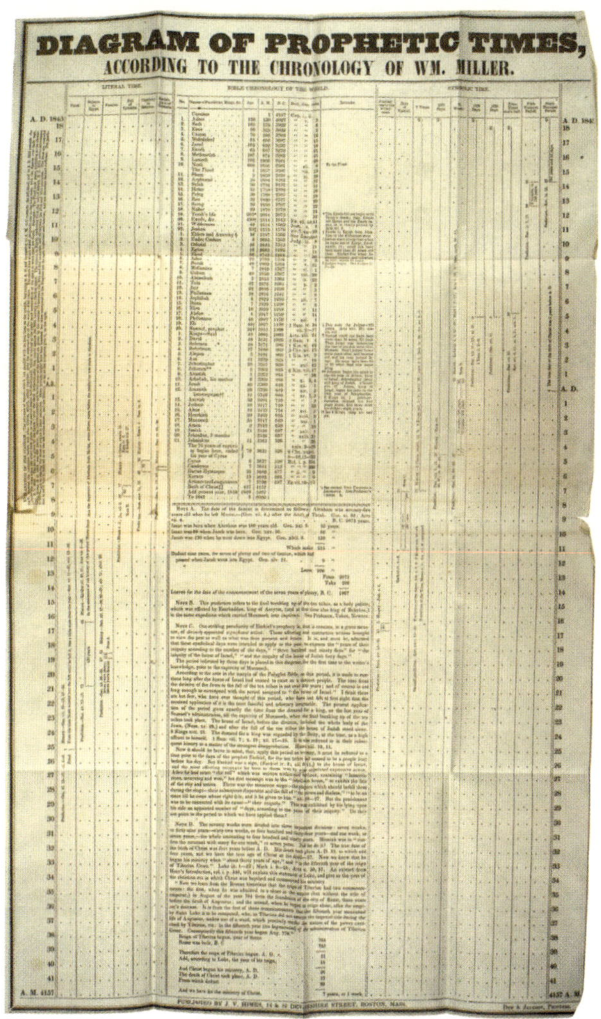

图 178

米勒门徒的图表，比如《但以理与约翰幻视异象之年代表》，1842年由约书亚·海姆斯（Joshua Himes）印行出版；这在单独一个图式中整合了时间线、年代纪计算法与末日启示象征符号的三种视觉逻辑。左手边这一栏最后的年份，1843，指示的是即将到来的世界末日。

图 179

《先知时代的图表，根据威廉·米勒的年表制作》（这是出版于1843年的一个米勒式图表，作为一个可折叠插页出现在阿波罗斯·海勒（Apollos Hale）的《救主二度重临手册》中。此图表包含有一组垂直方向累积的签筹记号，是表示自设定中创世的公元前4157年以来已经过了多少个世纪。表格中间的一纵向栏，列出的是《圣经》中重要的事件以及发生的日期年份；年份是用世界年（从1到6000）来表示，也用耶稣降世前和降世后的纪年来标注（也即公元前4157到公元后1843，加起来共6000年），还用大族长们的年龄来表示。中心栏左右的两纵向栏，一个列出的是《圣经》文卷中如实描述过的事件（比如大洪水），另一个列出的是在象征意义上描述过的事件（比如但以理的2300天）。经文中预测的事件与当作史实给出的，在表格中也加以区别开来。

米勒及其门徒的全部作品，包括了范围宽广、极为多样化的图像符号展示手段，其中很多是直接利用了延续数世纪的古旧传统。这些图表，正如它们在中世纪和近代早期的那些前辈先例，有着一个内在本质上属于年代学的结构，但这里的年表性元素被前置凸显出来，伴随着生动的末日警示图像，刻绘在历史时间那比例均衡的框架中。

当然，在米勒门派的图表中，那时间框架也是有象征含义的。普雷斯特利的图表，两头的端线，分别落在公元前1200年和公元1800年，并无什么内在的含蓄意义。1800年只是表示近在眼前、即将到来的一个整数年份，而公元前1200年，也是整数，表示三千年前。可是，米勒门派出品于1842年的《但以理与约翰幻视异象之年代表》，那暗色油墨印出的日期边际，内含的信息则可谓再重要不过了。它们标志着历史本身的开始与终结。在这样的图表中，从图像和理念的角度看过去，时间的进程都显得直截了当：终局已经确定无疑，已众所周知，而且几乎就要降临到我们头上。但是，1843年来了又去了，并无惊天变故发生，然后，1844年又是如此——原本大事声张定有末日巨变，实际却波澜不兴，因此那被说成了“大失望”，于是米勒的预言和他的纪年图表都必须彻底加以修订。随后的50年代期间，有过很多的尝试，来收拾清理1843年所导致和留下的神学预言与图表烂摊子。（参见图180）但这些新图表，很多也遭遇了跟前辈先例同样的命运，因为它们重新给出的预测也未能成真；基督重临派的牧师乔纳森·康明斯（Jonathan Cummings）发布了一份样式精美、风格奇妙的《预言图》（*Prophetic Chart*），预言救主将在1854年再度来临——当然，这个预言也不例外，落空了。

接下来的数十年间，从米勒门派中衍生出来的很多支系，都有意终止或放弃对末日大毁灭给出具体年月的预言。（参见图181—183）不过，即便是在这些群体中，对年代学和纪年图表的兴趣还是继续存在。举例来说，1866年，纽约的长老会教士理查德·康宁汉姆·谢梅尔（Richard Cunningham Shimeall）出版了《预言的政治经济价值》（*Political Economy of Prophecy*），书中便包含了一份看上去几乎是普雷斯特利作品翻版的历史图表。谢梅尔是个图表万事通，早在多年前的19世

图 180

1853 年，基督重临协会的创始人之一，乔纳森·康明斯发布了图样美妙的惊人之作《预言图》，宣传推广关于即将来临的再生末日的新算法，将那日子定在了 1854 年。与之前十年间米勒门派的图表类似，康明斯的作品中也混合了文字、数字与符号化的图像，但并未采用或回避了一个规律、均衡的年表时间比例。

纪 30 年代，他就制作过一份大尺幅、内容丰富的家系宗谱图，《圣经》人物几乎尽收其中；另外还出品过一份圆环形历史图表，让人回顾联想到 18 世纪镌版师克里斯托夫·韦格尔《年代纪圆盘》；谢梅尔的这个圆环上，代表“上帝创世”和“终局挣扎之非凡时代”的两块辐条覆盖区，彼此相邻，历史也在时间终结的这一处与起始点会合，构成完整的圆环。

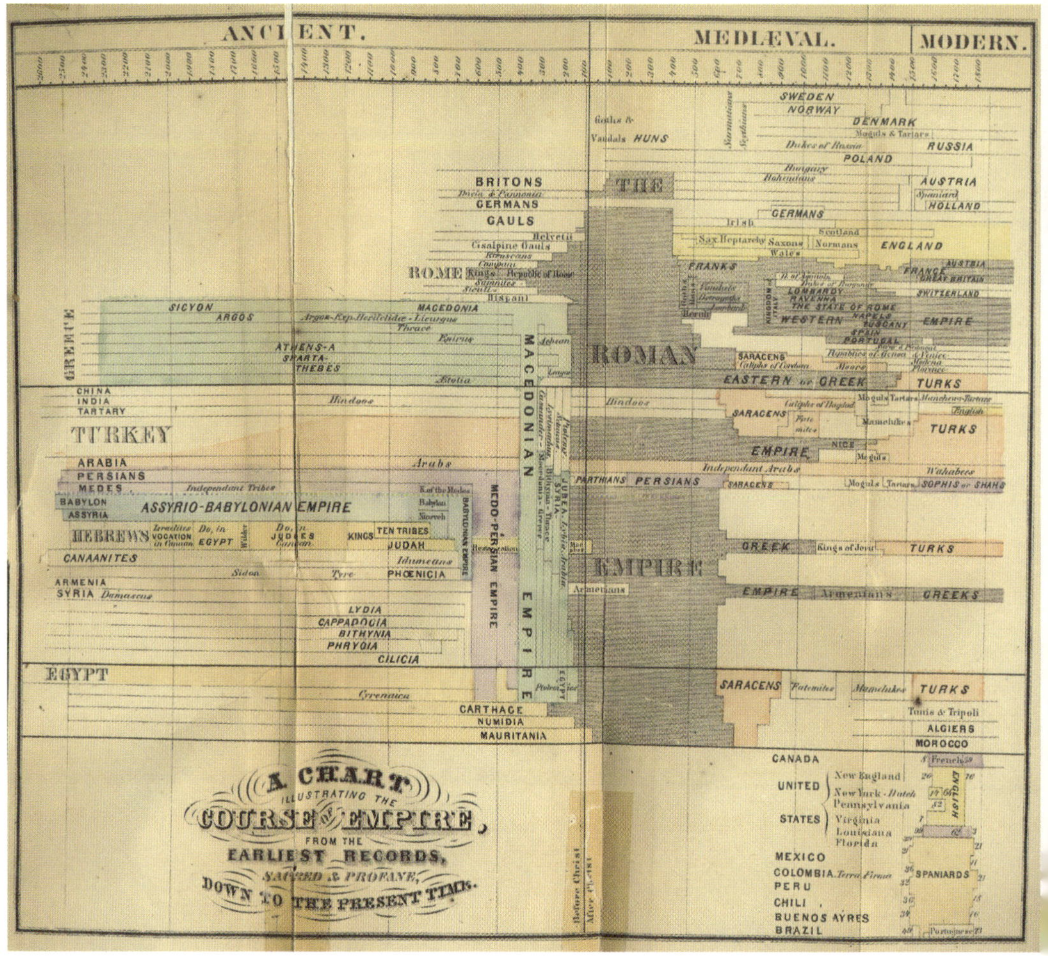

图 181

1866年，长老会牧师理查德·康宁汉姆·谢梅尔出版了标题颇为挑衅的《预言的政治经济价值》；书中包含了《帝国历程图解，据有史以来的神圣记录或渎神的异教记录，直至当前》，图表采用一种世俗化的视觉语汇，来描述《圣经》预言中的王国与历史中所记录的王国之间的关系。

图 182

理查德·康宁汉姆·谢梅尔的特色鲜明之作，出品于1833年，题为《基督教历史全图，据有史以来直至当前的神圣记录或渎神的异教记录》，形式上是一个圆环状，其中的辐条纵列代表着从创世到末日终局之间的各个世纪。

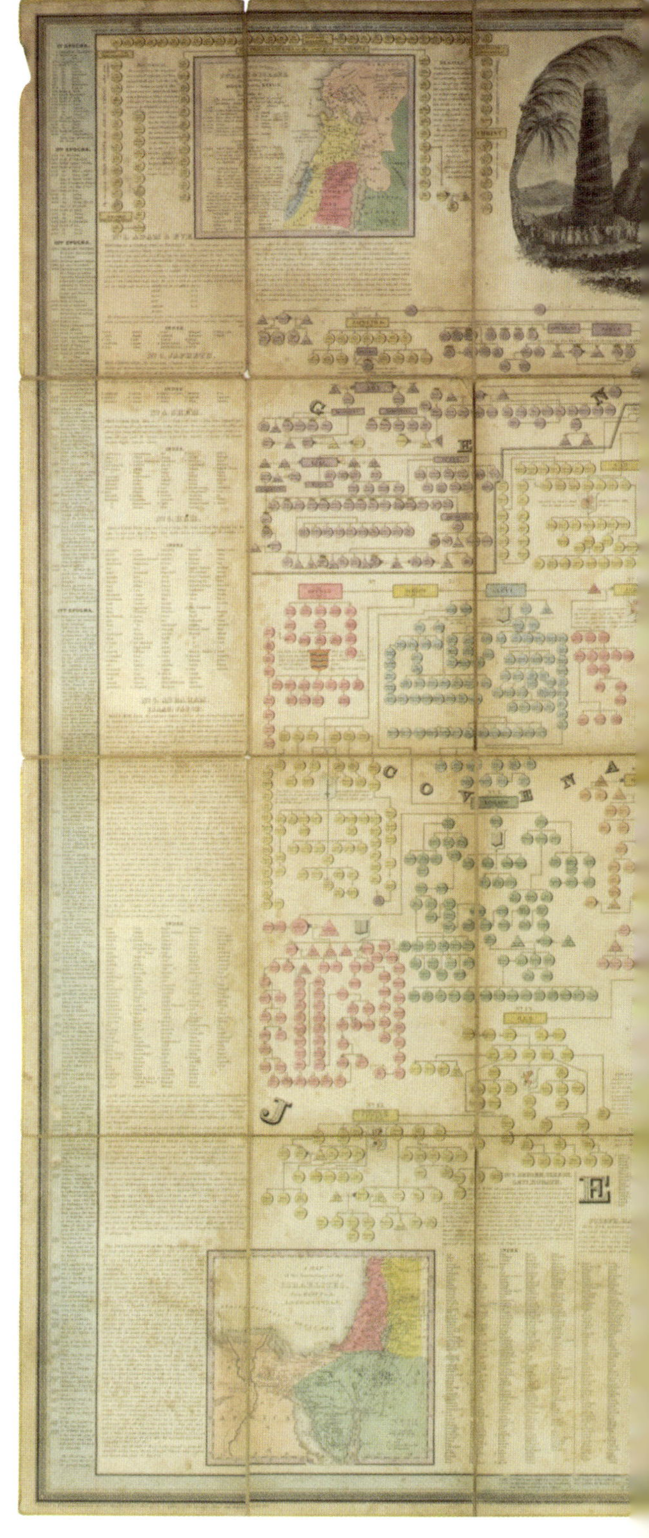

图 183

1832 年，理查德·康宁汉姆·谢梅尔发布了这份内容密集、色彩生动多样的图表，结合了系谱图、地图、插画与年代纪列单，描述呈现世界早期阶段的状态；作品名为《从亚当到基督降之历史纪年、地理与家系图谱全表，据圣经圣典所录》。

CHART
GOD'S
PEOPLE
THE
JEWS

接下来的20世纪期间，也有数十位“灵异预见者”继续致力于类似的项目。（参见图184—185）属于这一传统门类的作品，也借用和吸纳了本领域之外、各种各样艺术家的创造才华；这其中就包括了比如克拉伦斯·拉金（Clarence Larkin）这样高产的图表专家，这位宾夕法尼亚州的“神定时代论者”，在投身神职之前的职业身份是制图员与机械工程师。另外，保加利亚裔美国人、救主重临派信徒维克多·霍特夫（Victor Houteff），作为大卫教派的创建者，也热衷于绘制图表。在其作品中，多样化的象征符号语言、地图与时间线，都融于一体，很生动地出现在一系列舞台造型般的年代纪场景中。

19世纪期间，无论是在美国还是欧洲，着眼于教育功能的时间线都大量出现——既出现在地图集与教科书中，也同样作为独立的教辅材料。（参见图186—187）对19世纪中期美国历史课程体系的一项综览调查显示，有各种各样、大量的年代纪作品被用于教学。其中包括1806年初版、塞缪尔·威尔普利所著的《通史概要》（*Compend of General History*），书中配有以普雷斯特利的《传记图表》为模版的一份“帝国更续传记表”；还有1825年出版、塞缪尔·古德里奇（Samuel Goodrich）的《年代纪概述》（*Outlines of Chronology*）；以及1833年出版、约瑟夫·艾默森·伍斯特（Joseph Emerson Worcester）的《历史基础入门：古代与现代》（*Elements of History, Ancient and Modern*），其中的一个图表类似于普雷斯特利的《新编历史图表》。书籍出版目录与教育、神学和历史评论文章，都定期宣传推广新的年代纪图表；甚至，连常规的报纸也评介这类作品，比如在1842年7月16日，《纽约观察记事报》（*New York Observer and Chronicle*）不吝溢美之辞，大大褒奖了其时已被遗忘已久的《历史解注，或纪年与历史图表》（*Historical Expositor, or Chronological and Historical Charts*），盛赞该设计者是一位“值得尊敬的可贵的年轻绅士，与本市的神学院素有渊源”，而且表格售价低廉，“近乎分文不取”。“记事报”指出，在此图表中，“世界通史的简洁梗概被巧妙又清晰地呈现出来……纲要构成的一个系列图，挂在书房里或其他地方，都大有价值，可充当参考，助人们轻松地了解史实，而靠另外的途径，可能查找一个钟头也无法发现这些史实。”出自这一时期的图表，举例来说，还包括亨利·伯斯特维克（Henry Bostwick）完成于1828年的《历史与经典图表集》（*A Historical and Classical Atlas*）；其中那艺术

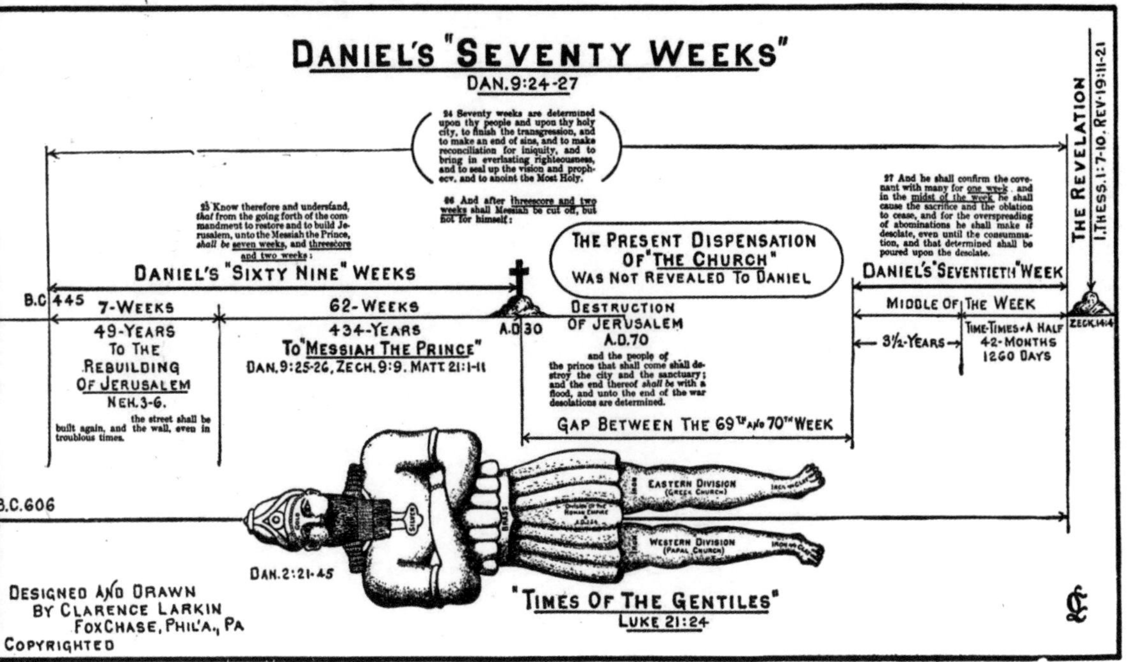

图 184

整个 20 世纪期间，末日天启题材图表的传统都稳定不变地持续着，而贡献者是出自多种教派信条的诸多《圣经》经典评注学者。得到最多重印的畅销图表中，包括了 1918 年出版的《神定时代论真理》这一卷里的图表；该书作者为宾夕法尼亚州的的克拉伦斯·拉金，而这位浸礼会牧师此前专职从事机械制图。

图 185（后页）

出自 1933 年，作者维克多·霍特夫，此图名为《撒迦利亚书第六章 1—8 节：去往荒野并返回的牧师：借助明确无误的象征信号，她所预见的历史》，呈现了旧约《撒迦利亚书》中所描述的四架马车；霍特夫将马车与基督教历史的其他阶段关联起来，而那历史是以 1798 年威廉·米勒的那些预言，还有 1843 年和 1844 年千禧预期失望落空之后“基督重临安息日会”的建立形成，为顶点和终曲。霍特夫的插图，围绕着一个年表式的规划方案来组织那些符号化再现的图形元素。

化风格化的系谱表述符号，证明了当时美国对视觉上新奇花样的喜好。几乎每一个出版商都吹嘘宣扬自家图表的独有创新之处，但他们的很多出品实际上只不过是普雷斯特利格式的变体翻版。这些作品，比如 1813 年罗伯特·梅欧（Robert Mayo）的《古代地理与古代历史概观》（*View of Ancient Geography and Ancient History*）、1814 年约翰·勒夫曼（John Luffman）的《通史基础入门》（*Elements of Universal History*）、1826 年威廉·亨利·艾尔兰（William Henry Ireland）的《通史年代学家》（*Universal Chronologist*），以及 1833 年乔治·帕尔默·普特南（George Palmer Putnam）那风靡一时、广为流传的《年代纪》（*Chronology*），尽管其中的图表确实美观又出彩，但它们都是严格遵循了普雷斯特利的原型模式，依样画葫芦。

THE 1335 Y
THE 1290 YEARS ...
THE 1260 YEARS
508
538
"THE SOUTH COUNTRY"

THE 40 YEARS .. Ezek. 4:6
THE 390 YEARS .. Ezek. 4:5
.. DAN. 12:12
1798
1844
1890
1930
The "NORTH COUNTRY"
BABYLON
ZECH. 6: 1-8.
THE CHURCH TO, AND BACK FROM "THE WILDERNESS".
HER PROPHETIC HISTORY BY UNMISTAKABLE SYMBOLS.
COPYRIGHT V.T. HOUTEFF 1933

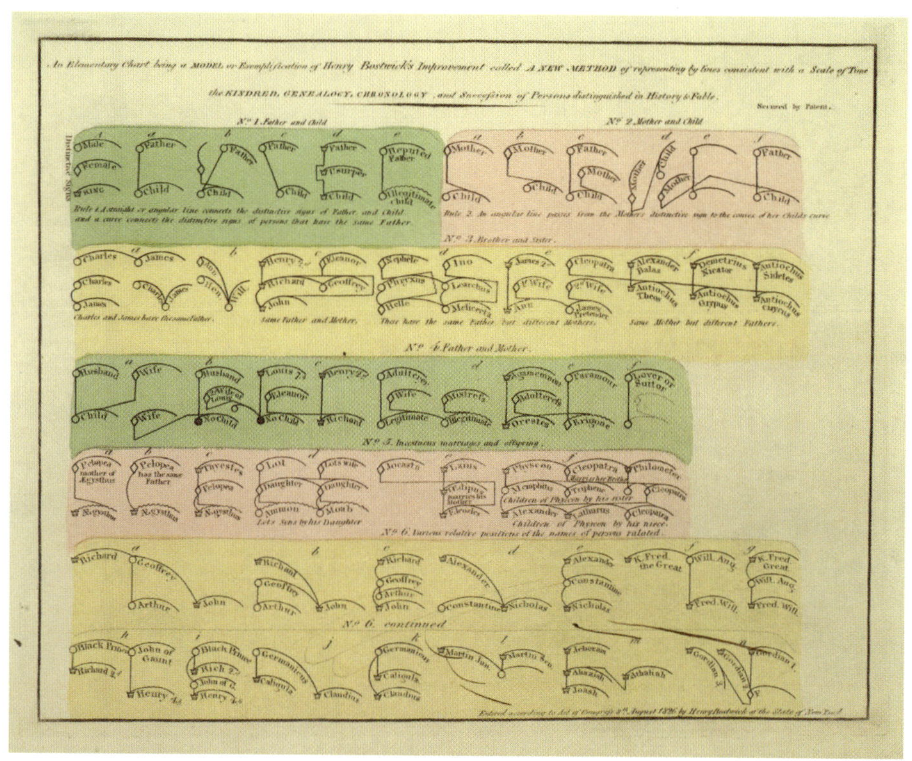

图 186

亨利·伯斯特维克的《历史与经典图表集》，1826年，初稿于纽约；此为书中的“初级图表，充当伯斯特维克后来改进版的模型或示例样板，改进版名为‘新方法——借助与设定的时间比例尺一致的线条来呈示历史及传说中杰出人物之血缘亲属、家系、年代次序与承续关系’”。

图 187

亨利·伯斯特维克的《历史、纪年与家系图表，包含古代国家地图一幅，并展示一根时间标尺上各国起源与革命的时段，还有从创世到耶稣基督降生的4000年间神圣与世俗历史上的主要名人，以及采用与时间标尺比例协调一致的新方法来呈示家族成员间的亲缘关系层次》；在这个作品中，他尝试将时间线、家系图与历史地图的多种形式组合为一体。伯斯特维克设计了一个系谱标注的新体系，将这些字符刻写进一个历史表格，并借助于着色色块的轮廓线，将表格与上方悬浮着的地理地图对接关联。他的这个图表系统，不是特别容易看懂，但也有其优点，那就是强调了人物间婚姻关系与父母血缘关系的差异，也明确突出了家世谱系多头绪、多线路的特征。

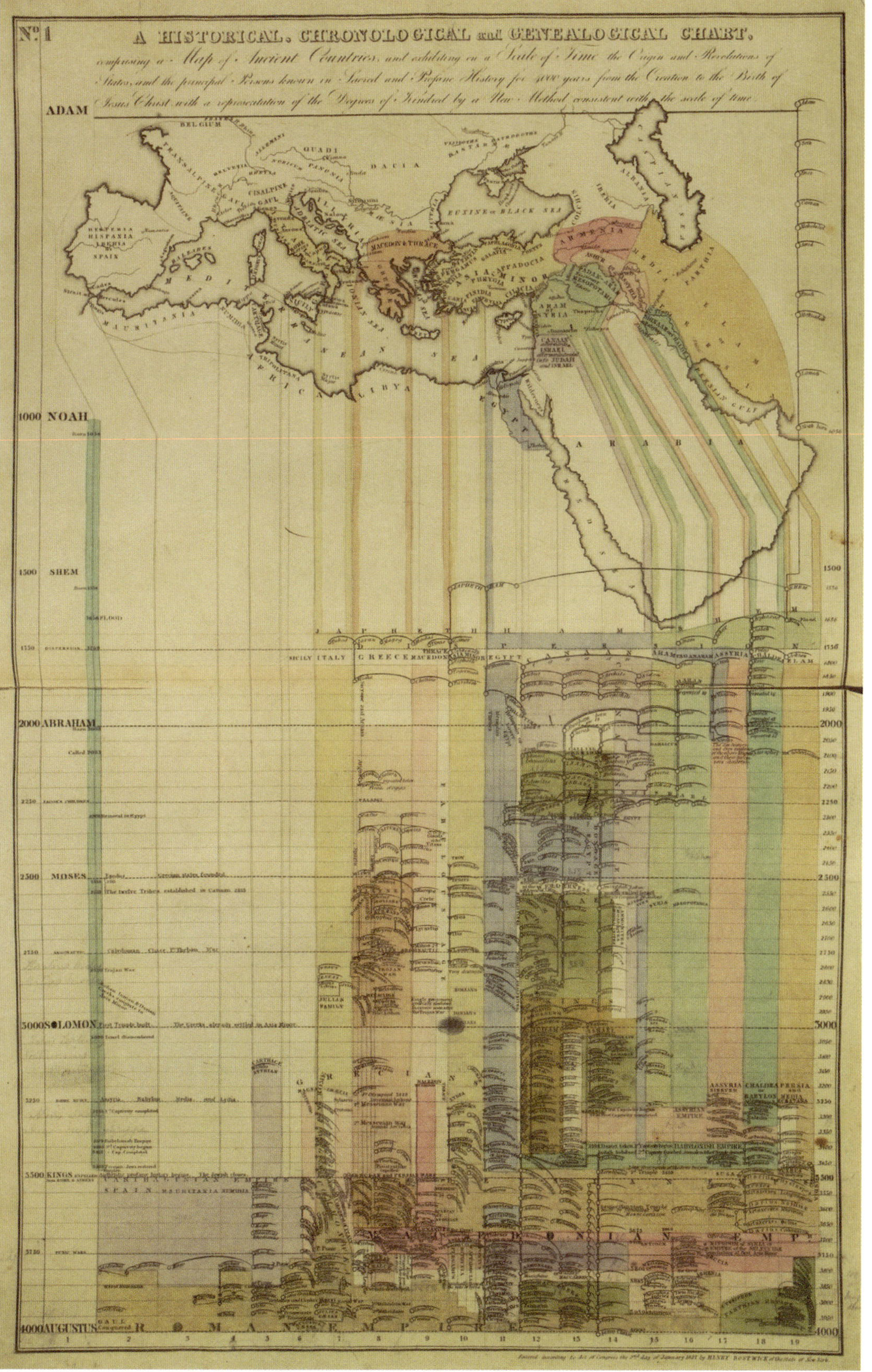

No. 1
A HISTORICAL, CHRONOLOGICAL and GENEALOGICAL CHART,
comprising a Map of Ancient Countries, and exhibiting on a Scale of Time the Origin and Revolutions of States, and the principal Persons known in Sacred and Profane History for 4000 years from the Creation to the Birth of Jesus Christ with a representation of the Degrees of Kindred by a New Method consistent with the scale of time.
ADAM
1000 NOAH
1500 SHEM
2000 ABRAHAM
2500 MOSES
3000 SOLOMON
3500 KINGS
4000 AUGUSTUS
ARABIA
GREECE
EGYPT
ELAM
ASSYRIA
R O M A N E M P I R E

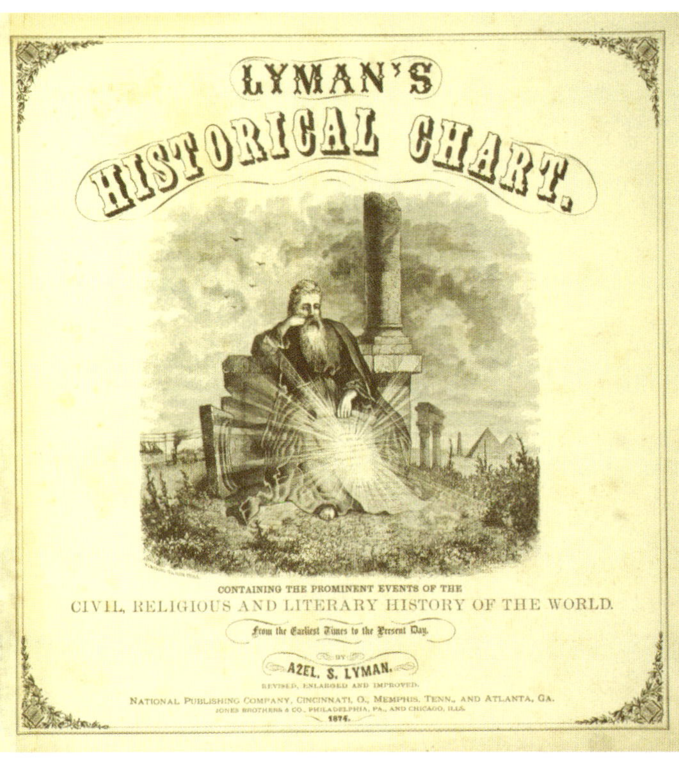

400
500
ARABIA.
Justinian I.,
EASTERN EMPIRE.
us the Great
VANDALS,
ALANI,
VISIGOTHS
SUEVI,
Alaric,
76. Fall of the Western Empire.
Attila
lition of Paganism;
Genseric
Theodoric king of the OSTROGOTHS
Chrysostom,
HERULI,
Pelagius
Middle Ages begin.
St. Augustine,
FRANKS,
Clovis,
VISIGOTHS,
BURGUNDIANS,
Merovingian.
SAXON HEPTARCHY.
Saxon period of BRITAIN.

从 19 世纪中叶起，无数新的年代纪图形格式开始渐次涌现。（参见图 188—189）最广受欢迎的美国历史图表之一，于 1844 年在辛辛那提面世；出品人是才华多样又高产的发明家阿齐尔·莱曼（Azel S. Lyman）。此君的专利包括有冰箱式冷藏柜、水泵及引擎、钢笔笔尖、牛奶浓缩器、腌肉加工烘干机，以及莱曼–哈斯凯尔多程加载机关炮；这是一种大型火炮，于 19 世纪 80 年代为美国陆军制造，尽管在战场上被证明是失败之作，但实验演示却成功了，证明在一个很长行程的炮筒中，借助于次级爆破，一颗炮弹可得到反复加速。

图 188—189

1844 年，阿齐尔·莱曼在辛辛那提首次出版他的历史图表书，然后又出过几个版本，一直延续到 1875 年。表格是简洁的从左到右的格式，有手工着色的横向水平条带指示不同的国家，而差异化的字体与排字样式则用以区分开重要的和相关的指称概念。莱曼的图表有时候会与教科书整合在一起。一份学习指南也会随同每一个版本的图表印出，上面列有问题与答案，所以莱曼的图表也可在一定程度上作为教科书单独使用。他的图表上，在公元 476 年罗马帝国崩溃之后，那时间线便爆裂突入很多色彩并呈的一片空间场域。

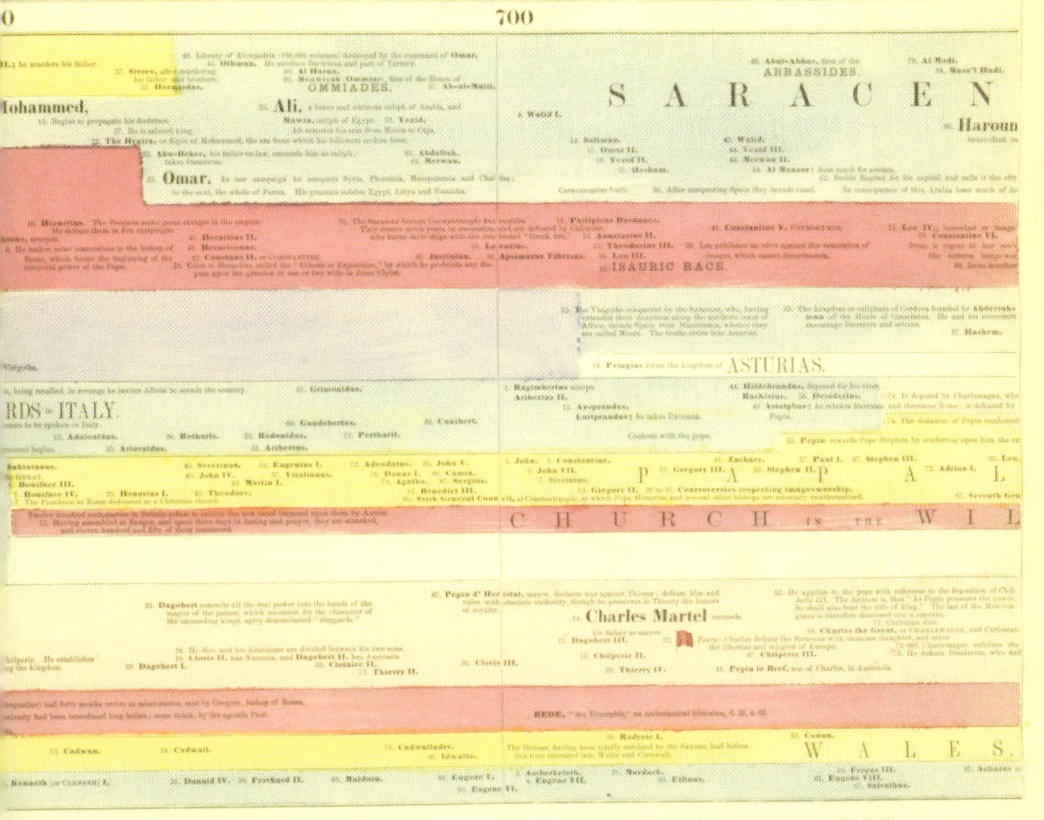

莱曼的图表，长达36英尺（约11米）；这跟他的大炮类似——尺寸过大，只是勉强尚具使用功能。笼统而言，这是借用了雅克·巴尔贝–杜伯格的旧式的图形语言，只是将那内容加以放大，更便于浏览查阅。一位评论者挺开心地假想自己沉浸到了这巨型年表的体验中："在10或15英尺开外，有些甚至是站到30英尺的距离外，学生还能读出（莱曼图表上的名字与日期）。说真的，我们简直想不出还有比这更愉快的差使，那就是，让自己坐在一个房间的中央，而四周围绕着你的，是挂在墙上的、从初始到现今的世界；各个国家的兴衰，还有全部重大历史事件，都按照它们精准的次序列出来，让你能一览无余，因此留下了难以抹除的生动印象。"假如大就是好，就是标准的话，那莱曼的作品当然挺不赖的。但是，就其他方面而言，他的表格比其同时代的很多同类出品则远为逊色。不过，莱曼喜欢向前看，努力去预见未来。他作品那富有寓意的卷首插画，挺巧妙地传达了这种志趣和热望：画面中，时间老人以沉思冥想的姿势坐着，手中拿有一书卷；在他身后，有一座金字塔和一处古希腊遗址废墟，在更远处，还有一台铁路机车正向前方驶来——虽然仍未进入前景。

美国年代纪图表中，令人印象深刻的另一个范例，也是就意识形态表达层面而言最为直接的之一，是《美国史综合图表》（*Comprehensive Chart of American History*），几乎与莱曼的作品在同一时段出版。这一综合图表，出自教育家马修斯·威尔逊（Marcius Willson）的手笔；他也是形形色色各类中学用教科书的编者。此图表致力于去阐明克里斯托弗·哥伦布发现美洲的深广内涵与后果，而哥伦布的发现被威尔逊称为是"有史以来起因于个人天才与开拓进取心的最重要大事件"。在其所出教材《美国史》（*History of the United States*）中，为便利易用计，威尔逊搭配呈示了其图表的一个迷你版本，但图表的全尺寸完整版，则大到甚至可覆盖教室的一堵墙。（参见图190）尽管比莱曼的作品短，威尔逊的表格要宽得多，这就使得它笨重不便，也不可能卷折起来。此外，表格中图形和文字的印刷，大部分都非常精细。图表如此的尺寸，让威尔逊有余裕的空间来投映呈现那持续成长壮大的国家是多么辽阔博大。如果说，拉姆塞的图表赋予了革命（独立战争）时代的美国以一种历史——区别于以往政治英雄们所创造的历史——的尊严感，那么，威尔逊的则表达了扩张主义者关于19世纪美利坚共

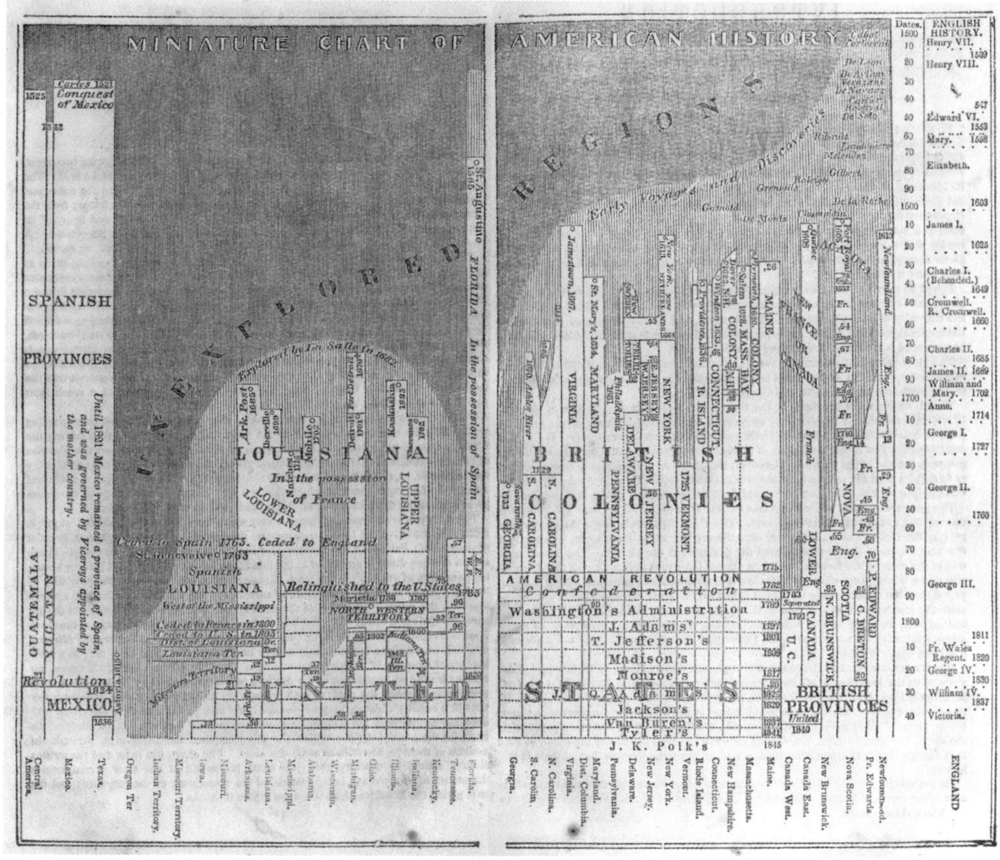

图 190

马修斯·威尔逊的《美国史综合图表》，出自其 1845 年的著作《美国史》；这是该图表的微缩版，显示了美国的出现与兴起，而美国所从中浮现之背景，被当时的历史学家们处理为暗昧模糊的史前混沌。

和国的野心设计。在他的表格里，代表美国每个州的纵向柱状列，从欧洲殖民之前、那过往的一片暗昧中冒出来，向下垂落，伸向光线明亮的现代时期。

1874 年，巴纳德学院的历史教授与古希腊语专家罗伯特·亨洛彭·拉伯顿（Robert Henlopen Labberton）出版了一册声名远扬的历史地图集，伴随地图集的，是又一个生动的大尺幅图表，题为《用眼睛直接教授的历史》（*History Taught by the Eye*）。（参见图 191）这个图表在九英尺的纸面空间内囊括了 43 个世纪。与很多 19

ANCIENT HISTORY. Subdivision. CLASS

THE CONTENTS OF THIS FIFTH PAGE

Are what is generally called CLASSICAL HISTORY. It exhibits:
1st. The Persian Empire from the Wars with the Greeks to its fall.
2d. The short-lived Empire of Alexander the Great.
3d. The principal states into which this Empire was divided.
a. The Syrian Empire of the Seleucidæ.
b. The Egyptian Empire of the Ptolemies.
c. The Macedonian Empire.
4th. The rise and development of the Parthian Empire.
5th. The gradual development of the Roman power.
THE SEVENTEENTH, SIXTEENTH AND FIFTEENTH COLUMNS exhibit the beginnings of ENGLAND, FRANCE AND GERMANY.

17 ENGLAND. 16 FRANCE. 15 GERMANY. 14 ROME. 13 SPAIN.

PRE-HISTORIC PERIOD OF BRITISH HISTORY.

PRE-HISTORIC PERIOD OF FRENCH HISTORY.

PRE-HISTORIC PERIOD OF GERMAN HISTORY.

ROMAN REPUBLIC

PRE-HISTORIC PERIOD OF SPANISH HISTORY.

500 490 480 470 460 450 440 430 420 410 400 390 380 370 360 350 340 330 320 310 300 290 280 270 260 250 240 230 220 210 200 190 180 170 160 150 140 130 120 110 100 90 80 70 60 50 40 30 20 10 ONE

Before Christ. ENGLAND. FRANCE. GERMANY. ITALY. SPAIN.

图 191

罗伯特·亨洛彭·拉伯顿出版了几份历史通览概要图表。在他 1874 年出品的《历史图表，或用眼睛直接教授的历史》这一表格中，各个国家是以不同斜度的角状步态进入或离开历史舞台。

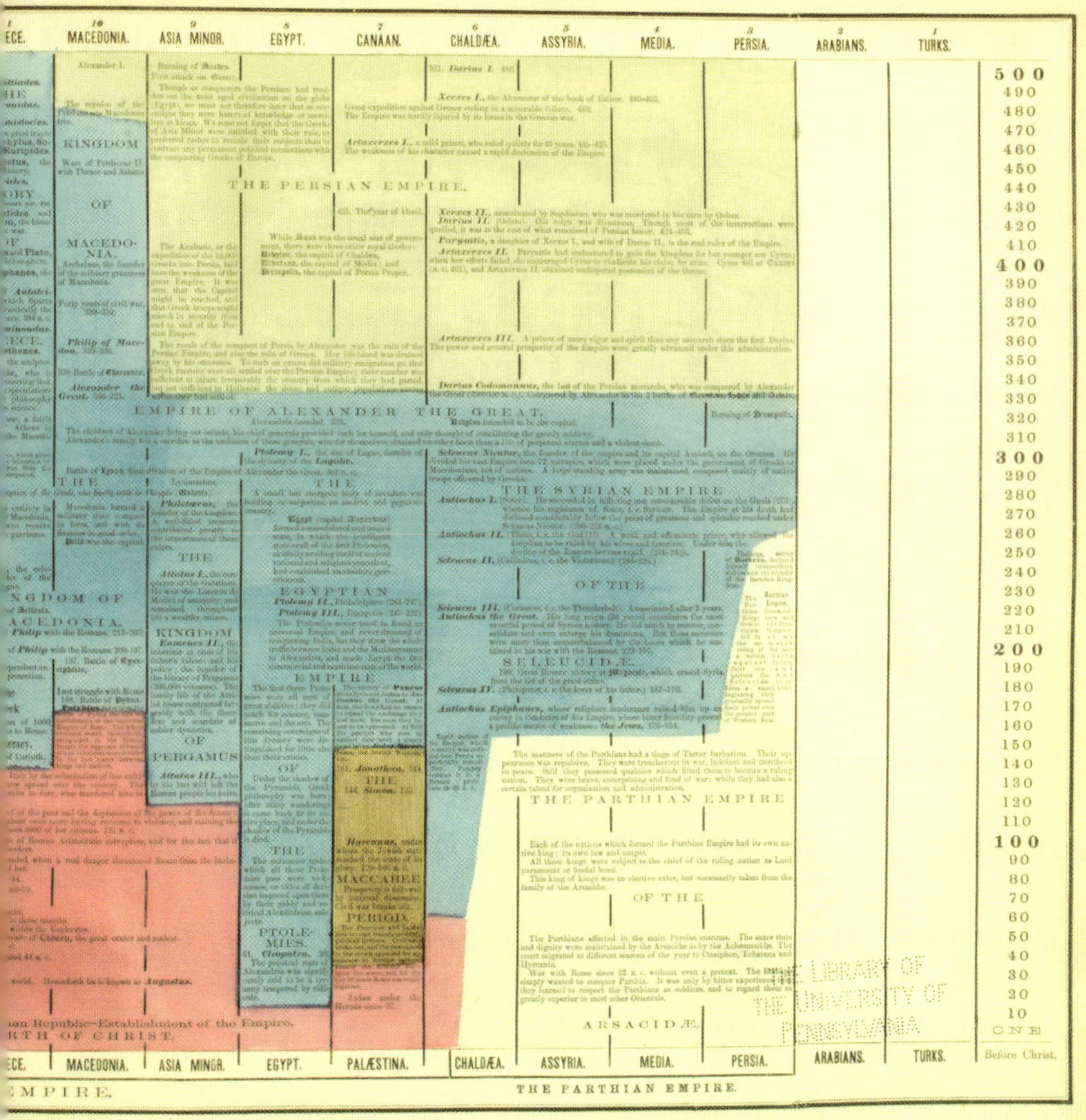

世纪的图表制作者一样，拉伯顿强调其作品那中立与“科学的”特征。他说，与传统的历史书籍构成不同反差，他的图表维护和保留了“那种自动作用于观看者注意力的一致感与统一性，同时，作为一个宽广辽远、连续又和谐的整体，呈现出数十世纪的兴衰变迁”。这样一来，他补充道，那些图表将会是很有用的防御手段，可对抗“精明的杂志出版者、‘聪明的’演讲人与狡猾政客摇唇鼓舌的诡辩”。

那些图表，每一份都因其自己的独到之处而令人瞩目，不过，19 世纪在复杂性与综合能力方面的成就超越同侪的美国图表，当属俄勒冈州随同西进拓荒的牧师塞巴斯蒂安·亚当斯（Sebastian C. Adams）于 1871 年发布的《同步纪年图表》（*Synchronological Chart*）——后来还以不同的标题出版过很多其他版本。（参见图 192—193）亚当斯是一位学校老师，还是俄勒冈第一所《圣经》学院的创建者之一。他的早年生活都是在当时美国领土的边疆前沿区域度过。1825 年，他出生于俄亥俄州，19 世纪 40 年代初期在位于伊利诺伊州盖尔斯堡的全新启用的诺克斯学院接受教育，而那里又是当时美国废奴主义运动的中心地带。亚当斯博览群书、求知若渴、勤于思考、视野开阔，而且有着根深蒂固的习惯，热衷改良既存成果。《同步纪年图表》是一个伟大的作品，贡献了局外人视角的新思维，也是自学成才者进行历史研究的一个样板。它意图超越仅仅是历史概要的定位层次，着眼于绘制一幅历史图像，而这图像内容丰富到足以让其本身构成一本教科书。

后来的年月间，亚当斯逐渐疏远脱离了有组织的宗教，但在起初阶段，他对年代学的兴趣既是学术性的，也涵盖对神学的关注。“耶稣门徒会”的创建者亚历山大·坎贝尔（Alexander Campbell），是亚当斯早年精神追求的启迪之源。坎贝尔曾写过，只有当我们领会了它们“在神启预言的世界进程图表上的位置”，这些“时间时代的信号”才可能得到恰当的诠释。而亚当斯的同步对照图表，目的就是来协助支持这种理解。

与莱曼及威尔逊的作品类似，亚当斯的图表也很大——长达十七英尺，高度超过两英尺——但在视觉信息上的丰富度，则超越同侪。虽然图表是在僻远边陲的俄勒冈州塞勒姆构思酝酿而成，亚当斯却不辞辛劳去往东部，委托技艺精湛的辛辛那提的镌版印刷师制作他的表格。印刷商叫作斯特罗布里吉商行（Strobridge & Co.），出品了很多精确的地图、详细描述美国内战场景的雕版印画、旅行游记书，以及为包括剧院和马戏团在内的商业客户定制的彩色广告。在其最终成品形态中，亚当斯的图表体现出了所有这些特征：尺幅大、细节丰富，也充满了各种信息以及生动缤纷的色彩。

就整体概念来说，《同步纪年图表》在很大程度上是袭用了和受益于“时间之流”的传统；并且，在某些方面，按照其实际出现的样子来看，那些内容显然已是此前有过的年代错误。亚当斯采信了大主教厄瑟尔提出的经典日期，即上帝创世发生于公元前 4004 年 —— 以及从神圣宗教向世俗历史的无缝转换，还有各种各样有关千禧末日的花样设计，比如以怪兽图像象征末世大毁灭 —— 而所有这些，看上去更像是一种学术上的倒退，而不是历史的进步。但亚当斯的图表同时也坚定地确认了这些东西：规则、比例均衡有度、单轴的时间线所具有的那种力量，以及视觉工具在教育中的重要性。

亚当斯最初是独立制作自己的图表，接受订购预付款，也投入自己的钱财。但 1871 年的版本出来之后，他的作品受到了美国其他城市印刷商的青睐，稍后在英国也得到了赏识。甚至，即便是如今，仍旧有彩色的摹本复印件可供。众多版本中，最受欢迎的和存续时间最久的之一，是在 20 世纪最初时段由查尔斯·威廉·迪肯印书商号（Charles William Deacon and Company）于伦敦出版。迪肯的版本，有意识地削弱了原作中的美国色彩，移除了那些着眼于二百周年纪念的肖像画，也改动了特定的一些细节。迪肯及其商号还移除了表格中大多数的自传性标记注解 —— 这些短注为亚当斯建立了其作品与学术性年代纪传统之间的关联 —— 并将亚当斯的名字从图表中抹除。最终，商号在其出品中又增补了一幅由爱尔兰裔科学家爱德华·赫尔（Edward Hull）完成的地质岩层图，并骄傲地以一个新标题来指称此作品，迪肯氏世界通史同步纪年表，图片兼描述：附有历代大帝国之地图与地球地质全图，爱德华·赫尔教授出品。这一含糊其辞的表述，长期以来都误导了读者还有书籍编目者，将亚当斯的著作权归于赫尔的名下。

及至 19 世纪晚期，莱曼与亚当斯格式的图表已经被全面彻底地整合加入了美国与欧洲的常规历史学习教程。这种进程的力量，不仅明显体现在 19 世纪的各种纪年图表中，也体现在人们用以讨论历史的通行语汇中。早至 1825 年，于康涅狄格州纽黑文发行的《信徒杂志》（*Churchman's Magazine*）就已推荐说，从事神职者应“将目光投放到历史图表上”，以便能理解“人类社会的现状”。1844 年，出版于纽约的《工人权益呼声报》（*Workingman's Advocate*）刊登了一篇文章，回顾复述爱尔兰出生的宪章运动者兼报纸编辑托马斯·恩吉·德威尔

(Thomas Ainge Devyr) 所发表过的一个煽动民心的演讲，演讲鼓动他的听众去“像水手看航海图那样审视历史”。德威尔辩论道，“如果我们检视历史，将会发现，在希腊和罗马共和国，当每人都能拥有自己的一份土地，当每一个辞官归田的辛辛纳图斯还能满意地拥有他的七英亩土地，人们就还是富足的、有尊严的人，开开心心，也神志清明。但是，当只有少数人成为田产的所有者，而大部分人被排除在外之后，罪恶与骄奢淫逸便会大行其道。”德威尔详尽地对比了纽约的金融大亨与罗马的贵族，指出，恰如罗马曾有过危害劳工阶层的堕落和暴力时期，近代的美国也是如此。“假如哥伦布有一份航海图，他通往新世界的途程路径就可能容易很多。我们则跟哥伦布不一样：历史的图表会给我们提醒，要避开哪些礁石、浅滩与沙洲。”

在世俗历史的史料编纂方面，同样的惯例规矩也无处不在，不过，这个领域中要处理的是前进的历程，而不是神意的验证。1892 年，在写给美国历史学会的报告中，历史学家詹姆斯·舒尔德 (James Schoulder) 为近代历史的伟大叙事制订了一个框架，将其描述为一份“世界进步的图表”。他写道：

> 打开我们的历史图表，就像一本地图集那样；它所次第呈示的每个页面，都是大小相同，但因为比例在不断放大，所以每一页表示的区域范围越来越小。比如，某一页展示的是地球半球，另一页则是某大洲，再一页就是某国家；其他的页面，也顺次呈现，从州省，到县郡，再到城镇。就这样，从一个世界开始，我们可以逐步缩短焦距，直到我们在全部空间——一座城市或小镇，甚至仅是一栋房舍——中，都完成同样的操作，部署历史现实中的人物。

18 世纪时，雅克·巴尔贝－杜伯格曾哀叹，纪年图表缺少地理地图的那种复杂精密度，也没有那种直观了然的特质，而乔治·哈格尔根斯则提醒、警示读者说，如不伴随参照一本历史教材，就无法有效地查阅他的时间图表。到了 19 世纪，年代纪专家们不必再发出如此的歉意声明。及至此时，纪年图表已经成了历史认知本身的一个象征。

图 192

俄勒冈州首府塞勒姆的牧师塞巴斯蒂安·亚当斯所创作的图表，是一片热闹多姿的色彩与细节的聚合，包括了文字、插画与地图，全都围绕着一根尺度均匀的水平时间线来组织。亚当斯的图表受到好评，广为传布，经常是以手风琴状折页书的形式售卖，但人们也可以买到卷轴形式的出品，正如印行于 1878 年的这个第三版所示，展开后可整面固定在墙上。（展开图见第 260—270 页）

CAIN
ABEL
ADAM (AND EVE) 930 years
ENOCH 2nd
IRAD 3rd
MEHUJAEL 4th
METHUSAEL 5th
LAMECH 6th
SETH 912 yrs
ENOS 905 yrs
CAINAN 910 yrs
MAHALALEEL 895 yrs
4004
ADAM 130
SETH 105
ENOS 90
CAINAN 70
MAHALALEEL 65
STONE-AGE, FROM DENMARK.
1st Corn-Mill.
Conjectural. Illustrating civilization of Stone age
Some of the EMINENT HISTOR
HERODOTUS.
XENOPHON.
THUCYDIDES.
LIVY.
Books consulted in this work.
LET THERE BE LIGHT.
All the history of man before the flood extant or known to us is found in the first six chapters of Genesis.
SPITZBERGEN
GREENLAND
NOVA ZEMBLA
IRELAND
SPAIN
FRANCE
RUSSIA
CARTHAGE
MED. SEA
EGYPT
PERSIA
ASIA
AFRICA
JAPAN
CEYLON
BORNEO
SUMATRA
NEW GUINEA
MADAGASCAR
AUSTRALIA
EASTERN HEMISPHERE.
The bright colors denote those countries that are the Subjects of history previous to the discovery of America
It is fondly hoped that all friends of education and knowledge will duly appreciate the years of toil and study spent in arranging from the fragmentary and disconnected records of the worlds history, this instructive and beautiful panorama. Its plan is simple, its utility obvious, and its value, as you estimate knowledge
A chronological chart of Ancient, Modern and Biblical History Synchronized by SEBASTIAN C. ADAMS, Salem, Oregon.
THE AUTHOR
STROBRIDGE & CO LITH. CINCINNATI, O.

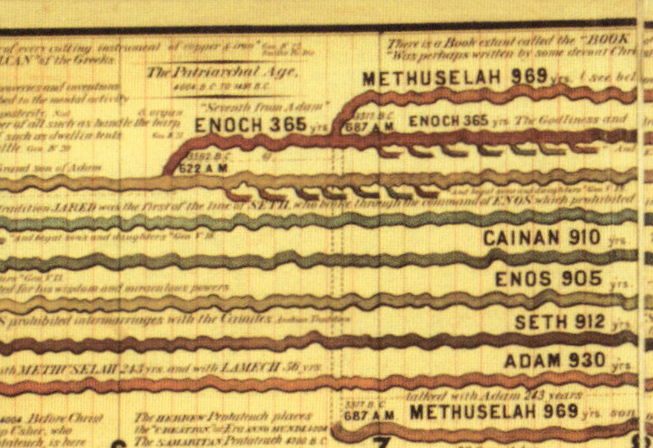

From Adam to Moses there are only 5 intervening links

ADAM 687 · METHUSELAH 628 · SHEM 550 years

translation of ENOCH

JARED 962

The marriage of brother and sister was common until prohibited by the law of Moses in 1491 B.C.

NOAH

LAMECH 777

6 · 7 · 8 · 9 · 10 · 11

34 · 33 · 32 · 31 · 30 · 29

ENOCH 65 · METHUSELAH 187 · LAMECH 182

JARED 162

These figures indicate the decades (10 yrs) of each century. Counting "B.C."

FOUND IN SWITZERLAND.

Hatchet Hammer from SWITZERLAND

Hoes or Picks of Deer Horn

Bodkins of Bone or Needles

BABYLONIAN BRICK.

TACITUS. Roman. born A.D. 58 died 120

EDWARD GIBBON. Eng. born 1737 died 1794

Rosetta Stone found by Fr in Egypt 1799. Now in British Museum

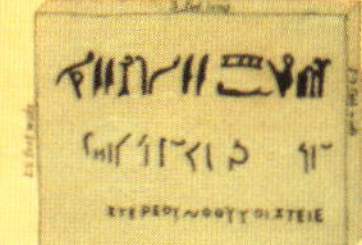

THE MOABITE STONE. By MESHA.

PICTORIAL LANGUAGE

334 B.C.

Alex refuses to pay the tax of 1000 gold eggs. Darius sends him a

Bat · Ball · Sack of small seeds

the 1st to ridicule his youth and the last to represent the great numbers of the Persian army.

Alex said "With this bat I will strike the ball of your monarch's dominion and giving the seed to a fowl in like manner I will gobble up his army" and returned a wild melon that its taste might indicate the bitter lot that awaited him.

500 B.C. Darius Hystaspes invades Scythia and demands earth and water in token of submission. The Scythians return to him

Bird · Mouse · Frog · Arrows

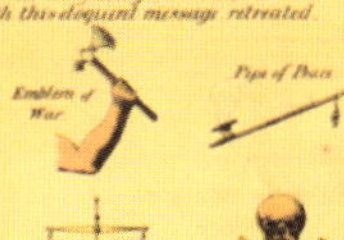

thus saying "Fly into the air like birds, hide in the ground like mice, dive into the water like frogs or our arrows are your doom." Darius' army being worn out and struck with this defiant message retreated.

Emblem of War · Pipe of Peace · Balance · Death

EGYPTIAN HIEROGLYPHIC LETTERS. AFTER BUNSEN

ALPHABETIC LANGUAGE

Cadmus brought the Phoenician letters (15 in number) into Greece about 1500 B.C.

THE GREEK ALPHABET

The different Alphabets have the following number of letters to wit.

1 Italian	20
2 Latin	22
3 Hebrew	22
4 French	25
5 German	26
6 English	26
7 Spanish	27
8 Arabic	28
9 Turkish	28
10 Persian	32
11 Russian	35
12 Slavonic	42
13 Sanscrit	44
14 Chinese (Characters)	214

BABYLON & ASSYRIA.

GREECE.

EGYPT.

PHOENICIA.

Adah bare Jabal: he was the father of such as dwell in tents and have cattle. (inventor or teacher)

PERSIA.

ROME.

INDIA & CHINA.

3307 years of History are included in the Old Testament.
2369 years of History in GENESIS.
1238 years in the other 38 Books of the Old Testament.
ISAAC 77
LEVI 70
AMRAM 61
MOSES
KOHATH
MAHALALEEL 895 yrs
CAINAN 910 yrs
NOAH 950 yrs
LAMECH 777 yrs dies 5 years before the Deluge
METHUSELAH 969 yrs
JAPHETH
SHEM 600
HAM
ANTE DILUVIAN PERIOD 1656 years
DELUGE
NOAH was 502 years old when Shem was born
SHEM
IRON AGE From TUBAL-CAIN
From the tombs at Hallstadt Austria
From Lake in Switzerland
First Navigators
METHUSELAH, NOAH AND SHEM
Methuselah talked with Adam 243 years learning the worlds history from the beginning He wrote it on these two Pillars or Books Moses had access to these Books
Northmen, Saxons, Goths, &c.
SCULPTURES from NINEVEH.—Now in the BRITISH MUSEUM.
Traditions respecting the Tower of Babel.
The 7 Wonders of the World.
Primitive Spinning and Weaving
Agriculture during iron age.
NOAH, his 3 Sons, and their Posterity.
SHEM,
HAM,
JAPHETH,
NOAH.
ETHNOLOGY
NEGRO
MALAY

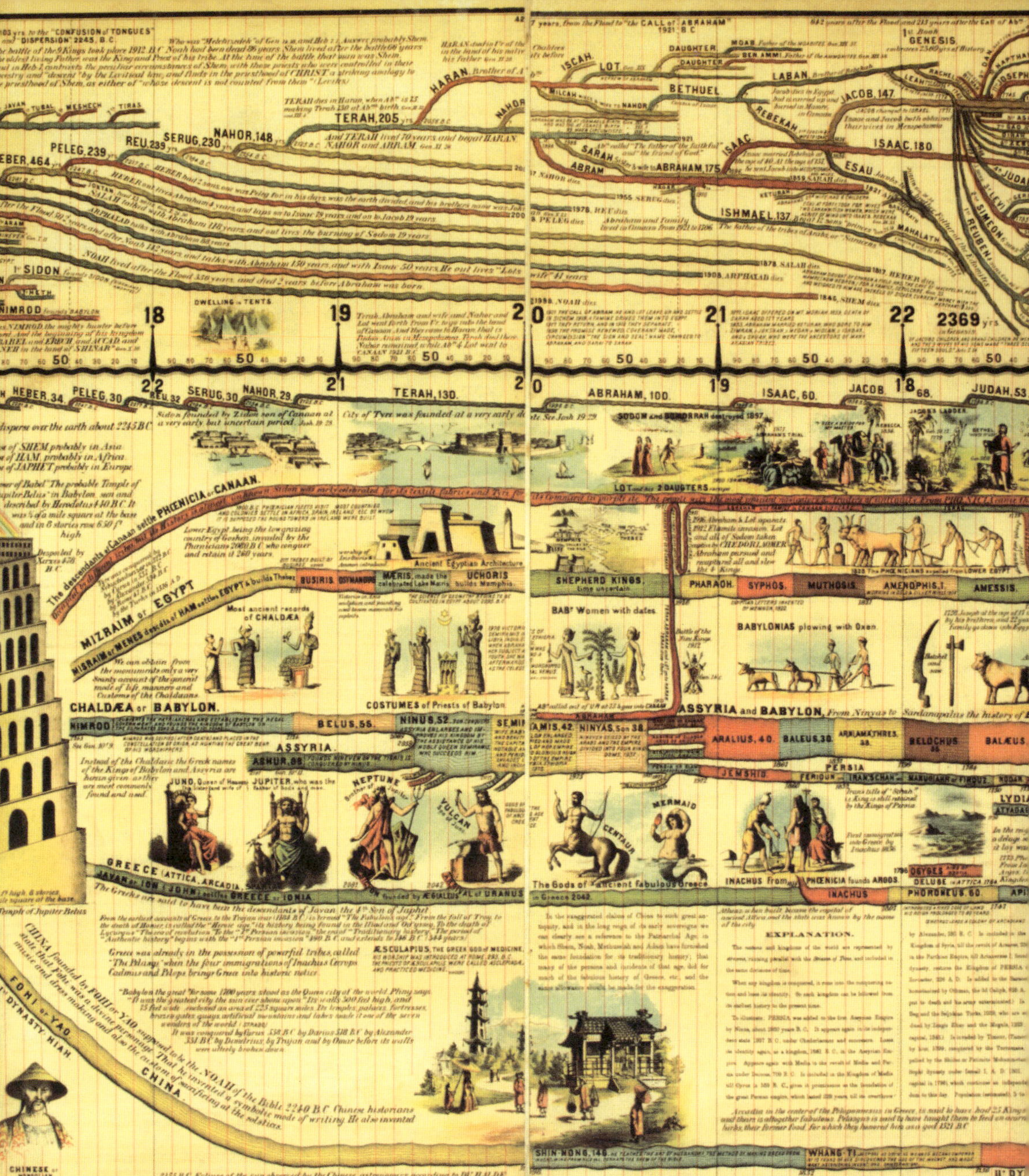
7 years, from the Flood to the "CALL of ABRAHAM" 1921 B.C.
HARAN, Brother of A.
TERAH, 205
NAHOR, 148
SERUG, 230
REU, 239
PELEG, 239
HEBER, 464
JAVAN
TUBAL
MESHECH
TIRAS
SIDON
NIMROD
And TERAH lived 70 years and begat HARAN, NAHOR and ABRAM
NOAH lived after the Flood 350 years, and died 2 years before Abraham was born
ISCAH
LOT
DAUGHTER
MOAB, Father of the MOABITES
BEN AMMI
BETHUEL
LABAN
JACOB, 147
REBEKAH
ISAAC
SARAH
ABRAM
ABRAHAM, 175
ESAU
ISAAC, 180
ISHMAEL, 137
MAHALATH
1st Book GENESIS
JOSEPH
JUDAH
LEVI
SIMEON
REUBEN
DWELLING in TENTS
18
19
20
21
22
2369 yrs
50
HEBER, 34
PELEG, 30
REU, 32
SERUG, 30
NAHOR, 29
TERAH, 130.
ABRAHAM, 100.
ISAAC, 60.
JACOB
68.
JUDAH, 53.
22
21
20
19
18
PHŒNICIA or CANAAN.
MIZRAIM or EGYPT
BUSIRIS
OSYMANDYAS
MŒRIS
UCHORIS
Ancient Egyptian Architecture
SHEPHERD KINGS
PHARAOH
SYPHOS
MUTHOSIS
AMENOPHIS, I.
AMESSIS
Most ancient records of CHALDÆA
COSTUMES of Priests of Babylon
BAB^N Women with dates
BABYLONIAS plowing with Oxen
CHALDÆA or BABYLON.
NIMROD
BELUS, 55.
NINUS, 52.
SEMIRAMIS, 42
NINYAS, Son 38
ASSYRIA and BABYLON, From Ninyas to Sardanapalus the history of B
ARALIUS, 40.
BALEUS, 30.
ARMAMITHRES, 38.
BELOCHUS, 35.
BALÆUS
ASSYRIA.
ASHUR, 86
JEMSHID
PERSIA
FERIDUN
NEPTUNE
JUNO
JUPITER
VULCAN
CENTAUR
MERMAID
The Gods of Ancient fabulous Greece
INACHUS From PHŒNICIA founds ARGOS.
OGYGES
DELUGE in ATTICA 1764
LYDIA
GREECE (ATTICA, ARCADIA, SPARTA
JAVAN or ION (JOHN) settles GREECE or IONIA
INACHUS
PHORONEUS, 60.
Temple of Jupiter Belus
ÆSCULAPIUS, THE GREEK GOD of MEDICINE.
EXPLANATION.
FOHI or YAO
1st DYNASTY HIAH
CHINA
CHINA founded by FOHI or YAO
CHINESE or MONGOLIAN.
SHIN-NONG, 140
WHANG-TI

JUDGES, 271.
EXODUS. 145
MOSES, 120
AARON, 123
JOSHUA, 110
KOHATH, 133
AMRAM
1238 years
6 CITIES of refuge
EHUD kills EGLON.
JAEL kills SISERA.
OTHNIEL, 40.
DEBORAH & BARAK
GIDEON, 40.
TOLA, 23.
JAIR, 22.
ANCIENT PLOW
YOKES
ARK of the COVENANT
LAMP
The BURNING BUSH, in MIDIAN, 1491
MOSES AT "HOREB"
23
24
25
26
27
28
PHARES.
ESROM.
ARAM
AMINADAB.
NASHON
SALMON
BOAZ
OBED.
BRAZEN LAVER
ALTAR of INCENSE
TABLE of SHEWBREAD
PHŒNICIA.
PALESTINE.
EGYPT.
AMENOPHIS, II.
AMENOPHIS, III.
HARMESSES.
EGYPTIAN BLACKSMITH
BABYLON AND ASSYRIA
ARMINTES.
LYDIA & PHRYGA IN ASIA MINOR
LYDIA of ASIA MINOR
TROY or ILIUM
GREECE
ATHENS
MYCENE
SPARTA
THEBES
CORINTH
THESEUS, 52.
LATIUM
LATINUS, I.
FAUNUS.
JANUS.
CHINA.
LINE YING.
DYNASTY SHANG
TCHOU.

II^d SAMUEL 38
10th Book
11th Book I^st KINGS, 119
12th Book II^d KINGS, 308
1055
1017
DAVID and GOLIATH
The Two Tribes of JUDAH and BENJAMEN constitute the KINGDOM of
SAUL 40
DAVID 40
SOLOMON 40
ASA 41
JOASH 40
AMAZIAH
SYRIA
9th Book PSALMS of David
20th Book PROVERBS
21st Book ECCLESIASTES
22^d Book SONG of SOLOMON
13th Book I^st CHRONICLES
14th Book II^d CHRONICLES
32^d Book JONAH
29
30
31
32
33
34
50
NEBUCHADNEZZAR'S DREAM
28th Book HOSEA 60 years
23^d Book ISAIAH About 88 years 66 Chapters
29th Book JOEL
34th Book NAHUM
27th Book DANIEL 70 years
26th Book EZEKIEL 25
24th Book JEREMIAH 40 years 52 Chapters
33^d Book MICAH 48 years 7 Chapters
30th Book AMOS
36th Book
35th Book
31st Book OBADIAH
SAMARIA
JUDAH 20 Kings from Solomon
UZZIAH 52
JOTHAM
AHAZ
MANASSEH 55
JOSIAH 31
WEEPING JEREMIAH
DAVID 70
SOLOMON 58
NATHAN
REHOBOAM
ABIJAH
ASA
JEHOSHOPHAT
JEHORAM
UZZIAH
JOTHAM
AHAZ
HEZEKIAH
MANASSEH
AMON
JOSIAH
JECHONIAH
SALATHIAL
ATHALIA
SCYTHIANS
BATTERING RAM
Catapult
HIRAM
PYGMALION
ETHBAAL
ELULÆUS
JUDAH
Kingdom of ISRAEL
SYRIA
MESOPOTAMIA or PADAN ARAM
War Chariot
EGYPT
CHEOPS
CEPHRINES or SHISHAK
ZERAH
CHORIS
LARGE SPHINX
Pyramid of CHEOPS
Assyrian Archers
BABYLON
II^d ASSYRIAN EMPIRE
II^d ASSYRIAN EMPIRE 625
NEBUCHADNEZZAR 43
CHALDEE BABYLONIAN EMPIRE
SOLON and ÆSOP before CRŒSUS
EUPALIS
LAOSTHENES
PERTIADES
EPHCARES
ACRACARNES
MEDIA revolts
DEIOCES 53
CYAXARES
ASTYAGES 35
Persian Philosopher ZOROASTER
MELES, King of LYDIA
LYDIA of ASIA MINOR, SARDIS Capital
ARDYSUS I 36
ARDYSUS II 50
ALYATTES 55
7 WISE MEN of GREECE
SPARTA
AGIS
LABOTAS
AGESILAUS
ARCHELAUS
ATHENS
CODRUS
MEDON 43
ACASTUS
PHORBAS
MEGACLES
DIOGNETUS
CREON
HOMER of SMYRNA
Greek Warriors
MAGNA GRÆCIA
MACEDON
PERDICCAS
PHILIP
753 April 21st ROME Founded
ROMULUS 38
NUMA POMPILIUS
TULLUS HOSTILIUS
ANCUS MARTIUS
TARQUINIUS PRISCUS
SERVIUS TULLIUS
CARTHAGE
DIDO
LATIUM
LATINUS
ALBA
CAPETUS
CALPETUS
AGRIPPA
ROMULUS
AVENTINUS
CHINA
TCHOU VANG 54
MO-VANG 50
YE-VANG
LIO-VANG
YEOU-VANG
PING VANG 51
KING-VANG
LING-VANG 27

TEMPLE of DIANA
EXPLANATION OF THE PLAN OF THE CHART.
The PHAROS of ALEXANDRIA 7th Wonder
JUPITER
MAUSOLEUM 5th Wonder
DIOGENES the Cynic
ALEXANDRIAN LIBRARY
HEBREW DRESS
35
36
37
38
39
ABIUD
ELIAKIM
AZOR
SADOC
ACHIM
ELIUD
ELEAZAR
MATTHAN
JACOB
CALEDONIA
SCOTLAND
BRITAIN
ARCHIMEDES
PLATO
DEMOSTHENES
PALESTINE OR JUDÆA
SOLON
EGYPT under the 13 PTOLEMIES. 323 to 30. B.C 293 years
PERSIAN EMPIRE 559 to 330-229 yrs
BABYLON 15 miles square
ALEXANDER the Great
MACEDONIAN EMPIRE. ALEXANDER III
SYRIA under the SELEUCIDÆ
CAPPADOCIA ASIA MINOR
PONTUS
BITHYNIA
PERGAMUS
GREECE
CYRUS
DARIUS I HYSTASPES
XERXES
ARTAXERXES I LONGIMANUS
HERODOTUS
XENOPHON
ATHENS
PYTHAGORAS
THRACE
MACEDON
EPIRUS
SYRACUSE SICILY
SOCRATES
PLATO
ROME
CARTHAGE
CONSUL and Military TRIBUNES
PARTHENON
PARTHIA
CHINESE WALL
CONFUCIUS
SYLLA
J. CÆSAR
CRASSUS
POMPEY
CICERO
VIRGIL
ARMENIA
IV DYNASTY. TSIN
V DYNASTY. HAN

MAP OF THE WORLD BY PTOLEMY.
PTOLEMY CLAUDIUS
TERTULLIAN
ORIGEN
CYPRIAN
JUSTIN THE MARTYR
CLEMENT
POLYCARP
IRENÆUS
PORPHYRY
PLOTINUS
NOVATIAN
ARIUS
ATHANASIUS
EUSEBIUS
HIERONYMUS OR JEROME
AUGUSTINE
CHRYSOSTOM
ST. AMBROSE
1st ECUMENICAL COUNCIL
CELTIC HOUSES
ANCIENT SAVAGE BRITONS.
STONE HENGE
CHARIOT OF THE "LAZY KINGS" OF FRANCE.
CALEDONIA or SCOTLAND
ROMAN EMPIRE
ROMAN PLOW.
ARCH OF TITUS
ROMAN BELLE
VALERIAN
ROMAN GALLEY
ROMAN FORUM (RESTORED)
CLAUDIUS GALENUS
HEAD DRESS
AURELIAN ASSASSINATED.
TRAJANS COLUMN
ADRIANS TOMB
BRITANNIA
WESSEX
SUSSEX
KENT
ESSEX
NORTHUMB
FRANCE & GERMANY
CLOVIS
ATTILA
BELISARIUS
SCANDINAVIA.
SPAIN
ROMAN or WESTERN EMPIRE
EASTERN EMPIRE
GREEK
THEODOSIUS
JUSTINIAN
CONSTANTINE THE GREAT
PERSIA under the SASSANIDÆ.
SAPOR II The Great
100
200
300
400
500
600

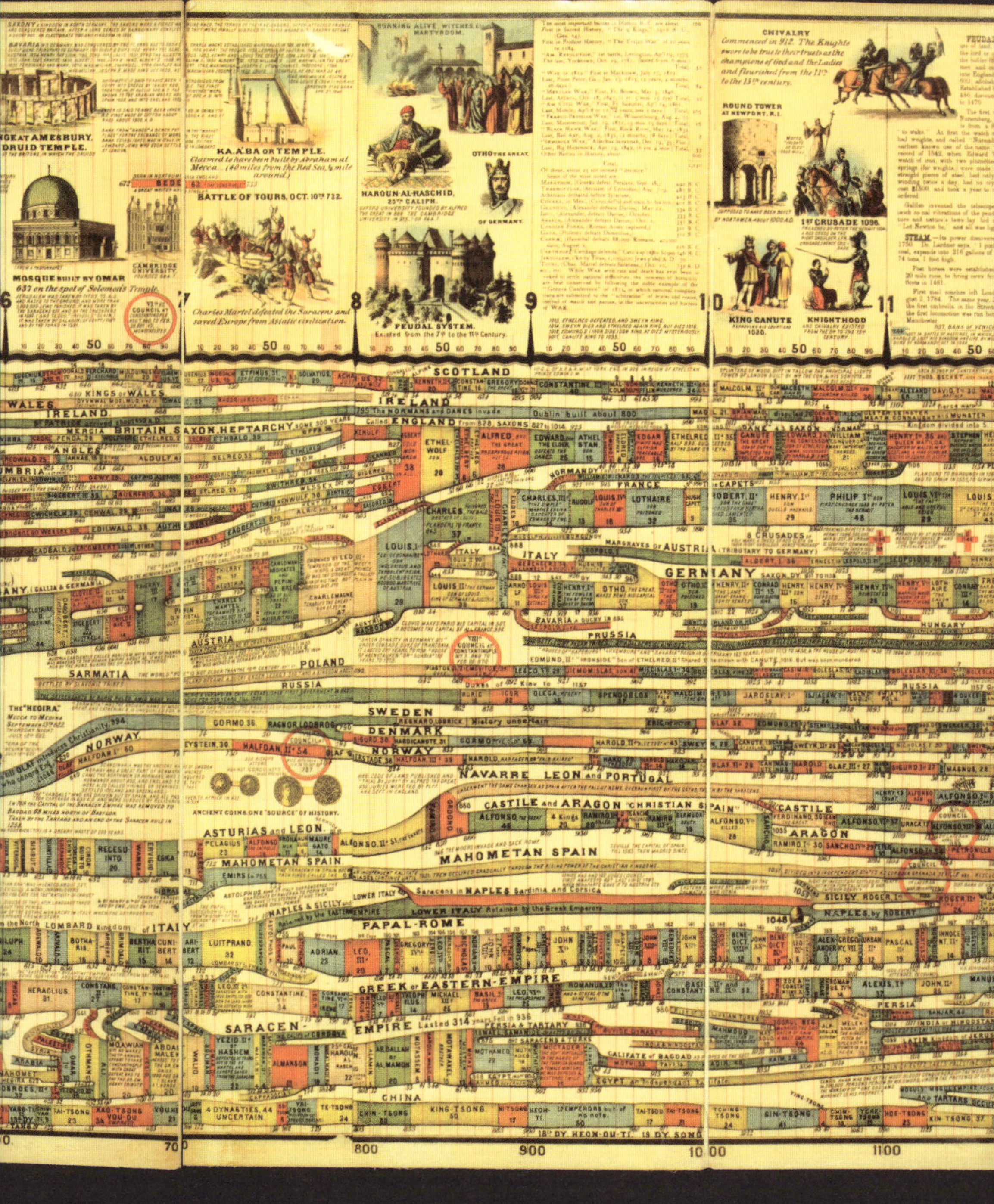
CHIVALRY
Commenced in 912. The Knights swore to be true to their trusts as the champions of God and the Ladies and flourished from the 11th to the 15th century.
KA.ABA OR TEMPLE.
Claimed to have been built by Abraham at Mecca. (40 miles from the Red Sea, 1/2 mile around.)
BATTLE OF TOURS, OCT. 10th 732.
Charles Martel defeated the Saracens and saved Europe from Asiatic civilization.
BURNING ALIVE WITCHES & MARTYRDOM.
HAROUN-AL-RASCHID, 25th CALIPH.
OTHO THE GREAT, OF GERMANY.
FEUDAL SYSTEM.
Existed from the 7th to the 11th Century.
ROUND TOWER AT NEWPORT, R.I.
1st CRUSADE 1096.
KING CANUTE
KNIGHTHOOD
MOSQUE BUILT BY OMAR
637 on the spot of Solomon's Temple.
CAMBRIDGE UNIVERSITY
SCOTLAND
IRELAND
WALES
ENGLAND
SAXON HEPTARCHY
NORMANDY
FRANCE
ITALY
GERMANY
AUSTRIA
BAVARIA
PRUSSIA
HUNGARY
POLAND
SARMATIA
RUSSIA
SWEDEN
DENMARK
NORWAY
NAVARRE LEON and PORTUGAL
CASTILE and ARAGON CHRISTIAN SPAIN
CASTILE
ARAGON
ASTURIAS and LEON
MAHOMETAN SPAIN
ANCIENT COINS ONE "SOURCE" OF HISTORY.
LOWER ITALY
NAPLES
SICILY
PAPAL-ROME
GREEK or EASTERN-EMPIRE
SARACEN EMPIRE Lasted 314 years. Fell in 936
PERSIA
CHINA
700
800
900
1000
1100

UNITED STATES OF AMERICA
COLONIES
COPERNICUS
SAN SALVADOR
MARTIN LUTHER
WINDSOR CASTLE
CANNON
JOAN OF ARC
SCOTLAND
ENGLAND
FRANCE
HOLLAND
AUSTRIA
PRUSSIA
POLAND
RUSSIA
SWEDEN
DENMARK
DENMARK & NORWAY
PORTUGAL
CASTILE
ARAGON
SPAIN
SICILY
NAPLES
SAVOY
PAPAL
ROME
TURKEY
OTTOMAN EMPIRE OF TURKEY
PERSIA
EGYPT
TARTARY
INDIA OF HINDOSTAN
CHINA
JAPAN
ST PETER AT ROME
1300
1400
1500
1700

UNITED STATES OF AMERICA
COLONIES
COPERNICUS
1530
AUTOGRAPH OF MARY
MARTIN LUTHER
1521
PRESIDENTS OF THE
UNITED STATES
1900
THE PAST
ENGLAND
VICTORIA
FRANCE
LOUIS XIV
HOLLAND
SWITZERLAND
AUSTRIA
SAXONY
PRUSSIA
POLAND
RUSSIA
SWEDEN
NORWAY
DENMARK & NORWAY
DENMARK
BRAZIL
PORTUGAL
SPAIN
NAPLES AND SICILY
SAVOY
ITALY
PAPAL ROME
TURKEY
GREECE
OTTOMAN EMPIRE OF TURKEY
PERSIA
INDIA OF HINDOSTAN
CHINA
JAPAN
1500
1600
1700
1800
1900

1863年，《新英格兰人》杂志发表了一篇题为《布道者如何利用历史》的文章，主张说，“历史图表”——指称范围既包括实际图表也包含隐喻概念——“能引起基督徒的兴趣，就像印度地图曾激发了浸礼会传教士威廉·卡雷（William Carey，终生都在印度传教）神圣的使命直觉。地图向卡雷揭示了芸芸众生寄居的全部大陆；这些凡人生于黑暗中，生活在朦胧微光中，又消失于昏暗中。人因不知上帝、因对来生无确信而陷于无助——地图上展示的这个真相让卡雷震惊。”（参见图194）

图193（第260—270页）

塞巴斯蒂安·亚当斯，《古代、现代与<圣经>历史纪年图表》，第三版，1878年出版于辛辛那提。

图194（后页）

这份年代纪图表，出自1832年的专题图集《从基督纪元初始至今，公开已知最重要最有趣宗教事件之综述》；作者约翰·华纳·巴伯（John Warner Barber）是以历史与地理插图而闻名的一位康涅狄格州的镌版师。图中以量化的表现手段指出了世界范围内基督教、伊斯兰教和其他“异教”在普及程度上的相对主导地位。此表与一种人口学的视角保持一致，安排空间占比时，根据的是对信众人口的粗略估算，而不是依据这些国家一般公认意义上的历史重要性。

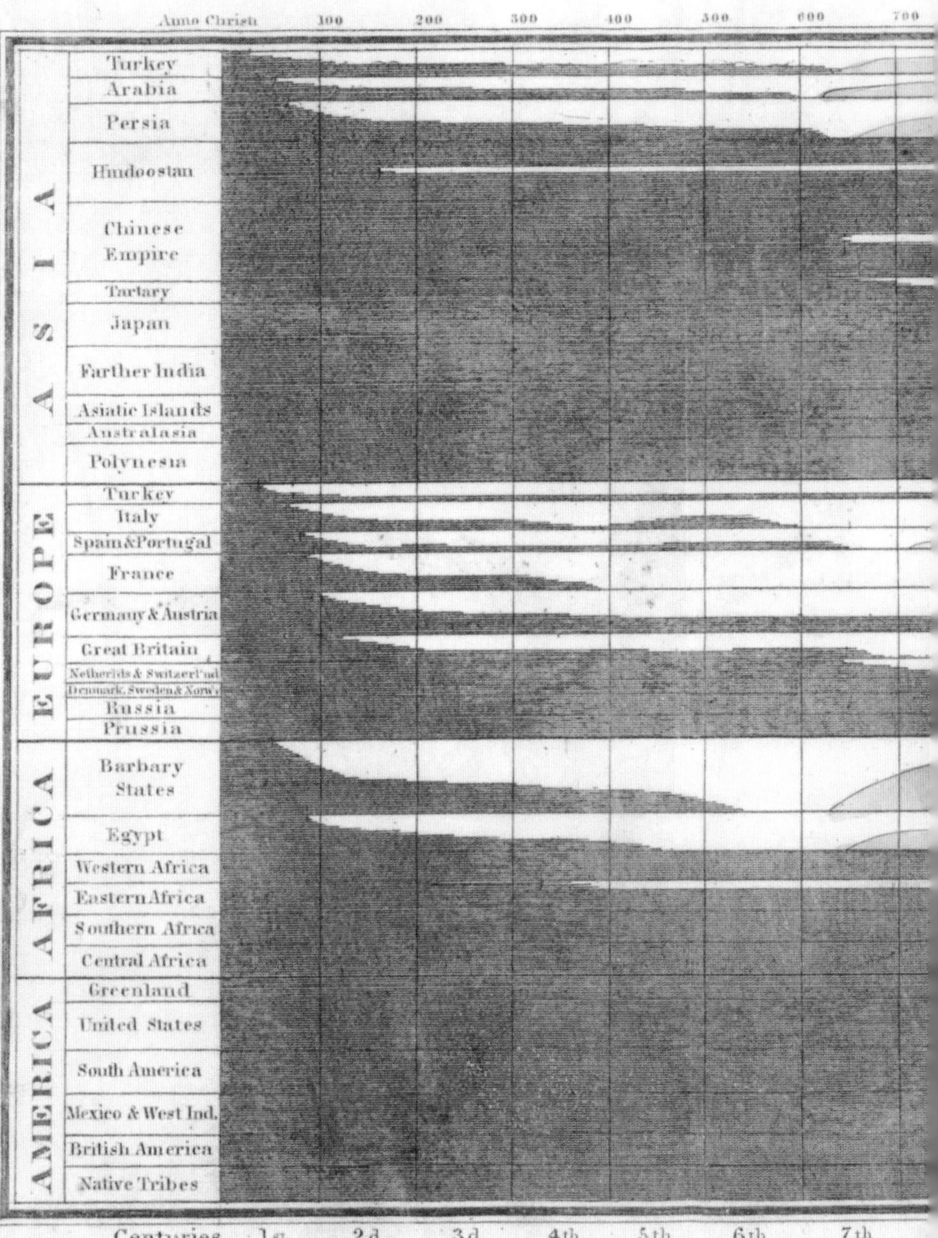

Anno Christi
100
200
300
400
500
600
700
ASIA
Turkey
Arabia
Persia
Hindoostan
Chinese Empire
Tartary
Japan
Farther India
Asiatic Islands
Australasia
Polynesia
EUROPE
Turkey
Italy
Spain&Portugal
France
Germany & Austria
Great Britain
Netherlds & Switzerl'nd
Denmark, Sweden & Norw'y
Russia
Prussia
AFRICA
Barbary States
Egypt
Western Africa
Eastern Africa
Southern Africa
Central Africa
AMERICA
Greenland
United States
South America
Mexico & West Ind.
British America
Native Tribes
Centuries
1st.
2d.
3d
4th
5th
6th
7th
CHRONOLO
EXHIBITING THE RISE AND PROGRESS OF CHRIST
The prevalence of Christianity is denoted by the white space, that of Mahometanism by

900
1000
1100
1200
1300
1400
1500
1600
1700
1800
10th
11th
12th
13th
14th
15th
16th
17th
18th
19th
AL CHART,
AND MAHOMETANISM THROUGHOUT THE WORLD.
Paganism by the dark shade.— The spaces vary in width according to the Population.

第六章

一种三脚猫小工匠的艺术

19 世纪的最后几十年间，在西方世界，关于时间的概念与体验，变化非常之快。很短的一段时间之内，新的社会形态发展，包括工业化、城市化，以及铁路和电报之类新的交通与通信技术的传播推广在内，迫使记录时间的传统惯例必不可免地要随之革新。人们的日常行为，也越来越多地依赖于时钟与手表的规范制约。正确的时间，不再是只能在局地确立和生效的概念。时区的划分，将相隔遥远的不同地方连接起来，并管控运行着一个全球性的、彼此关联的体系。

当然，这些改变并非从天而降、突如其来的。自从文艺复兴起，时钟便在欧洲的文化想象中扮演着一个越来越重要的角色。早在 17 世纪中叶，乐于接受新事物的先锋派，比如英国日记作家塞缪尔·佩皮斯（Samuel Pepys），便已无法设想竟可以不带着怀表就出行。1597 年发表于英格兰的一篇神学专论，将年代纪的研究类比为观察一只巨型历史沙漏中的沙子流动；而八十年后发表的另一文章，则将年代研究设想为一只时钟，“用艺术为框架结构……在锤子与锉刀之下锻造打磨多年”，为的是“能够准确又诚实地做好它的志业”。还有其他的评价意见，就倾向于怀疑论了，尤其是在时钟只能提供精确时间的近似值的那很多年间。近代早期有句人们喜闻乐道的名言，宣称“年表和钟表，从没见过对上号”。

不过，计时工具们最终取得突破，达到的精确程度令人刮目相看。18

图 195

在 21 世纪的读者眼中，把时间线想成是平稳流畅的递减缩放序列，从大到小，从世纪到十年，再到年、月、日、分和秒，是第二天性般自然的事情。但对相对早期的读者来说，这些转换并非如此简单。19 世纪的最后一二十年，国家和国际范围内的时间标准化才实现；在那之前，要横越地理空间建立起确切的同步时间关系，复杂的对照换算表便是必不可少，比如 1873 年阿尔文·朱伊特·约翰逊（Alvin Jewett Johnson）发表的《如图所示各地方与华盛顿之间时差的展示图》，出自他的《新编插图版世界地图集套组》。

世纪期间，精密时计的技术有了巨大的进步，航海钟便是一个见证——约翰·哈里森（John Harrison）提交了他的这一成果去竞夺1761年英国政府设立的“经线奖”。有了哈里森的这个H4精密时计，环球同步计时就变成了一个实在实际的可能，而不再只是理论设想。与此同时，时钟和挂表广泛铺货，资产阶级消费者逐渐都可购买；钟表融入了日常生活的现实应用，尽管它们有时也会遭遇相当的抗拒阻力。它们被用到工厂里，来给那些懒散的工人施加新的纪律约束。到了19世纪期间，在这些元素——工厂生产规划、铁路运营时间表与通过电报完成的长途通信——的协同作用下，一个统一、单一的时间体系网络的概念，终于在欧洲与北美变得如第二天性般自然。及至20世纪之交，“有时间”不再是尊贵优越的一个象征，而对越来越多的人而言，按时按点起居生活已经成了必须必然之事。

随着可精准衡量的时间元素日益增多地渗入文化生活的各个领域，年表纪年的图形框架也同样渗入。（参见图195—196）时间框架的协调对位（借助于航海时钟之类的技术与国际时区这类的约定惯例），也让年代时间记录手段进入很多新领域，发挥其角色作用。20世纪60年代从太空所拍的最初的那些地球照片，带来极大的文化冲击，就此讨论得已经够多，而这些图片所呈示的一个连续的、前后相连的世界的影像，也极大地改变了人们的观念。但早在19世纪，“时间同步地图”——展示在同一时刻从不同地理位置采集到的数据读取成果——便已提供了在概念上相当类似的一种认知体验。举例来说，维多利亚时期的一位博学大师弗朗西斯·高尔顿（Francis Galton），是伟大的表格制图革新专家，同时也是优生学、心理测验学与法医科学及气象学的创始人；通过将来自相隔遥远地点的、标注了时间编码的气象数据布局整合到一份单张地图上，他成功创作了一幅世界图表，在视觉上直观演示了全球范围内天气系统的相互依存性，以及风场模式的规律性。高尔顿的图表，不像普雷斯特利的作品，并非同样意义上的年代纪表格，但两者在基础原则上却是紧密同盟：高尔顿的同步共时表格，就如从垂直方向截取自普雷斯特利图表的切片，展示出某个特定时间点从很多地点采集到的数据，而它们做的工作是相似的，就是呈现演示样式形态与共时元素。

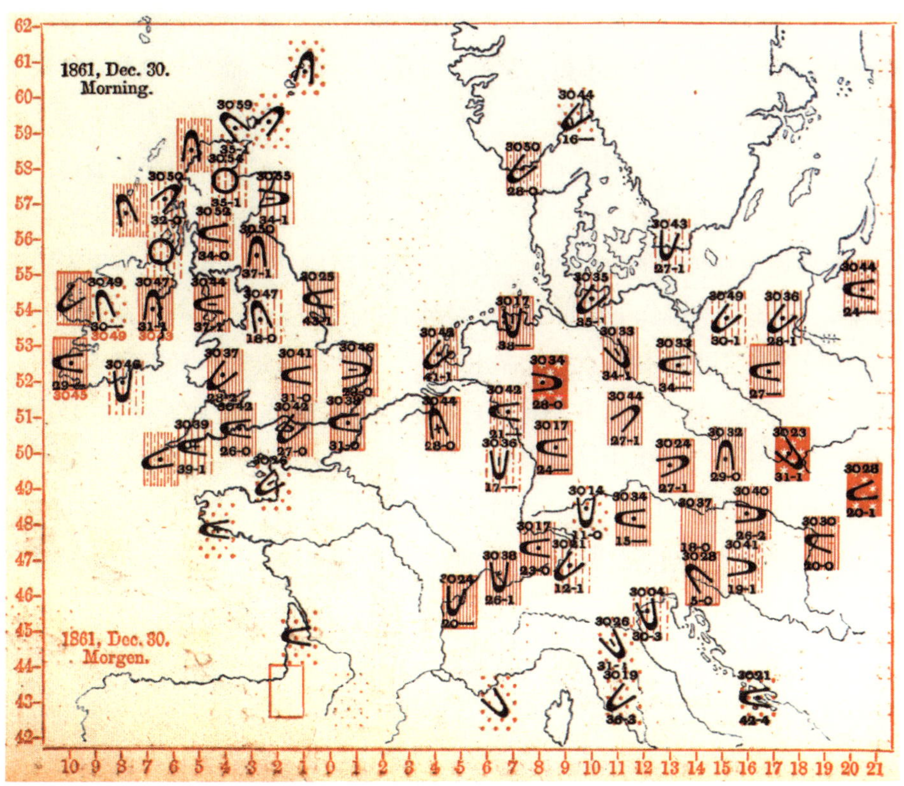

图 196

无论是气象研究还是气象制图，弗朗西斯·高尔顿的工作成果都具有先驱意义。在1863年的作品《气象记录图，或气象制图方法》中，高尔顿展示了各种各样的气象记录图表，其中就包括如这里所示例的“同步表”，图上呈现了某个单一历史时刻、横贯欧洲地理空间各地的天气状况、气压数据与风向。

电报与电话这类长途通信技术的发展，使得时间框架的协调对位这件事，最终变成了实际经验，而不再只是科学设想。（参见图 197）而所有这些，都记录体现在了跟进演变的图表形式中。1912 年 4 月 10 日，当泰坦尼克号开始它的首航，同时也是终极旅程之际，其航线路径是由该船船东白星邮轮公司，与为航程提供了电报员的马可尼电报公司，合作拟定并跟踪记录。泰坦尼克号的航行线路是在传统的航海地图上标出，但马可尼公司采用了一套更新的呈现体系，那是 19 世纪 40 年代为法国铁路网络而研发设计。马可尼的北大西洋通信图表，在追踪时并未直接绘制出泰坦尼克的地理定位，而是显示出，在每一个时间点，相对于载有马可尼电报员的其他航船，此邮轮所在的位置。这一图表让电报员可以规划船到船之间的电报接力传递，以便信息能够实现长距离送达，在遥远的外海也能接收和传输。

泰坦尼克号的沉没，是全世界在几乎实时同步的模式下所体验到的最早的媒体大事件之一；来自 1912 年 4 月的马可尼航迹图表，在事故之后公开发布，也成为标志性的材料。图表显示，那年 4 月 14 日夜里 11 点 40 分，当泰坦尼克撞上冰山之际，有十艘配载马可尼电报员的船只，包括奥拉夫号、尼亚加拉号、圣殿山号、卡帕希亚号与加利福里亚人号，都在无线电报传送范围内，而加利福里亚人号甚至只相距十九英里。但是，当夜 11 点 30 分，加利福里亚人号关掉了无线网络。12 点 15 分，卡帕希亚号第一次呼叫，收到了出事的消息，但他们在五十八英里之外，所以直到两个小时之后才抵达现场。及至那一刻，灾难的消息已经传回了纽约，迅速散布到街头巷尾。

接下来的日子里，悲剧感反而更强化了，因为航迹图表资料显示，当时有多少船只可以接听到无线信号，但它们却没有行动。（参见图 198）两年之后，那种苦难悲怆依旧浓烈；其时，《科学美国参考书》（*Scientific American Reference Book*）发布了两张马可尼公司的北大西洋通信图表，彼此紧挨着；一份来自 1904 年 12 月，另一份出自 1911 年 12 月 —— 就在泰坦尼克沉船前仅仅四个月 —— 以此展示由电报网络覆盖下的北大西洋已经变得多么安全；但只是理论上的安全。两张图表下方的题图文字，欲盖弥彰地略过了对 1912 年 4 月 14 日事件的指涉，只径直宣称，“相隔七年，交织的线条显示航船间可能的交叉通信 ——

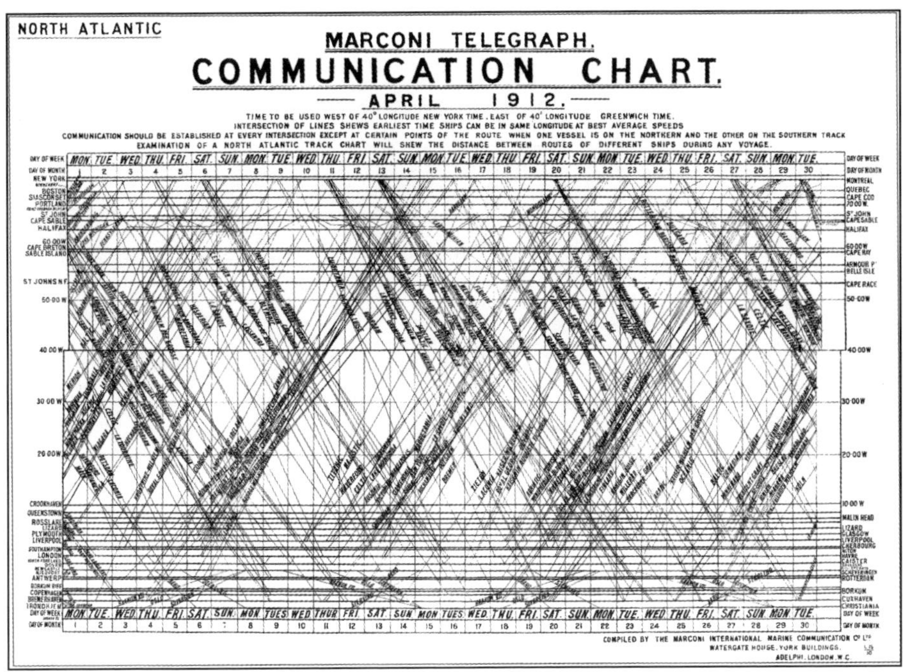

图 197

配载电报员的船只之间相互通信；为用图表追踪呈现那些联络行为，马可尼电报公司采纳了几十年前有人为法国铁路网络而研发的一套体系。在马可尼的电报通信图上，每根线条代表一艘船的航迹。顶部与底部的数字，指示的是船出航与到达目的地的日期。线条交叉点，表示船只以最佳平均速度航行时，可能进入同一经度位置的最早时间。这些线条集合在一起，描绘了那变化移位的无线通信网络，而这个网络又将北大西洋连接为一体。1912 年 4 月的这张图上，泰坦尼克号的航线，可在周四 /11 号（THU. 11）这一栏中找到。

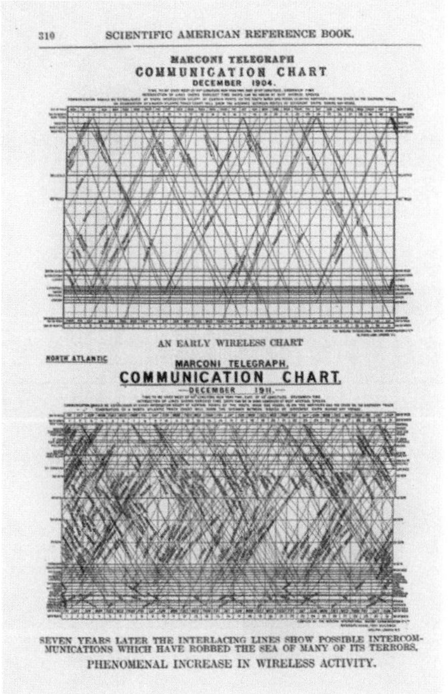
310 SCIENTIFIC AMERICAN REFERENCE BOOK.

MARCONI TELEGRAPH
COMMUNICATION CHART
DECEMBER 1904.

AN EARLY WIRELESS CHART

NORTH ATLANTIC
MARCONI TELEGRAPH.
COMMUNICATION CHART.
DECEMBER 1911.

SEVEN YEARS LATER THE INTERLACING LINES SHOW POSSIBLE INTERCOMMUNICATIONS WHICH HAVE ROBBED THE SEA OF MANY OF ITS TERRORS.

PHENOMENAL INCREASE IN WIRELESS ACTIVITY.

图 198

1914 年的《科学美国参考书》，掩饰和回避了泰坦尼克号的悲剧，展示的是分别出自 1904 年和 1911 年的两份马可尼图表。配合图表使用的标题，其中的那种反讽意味看来并非故意而为之。

海洋中众多的恐怖危险因此得以祛除。无线通信活动的增加惊人显著。”这些图表，对拯救泰坦尼克当然没起到丝毫的作用，但它们确实呈现了由电报网络所创造的关联交织的时间线缕构成的一个影像，令人注目叹赏。

19世纪晚期也见证了实时记录技术的迅猛发展，最重要最有意义的那些成果中，就包括法国医生艾迪恩–儒尔·马雷（Étienne-Jules Marey），逐帧连续摄影领域的这位创新者的贡献。（参见图199—204）马雷既是实验者也是理论家；对年代纪图表呈现时间的传统，他熟练精通。埃德沃德·穆布里奇（Eadweard Muybridge）是马雷的同代人；与这位以连续摄影而闻名的美国人不同，马雷的兴趣远远延伸到了摄影之外，而摄影在他看来，只是那扩展的大套的时间映象记录制作工具组件中的一个设备一个手段而已。比如，生理机能学，是马雷尤其有着渊博学养的领域，他曾提出好几样近代的计时描记技术发明，其中包括命名奇特有趣、生动多姿的脉波图仪、血液流速描记器、心脏跳动描记器，以及肌动描记器——前三个的设计意图是为了将心脏在一定时间长度内的活动表现为图形式记录，而最后一个，则是针对神经生理系统。

在马雷看来，这些新装置新设计，代表了普雷斯特利与普莱费尔那种年代纪图形传统的一个递进发展；关于自己与那传统的关联，他也毫不讳言。但普雷斯特利与普莱费尔创造的体系是为了呈现时间现象，而马雷的兴趣则在于以图像形式来记录它们。按马雷的见解，从呈现和记录的过程中将人为的和语言的斡旋调停作用清除掉，是让计时描记实践成为一种科学化技术的终极步骤和最高境界。这一步骤，是对普雷斯特利和普莱费尔的超越——也超越了诸如安托万–弗朗索瓦·文森特（AntoineFrançois Vincent）与乔治·克劳德·戈冯（Georges Claude Goiffon）这些18世纪的科学家，因为他们的计时描记仍旧是以数据转录为基础——同时也是对前人成果的辩护和证明。马雷写道：

> 比如说，在处理时间测定和计量的实验中，这一点有着巨大的重要性，那就是，图示记录应该是自动留存显示出来，确切地说，就是时间现象应该在纸上给出其持续期它自己的记录，给出这现象自身生产（发生）时

112 MOVEMENT

The gelatine plates, sensitized with bromide of silver,

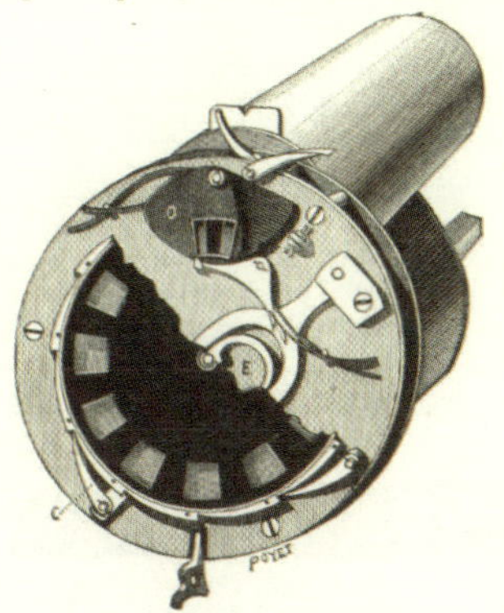

Fig. 76.—Details of the interior of the photographic gun.

on which the photographs were taken, were cut with a diamond to a circular or octagonal shape, as is shown

at the butt end, is a large cylindrical breech which contains the clock-work mechanism. The axis of the breech is seen projecting at B. When the trigger is pulled the wheels begin to rotate and transmit the necessary movement to the different parts of the instrument. A central axis, which revolves 12 times in a second, controls the movement of all the individual parts of the apparatus. In the first place (Fig. 76), there is an opaque metal disc provided with one small opening. This disc constitutes the shutter, and only allows the light, which passes through the objective, to gain an entrance 12 times in a second, and then only for a period of $\frac{1}{720}$ part of a second. Behind the first disc there is another provided with 12 openings which rotates freely on the same axis as the first, and behind these, again, there is room for the sensitized plate, which may be circular or octagonal in shape. This fenestrated disc should rotate intermittently so as to come to rest 12 times in the second just opposite the beam of light which penetrates the instrument.

CHRONOPHOTOGRAPHY ON MOVING PLATES 113

in Fig. 78. In this photograph the successive positions of a flying gull are shown at intervals of $\frac{1}{12}$

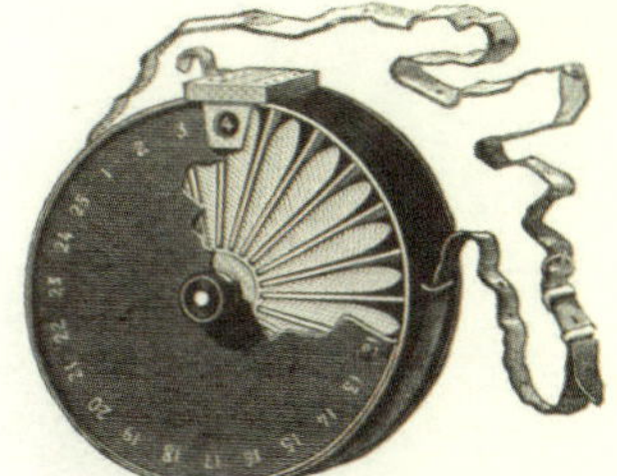

Fig. 77.—Special box for holding the photographic plates.

of a second. These little images, when enlarged by projection, furnish curious details with respect to the position of the wings, and the torsion of the remiges

An eccentric, E, placed on the central axis, produces this intermittent rotation, by transmitting a regular to-and-fro movement to a rod which is furnished with a catch, C. At each oscillation this catch is held by one of the teeth which form a sort of circlet round the fenestrated disc.

A special shutter, O, effectually prevents the light from penetrating into the instrument as soon as all twelve photographs have been taken. There are other arrangements for preventing the sensitized plate from passing, by reason of its acquired velocity, the position assigned to it by the catch, and where it should remain perfectly still during the period of illumination.

A pressure button, b, Fig. 75, is brought into close contact with the plate, as soon as the latter is introduced into the gun. Under the influence of this pressure the sensitized plate sticks firmly to the posterior surface of the fenestrated disc, which is covered with india-rubber to prevent it slipping.

The object is brought into focus by elongating or shortening the barrel, and thus removing or approximating the lens, and finally the process is corrected by looking with a microscope through an opening, O, made in the breech of the gun, and observing the definition on the ground glass.

I

图 199—204（第 281—283 页）

艾迪恩－儒尔·马雷的书《动态》，1894 年以法语出版。书中描绘了一把“连续摄影的长枪”，能够以 $^{1}/_{12}$ 秒的极短间歇接连射出图像，以及一个“速度轨迹成像仪”，可用以记录一匹奔马那蹄子的快速迈动，另外还有很多其他的装置设计，都是围绕制作各种动态的视觉化记录。马雷直接借鉴利用了 18 世纪年代纪先辈的图形样板，但着眼于将先辈们此前手工实施完成的进程转换为机械化操作。马雷指出，早在 18 世纪，普雷斯特利与普莱费尔图表的那些视觉形式，便可在实验科学中找到重要的类似物或对等现象。

刻的记录。这种方法，在其可适用的情况下，就几乎是完美的。其他情况下，摄影则可用于救急援助，为那些裸眼不能捕捉的时间事件提供精确的计量测定数据。这个过程，其功用就是显示时间事件的持续状态与前后序列，所构成的描记方法就叫做“测时术”，或曰时间记录法。

GILBERT

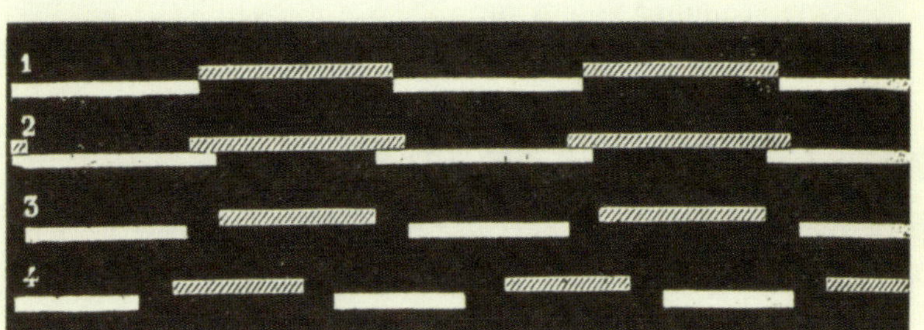

FIG. 5.—Chronographic record of the periods of contact of the feet of a man executing various paces.

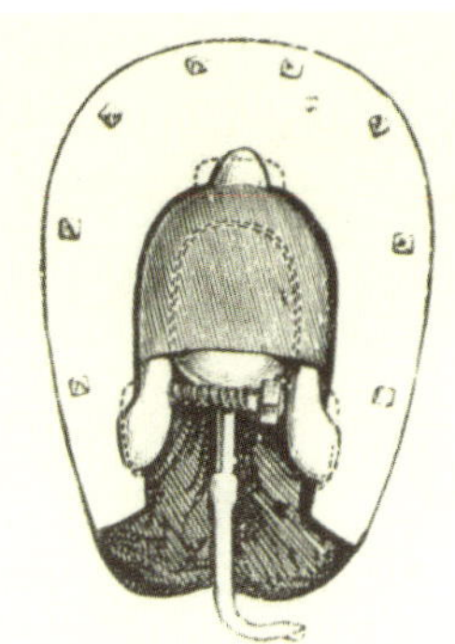

FIG. 6.—Special apparatus for recording the contacts of a horse's feet with the ground; a transmitting tube effects a communication between the air chamber and the chronographic tambour.

FIG. 7.—Horse at a *full trot*. The point indicated on the chart corresponds to the position of the horse represented in the figure.

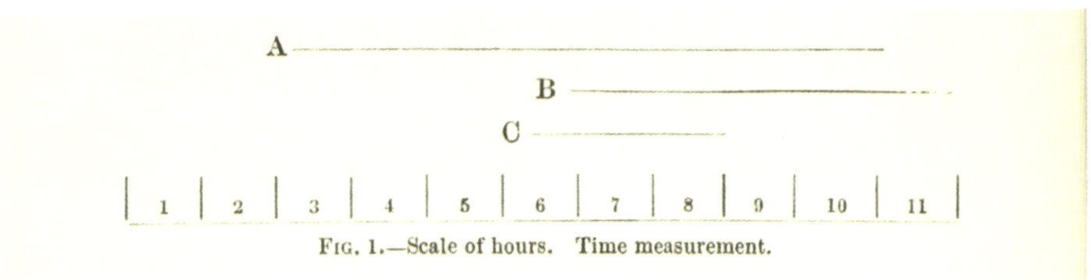

FIG. 1.—Scale of hours. Time measurement.

马雷承认，及至19世纪末，实时数据记录这一概念其实已经存在了有些时候了。不过，他也指出，人们对用于数据记录的技术产生广泛的兴趣，则是更为近期的现象。近代时期学者们的工作实践也证实了这一点。17世纪中期，英国的通才奇人克里斯托弗·雷恩（Christopher Wren）曾画了“天气钟”的设计草图；这一仪器旨在将风向、降雨与气温自动记录到一份移动的图表上。但雷恩构思的这个设备，只是单纯记录和保存原始数据；他从未考虑过气象数据所记录其上的那个展示板、那个平面要怎样设计和呈现。整个18世纪期间，人们研发了形形色色的记录仪类设备，所参照遵循的原理都与雷恩的相似。詹姆斯·瓦特（James Watt）设计了压力记录图形仪，但与“天气钟”一样，也只是采集信息，而不顾及如何展示和呈现。不过，瓦特所借力的那些有用的模型样式与仪器运作的原理，则显然没有失传，而是在威廉·普莱费尔这里得到了继承——他年轻时曾在瓦特的店铺中打工。

到了19世纪，在很多科学与技术领域，图像一般都会伴随着出现在表格边上。在这一推进过程中，普雷斯特利与普莱费尔，以及专注于统计制图学的很多他们的后继者，固然发挥了重大作用，但承袭雷恩与瓦特的传统、制作记录仪的那些发明家也同样功不可没。19世纪的发明家们孜孜不倦，热心创造很多领域内的新型计时描记仪器。已知最早的留声机式设备，出自1857年，专利归于法国印刷商“来自马丁维尔的”爱德华–莱昂·斯科特（Édouard-Léon Scott de Martinville）；这台“声波振动记录仪”产生的成果，只不过是在涂敷了油灯炭黑的试验用纸上划出了些锯齿线。到了19世纪70年代，埃米尔·伯林纳（Emile Berliner）和托马斯·爱迪生各自尝试声音复制，将类似的录音创意概念与一个机械装置相组合；莱昂·斯科特对此提出抗议，表示他的创意不仅是被剽窃了，而且本质也被歪曲了：他辩驳说，声波振动记录仪的初衷是为了借助适当的图案形式收集声音数据，以便于计量和分析，而不是为了娱乐而复制声音。

不管应用目的如何，所有这些早期的留声机类设备，都有着一种在本质上属于计时描记器的成分组件，因为它们从设计之初便是为了追踪描摹声音在一定时间内的变化。形成对照的是，摄影则是着眼于捕捉瞬间时刻。不过，

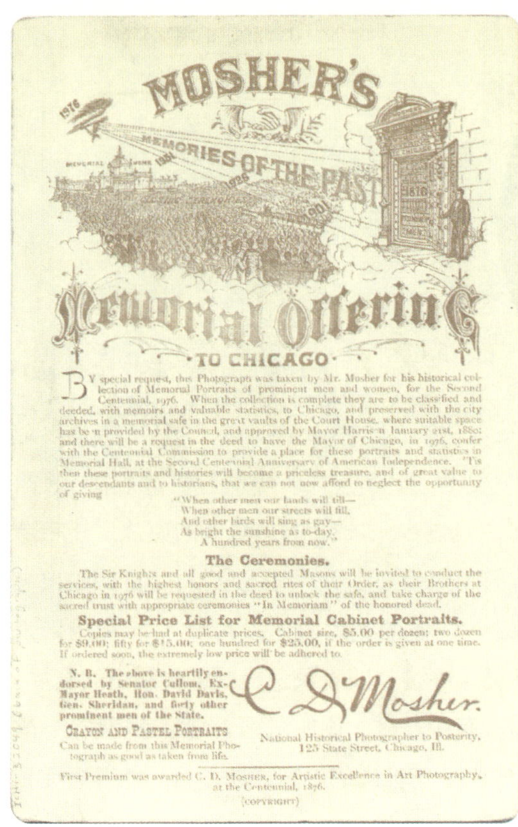

MOSHER'S

MEMORIES OF THE PAST

Memorial Offering

TO CHICAGO

BY special request, this Photograph was taken by Mr. Mosher for his historical collection of Memorial Portraits of prominent men and women, for the Second Centennial, 1976. When the collection is complete they are to be classified and deeded, with memoirs and valuable statistics, to Chicago, and preserved with the city archives in a memorial safe in the great vaults of the Court House, where suitable space has been provided by the Council, and approved by Mayor Harrison January 21st, 1880; and there will be a request in the deed to have the Mayor of Chicago, in 1976, confer with the Centennial Commission to provide a place for these portraits and statistics in Memorial Hall, at the Second Centennial Anniversary of American Independence. 'Tis then these portraits and histories will become a priceless treasure, and of great value to our descendants and to historians, that we can not now afford to neglect the opportunity of giving

"When other men our lands will till—
When other men our streets will fill,
And other birds will sing as gay—
As bright the sunshine as to-day,
A hundred years from now."

The Ceremonies.

The Sir Knights and all good and accepted Masons will be invited to conduct the services, with the highest honors and sacred rites of their Order, as their Brothers at Chicago in 1976 will be requested in the deed to unlock the safe, and take charge of the sacred trust with appropriate ceremonies "In Memoriam" of the honored dead.

Special Price List for Memorial Cabinet Portraits.

Copies may be had at duplicate prices. Cabinet size, $5.00 per dozen; two dozen for $9.00; fifty for $15.00; one hundred for $25.00, if the order is given at one time. If ordered soon, the extremely low price will be adhered to.

N. B. The above is heartily endorsed by Senator Cullom, Ex-Mayor Heath, Hon. David Davis, Gen. Sheridan, and forty other prominent men of the State.

CRAYON AND PASTEL PORTRAITS

Can be made from this Memorial Photograph as good as taken from life.

C. D. Mosher.

National Historical Photographer to Posterity, 125 State Street, Chicago, Ill.

First Premium was awarded C. D. MOSHER, for Artistic Excellence in Art Photography, at the Centennial, 1876.

(COPYRIGHT)

图 205

19 世纪 70 年代，芝加哥摄影师查尔斯·莫舍尔自诩为“与子孙后代对话的国民历史摄影师”，以此噱头兜售关于未来的想象。付钱拍摄肖像的客人，可以将照片委托存入一处纪念库房，库房计划在 1876 年美国百年周年庆的时候封闭，然后在 1976 年两百周年庆时再启封。莫舍尔的这一策划，是设定具体日期的最早的“时间胶囊”作品之一，但它没能存留到一个世纪之后。芝加哥开建新的市政厅之时，那密室库房遭损毁后便消失了，但这些图像得以幸存。

编号 ICHI-52049，查尔斯·莫舍尔文件档案，芝加哥历史学会

正是因为这一特质，摄影也可以被用来充当一种时间机器。（参见图 205）学者和有冒险精神的创业者们反应迅速，领会到照片这一功用的潜在价值。1876 年，就在塞巴斯蒂安·亚当斯印行发布《古代、现代与 < 圣经 > 历史纪年图表》第二版的同一年，摄影师查尔斯·莫舍尔（Charles D. Mosher）设法在芝加哥的市政厅中安装了一个“纪念库房”，其中存放了芝加哥那些显要或不怎么显要的市民（后者必须付钱才能享有同等待遇）的照片。莫舍尔的库房，是最早的时间胶囊作品之一。按照他的计划，这个保险库将会在芝加哥举办的美国一百周年庆展览结束之际封闭，直到 1976 年的二百年周年庆时才会再次打开和展示。按照实际发生的，莫舍尔的这个项目只获得了部分的成功。1908 年，芝加哥的老市政厅被夷为平地，那保险库也遭损毁。但莫舍尔拍的照片得以保留下来，于 1976 年如期展出；如果一切正常，将会在 2076 年再度展出，之后每个世纪也展出一次。

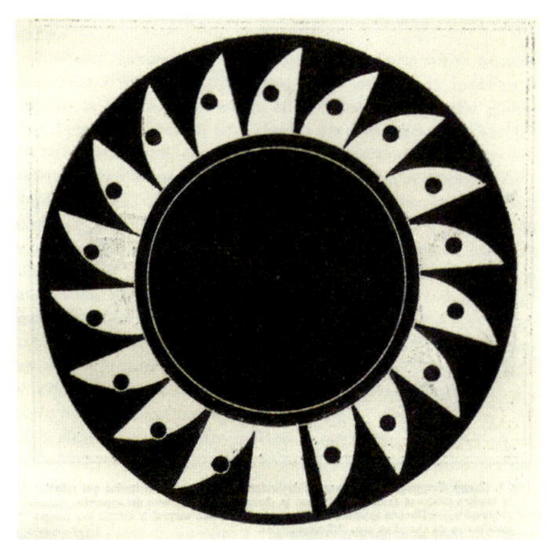

图 206

皮埃尔·儒尔·希撒·扬森用以拍摄“金星凌日”的圆碟状照相感光板的示意插图，出自艾迪恩－儒尔·马雷的《动态》，1895 年版

19 世纪晚期，摄影技术加速了改良进步。（参见图 206）早期的照片，能制造出挺有趣的时间效果，包括模糊重影和图像缺失等——其中有些最终被未来派画家安东·布拉加利亚（Anton Bragaglia）这类的艺术家加以利用——但摄影术当时并未即刻被用于时间的量度描记。不过，随着快速机械部件制造的发展，相机逐渐可服务于计时描记的用途。有些器材，比如法国天文学家皮埃尔·儒尔·希撒·扬森（Pierre Jules César Janssen）于 1873 年推出的旋转式照相机，能够捕捉到颇为出色的图像。扬森的这个旋转设备，能拍出 48 张顺次连续的图像，每次间隔仅仅一秒多钟。他还很巧妙地运用了一个类似的器材，一个每隔 70 秒闪射成像一次的“天文版的旋转式相机”，记录了 1874 年 12 月 8 日的“金星凌日”现象。扬森宣称，照相成像感光板是科学家的新“视网膜”。他不妨还可以追加一句说，那也是时间描记学者们的“视网膜”。

在马雷、扬森，以及他们 19 世纪晚期的那些同代人的作品中，这一点可能体现得更明显，但实际上，从最初一开始起，计时描记便是一门属于多面手的艺术，需要博学通才。尤西比乌斯是这一理念的早期接受者，为撰写他的《编年史》利用了新式的《圣经》手抄本；这也恰如 15 世纪的罗勒文克——为了其作品《时日集结》，他采用了活字印刷机技术。到了 18 世纪，巴尔贝－杜伯格关于“时间描记器”的创想，足够前卫尖端，因此在狄德罗的《百科全书》中赢得荣誉，获得一个单列条目的空间。还有亚当斯的《古代、现代与 < 圣经 > 历史纪年图表》，也跻身于 19 世纪石版套色印刷技术标志性的杰出样板之列。在其自身历史上的每一时刻，时间图表一直都勇于进取，要突破既有图像媒介的极限边界。

尽管热衷于革新，18和19世纪研究时间描记的学者们也回首和借鉴往昔。（参见图207）毕竟，只要是读过《启示录》的，每个人都会明白，用卷轴形式来指涉宇宙般宏大的事物——甚至是用来表现世界本身——是多么地恰切和有效，因为经文中有此句：“天就挪移隐遁，像手卷书那般卷合起来。”各种纪年描记作品，被印成图书和单面小报，这种做法已达三个世纪，现在，手卷又开始重新出现，不仅是作为时间线的机械式物理支援，也是年代纪时间的一个象征。巴尔贝 – 杜伯格的《万国年表》，使用的是一种带手柄的卷轴装置，威廉·达顿（William Darton）出版于1815年的袖珍本《便携卷筒年表》（*Pocket Tablet of Chronology*）也同样如此。另外，布兰谢出品于1839年的《天主教的阶梯》，以及亚当斯印行于1871年的《古代、现代与 < 圣经 > 历史纪年图表》也都是手卷形式。1846年，英国千禧信徒派学者爱德华·毕肖普·艾略特（Edward Bishop Elliott）出版了《天启时辰，或，末日天启评论，批评与历史研究》（*Horae Apocalypticae, or, A Commentary on the Apocalypse, Critical and Historical*）；此书的卷首插画，那设计只是让书页看上去像手卷而已，但此处图像的这种用法还是暗示了，“时间的手卷”（展开又收起）是多么生动的隐喻。

当然了，近代的手卷与中世纪的（贵族）家系图羊皮卷已经大为不同。（参见图208—211）现在，这些手卷大量制作，成本也相对降低了许多；它们表明，比例均衡一致的时间线的规范在18世纪已经取得了相当显著的成功。与《圣经》经典抄本和中世纪手卷之前的、更早的古代手卷构成反差的是，这些近代手卷的设计制作，是专门为了处置解决印刷本书籍的局限。当然，手卷本也是有局限的：虽然它提供了视觉上的连续性（这对年代纪时间顺序的图形化呈现很重要），但它牺牲了使用的便利性（这种便利在引证参考类著作中很重要）。

19世纪的时间描记研究者，只要是可染指的任何表现格式，他们都会拿来进行实验。（参见图212—213）除了参考类著作，他们还设计制作了很多不同种类的玩具、游戏和其他机巧装置。年代学相关的消遣娱乐——比如说简单的棋盘类游戏，玩的人掷骰子，沿着一条历史线路前进，看谁领先——在18世纪末已经颇为流行；伴随着成本更低廉的印刷技术、不断发展的消费市场，以及对视觉图形化教育价值的持续增进的认知，这些周边产品的创作在接下来的一个世纪里也保持着激增和繁荣。

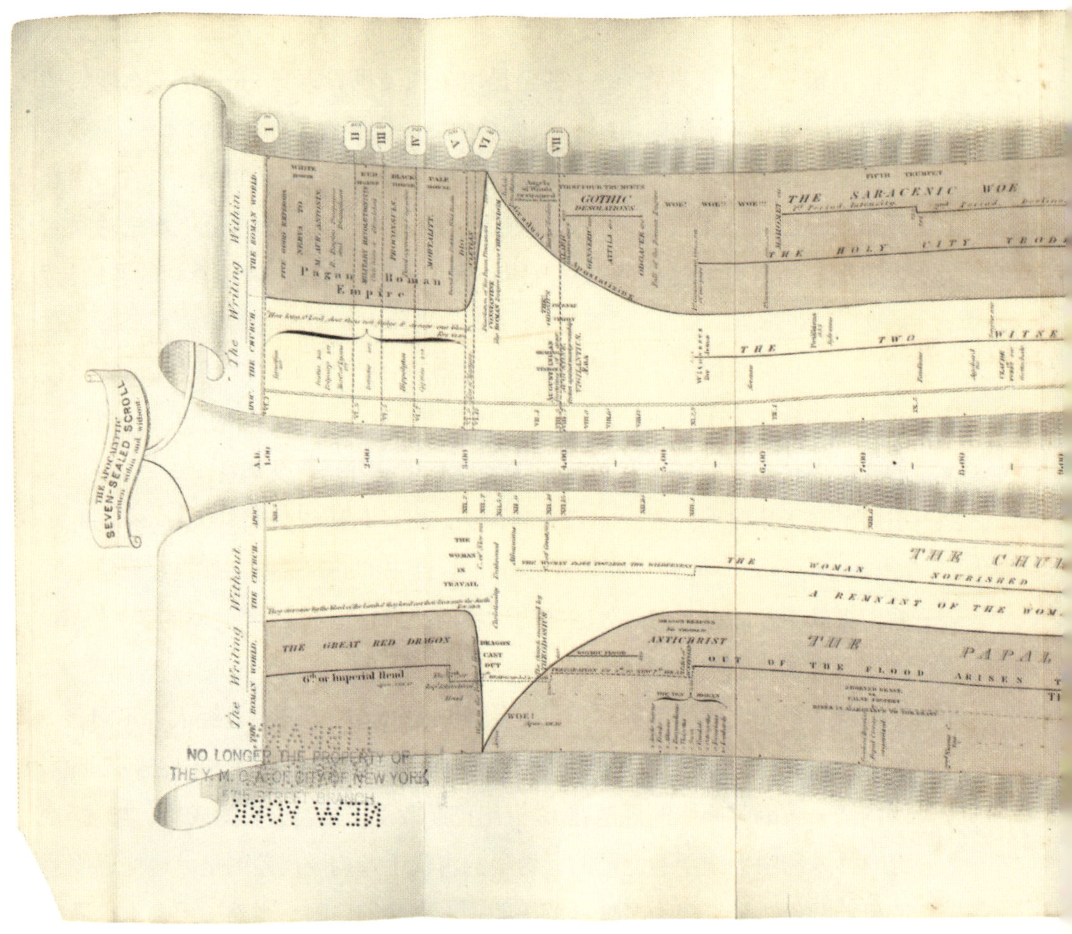

图 207

手卷形图表，出自爱德华·毕肖普·艾略特的多卷本学术著作《天启时辰，或，末日天启评论，批评与历史研究》，最初的卷一版本于1844年完成于伦敦。

图 208—209

达顿的《便携卷筒年表：从上帝创世到1815年》，高度只有五厘米，跻身于世上曾出版的最小的年代纪手卷之列。

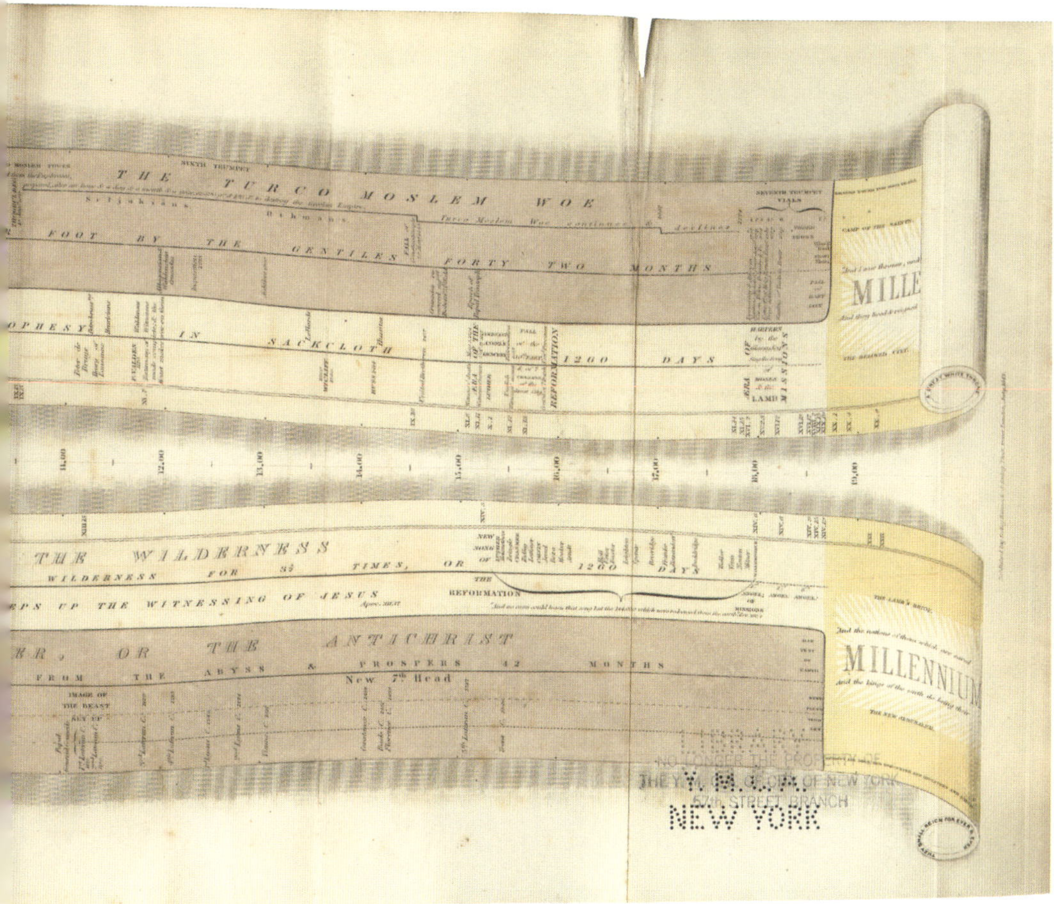

GEOGRAPHICAL DISCOVERIES.
A. D.
Madeira island 1344; explored
Azores by the Portuguese,
Sierra Leone coast,
Coast of Guinea,

Chronology.

图 210—211

《时间之流：为年轻人设计；历史阅读课程中供填写》，1844 年，伦敦出版。这个卷轴图表，长达几乎三十英尺，被折卷在一滚轴上，轴固定于一只装饰性的匣子中。纸卷的顶部，是涂刷成蓝色的、一片宽宽的空间，代表创世之初，也即基督纪元前 4004 年的万物之源。图表的左边，是分配给"一般通史：古代及现代"；而右边一栏，则是给"《圣经》中的历史"，到了稍后期的年代，替换成"英国历史"。普林斯顿大学收藏的这个版本上，表中列出的第一个条目是塞特的出生，而最后一个是 1831 年于伦敦举办的万国博览会。

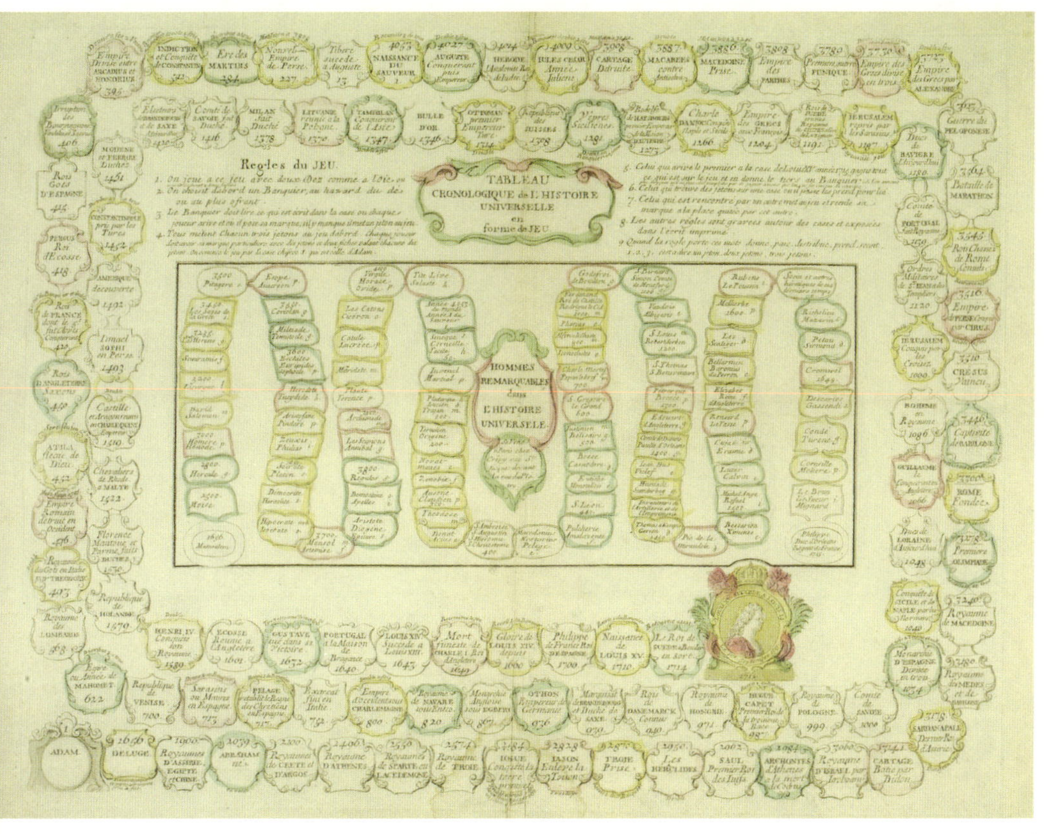

图 212

一个棋盘类游戏，纸面图案是 1715 年后于巴黎印刷；这个“世界历史时间线构成的游戏”开始于亚当问世的世界的第一年，结束于 1715 年 9 月 1 日，法王路易十五登基即位之时。19 世纪期间，这一类型的跳跳棋游戏在欧洲尤其是英国变得非常流行，人们乐此不疲。游戏的总规则印在纸面上，那些特定节点的具体说明，则印在棋盘格上很多处相应的单独空间中。举例来说，运气不好的玩家如果恰巧落在了倒数第二格的 1714 年，那么，按说明就要回撤到 1191 年。

图 213

出自 1840 年的《瓦利斯的万国历史与年表新游戏》，是一份手工着色的跳棋类棋盘纸，分为十二片，拼图般装裱在大块亚麻布上。这样的历史事件，比如纸张在英格兰最初使用、雕版镌刻技术的发明、地理经度的发现等，在棋盘上都分别有空间呈示。

总的来看，早期的年代纪类游戏都相当简明直接：通常的设计布局是一条连续的螺旋线；玩家从外缘开始游戏，借助于掷骰子或类似的东西，逐步向中心推进；或者，也可以是从中心开始，按相反路径移动。线路上的那些空间，标注的要么是日期，要么是诸如加冕礼、战争与协约签订之类的重大事件。游戏设定的基本目标，就是看谁先抵达时间线的终点。这一类的竞赛游戏，当然是可以围绕任意一个主题来组织设置，但年代纪的结构无疑尤其适合这种游戏：大事年表的题材为游戏的线性结构形态提供了一个原理基础，也给游戏带来了一种内在的张力，因为玩家有机会相互反复超越，可以蛙跳式跨进，就像路易－塞巴斯迪恩·梅西埃（Louis-Sébastien Mercier）出版于1769年的科幻小说《2440年：一个梦，假如曾经有梦》（*The Year 2440: A Dream if Ever There Was One*）中的时间旅行者那样，可以越过那些危险和令人焦灼的事件。

18世纪的另一个显著的消遣活动，是年表信息猜谜。这里的娱乐原理与此前的跳跳棋略有不同。跟大部分的字谜画谜一样，这里的主概念还是重组一张被分解打乱了的图片，但乐趣则是来自于能成功地辨别整理历史信息的凌乱碎片。

还有其他形式的年代纪游戏创意：滑道梯子棋，卡片，棋盘格贴图，找同类卡片配对的、考验注意力与记忆的游戏，以及其他涉及到排列、口令盘问和类似更复杂规则的游戏。其中很多也可以适用于其他的学科主题。（参见图214—219）长老会牧师兼高中老师詹姆斯·拉里摩尔（James W. Larimore）于1883年在芝加哥登记专利的一个改良版的跳棋棋盘，便是很好的一个示例。拉里摩尔的这个棋盘，可用作教学工具，适用于需要训练记忆力的任何学科；不过，在他看来，也正如其同代人的看法，年代纪是最好最典型的记忆训练题材。拉里摩尔设计的游戏很简单，实在来说几乎算不上是一个发明：一个普通平常的方格矩阵，上面可以刻写信息，然后游戏参与者依据跳棋的一般规则，便可以持续不断地看到需要他们去记忆的各类史实。按照拉里摩尔的设想，这算寓教于乐，那些信息能够被愉快地吸收，无需付出特别的努力。在他的图解说明中（带有一种多少有点生硬扎眼的对题材类别的漠视），拉里摩尔给出了如下两个词组，来充当可填入棋盘格的信息史实的示例：“亚当到基督，4004年”，“空气是氧气与氢气的混合物”。

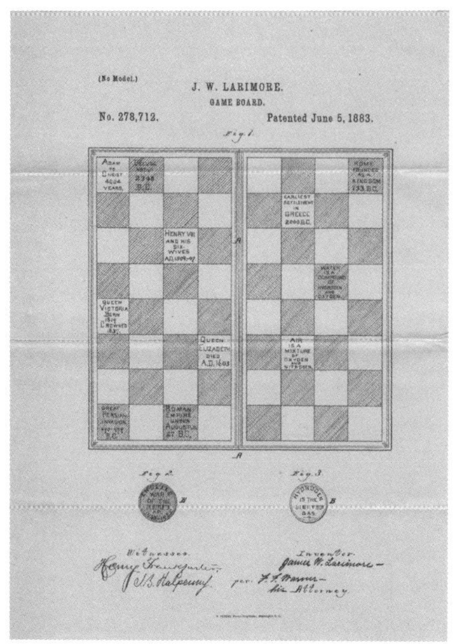

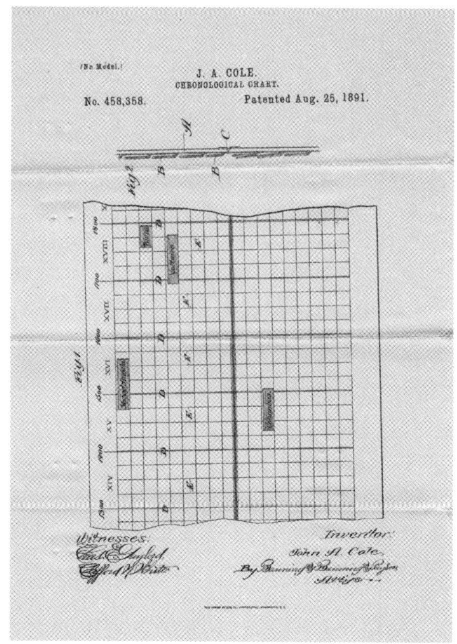

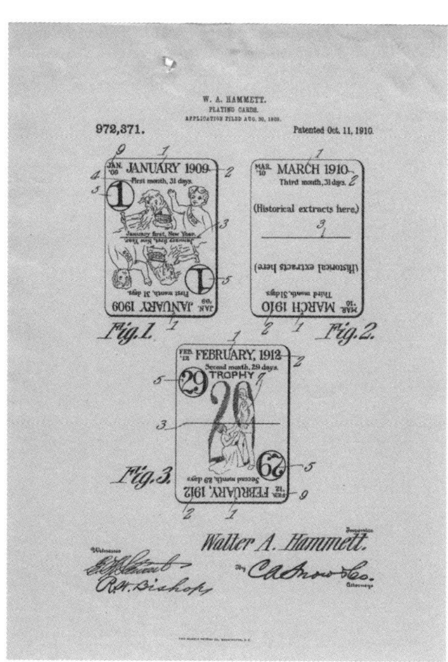

图 214—216

美国 19 世纪后期与 20 世纪早期的发明家们，将范围非常广泛的各种应用在年表类游戏和设备上加以实践，并申报专利。这其中包括了 1883 年詹姆斯·拉里摩尔的跳棋棋盘，1891 年约翰·柯尔的图表系统，以及 1910 年沃尔特·哈梅特的扑克牌。柯尔的系统是基于 18 世纪普雷斯特利的概念，但他的设计需要用到可移除的卡片，卡片裁剪成不同的长度来代表历史时间线与事件，还有一个马口铁匣子把卡片固定到位。哈梅特的一副牌包含了 48 张牌，一张安排一个月的信息，因此足够覆盖四年。

图 217—218（右页）

19 世纪中晚期，有几十种历史题材的牌类游戏问世。与棋盘类游戏一样，牌类游戏当中的一些只是涉及到历史主题，而非严肃历史本身。其他的，比如出自 1851 年的《山姆大叔的美国史游戏》，以及 1853 年出版于纽约州奥尔巴尼的《历史娱乐：新编英国历史消遣游戏》，就都需要真正的年代纪知识。在这些游戏中，互为对手者要说出其他玩家卡片上列出的历史事件。

图 219（第 296—297 页）

拼图游戏，共 76 片拼板，名为“法兰西历史，按年代排序，从首任国王法拉蒙到路易十六的统治”，1792 年出品于伦敦。这显然是打算充当库伯牧师（出版于 1786 年的《法国史》一书的关联陪伴之物。那些木质拼板都是精工切割而成，每一块上面均印有一位国王或王后的肖像，并有文字描述其执政期的大事件。

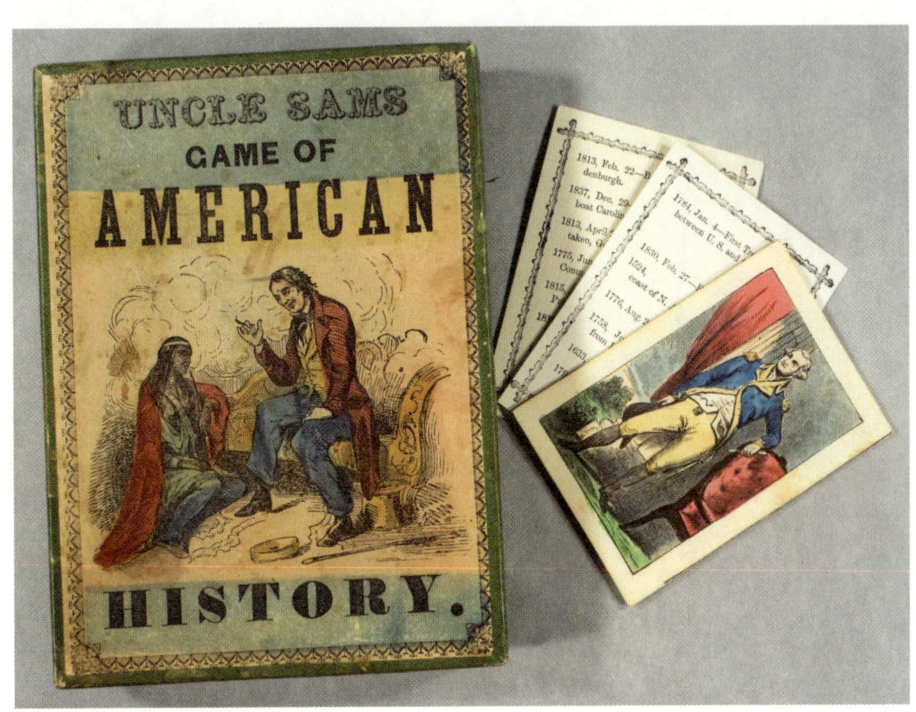
UNCLE SAMS
GAME OF
AMERICAN
HISTORY.

PUBLISHED BY CHARLES E. MOREY,
HISTORICAL AMUSEMENT
A NEW GAME
277 & 279 Lumber St., Arbor Hill,
ALBANY, N.Y.
GEORGE III. BRUNSWICK.
WILLIAM II. NORMAN.
HISTORICAL AMUSEMENT.
A
NEW AND ENTERTAINING
GAME
ON THE
HISTORY OF ENGLAND.
ALBANY;

CHRONOLOGICAL TABL
PHARAMOND.
CLODION.
MEROVÉE.
Pharamond was the first King of the Franks, & governed all those provinces now call'd Westphalia & Franconia, & all the Country between ye Rhine & the Elbe. He flourished about the Year 420, and is supposed to have been the
Duke. He distinguished himself as a great Warrior amidst the Revolutions of the Empire in the West. We know not the exact time of his Death, the place when he was buried, nor the name of his Queen. It is only said that he had two Sons, Clodion who succeeded him, and Clenus whose history is unknown. The histories of these early reigns are involved in darkness & Obscurity.
Clodion his Son, succeeded him about the Year 428. He was surnamed the Long haired either because he had a great deal of Hair, or because he wore it longer than was the fashion of those Times. This Prince was always at War with Aetius, the Roman General, and lost many Battles; but the invincible valour of the Franks induced the victorious Aetius to grant them a Peace, not wishing to have for his enemies a People who valued themselves on being as good Soldiers as Citizens. We know neither the Name of his Queen; nor the number of his Children. It was during this reign that St. Germain d'Auxerre consecrated to God a young Girl named Genevieve.
Mérovée was elected King of France by the People, about the Year 447. The place & time of the birth of this Prince are entirely unknown. History saying nothing certain upon those Subjects. Some say, that he was of the Family of Clodion & others pretend he was his Son. However it is certain, that a Prince of this Name reigned over the French, & that one of the Sons of Clodion contended with him for the Throne. This King was the first of the race called the Merovingians. He died after having reigned ten Years, but History makes no mention of the name of his Queen nor of his Children, excepting his successor Childeric.
Childeric I
PHILIP III.
LEWIS XV.
Lewis XV
Eudes
PHILIP I.
Philip I.
CLOTAIRE III.
HENRY II.

the HISTORY of FRANCE from
CLOVIS I.
Childebert I. succeeded his father Clovis in 511. This prince made war on Amalaric, King of the Wisigoths, in order to revenge the outrages & injuries his sister had received from her barbarous husband. The consequence of this expedition was the deliverance of his sister Clotilda, the death of the King of the Wisigoths and the taking and pillaging of Narbonne, where they found seventy-two golden vessels. Childebert died in 558, and was buried in the Church of St Germain, where his tomb is still to be seen. He laid the foundation of Notre Dame at Paris, and his death was regretted by his people, he having governed them with wisdom and moderation.
Charles V.
John
Clotaire IV.
Lewis XIV.
Lewis V.
Lewis VII.
Lewis VIII.
Clotaire I.

19 世纪的美国作家塞缪尔·克莱蒙斯，其笔名马克·吐温当然更广为人知；他对新科技也极为着迷。“佩吉排字工”是当年一位发明家搞出的自动排版印刷机的创意；吐温投资此项目，亏得连底裤都不剩；此番败绩，彼时尽人皆知，但他本人也拥有三项专利——其一是自黏纸剪贴簿，其二是可调节外套束带，还有一个是 1885 年完成的年代纪游戏方案——好在，这三者没有哪个又在财务意义上带给他巨大的心灵创伤。

吐温的游戏创意简单明了：玩家说出重大历史事件的年代日期，由此赢得权利将大头针钉进一张纸板上标有数字编号的格子空间里。（参见图 220—222）美国专利局审核他的申请，对照其他已获专利的既有年代纪游戏，包括维克多·克罗巴萨（Victor Klobassa）的《百年纪念游戏》（*Centenary Game*）——因吐温的发明与此专利疑似雷同，审查人员特别挑出此设计来质询。吐温在回复中认真区分了自己的游戏与既存先例之作。他的申辩获得成功，论证指出，除了都涉及历史主题之外，实际上这两个专利完全毫无共同之处。克罗巴萨的设计是一种随机游戏，借助于一块圆盘板，基本用不到什么年代纪内容，只是展示年份日期。吐温把那称为是一个碰运气的“赌博装置”。

与之反差对照的是，吐温的游戏设定的前提则是“透彻的历史知识”。他的纸板上不包含任何的历史信息：那只是一个简单的年代纪的模板，里面的每一个年份日期与其他的每一个都等同。在这个意义上来讲，这是一个真正现代的年代纪游戏。与普雷斯特利一样，吐温对同步共时的历史现象非常感兴趣。正如他说过的，“人们通常知道很多零零碎碎的历史事实，那是属于同一个特定时段的，但发生在广阔范围内彼此分隔的不同地域；因为这些事相互并无关联，所以人们就倾向于疏忽，不会注意到它们是同时期的；但是，如果分组归集到这个游戏板上，人们就能注意到这一点。举例来说，一个游戏玩家会惊讶地发现，在莎士比亚活着的年代，竟然还有那么多他已知的历史名人，当时也是生存在这个地球上，广泛分散在世界各地。”吐温认为，记忆大量年代日期有价值，但对他而言，那回报并非只是史实的简单累积，而是创建了真知和学识的一个支撑骨架。他视历史为一个宝库，里面是各种值得回忆的精彩故事；他相信，借助于一个相互提示的过程，他的游戏能引导

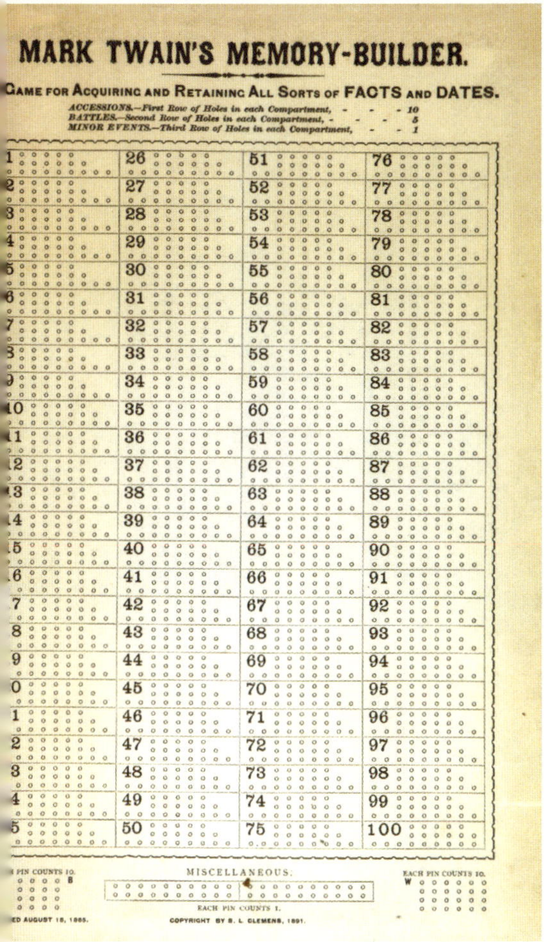

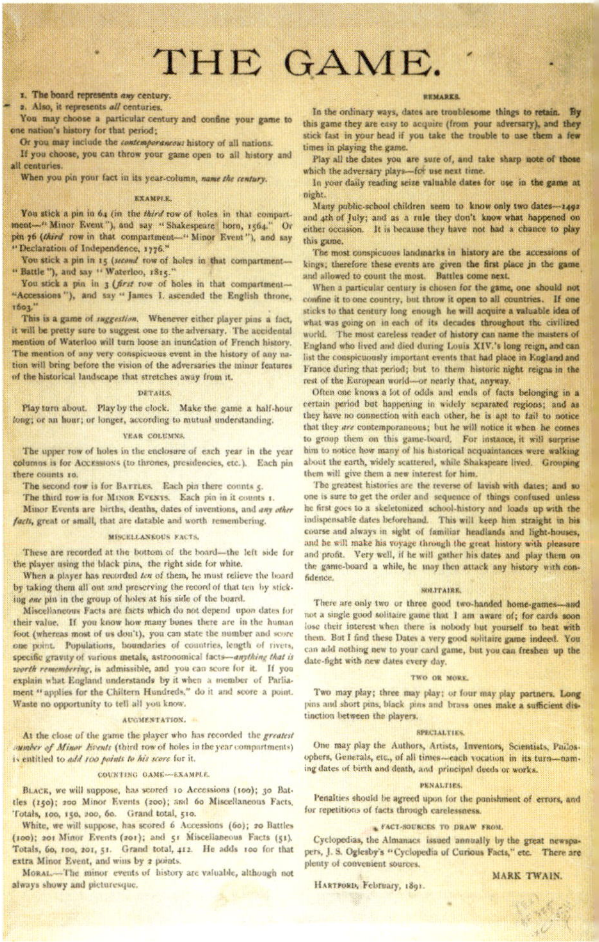

THE GAME.

1. The board represents *any* century.
2. Also, it represents *all* centuries.

You may choose a particular century and confine your game to one nation's history for that period;

Or you may include the *contemporaneous* history of all nations.

If you choose, you can throw your game open to all history and all centuries.

When you pin your fact in its year-column, *name the century*.

EXAMPLE.

You stick a pin in 64 (in the *third* row of holes in that compartment—"Minor Event"), and say "Shakespeare born, 1564." Or pin 76 (*third* row in that compartment—"Minor Event"), and say "Declaration of Independence, 1776."

You stick a pin in 15 (*second* row of holes in that compartment—"Battle"), and say "Waterloo, 1815."

You stick a pin in 3 (*first* row of holes in that compartment—"Accessions"), and say "James I. ascended the English throne, 1603."

This is a game of *suggestion*. Whenever either player pins a fact, it will be pretty sure to suggest one to the adversary. The accidental mention of Waterloo will turn loose an inundation of French history. The mention of any very conspicuous event in the history of any nation will bring before the vision of the adversaries the minor features of the historical landscape that stretches away from it.

DETAILS.

Play turn about. Play by the clock. Make the game a half-hour long; or an hour; or longer, according to mutual understanding.

YEAR COLUMNS.

The upper row of holes in the enclosure of each year in the year columns is for ACCESSIONS (to thrones, presidencies, etc.). Each pin there counts 10.

The second row is for BATTLES. Each pin there counts 5.

The third row is for MINOR EVENTS. Each pin in it counts 1.

Minor Events are births, deaths, dates of inventions, and *any other facts*, great or small, that are datable and worth remembering.

MISCELLANEOUS FACTS.

These are recorded at the bottom of the board—the left side for the player using the black pins, the right side for white.

When a player has recorded *ten* of them, he must relieve the board by taking them all out and preserving the record of that ten by sticking *one* pin in the group of holes at his side of the board.

Miscellaneous Facts are facts which do not depend upon dates for their value. If you know how many bones there are in the human foot (whereas most of us don't), you can state the number and score one point. Populations, boundaries of countries, length of rivers, specific gravity of various metals, astronomical facts—*anything that is worth remembering*, is admissible, and you can score for it. If you explain what England understands by it when a member of Parliament "applies for the Chiltern Hundreds," do it and score a point. Waste no opportunity to tell all you know.

AUGMENTATION.

At the close of the game the player who has recorded the *greatest number of Minor Events* (third row of holes in the year compartments) is entitled to *add 100 points to his score* for it.

COUNTING GAME—EXAMPLE.

BLACK, we will suppose, has scored 10 Accessions (100); 30 Battles (150); 200 Minor Events (200); and 60 Miscellaneous Facts. Totals, 100, 150, 200, 60. Grand total, 510.

White, we will suppose, has scored 6 Accessions (60); 20 Battles (100); 201 Minor Events (201); and 51 Miscellaneous Facts (51). Totals, 60, 100, 201, 51. Grand total, 412. He adds 100 for that extra Minor Event, and wins by 2 points.

MORAL.—The minor events of history are valuable, although not always showy and picturesque.

REMARKS.

In the ordinary ways, dates are troublesome things to retain. By this game they are easy to acquire (from your adversary), and they stick fast in your head if you take the trouble to use them a few times in playing the game.

Play all the dates you are sure of, and take sharp note of those which the adversary plays—for use next time.

In your daily reading seize valuable dates for use in the game at night.

Many public-school children seem to know only two dates—1492 and 4th of July; and as a rule they don't know what happened on either occasion. It is because they have not had a chance to play this game.

The most conspicuous landmarks in history are the accessions of kings; therefore these events are given the first place in the game and allowed to count the most. Battles come next.

When a particular century is chosen for the game, one should not confine it to one country, but throw it open to all countries. If one sticks to that century long enough he will acquire a valuable idea of what was going on in each of its decades throughout the civilized world. The most careless reader of history can name the masters of England who lived and died during Louis XIV.'s long reign, and can list the conspicuously important events that had place in England and France during that period; but to them historic night reigns in the rest of the European world—or nearly that, anyway.

Often one knows a lot of odds and ends of facts belonging in a certain period but happening in widely separated regions; and as they have no connection with each other, he is apt to fail to notice that they *are* contemporaneous; but he will notice it when he comes to group them on this game-board. For instance, it will surprise him to notice how many of his historical acquaintances were walking about the earth, widely scattered, while Shakspeare lived. Grouping them will give them a new interest for him.

The greatest histories are the reverse of lavish with dates; and so one is sure to get the order and sequence of things confused unless he first goes to a skeletonized school-history and loads up with the indispensable dates beforehand. This will keep him straight in his course and always in sight of familiar headlands and light-houses, and he will make his voyage through the great history with pleasure and profit. Very well, if he will gather his dates and play them on the game-board a while, he may then attack any history with confidence.

SOLITAIRE.

There are only two or three good two-handed home-games—and not a single good solitaire game that I am aware of; for cards soon lose their interest when there is nobody but yourself to beat with them. But I find these Dates a very good solitaire game indeed. You can add nothing new to your card game, but you can freshen up the date-fight with new dates every day.

TWO OR MORE.

Two may play; three may play; or four may play partners. Long pins and short pins, black pins and brass ones make a sufficient distinction between the players.

SPECIALTIES.

One may play the Authors, Artists, Inventors, Scientists, Philosophers, Generals, etc., of all times—each vocation in its turn—naming dates of birth and death, and principal deeds or works.

PENALTIES.

Penalties should be agreed upon for the punishment of errors, and for repetitions of facts through carelessness.

FACT-SOURCES TO DRAW FROM.

Cyclopedias, the Almanacs issued annually by the great newspapers, J. S. Oglesby's "Cyclopedia of Curious Facts," etc. There are plenty of convenient sources.

MARK TWAIN.

HARTFORD, February, 1891.

图 220—221

马克·吐温的《马克·吐温记忆生成器：获得和累积各类事实与日期记忆的游戏》，1885 年发布于康涅狄格州哈特福德

出这些故事。一个玩家“偶然地提一下滑铁卢”，他写道，那便有可能从另一人脑海中开闸放出“法国历史的奔流大洪水。任一国家历史上任何一个出名显著的事件，只要稍一提及，就会在对手玩家的心智视野里唤起历史景观印象中那些甚至是很细微的特征，而那个历史景观很可能跟前述事件无直接关联，而是延伸偏离出了很远”。

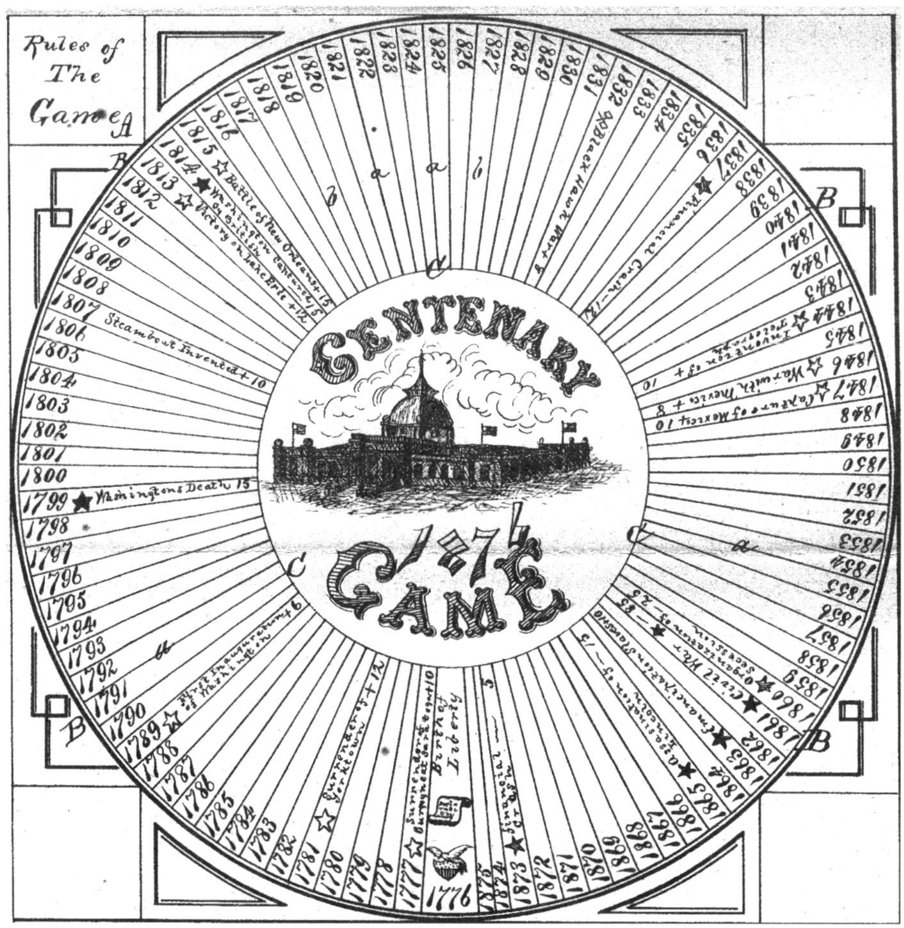

图 222

马克·吐温为他的《记忆生成器》首次申请专利；美国专利局在回应中要求吐温说明，与包括 1875 年获专利的维克多·克罗巴萨的《百年纪念游戏》在内的其他现存年代纪游戏相比，他的发明有何独特差异。吐温回复表示，他的创造与克罗巴萨的游戏根本不是相同之物：他的，是知识的游戏，而克罗巴萨的则是碰运气的随机游戏。

吐温的游戏玩法很简单，灵活度也高。最基础的一种，就是两个玩家对抗，面对面比赛，各自说出历史事件和日期，并在年代纪游戏板上填充每一个标注有日期的孔洞。这游戏可以玩到直至整个纸板被填满，或者直至玩家的历史知识已经穷尽，可以玩到之前设定的一个时限，或者是玩到指定的一个总分值为止。至于得分规则，能说出某位君王即位就职的日期，可获十分，说出一场战役的日期，可获五分，说出任何其他的历史事件，则得一分。说出与年代纪无关、但有趣和值得一听的各类杂项史实，也可以因此得分。不同类型的史实，吐温给出了不同的分值；尽管如此，他并非特意在暗示某些史实（加冕执政、战役之类）要比其他的更具本质意义、更为重要，而只是说明它们代表着年代纪大场景中的关键地标。他的设计也兼顾到均衡得分，欲赢得游戏，掌握次要史实与知道主要史实同等有效。在他为解释游戏规则而给出的假定的游戏场景中，了解更多次要史实的玩家经过艰难努力，也能获取胜利。这其中的寓意："历史上的次要事件也有价值，尽管它们并不总是很光鲜显眼、华采多姿。"按照吐温的看法，历史上最重大和最微小的事件，都很可能是富于戏剧性的精彩时刻，而且，就像他的小说《康州美国佬在亚瑟王朝》所讲述的，那些事件全都可用来重新部署和并置，达成讽刺效果。

19 世纪更晚阶段，时间描记方式革新的精神在空气中弥散浮动。（参见图 223）在《年代纪圆盘》发明者克里斯托夫·韦格尔以及其他先辈镌版师丢手中断的地方，一些发明家又捡起了那份遗产。举例来说，1885 年，纽约布鲁克林的牧师詹姆斯·拉德洛（James M. Ludlow）为其《同心圆历史图表》（*Concentric Chart of History*）获得专利，并与新近成立的"房克与瓦格纳尔斯"印刷商行合作出版。与韦格尔的图表类似，拉德洛的作品也是以简洁的尤西比乌斯式图表格式为基础。但他并没有采用那种长方形的常规书籍装订或者圆形招贴形式，而是做成了扇子的模样，扇叶的形状则像饼状图的楔形条块。这些楔形块上下堆叠起来，在尾部用线绳穿过连缀在一起，于是可以旋转摊出供阅览，既可单片看，也可两片或以上并置来看。这"扇子"的概念类似于刻字的轮盘——圆形的一张图表，带有一根旋转指针——但在此例中，转动的是条块图表自身。如此建构他的这一装置，拉德洛是希望能将图书的最大优势（内在容量、可随意胡乱翻阅任一页）与图表的最大优点（全景综观式的呈现、视觉空间的直观运用）结合起来。

图 223

詹姆斯·拉德洛发布于1885年的《同心圆历史图表》，是一个“辐射条状可折叠共时对照图表”，可让读者轻松地将在世界不同地方发生的历史事件并置到一起。他的出版商，伊萨克·房克（Isaac Funk）与亚当·瓦格纳尔斯（Adam Wagnalls），还印行了这一同心圆图表的空白版本，以便使用者可以填入新内容。

1897年，俄勒冈的犹太教拉比雅各布·布洛克（Jacob Bloch），为一个图形作品申请了专利；该作精彩地捕获了19世纪后期历史加速推进的那种特色与感觉。（参见图224—226）布洛克的这个《年代纪梗概图表》（*Chronological Skeleton Chart*），采用了一个螺旋的形式，而不是像韦格尔和拉德洛的图表那样用了一组同心圆。布洛克注意到，历史课上用到的那些年代纪图表，经常都只是部分地填写了内容。他指出，尤其典型的是，近现代历史部分都密集地塞满了信息，而相距更久远的时期，则几乎不填写什么或者干脆完全是空白。直线的格式，在空间上受到局限和挑战；作为一个变通办法，布洛克构思和倡导了基于圆锥截面状螺旋形的一种图表。任何的一份年代纪，其起始日期都放在那不断向外延伸扩展的螺旋形的中心，布洛克这样就灵巧利落地消灭了空白区的问题；而对空白，普雷斯特利曾经的掩饰手段，是生硬地添加纹章装饰、给名人的献词与解释性文字。同时，布洛克为历史记忆——按照他对此的理解感受——提供了一个几何形的视觉模拟。他认为，历史记忆，对近期事件的印象清晰强烈，而对遥远过去的事件，印象则淡弱（就像他图表中那样，会渐进萎缩，变窄小）。如果从限定的一些角度来评判，他这种说法当然是对的。但作为一个通用理论，这就不能成立；有非常多的例子表明，遥远的历史事件还保持着强大的文化意义和重要性——这就推翻了布洛克的论断。一位拉比，其本行营生的存货宝库原本就是古代故事，却轻视久远历史，这看起来无疑是挺奇怪的事情——不过，对身处19世纪美国边疆地区的一位拉比来说，关于历史记忆的这种圆锥截面螺旋形的印象视图，貌似自有道理，至少还是讲得通的。

19世纪后期的时间描记技术专利领域，尽管有如此多的创新革新纷纷自我推销，但有一个事实是无法改变的，那就是，最终还是得有人真正用上这些东西。百科全书式的时间表是参考类工具和可视化的工具，这些作者当中，几乎没人当真设想一个历史学习者会去尝试记住他们图表上呈示的所有数据。普雷斯特利从他自己的立场谈了这个问题，努力争辩说，这样去机械背诵，只会与时间线的意图恰恰背道而驰。他指出，时间线的价值，原本就在于去解除学生不必要的记忆负担。不过，无论你喜欢不喜欢，在历史领域，背书这一苦差终归是无法完全避免的。18世纪期间以及之后，关于死记硬背反倒

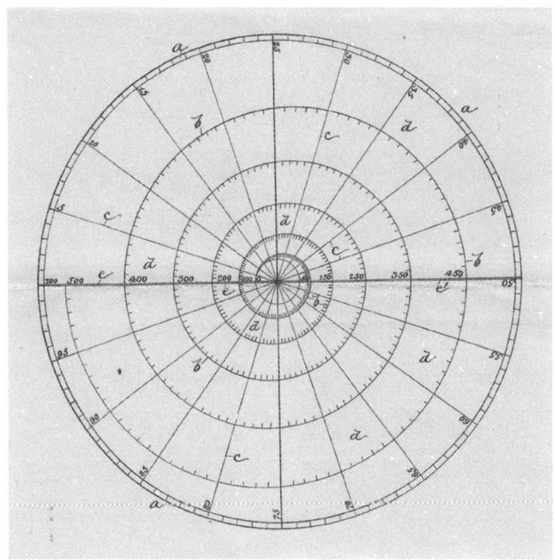

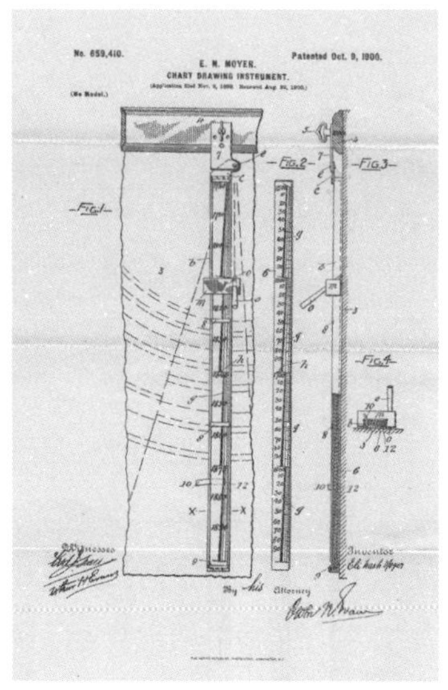

图 224

1897 年，雅各布·布洛克的《年代纪梗概图表》申请专利；他写道，“所记录的事件，年代越遥远，显示出来就越小，而越是近期发生的，显示的就越显眼。借助于这样的设计安排，当代今日的大事就显著地呈现在我们眼前，而过往的时光则在视野中逐次退向远景，直至消失于我图表时间线上的一个小黑点里。”

图 225

埃利·纳什·莫耶（Eli Nash Moyer）的“图表绘制仪器”，1900 年登记专利。莫耶是一位企业家，在多伦多制造和销售学校教具及文具。他的这个绘制年代纪图表的设备，工作方式很像几何画图用的圆规，并且可灵活适应很多不同的用途，但莫耶宣传推广时，指出的具体应用场景还是绘制年代纪图表。

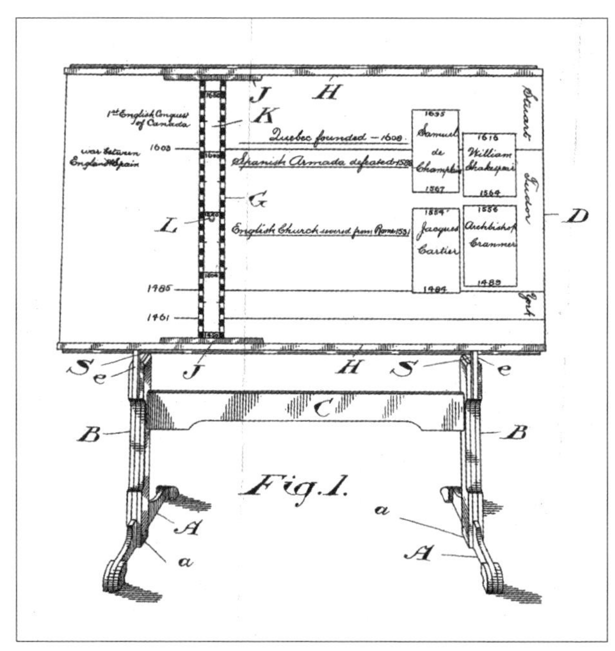

图 226

沃尔特·里昂·辛顿（Walter Lyon Sinton）的“便携式黑板”，1897 年登记专利。他是蒙特利尔医生纳尔逊·洛弗林（Nelson Loverin）的朋友和合伙人——洛弗林在 1876 年的费城万国博览会上首次展出了一个广受好评的图表系统。辛顿也是加拿大“对照综观图表行会”的一位主要负责人。他设计了这个便携式黑板，为的是配合斯凯夫的概要综观图表系统使用。

令人迟钝昏沉、不知所云的糟糕效果，尽管有过无数的批评，但在实际操作中，将信息传递和存入记忆，仍然是中小学历史教学追求的主要目标之一。也正如吐温的游戏所暗示的，并非所有人都视机械记诵为一件坏事。

与人们可能预想的相反，19 世纪的教育家们不只看重图表的参考作用，对记忆术也表现出一种强烈的兴趣。（参见图 227）有些人，比如美国的先驱教育家艾玛·威拉德（Emma Willard），便复兴了那些更为古旧的辅助记忆的形式。威拉德创建了好几所女子学校，并出版历史、地理与生物学科的教材。在一个作品中，她将历史的时间之流安置于一个文艺复兴式记忆剧场的空间里。她 1846 年完成的《时间廊庙》（*Temple of Time*），印刷相当精美，墨黑背景的映衬下，图表的色彩充满勃勃生机。从结构上来说，此作完全停留于弗雷德里克·斯特拉斯所倡导的 19 世纪“时间之流”的类型流派之内。但是，既出于实用的考虑，又出于象征性的理由，威拉德发现，回溯借鉴一个更为古老的传统，也相当有好处；那就是文艺复兴时期从古典时代所继承的传统，在那传统中，背诵、记忆本身也被视为是一种可贵的智力行为，是才智的表现。在她的“时间廊庙”中，就像在文艺复兴时期的记忆剧场图示里那样，学生从选取一个精雕细琢的建筑立面，或几个立面开始，然后将计划记忆的年代日期、史实或者话语文字布局到建筑立面上；每个龛位，每根立柱，逐一安排内容。

另外的记忆术系统，则竭尽所能地清理消除旧传统的遗存痕迹。19 世纪的这些视觉表达方案，其初始的图形上的现代主义风格，最明显地表现在高度抽象化的“波兰系统”中——这是一种长宽各十格的方形网格表，填入简单的颜色与线条，供记忆训练用。此系统由安东尼·雅茨文斯基（Antoni Jażwiński）于 19 世纪 20 年代酝酿完成，在随后的 30 年代与 40 年代，由波兰的民族英雄约瑟夫·本（Józef Bem）将军推广普及。

在门外汉看来，这波兰系统，由于采用的是无年代日期或文字、也无图像的年代纪表格，因此可能显得神秘难解。（参见图 228）不过，一旦学习理解了，就不难运用。首先，学生需要熟悉那 10 乘 10 的方形网格本身，因为图表上并不给出任何的日期。要弄明白一个事件是何时发生的，新手学生便数那些小方格（一个格子表示一年、十年或一个世纪，这取决于所确定使用的时间比例尺）；而高年级的学生

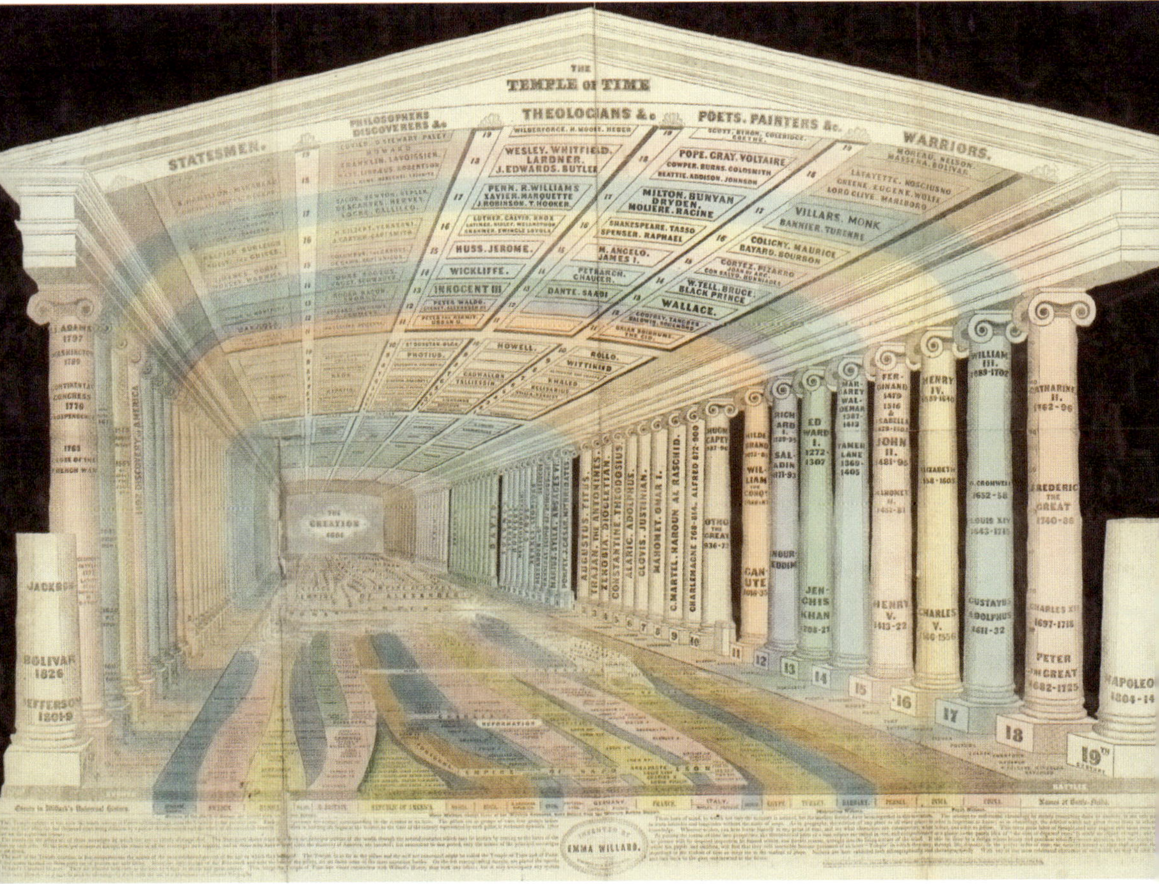

图 227

先驱女教育家、特洛伊女子学院的创建人艾玛·威拉德于1846年发布的《时间廊庙》，是历史时间描记的一个三维立体投射。在“廊庙”中，挺立的柱子代表各个世纪：右边的柱子，装饰有古代世界重要历史人物的名字，而左边的，则是近代新世界的人物。地板上呈示着一幅时间溪流形式的历史图表。天花板则充当了一份传记图表。1850年，威拉德出版教科书《通史综观》，其中印出了这一多彩生动图表的缩小版。

则对这表格已经足够熟悉，只要查看一下某个方块在整体网格中的位置，便能自动算出该方块代表的年份时间。接下来，学生需要去了解这网格中每一单个纪年方块中内嵌的3乘3的更小方格的意义。在这九个小方格中的具体落点，又决定了事件的类型（战役、盟约、家族联姻，如此等等，各有其位置）。然后，学生需要熟悉三个简单象征符号——正方块、三角形与X——的内涵。它们修饰说明历史事件的类型。最后，学生还必须了解，哪些颜色是分别指定给了哪些国家。在这波兰系统的不同版本中，颜色与格子分区的意义也会各有差异，但其中的基本原则却总是一样的：安置到大网格上的信息，给出的是年代日期；小网格里面的，则表示事件的类型；而颜色则指出事件所涉及到的民族、国家。

用了纳尔逊·洛弗林版本的波兰系统的一位学生，如果希望能标示出“一场革命于1776年在美国发生”，那他或她就需要选择10乘10的网格来代表18世纪，用正方格来表示这一世纪的第76年（定位于第七横行、第六竖列），然后，用正确的颜色来代表英国在北美洲的那些相应的殖民地，在更下方一行的中间的那个正方格（是指定给反抗和独立派），需用颜色涂满。（参见图229—231）假如1776年所发生的只是反叛起义而非革命，那学生就要画一个三角形；假如发生的只是阴谋骚乱而非造反起义，那就画一个X号。

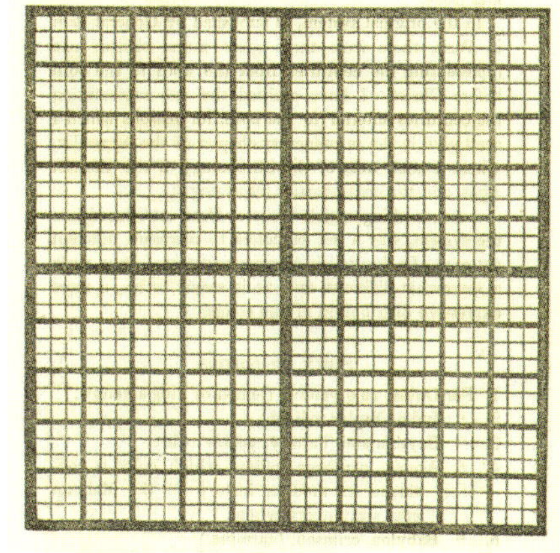

图228

一块空白模板，代表的时间范围为一世纪，伊丽莎白·帕尔默·皮保迪（Elizabeth Palmer Peabody）出品，《波兰系统的美国年代纪，据约瑟夫·本将军的法国－波兰系统年表复制，略有修改》，1850年出版于波士顿与纽约。

图 229—231

《洛弗林历史百年图分表与书写板》中的图表器材，纳尔逊·洛弗林出品于蒙特利尔，1876 年

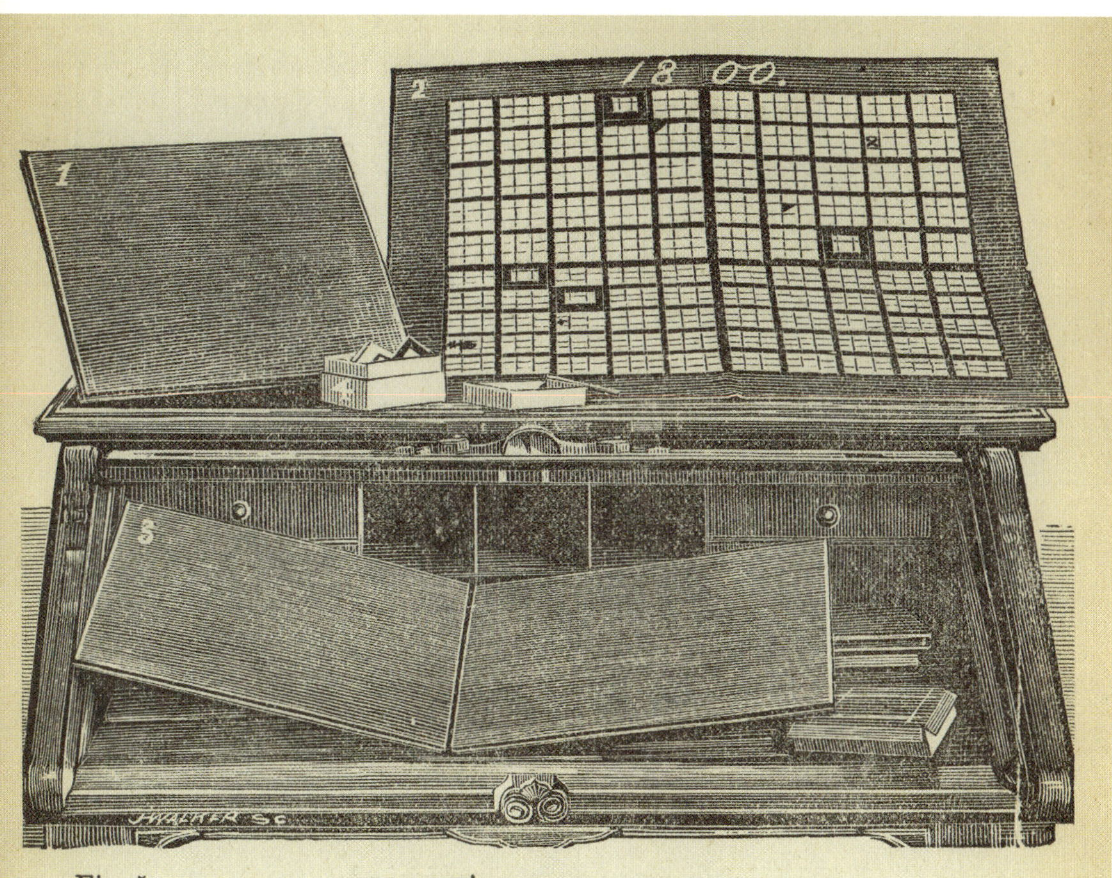

Fig. 5. LOVERIN'S HISTORICAL SLATE.

这个系统，虽然如今已被人们遗忘殆尽，在当年受宠时，其实极为风靡，横扫欧洲与北美大陆。19 世纪 30 年代，这一系统得到批准，被用于整个法国的教育体系当中，而随后的几十年间，还经历了很多次的官方修订和完善。50 年代期间，这个系统在美国赢得了一个看似不太可能争取到的支持者；这是很有说服力的一个人物，伊丽莎白·帕尔默·皮保迪，一位教育改革家，幼儿园创建运动的先驱，她的两个妹妹分别嫁给了教育家贺拉斯·曼（Horace Mann）与小说家纳撒尼尔·霍桑。到了 19 世纪 70 年代，这一系统的新版本又在加拿大和美国得到认可推广。

按照波兰系统的发明者的见解，过往的时间描记学者将地理地图与时间地图加以连接组合，是正确做法：年代纪，跟地理相似，也可图形化呈现，那样既容易学习也更易于记忆。不过，时间地图与地理地图之间的关联类似，也被雅茨文斯基和本视为导致注意力分散的不利因素，因为这种相似只强调了需要去记忆的那些事实，而无助于训练记忆能力本身。两人都抵触把年代纪当成历史的一个视觉化区域的那种概念，而更乐于将那视为一种可视的但并无特殊特征的记忆领域。当然了，这种朝向抽象的姿态和动作，并非全新之物；普雷斯特利此前就已开始这一尝试。但是，普雷斯特利的图表在功能上更像是地图：在其作品中，连续的时间是通过连续的图形空间呈现出来。而于雅茨文斯基而言，不是如此。在他这里，年代是借由一个矩阵里简单的搭配组合呈现出来。

在法国，波兰系统受到赞赏，是因其能有效地帮助学生记诵大量的历史信息，但在美国，普遍的主导意见却有所不同。（参见图 232—233）那里的首要倡导者是伊丽莎白·帕尔默·皮保迪，超验主义者圈子中的一员，也是一位教学法理论家；她主张，游戏对塑造儿童人格具有重要的形成性作用，并因此被人们铭记至今。仅从事情的表象来看，那僵化死板的波兰系统竟会令她迷恋，不免怪异难解。但那份迷恋却货真价实。她的美国式波兰系统，出过好几个版本，第一个发布于 1850 年；随后的十年，她孜孜不倦地改进完善这个系统。她甚至还定制了一个专门用途的颜料套装，用于填涂这些网格表；每到一处，她都顺带宣传和售卖此颜料套装。

图 232—233

1850 年，美国的超验主义者伊丽莎白·帕尔默·皮保迪出版了《波兰系统的美国年代纪，据约瑟夫·本将军的法国－波兰系统年表复制，略有修改》。皮保迪在美国各地巡回，推广她的著作、空白图表，以及用于填写图表的一套特别的颜料。她指出，假如哪所学校认为“绝对没办法”获取一整套的颜料，也可用一个数字系统来替代颜料，但是她又补充写道，如果这样做的话，颜料能带来的“一个极大的优点就是被放弃了”。皮保迪的这些书连同表格，有很多份存世至今，显示和见证了它们原主人的聪明才智以及对波兰系统的真实应用。

皮保迪对波兰系统的阐释，相当敏锐，也很具启示意义，并打开了考察时间图表的一个新视角，而不再仅仅局限于提供参考和记忆训练的范畴。对皮保迪来说，年代纪图表的功能是充当策略，用于组织创造性思考。她强烈反对死记硬背式教育。她说，任何书籍，只要够不上是天才之作，那就没理由强迫孩子们去读去记。在历史学习中，她尤其反对使用知识点精要、节录和内容概述的手段，因为她觉得那等于是给历史放血，抽掉了激情与趣味，把学习变成了一种麻木呆滞的背诵作业。与此同时，她也承认，借助天才作家——希罗多德、李维、穆勒（译注：当指 Karl Otfried Müller，下同）、尼布尔（Barthold Georg Niebuhr），以及其他先哲——的作品研读历史，并不容易。波兰系统的图表则能够帮助这类阅读——作用不是充当作弊的小抄，而是充当作业纸、工作单，引导学生透彻思考和组织观点思维。“历史学科中实在纯正的教育”，皮保迪写道，类似于教友圣餐会，是“对往昔事件的深思、交流、共享”。她继续道，“本的发明，我尤其欣赏的原因是这一点：它从不假装成是一个概要提纲所根本无法充任的东西，也即，它绝不伪称是一个完美的历史框架。”皮保迪袭用并改良波兰系统，成果既漂亮出彩又令人称奇：图书馆中发现的存留下来的那些图表，没一份看上去是跟另一份重样的。每一份都留下了一位学生的个体印记，体现了其想象力。

有些图表系统，类似于雅茨文斯基和本的发明，被设计出来是着眼于将学生培养为时间地图的制图师，只不过学生们所要描影绘制的地形地势是抽象的、无标记的，就如刘易斯·卡罗尔的《寻猎蛇鲨》（*The Hunting of the Snark*）中的“海洋图”。（参见图 234）1866 年，当时担任密歇根州督学的约翰·弥尔顿·格雷戈里（John Milton Gregory）所出品的《时间地图》（*Map of Time*），更是让时间图与地图的类比变得直率又明确。虽然他的“地图”只不过是一个 5 乘 5 的网格，是雅茨文斯基创意的一个简化版，他却坚信，这网格提供了一个视觉联想的地形图，其直觉直观程度不亚于一份地理地图。“那一个世纪都凸显在眼前，幅员广阔，如一国疆土，而那些年代和年份铺展在那里，清晰地标记出来，也很容易区分识别，就像很多的县份与城镇。因此，这不是任何局限狭隘意义上的一幅时间地图；如果运用得当，我们将会发现它能够有效帮助学习历史的读者和学生，就像各大洲各国的地图帮助地理学生那样。”

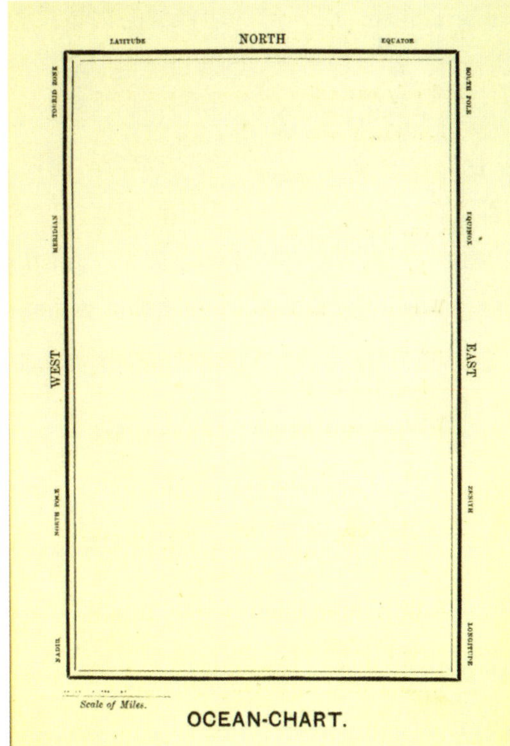

图 234

鸣钟人自己也受到齐声赞，被夸到了天上——
如此风度，如此安逸，如此仪表堂堂！
还如此庄重雍容！只需目光落到他脸上，
一看即知，智慧非常！

他带来一张大地图，上面那是海洋，
没有丝毫陆地山河的痕迹。
船员都很开心，因为他们发现地图上
没有啥他们看不懂的东西。

“墨卡托的南北极、热带和赤道，
时区和子午线，有啥好？”
鸣钟人这样大声问，船员们随即答：
“那只是些老掉牙的记号！

“那些地图都是图形，有岛也有海角！
我们无畏的船长，我们必得感激，”
（船员这样表态）“他带给我们的才是最好——
看这完美的空白，就一张白纸！”

“海洋图”以及诗章片段摘录，出自刘易斯·卡罗尔的怪趣读物《寻猎蛇鲨》，1876 年出版于伦敦另一位19世纪晚期的教育家艾达·维特康姆（Ida P. Whitcomb），也宣告过类似的意见。她辩诉说，年代纪的图表化呈现，跟任何其他种类的视觉化教育——包括借助于历史图片进行的教育，都一样重要。她写道，“托马斯·巴宾顿·麦考莱（Thomas Babington Macaulay）将历史与历史传奇演义加以比较，这种比较也可令人信服地适用于受规范监管的和未受规范监管的学校学习。他说，‘历史文字通常都被划分归入这两种文体，它们一个大概可比拟为地图，另一个可比拟为画出来的地貌风景。那画作，尽管将那方土地呈现在了我们面前，却不能让我们去精准地探明和确定那地方的幅员大小、距离和地势角度；而地图，则给予我们确凿的信息，告诉我们各个地点的方位状况，因此，对旅行者或作战的将军来说，是比那风景画更为有用的陪伴之物。’”维特康姆自己创作的、出版于1878年的《学生用历史专题图表》（*Students' Topical History Chart*），宣称不仅仅是将历史事实“描摹”到学生的心智上，而且是“烙印”复刻上去。

马克·吐温的填格子年代纪游戏，已经是代表了关于时间描记问题的一种新观点，一个新的解决途径；但贯穿19世纪80年代和90年代，他还在继续苦思，并寻求新发明。1899年，在他最初发布《记忆生成器》的十四年之后，吐温又写了一篇杂志文章，专门谈记忆这一主题。文章题为《如何才能持久牢记历史年代》（*How to Make History Dates Stick*），其中自是满溢着吐温特色的幽默。在文中，他回顾悲惨往事，哀叹自己记东西是多么艰难，最难的尤其是年代日期。他说，那许多年来，他已经尝试了无数的辅助手段和应急办法。曾经有一次，他要背诵一篇讲话稿，要记到脑袋里去，却难以如愿，然后就灵机一动冒出了一个主意，把演讲提示写到了手指尖上，这样一来，讲话的时候便可以轻松地参考这些内容提示。不过，这样反倒更坏事了。他记住了演讲辞，但惹恼了听众；人们实在想不通：这位受人尊重的演讲者竟然似乎在无聊地盯着自己的指甲看，为什么？

记忆的解决方案，吐温发现——或说是重新发现，因为那方案本质上是经典记忆术的标准操作——就是构建一个强有力的视觉关联的系统，通过视觉联想来巩固记忆。（参见图235—236）他开始拿自己的演讲稿做这种记忆训练：画一些小图来帮助联想起某个主题，有时候用到的关联手法别扭滑稽又幽默，比如，他曾用一幅闪电图来提醒自己要讲的话题是旧金山，因为，按照他的说法，旧金山是没有闪电的。然后，吐温将这种办法用到了年代纪这个难度更大的题材上。他陈述说，这一切的关键所在，是你必须亲力亲为做这个事。直接借用别人的系统，是不够的。毫无疑问，那样做确实是有帮助，但真要把什么东西变成深刻记忆，你就一定要自己来搞定这个关联法体系。吐温写道：

> 年代日期是很难记住的。即使暂时记下了，也很难长期保存在脑袋里。但它们又非常有价值。它们就如同大牧场上关牛群的围栏——它们把好几个打了辨识烙印的历史的“牛群”关起来，每一群都在牛儿们自己的围栏里，这样可阻止牛群全都混合到一起去。日期很难记，因为它们由数字组成。数字在形态上很单调，无显眼特征。它们难以停留生根，也不形成任何的图像，所以它们让眼睛没啥机会来帮助记忆。而图形图像正是可依赖的法宝。

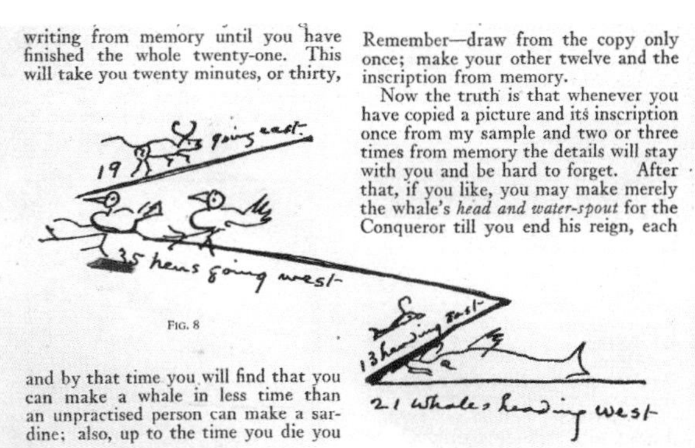

writing from memory until you have finished the whole twenty-one. This will take you twenty minutes, or thirty, and by that time you will find that you can make a whale in less time than an unpractised person can make a sardine; also, up to the time you die you

Remember—draw from the copy only once; make your other twelve and the inscription from memory.

Now the truth is that whenever you have copied a picture and its inscription once from my sample and two or three times from memory the details will stay with you and be hard to forget. After that, if you like, you may make merely the whale's *head and water-spout* for the Conqueror till you end his reign, each

图 235—236

在其1899年的文章《如何才能持久牢记历史年代》中，马克·吐温随附了一系列的象形文字画，来帮助记忆英国历任君主的年表。这些画大部分是以语言语音的关联为基础，比如母鸡（hen）关联到亨利（Henry），鲸鱼（whale）代表威廉（William），轮舵（steer）表示斯蒂芬（Stephen），如此等等。这些图画被布置在一条练习记忆的时间线上，就在每次政权更替的转折角处。吐温建议，每个象形卡通画，学习者都要反复重画，该君王执政多少年就画多少遍。他说，那样将会把图像印刻到你的脑中，难以磨灭。

在他的文章中，吐温给出了若干他自己的记忆术示例；那些都是文字语词游戏与视觉游戏的滑稽组合。针对英国历任国王的年表，他创作了基于单词头韵的关联的象形图画：几位亨利（Henrys）都是母鸡（hen），斯蒂芬们（Stephens）则是轮舵（steer），威廉们（Williams）则是鲸鱼（whale）；至于几位爱德华国王（Edwards）——双脚翘起搭在椅背上，笔抓在手里，眼中流露出不怀好意的图谋——则是编辑（editor）。

吐温的这些图像挺粗糙，但他满不在乎。（参见图 237—239）他说了，要点是在于让你能记住史实。因此，按吐温的小画所显示的，他对爱德华三世的印象是一定程度上的恶搞丑化：这是一个文学批评家，此人“拉出了他的切肉刀和战斧，正在追杀一本书，他要拿那书当早餐享用”。

上述所有这些装饰性元素，都不应被理解为是在暗示这层意思：吐温要放弃、甩掉时间线的概念。根本不是要拒绝时间线。在吐温的体系里，你从画图开始，然后按年表顺序将图片钉到墙上去，那就好像是国王们在列队行进。吐温还建议说，遇上好天气，一种类似的排列布置也可以在室外来实施完成。（参见图 240）他教自己的女儿们在道路边或小径上标出均匀相等的长度，把这些称作年份，然后在重要时间节点安插木桩。让孩子出门，在年代纪的“田野”中玩耍，提出如此建议的，并非只有吐温独自一人。在早年宣传自己的年代纪系统时，雅茨文斯基有一次也提过，他那色彩生动的矩阵网格，也不妨用到花园里，将会是很精彩的园林布局设计。（参见图 241）或者，假如没法用园艺方式来呈现时间，那一块游戏场地也可以，只要拉些长绸带把空地隔成方块，不同地方标出征服外族、君王即位以及其他的重大事件。

吐温的那些发明，没有哪一个原本是打算当成艺术创作来处理的；关于自己拙劣的绘图技艺，吐温曾开心地自嘲。他打趣地说，连他都能搞这个，那就没有谁搞不定。他的意图是让历史变得可见，可触碰，甚至是可以在上面走，以便让自家的孩子们能看到她们原本可能只是在书里读一读的内容。不过，在吐温这里，也正如在雅茨文斯基、本和皮保迪身上一样，还是有着一种令人惊讶的对艺术实践的激励和鼓动。但不是高端纯艺术，不是从美学的角度来要求，而是实践一种三脚猫小工匠的艺术，只管在历史的书页边上信手涂鸦无妨。

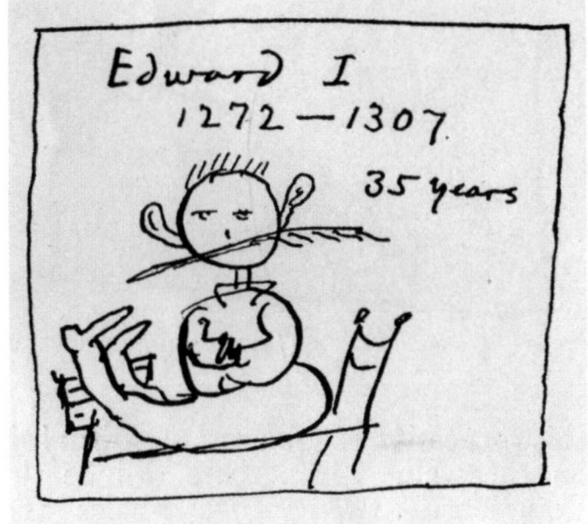

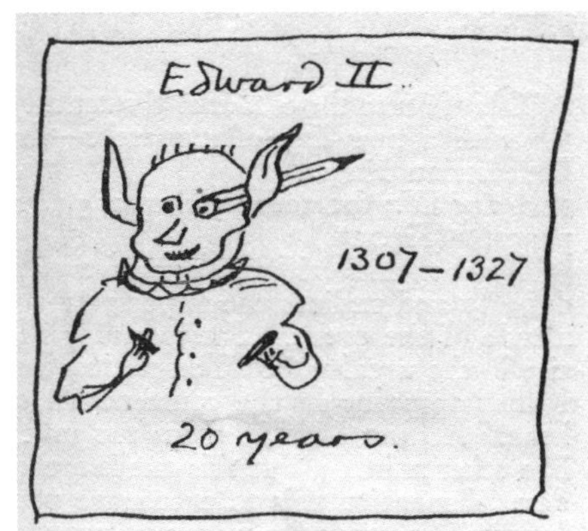

图 237—239

马克·吐温的记忆卡通画，分别对应于爱德华一世、爱德华二世与爱德华三世；出自他1899年的《如何才能持久牢记历史年代》。吐温写道，“爱德华一世。这是一个编辑。他正努力想一个单词。他双脚搁在一张椅子靠背上；这位编辑就是这么个风格，这样能有助于他更好地想事情。这里的第二个，我不怎么喜欢的；他的耳朵不一样了；不过，编辑（editor）会让你想起爱德华（Edward）名字的读音，这个家伙会让你想起爱德华的。假如有个模特，我原本可以把他画得更好些的，但这一幅是我根据记忆画的。但这不是啥多大事情，没啥了不得的；无论如何，他们看上去都挺像的，彼此差不多。他们都自负自满，烦死人不偿命，给钱还总是克扣。爱德华，是第一位真正的英国国王（征服了威尔士并威慑苏格兰），后来又有几位爱德华登上王座。图画里的编辑很可能看上去就正像爱德华当年的样子 —— 当他初次意识到和确信自己真是英国之王。他整个的态度都表达了满足快乐和骄傲，而这又是与茫然和惊愕之情混合在了一起。”

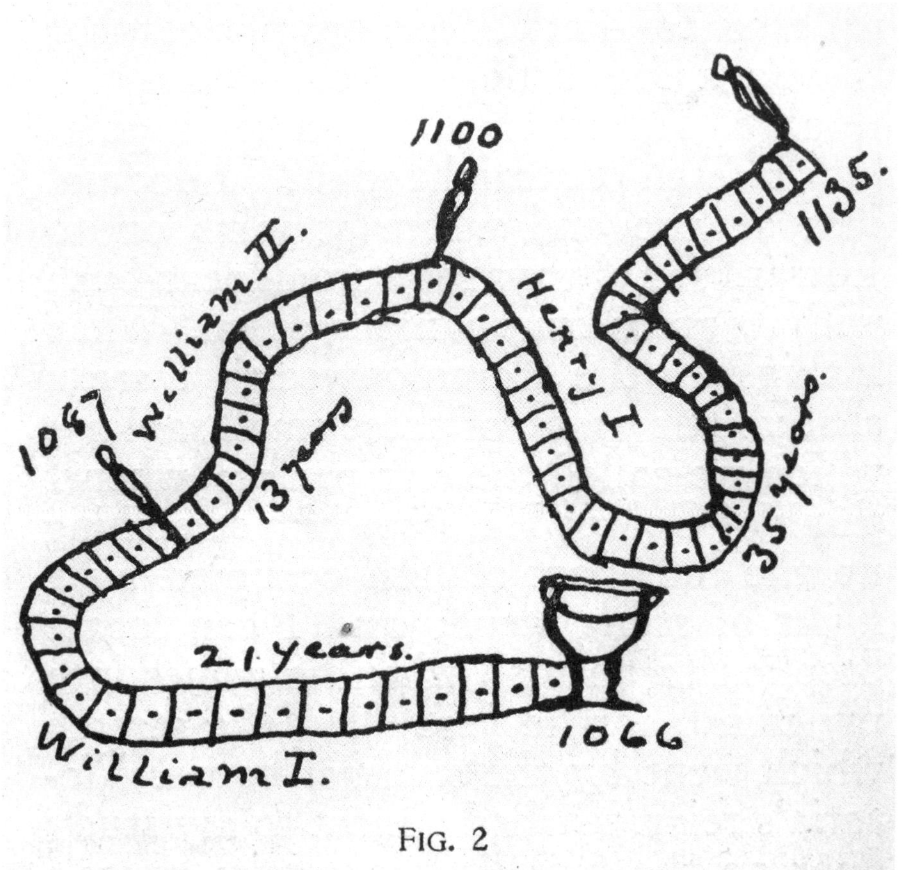

图 240

马克·吐温的车道，出自《如何才能持久牢记历史年代》，1899 年发表于《哈珀斯》杂志。吐温提出一个设想，在道路边或小径上标出均匀相等的长度，把这些称作年份，然后在重要时间节点安插木桩。他陪自己的女儿们正是实践了这个游戏方案。这不仅成功地回避和化解了孩子们对记忆年代的厌恶心理，还将那些年代日期恒久地烙印在吐温自己的记忆中。他写道，"当我想到联邦共和国（译注：1649 年查理一世死后英格兰建立的共和政权，延续至 1660 年），我就会看到一小片荫凉的小树苗，就是我们称之为橡树苗圃的那个地方；想到乔治三世时，我就会看到他顺着小山往上铺展，他身影的一部分被一段石头台阶占据……维多利亚女王的任期几乎延伸到了在第一座小山顶上的我书房的门前；现在还要往前再走十六英尺；我保证，那会把你带到一棵大松树那里去——某个夏天，一道闪电大概要来劈我，但打偏了，摧毁了那松树。"

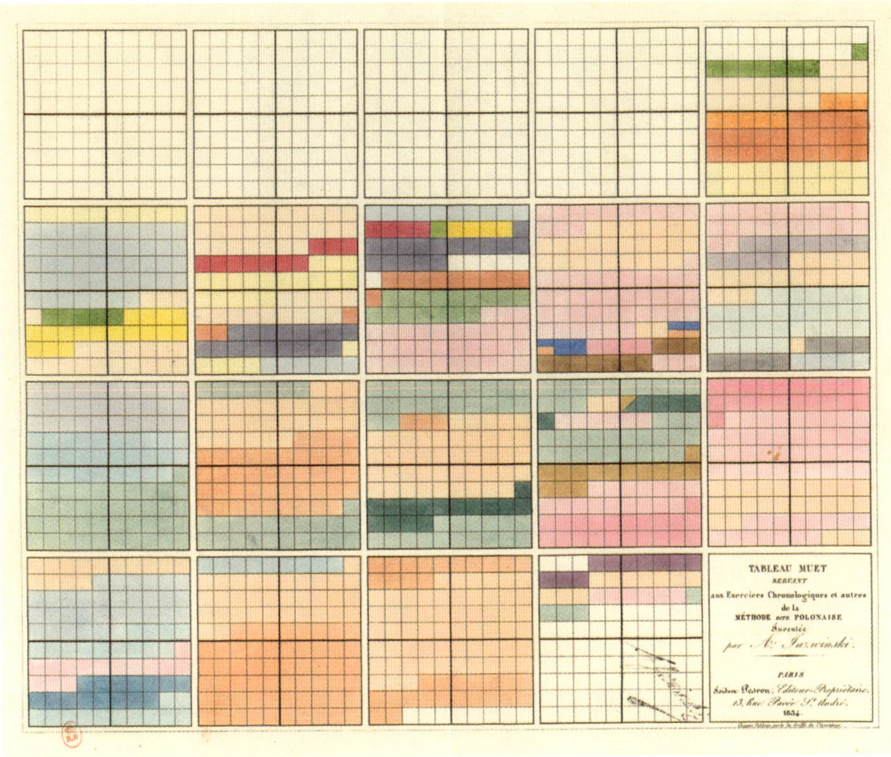

图 241

安东尼·雅茨文斯基,《波兰系统年代纪训练与其他练习之空白板》, 1834 年出版于巴黎

第七章

外与内

大部分图像并非艺术…… 随机挑出一幅图像，那在更大概率上只会是一个表意文字的书法手稿、一幅简笔岩画，或者是股市行情图表，而不是德加或伦勃朗的一幅油画，恰如某个生命体或动物，更有可能是什么细菌或是一只甲虫，而不太可能碰巧是一头狮子或一个人…… 负载信息的图像，形式多样、极为庞杂，而且散布广泛、无处不在——这与人们接触艺术的有限范围或机会正相反；海量的图像应该会让我们迟疑踌躇。无论如何，这或许也可意味着，视觉上的表现力、雄辩的视觉语言与复杂性，并非是美术独有专享的品质特征……

——詹姆斯·埃尔金斯

在如今的艺术领域，时间描记元素看似已随处可见。在用历史符号来服务于民用市政功能的纪念碑、纪念馆类大型建筑中，表示历史纪年时间的数字，尤其常见和普遍。举例来说，从美国艺术家的创作——比如塞拉·勒伦特·德·布雷特维尔（Sheila Levrant de Bretteville）在洛杉矶小东京街区人行道上嵌入的城市历史“重写本”；再比如（华裔）林璎的系列年代纪建筑，包括越战阵亡将士纪念墙以及民权运动纪念雕塑——到那些设计公司的作品，比如俄克拉荷马城的莫拉联邦大楼旧址上建起的“时间之门”；这些纪念类建筑与公众空间艺术装置，都确认了年代日期在人们的集体记忆里所体现的中心作用。

年代纪的主题与结构，也出现在那些更为远离常规惯例的情境中。比如，日本裔艺术家河原温（1933—2014）那肃穆的“日期绘画”；比利时艺术家克里斯托夫·芬克（Christoph Fink）以纸笔材料手工制作形式呈现的旅行轨迹；旧金山艺

图 242—243

林璎 1993 年的作品，《女性之桌》，位于康涅狄格州纽黑文。从一大块圆形石板的中心，以螺旋状向外排列的那些数字，表示着耶鲁大学自创立起每一年所招录的女生人数。这一螺旋以一系列的 0 开始，直到 19 世纪 70 年代，数字才终于渐渐增长。而那螺旋的形式，则暗示随着时间推进的一个不断开放的过程。

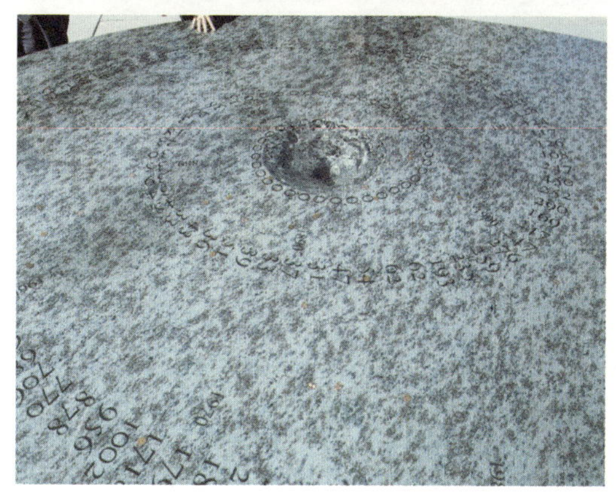

术家凯蒂·刘易斯（Katie Lewis）那抽象的体细胞活动日记；荷兰观念艺术家玛乔琳·迪克曼（Marjolijn Dijkman）那讽刺性的时间线；以及中国艺术家黄永砅（1954—2019）的一个关于末日灾难的预言图示。（参见图 242—251）这些，还有很多其他的当代作品，都探索和讨论了关于时间的图形语言。

当然，我们也一直都有那种艺术化的时间描记作品的。从尤西比乌斯到普雷斯特利，再从普雷斯特利到当下现在的今天，学者们已经推出了无数的、形式优美多样的年代纪作品。不过，那当中很少是从构思之初就奔着艺术去的。从这个意义上来讲，年代纪图表就与全部的那些“负载信息的”或“实用主义的”图像共享一个身份性质。美国艺术史学者詹姆斯·埃尔金斯（James Elkins，1955—　）探讨过图像的这一差异分类概念；这种服务于信息传达的图像包括各类图解、表格和简图，也包括地图、几何图形、标记符号、设计平面图、技术制图、模式略图，如此等等。

图 244

当代近期这些年，纪念类建筑艺术对年代时间的运用变得越来越精确。俄克拉荷马城的国家纪念与追悼博物馆，由“巴策尔合伙事务所”设计，是为了纪念 1995 年在阿尔弗雷德·保罗·莫拉联邦大楼爆炸案中丧生的 168 位不幸者；两道“时间之门”构成了那个缅怀空间。按照博物馆的介绍：“东门代表 4 月 19 日上午 9:01，也代表在那爆炸袭击之前这座城市的清白和单纯。西门代表上午 9:03，我们被永远改变的那一时刻，也代表爆炸之后的那些时刻那些日子里，从恐惧中重新捡起的希望。”

图 245—246

在加州洛杉矶的小东京街区，艺术家塞拉·勒伦特·德-布雷特维尔将年代纪嵌入那里的人行道。她完成于 1996 年的《怀想旧时的小东京》，是在老旧的美国日裔聚居区，沿着那里的中心街道，将日期列单嵌入街边商店与民居的入口地面，列单中显示事件名称或往日住户的姓名，就像街区历史的重写本。

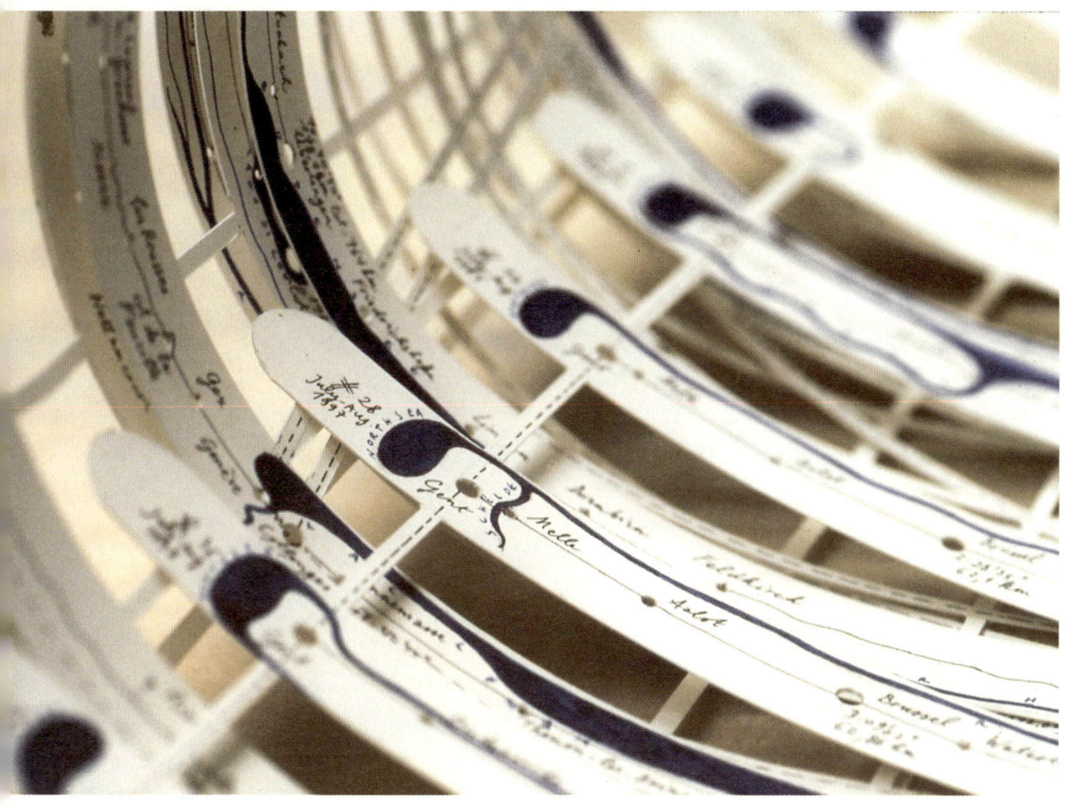

图 247

在其作品中——比如2001年的《位移地图集》，相当于是用铅笔、纸张与剪刀加工而成的某种流程表——比利时艺术家克里斯托夫·芬克将地景艺术带入了一个新方向。他的作品，就图形形态来说是即兴随机的，可以是纸面图表、陶瓷类雕塑，也可以是铁丝框架；这些形式都是映射了他漫游世界各地时那极为详尽地纪录下来的旅程。他的地志信息是如此精确细微，以至于感觉随时会消散：在他的宇宙中，没有任何空间能存在于时间之外。

图 248—249

美国艺术家凯蒂·刘易斯 2007 年的作品《201 天》，是将知觉感受反应层叠堆累。作品的视像空间是人体的抽象地图；标注了日期的针孔指示了那些生理知觉事件；红线则指出同步共时现象。从上方看，看到的结果是空间的密集堆积；从侧边看，又是各种生理活动的地层式截面。

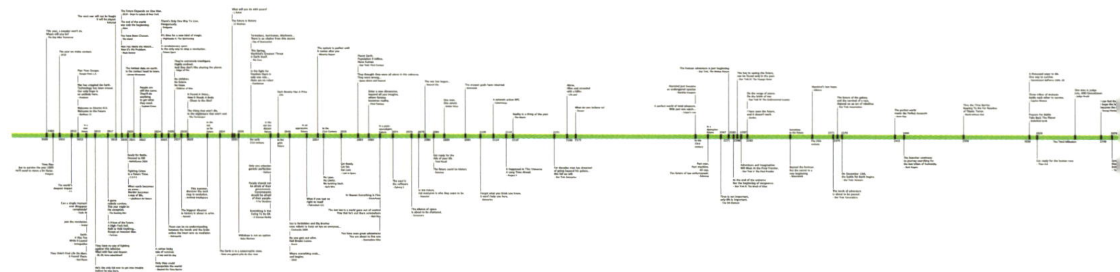

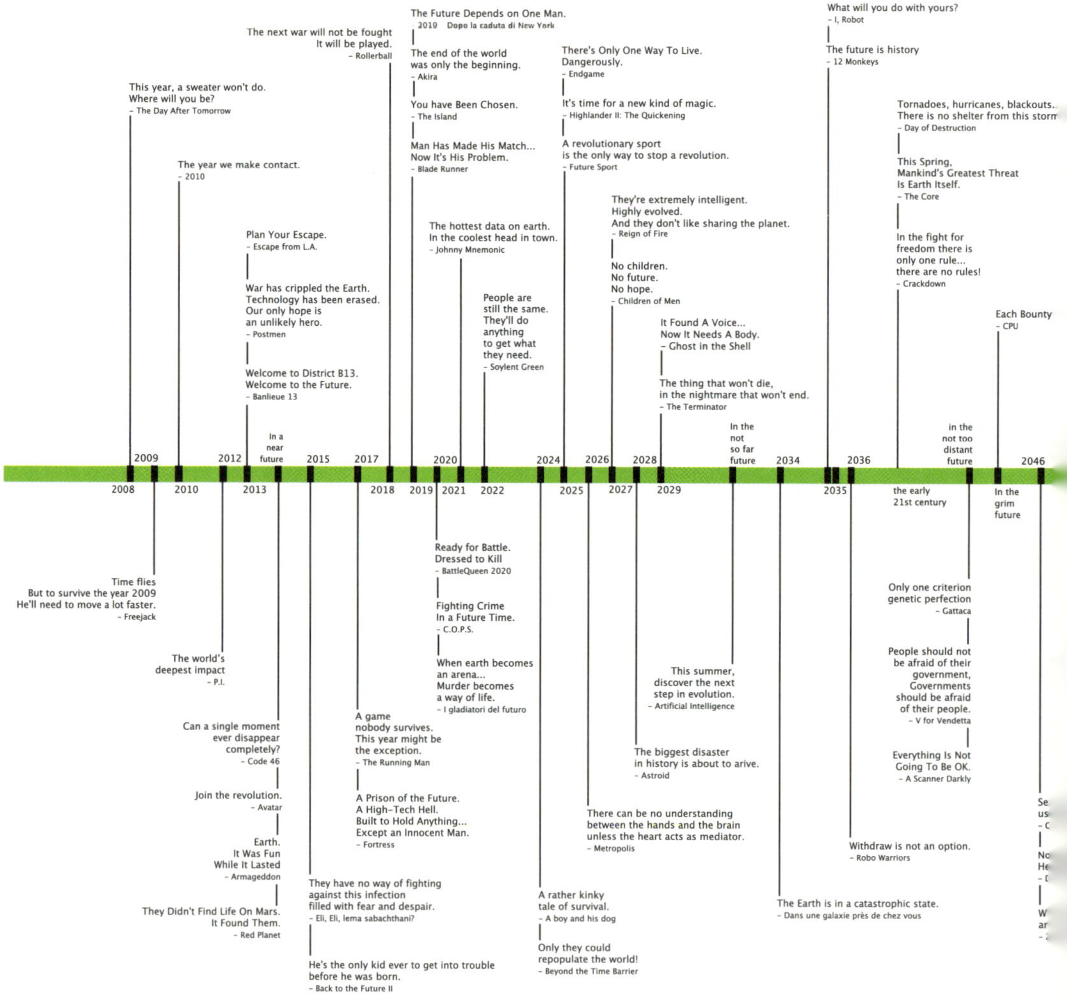

This year, a sweater won't do.
Where will you be?
- The Day After Tomorrow

The year we make contact.
- 2010

Plan Your Escape.
- Escape from L.A.

War has crippled the Earth.
Technology has been erased.
Our only hope is
an unlikely hero.
- Postmen

Welcome to District B13.
Welcome to the Future.
- Banlieue 13

The next war will not be fought
It will be played.
- Rollerball

The Future Depends on One Man.
- 2019 Dopo la caduta di New York

The end of the world
was only the beginning.
- Akira

You have Been Chosen.
- The Island

Man Has Made His Match...
Now It's His Problem.
- Blade Runner

The hottest data on earth.
In the coolest head in town.
- Johnny Mnemonic

People are
still the same.
They'll do
anything
to get what
they need.
- Soylent Green

There's Only One Way To Live.
Dangerously.
- Endgame

It's time for a new kind of magic.
- Highlander II: The Quickening

A revolutionary sport
is the only way to stop a revolution.
- Future Sport

They're extremely intelligent.
Highly evolved.
And they don't like sharing the planet.
- Reign of Fire

No children.
No future.
No hope.
- Children of Men

It Found A Voice...
Now It Needs A Body.
- Ghost in the Shell

The thing that won't die,
in the nightmare that won't end.
- The Terminator

What will you do with yours?
- I, Robot

The future is history
- 12 Monkeys

Tornadoes, hurricanes, blackouts...
There is no shelter from this storm
- Day of Destruction

This Spring,
Mankind's Greatest Threat
Is Earth Itself.
- The Core

In the fight for
freedom there is
only one rule...
there are no rules!
- Crackdown

Each Bounty
- CPU

2008 | 2009 | 2010 | 2012 | 2013 | In a near future | 2015 | 2017 | 2018 | 2019 | 2020 | 2021 | 2022 | 2024 | 2025 | 2026 | 2027 | 2028 | 2029 | In the not so far future | 2034 | 2035 | 2036 | the early 21st century | in the not too distant future | In the grim future | 2046

Time flies
But to survive the year 2009
He'll need to move a lot faster.
- Freejack

The world's
deepest impact
- P.I.

Can a single moment
ever disappear
completely?
- Code 46

Join the revolution.
- Avatar

Earth.
It Was Fun
While It Lasted
- Armageddon

They Didn't Find Life On Mars.
It Found Them.
- Red Planet

They have no way of fighting
against this infection
filled with fear and despair.
- Eli, Eli, lema sabachthani?

He's the only kid ever to get into trouble
before he was born.
- Back to the Future II

A game
nobody survives.
This year might be
the exception.
- The Running Man

A Prison of the Future.
A High-Tech Hell.
Built to Hold Anything...
Except an Innocent Man.
- Fortress

Ready for Battle.
Dressed to Kill
- BattleQueen 2020

Fighting Crime
In a Future Time.
- C.O.P.S.

When earth becomes
an arena...
Murder becomes
a way of life.
- I gladiatori del futuro

A rather kinky
tale of survival.
- A boy and his dog

Only they could
repopulate the world!
- Beyond the Time Barrier

There can be no understanding
between the hands and the brain
unless the heart acts as mediator.
- Metropolis

The biggest disaster
in history is about to arive.
- Astroid

This summer,
discover the next
step in evolution.
- Artificial Intelligence

The Earth is in a catastrophic state.
- Dans une galaxie près de chez vous

Withdraw is not an option.
- Robo Warriors

Only one criterion
genetic perfection
- Gattaca

People should not
be afraid of their
government,
Governments
should be afraid
of their people.
- V for Vendetta

Everything Is Not
Going To Be OK.
- A Scanner Darkly

Se
us
- C

No
He
- D

W
ar
- 2

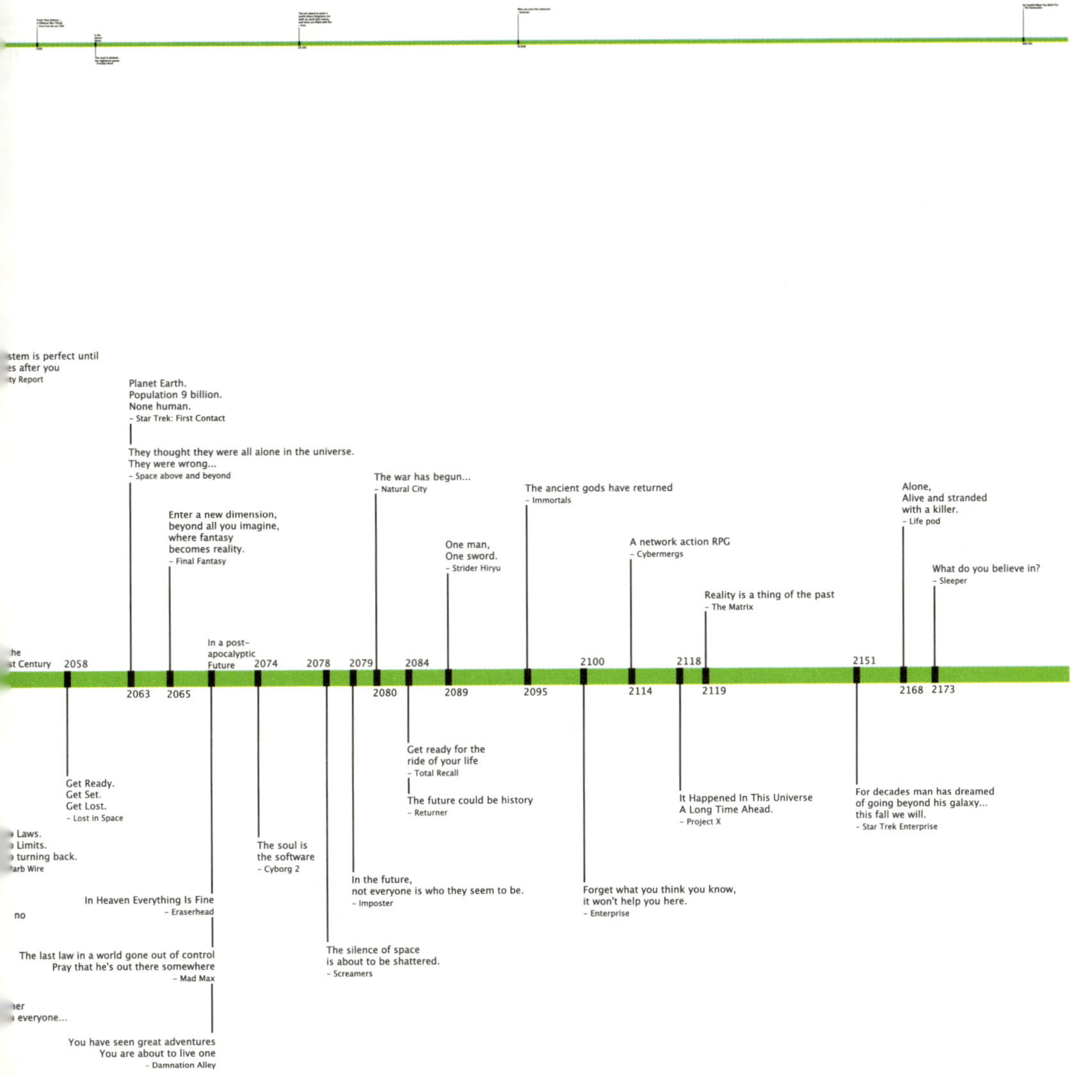

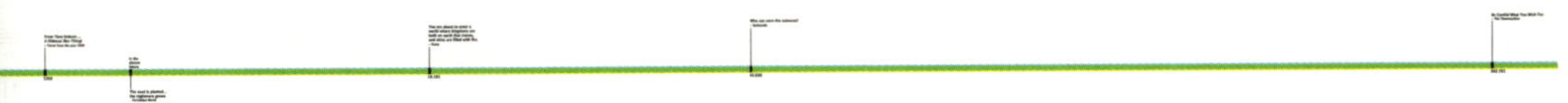

stem is perfect until
es after you
ty Report

Planet Earth.
Population 9 billion.
None human.
- Star Trek: First Contact

They thought they were all alone in the universe.
They were wrong...
- Space above and beyond

Enter a new dimension,
beyond all you imagine,
where fantasy
becomes reality.
- Final Fantasy

The war has begun...
- Natural City

One man,
One sword.
- Strider Hiryu

The ancient gods have returned
- Immortals

A network action RPG
- Cybermergs

Reality is a thing of the past
- The Matrix

Alone,
Alive and stranded
with a killer.
- Life pod

What do you believe in?
- Sleeper

he
st Century 2058 2063 2065 In a post-apocalyptic Future 2074 2078 2079 2080 2084 2089 2095 2100 2114 2118 2119 2151 2168 2173

Get Ready.
Get Set.
Get Lost.
- Lost in Space

Laws.
Limits.
turning back.
arb Wire

no

In Heaven Everything Is Fine
- Eraserhead

The last law in a world gone out of control
Pray that he's out there somewhere
- Mad Max

ner
everyone...

You have seen great adventures
You are about to live one
- Damnation Alley

The soul is
the software
- Cyborg 2

The silence of space
is about to be shattered.
- Screamers

In the future,
not everyone is who they seem to be.
- Imposter

Get ready for the
ride of your life
- Total Recall

The future could be history
- Returner

Forget what you think you know,
it won't help you here.
- Enterprise

It Happened In This Universe
A Long Time Ahead.
- Project X

For decades man has dreamed
of going beyond his galaxy...
this fall we will.
- Star Trek Enterprise

图 250

玛乔琳·迪克曼的《漫游穿越未来》，出品于2007年，既是一个录像作品，同时也呈现为一条打印出来的时间线，线上排列的是幻想与预言类的虚构作品。在这里，影片不是按照它们拍摄制作的先后顺序来排列，而是按照其故事情节所设定的未来历史时间来排序。

图 251

时间、偶然率与运气，都是中国艺术家黄永砯的作品中反复出现的主题。在其《世界地图》（2000—2007）中，标有日期的、关于未来灾难的一份年表，在一根 S 形的螺旋条带上展开，而那条状是如连续一刀削苹果般从一个地球仪上剥除而得。

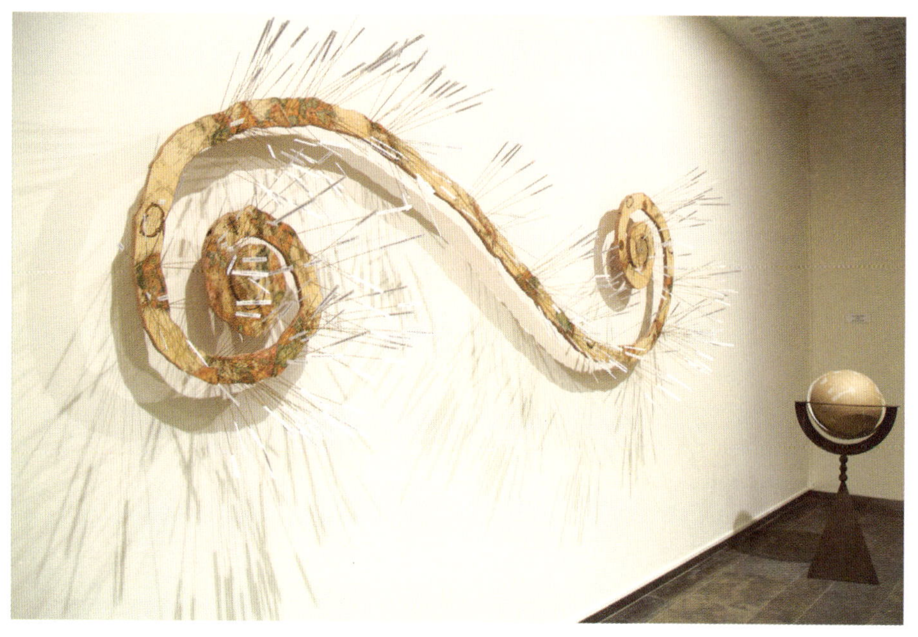

直到最近时期，时间描记在根本上来说，都还一直是学者、技术专员、业余玩家与空想家们的专有领地；这些人的角色身份：不是艺术家的历史学家；不是历史学家的设计专员；或者既非历史学家亦非图形设计师的“贤明先知”——出于这个或那个原因，他们碰巧挪用了这套图形工具。20 世纪之前的时间描记作品中，视觉效果最为有趣的那些，有很大一部分也正是来自前述这种“跨界”传统；那些趣作包括，洛伦兹·浮士德的但以理“雕像”、克里斯托夫·韦格尔的《年代纪圆盘》、佚名作者献给特拉华州长约翰·狄金森的《历史图表》、伊莉莎·斯伯丁的《新教的阶梯》，以及伊丽莎白·帕尔默·皮保迪的学生们所完成的美妙的、如像素图般的矩阵图案。

最为赏心悦目的那些年代纪图表，其中很多是出自业余爱好者之手；他们既没接受过年代学训练，也没有过专业的艺术培训。（参见图 252—253）比如，

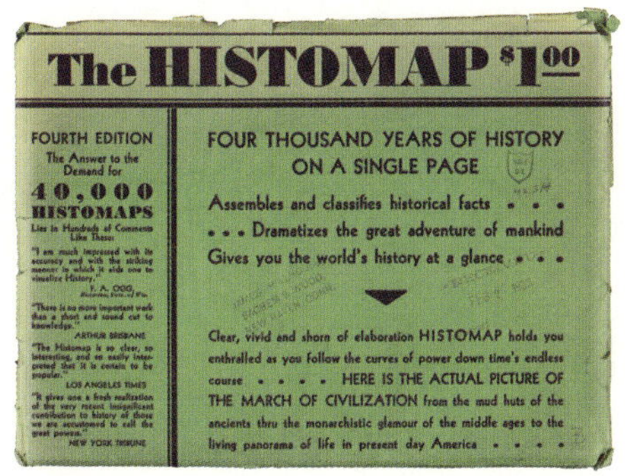

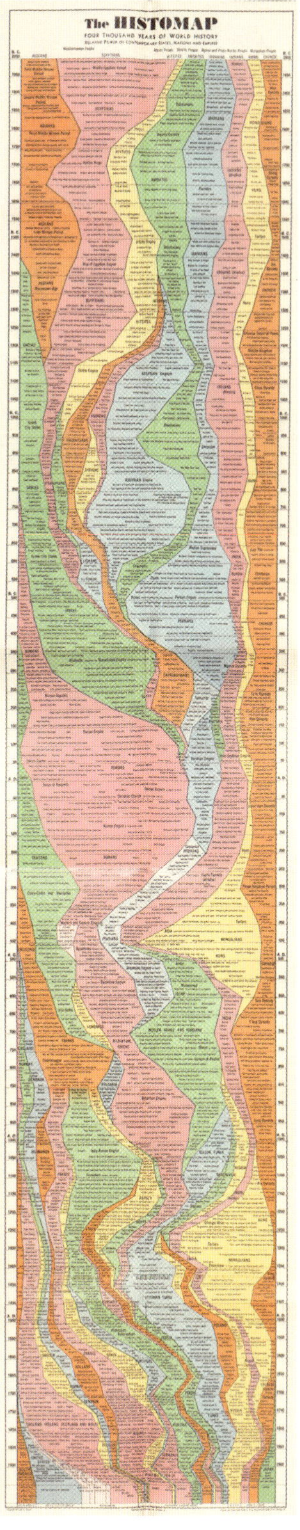

图 252—253

约翰·斯巴克斯的《历史地图》，1931 年出版于纽约

那优美的《历史地图》(*Histomap*)，自从 1931 年首次上市起，连续五十多年都是兰德·麦克纳利 (Rand McNally) 出版社的畅销之作，就并非训练有素的历史学者所创作。其作者约翰·斯巴克斯 (John Sparks) 于两次世界大战间歇期在美国任职工厂经理，那生产厂为瑞士雀巢公司所有。他是个历史爱好者，因为工作需要，他必须经常搭火车长途出差，于是总是随身带一本历史书和一个空白的便笺本。他一路读书，也在那便笺纸上随手写满了各种人名地名与日期。返家之后，他会把那些笔记裁成纸片，再贴到一份巨大的图表上，供自己参看查找之用。

1650

Recovery and rapid advance of civilisation to most brilliant period of Minoan culture brought to light by excavations of Sir Arthur Evans.

Introduction of horses. Military resources developed under King Khian who levied heavy tribute of corn from vassal states and left many monuments. Archaic period in art.

largely unknown. Large fortified city at Khatti, the present Boghaz.

Decline in art shown by pottery and seals.

AMORITES

Semitic alphabet in use on clay tablets.

Untas-Gal, Elamite King, noted for building palaces.

Elamites

Elamites press into India in search of gold and copper.

INDIANS (Hindus)

Elamite influence on Indian buildings in the Punjab.

Tungusi; Yu-chi; Niu-chi, etc.

HUNS

Shang Dynasty

Emperor Chang-Tang.

Tai-Chia.

1600

XVIIIth Dynasty. Hyksos expelled by Ahmose I with aid of army raised in Ethiopia.

Imposing palaces and temples.

Temple to the Moon-God "Sin" built at Ur.

Chinese records indicate that the Tungusi nomads were particularly active at this time, raiding the civilised communities of Northern China

Period described in the books of the Shu-King.

Cnossus again destroyed. Settled farming communities under rule of despotic monarch with luxurious court. Palaces of Aghia Triada and Phaestos.

Assur an independent city.

Hittites fight Egyptians at Megiddo.

Loss of vassal States including Assyria and Syria.

Excavations at Susa indicate well-built houses and drainage systems.

Worship of Indra

State of Kosala.

1550

Amenhotep I. Thutmose I, first King buried in the "Valley of the Tombs." Commerce with Babylon. Literary activity and compilation of the "Book of the Dead."

King Hattusil I expands Hittite territory into Syria, establishing

Decline of Kassite power and struggle for supremacy with the Assyrians.

Seals with pictographic legends carved in style equally as fine as those of Mycenaean Greece.

Probable date of the compilation of the

Ancestor worship taught by Emperor Yao.

AEGEANS

Classical Minoan art period. Cretans of this great

Late Minoan Period

B. C. 1500

comparable with Egyptians and Babylonians in development of art, architecture and sanitation, and construction of canals. Worship of the Great Earth Mother. Establishment of colonies in Sicily, South Italy and Asia Minor.

Thutmose III "Egyptian Napoleon" conquers Syria and Ethiopia. Queen Hatshepsut. Thebes (Ammon) at height of splendour.

Hittite Empire

including Phrygia and Cappadocia.

Babylonians

King Karaindash. Assyria becomes an independent Kingdom.

Pottery and other objects of art show affinity with Egyptian style.

IRANIANS

Rig-Veda, comprising over 1000 poems or hymns describing the life of the early Aryan peoples.

Tartars

Treaties were made by Chinese Emperors of the Shang Dynasty with the Hwang-nu tribes who were ancestors of the later Huns.

First written documents date from this time.

1450

Temples built at Karnak and Luxor.

Rise of Egyptian Empire

Second great art period succeeded by period of wealth and moral decline. Climax of prosperity of Empire.

Conflict with invading Greeks and fall of Cnossus. New cultural centres at Mycenae and Tyrns.

Treaty with King Tushrata of Mitani, a formidable Iranian power in the East.

Temple built to the God "Nana." Nineveh raided by the Hittites. Burnaburiash II.

King Tushrata of Mitani. Boghaz-Koi inscriptions of Kings of the Mitani show adoption of some Hindu Deities.

History of early

INDIANS (Hindus)

largely unknown.

Shang or

Yin Dynasty

Cultural centre on the Hwang-Ho. Emperor Pen-Keng.

1400

Greek tribes from North drive

AEGEANS

Mycenaean Age

Period of the Tel-el-Armana letters, clay tablets of international correspondence. Amenhotep III, luxury-loving Pharoah. Capital at Thebes. Amenhotep IV, or Ikhnaton and his Queen Nefretete. Religious movement based on "One God" idea. Tutenkhamon

Golden Age of Hittite civilisation. Sidon founded by Phoenicians. Iron mines worked on the Black Sea, and iron weapons developed

Kuri-Galzu takes Susa from the Elamites and restores the Temple to the Moon-god "Sin" at Ur. Shalmaneser I founds city of Calah or Nimrud.

Worship of the Sun-goddess Nhakhkhunte and of Lagamar, at city of Khurba-Tila.

Beginning of the Kingdom of the Maghadas. Sanskrit the national language.

CHINESE

1350

Mediterranean Cretans South. Arrival of Dorians, Ionians, Eolians and Aetolians.

Early Cretans driven into Syria. The Philistines of Gaza, Gath and Joppa, were possibly of Cretan origin.

Return to old religion. Period of revolution and disorganization.

EGYPTIANS

XIXth Dynasty. War on Hittites. Pharoah Harmhab restores order. Rameses I. Seti I, wages successful wars on Assyria, Ethiopia and Arabia.

Traditional date of exodus from Egypt. Conflict with Egypt.

HEBREWS

Moses.

Kuri-Galzu III.

Babylonia

Elamite King.

Development of the caste system

Huns

Capital transferred from Shang to Yin, and Dynasty known as Yin.

1300

Rameses II, the Great, builds many temples and palaces: Temple of Ammon and House of Rameses at Karnak. Hebrews under Moses escape Egyptian bondage. Egypt exerts imperial influence extending from Ethiopia to Thrace.

Battle of Kadesh. Joshua conquers Canaan.

HITTITES

Hittite Kingdom at height of power under Hattusil II.

Period of Book of Numbers.

Temple at Assur.

Tukulti I. under Assyrian rule.

Sutruk-Nakhkhunte destroys Babylon and carries away the Stela of Naram-Sin, also the famous code of laws of Hammurabi, from Sippara.

Brahmans or priests· Kshattriyas or warriors Vaisyas, artisans or farmers ·Sudras or non-Aryan servants

Renewed activity of the Huns.

Emperor Wu-Ting leads successful expedition against the Tartars.

1250

Close of the Imperial Era and rapid decline in Art. Egypt attacked by Lybians and loses hold on Phoenicia. Pharoah Merneptah. Pharoah Siptah. Rise of power of the Priesthood.

Fall of Troy.

Aramean centre at Damascus.

Trade and industry flourish.

Conflicts with Hittites.

Assur-nazir-pal. Tukulti II. Assur-dan I.

Babylonians

IVth Dynasty.

Zenith of

Chinese Imperial Power

with seventeen hundred small feudal states under the sovereignty of the "Emperor of the

1200

GREEKS

Breakup of Mycenaean civilisation, but the Greeks carry on the Minoan and Egyptian cultures.

Seti II. XXth Dynasty. Rameses III. Decay of the Empire. Further attacks by Lybians. Invasion by Cretans driven from Greece. Rameses V Final dissolution of Empire in wars with Cretans and Arameans. Rameses X. Priests of Ammon in power.

Commercial activity. Chief city Carchemish.

Sea power developed. Period of Book of Judges.

Assyrians absorb the Babylonian culture, but cultivate active worship of War-god Assur, and extend their territory by conquest.

Dynasty. Adad Shum-User restores Babylonian rule.

Great building period in Elam.

Period described in the Mahabharata, epic of the heroic age.

Middle Kingdom

Shang Dynasty ends with tyranny of Emperor Chou-sin, who imprisons Won-wang for protesting.

1150

Worship of Zeus and Demeter.

Hittite Empire

Gades or Cadiz founded. Worship of Moloch, Baal and Ishtar (Astarte).

Conflicts with Philistines (Cretans). Samson.

Commerce with Phoenicia.

Capital transferred to Assur.

ASSYRIAN Kingdom

Empire extended by Tiglathpileser I. War against Hittites.

Nebuchadnezzar I.

Bel-Nadin-Pal.

An early Iranian Empire centered in Bactria.

Cliff Temples excavated in Rock.

Raids by the "Dog Barbarians.

Won-wang writes the I-King, or "Canon of Changes." Chou-sin deposed by Wu-wang son of Won-wang, who became first Emperor of the

1100

Probable date of Homer's Iliad, history of the siege of Troy, and of the Odyssey, story of Ulysses.

Rameses XII. XXIst Dynasty. Period of decadence and decline. Daughter of Pharoah married to King David.

Invasion by Assyrians. Aramean language developed.

Prophet Samuel appoints Saul King.

Temporary defeat by Babylonians under Marduk-nadin. Contact with Egypt. Architecture and sculpture indicate advanced civilisation.

Marduk-Nadin. VIth "Dynasty of the Sea-Coast." Simbar-Sipak.

Earliest period described in the Epic Poem the Shah-nameh.

INDIANS (Hindus)

Laws of Manu.

Hiung-nu or Huns defeated by Chinese Emperor Mu-wang.

Chou Dynasty

Chou-kung. Decline of imperial power, and development of new feudal system or confederacy of States.

1050

End of Hittite Empire.

Extensive Phoenician colonization and rivalry with Greek colonization.

Period of Book of Kings. David.

Cuneiform records kept. Development of iron weapons and use of horses and mechanical appliances in war, but

VIth Dynasty of Bit-Bazi. Ulmas-Sakin-Sumi. VIIth Dynasty. An Elamite King. VIIIth Dynasty. Nebo-Kin-Abli.

Priests obtain supremacy over Nobles. Tribal and territorial chieftains give place to larger States and Kingdoms.

B. C. 1000

Ethiopia gains independence as Kingdom of Meroe.

HEBREWS

Greek City States

Queen of Sheba

Egypt in power of Lybians.

Hebrew Cush or modern Abyssinia.

Tyre at height of prosperity under King Hiram. Phoenicians trade with Greece and Egypt.

Solomon builds the Temple. Revolution and division of Kingdom into Judah and Israel. Civil war.

Assyrians held temporarily at bay by Phoenicians, Arameans and Hebrews.

Babylonians

Babylon now the centre of the Eastern world of commerce.

Probable date of the prophet Zoroaster

Emperor Mu-wang wars successfully against "Dog Barbarians" or Huns, and extends the western boundary of the empire.

Intermixing of Tartars with Chinese undermines the Imperial authority.

950

Greek alphabet compiled.

XXIInd Dynasty. Sheshonk I (Shishak) plunders Jerusalem.

Worship of God Amen.

PHOENICIANS

Invention of alphabet now used by all western civilisations. Ethbaal, High priest of Astarte, seizes crown. Disorder and civil war. Conflicts with Greeks. Carthage founded.

Aramean Kingdom of Syria

Palaces, temples and other large buildings erected at Calah by King Assur-nazir-pal III. Shalmaneser II wars successfully against Hebrews, Phoenicians and other peoples of Syria. Further development of war implements, chariots, battering rams, and other weapons. Assyrians develop system of Provincial (military) government.

Temple of Bel-Merodach recognised as spiritual centre of the East. King Samas-Mudammiq. King Merodach-Nadin-Sumi. King Nebo-Sum-Iskun.

Zoroaster

and King Gushtasp (Vishtaspa). The "Gathas" composed.

Idea of Brahma and system of Brahmanism developed.

Building inscriptions indicate that Dravidian sea-going merchants brought a Semitic alphabet from Babylon about this time.

Capital at Hao.

900

Lycurgus, Law-giver of Sparta

Civil war. Moral and economic decline.

Arabia under Ethiopian rule

Damascus aids Judah against Israel. Ahab. Jezebel.

"Book of Odes" compiled describing warfare against the Huns or Hien-yun.

850

Theogony of Hesiod, poems of Greek mythology.

Pharoah Takelot II.

ETHIOPIANS

Phoenician alphabet spread through the near East.

SYRIANS

Benhadad, King of Syria, besieges Samaria. Hazael of Damascus invades Palestine. Damascus taken by Assyrians.

Elijah. Jehu. Elisha.

ASSYRIAN Empire

Extension of Empire with development of wealth and art. Fine sculptures of lions and bulls representing animal ferocity.

Great literary activity.

Period of the Ramayana, epic poem describing the advance of the Aryans.

HUNS

Emperor Suan-wang. Age of the Feudal States all in allegiance to the Emperor of the Royal State.

800

GREEKS

First Olympiad (B.C. 776) marks beginning of Greek history.

Pharoah Sheshonk III. Worship of Cat-goddess and the Apis Bull.

Ethiopian kingdom of Napata or Meroe. Ethiopian culture derived from Egypt.

Revolts at Assur and Arbela suppressed. Nabu-nazir deposed by Tiglathpileser III who establishes the second Assyrian Empire. Conquered provinces organised under central government.

Damascus and Babylon captured by Hadad-Nirari son of Semiramis. and dominates the Western World.

Assyrian protectorate over Babylonia.

King Umbadara, of Elam. Elamites assist

Oppressive government of Emperor Yu-wang. Eclipse of sun recorded 776 B.C. in his reign.

750

Oligarchic government. Rome founded (legend). The nine Archons in Athens. Military rule developed in Sparta.

Pharoah Sheshonk IV. Egypt conquered by Ethiopians.

Carthage, Sidon and Tyre now tributary to Assyrians and Chaldeans.

Civil war. Amos. Hosea. Isaiah. Ten Tribes dispersed.

High-roads of commerce, including Phoenician seaports under Assyrian control. Israelites defeated, and tribute obtained from Judah. Revolt in Babylonia suppressed. Nineveh at zenith of splendour. Shalmaneser IV succeeded by Sargon II. Palace built at Dur Sharakin.

End of Old Babylonian Empire.

Babylonians against Assyrians but combined forces are defeated by Sargon II at battle of Kis. Elam devastated and Susa destroyed by the Assyrians.

The "Brahmanas." Further development of Indian Philosophy.

Huns

The five principal states alternate in leadership. Frequent civil war but relatively high state of civilisation. Much literature produced during

700

Etruscan pottery shows high degree of culture.

Five Ephors elected rulers.

Greeks known as Hellenes. Intellectual awakening.

Esarhadden of Assyria overthrows Ethiopian rule. Egypt independent under Psamtik I of the XXVIth Dynasty. Revival of old splendour and introduction of Greek ideas.

King Tandamane

Sennacherib shocks Asia by destroying the Holy City of Babylon. Essarhaddon restores temple of Bel-Merodach in Babylon which becomes second capital. Assur-bani-pal suppresses revolt of Babylonia. Babylon independent. Book of Chronicles. Great Library of many thousand clay tablets collected at Nineveh.

Nabonassar. Kaldi or Chaldeans become ruling caste. Growth of

Early Upanishads, philosophical poems, compiled. Jain religion developed

scientific works foreshadowing discoveries of modern science. Fine works of art include sacrificial bronze vessels with philosophical inscriptions.

650

Draco's Code of Laws. Oracle at Delphi. Sappho.

Gyges of Lydia assists Egypt against Assyria

Decline of agriculture and industry as all efforts directed to military conquest and control. Revolt of discontented peoples. Invasion by Medes. Nineveh

Chaldean power. Nebuchadnezzar defeats Assyrians. Egyptians and Syrians at Carchemish. Jerusalem destroyed. Jews taken into captivity.

Median Supremacy

under King Phraortes. Mazdaism (Dualism) developed by the Zoroastrians. Cyaxares, Median King of Persia and Armenia, allied with Babylonia, captures Nineveh and destroys Assyrian Empire.

Mahavira.

INDIA

Lao-Tse philosopher, teaches system of ethical behaviour termed Taoism.

Etruscan Kings in power in Umbria and Tuscany. Latins in South Italy.

Greek City States

Solons constitution of Athens foreshadows democracy. Greek colonies established on coasts of Africa and Asia Minor. Thales (philosopher). Pisistratus, Wise Tyrant.

600

Pharaoh Necho defeats Judah at Megiddo, but is defeated by Chaldeans at Carchemish.

LYDIANS

Lydian Empire includes Ionian Greeks. Capital at Sardis. King Croesus of fabulous wealth defeated by Cyrus of Persia

Josiah. Jeremiah. Captivity

Phoenicia destroyed by the Medes. Phoenicia a Persian Province allied with Chaldeans.

Chaldeans

Babylon at zenith of splendour. "Gilgamesh Epic" collected on tablets. Great building period.

Astyages, last Median King deposed by Cyrus, the Persian. Magians.

Cyrus founds Persian Empire including all Iranians previously subject to the Medes.

Prince Siddartha, later called

Buddha

teaches at Benares. Bimbisara, King of Magadha.

Emperor Ling-wang.

Confucius

sage and law-giver, on whose teaching all religion, customs and political life of China are founded.

550

Legendary Tarquin Kings expelled.

Thespis (dramatic poet) Pythagores (mathematician). Rise of Greek art, philosophy, literature and science.

Constitution of Clisthenes confers Athenian citizenship on all free inhabitants of Athens. Themistocles builds Greek fleet.

Ahmose II. Psamtik III defeated by Cambyses.

Jews rebuild Temple. Subject to Persians.

Nabonidus. Belshazzar defeated by Cyrus. End of Chaldean Empire

also Armenians and Cappadocians. Cyrus defeats the Lydians, captures King Croesus and annexes his territory, also Ionian Greek cities. Babylon captured and Chaldean Empire destroyed. Gambyses conquers Egypt. Zoroastrian "Avesta" compiled.

B. C. 500

Roman Republic

Battle of Marathon in which Greeks under Miltiades defeat Persians. Aristides establishes Delian League. Pindar.

GREEKS

Egypt a Persian

Voyage of Hanno

Darius quells rebellions and consolidates the Persian Empire extending from the Hellespont to the Indus. Susa again the Royal Residence. Records of Rock of Behistun. Greek revolt crushed but Persians later defeated at Marathon. Xerxes defeats Greeks under Spartan Leonidas at Thermopylae.

Darius puts the Punjab under

Period of wars and anarchy, but growth of philosophical

解释自己的作品时，斯巴克斯提到了哲学家阿尔弗雷德·诺斯·怀特海德（Alfred North Whitehead）与赫伯特·斯宾塞（Herbert Spencer）带给他的影响。从前者那里，他汲取了这一理念，也即图形法能提供一种手段，将量的与质的学习研究整合为一体。从后者那里，他接受了这一信念，也即就管理、整理信息而言，现代的生活需要人们付出甚至更为艰苦的努力。斯宾塞写过，“一个人，当他的知识还未井井有条之际，他获取的知识越多，他的思维混乱可能就越严重。”斯巴克斯的自产自用的图表，别的什么人或许也会感兴趣——这样一个设想带来的是一个惊喜，正如图表的印刷版本所达到的那强烈的视觉效果一样令人惊喜。一旦对图表有了自己的高品位，斯巴克斯就从未失去这品位。最终，他还绘制了其他主题的新图表，其中两份也得以公开出版，一个是《宗教历史地图》（*Histomap of Religion*），另一个甚至更具抱负更有想法，题为《进化演变历史地图：一百亿年的地球、生命与人类》（*Histomap of Evolution: Earth, Life and Mankind for Ten Thousand Million Years*）。

20世纪30年代，自命为“非一般历史学家”的卡尔顿·布朗（Carleton Brown），也对制图颇为狂迷。（参见图254）美国历史学会，当时正印制自然史博物学家约翰·詹姆斯·奥杜邦（John James Audubon）出品于1840年的《美国禽鸟》（*Birds of America*）的再版复制品，色彩生动丰富又华丽。承蒙该学会的赞助，布朗开始绘制一个巨型系列的年代纪；该系列的这些年表互相连接，覆盖全部的世界历史，总称为《历史大检阅》（*History on Parade*）。按最初设想，这是一个永不会结束的图表系列；此作长一百英尺，高五英尺，甚至可让巴尔贝–杜伯格的《万国年表》也相形见绌。但是，布朗的这个庞大壮观的系列，当真曾得以正式出版的，似乎只有其中的一份图表，孤零零的九号图表，涵盖范围是19世纪。至少，这是寻遍美国的图书馆所能发现的、留下踪迹的其中唯一一份。在布朗这里，按其雄心，一切都汇聚集中到一起：学术上的目标；业余爱好者的追求；一位非发明家发明的富于创新特色的图形图样；以及一个百科全书式伟大作品的执迷创想——可惜终未实现。在他这里，那时间图表中有公元前以色列的国王亚哈，有铁塔设计师艾菲尔，也有诗人奥格登·拉什（Ogden Nash），这些全都集成于一体。

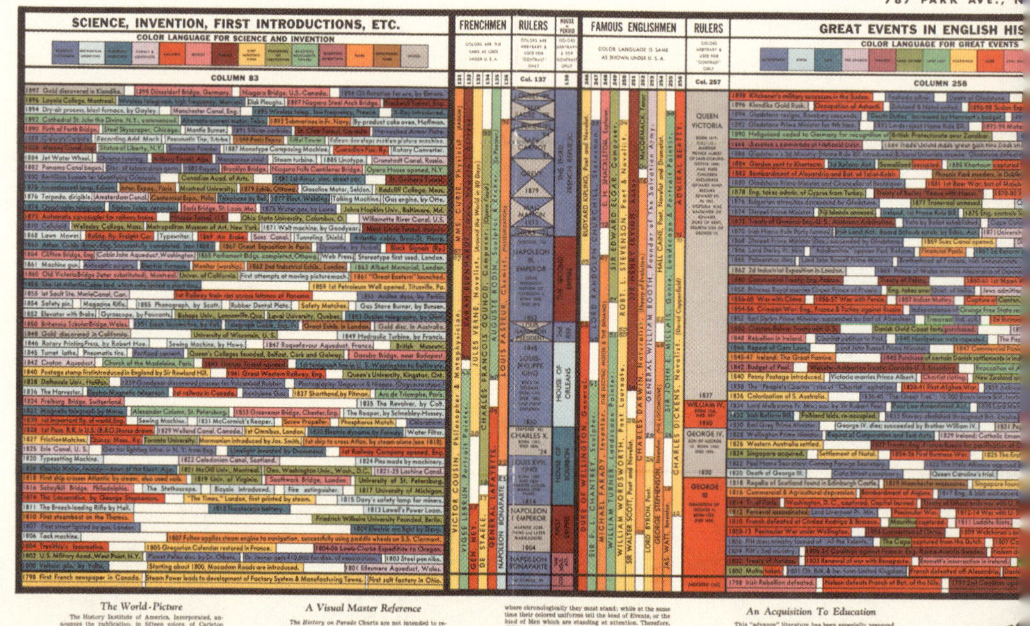

图 254

卡尔顿·布朗的《历史大检阅》九号图表中的表格与诗篇，1936 年出版于纽约

CARLETON BROWN

s over one hundred feet long and five feet high and took six years to
rms," and chronologically registered to a "Yardstick of Time." The huge
ion has its own chart which can be obtained separately. The History on
Indispensable to the home — the school — the college — the institution.

F AMERICA, INC.

Y. PHONE: RHINELANDER 4-1548

Published by
History Institute of America, Inc.
Lithographed by
The United States Printing & Lithograph Co.

RADE

PRESENT

ENCE
STUDY

signed from the standpoint that both young and old can easily and quickly grasp the unwinding of this most complicated story of mankind which we call "History." The main function of the charts is that they take the very complicated story and reduce it to *authentic facts* and lay out all the facts so that they are relative as between themselves and also relative to a chronological yardstick. In other words, they turn the most complicated story into a *true picture*, and thereby enable both young and old to *see* what actually *did* happen.

The first glance at one of the large color charts gives the impression that the vast number of horizontal and vertical colored frames is somewhat of a bewildering spectacle, but when the reader has paused to examine the meaning, then the whole thing actually becomes a matter of simplicity and is extremely easy to grasp. Even children seven years old quickly understand the manner in which the "Great Events" are registered to an "historical yardstick," and the meaning of the colors—that blue means the State; mauve, the Church; scarlet, the Wars; and so on.

The color *classifies* and *intensifies* the meaning of the formerly uncontrasted black type and vividly drives home "the message" to a higher degree of perfection than has been heretofore obtainable, and which is a great advancement both in the art of printing and also in the visual presentation of facts.

"Seeing is Believing"

The charts, though scientifically laid out, are very simple to understand. The horizontal and vertical colored panels are faithfully registered to a yardstick, and as the system is visual there is no technical difficulty involved in understanding it. In view of which, the *History on Parade* charts not only afford an indispensable acquisition to the college and institutions, but their self-apparent utility makes them equally valuable in the home and in the school. Even the elementary schools can utilize them to great advantage, for there is nothing like a pictorial or visual system to impress the *young* minds which are developing.

Each Chart a Standard Size

Before outlining the color applications used throughout the system, we will first confine our attention to the actual layout of the *History on Parade* charts. Each chart is 45 inches wide and 65 inches deep. They can be (1) hung on the wall, (2) examined on a table, (3) folded and clipped into a four-ring binder, or (4) folded and housed in a portfolio. Each chart, irrespective of its subject, commences at the bottom with the horizontal year-line A. D. 1400 and continues up to the top or 1936. A clearly defined scale or "historical yardstick" marks off these 536 years of World History, and without one exception all the Great Events or Famous Men, etc., are accurately "registered" or recorded on the exact year-line to which they belong. In this manner, the History of the World is scientifically laid out and accurately registered in strict conformity to an historical time-scale, with the result that a *true comparative or relative picture* of World History is obtained.

When all the charts are hung side by side, they perfectly coincide or dovetail, because each chart travels to the same historical yardstick of time, and when so hung, the charts form one colossal picture which is over 100 feet long and the eye can take any particular year and "sweep" the entire history of the world in that year. The work may be described as *Historical Relativity*. The *History on Parade* charts have well over 100 uses, and their greatest use lies in the fact that "*they orient you truthfully*."

Orientation of Facts

Life is a matter of *orientation*. We cannot think; we cannot move; we cannot *understand*, until we have oriented ourselves, and the better we orient ourselves, the better will we understand the complications of Life.

The history of one person's entire life is a complicated story. He must orient you carefully or you will not understand it. The History of the Nations and of man's progress is quite the most complicated story in the world, hence, in order to get an insight into that most complicated of all stories, the matter of *orientation becomes paramount*.

Notwithstanding that the libraries of the world contain tens of thousands of books covering the histories of the nations, yet I maintain that all of these books put together still fail to orient you regarding the true *comparative* picture of man's progress. I maintain that no black and white printed page will ever be able to convey to the mind a scientifically true picture of man's progress

(Continued on Other Side)

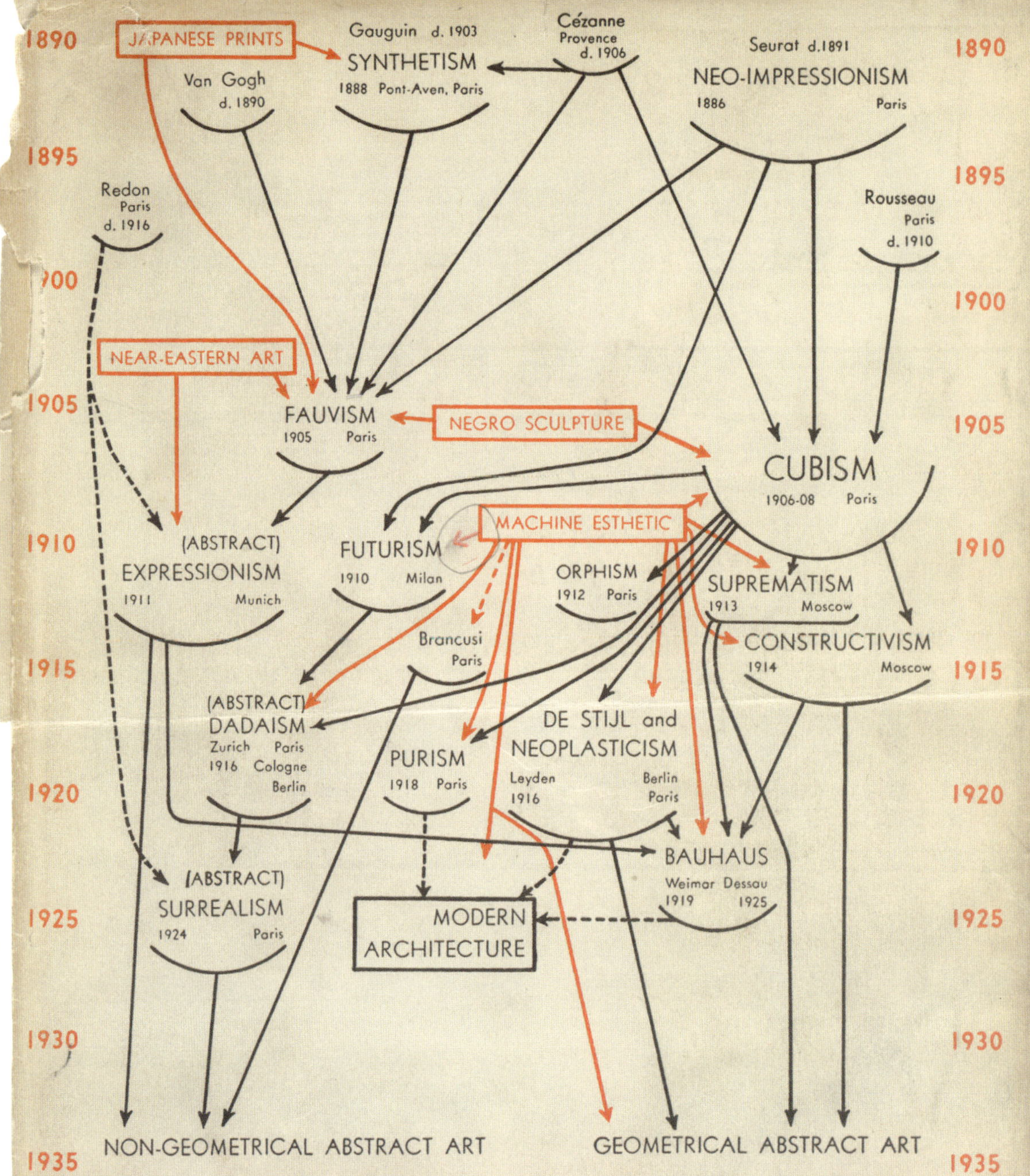
1890
JAPANESE PRINTS
Gauguin d. 1903
SYNTHETISM
1888 Pont-Aven, Paris
Van Gogh
d. 1890
Cézanne
Provence
d. 1906
Seurat d.1891
NEO-IMPRESSIONISM
1886 Paris
1895
Redon
Paris
d. 1916
Rousseau
Paris
d. 1910
1900
NEAR-EASTERN ART
1905
FAUVISM
1905 Paris
NEGRO SCULPTURE
CUBISM
1906-08 Paris
MACHINE ESTHETIC
1910
(ABSTRACT)
EXPRESSIONISM
1911 Munich
FUTURISM
1910 Milan
ORPHISM
1912 Paris
SUPREMATISM
1913 Moscow
CONSTRUCTIVISM
1914 Moscow
1915
Brancusi
Paris
(ABSTRACT)
DADAISM
Zurich Paris
1916 Cologne
Berlin
DE STIJL and
NEOPLASTICISM
Leyden Berlin
1916 Paris
PURISM
1918 Paris
1920
BAUHAUS
Weimar Dessau
1919 1925
(ABSTRACT)
SURREALISM
1924 Paris
MODERN
ARCHITECTURE
1925
1930
NON-GEOMETRICAL ABSTRACT ART
GEOMETRICAL ABSTRACT ART
1935

CUBISM AND ABSTRACT ART

20世纪30年代期间，年代纪也开始渗透影响到艺术本身的领地。（参见图255）1936年，纽约现代艺术博物馆的偕同创始人与馆长小阿尔弗雷德·巴尔（Alfred H. Barr Jr.），出版了他那本影响力巨大的《立体主义与抽象艺术》（*Cubism and Abstract Art*）；这是伴随那与书同名的一场展览一起推出。该展览在多重意义上都值得特别关注：它标志着很多现代主义的开先河之作第一次在美国展出；它凸显和有力论证了立体主义在现代派发展中所起的角色作用；它也启动和宣告了聚焦于现代派艺术不同侧面的一系列后续展览——正是这些展览帮助定义了纽约现代艺术博物馆的使命。而且，美国的所有艺术展中，它也是第一个提供了关于欧洲现代主义的综合全面的景观，并且这景观是置于一种自觉自知的历史情境中。它标志着一道分水岭，不仅是20世纪现代主义历史中的分水岭，也是有关现代派运动的历史编纂学的分水岭。

那场展览中还呈示了艺术影响、源流关系的一幅示意简图；该图后来被印在巴尔那本书的封面上；简图以艺术化的、简约又经济的方式凸显了这场展览内在的生成逻辑、潜在的理由。而前述的所谓分水岭，没有别的任何地方能比在此简图中表现得更明显。在图中，立体主义是作为艺术史中一个根本性的转变而出现。在立体主义的上方，排列出的是19世纪一些重要艺术家的名字，包括雷东、梵高、高更、塞尚、修拉与卢梭；按巴尔的见解，对立体主义以及与之紧密相关联的其他艺术运动，这些人的作品带来的影响最大。巴尔构建出的艺术宗谱关系并不清晰简明——自始自终，关于现代艺术领域中基本的构成特质，也即几何化的抽象趋势与一体有机化的趋向，他都坚持这两种特质之间的张力关系——但他的图解强有力地论证了对现代主义进行历史化阐述的重要意义，还有，从年代纪的专门角度来理解艺术的发展阶段所具有的重要意义。

图255

小阿尔弗雷德·巴尔，“立体主义与抽象艺术”专题展览目录手册的封面，1936年纽约现代艺术博物馆出版，平版印刷，彩色，$7^3/_4 \times 10^1/_4$英寸

小阿尔弗雷德·巴尔文件存档，3.c.4.，现代艺术博物馆档案库，纽约（MA208）

存档地点：美国纽约现代艺术博物馆

图片：数字图像 © 现代艺术博物馆 /SCALA 授权 / 纽约艺术资源

图像编号：ART164117

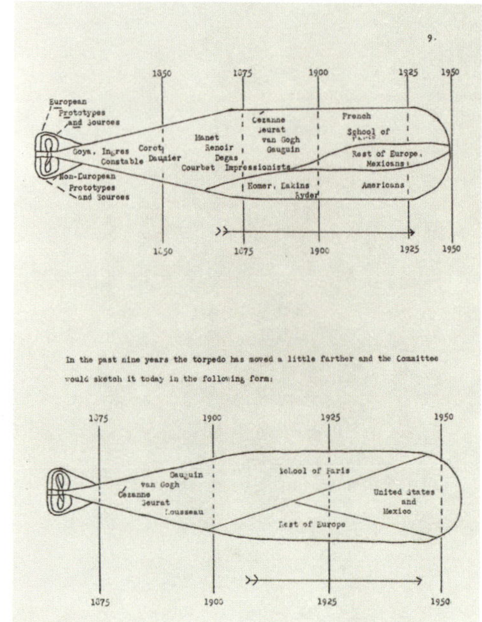

图 256

小阿尔弗雷德·巴尔的这些“鱼雷”图表，是对纽约现代艺术博物馆永久藏品的理想化设定；这里分别呈现了1933年（图中顶部）与1941年（图中下部）的前移推进位置。由巴尔为“博物馆藏品顾问委员会报告”而绘制，出品于1941年。

小阿尔弗雷德·巴尔文件存档，9a.15，现代艺术博物馆档案库，纽约（MA70）

存档地点：美国纽约现代艺术博物馆

图片：数字图像 © 现代艺术博物馆 /SCALA 授权 / 纽约艺术资源。

图像编号：ART166227

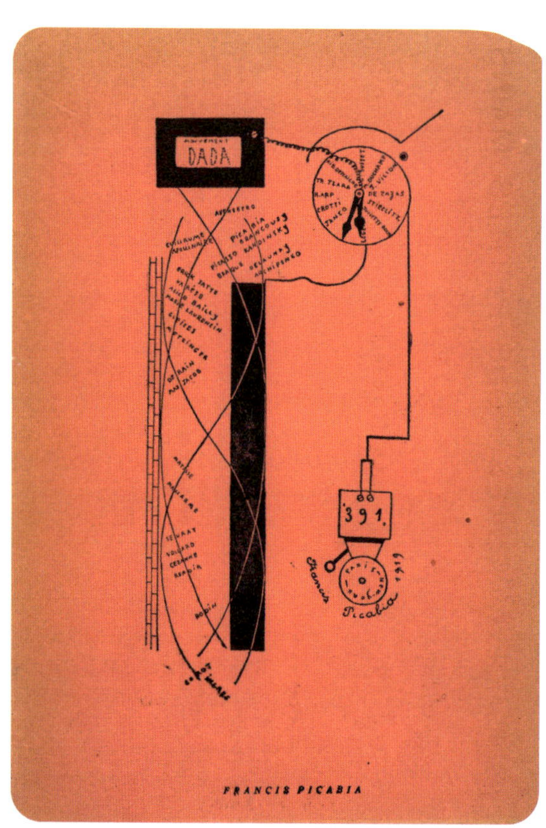

图 257

皮卡比亚的无题图示，出自1919年的《达达》杂志关于艺术中的视觉形式与历史之间的关系，巴尔在其他作品中也探讨过。（参见图256）20世纪30年代与40年代期间，在博物馆谋划和拟定展品收藏策略的内部文件中，他用过另一种时间表来表述。在那些备忘行文中，他将现代艺术博物馆的藏品描绘成一枚鱼雷（尾部还配备着有助于理解的螺旋桨推进器），从时间中穿行移动。巴尔提议，将来，现代的边界将会逐渐前移，随着这进程，各种作品也会（失去现代性）被留在身后；这些作品然后就可以捐给纽约的大都会艺术博物馆，被重新安置在更长的一个艺术史的语境中。这鱼雷图，尽管画得很粗略，但比起《立体主义与抽象艺术》的封面图表，其风格特征之鲜明度，实际上丝毫不逊色；就为现代艺术历史中一个连贯一致的、有指向性的运动提供论证支持而言，这鱼雷图的说服力，实际上比那封面图表也一点不弱。

某种意义上，巴尔的图表，与他在20年代于普林斯顿和哈佛大学教授艺术史课程时所制作的那些相比，并无巨大差别。但是，这些熟悉的技巧手法，他应用在现代艺术博物馆，就有了异样的内涵，引人注目沉思：巴尔将时间线本身呈现为一件现代主义风格的小作品，他以此提示的，是学术实践与艺术实践之间的一种新的联盟关系。而且，他在图表中还将谱系承续与年代纪的元素结合在一起，重申和回应了有机化与几何化之间的那种对立又彼此依存的张力关系，而那场立体主义的展览正是围绕这一关系来组织的。

在巴尔之前，也有过几位艺术家，对艺术史图表的艺术潜力曾作出了一些探索尝试。（参见图257）20世纪20年代期间，法国－古巴混血的艺术家弗朗西斯·皮卡比亚（Francis Picabia，1879—1953）正致力于主编达达派杂志《391》，还未转向超现实主义；他那时对技术图表的视觉语言进行过实验。有几次，皮卡比亚甚至直接照抄了杂志和说明书里发现的几幅技术图解。其他作品中，他则自己绘制一些不无玩闹色彩的图形，比如1919年发表在《达达》杂志上的关于现代艺术的一个无题图示插画。

皮卡比亚为《达达》绘制的图解，确切来说并非年代纪图表。图中所描绘的关系，是联想性质的，是基于主题的关联，也缺乏一个均匀的量度比例。不过，就其图形元素的选择和名字的排列形式来说，皮卡比亚是自觉地汲取了年代纪的视觉语汇。这里所描述的关系，还是体现出年代次序属性：这些名字排列有序；最早的群组，包括了安格尔、柯罗、塞尚和罗丹，被置于底部；而最近期的群组，包括了布拉克、阿尔普、杜尚和查拉，则布局在环绕一个钟面的圆圈中，被置于图示的顶部——看似仿佛一只闹钟或一枚炸弹的构成部件。只是，这个图像的解读要依赖于观看者去识别和提取那暗含的关系，去在这作品中看出一个仿佛类同于年表的结构。在皮卡比亚的这个图像中，年代纪的姿态迹象仍然非常含蓄；还要再过数十年，艺术家们才会开始更平常地将年代纪设置为主题素材。

巴尔 1936 年的图表，不仅影响深远，而且有着表征指示意义；它说明了，对现代艺术的自我定义、自我意识而言，艺术史与策展管理人员的作为所体现出的重要性在不断增加。图表含蓄地指向了艺术与平面（图形）设计之间的关系，而这种关系对博物馆举办的那一展览项目有着核心般的重要性。图表也再次提出了这个问题，如何处理或穿越艺术与非艺术之间的界线，而这正是达达主义曾大声疾呼、热烈讨论的议题。

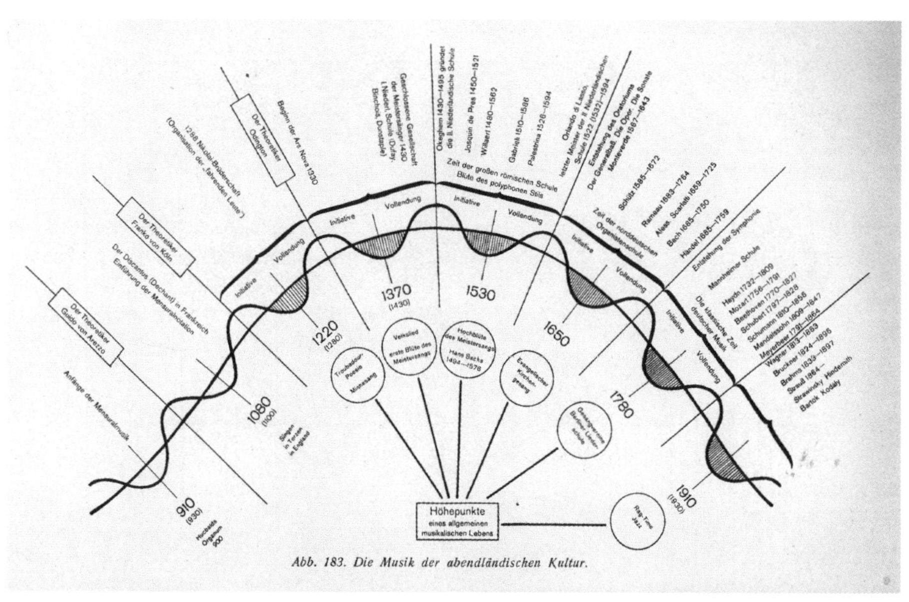

Abb. 183. Die Musik der abendländischen Kultur.

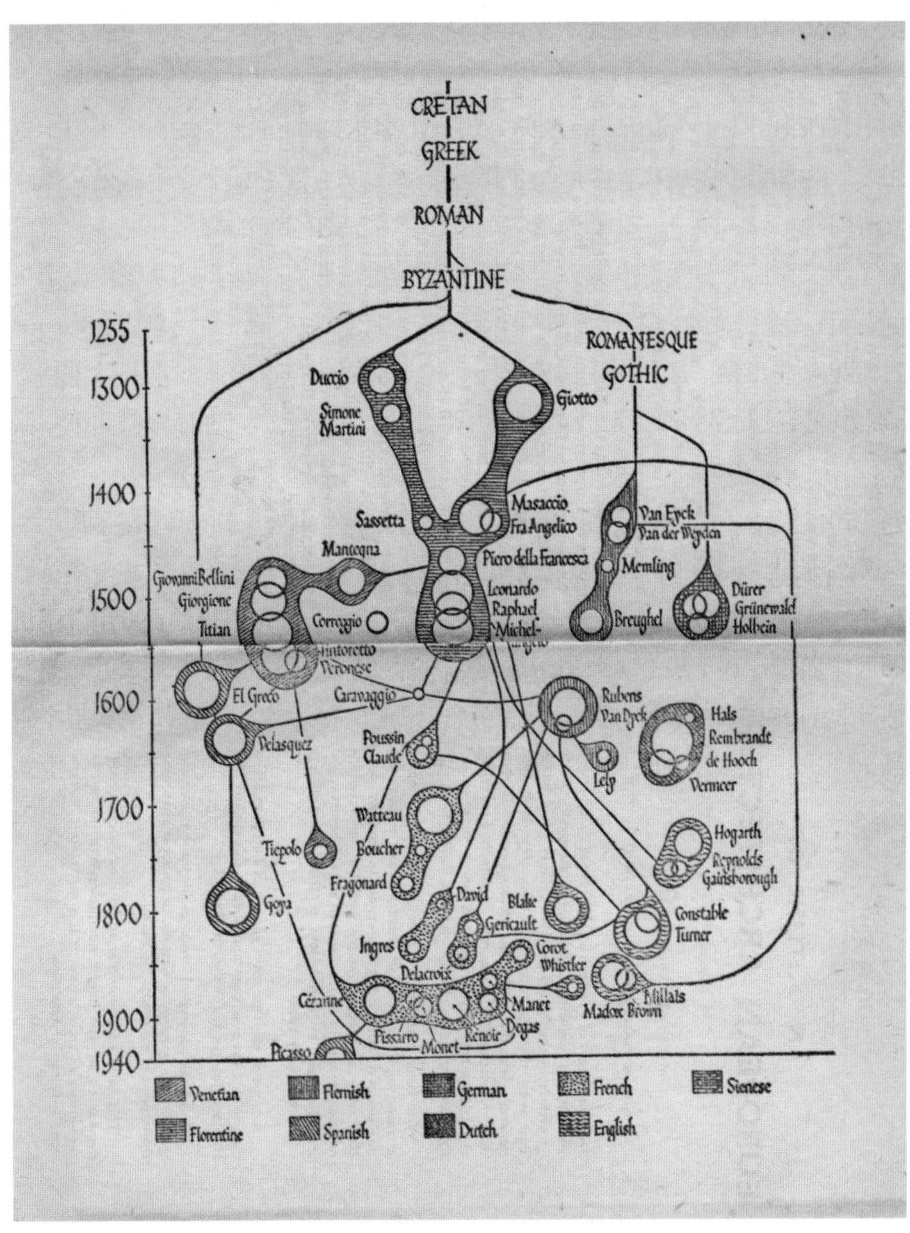

图 258（对页）

保罗·里盖蒂用以呈现艺术史的波浪形图表，出自《走出混乱之路：从艺术发展的节奏来阐述世界历史》，1931 年出版于慕尼黑

图 259

埃里克·牛顿的艺术史图表，出自《欧洲绘画与雕塑》，1941 年出版于伦敦附近的哈蒙兹沃斯

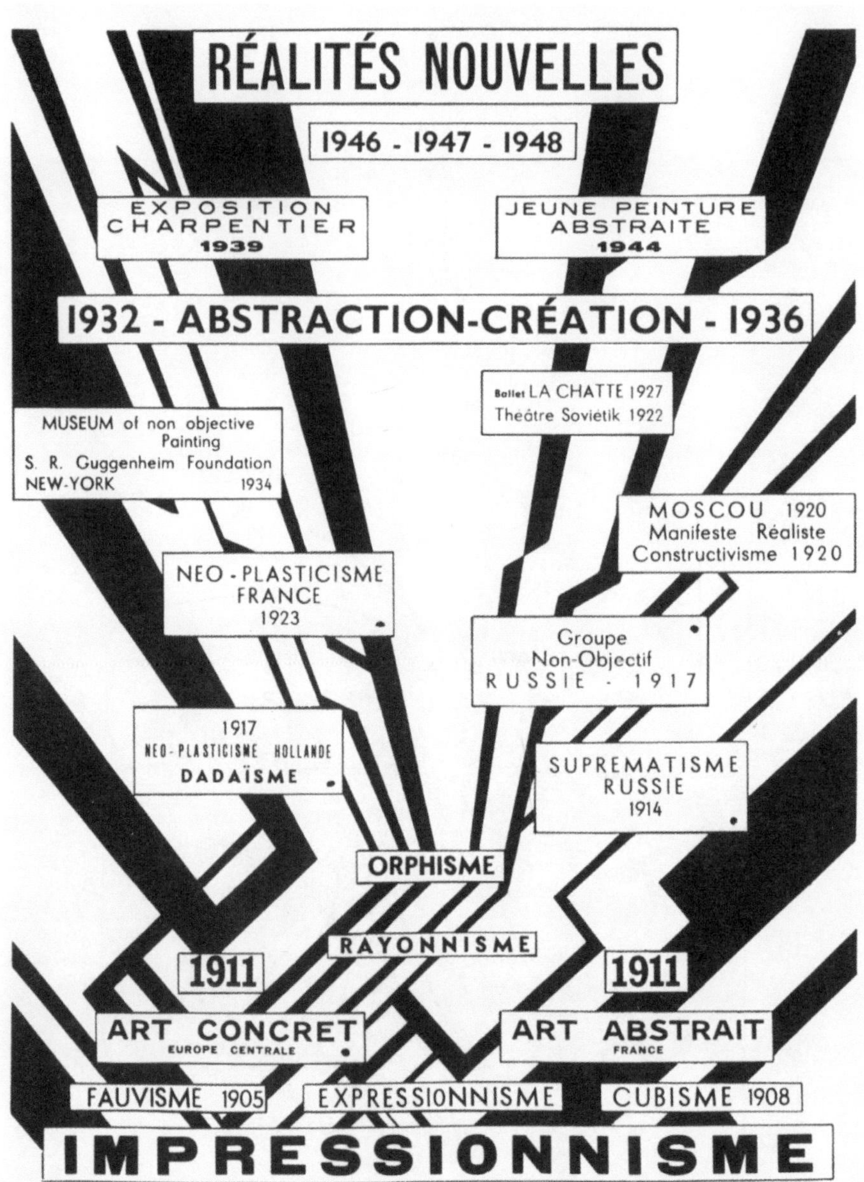

图 260

1948 年,《新现实》(巴黎)第二期杂志刊登的无题图表,呈示非具象艺术的发展路径;杂志编辑为弗雷多·塞德斯(A. Frédo Sidès)。

20世纪三四十年代的艺术世界中，时间表在很多通俗的以及学术性的（作品）场景里出现。（参见图258—260）德国艺术史家保罗·里盖蒂（Paul Ligeti）于1931年出版了《走出混乱之路：从艺术发展的节奏来阐述世界历史》（*Der Weg aus dem Chaos: Eine Deutung des Weltgeschehens aus dem Rhythmus der Kunstentwicklung*）；书中用一系列波浪形的图表来解释他关于艺术史周期性的理论。埃里克·牛顿（Eric Newton）1941年为企鹅出版社创作了便携本艺术概览书《欧洲绘画与雕塑》（*European Painting and Sculpture*），在二战期间分发给海外作战的美国军人充当消遣读物；书中包括了一幅风格优美独特的系谱树图示，是以查尔斯·约瑟夫·米纳德的那种信息图的传统体例绘制而成。牛顿的图表中，艺术上的重要性差别是用图形大小来表示：大艺术家被呈现为大的圆圈，小圆圈则代表小艺术家。1948年，法国举办了一场纯几何构图的抽象艺术展，主题为"新现实"；展览目录手册中有一份时间图表，一定程度上是向巴尔致敬，但有所创新：图表是以与内容相应的几何风格来呈现。

20世纪40年代的艺术世界中，时间图表也足够重要，被用作漫画讽刺的灵感来源，也用作颠覆的材料对象。（参见图261—262）这类作品中最著名的，是抽象表现主义画家莱因哈特（Ad Reinhardt）于1946到1947年间发表的卡通系列"如何去看现代艺术"。莱因哈特的系列漫画，既肯定了巴尔关于现代艺术的谱系归纳，同时也对此调侃嘲弄。莱因哈特最广为人知的一个作品中，巴尔提过的那些流派名字与艺术类别被刻写在一幅艺术之树的卡通画上，但在坏主意和资助人意志的重压负累下，树叶纷落，枝条枯死。尽管相对更不显眼，线性时间线在莱因哈特的全系列中更为普遍，无处不在；比如他1946年的作品、直接被命名为《如何去看》（*How to Look*）的，以卡通形式讲述写实主义与抽象艺术的历史，便是线性时间线应用的一例。1947年，"字母主义"诗人伊西多尔·伊苏（Isidore Isou）出版了《新诗歌新音乐简介》（*Introduction à une nouvelle poésie et à une nouvelle musique*），书中还配有现代诗歌历史，形象化地呈示为年代纪图表。与众多的时间描记作品那肃穆的历史决定论调调形成对比的是，伊苏的图表本质上来说是宣言性质的：它们解释了对诗歌历史的一种高度详尽、逐句逐字的细读，聚拢汇合到伊苏的字母诗歌上，然后从那里又不断向外扩展。

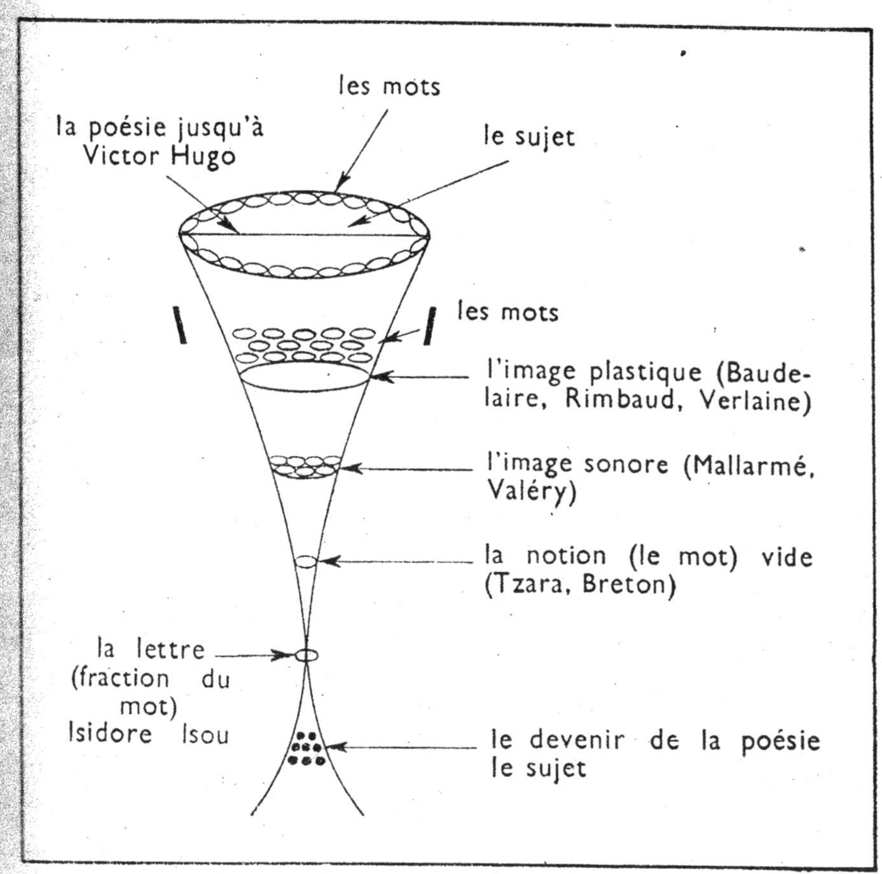

图 261

伊西多尔·伊苏的"诗歌中对科技敏感度的演变"，出自《新诗歌新音乐简介》，1947 年出版于巴黎

图 262

抽象表现主义画家莱因哈特创作的卡通系列《如何去看》，于 1946 到 1947 年发表于报纸《PM》；此为连载的第六部。莱因哈特的卡通画，其中很多包含有对信息类图形图像的滑稽模仿，比如"如何去看现代艺术"中用到的家系树状图。贯穿其卡通系列，线性时间线用得也很普遍，正如这里所显示的，被他用在对写实主义与抽象艺术的通俗历史的介绍中。

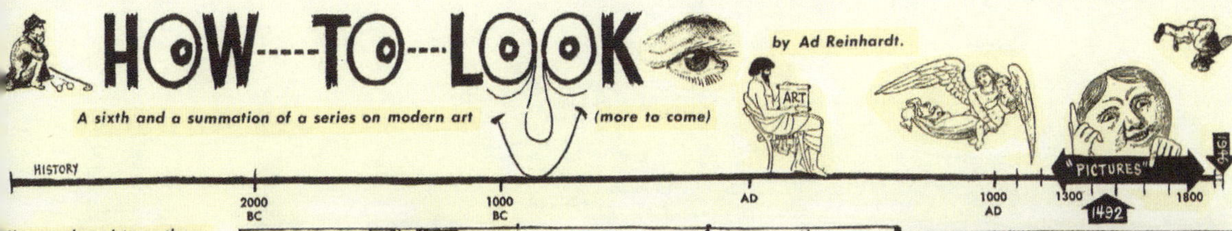

We saw that pictures these days are only imitations and substitutes of real things and therefore not "high" art. If you think that a "picture" of a sunset or a nude is real, then you don't have much fun, do you?

We saw that "pictures" belonged to another age, when human beings (after years of concern with religious salvation and the supernatural) discovered the natural world and what it looked like (the Renaissance).

We saw that perspective, shading, anatomy, naturalistic drawing are simply a bag of illustrative tricks and that anyone can do it better with a camera, huh?

We saw that an artist who makes "pictures" and purveys subject-matter is a peddler of phoney spaces (buckeye) and optical illusions. We saw that "pictures" are a kind of opium of the people and not good.

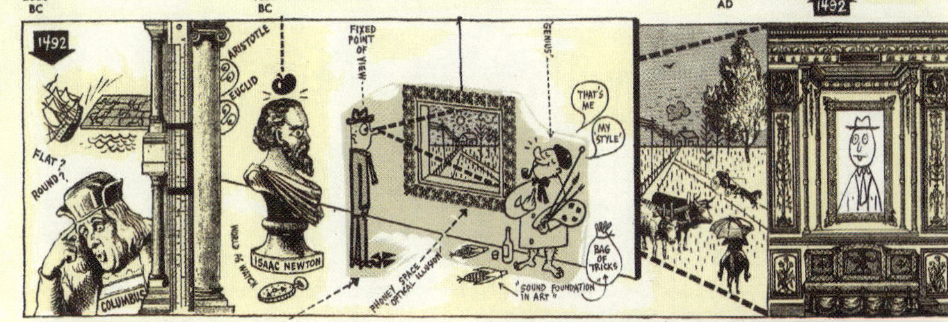

(Five minute break, boys, to refresh your memory.)

We saw that surrealists spend their space-time satirizing the tricks, tools and techniques of the "picture-making trade." Not only one picture or story, but numberless pictures, endless stories, infinite subject-matter.

Because surrealist painters ran the "picture-art" tradition into the ground, and out-illustrated the illustrators, we called it "low" art, see....

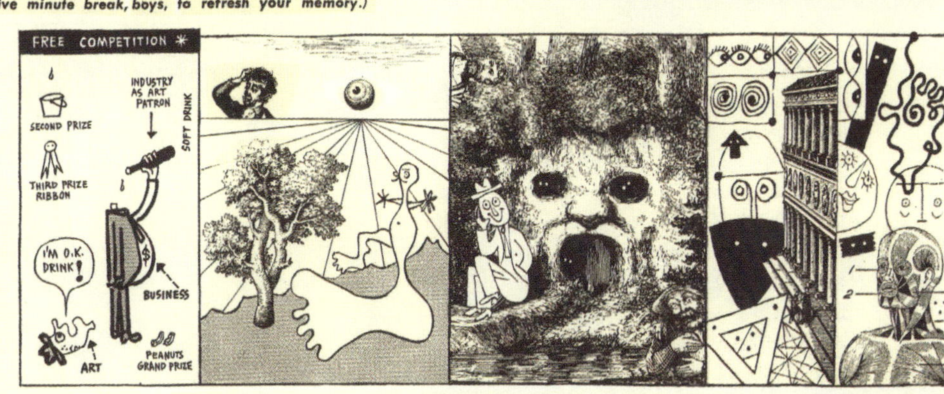

We saw that both light and time is space, that you yourself are a space, that a painting is a flat space. We saw that an abstract painting is not a window-frame-peep-show-hole-in-the-wall but a new object or image hung on the wall and an organization of real space relations, line structures, color activity.

Because it paralleled the condition of "pure" music, we called it "high" art and no "picture."...

Now we can go on to really look.

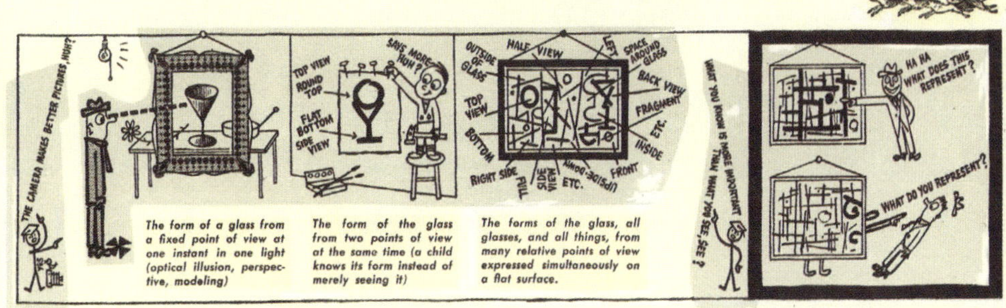

The form of a glass from a fixed point of view at one instant in one light (optical illusion, perspective, modeling)

The form of the glass from two points of view at the same time (a child knows its form instead of merely seeing it)

The forms of the glass, all glasses, and all things, from many relative points of view expressed simultaneously on a flat surface.

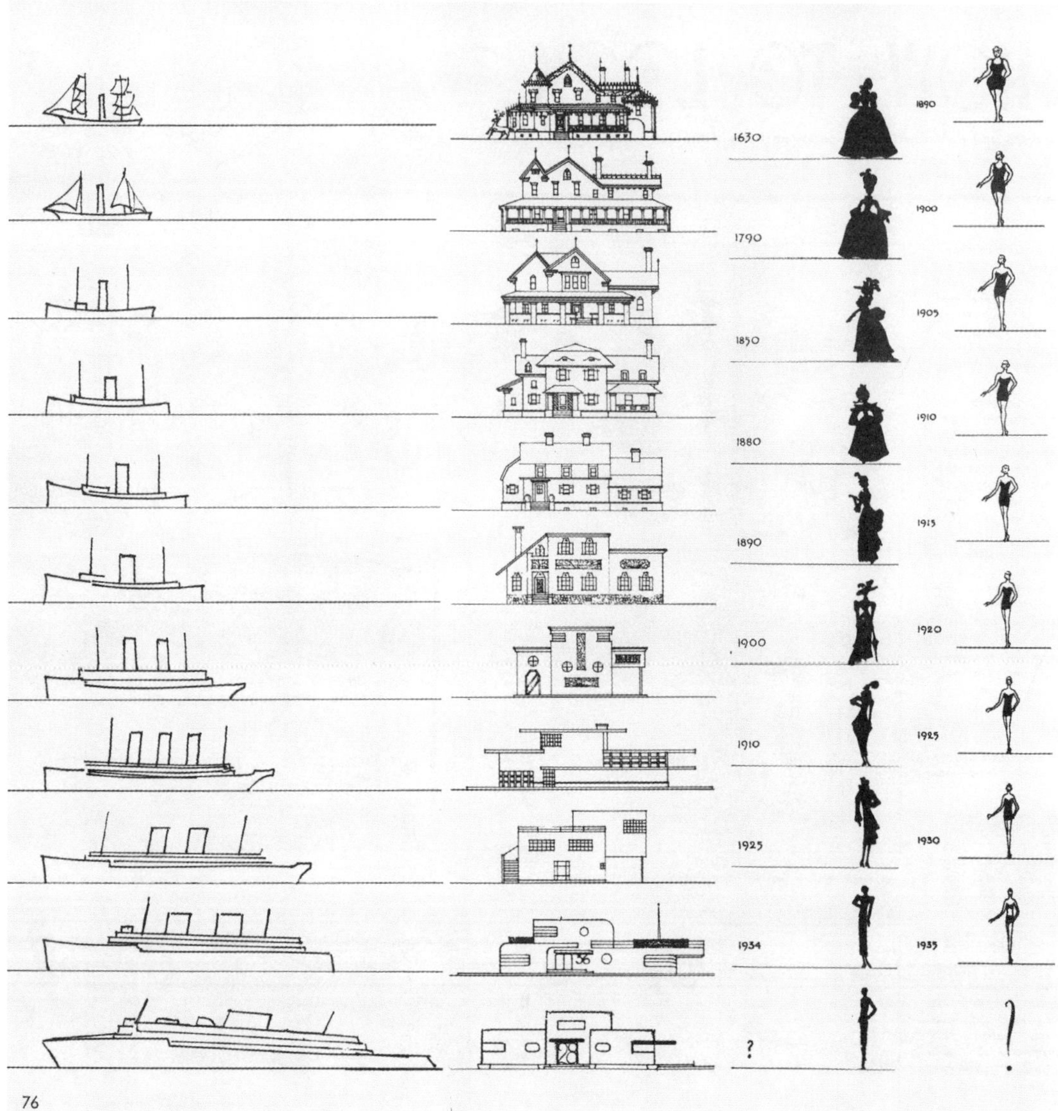

图 263

雷蒙德·洛威，《演变图》，约 1933 年。洛威的图表显示出在审美上朝着简洁化演变的历史性动向；这体现在工业设计的众多不同的领域 —— 电话、机动车、衣裙、房屋、船只、鞋子、钟表、酒杯、椅子；此外还有女性人体，但令人不安和无语的是，在他的描绘中，女人体从丰满圆胖，演变到杆子般单薄细瘦，以至于最终完全消失。

图 264

马塞尔·布鲁尔的《一部包豪斯影片：五年》，1926 年发表于《包豪斯》杂志

ein bauhaus-film

ünf jahre lang

utor:
as leben, das seine rechte fordert

perateur:
arcel breuer, der diese rechte
nerkennt

1921

1921$^{1}/_{2}$

1924

1925

19??

geht mit jedem jahr besser und besser.
ende sitzt man auf einer elastischen luftsäule

皮卡比亚、伊苏和莱因哈特，都模糊了图表与艺术之间的界线。但对那一时期的平面设计师来说，则真没有什么界线需要去跨越去模糊的。（参见图263—264）。1936年，影响力广泛的美国工业设计师雷蒙德·洛威（Raymond Loewy）发表了关于设计历史的一个年代描记小画；以此开头，他随后还有很多同类小图解出品。与伊苏相似，洛威也将历史描绘为一种动态，但移进的方向是以他自己的风格来呈现——那种流线型的装饰风观感；这正是他设计的1935年的希尔斯电器的“冷点”冰箱、1939年的S1号蒸汽机火车头以及1947年的斯图贝克公司的“冠军”轿车所示例的风格。尽管有些古怪，而且偶尔还有自嘲的意味，洛威的图表还是充分展示了他在设计领域的工作成果。一方面，它们描绘了他自己的设计；另一方面，他的设计又具体实现了图表中演示的审美趋向。这一种设计上的自觉，并非仅限于通俗实用的商业设计。早在1926年，包豪斯学派的建筑师马塞尔·布鲁尔就出版了一份关于设计历史的年代描记作品，也有着类似的怪趣笑点。在《包豪斯》杂志第一期的一个插图里，布鲁尔将包豪斯设计在五年期间的演化呈示为一系列标注了日期的椅子的图像；椅子本身处于持续的简化进程，演进至顶点是一个人倚靠在一根看不见的空气柱上——那便是最终的椅子。

在更广义的文化场域里，20世纪40年代与50年代是年代纪图表的繁荣期。（参见图265—268）就像在过往那些世纪里一样，科技发展与末日景象预言结合到一起，激发起人们新的兴趣去关注时间的影像；正如《原子科学家公报》上刊出的那著名的“末日时钟”，那复活了一个此前已长达千年的古老的修辞象征，并呼应了现实世界中因原子弹轰炸冲击而停摆不动的钟表这一噩梦萦怀的意象。不过，并非全都是毁灭破坏与焦虑。对那些乐观的科技乌托邦派——比如理查德·巴克敏斯特·富勒（R. Buckminster Fuller，1895—1983）——来说，时间表便具有一种符号标志般的特征，为表达文明进步提供了一个赏心悦目的技术形式。1943年，富勒发布了一个尤为美观漂亮的图表样本，结合了约瑟夫·普雷斯特利与威廉·普莱费尔的经典设计元素，将世界展现为正处于一场科技革命的边缘，而此革命会终结人间的贫穷与战争。图表名为《工业革命概观：由宇宙绝对物质92种元素基本存量获取比率的年代记录所揭示》（*Profile of the Industrial Revolution as Exposed by the Chronological Rate of Acquisition of the Basic Inventory of Cosmic Absolutes—The 92 Elements*）；在表中，富勒试图将科学发现与社会改变加以关联。他注意到科学与技术的发展变化越来越快，于是假想认定那些领域内的进步是不断自激、自我增强的。他还认为科技进步将促动社会革命。按照富勒原初的设计，科学与社会双重范畴内的一个历史新开端——也即一个临界点，彼时的"生活科技"超越了"武器科技"——将在1970年左右到来。不过，到了20世纪60年代，以一种让我们想起此前数世纪里那些千禧信徒派一改再改基督重临日的做派，富勒也把临界点往后推移了，挪到了2000年。假如他活到现在，可能会有什么新主意，那就只能是任由猜测了。

20世纪后半期那持续变化的视觉语境下，连纯粹的技术图表甚至也能变成象征符号，具有标志意义；英特尔公司创始人高登·摩尔（Gordon Moore）发表于1965年4月期《电子》杂志上的一个简单的线条图形便是如此。（参见图269—270）摩尔的曲线图，如果不注意还以为是毫不起眼的一根斜折线，但它展示的却是在可预见的未来时期，计算机运算处理速率可能以几何级数的加速度提升。尽管摩尔后来稍稍修正过这曲线图，但他的预测却被证明是如此接近于正确，以至于在其修正之前的那几年间已经被尊为"摩尔定律"。摩尔的成功引发了其他的类似图像纷纷涌现，其中包括雷·柯兹威尔（Ray Kurzweil）的阐释"奇点"到来的图表；奇点相当于在科技发展中的一个起飞动作，是"如此迅速又深刻，就如同在人类历史的成片织物上拉出的一道裂口"。

富勒、摩尔和柯兹威尔，如果评价此三人图表的准确度可靠度，那各自的结果和境况各不一样：富勒的，不咋样（或者说暂时还不算好）；摩尔的，到目前为止很可信；柯兹威尔的，只能等时间来验证。不过，如果从图形呈现的角度来看，三者的成果都相当优异。每个作品都展现了指数化曲线的力量，以此来呈示描述历史变化；每一个也都是对普雷斯特利和普莱费尔直觉感性的图形遗产的有力表现，同时也是对那遗承的扩展。

图 265

二川健吾的怀表，永久停在了1945年8月6日原子弹在广岛上空投下爆炸的那一刻，上午8点15分

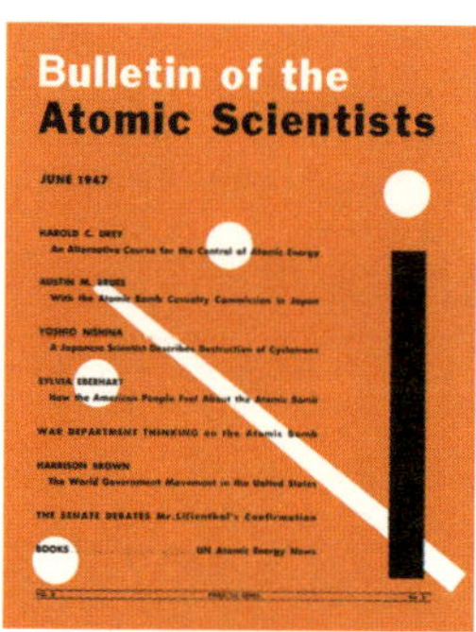

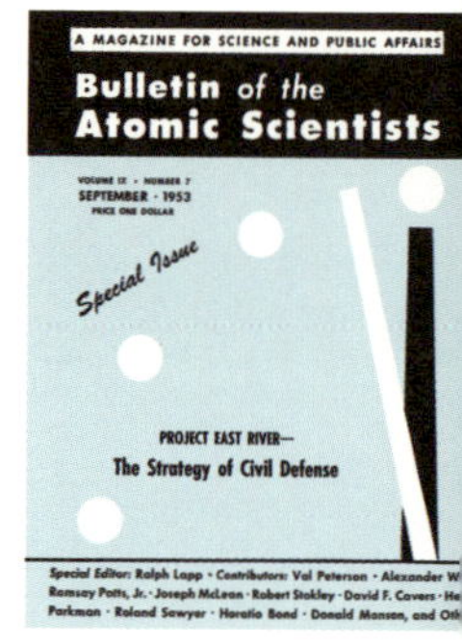

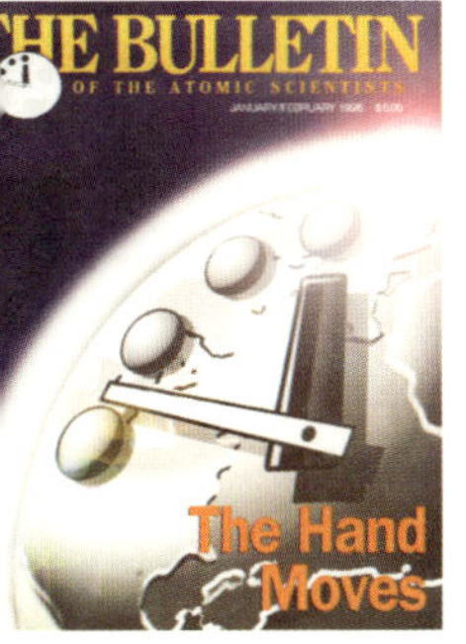

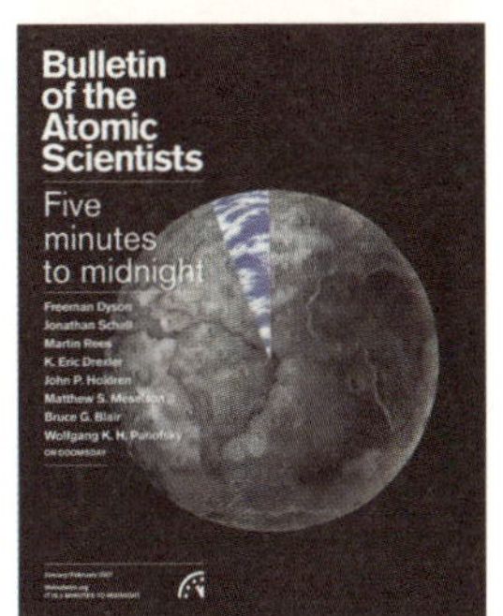

图 266

《原子科学家公报》杂志封面上的末日时钟，1947 年到 2007 年

1250 A.D. 1290 1330 1370 1410 1450 1490 1530 1570 161

EARTH ORBIT IN MAN MADE ENVIRONMENT CONTROL:
PRODUCT OF SUCCESSFUL APPLICATION OF HIGH PERFORM-
ANCE PER UNIT OF INVESTED RESOURCES

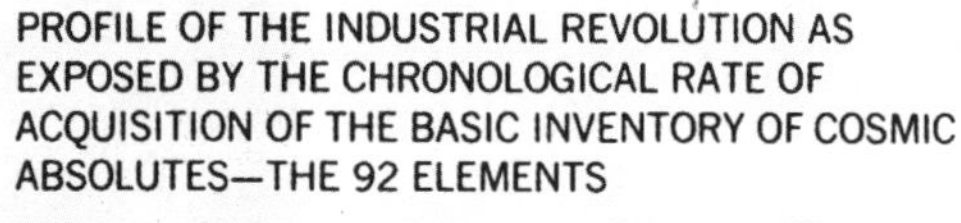

PROFILE OF THE INDUSTRIAL REVOLUTION AS
EXPOSED BY THE CHRONOLOGICAL RATE OF
ACQUISITION OF THE BASIC INVENTORY OF COSMIC
ABSOLUTES—THE 92 ELEMENTS

ALGORISMA INTRODUCES CYPHER INTO EUROPEAN CIVILIZATION FROM
ARABS, THUS PROVIDING SCIENCE WITH PRACTICAL CALCULATING FACILITY

GALILEO

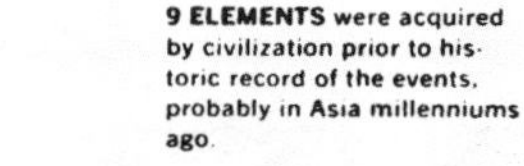

9 ELEMENTS were acquired
by civilization prior to his-
toric record of the events,
probably in Asia millenniums
ago.

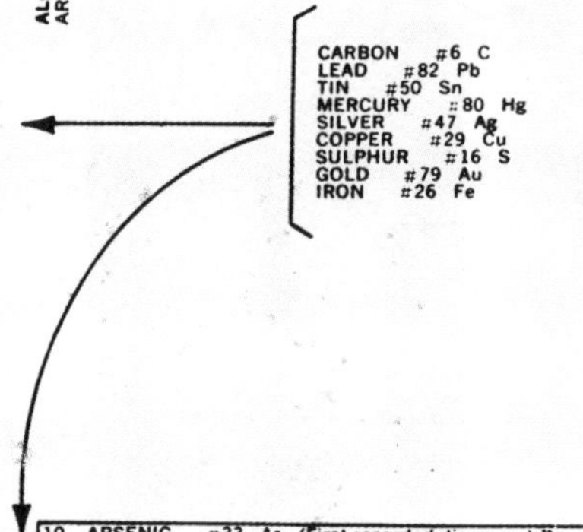

10 ARSENIC #33 As (First recorded discovery) Bavarian
11 ANTIMONY #51 Sb German

9 8 7 6 5 4 3 2 1

APPROXIM

1250 A.D 1290 1330 1370 1410 1450 1490 1530 1570 161

图 267

巴克敏斯特·富勒的《工业革命概观：由宇宙绝对物质92种元素基本存量获取比率的年代记录所揭示》，发表于1943年

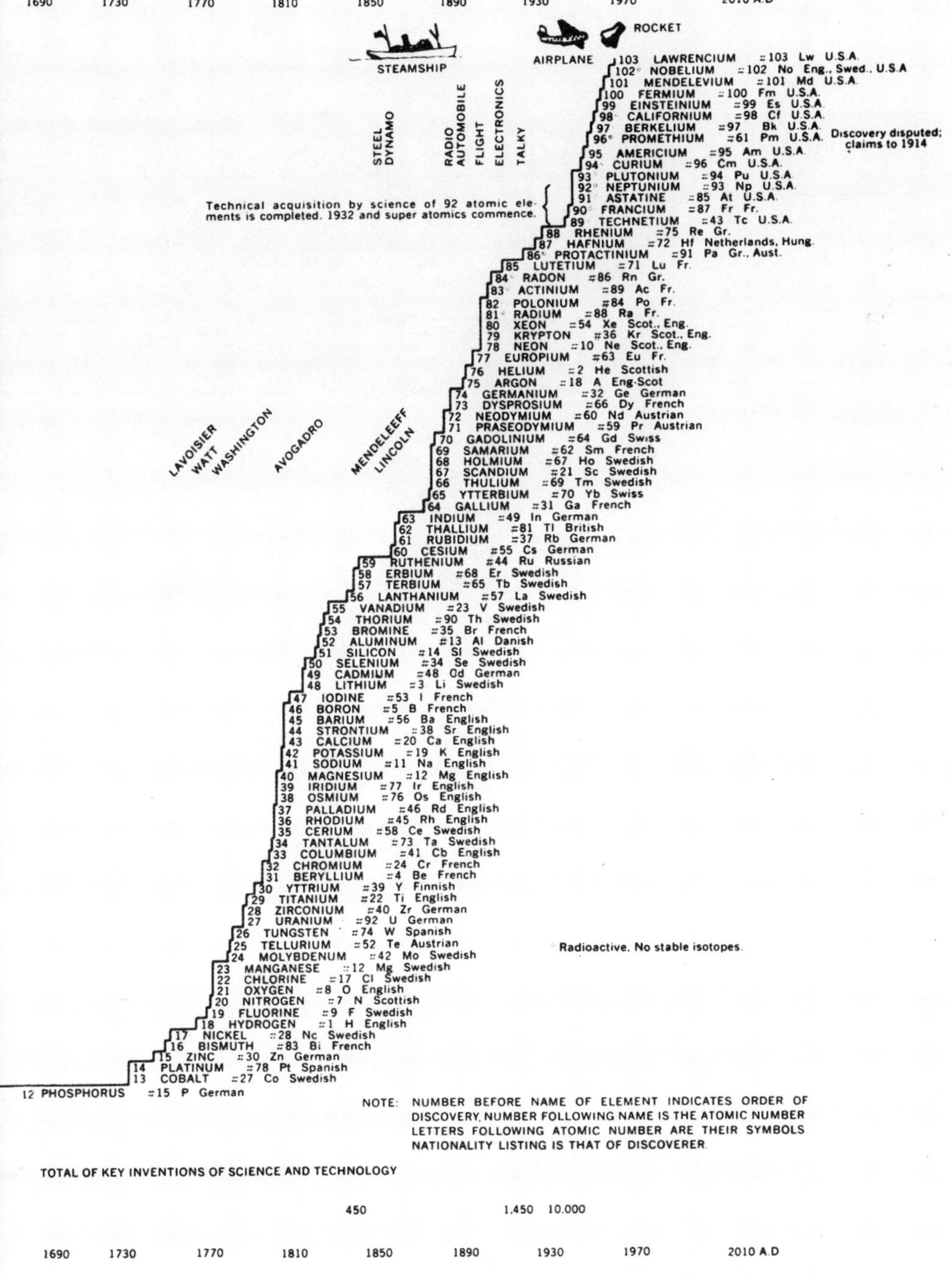
1690 1730 1770 1810 1850 1890 1930 1970 2010 A.D
STEAMSHIP
AIRPLANE
ROCKET
STEEL
DYNAMO
RADIO
AUTOMOBILE
FLIGHT
ELECTRONICS
TALKY
LAVOISIER
WATT
WASHINGTON
AVOGADRO
MENDELEEFF
LINCOLN
Technical acquisition by science of 92 atomic elements is completed. 1932 and super atomics commence.
103 LAWRENCIUM =103 Lw U.S.A.
102° NOBELIUM =102 No Eng., Swed., U.S.A
101 MENDELEVIUM =101 Md U.S.A.
100 FERMIUM =100 Fm U.S.A.
99 EINSTEINIUM =99 Es U.S.A.
98° CALIFORNIUM =98 Cf U.S.A.
97 BERKELIUM =97 Bk U.S.A.
96° PROMETHIUM =61 Pm U.S.A. Discovery disputed; claims to 1914
95 AMERICIUM =95 Am U.S.A.
94° CURIUM =96 Cm U.S.A.
93 PLUTONIUM =94 Pu U.S.A.
92° NEPTUNIUM =93 Np U.S.A.
91 ASTATINE =85 At U.S.A.
90° FRANCIUM =87 Fr Fr.
89 TECHNETIUM =43 Tc U.S.A.
88 RHENIUM =75 Re Gr.
87 HAFNIUM =72 Hf Netherlands, Hung.
86° PROTACTINIUM =91 Pa Gr., Aust.
85 LUTETIUM =71 Lu Fr.
84° RADON =86 Rn Gr.
83° ACTINIUM =89 Ac Fr.
82 POLONIUM =84 Po Fr.
81° RADIUM =88 Ra Fr.
80 XEON =54 Xe Scot., Eng.
79 KRYPTON =36 Kr Scot., Eng.
78 NEON =10 Ne Scot., Eng.
77 EUROPIUM =63 Eu Fr.
76 HELIUM =2 He Scottish
75 ARGON =18 A Eng-Scot
74 GERMANIUM =32 Ge German
73 DYSPROSIUM =66 Dy French
72 NEODYMIUM =60 Nd Austrian
71 PRASEODYMIUM =59 Pr Austrian
70 GADOLINIUM =64 Gd Swiss
69 SAMARIUM =62 Sm French
68 HOLMIUM =67 Ho Swedish
67 SCANDIUM =21 Sc Swedish
66 THULIUM =69 Tm Swedish
65 YTTERBIUM =70 Yb Swiss
64 GALLIUM =31 Ga French
63 INDIUM =49 In German
62 THALLIUM =81 Tl British
61 RUBIDIUM =37 Rb German
60 CESIUM =55 Cs German
59 RUTHENIUM =44 Ru Russian
58 ERBIUM =68 Er Swedish
57 TERBIUM =65 Tb Swedish
56 LANTHANIUM =57 La Swedish
55 VANADIUM =23 V Swedish
54 THORIUM =90 Th Swedish
53 BROMINE =35 Br French
52 ALUMINUM =13 Al Danish
51 SILICON =14 Si Swedish
50 SELENIUM =34 Se Swedish
49 CADMIUM =48 Cd German
48 LITHIUM =3 Li Swedish
47 IODINE =53 I French
46 BORON =5 B French
45 BARIUM =56 Ba English
44 STRONTIUM =38 Sr English
43 CALCIUM =20 Ca English
42 POTASSIUM =19 K English
41 SODIUM =11 Na English
40 MAGNESIUM =12 Mg English
39 IRIDIUM =77 Ir English
38 OSMIUM =76 Os English
37 PALLADIUM =46 Rd English
36 RHODIUM =45 Rh English
35 CERIUM =58 Ce Swedish
34 TANTALUM =73 Ta Swedish
33 COLUMBIUM =41 Cb English
32 CHROMIUM =24 Cr French
31 BERYLLIUM =4 Be French
30 YTTRIUM =39 Y Finnish
29 TITANIUM =22 Ti English
28 ZIRCONIUM =40 Zr German
27 URANIUM =92 U German
26 TUNGSTEN =74 W Spanish
25 TELLURIUM =52 Te Austrian
24 MOLYBDENUM =42 Mo Swedish
23 MANGANESE =12 Mg Swedish
22 CHLORINE =17 Cl Swedish
21 OXYGEN =8 O English
20 NITROGEN =7 N Scottish
19 FLUORINE =9 F Swedish
18 HYDROGEN =1 H English
17 NICKEL =28 Nc Swedish
16 BISMUTH =83 Bi French
15 ZINC =30 Zn German
14 PLATINUM =78 Pt Spanish
13 COBALT =27 Co Swedish
12 PHOSPHORUS =15 P German
° Radioactive. No stable isotopes.
NOTE: NUMBER BEFORE NAME OF ELEMENT INDICATES ORDER OF DISCOVERY. NUMBER FOLLOWING NAME IS THE ATOMIC NUMBER LETTERS FOLLOWING ATOMIC NUMBER ARE THEIR SYMBOLS NATIONALITY LISTING IS THAT OF DISCOVERER.
TOTAL OF KEY INVENTIONS OF SCIENCE AND TECHNOLOGY
450 1,450 10,000
1690 1730 1770 1810 1850 1890 1930 1970 2010 A.D
Copyright 1946 and 1964 by R. BUCKMINSTER FULLER

YEAR	500,000 BC	20,000 BC	300 BC
Required time to travel around the globe	A few hundred thousand years	A few thousand years	A few hundred years
Means of transportation	Human on foot (over, ice bridges)	On foot and by canoe	Canoe with small sail or paddles or relays of runners
Distance per day(land)	15 miles	15-20 miles	20 miles
Distance per day (sea or air)		20 by sea	40 miles by sea
Potential state size	None	A small valley in the vicinity of a small lake	Small part of a continent

Communications	Word of mouth, drums, smoke, relay runners, and hand printed manuscripts prior to 1441 A.D.	① The Gutenber 1441 printing press

THE RELATI

15,00 AD -1840 AD

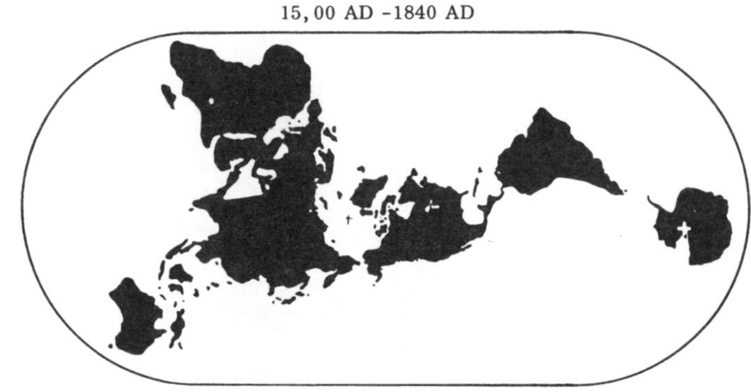

The best average speed of horse drawn coaches on land and sailing ships at sea was approximately 10 m.p.h.

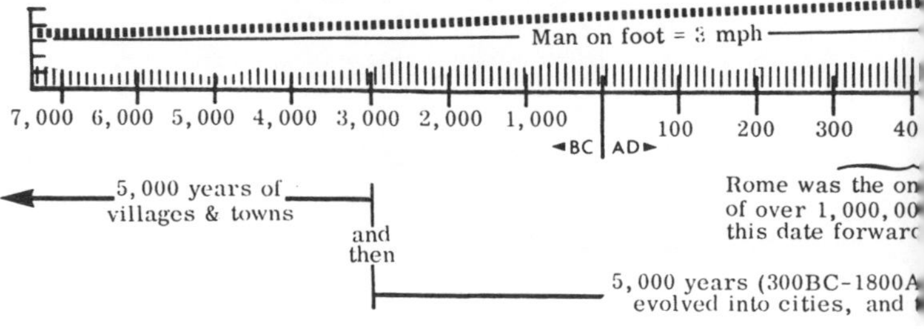

图 268

巴克敏斯特·富勒的《人类环球旅行交通增速与通信增速,地球相形之下变小》,出品于 1963 年

SHRINKING OF OUR PLANET BY MAN'S INCREASED TRAVEL AND COMMUNICATION SPEEDS AROUND THE GLOBE

·C	1,500 AD	1900 AD	1925	1950	1965
·f years	A few years	A few months	A few weeks	A few days	A few hours
·ats with ·imals, ·ariots	Big sailing ships (with compass), horse teams, and coaches	Steam boats and railroads (Suez and Panama Canals)	Steamships, transcontinental railways, autos, and airplanes	Steamships, railways, auto jet and rocket aircraft	Atomic steamship, high speed railway auto, and rocket-jet aircraft
·iles	20-25 miles	Rail 300-900 miles	400-900 miles	Rail 500-1,500	Rail 1000-2000
·by sea	175 miles by sea	250 miles by sea	3,000-6000 air	6000-9500 air	408,000 air
·of a ·th coastal	Great parts of a continent with transoceanic colonies	Large parts of a continent with transoceanic colonies	Full continents & Transocean Commonwealths	The Globe	The globe and more

·id print Web ·per press	③ The Bell 1876 telephone	④ The Marconi 1895 telegraph	⑤ First commercial 1920 radio broadcast	⑥ National 1950 Television	⑦ 1965 Transcontinental T.V. with the introduction of Early Bird satellite

THE WORLD AS TRAVEL TIME DECREASES

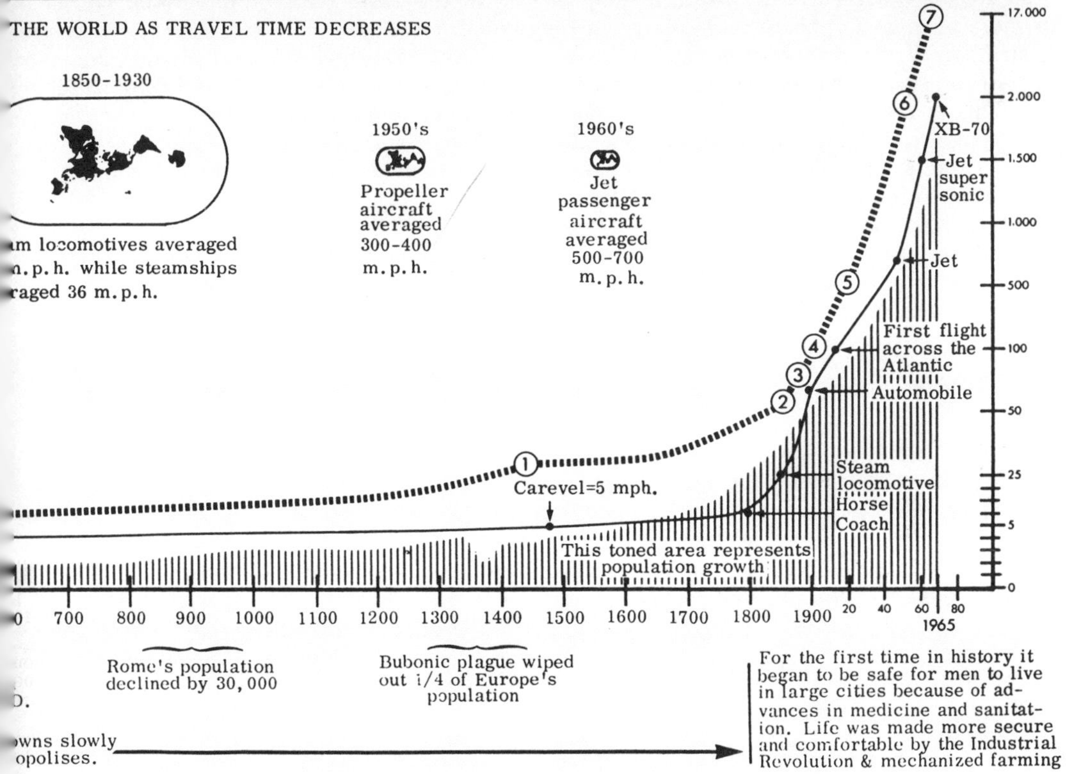

a few diodes. This allows at least 500 components per linear inch or a quarter million per square inch. Thus, 65,000 components need occupy only about one-fourth a square inch.

On the silicon wafer currently used, usually an inch or more in diameter, there is ample room for such a structure if the components can be closely packed with no space wasted for interconnection patterns. This is realistic, since efforts to achieve a level of complexity above the presently available integrated circuits are already underway using multilayer metalization patterns separated by dielectric films. Such a density of components can be achieved by present optical techniques and does not require the more exotic techniques, such as electron beam operations, which are being studied to make even smaller structures.

Increasing the yield

There is no fundamental obstacle to achieving device yields of 100%. At present, packaging costs so far exceed the cost of the semiconductor structure itself that there is no incentive to improve yields, but they can be raised as high as is economically justified. No barrier exists comparable to the thermodynamic equilibrium considerations

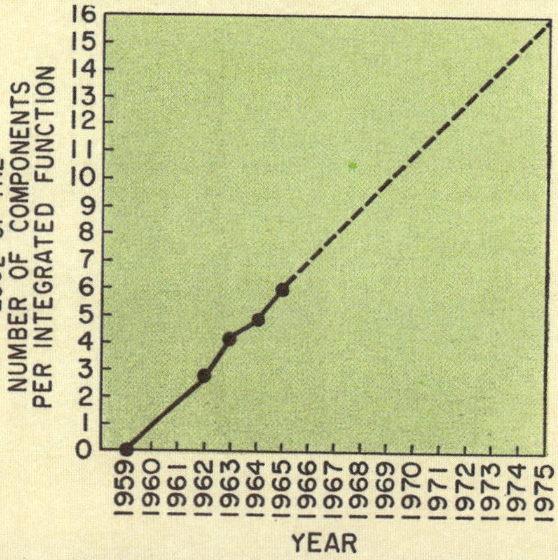

LOG2 OF THE NUMBER OF COMPONENTS PER INTEGRATED FUNCTION

YEAR

that often limit yields in chemical reactions; it not even necessary to do any fundamental resear or to replace present processes. Only the engine ing effort is needed.

In the early days of integrated circuitry, wh yields were extremely low, there was such incenti Today ordinary integrated circuits are made wi yields comparable with those obtained for i dividual semiconductor devices. The same patt will make larger arrays economical, if other co siderations make such arrays desirable.

Heat problem

Will it be possible to remove the heat generat by tens of thousands of components in a sin silicon chip?

If we could shrink the volume of a standa high-speed digital computer to that required the components themselves, we would expect it glow brightly with present power dissipation. B it won't happen with integrated circuits. Sin integrated electronic structures are two-dim sional, they have a surface available for cooli close to each center of heat generation. In ad tion, power is needed primarily to drive the vari lines and capacitances associated with the syst As long as a function is confined to a small a on a wafer, the amount of capacitance which m be driven is distinctly limited. In fact, shrink dimensions on an integrated structure makes possible to operate the structure at higher sp for the same power per unit area.

Day of reckoning

Clearly, we will be able to build such compon crammed equipment. Next, we ask under wh circumstances we should do it. The total cost making a particular system function must be mi mized. To do so, we could amortize the engine ing over several identical items, or evolve flexi techniques for the engineering of large functi so that no disproportionate expense need be bor by a particular array. Perhaps newly devised d sign automation procedures could translate fr logic diagram to technological realization witho any special engineering.

It may prove to be more economical to bu large systems out of smaller functions, which

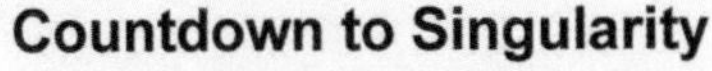

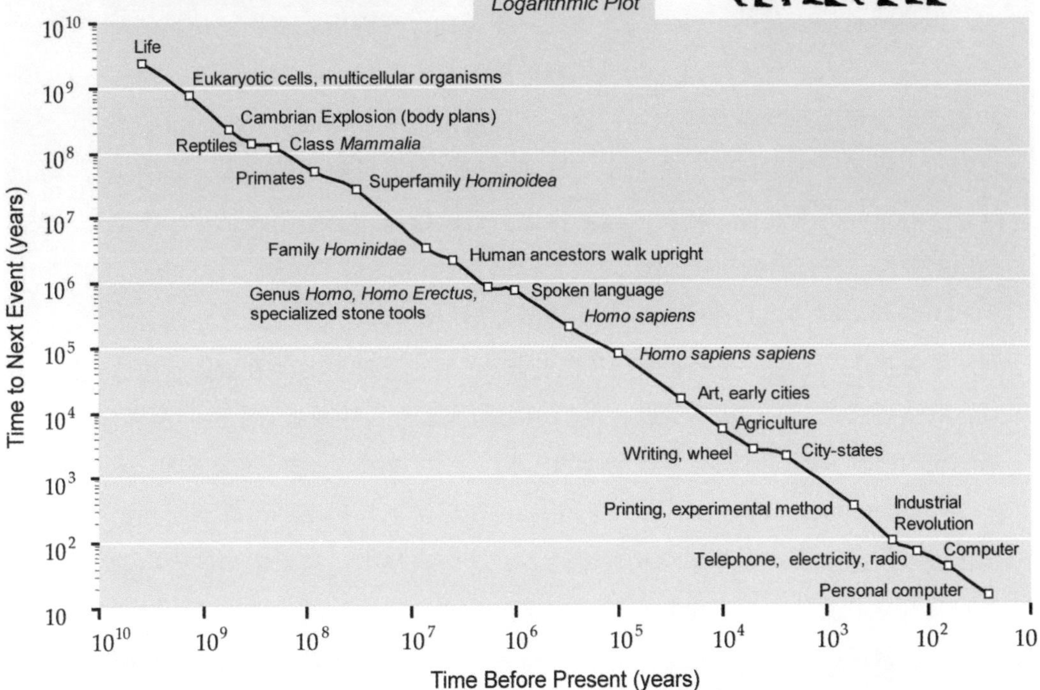

图 269

高登·摩尔，“往集成电路中塞进更多组件”，出自 1965 年的《电子》杂志

图 270

雷·柯兹威尔，“倒数至奇点”（Countdown to Singularity），出自 2007 年的《对数》杂志

到了20世纪60年代中期，时间表更是明确无误地进入了艺术领地，尤其体现在“激浪派”艺术家乔治·马修纳斯（George Maciunas，1931—1978）的作品里。马修纳斯集多重角色于一身，是理论家、煽动者、行为艺术家，也是艺术经理人，但与所有这些并行不悖的是，他还对图表创作有着满腔热忱。马修纳斯做他的艺术图表，首先经过了严格认真的历史资料准备。与巴尔一样，他起初是在历史课上开始做这些东西。这些早期的用钢笔在纸面上完成的拼贴类材料，可服务于实用目的，充当学习辅助手段，但对马修纳斯来说，它们也打开了看世界的新途径。随着时间的推进，他持续添加这些字条纸片，将笔记层层叠加，将它们合并在一起。

60年代早期，当马修纳斯开始构想阐述激浪派背后的理论概念，他又转回了图表制作，不过，是带着张扬招摇的派头——正如1962年在他的新达达宣言的宣读仪式上，他极富戏剧化地展示出的那张分析性图表所示例的那样；那图表的内容主题为时间与基于空间的艺术。（在这一活动的实发现场，展开马修纳斯图表的人，为相近阵营的同行艺术家白南准。）（参见图271—273）随后的那几年里，马修纳斯开始制作的年代纪图表，其基本结构并不陌生：这些表格中，艺术家和艺术运动之间有着交叉流动的相互影响；一条支系繁杂的“溪流”就代表那种交叉影响，对应着时间的坐标而规划。但是，与巴尔及其同时代人不同的是，马修纳斯将图表创作视同为艺术实践。

这些年代描记图表当中的第一个，《激浪派［其历史发展演进以及与先锋派运动的关系］》（*Fluxus [Its Historical Development and Relationship to Avant Garde Movements]*），由马修纳斯于1966年在一份捷克的艺术期刊上发表。其后的那些不同的图表，总数大约十二张的样子，也被发表于杂志、人工免费派发、作为单面印刷小报出售，还有更值得一提的，是被收入了“激浪装备包”——马修纳斯的成套组合，里面收集的既有现成拾得物，也有专门的加工制成品。当然了，反讽还是随处可见。激浪派自我宣传是“非运动”，是要模糊艺术与常态生活之间的区别界线。然而，马修纳斯的图表却毫无歉意、理直气壮地运用了巴尔的关于区别和划线界定的原则。实际上，马修纳斯辩驳说，因为激浪派是在艺术与非艺术之间的夹缝地带操作运转的一种“非运动”，所以清楚地了解边界线在哪里，反倒是特别重要的事项。激浪图表提供了一个奇特、耐人寻味的“既艺术又非艺术的物件”的范例，而这一“物件”正体现了激浪派出品的特征。与此同时，诸如斯蒂凡·希默森（Stefan Themerson）这样的平面图形艺术家与像“蚂蚁农庄”这样的工作组，他们也有同类的平行作品面世；跟这些作品一样，激浪图表显示和阐明了那种新的、奇异的图形图样语境或脉络——在此语境中，尤西比乌斯或普雷斯特利的图表也许最终能够以审美的概念、从美学的层面去理解。

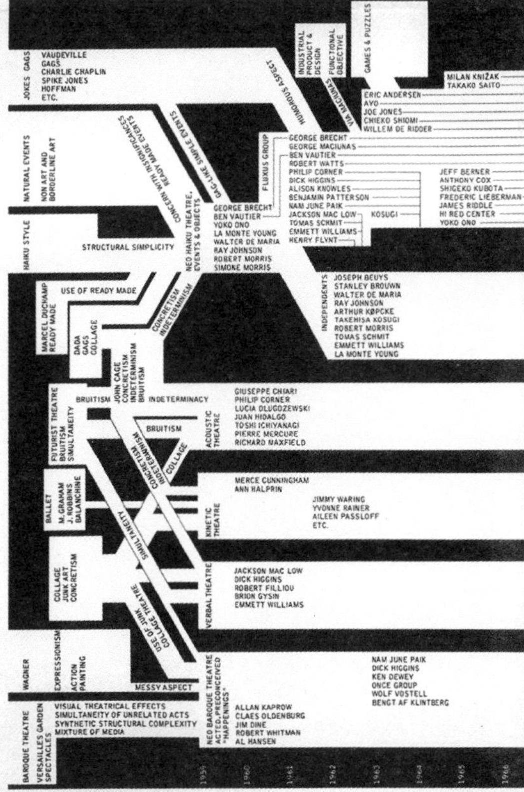

FLUXUS (ITS HISTORICAL DEVELOPMENT AND RELATIONSHIP TO AVANT-GARDE MOVEMENTS)

Today it is fashionable among the avant-garde and the pretending avant-garde to broaden and obscure the definition of fine arts to some ambiguous realm that includes practically everything. Such broad-mindedness although very convenient in shortcutting all analytical thought, has nevertheless the disadvantage of also shortcutting the semantics and thus communication through words. Elimination of borders makes art nonexistent as an entity, since it is an opposite or the existence of a non-art that defines art as an entity.
Since fluxus activities occur at the border or even beyond the border of art, it is of utmost importance to the comprehension of fluxus and its development, that this borderline be rationaly defined.

Diagram no.1 attempts at such a definition by the process of eliminating categories not believed to be within the realm of fine arts by people active in these categories.

DEFINITION OF ART DERIVED FROM SEMANTICS AND APPLICABLE TO ALL PAST AND PRESENT EXAMPLES.

(definition follows the process of elimination, from broad categories to narrow category)

	INCLUDE	ELIMINATE
1. ARTIFICIAL:	all human creation	natural events, objects, sub or un-conscious human acts, (dreams, sleep, death)
2. NONFUNCTIONAL: LEISURE	non essential to survival non essential to material progress games, jokes, sports, fine arts.*	production of food, housing, utilities, transportation, maintainance of health, security. science and technology, crafts. education, documentation, communication (language)
3. CULTURAL	all with pretence to significance, profundity, seriousness, greatness, inspiration, elevation of mind, institutional value, exclusiveness. FINE ARTS ** only. literary, plastic, musical, kinetic.	games, jokes, gags, sports,

* Past history shows that the less people have leisure, the less their concern for all these leisure activities. Note the activities in games, sports and fine arts among aristocrats versus coal miners.

** Dictionary definition of fine arts: "art which is concerned with the creation of objects of imagination and taste for their own sake and without relation to the utility of the object produced."

Since the historical development of fluxus and related movements are not linear as a chronological commentary would be, but rather planometrical, a diagram would describe the development and relationships more efficiently.

Diagram no.2 (relationships of various post-1959 avant-garde movements)
Influences upon various movements is indicated by the source of influence and the strength of influence (varying thicknesses of connecting links).
Within fluxus group there are 4 categories indicated:
1) individuals active in similar activities prior to formation of fluxus collective, then becoming active within fluxus and still active up to the present day, (only George Brecht and Ben Vautier fill this category);
2) individuals active since the formation of fluxus and still active within fluxus;
3) individuals active independently of fluxus since the formation of fluxus, but presently within fluxus;
4) individuals active within fluxus since the formation of fluxus but having since then detached themselves on following motivations:
a) anticollective attitude, excessive individualism, desire for personal glory, prima dona complex (Mac Low, Schmit, Williams, Nam June Paik, Dick Higgins, Kosugi),
b) opportunism, joining rival groups offering greater publicity (Paik, Kosugi,
c) competitive attitude, forming rival operations (Higgins, Knowles, Paik).
These categories are indicated by lines leading in or out of each name. Lines leading away from the fluxus column indicate the approximate date such individuals detached themselves from fluxus.

图 271

乔治·马修纳斯的《激浪派（其历史发展演进以及与先锋派运动的关系）》，约 1966 年

承蒙底特律吉尔伯特与利拉·希尔曼的激浪派收藏馆提供资料；照片：萨尔兹堡的赫尔曼·塞德尔（Herman Seidl/Salzburg）与（艺术史家）阿斯特里特·施密特－伯克哈特（Astrit SchmidtBurkhardt）联合出品

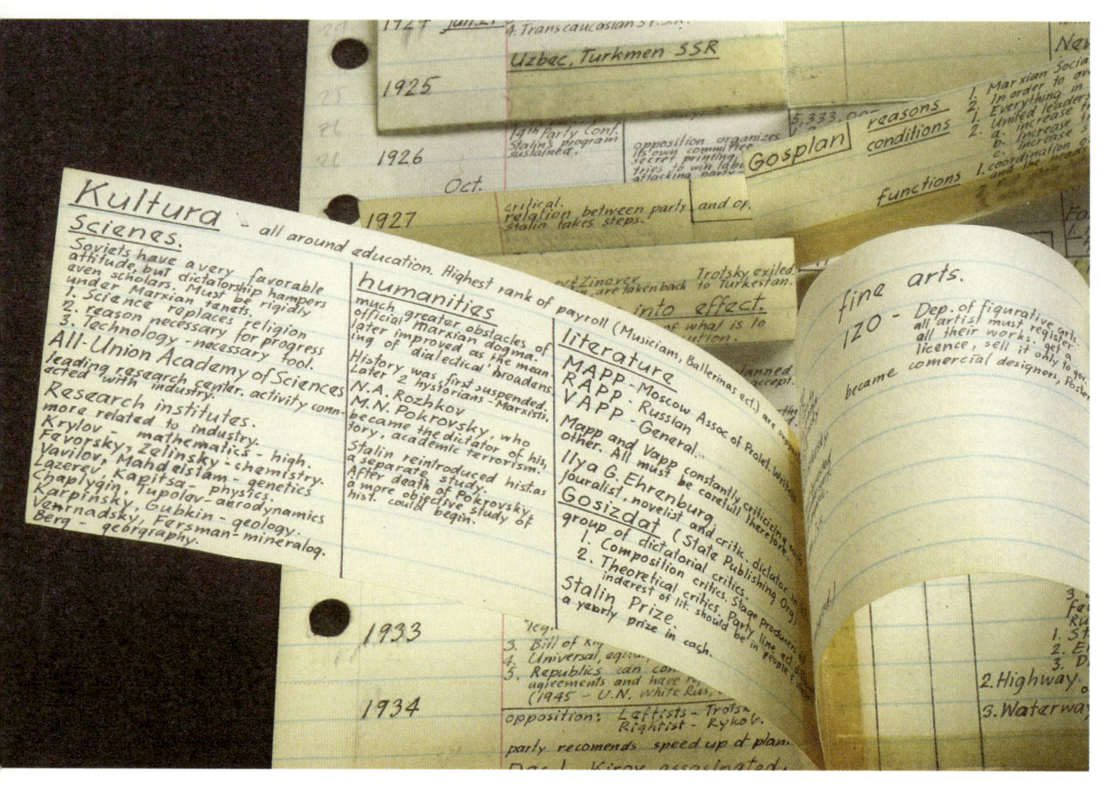

图 272

乔治·马修纳斯的俄罗斯历史图表手稿，20 世纪 50 年代早期

承蒙底特律吉尔伯特与利拉·希尔曼的激浪派收藏馆提供资料；照片：萨尔兹堡的赫尔曼·塞德尔与（艺术史家）阿斯特里特·施密特－伯克哈特联合出品

图 273

阿尔休斯·卡斯帕里（Arthus C. Caspari）朗读乔治·马修纳斯的宣言，而白南准（1932—2006）则在后面展开了马修纳斯的图表；1962 年于德国伍珀塔尔

承蒙底特律吉尔伯特与利拉·希尔曼的激浪派收藏馆提供资料；摄影：鲁尔夫·雅赫林（Rolf Jährling）

对观念艺术和基于时间有效性的艺术而言，纪年描记这一形式的潜力都是巨大的；20世纪五六十年代期间，诸如作曲家约翰·凯奇（John Cage）这类的艺术家们，从好几个各自不同的角度来慎重考虑了这一潜力。（参见图274—275）出自这一阶段的凯奇的作品，有很多是直接讨论了时间的问题。他1952年的著名曲目，题为《4′33″》，就明确指定了曲长时段为四分三十三秒，在此期间乐手们禁止演奏各自的乐器。此作的乐谱，只是文字书写的一套指令。另外有些乐谱，凯奇则加以图形化处理。举例来说，在那同一年，凯奇挪用了一个传统的年代描记格式来呈现另一个随机（或曰偶然）曲目的乐谱；作品题为《想象的风景，5号》，要求表演者按照形式结构如同普雷斯特利的《传记图表》的一份时间表，来演奏出自42张唱片录音的、相应的简短片段。贯穿其音乐作品的始终，凯奇与普雷斯特利有着一种强烈的观念上的共鸣共振——关于如何处理持续时长、同步共时、模式以及偶发意外这些问题。

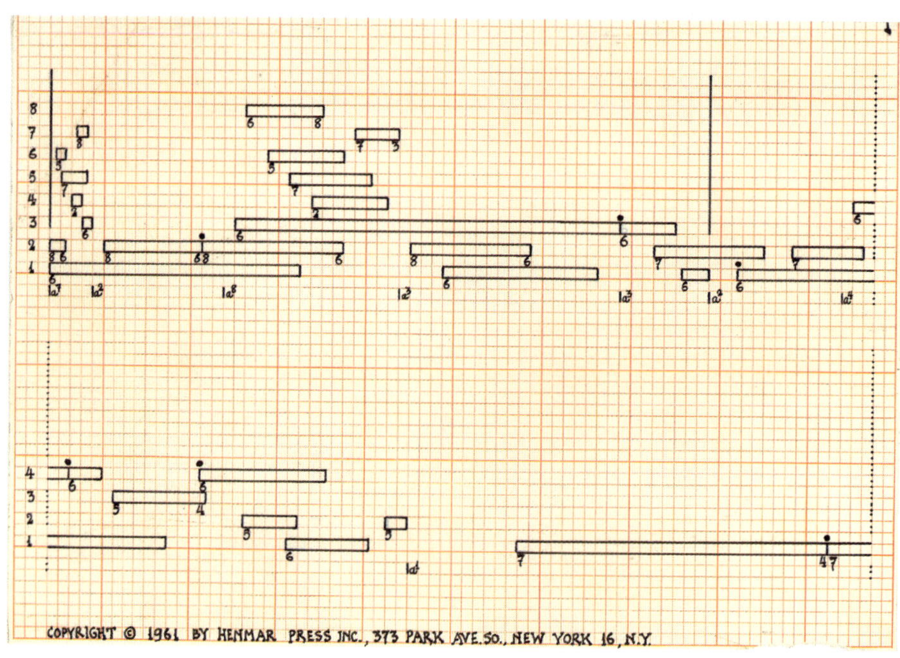

图274

约翰·凯奇的《想象的风景，5号》乐谱，1952年

纽约市公共图书馆（阿斯特、雷诺克斯与迪尔登基金会资助）行为艺术藏品部，音乐分项类目；承蒙赫恩玛尔出版社授权

图275

“艺术家库尔特·施威特斯（1887–1948）在一张时间图表上”，其中的第4与第5页，作者为斯蒂凡·希默森；最初发表于1967年第16期的《版式设计》杂志

I have just come back from Cambridge, where I was asked to address a Society of Arts on Kurt Schwitters in England. The average age of the audience was about 20. Consequently, I learnt more from them than they did from me. What I learnt I will tell you later. One of my tasks was to make those 20-year-old men and women see that the objects they liked or disliked (such objects as Schwitters' collages) were produced in a world quite larger than theirs, in a world in which clocks turn much more quickly than do those embedded in the old walls of the colleges. Their minds lived in the specially cultivated quiescent isolation of the university green lawns. The objects they wanted to know whether to like or dislike came to them from a different context. They were produced in a world which changes with each turn of its clocks.

I drew a time-chart on the blackboard:

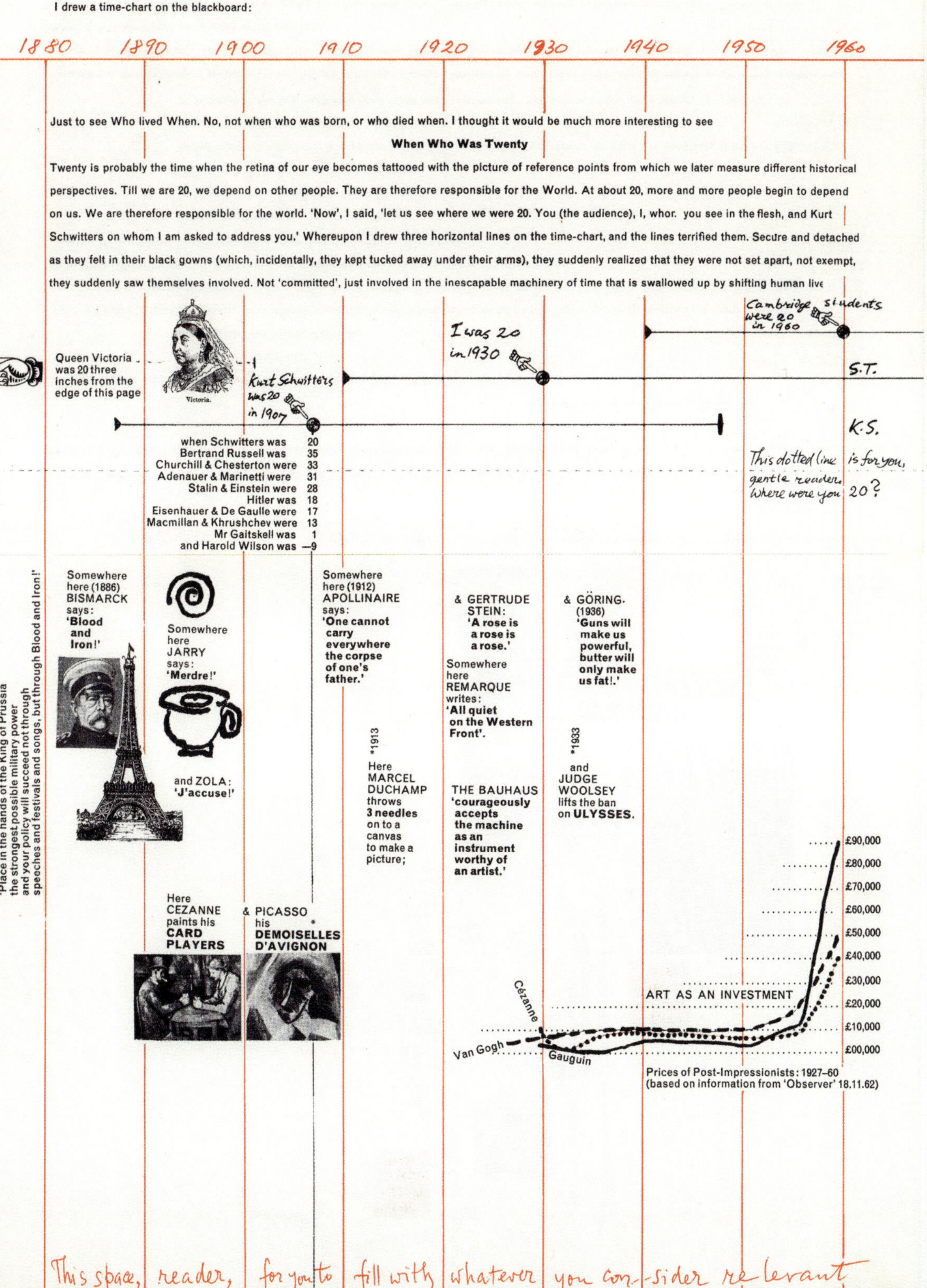

Just to see Who lived When. No, not when who was born, or who died when. I thought it would be much more interesting to see

When Who Was Twenty

Twenty is probably the time when the retina of our eye becomes tattooed with the picture of reference points from which we later measure different historical perspectives. Till we are 20, we depend on other people. They are therefore responsible for the World. At about 20, more and more people begin to depend on us. We are therefore responsible for the world. 'Now', I said, 'let us see where we were 20. You (the audience), I, whom you see in the flesh, and Kurt Schwitters on whom I am asked to address you.' Whereupon I drew three horizontal lines on the time-chart, and the lines terrified them. Secure and detached as they felt in their black gowns (which, incidentally, they kept tucked away under their arms), they suddenly realized that they were not set apart, not exempt, they suddenly saw themselves involved. Not 'committed', just involved in the inescapable machinery of time that is swallowed up by shifting human live

1880
1890
1900
1910
1920
1930
1940
1950
1960
Cambridge students were 20 in 1960
I was 20 in 1930
S.T.
Queen Victoria was 20 three inches from the edge of this page
Victoria.
Kurt Schwitters was 20 in 1907
K.S.
when Schwitters was 20
Bertrand Russell was 35
Churchill & Chesterton were 33
Adenauer & Marinetti were 31
Stalin & Einstein were 28
Hitler was 18
Eisenhauer & De Gaulle were 17
Macmillan & Khrushchev were 13
Mr Gaitskell was 1
and Harold Wilson was —9
This dotted line is for you, gentle reader. Where were you 20?
'Place in the hands of the King of Prussia the strongest possible military power and your policy will succeed not through speeches and festivals and songs, but through Blood and Iron!'
Somewhere here (1886) BISMARCK says: 'Blood and Iron!'
Somewhere here JARRY says: 'Merdre!'
and ZOLA: 'J'accuse!'
Somewhere here (1912) APOLLINAIRE says: 'One cannot carry everywhere the corpse of one's father.'
& GERTRUDE STEIN: 'A rose is a rose is a rose.'
Somewhere here REMARQUE writes: 'All quiet on the Western Front'.
& GÖRING (1936) 'Guns will make us powerful, butter will only make us fat!.'
*1913
Here MARCEL DUCHAMP throws 3 needles on to a canvas to make a picture;
THE BAUHAUS 'courageously accepts the machine as an instrument worthy of an artist.'
*1933
and JUDGE WOOLSEY lifts the ban on ULYSSES.
Here CEZANNE paints his CARD PLAYERS
& PICASSO his DEMOISELLES D'AVIGNON *
ART AS AN INVESTMENT
£90,000
£80,000
£70,000
£60,000
£50,000
£40,000
£30,000
£20,000
£10,000
£00,000
Cézanne
Van Gogh
Gauguin
Prices of Post-Impressionists: 1927–60
(based on information from 'Observer' 18.11.62)
This space, reader, for you to fill with whatever you con-sider relevant

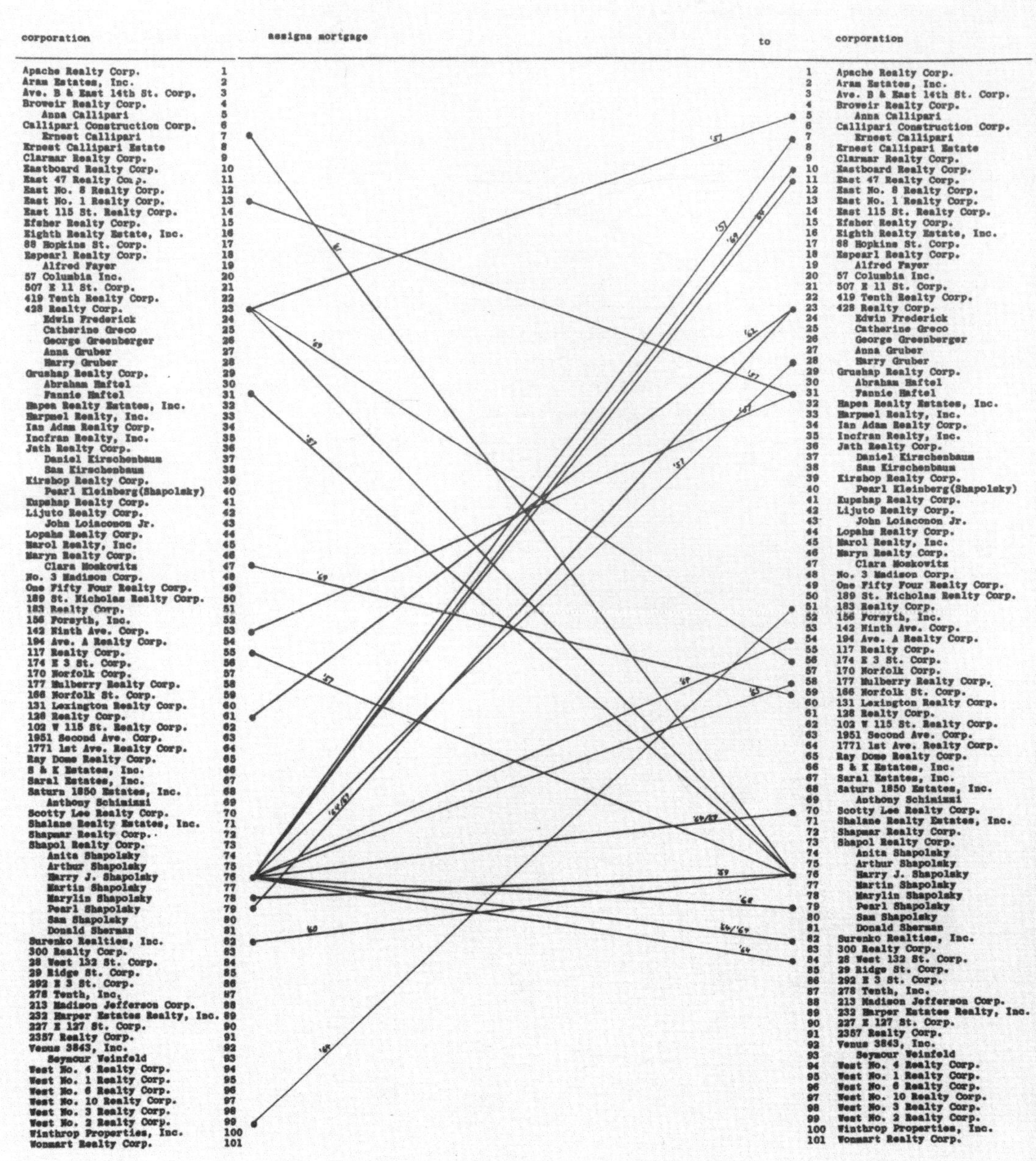

图 276

《夏珀尔斯基家族及其他，曼哈顿房地产控股公司，截至1971年5月1日的实时社会系统》；在此作中，艺术家汉斯·哈克追踪了曼哈顿一家大型房地产公司以及该财团旗下众多壳公司与从属子实体的那些复杂的法律与金融层面上的交易操作；作品中用到了照片、文字与图表。这一装置型创作，原本计划在1971年于纽约古根海姆博物馆举办的一个展览中登场，但因其指涉的政治内涵引发极大争议，展出计划遭取消。

接下来的二十年间，政治意识敏锐的艺术家们开始以历史学家与社会学家的方式来运用时间图表；举例来说，就像汉斯·哈克（Hans Haacke，1936— ）的那一图表，《夏珀尔斯基家族及其他，曼哈顿房地产控股公司，截至1971年5月1日的实时社会系统》（*Shapolsky et al., Manhattan Real Estate Holdings, a Real Time Social System, as of May 1, 1971*）；此表揭露了房地产交易的骗局游戏，而这些交易又支配了当时纽约城各处的贫民区。（参见图276）作为图形图样，哈克的表格相当简单：标有日期、代表交易的线条，标示了那些表面看来各自独立的地产转手交易，分别在某个公司与另一个公司之间完成。但是，放在一起去看，这些线条透露出的，是一个交错缠杂、相互关联的斜格体系，而此体系是一单个的金融巨头实体，其利益分布在数量庞大的曼哈顿房地产项目中。哈克的这个作品，意图是将博物馆空间变成社会活动家们的一个激进讲坛；这一挑战和煽动果然奏效了，在政治与形式的双重层面都有了效果：他在古根海姆的展览被取消，由此也引发了更多的辩论与抗议。

日本裔艺术家河原温采取了另一种途径来进行纪年描记：实时绘画。（参见图277—278）从1966年起，河原温就一直画其所在地当天的日期，每次画一天。他的“日期绘画”，每一幅都是在画中记录的那同一天开始并完成结束；而作品里面什么也没有，只除了当天的日期本身，日期呈现的具体形式是某种地方新闻小报的风格。“日期绘画”是当日的实时记录，不过，关于实时记录应该呈示什么内容，河原温在这些画中推翻、颠覆了那些常规的假定预设。人们更为熟悉的实时纪录形式，比如电影和定时连续摄影，由于其中那高频率的取样节录，所带来的结果便相当近似于自然的知觉体验；但与这类媒介构成反差的是，河原温的作品则将时间放慢，慢到相当于是日历、日记与新闻日报之类印刷物形式的节奏。

河原温的作品不仅明确了绘画的时间性特征，而且宣示了计时描记呈现形式的作用及意义——对我们关于暂时性或时效的理解能力，计时描记一开始就有着重要作用。（参见图279）他的作品所指涉的日期，是实在的、具体可见的文化产品，那些画面也不是处处完全同样。实质上，“日期绘画”的功能，就类似于一只巨型的放大镜片，聚焦在一份普雷斯特利样式的图表的纸面上，揭示透露出我们的时间描记表现形式中，那种既美好却又令人不安焦虑的物质性。

图 277

河原温，《一千天一百万年》，装置展，1993 年 1 月 1 日至 12 月 31 日于迪亚艺术中心

摄影：凯茜·卡佛（Cathy Carver），迪亚艺术基金会授权

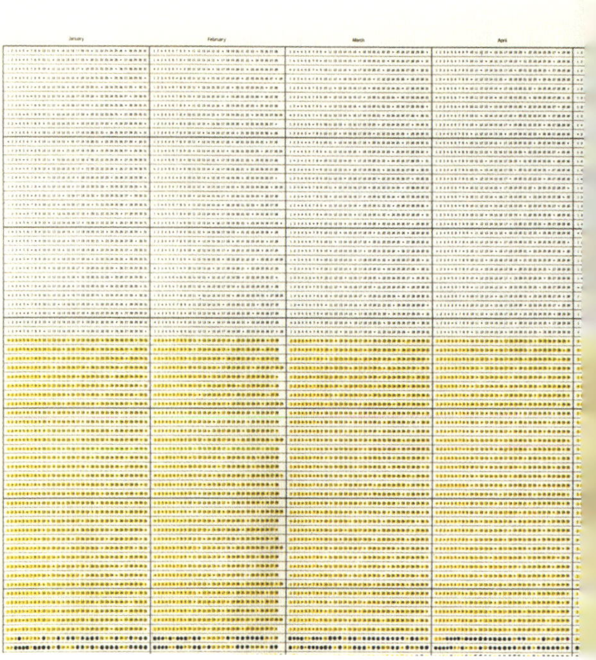

图 278

河原温，《百年日历（24698 天）》，于 2000 年 8 月 6 日

出自河原温作品收藏

图 279

出自约瑟夫·普雷斯特利《传记图表》中的一个孤立的点

承蒙美国哲学学会授权

第八章

大时代

2000 年，公共空间中的两条出色的时间线在纽约市完工开放。隔着中央公园，两者正好直接面对，一个是位于美国自然历史博物馆的《哈莉特与罗伯特·海尔布伦宇宙小道》（*Harriet and Robert Heilbrunn Cosmic Pathway*），另一个是在大都会艺术博物馆的《艺术史时间线》（*Timeline of Art History*）。两个项目是各自单独规划，也没有相互指涉的关联，但尽管如此，它们同期出现也并非完全出于偶然：两者都是海尔布伦家族在 20 世纪 90 年代确定的善款捐助计划的成果；此外，要揭幕一个大型的时间主题项目，无疑没有什么时机是比充满千禧年热忱的这一个年份更好更吉庆的了。

两条时间线彼此之间构成了一种鲜明的反差:《宇宙小道》追溯了从大爆炸直到当代今日的宇宙历史;《艺术史时间线》，追踪的则是从法国拉斯科岩画到现在的艺术史。前者是一个巨型构造体，有着长达 350 多英尺的斜坡步行道，高悬在美国自然历史博物馆的地板上方。后者则是一个虚拟空间，由超过 2.5 万页的各类艺术信息构成，通过互联网在全球任何地方都可访问浏览。

两者的这种差异，几乎没法比在这个时代更为显著了，或者说，几乎是再好也没有地体现了当下时代的特征：在一边，是钢铁与玻璃；在另一边，则是网络上的比特字节与像素点阵。不过，尽管有差异，这两个杰出的项目，一如它们所栖身的机构设施，可谓表姐妹或表兄弟关系。无论是大都会艺术博物馆还是美国自然历史博物馆，任何一位访客都能毫不困难地识别出那是一座博物馆，同样地，无需有片刻迟疑，谁都会将这两个项目称为时间线。

图 280—282

《哈莉特与罗伯特·海尔布伦宇宙小道》，地球与太空主题罗斯中心，美国自然历史博物馆，纽约，2000 年

两者都是规则的、尺度均匀的、可视化的年代纪；两者都强调比例、连续演替与同步共时的重要性；两者都是将大量的事实吸收融入一个单一的、统一的结构中；两者都力求凸显客观性、中立性与简洁明了。而且，《宇宙小道》与《艺术史时间线》所涉及的，都是广袤的纪年空间跨度；宇宙的历史回溯至 130 亿年前，艺术的历史则回溯到 2.5 万年前 —— 这种宏大的汇总合成，正是我们指望从大型时间表和大型博物馆所得到的体验。

不过，虽然《宇宙小道》与《艺术史时间线》确实体现了时间线的很多经典特征，两者却没一个是完全典型的时间线。（参见图 280—282）首先来说，两者都体量巨大，比起 19 世纪那些已然扩展膨胀了的图表，也还是远远超出，几乎不可同日而语。实际上，在《宇宙小道》这里，大小与规模正是这“游戏”的关键秘诀所在：从构想之初，小径就是要让体验者感觉到绝对的大。甚至是在接近小径之前，参观者就必须首先面对那硕大无朋的海登星象天文馆，那是金属的圆形穹顶构造体，悬垂在地面以上两层楼的高度，而这“天幕星空”又是位于更为巨大的一个玻璃建筑结构之内。

《宇宙小道》的设计，是为了让参观者不仅是看到，而且是身临其境感受到历史的浩瀚无垠。从一开始，观众量度他或她的步幅，用的便不是空间，而是时间。在小径上，一般成年人迈出的一步，平均能覆盖 600 万年左右的跨度。（译注：此处应为 6000 万年，因为 130 亿年的总长为 350 多英尺，也即约 110 米，不需要 2200 步才能走完。）既然每人的步幅略有差异，因此每位访客都是以他或她自己的历史步伐行

图 283—284

大都会艺术博物馆，《艺术史时间线》，专题网站于 2000 年启动运行

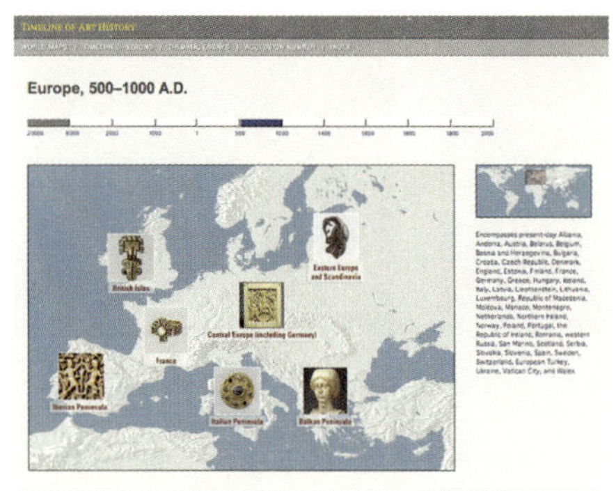

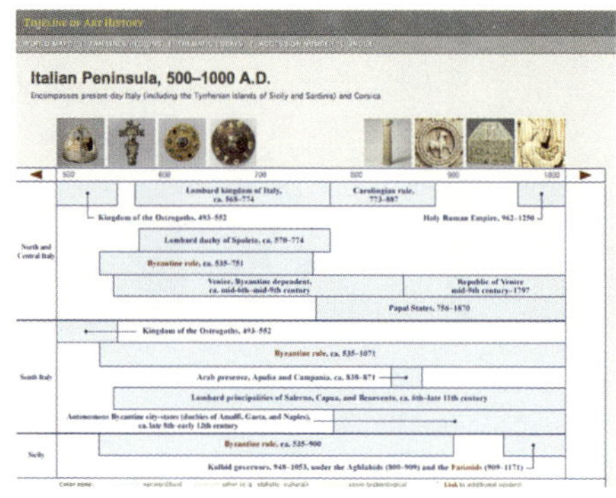

进和穿越过一个个千年。该博物馆中满是数字科技的奇观，在此环境里迈腿漫步走过宇宙的历史，这样的模拟形态的体验反倒耳目一新。假如人流不太大，不至于推推搡搡，而且天气也不错，参观者便可以放慢节奏，从容不迫地浏览提取解说牌上的信息，同时也享受从环绕着天文馆的巨大玻璃方窗间流泻而入的阳光。

在这“宇宙小道”上，可学习了解的东西非常之多：每个设定时点上，都有解说牌来确认宇宙历史上从 130 亿年前到现在的重大时刻。另外，在最后一块解说牌下方，“宇宙小道”设置了一个惊讶元素：一缕人类头发被拉紧了绷在那里，其宽度代表着 3 万年，这也正是从已知最早的、在欧洲发现的洞穴岩画到这一步道揭幕开放之年的时间长度。

隔着中央公园，在对面的大都会艺术博物馆里，不同的另一个东西面世之后仍在持续推进中。（参见图 283—284）在那里，千秋万载的时间应配给多大的物理空间，这一问题早已经提出来讨论过。两百多万件来自全球各地的珍贵的人工作品，要如何呈现出它们的总体概览？大都会确定的解决方案是，将自己的《艺术史时间线》做成完全电子化的形式。尽管大都会“时间线”的员工们有一间办公室，远远隐藏在博物馆那庞然大物的顶楼上，但那时间线本身却是既无处可见同时又无处不在的：数千数万的图像与信息页面，可以数十种不同的方式去浏览查看。在这里，以自己的步幅节奏横穿历史，有着全然不同的意义。与《宇宙小道》相似，大都会的项目界面用了历史年代纪来

作为它的主要索引指标。但在这里，时间只是组织材料的一个结构，是历史的一个可能的投射。借助于在地理地图上的移位以及在项目中搜寻人名作品名与各类题材主题，使用者也同样可穿越《艺术史时间线》。

实际上，大都会博物馆的这个专题网站，只有从一个视角去看时才会是一条时间线。正如其设计者所强调的，这本质上是一个信息数据库。它的体量也将继续增长，最终将具备更多的搜索功能与更多的视像化方案或模式。最初获得立项许可时，大都会博物馆组织的创作团队——策展管理人与馆长们——都对这"时间线"信心不足，如履薄冰。要劝服所有部门用一个声音、通过一个渠道来发言，当然是很艰巨的任务，但综合各方面的因素整体看来，付出这份努力是有用的，也是富于教益的。事情很快变得明朗起来，时间线的隐喻已经嵌入了博物馆的这个项目。实际上，时间线看上去是如此基本和必要，因此很难理解为何直到那时才被明确清晰地表现出来。

大型时间线，也不是只在传统的博物馆或只在西方受到赏识。（参见图 285）即使是没有中国艺术或历史背景知识的参观者，对其来说，台北故宫博物院里的《中国艺术时间线》也很容易顺着时代看下去和看懂。莎拉·法奈利（Sarah Fanelli）为伦敦的泰特现代艺术展馆创作的俏皮有趣的现代艺术时间线，也同样明白易懂。法奈利的时间线，还做成了棕色与粉色搭配的、讨人喜欢的风琴式折叠书，可供求知欲强的感兴趣者购买——参观者由此带回家的，除了泰特美术馆的一些风格气息，同时还包括了年代纪知识。这个展馆，可谓后现

图 285

莎拉·法奈利，《泰特艺术家时间线》，伦敦，2006 年

代艺术表现的一个“震中”，但即便是在这里，图形化的时间线不仅幸存着，而且还充满生命力。此外，假如说这个形式类型中现在还可能有着某种特定的奇趣反讽，并且甚至是很典型的话，那么在这一意义上，老套的、完全只是事实陈述的历史时间线也做得很不错。如今，几乎没有哪一家博物馆的纪念品商店，是你在那里不能买到一份《历史米尺》（*History by the Meter*，参见图 286）的；这“尺上历史”是一条纯粹的、回归基本元素的历史时间线，被机灵巧妙地印在一根折叠式米尺上。正如法奈利的风琴书那样，那种跨界交叉的价值，被证明是巨大的。这些历史题材的图表图示，仅在博物馆里欣赏是不够的；公众还想把它们带回家细细体验。

当然了，这些大型的时间线，当它们被转换成便携式印刷产品，有些东西就失去了——或者至少是被改变了。在时间线这里，视觉界面就是一切。控制论的理论家们喜欢说，多就意味着不同。在时间线的王国里，大就意味着不同。既然时间线的目标是概要性质的，那么，读者看到的越多，他/她所能继续看见和发现的也就越多。正因为如此，这些大型装置的便携居家版本，都采用某种折叠、卷轴式或压缩的形态：这样一来，在自家的起居室地板上，读者便可以铺展开这些材料，在一定程度上重获那种大尺寸原版的类似效果。实际上，一位 19 世纪的时间线创作者，纽约“麦迪逊大道”（译注：指代美国广告业，恰如华尔街指代金融业）的高管曼里·纪拉姆（Manly M. Gillam），当他的一项专利申请遭拒时，便是提出了逻辑类似的抗辩申诉。在那份成功的申诉中，他说，专利局没有能力鉴别认知他那时间线系统的直观直觉价值，因为局里的相关规定只允许他递交一份微缩图版。他的图表系统，看上去是巴尔那“鱼雷”图的前身祖辈，而该专利最终在 1893 年 2 月 21 日通过审核认定。

自不必说，这些形态各异的项目，只是那类大型时间线作品的一些近期的示例。（参见图 287）近现代时间线的那些早期的先驱，比如古代帝王及执政官名录以及中世纪的家族世系长卷，往往在尺寸比例上都挺宏大，以便能展示荣光，供公众瞻仰。公元前 18 年到前 17 年，屋大维·奥古斯都命人在罗马议事广场东端的一道拱门上刻写了《执政官年表》（*Fasti Consulares*），上面列出的是多年来罗马政权执政官的轮值座椅上所坐过的当值者。与屋大维很多其他的

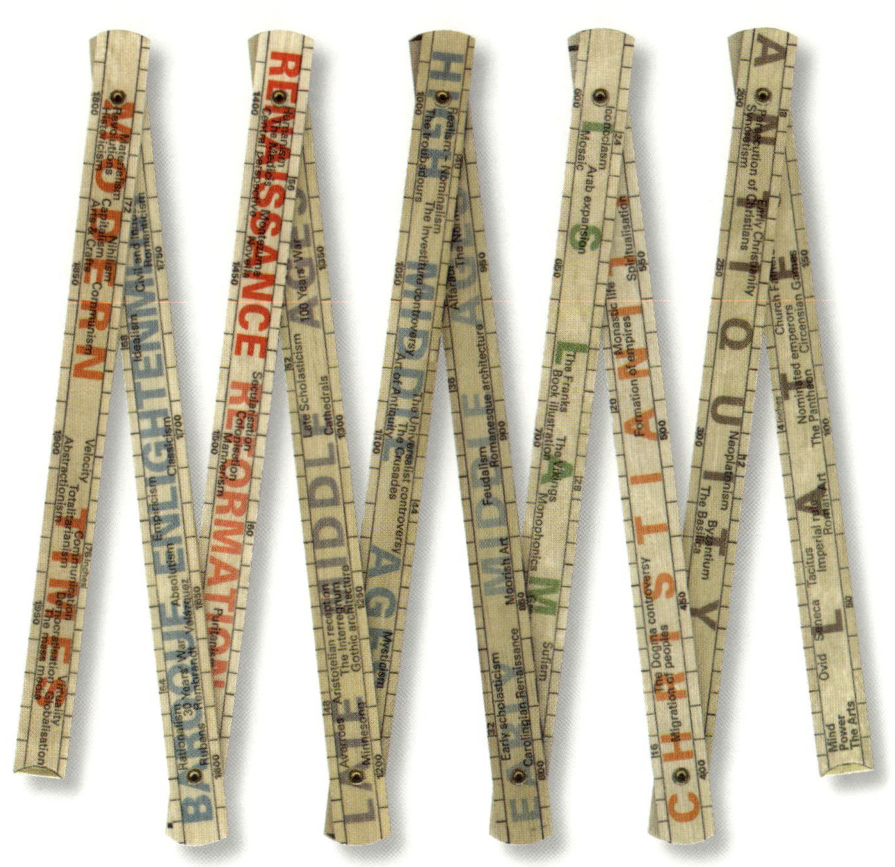

图 286

《历史米尺：2000 年》

网址：www. metermorphosen.de

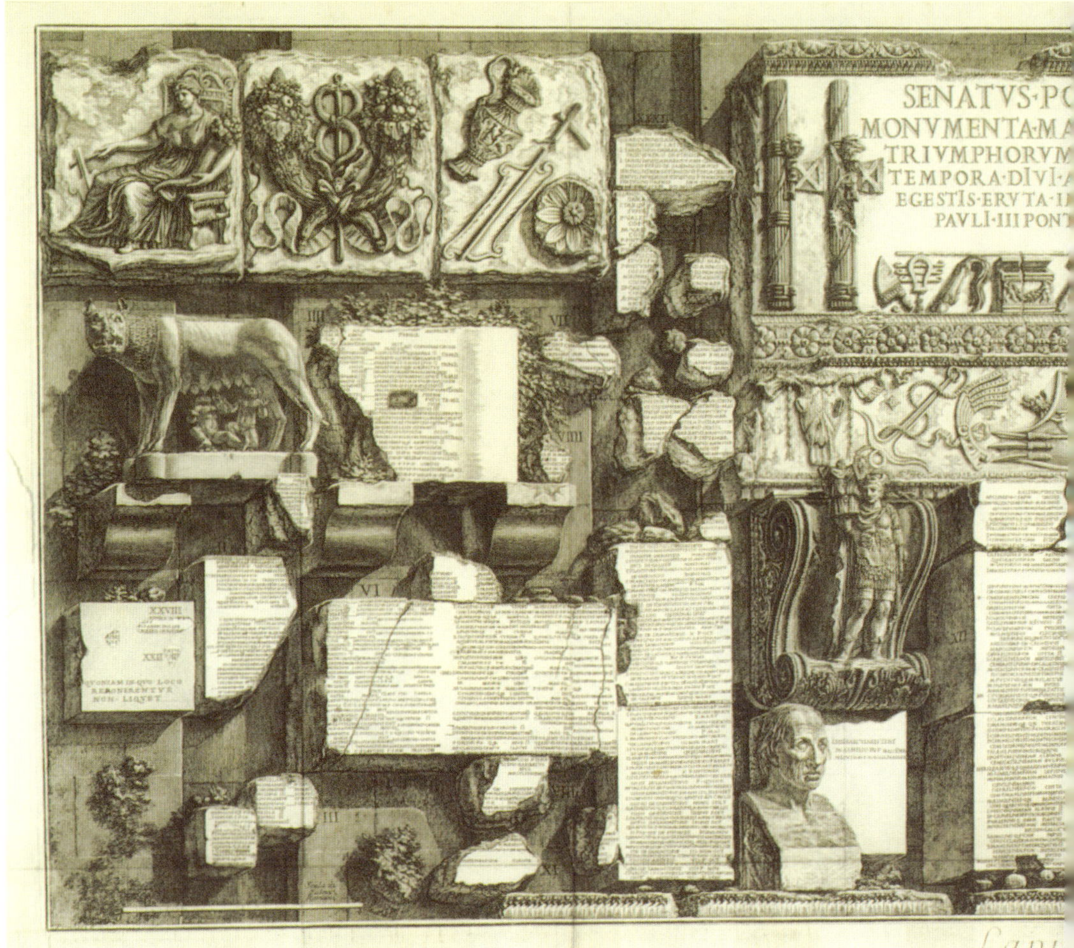

图 287

乔瓦尼·巴蒂斯塔·皮拉内西，《从罗穆卢斯到皇帝提庇略统治期间的罗马执政官年表》，罗马，1761 年

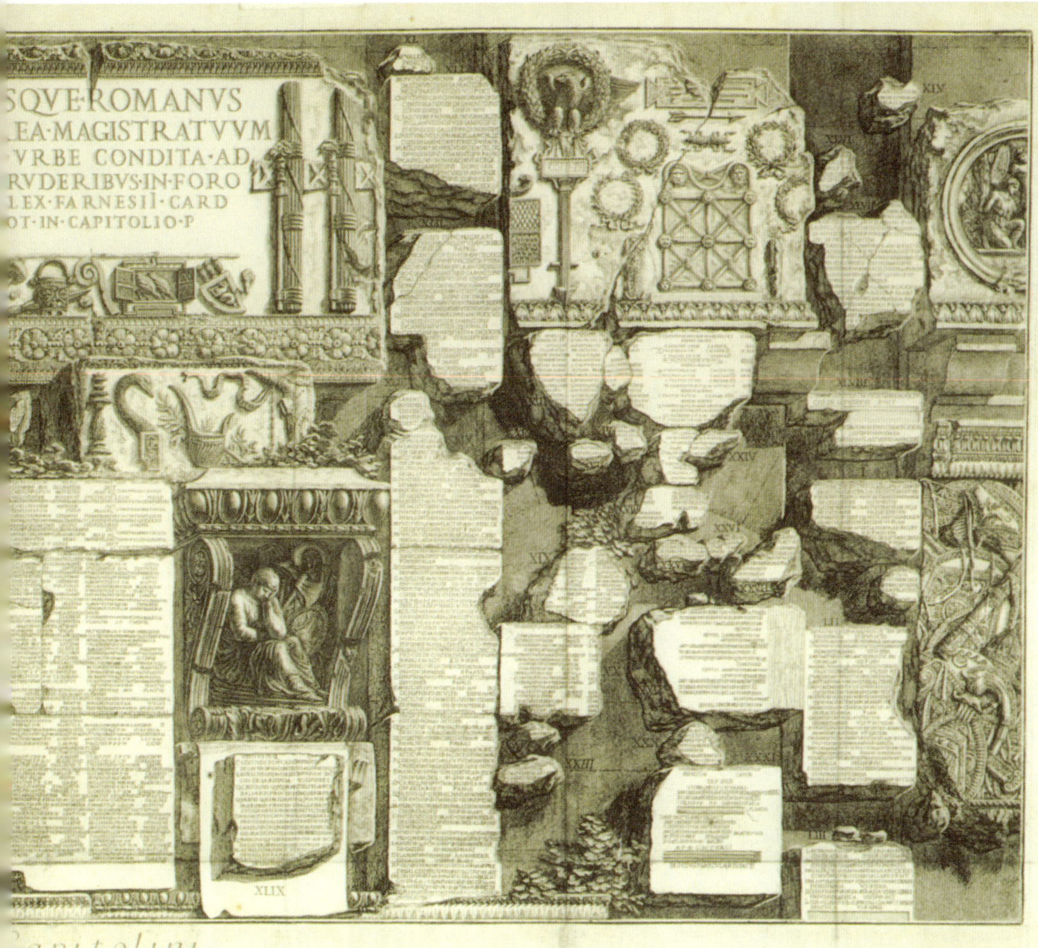
SQVE·ROMANVS
LEA·MAGISTRATVVM
VRBE CONDITA·AD
RVDERIBVS·IN·FORO
I.EX·FARNESII·CARD
OT·IN·CAPITOLIO·P
XLIX
apitolini
dispositos in inferiore fori parte conlocaverat nunc primum edita prout cernuntur in Capitolio servata
gantioribus aliquot veteribus sigillis, et anaglyphis
Patrum Societatis Iesu adservatum

行为一样，这位元首将早年罗马的历史封圣或正典化，是被呈现为对传统的复兴，实则是复辟帝制。罗马共和国最后的那一两百年，公众事务执政官名单上，同时也展示日历——标出一年中的重大节日与集市交易日；当然更是展示罗马政权的历史——以一对新当选的执政官来标志每一个年份，而这两位执政官也是每年都要重选。按照传统习惯，当罗马人指涉早期历史上某一事件的日期，或者回忆自己青春年代的欢乐时光，他们都是提到某个特定的执政官任期来表达所指的年份时间。但是，屋大维对这种年代纪（岁时年历）做出了很关键的改变。他将执政年与从城市创建之初的罗马历史关联起来，因此改变了公众对年代时间顺序的概念，同时也是表明和指定了，罗马的时间要从被共和国取代了的君主制的罗马王政时期开始。在那新版执政官名单上，屋大维·奥古斯都出现的次数是如此之多，所以执政官们便明白了，他们的地位，一如他们之于时间的关系，已经改变了。乔瓦尼·巴蒂斯塔·皮拉内西（Giovanni Battista Piranesi，1720—1778）在18世纪出品的雕版印画，描绘了这些不幸已遭损毁的人工造物；版画构成一种强有力的提醒：不仅人类的成就朝生暮死，难以长存，而且那意在描记永恒时间的、宏大的纪年形式，其蕴含的文化力量也同样会转瞬即逝。正如皮拉内西的“执政官年表”拱门废墟图像所显示的，议事广场，与古罗马的其他场址一样，也是一个用于时间描记的空间。

这些以恢弘的尺寸规模来制造效果的策略，多年以后仍然有效。（参见图288）1516年左右，阿尔布雷希特·丢勒为神圣罗马帝国的皇帝马克西米利安一世设计了一座精雕细琢的“凯旋门”（荣耀之门），门上展示哈布斯堡王朝的世系脉络及其政治建树；此设计从未指望着当真能修建落成，但这丝毫也不会削弱它的宏伟壮观程度——无论是概念中的或实物意义上的宏大。这“荣耀之门”的雕版印画，构成了一个巨型单页——包含折叠着的四十五张版画，粘连到一起展开后，可覆盖整整一面墙。马克西米利安将此拱门视为与那些实体建筑并列的视觉对等物；他与妻子，“奥地利的玛格丽特”，当两人完成那正式的“欢乐进驻”——和平访问玛格丽特（公爵夫人）统治下的那些“低地国家”（荷兰）的城市以宣示主权——之际，也正是走过了那些实体建筑。围绕着巨型大门的三个入口——分别是“名望入口”“荣耀与威权入口”，以及“高贵入

图 288

阿尔布雷希特·丢勒,《荣耀之门》, 约1516年

口”—— 丢勒与他的合作者们所布局安排的浮雕内容，总合起来就是哈布斯堡王族的历史。此历史开始于特洛伊，向下一直到当年的现世；其中包括了从尤利乌斯·恺撒以降的所有曾经的罗马帝王、马克西米利安的祖先，还有姻亲关系网下他的那些亲属 —— 尤其著名和突出的，是像狮心王理查德之类的人物。哈布斯堡家族的一位圣人，名为雷奥波尔德，在一根立柱上占据了显著位置。临近顶部，在那圆顶的礼拜堂下，站立的是四位哈布斯堡族人；在马克西米利安之前，他们分别担任过德国的君主或皇帝。马克西米利安本人，则出现在中间，居于高处，庄严端坐，身旁围绕着动物与其他的象征图案：整体上如一篇颂词，是以改造重建的埃及象形文字构成。这一极具野心的大型规划，是要从历史题材中激发出一种令人敬畏尊崇的氛围感受。这荣耀之门，与现代那些呈现时间的空间构建物类似，也是借助于艺术家与学者的合作来打造；如此作品是邀请观众从历史本身当中穿行而过。此门会让体验者感到渺小卑微，正如它在现代的同类对应物让观众感受到的那样 —— 这不仅是因为它所代表的岁月之旅是那般漫长，而且是因为这门廊上的人物，那些显赫或杰出的男女名人是如此密集，而马克西米利安皇帝本人又在这一出品中巍然在上，处于支配地位。

关于年代纪，这些较为老旧的展示形式也并非总是求大。（参见图 289）有时候，为了取悦于使用者，它们被铸成迷你微型物；比如 1790 年（译注：原书此处错误，误写为 1720 年）的这一实例：西班牙设计者弗朗西斯科·阿森西奥（Francisco Assensio）为法王路易十六所创作的年代纪主题首饰。在近代早期，这些异形异质的纪年描记形式，在文化上有着中心意义，就像时间线在近代所获得的文化角度上的中心地位。

从 18 世纪起，时间线就已变成了历史关系的一个很普遍普通的表达手段，

图 289

弗朗西斯科·阿森西奥，《法兰西国王年表，以及按巴黎皇家日历所算之历任国王去世年份，出品于 1790 年；献给路易十六之戒指，其上铭文之摹本与放大版》，约 1790 年

COPIE EN GRAND DE CE QUI CONTIENT LA BAGUE

DEDIÉE AU ROY DE FRANCE LOUIS XVI.

L'AN MDCCXC.

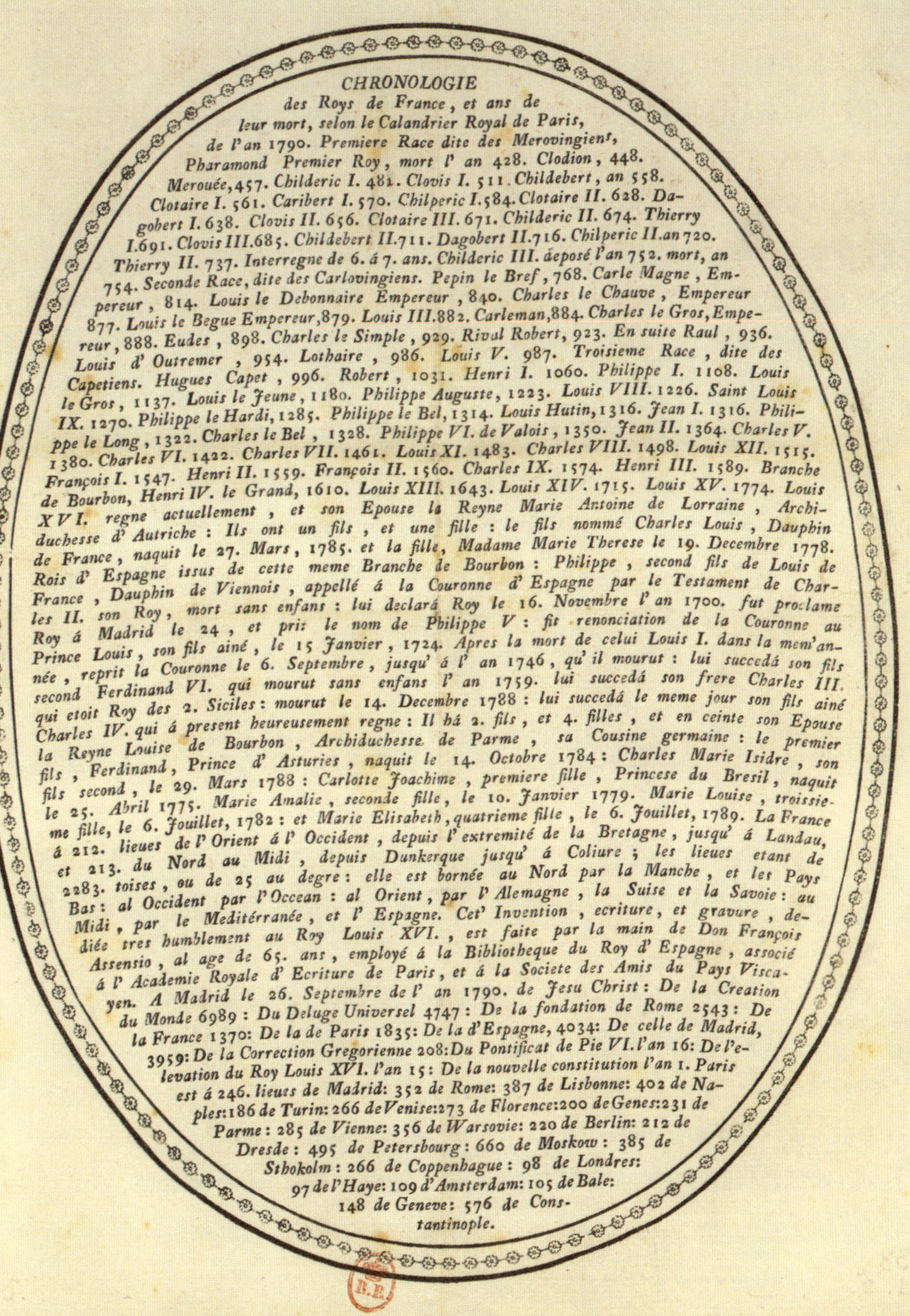

CHRONOLOGIE
des Roys de France, et ans de
leur mort, selon le Calandrier Royal de Paris,
de l'an 1790. Premiere Race dite des Merovingiens,
Pharamond Premier Roy, mort l' an 428. Clodion, 448.
Merouée, 457. Childeric I. 481. Clovis I. 511. Childebert, an 558.
Clotaire I. 561. Caribert I. 570. Chilperic I. 584. Clotaire II. 628. Da-
gobert I. 638. Clovis II. 656. Clotaire III. 671. Childeric II. 674. Thierry
I. 691. Clovis III. 685. Childebert II. 711. Dagobert II. 716. Chilperic II. an 720.
Thierry II. 737. Interregne de 6. á 7. ans. Childeric III. deposé l'an 752. mort, an
754. Seconde Race, dite des Carlovingiens. Pepin le Bref, 768. Carle Magne, Em-
pereur, 814. Louis le Debonnaire Empereur, 840. Charles le Chauve, Empereur
877. Louis le Begue Empereur, 879. Louis III. 882. Carleman, 884. Charles le Gros, Empe-
reur, 888. Eudes, 898. Charles le Simple, 929. Rival Robert, 923. En suite Raul, 936.
Louis d' Outremer, 954. Lothaire, 986. Louis V. 987. Troisieme Race, dite des
Capetiens. Hugues Capet, 996. Robert, 1031. Henri I. 1060. Philippe I. 1108. Louis
le Gros, 1137. Louis le Jeune, 1180. Philippe Auguste, 1223. Louis VIII. 1226. Saint Louis
IX. 1270. Philippe le Hardi, 1285. Philippe le Bel, 1314. Louis Hutin, 1316. Jean I. 1316. Phili-
ppe le Long, 1322. Charles le Bel, 1328. Philippe VI. de Valois, 1350. Jean II. 1364. Charles V.
1380. Charles VI. 1422. Charles VII. 1461. Louis XI. 1483. Charles VIII. 1498. Louis XII. 1515.
François I. 1547. Henri II. 1559. François II. 1560. Charles IX. 1574. Henri III. 1589. Branche
de Bourbon, Henri IV. le Grand, 1610. Louis XIII. 1643. Louis XIV. 1715. Louis XV. 1774. Louis
XVI. regne actuellement, et son Epouse la Reyne Marie Antoine de Lorraine, Archi-
duchesse d' Autriche: Ils ont un fils, et une fille: le fils nommé Charles Louis, Dauphin
de France, naquit le 27. Mars, 1785. et la fille, Madame Marie Therese le 19. Decembre 1778.
Rois d' Espagne issus de cette meme Branche de Bourbon: Philippe, second fils de Louis de
France, Dauphin de Viennois, appellé á la Couronne d' Espagne par le Testament de Char-
les II. son Roy, mort sans enfans: lui declará Roy le 16. Novembre l' an 1700. fut proclame
Roy á Madrid le 24, et pris le nom de Philippe V: fit renonciation de la Couronne au
Prince Louis, son fils ainé, le 15 Janvier, 1724. Apres la mort de celui Louis I. dans la mem'an-
née, reprit la Couronne le 6. Septembre, jusqu' á l' an 1746, qu' il mourut: lui succedá son fils
second Ferdinand VI. qui mourut sans enfans l' an 1759. lui succedá son frere Charles III.
qui etoit Roy des 2. Siciles: mourut le 14. Decembre 1788: lui succedá le meme jour son fils ainé
Charles IV. qui á present heureusement regne: Il há 2. fils, et 4. filles, et en ceinte son Epouse
la Reyne Louise de Bourbon, Archiduchesse de Parme, sa Cousine germaine: le premier
fils, Ferdinand, Prince d' Asturies, naquit le 14. Octobre 1784: Charles Marie Isidre, son
fils second, le 29. Mars 1788: Carlotte Joachime, premiere fille, Princese du Bresil, naquit
le 25. Abril 1775. Marie Amalie, seconde fille, le 10. Janvier 1779. Marie Louise, troissie-
me fille, le 6. Jouillet, 1782: et Marie Elisabeth, quatrieme fille, le 6. Jouillet, 1789. La France
á 212. lieues de l' Orient á l' Occident, depuis l' extremité de la Bretagne, jusqu' á Landau,
et 213. du Nord au Midi, depuis Dunkerque jusqu' á Coliure; les lieues etant de
2283. toises, ou de 25 au degre: elle est bornée au Nord par la Manche, et les Pays
Bas: al Occident par l' Occean: al Orient, par l' Alemagne, la Suise et la Savoie: au
Midi, par le Meditérranée, et l' Espagne. Cet' Invention, ecriture, et gravure, de-
diée tres humblement au Roy Louis XVI., est faite par la main de Don François
Assensio, al age de 65. ans, employé á la Bibliotheque du Roy d' Espagne, associé
á l' Academie Royale d' Ecriture de Paris, et á la Societe des Amis du Pays Visca-
yen. A Madrid le 26. Septembre de l' an 1790. de Jesu Christ: De la Creation
du Monde 6989: Du Deluge Universel 4747: De la fondation de Rome 2543: De
la France 1370: De la de Paris 1835: De la d' Espagne, 4034: De celle de Madrid,
3959: De la Correction Gregorienne 208: Du Pontificat de Pie VI. l'an 16: De l'e-
levation du Roy Louis XVI. l'an 15: De la nouvelle constitution l'an 1. Paris
est á 246. lieues de Madrid: 352 de Rome: 387 de Lisbonne: 402 de Na-
ples: 186 de Turin: 266 de Venise: 273 de Florence: 200 de Genes: 231 de
Parme: 285 de Vienne: 356 de Warsovie: 220 de Berlin: 212 de
Dresde: 495 de Petersbourg: 660 de Moskow: 385 de
Sthokolm: 266 de Coppenhague: 98 de Londres:
97 de l'Haye: 109 d'Amsterdam: 105 de Bale:
148 de Geneve: 576 de Cons-
tantinople.

Les lignes sont 60. avec 3479. caractères, dans le diametre prolongé d' une piece de 12. sous.

以至于它很自然地混入、融进了文化背景，正如名录与家系宗谱融入在屋大维·奥古斯都与马克西米利安的世界里那样。这并非是说，时间线是根据情境需求勉强编造出这些或其他的时间表达形式。正相反，我们的图形世界充满了表格、树状图与周期圆形；我们早期近代的那些前辈们看到这些元素，即刻便能识别出来。关于时间线在近现代时期里的功能作用，最值得注意的是：时间线在图形化背景中运行得是如此天衣无缝；时间线组织和构建其他形式的图形化描述或再现，是如此不着痕迹，仿佛它甚至根本就没有在场。

在现代的历史想象中，时间线扮演着一个特别的角色：它是作为历史本身的一种实例化、图形具现化而出现。（参见图290—291）实际上，只有当什么人，具有格兰德威尔（J. J. Grandville）或索尔·斯坦伯格那般的图形想象力的什么人，当他们玩花招出怪拳，故意把那图形化具现歪曲之际，我们才会注意到时间线。时间线，我们没有把它当成图形设计中的一个技术成就，而是当成了一个光秃秃的残余物，其余的一切内容都被刮除了。从历史的角度来说，事情远非如此。时间线，并不先于我们用以呈现历史时间的其他方式，也不曾体现那种纯粹的价值中立——尽管很多人希望赋予其这一中立性。时间线出现，是作为表达和量化纪年关系的一种新方式。它之所以受欢迎，准确来说，是因为抓住了相应时代的历史精神。

可以说，时间线以前从未像它在今日这般重要，这般随处可见。以印刷物形式出现的时间线，固然大受欢迎，但与之相比，它在互动媒介中甚至更普遍，更无处不在。有一个纪年列单，再辅以相关内容的链接，时间线已经成了当代用户界面的核心组织结构之一。之所以如此，原因并不难理解：如今可供利用的电子化信息，体量极为庞大，这就让各种各样的索引系统变得非常重要，也极为抢手，而动态的和动画类活泼的呈现表达形式的推出，又特别突出了时间的作用——作为组织内容的一根轴线。在扁平的、持续延展的信息平面的语境下，时间线所具备的吸引力，其中重要的一部分是因为它提供了一种稳定性。世界可能会变得越来越小，信息流动传播可能越来越快，但在时间符码的王国里，某种真实层面意义上的表象看似却一直存在。

这一点，在近年一个爆发增长的场域中再明显不过，那就是关于年代纪

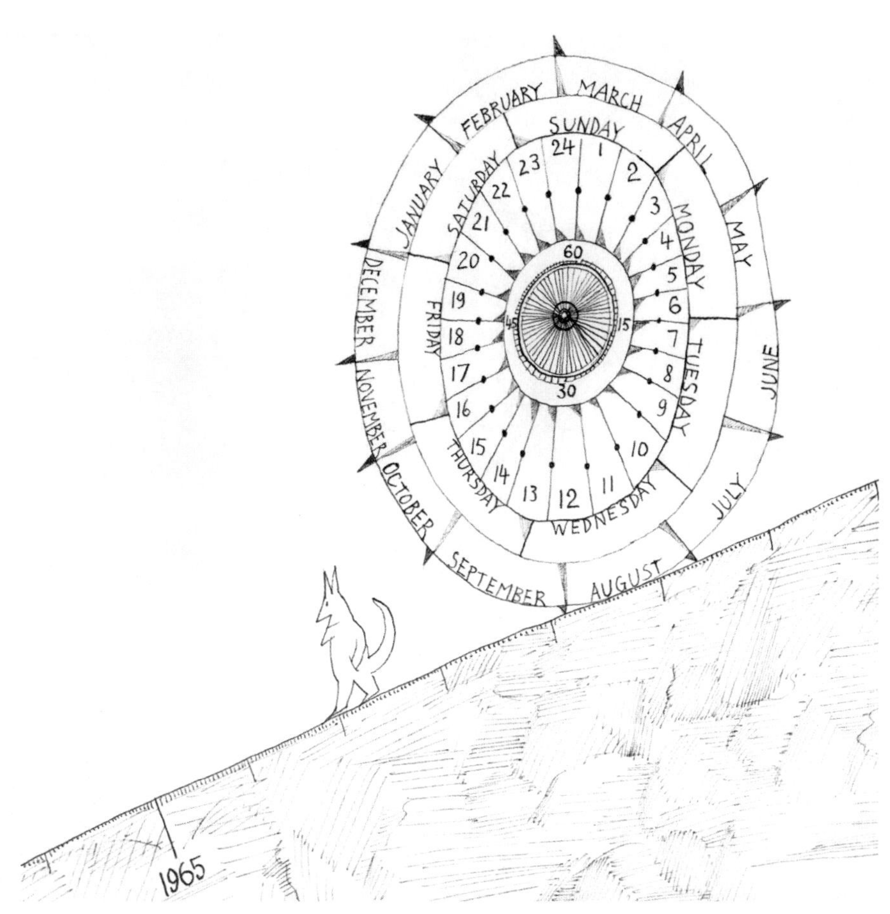

图 290

索尔·斯坦伯格,《无题》, 1965 年

索尔·斯坦伯格基金会，纽约；版权所有 © 纽约索尔·斯坦伯格基金 / 艺术家权利协会

LA MODE.

的网络 2.0 时代的产品和开源应用程序。图形上很简洁的一些互联网作品，比如谷歌的新闻与财经，伴随着那些虚拟量化和比例化的条形图 / 柱状图与线形图，已经是无处不在，而新的图形应用还在不断涌现。最近这些年来，一些互联网初创公司，比如 Miomi（美瞳）、Simile（明喻）、Mnemograph（助忆图）、Dipity（追时描述），以及长今基金会旗下的 Longviewer（长视野），都提出了一些新方式新策略，来汇聚和整合出自众多来源的信息。诸如此类的程序与网站，模糊了政治年表与私人纪年之间的边界，因为用户将各类数据 —— 来自他们生活、新闻和历史书的数据 —— 全都发贴混在了一起。这些是属于草根阶层的时间线，但它们的理想抱负在聚合之后，其恢弘壮观程度并不逊于我们此前讨论过的博物馆性质的时间线。而且，恰恰相反的是，只要按照像维基百科 —— 人人可参与网站的编辑 —— 那样的集体贡献的原则去行事，还有，只要按照数据抓取 —— 也即用一个软件程序从其他的软件程序那里搜罗数据 —— 的原则行事，那么，草根阶层时间线的终极范围，可能比过往时代的时间图表所成就的要远远更为广博广阔；尽管，与当代无名草根不同的是，过往出品的那些作者与艺术家创作人大都可识别，有名有姓。

不过，虽然这种最新一代的时间线预示着我们此前从未经历过的年代纪领域的极大丰富性，但确切来说，这是否也预示着一种进步，就难有清晰的定论了。从最初开始，时间图表要回应的最大挑战，并不是纳入更多的数据，而是让历史图画清晰简明 —— 是要提供一个直观的、有助于记忆的形式，并且那形式还能充当一个良好的参考工具。时间线在网络 2.0 时代的版本，能否达成这一任务提出的目标，仍然有待观察。现在，可以肯定指出的是，这些新版本为时间图表的有些方面赋予了规范定形，而以前这些侧面则只停留于艺术或审美判断的范畴。如此一来，新版本也就凸显了时间线这一出色的文化形式所蕴含的持续的生命力。

图 291

“时尚之轮”，出自格兰德威尔的《另一个世界；变形，幻象，实体化身…… 及其他》，1844 年出版于巴黎

部分参考文献

Benedict, Philip. *Graphic History: The Wars, Massacres and Troubles of Tortorel and Perrissin.* Geneva: Droz, 2007.

Bizzocchi, Roberto. *Genealogie incredibili: Scritti di storia nell'Europa moderna.* Bologna: Il Mulino, 1995.

Black, Jeremy. *Maps and History: Constructing Images of the Past.* New Haven: Yale University Press, 1997.

Daston, Lorraine, and Peter Galison. *Objectivity.* New York: Zone Books, 2007.

Elkins, James. *The Domain of Images.* Ithaca: Cornell University Press, 1999.

Funkhouser, H. Gray. "Historical Development of the Graphical Representation of Statistical Data," *Osiris* 3 (1937): 269–404.

Goffart, Walter A. *Historical Atlases: The First Three Hundred Years, 1570–1870.* Chicago: University of Chicago Press, 2003.

Grafton, Anthony, and Megan Williams. *Christianity and the Transformation of the Book: Origen, Eusebius and the Library of Caesarea.* Cambridge, MA: Harvard University Press, 2006.

Headrick, Daniel. *When Information Came of Age: Technologies of Knowledge in the Age of Reason and Revolution, 1700–1850.* New York: Oxford University Press, 2000.

Klapisch-Zuber, Christiane. *L'arbre des familles.* Paris: Éditions de la Martinière, 2003.

Koselleck, Reinhart. *The Practice of Conceptual History: Timing History, Spacing Concepts.* Translated by Todd Samuel Presner. Stanford: Stanford University Press, 2002.

Lakoff, George, and Mark Johnson. *Philosophy in the Flesh: The Embodied Mind and its Challenge to Western Thought.* New York: Basic Books, 1999.

Lynch, Michael, and Steve Woolgar, eds. *Representation in Scientific Practice.* Cambridge, MA: MIT Press, 1990.

Marey, Étienne-Jules. *La Méthode graphique dans les sciences expérimentales.* Paris: G. Masson, 1885.

McKitterick, Rosamond. *Perceptions of the Past in the Early Middle Ages.* Notre Dame: University of Notre Dame Press, 2006.

Mitchell, W. J. T., ed. *The Language of Images.* Chicago: University of Chicago Press, 1980.

Morgan, David. *Protestants and Pictures: Religion, Visual Culture, and the Age of American Mass Production.* New York: Oxford University Press, 1999.

Reeves, Marjorie. *Joachim of Fiore and the Prophetic Future.* London: SPCK, 1976.

Robinson, Arthur Howard. *Early Thematic Mapping in the History of Cartography.* Chicago: University of Chicago Press, 1982.

Rosenberg, Daniel, and Susan Harding, ed. *Histories of the Future.* Durham: Duke University Press, 2005.

Scafi, Alessandro. *Mapping Paradise: A History of Heaven on Earth.* Chicago: University of Chicago Press, 2006.

Schmidt-Burkhardt, Astrit. *Stammbäume der Kunst: zur Genealogie der Avantgard.* Berlin: Akademie, 2005.

Steiner, Benjamin. *Die Ordnung der Geschichte: Historische Tabellenwerke in der Frühen Neuzeit.* Cologne: Böhlau, 2008.

Thapar, Romila. *History and Beyond.* New York: Oxford University Press, 2000.

Tufte, Edward. *Beautiful Evidence.* Cheshire, CT: Graphics Press, 2006.

———. *The Visual Display of Quantitative Information.* Cheshire, CT: Graphics Press, 2001.

Wainer, Howard. *Graphic Discovery: A Trout in the Milk and Other Visual Adventures.* Princeton: Princeton University Press, 2005.

White, Hayden. *The Content of the Form: Narrative Discourse and Historical Representation.* Baltimore: John Hopkins University Press, 1987.

Zerubavel, Eviatar. *Time Maps: Collective Memory and the Social Shape of the Past.* Chicago: University of Chicago Press, 2003.

图片来源

除非图注中另有说明，所有图片由作者提供。
All images are the authors' unless otherwise noted.

[2–3] Annals of St. Gall. Ms. 915, S. 196, S. 197. Stiftsbibliotek St. Gallen. Courtesy of Stiftsbibliotek St. Gallen. [4] *Marmor Parium* (264/3 BCE). Courtesy of the Ashmolean Museum, Oxford. [5–6] Eusebius, *Chronicle*. Codex Oxon. Merton 315, f61v, f62r. Courtesy of the Warden and Fellows of Merton College Oxford. [7–9] Courtesy of the Department of Rare Books and Special Collections, Princeton University Library [10] Courtesy of the American Museum of Natural History [11] Courtesy of the Bibliothèque nationale de France [12] Charles Renouvier, *Uchronie* (Paris: Bureau de la Critique Philosophique, 1876). [14] Courtesy of the Long Now Foundation [15–27] Courtesy of the Department of Rare Books and Special Collections, Princeton University Library [28–32] Courtesy of the Houghton Library, Harvard [33–44] Courtesy of the Department of Rare Books and Special Collections, Princeton University Library [45] Courtesy of Burke Library, Union Theological Seminary [46–52] Courtesy of the Department of Rare Books and Special Collections, Princeton University Library [57–58] Courtesy of Marquand Library, Princeton University [59–61] Courtesy of the Department of Rare Books and Special Collections, Princeton University Library [64–67] Courtesy of the Department of Rare Books and Special Collections, Princeton University Library [68] Oxford MS. 255a, Corpus Christi College, f. 7v. By permission of the President and Fellows of Corpus Christi College, Oxford. [69] Oxford MS. 255a, Corpus Christi College, f. 11r. By permission of the President and Fellows of Corpus Christi College, Oxford. [70–77] Courtesy of the Department of Rare Books and Special Collections, Princeton University Library [81–82] Courtesy of the Department of Rare Books and Special Collections, Princeton University Library [86] Courtesy of the Abteilung für Alte Drucke, Zentralbibliothek, Zürich [87–88] Courtesy of the Department of Rare Books and Special Collections, Princeton University Library [89] Courtesy of Penrose Library, Whitman College [91] By permission of The Huntington Library, San Marino, California [95–96] Courtesy of the Department of Rare Books and Special Collections, Princeton University Library [99–109] Courtesy of the Department of Rare Books and Special Collections, Princeton University Library [112–114] Courtesy of the Cotsen Children's Library, Princeton University Library [115–116] Courtesy of the Department of Rare Books and Special Collections, Princeton University Library [117] Courtesy, The Winterthur Library: Printed Book and Periodical Collection [118–119] Courtesy of the Department of Rare Books and Special Collections, Princeton University Library [120] Courtesy of Beinecke Rare Book and Manuscript Library, Yale University [121–123] Courtesy of the Department of Rare Books and Special Collections, Princeton University Library [124–125] By permission of The Huntington Library, San Marino, California [126–133] Courtesy of Department of Rare Books and Special Collections, Princeton University Library [134] Courtesy of the British Library [137] Courtesy of Cotsen Children's Collection, Department of Rare Books and Special Collections, Princeton University Library [140–144] Courtesy of Department of Rare Books and Special Collections, Princeton University Library [145] Courtesy of the University of Oregon Library [146–147] Courtesy of Department of Rare Books and Special Collections, Princeton University Library [148, 150–152] Courtesy of Department of Rare Books and Special Collections, Princeton University Library [154] Courtesy of the Bibliothèque nationale de France [155–160] Courtesy of Department of Rare Books and Special Collections, Princeton University Library [161] Courtesy of Cotsen Children's Collection, Department of Rare Books and Special Collections, Princeton University Library [162] Courtesy of the American Philosophical Society [163] Courtesy of the American Antiquarian Society [164–166] Courtesy of Department of Rare Books and Special Collections, Princeton University Library [167] Thomas Jefferson Papers. Series I. General Correspondence 1651–1827. Courtesy of the Library of Congress. [168] Courtesy of the American Philosophical Society [169] OrHi 89315. Courtesy of the Oregon Historical Society. [170] De Smetiana Collection, Jesuit Missouri Province Archives, St. Louis IX-C9-67. Courtesy of the Midwest Jesuit Archives. [171] OrHi 87847. Courtesy of the Oregon Historical Society. [172–176] Courtesy of Department of Rare Books and Special Collections, Princeton University Library [177–179] Courtesy of the American Antiquarian Society [180–181] Courtesy of Department of Rare Books and Special Collections, Princeton University Library

图片来源(续)

[182] Courtesy of Burke Library, Union Theological Seminary [183] Courtesy of Department of Rare Books and Special Collections, Princeton University Library [184] Used with permission of the Rev. Clarence Larkin Estate, P.O. Box 334, Glenside, PA 19038, U.S.A., 215-576-5590 [186–190] Courtesy of Department of Rare Books and Special Collections, Princeton University Library [191] Van Pelt-Dietrich Library, University of Pennsylvania Libraries [192] Courtesy of the American Antiquarian Society [193–194] Courtesy of Department of Rare Books and Special Collections, Princeton University Library [195] Courtesy of Department of Rare Books and Special Collections, Princeton University Library [196] Francis Galton, *Meteorographica, or Methods of Mapping the Weather* (London: Macmillan, 1863). [197] Reproduced from John Booth and Sean Coughlan, *Titanic—Signals of Disaster* (Westbury, UK: White Star Publications, 1993). [198–204] Courtesy of Department of Rare Books and Special Collections, Princeton University Library [206–208] Courtesy of Department of Rare Books and Special Collections, Princeton University Library [209] Courtesy of Burke Library, Union Theological Seminary [210–211] Courtesy of Department of Rare Books and Special Collections, Princeton University Library [212–213] Courtesy of Cotsen Children's Library, Department of Rare Books and Special Collections, Princeton University Library [214–216] Courtesy of the National Archives [217–218] Courtesy of the American Antiquarian Society [219] Courtesy of Cotsen Children's Library, Department of Rare Books and Special Collections, Princeton University Library [220–221] Courtesy of Department of Rare Books and Special Collections, Princeton University Library [222] Courtesy of the National Archives [223] Courtesy of the American Antiquarian Society [224–226] Courtesy of the National Archives [227] General Research Division, The New York Public Library, Astor, Lenox and Tilden Foundations [228] Courtesy of Department of Rare Books and Special Collections, Princeton University Library [232] Courtesy of Department of Rare Books and Special Collections, Princeton University Library [233] Van Pelt-Dietrich Library, University of Pennsylvania Libraries [134–240] Courtesy of Department of Rare Books and Special Collections, Princeton University Library [241] Courtesy of the Bibliothèque nationale de France [242–243] Photo: Norman McGrath. Courtesy Maya Lin Studio. [244] Gates of Time at the Oklahoma City National Memorial. 1997. Photo: Ann Clark. Oklahoma City National Memorial Museum, Oklahoma City, OK. [245–246] Photo Jim Simmons, Annette del Zoppo Studio. Courtesy of Sheila Levrant de Bretteville and Jim Simmons. [247] Courtesy of Christoph Fink [248–249] Courtesy of Katie Lewis and Mina Dresden Gallery, San Francisco [250] Courtesy of Marjolijn Dijkman [251] Huang Yong Ping. *Carte du monde*. 2000–2007. Map mounted on wood, globe. 600 × 100 × 300 cm. Exhibition View: *Huang Yong Ping, Ping Pong*, Astrup Fearnley Museum, Oslo, 2008. Copyright Huang Yong Ping. Courtesy of the artist and Gladstone Gallery. [252–253] Beinecke Rare Book and Manuscript Library, Yale University. Courtesy of the Glanz Family Trust. [254] Courtesy of Beinecke Rare Book and Manuscript Library, Yale University [257] Courtesy of the Marquand Library, Princeton University [258] Courtesy of Callwey Verlag [259] Art History Chart taken from *European Painting and Sculpture* by Eric Newton (Penguin Books 1941). Copyright by the Estate of Eric Newton, 1941. Reproduced by permission of Penguin Books Ltd. [260] Archives du salon des Réalités Nouvelles [261] Courtesy of Éditions Gallimard [263] Courtesy of Raymond Loewy Design LLC. Raymond Loewy ™ is a trademark of Loewy Design LLC. www.RaymondLoewy.com [264] Courtesy of Bauhaus-Archiv, Berlin [265] Pocket watch owned by Kengo Nikawa. Donated by Kazuo Nikawa. Courtesy of the Hiroshima Peace Memorial. [266] Courtesy of the *Bulletin of the Atomic Scientists / www.thebulletin.org* [267–268] Courtesy of the Estate of R. Buckminster Fuller [269] Courtesy of Intel Corporation [270] Courtesy of Ray Kurzweil [275] Reproduced with permission of the Themerson Archive [280–282] Courtesy of the American Museum of Natural History [283–284] Courtesy of the Metropolitan Museum of Art [285] © Tate, London, 2009 [287] Department of Rare Books and Special Collections, Princeton University Library [288] *Maximilian's Triumphal Arch: Woodcuts by Albrecht Dürer and Others* (New York: Dover Publications, 1972). Courtesy Dover Publications. [289] Courtesy of the Bibliothèque nationale de France [291] Courtesy of the Department of Rare Books and Special Collections, Princeton University Library